Die Wiederkehr des Glanzes in der Welt

Die christliche Lehre von der Sünde und ihrer Vergebung in gegenwärtiger Verantwortung

von

Christof Gestrich

Professor an der Kirchlichen Hochschule Berlin

J. C. B. Mohr (Paul Siebeck) Tübingen

CIP-Titelaufnahme der Deutschen Bibliothek

Gestrich, Christof:
Die Wiederkehr des Glanzes in der Welt : die christliche Lehre von der Sünde und ihrer Vergebung in gegenwärtiger Verantwortung / von Christof Gestrich. - Tübingen : Mohr, 1989
ISBN 3-16-145492-8 brosch.
ISBN 3-16-145501-0 Gewebe

Gesetzt aus der Berthold-Walbaum von Typobauer Filmsatz in Scharnhausen, gedruckt von Gulde-Druck in Tübingen auf neutral geleimtem Werkdruckpapier von Bohnenberger in Niefern und gebunden von Heinrich Koch in Tübingen.

Printed in Germany.

Dieses Buch
ist meinen Kindern gewidmet:

ANNA MARIA
DANIEL
JOHANNES
MARTIN

Vorwort

Mehr adäquate Verständigung über den Sinn der Wörter „Sünde" und „Sündenvergebung" ist heute dringlich und auch möglich. Die hier unternommene Erschließung des Sündenphänomens als „Selbstrechtfertigung" ist relational sowohl zur Zentraleinsicht der Reformation („Rechtfertigungslehre") wie auch zu zentralen Bestrebungen und Denkweisen der Moderne („Selbstbehauptung", „Selbsterhaltung"). Mit der Sünde kommt stets auch das Rettende in Sicht. Das Ziel der Untersuchung liegt im Wiedergewinn von Sinn- und Hoffnungsperspektiven für unser Leben, die sich im Zuge einer mangelhaften Kenntnis der Sündenrealität verschlossen haben.

Gemäß den erfreulicherweise in den Theologien inzwischen wieder erreichten, erheblichen exegetischen und sogar dogmatischen Übereinstimmungen, habe ich eine konfessionelle Festlegung der christlichen Lehre von der Sünde und ihrer Vergebung nicht mehr angestrebt. Doch sei nicht verschwiegen, daß Luthers Theologie in vielem für mich besonders richtungsweisend geblieben ist.

Um eine religionsphilosophische Rechenschaft und Fundierung meiner eigenen theologischen Aussagen habe ich mich bemüht. Hierbei wurde die unerklärbare, auf keine Ursache zurückführbare Existenz des „guten Wortes" in der Welt als der Horizont begriffen, der gleichzeitig die Wirklichkeit Gottes und die des Menschen zum Vorschein bringt. Besonders lag mir auch an einer schwerpunktmäßigen Analyse der zwischen neuzeitlicher Theologie und Philosophie beim Verständnis des Bösen und der Schuld entstandenen Brüche. Die von mir schon vor Jahren für Hochschulkollegs ausgearbeiteten breiteren Bezugnahmen auf tiefenpsychologische Erkenntnisse habe ich für diese Veröffentlichung reduziert. Teils weil ich, nachdem einschlägige Veröffentlichungen schon erschienen sind, ihrer erhellenden Bedeutung für die Sündenthematik inzwischen zurückhaltender gegenüberstehe. Teils weil ihnen in diesem Buch z. B. philosophische und geschichtliche Texte und Materien mit ihrem Erklärungsvermögen an Gewicht und Umfang nicht nachstehen sollen.

Die Anfänge dieser Untersuchung finden sich in den §§ 5 und 7.

Bei der Fertigstellung der 4 Kapitel dieses Buches halfen mir die Fragen, der Widerspruch und die Anregungen von „kirchlichen" und nicht „kirchlichen" Menschen und nicht zuletzt von Studierenden, aber auch die Einsicht, daß ein Theologe nichts Neues lehren soll. Die Wahrheit für uns heute ist nicht erst zu erfinden, sondern nur hinsichtlich ihrer uns jetzt besonders betreffenden Aspekte zu verstehen. Dies ist freilich schwierig genug.

„Vollständigkeit" war bei der Einbeziehung der vorhandenen einschlägigen Literatur nicht zu erzielen. Nach der Drucklegung sah ich noch folgende drei Texte, die für den Diskurs im 4. Kapitel hätten Gesprächspartner sein können: Hans-Georg Fritzsche, ... und erlöse uns von dem Übel. Philosophie und Theologie zur „Rechtfertigung Gottes", Stuttgart 1987 (dieses Buch meines 1986 leider früh verstorbenen Berliner Kollegen endet mit Überlegungen über die „Sendung der christlichen Kirche", jene *einzelnen* Menschen zu stärken und zu trösten, die als „Härtefälle des Schicksals" wie Hiob unter dem Theodizeeproblem zu leiden haben); T. Rendtorff, Ethik. Grundelemente, Methodologie und Konkretionen einer ethischen Theologie, Bd. 1, Stuttgart 1980 (in diesem Buch wird das Böse *ethisch* bestimmt als „Verweigerung der gegenseitigen Annahme", wodurch gerade auch theologische Dogmatik genötigt wird, „handlungsrelevante" Gesichtspunkte ihrer Lehre vom Bösen im Blick zu behalten); M. Welker, Der Heilige Geist, in: Ev Th 49, 1989, 126–141 (in dieser Münsteraner Antrittsvorlesung bildet die vom „Geistträger Jesus Christus" gebrachte Sündenvergebung den Ausgangspunkt des Nachdenkens über die Sünde; auch wenn die Vergebung z.B. als Heilung einer zerstörten Umwelt konkret wird, setzt sie dennoch „*vor* der Ebene unserer moralischen und sonstigen eigenen Besserungsfähigkeit ein").

Den ehemaligen Teilnehmerinnen und Teilnehmern an meinen erwähnten, dem Thema „Sünde" gewidmeten Lehrveranstaltungen gilt ein besonderer Gruß. Mögen sie im heutigen Beruf mit Freude Studierende der Theologie geblieben sein! Für viele praktische Hilfen beim Erstellen des Buchmanuskripts danke ich herzlich Kathrin Finke, Nanette Gosling, Michaela Köger und Regina Köpsell.

Berlin, 14. Juli 1989 C.G.

Inhalt

Kapitel I
Sieben hinführende Meditationen

Kapitel II
Zum Problemstand in der Lehre von der Sünde und vom Bösen

Kapitel III
Systematische Entfaltung: Was ist Sünde?

Kapitel IV
Sündenvergebung – erneuerte Kirche und Erneuerung der Welt

Kapitel I

Sieben hinführende Meditationen

1. Wenn die Dinge keinen Glanz mehr haben

„Verflossen ist das Gold der Tage"
(aus dem Gedicht „Rondel" von GEORG TRAKL)

Wenn die Dinge keinen Glanz mehr haben, steht ihre Destruktion unmittelbar bevor. Menschen, die zur Vernichtung heranstehen, werden zuvor ihrer Ehre beraubt, ihrer Rechte entkleidet und in eine klägliche, häßliche Erscheinungsform gebracht.

Eine Gegenerfahrung hierzu ist das Leuchten im Angesicht der Kinder oder der verheißungsvolle Glanz, der am Morgen über dem noch frischen Tag liegt, der zumal von den Sonn- und Feiertagen her erneuernd auf Raum und Zeit fällt.

Angstvoll registrieren wir heute den Schwund des Glanzes aus unserer Welt. Mit bestürzender Geschwindigkeit scheint sich *alles* zu verbrauchen, scheint der Mensch unwiderruflich *alles* zu vernutzen. Sogar der Frühling wurde vielerorts stummer und stumpfer. Wir fürchten daher um unser Überleben und haben Angst, bereits unseren Kindern bleibe nichts mehr übrig. In Europa ist diese Angst am stärksten. Hier sind auch die Signale der bereits eingetretenen Destruktion besonders aufdringlich. Aber grundsätzlich ist die ganze Menschheit von den aus der westlichen Zivilisation ausgegangenen Entwicklungen bedroht.

Darum liegt allgemeine Dringlichkeit in der Frage: Kann es für uns eine Wiederkehr des Glanzes geben? *Kann – obwohl dies unwahrscheinlich klingt und paradox wäre – die innere Lebenskraft von Dingen, Verhältnissen, Pflanzen, Tieren und Menschen dort, wo sie sich bereits zurückzuziehen begonnen hat, noch einmal zurückkehren?* Ist ausgerechnet das Christentum, selbst tief verstrickt in den Prozeß des modernen Niedergangs, dennoch eine Quelle der Hoffnung?

Den Menschen der Antike stellte sich die *Weltgeschichte* als kreislaufartiges Auf und Nieder der nacheinander und gegeneinander antretenden Völkerschaften und Kulturen dar. Die Ersten wurden die Letzten, ehemals Kleine und Geringe rückten neu auf. Wenn, was früher oder später immer geschah, für ein Volk der schicksalhafte Abstieg begann, wenn zunächst der innere Glanz der Sitten und des religiösen Lebens, später auch der Glanz der äußeren Macht verblaßte, dann traten oft Seher auf, die vor dem bevorstehenden Ende warnten. Dennoch trat es unweigerlich ein. Die Mauern der schönen großen Stadt wurden schließlich geschleift. Auch auf dem Hauptaltar erlosch das Feuer. Nie wieder würde es an dieser Stelle brennen. Alles kehrte zuletzt zurück in die große Brache, aus der heraus sich viel später wieder einmal etwas ganz anderes erhob.

An diese antiken Selbstverständlichkeiten knüpfte die am Anfang des 20. Jahrhunderts aufgekommene Vision vom „Untergang des Abendlandes" (Oswald Spengler) an. Aber diese Vision war schokkierend. Sie rührte an ein abendländisches Tabu, weil sie die Behauptung enthielt: *Auch* die zu einer beispiellosen Geistes-, Wissenschafts-, Industriewirtschafts- und Weltmachtentfaltung aufgestiegene *christlich* geprägte Kultur Europas wird wieder untergehen. Auch sie sinkt bereits zurück in die große Brache. Diese Behauptung erschütterte die im säkularisierten Europa noch vorhandene Massenüberzeugung: Mochten sich auch die bisherigen Kulturen im Kreise drehen, *wir* freilich sind auf einem ganz anderen Weg, auf dem irgendwann und irgendwie das der Menschheit bestimmte höchste Entwicklungsziel erreicht werden wird. Unsere Zivilisation ist irreversibel. Für sie gibt es nur die fortschreitende ständige Selbstvervollkommnung. In diesem „Glauben" schwang noch die neutestamentliche Gewißheit nach, die Kreuzigung und Auferstehung Jesu Christi seien das vorwegereignete Ende der Weltgeschichte. Man folgerte hieraus, seither gehe es unter der Führung der „christlichen Völker" in der Geschichte nur noch „vorwärts" zum Zweck des Einholens der Ernte. Auch waren und sind viele Abendländer des Wunsch-Glaubens, ein *christliches* Volk stehe unter der Verheißung, daß es bis ans Ende aller Tage Bestand haben werde. Denn Christus sprach (nach Mt 28,20): „Siehe, ich bin bei euch alle Tage bis an der Welt Ende". In dieses Überzeugungsgefüge schlug Spenglers Untergangsvoraussage wie ein Blitz ein. Sein 1917/1922 erschienenes zweibändiges Hauptwerk wurde auch von der Kirche längst entfremdeten Europäern als frivol empfunden.

Tief getroffen hat Spenglers Voraussage z. B. Zeitgenossen, die dann Faschisten und Nationalsozialisten wurden. Was die Denkenden unter ihnen „bewegte", war ein Sich-Aufbäumen gegen die Aussicht, von jetzt an das Schicksal einer untergehenden Spätkultur zu erleiden. In einer Akademischen Vorlesung in Göttingen konnte zu Beginn des „Dritten Reiches“ die „gegenwärtige geistige Lage im Spiegel philosophischer und theologischer Besinnung“ wie folgt gedeutet werden: „Das ist die letzte Heimlichkeit des kühnen deutschen Unternehmens von 1933, daß wir – von allen weltgeschichtlichen Beispielen für die Möglichkeit solchen Tuns verlassen – auf dem Boden einer rationalisierten und technisierten Spätkultur, alle ihre Mittel uns zunutze machend, die Macht ursprünglicher Bindungen, die einer Jungkultur eigen ist, wiederherstellen und so die lebenszerstörende Gewalt der Spätkultur überwinden wollen.“ (Emanuel Hirsch, 1934)

Dieser Wiederherstellungsversuch ist mißlungen. Er teilte dieses negative Resultat mit zahlreichen neuzeitlichen Versuchen, eine „zweite Natürlichkeit“ herbeizuführen. Längst ist aber auch Inkonsistentes in Spenglers eigener, aufregender Darlegung des „Gesetzes der Weltgeschichte“ aufgewiesen worden. Und doch hat Spengler dem zeitgenössischen Christentum eine notwendige, eine in den abendländischen Kirchen bis heute noch nicht hinreichend aufgearbeitete Frage gestellt. Sie lautet: Es mag ja sein, daß es bis ans Ende aller Tage die christliche Kirche, also die Christenheit geben wird. Aber sind die Abendländer, sind die Europäer wirklich christliche Völker, ein Stück der „Christenheit“, eine mit dem künftigen Weg der Kirche unlösbar verbundene Gesellschaft? Sollte nicht vielmehr genau unterschieden werden zwischen der einen Tatsache, daß die Christianisierung des Römischen Reiches die weiteren kulturellen Entwicklungen der betroffenen Völker Europas bis in alle Säkularisierungsstufen hinein *mit beeinflußt* hat, und der andern Tatsache, daß diese Völker gleichwohl keineswegs einfach *das Christentum* repräsentierten noch sich jemals *qualitativ* von anderen Völkern unterschieden haben? Wenn man zu dieser differenzierenden Sicht gelangt ist, wird man vielleicht folgern: Unsere historische Verknüpfung mit einem Christentum, das heute vielfach nur noch den Rang eines säkularisierten Kulturerbes einnimmt, bietet wirklich keinen Grund zur Annahme einer exzeptionellen heilsgeschichtlichen Sendung und Dauer des Abendlandes.

Aber andererseits: Läßt sich denn das als lebendiger Glaube gelebte Christentum klar trennen von jenem Christentum, das nur noch als Kulturerbe wirksam ist? Diese Frage, von der die evangelische Theologie in den zurückliegenden Jahrzehnten unterschwellig stark bewegt wurde, muß im Ergebnis vielschichtig und insgesamt eher verneinend beantwortet werden. Eine Absonderung des echten Glaubens vom nur oberflächlich übernommenen christlichen Kulturerbe ist also nicht durchgängig möglich.

Dann aber hat die alte Vermutung, es sei etwas „Besonderes“ an der Christentumsgeschichte, woran wir Anteil haben, sogar für das längst in Schuld und Versagen geratene, zur „Spätkultur" gewordene und „säkularisierte" Abendland immer noch einige *theologische* Plausibilität für sich. Es bleibt etwas, das nicht vergehen kann. Es bleibt ein Unvergängliches, das wiedergewonnen werden kann. Christen glauben, daß die Weltgeschichte niemals über Jesus Christus noch hinausführen wird. Daß im Gegenteil alle Geschöpfe als Hoffnung und Ziel *ihn* vor sich haben. Darin liegt eine – theologisch unerläßliche – Behauptung, die in dieser apodiktischen Form in den Ohren vieler aggressiv klingen muß. Ihr Recht ist nur dann gegeben, wenn sie sich nicht als Äußerung eines christlichen Imperialismus einprägt. Abendländische Christen müssen lernen: Nicht weil und solange es „hierzulande" noch Christen und die Kirche gibt, gibt es auch immer noch eine „lebendige Hoffnung" für die Welt. Sondern weil von Jesus Christus auch in Zukunft Leben und Hoffnung für die ganze Welt ausgeht, gibt es für Christen und Nichtchristen, für Abendländer, asiatische und afrikanische Völker weiterhin gemeinsame Lebensmöglichkeiten.

2. Das Christentum und die Sünde

> „Der Begriff, mit welchem das Christentum am entscheidendsten den qualitativen Unterschied setzt zwischen sich und dem Heidentum, ist ... die Sünde, die Lehre von der Sünde; und darum nimmt das Christentum auch durchaus folgerichtig an, daß weder das Heidentum noch der natürliche Mensch wisse, was Sünde ist, ja, es nimmt an, es gehöre eine Offenbarung von Gott dazu, um an den Tag zu bringen, was Sünde ist".
> (Aus „Die Krankheit zum Tode" von Sören Kierkegaard)

Versuchen wir mit *einem* Blick die Spur wahrzunehmen, die das Christentum während seiner bisherigen Geschichte hinterließ: Es brachte der Welt einige Erfahrungen und Bilder voller Aufklärungs- und Befreiungskraft von einer zuvor vielleicht noch niemals erreichten menschlichen Höhe und Schönheit. Aber wenn dies gesagt wird, ist leider sofort hinzuzufügen: Die bisherige Geschichte des Christentums zeitigte auch grauenerregende Erfahrungen und Bilder der Hölle von zuvor nie gekannter Intensität und Beschaffenheit. Das Christentum „macht das Gute besser und das Böse böser" (Romano Guardini). So scheint sich an dem als Geschichtsmacht betrachteten Christentum in extremer Weise das Sprichwort zu bewahrheiten: „Wo viel Licht ist, ist auch viel Schatten."

In seiner Glaubenslehre weiß das Christentum, außer von der frohen Botschaft für die ganze Welt, ungewöhnlich nachdrücklich und umfassend auch von einem über der Welt liegenden *Schatten* zu sprechen. In der Neuzeit wurde das Christentum wegen seiner im Vergleich zu anderen Religionen angeblich besonders pessimistischen Einschätzung der Welt und des Menschen oft kritisiert, manchmal auch – mit der Absicht, es zu „verbessern" – umgedeutet im Geiste des Alten Testaments oder der Aufklärung. Behauptet wurde, die Botschaft und die Theologie des Christentums trügen Mitschuld daran, daß die Humanität in der christianisierten Zeit öfters in katastrophalen Entladungen und „gnadenlosen Folgen" (Carl Amery) versagte. J. G. Fichte (1762–1814) forderte charakteristischerweise: „Man muß alle Menschen als gut voraussetzen". Damit wollte er dezidiert kirchlichen, insbesondere pietistischen Traditionen *widersprechen* – allerdings dem gerecht werden, was er für die eigentliche Absicht des Christentums hielt.

Vorwurfsvoll oder mindestens mit Unverständnis wird auch noch heute oftmals auf jene *dunkle Welt* hingewiesen, die für den Europäer des Mittelalters das sehr reale Gegenstück zum Paradies bildete: Die Welt des „Heulens und Zähneklapperns", der Höllenabgrund, in den, wie einst gelehrt und geglaubt wurde, jeder nach seinem Tod unweigerlich zu ewiger Qual versinken werde, der sich nicht beizeiten mit den Mitteln der Kirche hat retten lassen; oder der, schlimmer noch, nicht schon vor Anbeginn der Welt von Gott erwählt, folglich also verdammt und verworfen worden ist.

Sünde hieß das Wort, das im Mittelalter alle Gemüter mit dieser dunklen Welt verband. Die große Furcht vor ihr verlieh der Kirche beispiellose Macht. Ihre Sakramente, gebunden an das kirchliche (Bischofs- bzw. Priester-) Amt, waren das einzige Rettungsmittel. Die Sünde aber lauerte überall. Sie lauerte in der geschlechtlichen Lust und in der Sinnenlust überhaupt. Sie lauerte in der „Zauberei" oder „Hexerei" gewisser Outsider der Gesellschaft, die als Sündenböcke benutzt wurden. Aber gleichzeitig empfanden sich auch die Angehörigen der ehrenwerten Stände aufgrund ihres alltäglichen Lebens als moralisch und religiös unrein, als verwerflich. Die darüber empfundene Angst war so massiv und die Sünde wurde so real verspürt, wie wir es uns heute nicht mehr vorstellen können. Heute haben wir andere Ängste. Damals aber wurde es für eine Selbstverständlichkeit gehalten, daß wir nach unserem Tod der Wohltat eines vorübergehenden reinigenden Fegefeuers bedürfen, um in Gottes Endgericht für die Ewigkeit zu bestehen. Auch die von weltlichen Richtern in bestimmten Fällen ausgesprochene Verurteilung zum Scheiterhaufen wurde oft als eine im Grunde wohltätige *ultima ratio* zur Rettung der Seele betrachtet.

Wer wollte hieran heutzutage nicht Kritik üben! Wer könnte übersehen, daß „Sünde" hier weithin nicht, mit Kierkegaard zu reden, nach Maßgabe göttlicher Offenbarung, sondern eben doch nur nach Maßgabe menschlicher Irrung und Verwirrung ins Spiel gebracht worden ist! Wie ließe sich die große Schuld übersehen, die die Kirche selbst auf sich lud, indem sie in Inquisitionen und Kreuzzügen vorgeblich *ad maiorem Dei gloriam* Menschen quälte und tötete! – Andererseits: Wer übersieht, daß damals die Persönlichkeit jedes einzelnen mit einem Ernst und einer radikalen Folgerichtigkeit wahrgenommen wurden, die uns heute weithin abgehen? Und wer verkennt, daß wir die dunkelsten Visionen und perversesten Mechanismen der Lebensbewältigung, an denen es im Mittelalter gewiß nicht gefehlt hat, auch in der „aufgeklärten Gegenwart" längst noch nicht einfach losgeworden sind? Im Gegenteil . . .!

Die *Aufteilung der Wirklichkeit* in ein *Diesseits* und ein *Jenseits* (oder in eine vergängliche Welt des Sinnenfälligen, Materiellen, Körperlichen und in eine ewige, unvergängliche Welt des Geistigen und der unsterblichen Seele) wurde unter uns ungebräuchlich: Hatten sich in der ersten Hälfte des 19. Jahrhunderts schwache, letzte Spuren dieser einstigen Vorstellung von der Existenz zweier Wirklichkeitssphären noch erhalten (z. B. im Geisterglauben oder der Gespensterfurcht, der Furcht vor wiederkehrenden „armen Seelen"), so brachten die zweite Hälfte des vorigen Saeculums und dann das 20. Jahrhundert erstmals eine massenhafte völlige Abkehr von *allen* Jenseitsvorstellungen, den hellen wie den dunklen. Paradiesgarten und Höllenpfuhl gelten seither beide nicht mehr als reale Lokalitäten im Jenseits. Statt dessen gewann der in der mittelalterlichen Mystik schon vorgebildete Gedanke Überzeugungskraft, *Himmel und Hölle lägen in den existierenden Menschen selbst.* Damit wurde dem vergänglichen und veränderlichen menschlichen Wesen freilich der Stempel des Letztgültigen aufgedrückt.

Angesichts dieser Veränderungen war es folgerichtig, daß im 19./20. Jahrhundert das Bewußtsein der Massen, *Gott existiere*, er lenke „von außen" die Weltgeschichte und verpflichte uns zum Gehorsam gegen ihn, ebenfalls nachhaltig erschüttert wurde. Der *Teufel* aber wurde geradezu abgeschafft. Weil sich somit die heutigen Menschen die Verantwortung für den Ausgang der Weltgeschichte selbst auferlegen und zuschreiben, kann man sagen: Neuerdings ist die Menschheit *bewußtseinsmäßig* an die Stelle Gottes wie an die Stelle des Teufels getreten.

Sind wir mit diesem geschichtlich sehr jungen Prozeß der ungeheuren Selbstbelastung mit Verantwortung, mit dieser Selbstausstattung mit den lichtvollsten Vorzügen und mit der finstersten Verdammlichkeit, auch nur annähernd schon fertiggeworden? Ist sie uns überhaupt gemäß? Oder ist sie sogar ein extremer Ausdruck sündiger Verirrung?

Jedenfalls ist es eine besonders wichtige Begleiterscheinung dieser Vorgänge, daß gerade auch die *Rede von der Sünde und von den Sündern* unter uns undeutlich wurde und ihre einstigen Schrecken verlor. Diese Rede ist ja allenfalls unter der Voraussetzung sinnvoll, daß Gott uns gegenüberstehend existiert. (*Möglich* ist diese Rede auch ohne daß dies vorausgesetzt wird – aber ist sie dann noch sinnvoll?)

Seit Beginn der Neuzeit waren die geistig Führenden häufig bestrebt, den Gedanken einer menschheitlichen Ur-Schuld gegenüber einer göttlichen Instanz oder gegenüber einem jenseitigen Ursprung der Welt auszumerzen. Nietzsches Philosophie bildete einen Höhepunkt dieser Bemühung. Moderne Wissenschaften halten überdies so viele Erklärungen für menschliches Fehlverhalten bereit, daß wir uns heute kaum mehr getrauen, irgendeinem Menschen persönliche Schuld zuzuerkennen. Ferner halfen uns die Wissenschaften, gewisse früher zwangsläufig hingenommene Übel aus eigener Kraft zu besiegen. Ist also das christliche Reden von der Sünde des Menschen erledigt? Dies ist – wie vorläufig als These gesagt wird – keineswegs der Fall.

3. ‚Reiter und Pferd' bei Freud und Luther

„Man könnte das Verhältnis des Ichs zum Es mit dem des Reiters zu seinem Pferd vergleichen. Das Pferd gibt die Energie für die Lokomotion her, der Reiter hat das Vorrecht, das Ziel zu bestimmen, die Bewegung des starken Tieres zu leiten. Aber zwischen Ich und Es ereignet sich allzu häufig der nicht ideale Fall, daß der Reiter das Roß dahin führen muß, wohin es selbst gehen will."

(Aus: „Neue Folge der Vorlesungen zur Einführung in die Psychoanalyse" 1932/33 von SIGMUND FREUD)

„So ist der menschliche Wille ... wie ein Lasttier. Wenn Gott darauf sitzt, will er und geht, wohin Gott will ... Wenn der Satan darauf sitzt, will er und geht, wohin Satan will. Und es liegt nicht in seiner freien Wahl, zu einem von beiden Reitern zu laufen und ihn zu suchen, sondern die Reiter selbst kämpfen darum, ihn festzuhalten und in Besitz zu nehmen."

(Aus: „De servo arbitrio" 1525 von MARTIN LUTHER)

Zwei Bilder von „Reiter und Pferd". Freud verglich das menschliche Ich mit einem *relativ* hilflosen *Reiter*, der auf einem wilden Pferd sitzt (das heißt den Trieben, dem machtvollen unbewußten Es, den blinden Kräften der Natur). Luther aber bezeichnete den Willen des Menschen und damit den Menschen selbst (!) als das Reit*tier*, das im Sattel immer einen der folgenden beiden Herren haben muß: entweder Gott oder den Teufel als Reitersmann.

Miteinander verglichen, scheinen die beiden Bilder Charakteristisches auszusagen über die Differenz zwischen neuzeitlicher Aufklärung und Mittelalter oder, anders gesagt, zwischen Autonomie und einer unter vorgegebene „ewige Ordnungen" gestellten Geisteshaltung: In der Neuzeit ist der Mensch *der Reiter*. Im Mittelalter scheint er sich noch als das gerittene *Tier* begriffen zu haben. Der moderne Mensch kann seine eigene Bestimmung definieren, ohne die „Chiffren" Gott und Satan zu gebrauchen. Früher aber mußte er, wenn er von seinem eigenen Wesen und von seiner Bestimmung reden wollte, immer auch von Gott und vom Teufel sprechen. – Doch dies ist ein mehr als oberflächlicher Vergleich! Er muß sofort noch abgeändert und verbessert werden, wenn wir den jeweiligen Kontext der Zitate mitberücksichtigen.

Es läuft nämlich überraschenderweise sowohl bei Freud, der bestimmte idealistische Vorstellungen des 18./19. Jahrhunderts korrigiert, wie auch bei Luther, der herkömmliche theologische Auffassungen vom freien Willen korrigiert, darauf hinaus, daß der Mensch in je spezifischer Weise ein ohnmächtiges Wesen sei! Von Luther wie von Freud wird der Mensch als das einer Übermacht ausgelieferte Wesen dargestellt.

Luthers Behauptung der Unfreiheit unseres Willens war gerade nicht „mittelalterlich“. Und während Luther dem Menschen zwar nicht gegenüber Gott, aber z.B. in den Angelegenheiten der Ökonomie und Zivilisation durchaus Wahlfreiheit nach Maßgabe der Vernunft zugebilligt hat, konnte gerade Freud nicht genug betonen, wie eingeengt und in ihrem kleinen Spielraum gefährdet das menschliche Ich und seine Vernunft doch dastehen, wie prekär also das Ich situiert sei in seiner komplizierten Lage zwischen dem Über-Ich und dem (dem Ich an Ausdehnung und Gewalt weit überlegenen) Es. Der Mensch sei viel weniger Herr im eigenen Hause, als bisher in der Neuzeit angenommen wurde. Zwar glaubte auch Freud bis zu einem gewissen Grade an die Aufklärungs- und Heilkraft der menschlichen Vernunft und an die Möglichkeit, das Ich zu stärken gegenüber dem Über-Ich und dem Es. Doch zugleich äußerte er sich bemerkenswert zurückhaltend und skeptisch hinsichtlich der Frage, ob es mit Hilfe der Vernunft möglich sei, eine Kultur zu schaffen, die den einzelnen Menschen mehr Freiheit und Glück zu gewähren in der Lage sein würde.

Auf dem Sattel des Reittieres, auf dem nach Luther entweder Gott oder Abgott sitzt, reitet in Freuds Bild das menschliche Ich: Wo aber sind in diesem Freudschen Bild Gott und Teufel geblieben? Beide sind überhaupt nicht mehr greifbar! Es gibt hier nur noch die Begriffe von einer guten oder hellen und einer dunklen bzw. bös-dämonischen Macht. Gut ist, was das zum Reiter bestimmte menschliche Ich stark macht: z.B. die aufklärende Vernunft. Das Dunkle oder Böse sitzt vor allem im „Pferd“, im machtvollen, triebhaften Es. Seine physische Überlegenheit ist eine feindliche Gegebenheit, die im Namen des Guten bzw. der Vernunft eingeengt und beherrscht werden sollte.

Eine hinreichend tiefgreifende Diskussion zwischen christlicher Theologie und Freudscher Psychoanalyse muß bei Freuds These ansetzen, der Glaube an Gott beruhe auf einem infantil-regressiven Geborgenheitsbedürfnis, er hemme eo ipso die für den Menschen so wichtige Bemühung, das Ich durch Vernunfteinsatz zu stärken und freier zu machen.

Gegen Freud kann von Luther her gesagt werden: Christlicher Glaube und Freuds Ziel der Ich-Stärkung widerstreiten sich in Wahrheit nicht, sondern sie konvergieren: Was das Neue Testament und die Reformatoren „Glauben“ nennen, das behindert weder die menschliche Reifung und Bewährung im Aushalten und Mitgestalten der Realität. Noch erspart dieser Glaube Angst und Leiden, die in bestimmtem Betracht für unsere Reifung unerläßlich sind. Im Hinblick auf Angst und Leiden ist der Glaube nicht eine abwehrende oder verdrängende Haltung, sondern Mut. Freud selbst konnte zwar gar nicht verstehen, daß sich ein Mensch, ohne unmündig zu bleiben, ganz dem Du Gottes ausliefern kann. Freud deutete solche Glaubensbereitschaft als eine (den Reifungsprozeß inhibierende) Projektion des internalisierten Bildes vom irdischen Vater in himmlische Dimensionen hinein. Es lag ihm therapeutisch daran, diese Projektion wieder aufzuheben, sie zurückzuführen in ihren anthropologischen Ursprung: den frühkindlichen Geborgenheitswunsch.

Jede theologisch ausgewiesene christliche Lehre geht an dieser Stelle einen von Freud nicht in Betracht gezogenen, anderen Weg. Christliche Theologien gehen davon aus, daß uns Gott als ein anderer von außen begegnet, während *wir* allerdings in der Gefahr oder sündigen Sucht stehen, ihn uns „einzuverleiben", ihn unserem Denken und Wollen zu subsumieren oder zu konformieren, mithin den Schöpfer selbst mit Geschöpflichem zu verwechseln. Weil dies aber der Grundvorgang der Sünde ist, muß die umfassende Heilung des Menschen bei jenem Vorgang des Glaubens einsetzen, durch den Menschen Gott als den in Wahrheit von uns unterschiedenen, als den uns gegenüber freien „Gott außen" anzuerkennen bereit werden. Kommt es bei uns nicht zu solchem Glauben, dann werden oder bleiben wir keineswegs „unser eigener Herr", sondern dann reitet uns, Luther zufolge, auch schon der Teufel! Wir können es dann auch nicht vermeiden, unser Ich wahnhaft zu vergrößern. Letzteres will zwar Freud keineswegs; er kann es gar nicht wollen. Aber zu fragen ist, ob er es von seinen Voraussetzungen aus verhindern oder ausschließen kann.

Darum steht das, was die Theologie beschäftigt, wenn sie mit „Glauben" und mit „Sünde" befaßt ist, weder *neben* der psychotherapeutischen Bemühung noch ist es gar ein Gegenstand *für* psychotherapeutisches Handeln, sondern es bricht *am* psychotherapeutischen Handeln selbst auf (und sollte von den Theologen in *Solidarität* mit diesem wahrgenommen werden!). Ist es doch in der Neuzeit verstärkt eine Misere geworden, daß Gott und Teufel eben doch noch nicht schlicht „verschwunden" sind, sondern, *was viel problematischer ist*, im menschlichen Ich (Über-Ich) und Es „untergingen"!

An dieser Stelle erwuchs der Theologie eine von ihr noch kaum wahrgenommene, gesellschaftlich (und durchaus auch *politisch*) wichtige neue Aufgabe: die Aufgabe der Entmythologisierung des Menschlichen, der Abwehr jeglicher ideologisch-religiös bedingten menschlichen Selbstvergrößerung oder Selbstverkleinerung! Es gilt, die Konsequenzen zu ziehen aus einer Erkenntnis, die mindestens jedem Theologen geläufig sein sollte: Wir befinden uns auf abschüssiger, selbstzerstörerischer Bahn, wenn wir uns und die Natur (teilweise oder ganz, unbewußt oder bewußt, in säkularisierter oder religiöser Form) mit göttlichen oder mit teuflischen Wesenszügen identifizieren. Wir überfordern dann uns selbst und die Natur. Wir wollen aus beidem mehr herausholen, als sie geben können. Um zu diesem Ziel zu gelangen, entwickeln wir u. a. auch eine moralistische Gesetzlichkeit ohne Humor, ohne Freude, ohne Gnade. Es zerbricht uns die angestrebte Freiheit unter den Händen.

Wir selbst aber gleiten zurück in eine Art geistig-moralischer „Steinzeit“: teils in gnostisch-dualistisches Denken, das die Wirklichkeit symbolisch in ein Reich der Finsternis und ein Reich des Lichts, in eine teuflische und in eine gottbegnadete Sphäre teilt (ohne daß an den Teufel oder an Gott geglaubt würde!), teils in ein „kanaanäisches Heidentum“, das die Kräfte von Blut und Boden, Nation und Rasse maßlos überhöht. Dies beides im 20. Jahrhundert!

Der heftige Widerstreit zwischen diesen beiden Irrwegen („Ideologien“) kennzeichnet die gegenwärtige Lage.

4. Die Sprache der Lehre von der Sünde

„In der Wissenschaft, die ich studiere, wird von ‚Sünde' überhaupt nicht gesprochen. Mit diesem Thema wüßten wir auch nichts zu verbinden."

(Eine Berliner Medizinstudentin, 1987)

Trotz und wegen der Existenz der modernen Wissenschaften ist es jetzt höchste Zeit, daß die christliche Theologie wieder aufschlußreich von der Sünde spricht. Der Verlegenheit vieler heutiger Theologen in bezug auf ihre Aufgabe, auch von der Sünde des Menschen treffsichere, zu denken gebende Aussagen zu machen, steht längst bei der Masse der Bevölkerung eine Ahnung oder Erfahrung gegenüber von ungebändigt wirksamen und unbegriffen unter uns anwesenden bösen „Mächten und Strukturen". Die Theologie aber schlägt sich noch immer in Windmühlenflügelkämpfen mit den Nachhuten der Aufklärung des 17. und 18. Jahrhunderts herum. Sie läßt sich lähmen von der Arbeit an den von der Aufklärung ausgegangenen religionskritischen Herausforderungen und versäumt darüber die gegenwärtigen. Ihre Schwäche auf dem Gebiet der Sündenlehre ist ein Symptom ihrer Gestrigkeit. Hierunter leidet nicht nur ihre Realitätswahrnehmung, sondern auch ihre Vollmacht und Geistesgegenwart in den übrigen theologischen Zusammenhängen, vor allem in ihrer Lehre von Gott. Umgekehrt gilt freilich: Könnten wir wieder verständlich und verbindlich von der Sünde sprechen, hätte unsere Theologie auch alle übrigen Inhalte der christlichen Glaubenslehre für unsere Zeit zurückgewonnen!

Von einer theologisch adäquaten Lehre von der Sünde ist zu erwarten, daß sie nicht einen verbreiteten Pessimismus noch weiter verstärkt noch unübertrefflich in dunklen Farben malt, sondern ihren Adressaten hilft, mehr Hoffnung zu gewinnen und ein auch andere Menschen ermutigendes Leben zu führen.

Vor uns steht zunächst noch immer die schon von vielen im 20. Jahrhundert in Angriff genommene Aufgabe, die Sündenlehre aus einer *moralisierenden Engführung* zu befreien, die bei uns tief eingefahren ist. Sünde ist nicht gleichzusetzen mit moralischem Fehlverhalten, das sich durch Erziehung und geeignete Lernprozesse abändern ließe. Welcher gute Pädagoge hielte sonst mit Blick auf die Sünde das Angebot einer gnädigen Vergebung für hilfreich? Und welche Notwendigkeit bestünde dafür, daß sich gerade die Theologie dieser Angelegenheit annimmt? Um aber den in der Bibel begegnenden Perspektiven auf die Sünde wie auch unserer Situation gerecht zu werden, benötigen wir eine Begrifflichkeit, die zwar auch Probleme der Ethik umgreift, jedoch nicht in ihnen aufgeht.

Die kirchliche Sündenlehre ist bekanntlich seit längerem durch *Sprachverfall* beschädigt. Das Vorliegen von Sprachverfall erkennt man u. a. an folgendem Symptom: Die verschiedenen Ebenen, auf denen sich unser Sprechen vollzieht, werden durcheinandergebracht. Beispielsweise werden neben Aktionswörtern, die eine bestimmte Tätigkeit bezeichnen, auch abstrakte Reflexionsbegriffe gebraucht – und zwar so, als wären sie ebenfalls Aktionswörter, die diese Tätigkeit konkret bezeichnen würden. Ein Beispiel: Seit der Reformation hat die theologische Reflexion das vielfältige Gnadenhandeln Gottes als *Rechtfertigung des sündigen Menschen durch Gott* begrifflich zusammengefaßt. Indirekt wurde hierdurch die *Selbstrechtfertigung des Menschen* zum Inbegriff der *Sünde*. Letzteres stand im evangelischen Denken freilich nicht immer mit im Vordergrund. Vermutlich wußte man nicht so recht, auf welcher Sprachebene angemessen von des Menschen Selbstrechtfertigung geredet wird. Wenn wir heute umgangssprachlich von Selbstrechtfertigung reden, so scheinen wir ja einen psychologischen Vorgang und ein bestimmtes menschliches Verhalten mit „Selbstschutzcharakter" zu meinen. Doch würden wir dies auf die Wirklichkeit des Sündigens übertragen, würden wir m. a. W. diese Wirklichkeit *hierin* erblicken, so unterlägen wir einem Trugschluß. Wird nämlich Sünde auf den Begriff der Selbstrechtfertigung gebracht, so darf damit nicht die typisch menschliche Suche nach Selbstbestätigung gemeint sein, sondern dieser Begriff muß dann die umfassenden Zusammenhänge des Unglaubens, der fehlenden Verwurzelung in Gott, der Ablehnung des Evangeliums abdecken. Und wir müssen erkennen: Bei der Frage, ob ich das Gnadenangebot der göttlichen Rechtfertigung verfehle oder nicht, geht es um etwas ganz anderes als um die Frage, ob nicht doch jeder Mensch aus psychologischen Gründen eine wiederholte Selbstbestätigung und die Ertüchtigung der eigenen Kräfte im Spiegel des Lobs anderer benötige, und ob nicht doch der freudige Stolz auf eigene Erfolge (auf gelungene eigene „Werke") zum *menschlich Guten* gehören könne. Luthers Rechtfertigungslehre verbietet nicht die eigene Leistung (noch die Freude an ihr und das Lob der guten Leistung durch andere).

Dies ist ein sehr wichtiger Punkt im heutigen Gespräch mit den geistigen Erben der Aufklärung (unter die sich auch die Theologen rechnen sollten, da sie es *sind*). Im vorliegenden Buch wird die Frage des richtigen Verständnisses der menschlichen *Selbstrechtfertigung* eine wichtige Rolle spielen. Doch dabei wird vorausgesetzt werden: Wer von der (einen Reflexionsbegriff darstellenden) sündigen menschlichen Selbstrechtfertigung auf der gleichen Ebene spricht wie von der sündigen Tätigkeit des Stehlens oder des Lügens, der produziert eine semantische Unklarheit und vermischt die Sprachebenen.

Sprachverfall bedeutet auch: Viele *frühere* Bezeichnungen für eine gemeinte Sache rücken – weil nämlich diese Sache in der aktuellen Lebenswirklichkeit nicht mehr recht greifbar zu sein scheint – alle auf *eine Ebene*, auf der sie freilich gar nicht zusammengehören. Die unterschiedlichsten Zugänge zur gemeinten Sache (hier: zur Sünde) aus verschiedenen Kulturen, Religionen und Epochen erscheinen nun wie einzelne Facetten, die diese Sache allererst gemeinsam richtig darstellen würden. Von Hause aus aber beschrieben diese unterschiedlichen Zugänge nicht jeweils ein Teilmoment der gemeinten Sache, sondern sie erfaßten sie jeweils ganz. Nur die Geisteshaltung des Historismus – die heute noch keineswegs überwunden ist – könnte sie alle als „gleichwertig" empfinden und davon abstrahieren, daß doch diese Bezeichnungen alle der Geschichtlichkeit des Verstehens unterliegen, folglich eine recht unterschiedliche Aktualität und Bezeichnungskraft aufweisen. Wer z.B. vom Sündigen als von einem *Unreinwerden des Menschen* spricht, erfaßt ja nicht einfach eine bestimmte Facette des Vorgangs des Sündigens, sondern wählt einen sprachlichen Zugang zur Sünde, der bestimmten Menschen zu einer bestimmten Zeit die Sünde *umfassend* erschließt oder erschlossen hat. Er/sie sollte sich aber fragen, wann, wo, und warum die umfassende Erschließungskraft der Hermeneutik von „rein" und „unrein" in bezug auf die Sünde *endete*. Er/sie müßte, wenn er/sie theologisch-wissenschaftlich arbeitet, sehen, daß ab einer bestimmten Zeit die Zusammenhänge von „rein" und „unrein" nicht mehr mit gesellschaftlicher Evidenz das, was Rechtschaffenheit und Gerechtigkeit bedeuten und was andererseits Sünde bedeutet, zur Sprache bringen konnten. Er/sie müßte zugleich sehen, daß die Zusammenhänge von „rein" und „unrein" gleichwohl ab diesem Zeitpunkt im *Unbewußten* der Menschen eine gewichtige Rolle spielen. Und er/sie müßte es theologisch richtig zu bewerten wissen, worin der Unterschied liegt zwischen einer Sprache, die die bewußte, gesellschaftlich „handhabbare" Seite der Sünde ausdrückt, und einer Sprache, die die unbewußten Anteile der Sünde formuliert.

Weil die theologischen Lehrbücher solche vermeintlich allzu feinen hermeneutischen Unterschiede weder zu registrieren noch zu deuten pflegen, weil sie – ferner – dem ständigen Wandel der Sprache in bezug auf die Sünde nur wenig nachfragen, darum ist ihr dogmatisches Versagen groß und ihre Vollmacht gering geworden.

Von den neuzeitlichen philosophischen und humanwissenschaftlichen Ausarbeitungen des Begriffs der *Schuld* kann heutige Theologie dieses und jenes lernen. Aber man täuschte sich, meinte man, diese Ausarbeitungen des Schuldbegriffs seien in der Regel klar und einsehbar („evident"), während die Theologie mit ihrem Festhalten am Begriff der *Sünde* gar nicht mehr die Chance habe, allgemeinverständlich zu reden. Zunächst ist festzustellen, daß gerade das säkulare neuzeitliche Reden von der Schuld dieses Phänomen keineswegs zur Klarheit gebracht hat. Alles blieb strittig. Gibt es wirkliche Schuld, gibt es nur Schuldgefühle? Woran ist das Vorliegen von Schuld zu messen? Wenn ich z.B. Heidegger lese, meine ich, meine Schuld bestehe darin, daß ich viele Möglichkeiten, die das Leben mir bisher bot, ungenützt vorübergehen ließ, weil ich mich ja entscheiden mußte und dann etwa die *eine* Möglichkeit, ein dickes Buch zu schreiben, gewählt habe. Aber *ist* das Schuld? Eine verwirrende und lange Reihe verschiedener moderner, weltlicher Interpretationen des Schuldphänomens steht vor uns. Bald betonen sie, Schuld gehöre zum Menschsein unabdingbar hinzu, bald betonen sie, Schuld bedeute das mindestens zeitweilige Scheitern an der Aufgabe, ein Mensch zu sein. Bald lehren sie, wie es im 20. Jahrhundert besonders K. Jaspers getan hat, der Mensch sei das der Umkehr und somit der Schuldbewältigung fähige Wesen, bald aber stellen sie, ähnlich wie die klassische griechische Tragödie, den Verhängnischarakter der Schuld in den Vordergrund. Dieser Pluralismus der Deutungen zeigt zweierlei an: Zum einen weist er auf seine eigene Ursache zurück, die im neuzeitlichen Absinken des Schuldphänomens ins Private und Innerliche zu erblicken ist. In der Neuzeit wird vom einzelnen Menschen offiziell nur noch ein Leben in der Legalität gefordert. Die Gesetze sind einzuhalten. Wie sich der einzelne „daneben" noch schuldig macht, ist kaum von öffentlichem Interesse. Es ist allenfalls von wissenschaftlichem Interesse, weil der moderne Mensch sich ja weitere Befreiung vom immer weitergehenden Durchleuchtetwerden durch die Wissenschaften verspricht. Zurück bleiben die privaten Schuldgefühle, für deren höchst individuellen Zuschnitt es in mancher Hinsicht gar keine Norm des Erfassens mehr geben kann. – Zum andern aber zeigt der heutige Pluralismus auch dies an, daß die bis über die Reformationszeit hinaus noch vorhanden gewesene Identität des Denotats (und auch der Konnotate!) der Begriffe „Sünde" (*peccatum*) und „Schuld" (*culpa*, *reatus*) längst zerbrochen ist. Auch ist es oftmals unklar geworden, ob, wer von Schuld redet, auch die Sünde mit ansprechen möchte – oder ob er gerade dieses nicht will.

Wir wurden in der theologischen Hamartiologie mit alledem fast auf die Anfänge des Verstehens und des Sprachvermögens zurückgeworfen. Von vielen Seiten her wird das Ungenügen des vorhandenen Stands der Lehre teils wahrgenommen, teils behauptet: neuerdings auch aus dem Bereich der Feministischen Theologie heraus, indem über die Prädominanz maskuliner Beschreibungen bzw. Wahrnehmungweisen der Sünde geklagt wird (z. B. im Verständnis der Sünde als Hochmut und Selbstbehauptung , aber nicht als Selbstvernachlässigung oder Selbstaufopferung, worunter eher weibliche Erscheinungsweisen der Sünde zu erblicken seien). Obwohl dergleichen nicht einleuchtet, ist es in der Tat notwendig geworden, Sünde und Schuld in der theologischen Lehre in den verzweigten Perspektiven neu zu überdenken und zu reformulieren.

Die nicht gerade übliche Begrifflichkeit, die in Teilen dieser Abhandlung erprobt werden wird, weist eine – biblisch fundierte – Berührung mit der Terminologie auf, die man sonst am ehesten auf dem Gebiet der Ästhetik antreffen kann. Aber es wird nicht etwa darum gehen, zu wiederholen, was Kierkegaard die ästhetische Existenz des Menschen genannt und von der ethischen und der gläubigen Existenz unterschieden hat. Erst recht soll nicht Kierkegaards Beschreibung der ästhetischen Existenz als einseitiger Hauptschlüssel zum Verständnis des (sündigen) Menschen ausgegeben werden. Auch wird durchaus nicht beabsichtigt, auf der Linie philosophischer Gedanken, wie sie etwa von Schiller und in anderer Form von Nietzsche vertreten wurden, einer angeblich nur noch möglichen ästhetischen Rechtfertigung oder Genesung der Menschen das Wort zu reden. Hiervon schrecken uns auch Beispiele aus der jüngsten Geschichte ab! Aus ausschließlich mit der heutigen theologischen Lehrsituation zusammenhängenden Gründen werde ich vielmehr die Lehre von der Sünde gelegentlich in Begriffe fassen, wie sie z. B. auch bei philosophischen Untersuchungen des *Verhältnisses des Teils zum Ganzen* begegnen. Es kann dann etwa analogisch formuliert werden: So wie es zum Ereignis des Schönen gehört, daß das größere Ganze der Wirklichkeit an einem ihrer Teile oder Teilaspekte in Erscheinung tritt, so gehört es auch zur Erscheinung echter Menschlichkeit in einer bestimmten Person, daß hierbei die Einheit zwischen diesem Individuum und der Menschheit als ganzer und sogar dem Weltganzen aufleuchtet. In der Abwesenheit, Hemmung oder Zerstörung dieser Einheit (die in theologischer Sicht auf die mangelnde Einheit mit Gott zurückgeht) zeigt sich das Problem der Sünde.

In einer noch sehr allgemeinen Weise kann bereits an dieser Stelle von der Sünde gesagt werden, daß sie irgendwie den Menschen und ihren Verhältnissen „das Wohlgefallen" entzieht. Unter der Sünde, der Trennung von Gott, schwindet ihr Glanz. Alles wird nichtswürdig – selbst dort, wo es noch intelligent und geordnet zugeht. Angst und Hoffnungslosigkeit ziehen ein, weil die Zukunft sich verschließt.

Von den biblischen Befunden her ist dieses noch ungewohnte, theologiegeschichtlich jedoch nur teilweise neuartige Herangehen an das Phänomen „Sünde" – immerhin schrieb schon Augustin in den „Konfessionen" (III,8): *turpis est omnis pars universo suo non congruens* – näherliegend als zunächst vielleicht angenommen wird. Diese Zugangsweise orientiert sich an dem biblischen Grundbegriff „Herrlichkeit" (hebr.: *kabod*; griech.: *doxa*; lat.: *gloria*).

5. *Kabod* und *kabod*-Verlust nach dem Alten Testament

„Abram war überaus schwer an Vieh, Silber und Gold“
(Gen 13,2)

Das hebräische Wort *kabod* ist von einem Verb hergleitet, das ursprünglich „schwer sein“ (an Gewicht, an Würde) bedeutet. Darum kann *kabod*, außer Herrlichkeit und Glanz, auch Ehre und Majestät meinen oder eben das, was ansehnlich macht. Wer ihn hat, kann sich sehen lassen. Wem er mangelt, den kann man vergessen.

Kabod wird im Alten Testament nicht nur Gott zugeschrieben, sondern zugleich bestimmten Menschen und sonstigen Geschöpfen. Abraham beispielsweise hatte *kabod*: Er war, weil Gottes Segen auf ihm ruhte, sehr reich oder (wörtlich übersetzt) „schwer“ an Vieh, Silber und Gold. Von Jesaja wurde Israels Adelsschicht einmal als der *kabod* des Volkes bezeichnet (Jes 5,13). Derselbe Prophet konnte auch vom *kabod* eines Waldes sprechen: Gott, so prophezeite er, wird die Herrlichkeit von Assyriens Wald auslöschen: „Es wird sein, wie wenn ein Kranker dahinsiecht“ (Jes 10,18). Assyrien wird dann freilich nicht nur einen äußerlichen Schmuck, sondern seine innere Lebenskraft verlieren. Der genannte Bibelvers macht auch deutlich: Wenn der *kabod* schwindet, werden Leib und Seele angegriffen. Sein Verlust resultiert vornehmlich aus dem Ungehorsam gegenüber Gottes Geboten und verurteilt zu Unfruchtbarkeit und zum Absterben.

Nach dem Alten Testament ist somit der *kabod* der Geschöpfe deren Ehre, Glanz, Würde, Herrlichkeit – kurz: das auf ihnen ruhende Wohlgefallen, ohne das sie veröden und eingehen. Israel wird immer wieder belehrt, es werde untergehen, wenn es sich von Gott uns seinen Geboten abwendet. Denn der *kabod* der Geschöpfe steht und fällt mit der Übereinstimmung ihres Lebenswillens mit dem Willen Gottes. In solcher Übereinstimmung stehen die Geschöpfe im Glanz. Ohne sie verlieren sie ihn und hören auf, „zukunftsträchtig“ zu sein.

Der Sinn menschlichen Fragens nach Gott liegt primär nicht, wie neuzeitliche Religionskritiker meinten, in einem auch in der Erwachsenenseele oft fortbestehenden infantilen Schutzbedürfnis und Geborgenheitswunsch. Sondern er liegt primär in dem Wunsch, teilzuhaben an jenem Glanz, der uns humane Schönheit und Zukunft, Kraft und Leben gewährt. Menschen, deren Gesicht und Gehör abgewandt ist von dem, dessen Ebenbild wir sind, fehlt gar nichts – außer dieser Glanz. Der Mensch ohne Gott ist kein Krüppel. Der Mensch „braucht“ die Gottesbeziehung nicht, um vollständig teilzuhaben an den menschlichen Möglichkeiten (im Sinne von: Fähigkeiten) und um in seinem Leben Glück zu finden. Gegenteilige Behauptungen sind schlechte Missionspredigt! Lediglich den Glanz des göttlichen Wohlgefallens kann sich der Mensch ohne Gott nicht selber schaffen. Für die Bibel ist dies ernst genug: Wem der *kabod* fehlt oder dahinschwand, dem ist „die Axt an die Wurzeln gelegt"; er hat nicht „die Gerechtigkeit, die vor Gott gilt"; seine Existenzberechtigung ist daher in Frage gestellt oder bereits aufgekündigt.

Der *kabod* kommt von Gott. Mit dem *kabod* beehrt Gott seine Geschöpfe. Darin am meisten besteht Gottes eigene Ehre, daß er seinen Geschöpfen *kabod* verleiht, also mit ihnen seinen eigenen göttlichen Glanz teilt. Dabei schaut er nicht auf deren „Verdienst und Würdigkeit". In diesem Vorgang bückt er sich tief vor und zu seinen Geschöpfen. Unter diesen gibt es darum *Menschen*, denen es ein Bedürfnis ist, Gott zu loben und ihm zu danken. Die gottesdienstliche Doxologie ist das Höchste, was uns auf Erden möglich ist. In ihrem Vollzug stehen wir selber im Glanz.

Wenn aber der Mensch selber Schöpfer sein will, und wenn es ihm tatsächlich gelingt, sich eine eigene Welt neu zu erschaffen, vermag er doch *seinen* Kreaturen den vom göttlichen *creator mundi* ausgehenden Glanz niemals zu verleihen. Der „perfekte Roboter" ist und bleibt ein tiefes Sinnbild *menschlichen* „Schöpfertums". Adam, der Repräsentant aller Menschen, wird an *seinen* „Geschöpfen" nicht zu demjenigen, dem diese, weil sie selber vom Menschen mit diesem Glanz beehrt worden wären, Lob und Ehre darbringen! Dies bleibt eine unübersteigbare Grenze unserer Kraft.

Nur allzugut kennen wir aus der griechischen Mythologie das Motiv vom Neid der Götter auf die Menschen. Schwerlich aber sind wir uns selbst durchsichtig in *unserem* verborgenen Neid auf Gott, der ins Leben und aus dem Leben rufen, der seinen Geschöpfen Glanz verleihen und wieder entziehen kann. Dieser heimliche menschliche Neid auf Gott (auf Gott, wie ihn der Mensch sich *vorstellt*), ist aber die uns gerade noch begreifliche *Wurzel der menschlichen Sünde*, die „Wurzel unseres Gotteskomplexes" (H.E. Richter).

Darum ist zu fragen: *Besteht nicht die Sünde Adams genau darin, daß er ständig, so wie Gott, Wirklichkeit eigenmächtig neu begründet und neu erzeugt – ohne doch eine wirkliche Schöpfung machen zu können noch auch nur die bestehende in ihrem Plan und Wesen völlig ergründen, geschweige denn sie in demütig-gebückter Haltung ertragen und mit eigenem Glanz beschenken zu können?*

Des Menschen Unlust, mit Gott zusammenzuwirken, sein Auskommen-Wollen ohne den Schöpfer und sein eigenes Der-Schöpfer-sein-Wollen ist in der Tat *Sünde* zu nennen. Es handelt sich um ein Attentat auf die Ehre Gottes, das aber zugleich auch dem Sünder und den durch sein Verhalten mitbetroffenen Geschöpfen die Ehre raubt, ihnen den *kabod* oder die innere Lebenskraft entzieht.

Nimmt Gott solche Sünde des Menschen, durch die er um das ihm geschuldete Lob gebracht wird, einfach hin? So scheint es. Gott hindert den menschlichen Willen, ohne Gott leben zu wollen, augenscheinlich nicht. Er läßt uns insoweit anscheinend alle Freiheit. – Aber leitet er uns auf diese Weise nicht grausam fehl, ja, richtet er uns nicht zugrunde mit solcher „Großzügigkeit"? Empfindungen dieser Art lagen schon in mancher schwersten und oft gerade von frommen Menschen angestimmten Klage. Solche Klage, die sich bis zu dem Ausruf „Gott ist tot!" verdichten kann, müssen Christen letztlich im Dialog mit dem Neuen Testament austragen. *Zentrales Thema im Neuen Testament ist* die im „Wort vom Kreuz" liegende paradoxe Botschaft, *daß Gott seiner Menschheit und seiner durch Menschensünden akut bedrohten Erde rettend zuhilfe kommt in einem – schwer verständlichen – äußersten Akt des göttlichen Zurücktretens vor dem Menschen!*

Wer immer die Botschaft des Neuen Testaments nicht in dieser Richtung gefunden, vielmehr sie in einer rational leicht eingängigen Weltformel oder in evidenten „ethischen Maximen" entdeckt hat, der ist auch nicht von Ferne ihrer Wahrheit ansichtig geworden.

6. *Doxa* und *doxa*-Verlust nach dem Neuen Testament

„Alle sündigten und gingen der *Herrlichkeit* Gottes verlustig"
(Paulus im Römerbrief, Kap. 3,23)

„Ich bin überzeugt, daß die Leiden der gegenwärtigen Zeit nichts bedeuten im Vergleich zu der *Herrlichkeit*, die an uns offenbar werden soll" (Paulus im Römerbrief, Kap. 8,18)

Auch im Neuen Testament ist das griechische Wort für „Lichtglanz", „unanfechtbare, endgültige Schönheit", „Herrlichkeit", „Ehre", „Gewicht", „Ruhm" usw. ein Zentralbegriff. Dieses griechische Wort lautet *doxa* und versucht nichts anderes wiederzugeben als das Denotat des hebräischen *kabod*. Zwar kann *doxa* im außerneutestamentlichen klassischen Griechischen auch „Meinung", „Anschauung", „philosophisches Axiom" bedeuten. Aber im Neuen Testament selbst begegnet das häufig gebrauchte Wort *doxa* niemals in dieser Bedeutung, sondern immer nur als Äquivalent für das hebräische *kabod*.

Besonders oft ist im Neuen Testament von der *doxa Gottes*, der *gloria dei* die Rede! Dies unterstreicht, daß „Herrlichkeit" zunächst Gott zugehört. Nur von ihm kann sie – durch Selbstentäußerung – auch auf seine Geschöpfe übertragen werden. Breiten Raum füllen sodann neutestamentliche Stellen, die von der *doxa* Jesu Christi sprechen. Bei der *Verklärung Jesu* auf dem Berg Tabor erblicken ihn drei Jünger bereits in jener Lichtgestalt, die ihm *nach* Golgatha als der „Leib der Auferstehung" zueigen sein wird. Im Johannesevangelium ist das *Verherrlichtwerden* des Menschensohns, der wie ein zur Erde gebrachtes Weizenkorn stirbt, aber gerade so neues Leben stiftet und vielfältige Frucht bringt, ein Hauptthema. Die Exekution Jesu am Kreuzesstamm kann darum, doppelsinnig, als Jesu „Erhöhung" bezeichnet werden: als Anfang der Ausübung seines herrlichen Königtums über alle Welt. Jesu *doxa* „entsteht an seinem Tod" (Gerhard Kittel). Doch ist sein Kreuzesgehorsam zugleich ein Vorgang, durch den im Menschen Jesus auch *Gott*, der Vater, verherrlicht wird (Joh 13,31). Denn dieser Gehorsam ist ja zugleich ein Bekenntnis zu Gott und ein Testimonium für Gottes Ehre wie es stärker nicht gedacht werden kann. Zuletzt verherrlicht sich der „Erhöhte", Jesus Christus, nach dem Johannesevangelium auch noch in seinen *menschlichen Jüngern*, also an allen denen, die an ihn glauben und ihm nachfolgen (Joh 17,10).

Zunächst steht aber die ganze Menschheit, so sagt es der Römerbrief, unter dem negativen Vorzeichen, ihr sei aus eigener Schuld der geschöpfliche Glanz abhanden gekommen! Juden wie Heiden haben sich von Gott abgewandt und *darum* ihre *doxa* verloren. Weil das so ist, sind sie – sind folglich auch wir – zugleich in einen Prozeß der Selbstzerstörung verstrickt. Und in dieses menschliche Verhängnis werden auch die außermenschlichen Geschöpfe hineingezogen.

Nun hat Gott nach gesamtneutestamentlicher Auffassung – gipfelnd in der Sendung Jesu Christi – dieser menschlichen Selbst- und Schöpfungsdestruktion den Kampf angesagt: einen Kampf des Lebens gegen den Tod. Gott schreitet also ein! Er hilft mit seinem „heilsgeschichtlichen Dazwischentreten" uns und unseren Mitgeschöpfen, die wir uns nicht aus eigener Kraft den Konsequenzen der Sünde zu entwinden vermögen.

Der Mensch wird in der Bibel Alten wie Neuen Testaments als das Geschöpf wahrgenommen, das aus sich selber heraus nur selbst- und umweltzerstörerisch leben kann, dem aber Gott in dieser Notlage zur Hilfe kommt.

Mit mehreren *Bundesschlüssen* ist Gott nach gesamtbiblischer Auffassung dem in der menschlichen Natur liegenden Zerstörungspotential entgegengetreten. Durch den *Noah-Bundesschluß* gewährleistet er – ausdrücklich *auch* zugunsten der Tiere und Pflanzen – eine gegen die Sünden der Menschen resistente, langfristige terrestrische Grundordnung: „Ich will hinfort nicht mehr die Erde verfluchen um der Menschen willen". Obwohl „das Dichten des menschlichen Herzens . . . böse von Jugend auf" ist und bleibt, „soll nicht aufhören Saat und Ernte, Frost und Hitze, Sommer und Winter, Tag und Nacht" – „solange die Erde steht" (Gen 8,21 f). – Im *Sinai-Bundesschluß* wendet sich Gott an die von ihm stellvertretend für alle Menschen angesprochene israelische Volksgemeinschaft, der er die Tora, das „Gesetz des Lebens", stiftet (Ex 19 f). Gottes *neuerlicher Bundesschluß in Jesus Christus* schließlich setzt diese Maßnahmen fort, um die Menschheit als ganze und die Erde nicht dem Untergang auszuliefern, sondern sie zurückzuführen in den *Segen*, in „Leben und Seligkeit". Der neutestamentliche Hebräerbrief kommentiert dieses neuerliche Bundesereignis so: „Nachdem Gott vorzeiten zu vielen Malen und auf vielerlei Weise zu den Vätern geredet hat . . ., hat er am Ende dieser Tage zu uns geredet durch den Sohn . . ., der . . . (als) Abglanz seiner Herrlichkeit und Ebenbild seines Wesens . . . das Weltall durch sein machtvolles Wort trägt (und) sich zur Rechten der Majestät in den Höhen gesetzt hat, nachdem er die Reinigung von den Sünden vollbracht hatte . . ." (Hebr 1,1 ff).

Heutigem Lebensgefühl steht die biblische Gewißheit nicht gerade nahe, daß Gott uns, die wir uns mit Selbstzerstörung bedrohen, durch Bundesschlüsse zur Hilfe kommt. Wir sehen uns in der Regel „ganz auf uns selber gestellt". Die alte kirchliche Überzeugung aber, Jesus Christus habe den neuen, endgültigen Bund *in seinem Blut* gebracht, er habe durch sein Kreuzesleiden unsere Sünden überwunden und gesühnt, ist den meisten Menschen der Gegenwart eine extrem fremde Überzeugung geworden.

Wie kann denn, so mag gefragt werden, das Kreuz Jesu – dieser traurige Ort der Schwäche und des Sterbens – für die ganze Menschheit „Heil" und „Leben" bedeuten? Die Antwort auf diese Frage suchen wir jetzt.

Paul Gerhardt hat in einem Passionslied mit folgenden Worten zur Meditation des Kreuzes aufgefordert: „O Welt sieh hier dein Leben / am Stamm des Kreuzes schweben". Folgen wir einmal seiner Aufforderung zur Meditation:

Du blickst jetzt meditierend hinauf zu dem am Stamme des Kreuzes „Schwebenden". Du denkst vielleicht: Da wird einer hingerichtet, der vergeblich darauf vertraut hatte, Gott komme seinen leidenden Geschöpfen zur Hilfe. Gerade das Vertrauen auf die Hilfswilligkeit des Gottes des Bundes brachte ihn ans Kreuz. Verständlich, daß ihn da einige Juden fragten: „Wo ist nun dein Gott?"

Hatte er zuviel geglaubt, zuviel geliebt, zuviel erhofft? War *das* sein Fehler?

Du bist bereit, einzuräumen: Irgendwie hängt er auch für uns alle hier. Nicht allein deshalb, weil wir ja alle unser Leben auf Vertrauen, Liebe und Hoffnung gründen müssen. Nein, er wurde getötet, weil seine Mitmenschen – auch wir – so schwach sind im Vertrauen, Lieben und Hoffen. Er selbst ist ein Unschuldiger. Er gehört jedenfalls nicht unter die Täter, sondern unter die Opfer in bezug auf die genannte allgemeinmenschliche Schwäche. An ihm, der tatsächlich liebte, hoffte und vertraute, ließ der Schöpfer, wenn es ihn gibt, jene Schwäche oder jenes Versagen, das in uns allen steckt, sich aufs Augenscheinlichste in voller Stärke auswirken. Er ist ein geschlagenes Beispiel dafür.

Noch immer blickst du fragend hinauf zu diesem Gekreuzigten. Soeben hattest du gedacht: „Er leidet auch durch mich." Jetzt führen dich deine Gedanken einen Schritt weiter. Du überlegst: Tue ich nur ihm und anderen solches an – oder vielleicht sogar auch *mir selbst*, nämlich meinem „besseren Ich", meinem von mir angestrebten, wahren menschlichen Selbst? Je länger du nachdenkst, desto weniger wirst du dieser Konsequenz ausweichen: Es ist etwas Fatales an mir und allen, wodurch wir nicht nur andere, sondern letztlich sogar uns selbst kreuzigen. Darum erkennen wir an Jesu Leidensangesicht, was wir *auch* uns selbst antun, wie wir *auch* uns selbst entstellen und zugrunderichten. So weit verstehen wir jetzt den Satz: „O Welt sieh hier *dein* Leben / am Stamm des Kreuzes schweben."

Vielleicht sollte man sagen: Leben und Tod von uns allen befinden sich am Kreuz von Golgatha in der Schwebe: Uns begegnet hier nämlich anschaulich und faßbar die menschliche Katastrophe, die wir uns zu bereiten im Begriffe stehen: Solches Schicksal muß uns und unsere Mitgenossen treffen, sofern wir in unserer Lieblosigkeit, Vertrauensschwäche und Hoffnungsarmut (ist das unsere Gottlosigkeit?) unverändert steckenbleiben!

Der Horizont hat sich verdüstert. Jetzt denken wir auch an die gottverlassene Einsamkeit und Dunkelheit der Todesstunde Jesu, in die wir mitverstrickt sind. Er ist tatsächlich unser *Stellvertreter*. Aber in welchem Sinne?

Pseudotheologische Vorstellungen vom „Sündenbock", dessen Blut stellvertretend für diejenigen fließt, die eigentlich ihr Leben verwirkt haben und nun *unbehelligt* bleiben, weil ja ein Opfer gebracht worden ist, kann man vergessen. Herkömmliche Behauptungen, Gottes Zorn habe im Sinne einer Sühneleistung durch das wertvolle Opfer des unschuldigen Jesus „gestillt" werden müssen, sind empörend und müssen aus der christlichen Theologie verbannt werden.

Jesus Christus ist unser aller Stellvertreter, aber nicht, damit wir unbehelligt unserer Wege gehen könnten, sondern gewonnen würden für Gott und für unser eigenes menschliches Selbst. Christus steht einstweilen ein für unser noch nicht erschienenes wahres Selbst, das nicht mehr gegen Gott gestellt ist. Wir sind nicht ausgeschlossen und durch ein fremdes Opfer „ersetzt" bei seinem Kreuzesleiden, sondern, wie schon Paulus klar dargelegt hat, mit eingebunden. Wenn wir auf ihn am Kreuz blicken und dabei seinem versöhnlichen Blick auf uns standhalten, geschieht es uns, daß unser ganzer „alter Mensch der Sünde" mitgekreuzigt wird (vgl. Röm 6,1-6). *Wir erblicken uns selbst in der Qual und mit entstelltem Angesicht und erkennen uns sogar als unsere eigenen Henker.* Aber das ist – in Christus – keine alle Hoffnung vernichtende, sondern eine befreiende Erkenntnis, der versöhnende Kraft einwohnt.

Die Ausstrahlung des Gekreuzigten ist so, daß wir nicht mit stummem, bitterem Blick angeklagt, vielmehr froh darüber werden, wahrzunehmen, in wie großer Gefahr wir stehen und wie teuer, ja, heilig die unzerstörte Menschlichkeit und auch unser persönliches Selbst sind! Die Meditation des gekreuzigten Christus erhebt uns. Und dies, obwohl wir erkennen müssen, daß die „Sache Gottes", für die Jesus Christus ebenfalls als der Stellvertreter eintrat, auf Golgatha unheimlichen Spott und äußerste menschliche Zurückweisung erfahren hat!

Aufs Anschaulichste hat Gott auf Golgatha „seine Sache" zuschanden werden lassen. Hier erscheint er auf den ersten Blick als *Verlierer.* Der Mensch aber erscheint auf den ersten Blick bestätigt, wenn er mit der Intention lebt, sich von Gott nicht hindern und nicht helfen zu lassen. Aber einem auch nur halbwegs konzentrierten Blick auf das Kreuz hält dieser erste Eindruck nicht stand. Denn ihm zeigt es sich: Indem die „Sache Gottes" vor dem Interesse der Menschen scheinbar zurücktritt, so daß das menschliche Geschöpf in seiner ganzen sündigen Größe dasteht, vermag Gott sich selbst und seine Gabe souverän zu vermitteln!

Golgatha ist alles andere als ein menschliches Sühnopfer zugunsten Gottes, um ihm den Zorn zu ersparen oder zu löschen. Was von Golgatha ausstrahlt und bis auf den heutigen Tag wirkt, ist ein göttliches Selbstopfer: Der hier ein wirksames Bundeszeichen setzende Schöpfer der Welt gibt den Geliebten preis, dem er und der ihm (entgegen der sonstigen sündigen Trennung) innig verbunden ist. Jesus am Kreuz ist das Ur-Sakrament mit dem Sinn, die übrigen Menschen für die Koexistenz mit Gott zurückzugewinnen. Durch dieses Ur-Sakrament und wirksame Bundeszeichen wird eine Kraft freigesetzt, die die in ihren Sünden zerrissenen Menschen mit sich selbst versöhnt und so auch mit der Natur und mit Gott.

Was von Golgatha in die Welt ausstrahlt, ist *Gott selbst.* Gott als Geist, als versöhnende, lebenserneuernde Kraft.

Jesus aber hat nicht versucht, *etwas* am bestehenden Gottesglauben der ihm begegnenden Menschen zu verändern und zu verbessern, damit sie mehr mitbekämen von Gottes lebenserneuernder Kraft. Sondern das Ziel seiner Sendung war, daß Menschen überhaupt *Gott* wiederfänden, anstatt sich von ihm zu trennen. Er knüpfte nicht an „ein bißchen vorhandene Religion“ an, sondern an die allgemeine Gottlosigkeit – inmitten religiös geprägter Verhältnisse. (Darum muß auch im Verhältnis des Christentums zu anderen Religionen wie z. B. Judentum und Islam gelten: Nicht dies ist wichtig in einer dieser Religionen, nicht zugehörige Menschen zu der jeweils eigenen Glaubensform zu bekehren. Sondern wer in diesen Religionen fromm ist, soll so leben, daß vielleicht auch andere in ihrer Religion *Zugang zu Gott* finden: wirklichen Zugang, der aus überwundener Sünde, nicht aus religiöser Konvention resultiert)

Nur Gott selbst ermöglicht es, daß er gefunden werden kann! Er ist auch die Quelle aller Versöhnung. Dies zu behaupten könnte freilich den Einwand hervorrufen, daß Versöhnung doch fast allen Menschen mangele, Gott somit untätig geblieben sei als Quelle der Versöhnung. Die in der Tat nicht zu leugnende Seltenheit dessen, was das Neue Testament als versöhntes menschliches Leben beschreibt, sollte nun auch nicht heruntergespielt werden durch die Auskunft: Eines Tages wird die Versöhnung schon noch umfassend erfahrbar werden.

Auf etwas ganz anderes sollte vielmehr hingewiesen werden. Nämlich darauf, daß an Jesus Christus für alle Menschen erkennbar wird: Schon *ein einziges* Ereignis wahrer, unzerstörter Menschlichkeit hat die Kraft, sich reinigend und versöhnend für die zerrütteten Verhältnisse vieler auszuwirken! *Eine einzige* Lebensweise, in der der Glaube zum Ausdruck kommt, in der also Gott ins Leben hineingezogen wird, wiegt sehr viel schwerer und ist geschichtsmächtiger als viele Sünden. *Ein* Gottesfreund kann vielen Gottesfeinden helfen. Es gibt nichts, was uns das Menschsein, das intellektuell als eine hoffnungslose Unternehmung der Natur erscheinen könnte, eher bejahen lassen kann als diese – begründete – Gewißheit. Hier ist die Brunnenstube des Lebensmuts.

7. Über Verlust und Wiederkehr des Glanzes in der Welt

„Und Gott sah an alles, was er gemacht hatte; und siehe es war sehr gut“ (Gen 1,31)

„Die künftige Herrlichkeit dieses Hauses (des Tempels) wird größer sein als die frühere, spricht der Herr der Heere“ (Hag 2,9)

„Ich lasse den grünen Baum verdorren und den dürren Baum lasse ich grünen. Ich, der Herr, rede es und tue es auch“ (Hes 17, 24b)

Wir Heutigen können uns, belehrt durch Naturwissenschaften, die strahlende Schönheit, in der der Kosmos am Morgen des siebten Schöpfungstages seinem Schöpfer entgegengeleuchtet haben soll, nur als Utopie, nur als vorgreifende Vision einer irgendwann von allen Übeln befreiten Welt vorstellen. Wie sollte denn schon der Urzustand der Welt „sehr gut“ heißen dürfen?

Trotzdem ist etwas dran an der altvertrauten Vorstellung, daß die irdischen Geschöpfe und insbesondere wir Menschen *vom Guten herkommen*. Auch bleibt Richtiges an der traditionellen dogmatischen Aussage, daß wir Menschen aus diesem ursprünglichen Guten herausgefallen seien und immer noch herausfallen. Es gab wirklich einen Schöpfungsglanz in der Welt, der durch die Lebenweise der Menschheit verdorben wurde. Doch er wurde bisher nicht so gänzlich verdorben, daß gar nichts mehr von ihm übrig wäre. Es gibt erstaunlicherweise immer noch Glanz in der Welt, der verdorben werden kann. *Es würde diesen Glanz aber längst nicht mehr geben, wenn er sich nicht auf irgendeine Weise erneuerte.*

Sicher ist es falsch, die Utopie einer „Rückverwandlung“ der Welt ins Paradies oder einer „Evolution“ der Welt hin zu einem Paradies in die christliche Glaubenslehre einzubeziehen. Aber es ist möglich und auch wichtig, daß wir uns vertrautmachen mit dem Geheimnis, woher und wie der verlorene Glanz in dieser Welt *wiederkehren* kann.

Das Interessanteste an der Sünde ist die Möglichkeit ihrer Entmachtung.

Das Thema „Sünde“ wirft aber auch die ungeheure Rätselfrage nach dem Weg der Menschheit im Kosmos auf. Wie lange werden sich die Menschen mit ihrer unausgeglichenen, zerrissenen Existenz in der Natur noch halten können? Wohin gehen sie? Stehen sie unter einem besonderen Schutz?

Die christlichen Dogmatiker kommen an der Stelle, wo sie ihre

Lehre vom Menschen entfalten, durchweg auch auf die Sünde zu sprechen. Sie bekunden so die Überzeugung, daß *Anthropologie* und *Lehre von der Sünde* eine *Einheit* bilden müssen. Sie beginnen ihre Ausführungen über den Weg der Menschheit im Kosmos herkömmlicherweise mit Adams Sündenfall und beenden sie mit Interpretationen der Erlösungstat Jesu Christi, der oft auch als „zweiter Adam" (vgl. Röm 5,12ff; I Kor 1,15.21ff) beschrieben wird. Jesus Christus bringt nach kirchlicher Überzeugung den verlorenen Glanz in die Schöpfung zurück. (Paul Gerhardt im Weihnachtslied „Fröhlich soll mein Herze springen": „... was euch quält, was euch fehlt; ich bring alles wieder")

Insbesondere ältere und sehr alte Dogmatiken unterscheiden im Anthropologie-Kapitel von dem in Sünde fallenden Adam noch den *Adam vor dem Sündenfall*: den Adam im Stande höchster Vollkommenheit. Die theologischen Aussagen hierüber sind in neuerer Zeit freilich zusammengeschmolzen – oft bis auf nichts. Man kann das aufgrund des Siegeszuges der naturwissenschaftlichen Evolutionslehre ja auch verstehen. Dennoch hielten die alten Dogmatiken einen Zugang zur Anthropologie offen, der nicht hätte verschüttet werden dürfen. Es war richtig, daß sie Adam zuerst darstellten in seiner Herrlichkeit als das Wesen, in welchem Gott seine Schöpfung gipfeln läßt.

Demgegenüber bleibt es doch eine schnöde Auskunft, wenn *das Erste*, was wir vom Menschen zu sagen wissen, lautet, er sei ein Sünder oder, was auch nicht schöner ist, er habe sich vom affenartigen Wesen ein Stück weit emporentwickelt, so daß er jetzt eine Art „Reise der Natur ins Unbekannte" darstelle. Vieles Richtige mag auf diesen Linien über den Menschen gesagt werden. Aber einsetzen sollte eine Anthropologie, die dem Menschen halbwegs gerecht werden kann, mit dem *Staunen* darüber, daß inmitten des Naturreichs dieses Wesen „Mensch" überhaupt existiert. Wieviel Grund hat doch gerade der Naturwissenschaftler, sich über die evolutionäre Entstehung der Menschheitsgattung im Weltall zu wundern! In ihr erkennt plötzlich die Natur sich selbst. Mit ihr heben Lachen und Weinen an, erscheinen in der Evolution Liebe und Lüge, Gerechtigkeit und ihr schreckliches Gegenteil, Vertrauen und Solidarität wie auch die Höllenqualen einer neuen tödlichen Einsamkeit oder Verlassenheit – und dem zum Trotz ein seit Jahrtausenden nie mehr abreißendes menschliches Lob des Schöpfers.

Wo dieses besondere Wesen, der Mensch, auftaucht, erscheint sofort auch das Phänomen der *Sprache*, und zwar nicht nur die zum

Informationsaustausch benützte Sprache, sondern auch die zum tröstenden Zuspruch, zur wechselseitigen Ermutigung gebrauchte Sprache sowie schließlich die alles Menschliche wieder in Frage stellende Sprache der Lüge.

Der Mensch muß, damit er leben kann, nicht nur irgendwie angesprochen noch lediglich zuverlässig informiert werden, sondern er muß Freundlichkeit und eine liebevolle Bestätigung seiner einmaligen persönlichen Art, seiner Individualität vernehmen können. Dem Lebewesen „Mensch" muß – das ist seine größte Besonderheit im Naturreich – *gut* zugeredet werden, damit dieses Lebewesen überhaupt leben mag und leben kann.

Woher aber kommt im Naturreich dieses gute Wort? Woher kommt die freundliche Anrede, die den Menschen im Dasein erhält und die ihn überhaupt uranfänglich erzeugt hat, ihn herausgehoben hat aus der Welt der Tiere und Pflanzen? *Das Wunder der Existenz dieses guten Wortes (und damit auch des Menschen im Kosmos) ist ja keineswegs kleiner als wenn es geschähe, daß inmitten eines Gletschers durch eine plötzliche ungeheure Wärmeeinwirkung ein Rosengarten aufblühte.* So viel „zusätzliche Wärme" muß überraschenderweise dagewesen sein, als es irgendwann in der Evolution zu jenem Gut-Zureden kam, aus dem heraus ein wirklicher Mensch, ein biologisches Mängelwesen mit Geist entstehen konnte. Hat etwa der biologische Mangel von selbst den menschlichen Geist hervorgebracht? Oder ist der Geist zum Mangel gekommen?

Wer nicht tief angerührt ist vom Wunder und von der Schönheit der Existenz des notvollsten Geschöpfes im Kosmos – sollte dem zu trauen sein, wenn er uns über des Menschen Sünde belehren will? Wer nicht teilhat an der Empfindung, daß wir Menschen eine verschworene Gemeinschaft darstellen, darstellen müßten, weil wir wie eine winzige warme Insel sind im ansonsten (trotz aller animalischen Wärme, trotz aller Göttergeschichten und trotz des Leuchtens von Milliarden Sonnen) *eiskalten Universum* –, sollte der uns überzeugend darlegen, wie wir zu einer neuen Geschwisterlichkeit mit Pflanzen und Tieren oder zu einer neuen Geborgenheit in der Gotteskindschaft hinfinden?

Hätten die Theologen der Neuzeit mehr von dieser Ergriffenheit in bezug auf die Menschheit in sich gehabt, dann wäre nicht der inzwischen abgrundtief gewordene Graben zwischen Christentum und humanistischer Aufklärung aufgebrochen. Dann hätte sich auch das moderne Denken schwerlich dahin verirrt, das Böse und die Sünde fortwährend zu verdrängen – und beiden gerade deswegen im Verlauf der Geschichte immer massiver zu begegnen und an ihrer aussichtslosen „geistigen Verarbeitung" stets erneut zu scheitern und immer mehr zu verzweifeln.

Die fundamentale Frage in bezug auf den Menschen lautet nicht – Augustin schon hat dies erkannt! – „woher kommt das Böse?", sondern „woher kommt das Gute?" *Das Woher des menschenschöpferischen Wortes der Güte ist und bleibt das wohlverstandene gemeinsame Thema von Theologie und Philosophie.* Beide können produktiv miteinander reden, wenn sie *hierüber* disputieren und ihre verschiedenartigen Möglichkeiten einer Freilegung dieses Wortes austauschen. Nie vergessen die Menschen, soweit es sie auch über jedweden Gottesglauben hinausgetrieben haben mag, daß sie dieses Wort zum Leben brauchen. Alles, was an verderblicher und an schöpferischer *Angst* in den Menschen ist, gilt der Sorge um den Erhalt (=Aufrechterhaltung und Neugewinn) dieses Wortes, das uns als Menschen ins Leben ruft, uns ein menschliches Leben verheißt. Der Mensch lebt in der Tat nicht vom Brot allein (vgl. Dt 8,3).

Der Mensch hat allen Grund, sich angstvoll auf den Erhalt des lebensnotwendigen Wortes der Güte zu konzentrieren. Denn es ist in der Welt nicht nahezu unbegrenzt vorhanden, wie dies für gewisse chemische Energieträger zutrifft. Das Wort, das, meiner Person zugewendet, den Schöpferspruch „siehe da, sehr gut!" verlauten läßt, liegt keineswegs reichlich auf der Straße. Ich *muß* es aber haben. Wenn es mir nicht von selbst in völlig gesicherter Weise zuteil wird, werde ich mit aller meiner Macht versuchen, es mir selber zu besorgen. Der Drang, sich selber zu *rechtfertigen*, könnte nur dort zurücktreten, wo uns das benötigte Wort der Güte tatsächlich von außen reichlich begegnet.

Rechtfertigung ist formal immer gute Botschaft für ein einzelnes Wesen und besagt inhaltlich: *Du* bist würdig, zu existieren; *dein* Leben ist annehmbar für die anderen; in *deiner* Existenz liegt Sinn. Gut, daß es *dich* gibt. Von *dir* läßt sich dies im Unterschied zu manchen anderen sagen. – Dieses bestätigende Wort möchte ich hören. *Jeder* versucht auf die eine oder die andere Weise, die anderen dazu zu veranlassen, daß sie es ihm gewähren. Bei diesem fundamentalen menschlichen Vorgang, der sich längst nicht mit einzelnen psychologischen Erscheinungen wie Ehrgeiz oder Anerkennungsbedürfnis deckt, tritt aber plötzlich die Sünde auf den Plan: die wirkliche Sünde, das wirkliche Böse, das wir alle reichlich erfahren (und das auch in der Bibel gemeint ist!). *Ich* versuche mit aller meiner Macht, Beziehungsverhältnisse zu anderen Menschen, zu Gott, zu Tieren, zu

Pflanzen und Dingen dahingehend umzufunktionieren oder einzuengen, daß sie insbesondere dem Zweck dienen, mich zu rechtfertigen. Dies aber ist kontraproduktiv zu den biblisch gebotenen Beziehungsverhältnissen der Liebe „von ganzen Herzen, von ganzer Seele und von ganzem Gemüte“ (Dt 6,5; Num 19,18; Mt 22,37-40). Der kompromiß- und gnadenlose Versuch, alle anderen zur Selbstrechtfertigung zu benützen, entwertet und zerstört die Beziehungen zu ihnen. Er raubt den Beteiligten gleichsam die Seele. Er nimmt den irdischen Verhältnissen den Glanz und bewirkt, daß nur häßliches Chaos, Schutt und Asche zurückbleiben. Sünde ist Anti-Schöpfung, wobei sie freilich dieses Gesamtziel nie erreicht. Die Menschheit aber ist am Rechtfertigungsproblem erkrankt. *Dies* ist unsere „Krankheit zum Tode“.

Sollte uns einmal ein halbwegs adäquates Verstehen der Ereignisse, die zu Auschwitz hingeführt haben, möglich werden, so nur, wenn wir Zug um Zug die ungeheuerlichen Schübe von Selbstrechtfertigungsbedürfnissen freilegen, die insbesondere nichtjüdische Deutsche und schlichtweg die Masse der Christen in einer von langer Hand vorbereiteten geschichtlichen Situation „gegen ihre Juden“ richteten. Dem stand, wenngleich weniger „verkappt“ und in schwächerem Maße, ein aus langer Leidenszeit begreifliches Selbstrechtfertigungsstreben gegenüber. Auch hier gilt: Eine etwa nur moralisch oder vielleicht nur völkerpsychologisch angeleitete Interpretation, ja, jeder Versuch einer „wissenschaftlichen Aufarbeitung“ der Geschichte und der Vorgeschichte des Holocaustes muß mindestens unzureichend bleiben. Den meisten dieser Versuche wird immer der Eindruck einer unangemessenen Erklärung anhaften. Denn die hier geschlagene Wunde, die sich, solange es Menschen gibt, nicht mehr schließen können wird, stellt vor letzte Fragen der Menschheitsrechtfertigung.

Wo Theologie nicht in leerformelhafter, sondern wirklich relevanter Weise Stellung bezieht zu der weit fortgeschrittenen gemeinsamen Zerstörung von Umwelt des Menschen und menschlicher Seele, wird dies ebenfalls nur im Zuge einer Analyse der durch menschliche Selbstrechtfertigungsbedürfnisse verkommenen Beziehungen zur Natur geschehen können. Therapeutische Versuche schließlich, die mit einiger Aussicht auf Erfolg an den Kern der mit ABC-Waffen geladenen politischen, wirtschaftlichen, sozialen und geistigen Spannungen zwischen Ost und West, Nord und Süd herangehen, müssen – da Geldspenden, moralisierende Entspannungsappelle und intelligente Kompromißvorschläge nicht genügen, um die angestaute Angst und Unterdrückung zu überwinden – dem in diesen Konflikten eingelagerten Selbstrechtfertigungspotential beikommen.

Die Rückkehr des Glanzes ist möglich. Unsere Verhältnisse können sich durch vereinzelt auftretende menschliche Veränderungen auch in größerem Umfang wandeln und erneuern.

Die Rückkehr des Glanzes inmitten einer durch Sünde demolierten Wirklichkeit nennt die Bibel *Gnade*. Gnade bedeutet, daß Gott sich naht und wieder schön und anmutig macht, was durch Sünde zur Mißgestalt wurde. Gnade ist kostbar, liegt nicht auf der Straße, was vor allem kirchliche Amtsträger wieder begreifen müssen.

Gnade ist aber auch identisch mit *Evangelium*, d.i. mit dem sich einstellenden Wort der Güte, aus dem heraus das Menschliche gedeiht. Im Evangelium von Jesus Christus begegnet Gott selbst in einer Form, die uns davon abbringen soll, mit ihm zu konkurrieren und so zu leben, als gäbe es Gott nicht.

Das Evangelium oder Wort der Güte können wir weder erfinden noch herbeinötigen. Wenn wir es aber finden, sollten wir es hüten und pflegen. Vornehmlich für die Kirche und ihre gemeindeleitenden Menschen gilt, daß sie verpflichtet sind, das der Kirche in Jesus Christus angebotene gute Wort ehrfürchtig zu nützen, es heilig zu halten und im Dank weiterzugeben. Denn gegen die Sünde helfen letzten Endes keine Appelle und keine Erziehungsmaßnahmen. Nur dies hilft, daß Menschen das teure Wort begegnet, in welchem ihnen Gott und Gnade zugleich nahen.

Daß die Kirche *Gottesdienste* feiern kann, daß sie Jesus Christus in mehrfacher Weise durch die Zeiten hin als Gottes gutes Wort vernehmen und weitergeben kann, dies ist ihr Schatz. Aber nicht immer weiß sie, was es heißt, ihn zu hüten und zu pflegen. Oft schließt sie ihn nur ein, statt ihn zu erschließen. Oft aber profaniert sie ihn auch, indem sie Gottes Gnade zu Schleuderpreisen „weitergibt" und Gottes Gesetz zu einem Katalog wichtiger ethischer Vernunftregeln („Handlungsanweisungen") verkommen läßt. Das wirkliche Wort Gottes indessen heilt einfach dadurch, daß es *gehört* wird, daß es als die heilige Stimme *dessen* vernommen wird, der Vollmacht hat, die Menschen zu sich heimzurufen. Das wirkliche Evangelium ist nicht dazu da, um von uns „praktisch umgesetzt" zu werden. Damit hätten wir gerade nichts gegen die Sünde gewonnen. Jenes „gute Wort" muß vielmehr *als es selbst* bei uns ankommen, Geltung gewinnen. Das ist alles.

Dies fast vergessen zu haben, ist mit ein Grund dafür, daß heute so viele Christen in Verlegenheit, in Auskunftsunfähigkeit oder in den

Mutwillen des Umdeutens fallen, sobald es um das Thema der Sünde geht. Vielfach ist leider die Klage berechtigt: Die heutige Kirche hütet nichts mehr, sie ist eine Diskussion geworden.

Wenn Freunde sich begegnen, heißt es manchmal „ich habe lange nichts von dir gehört". *Die Wiederkehr des Glanzes hebt an, wenn wir endlich von Gott wieder hören.* Von Gott nichts zu hören, ist der Menschen größte Not. Sobald sie dies fühlen, können sie aber selber dazu beitragen, aus der tödlichen Gottesstille herauszufinden. Heute geht es deshalb zuerst darum, trotz des Getöses und im Getöse aller unserer Aktivitäten die Stille Gottes zu hören! Wenn intensive theologische Arbeit – jenseits der Inflation christentumsgeschichtlicher Worte – hierzu beiträgt, wäre dies sehr viel.

Kapitel II

Zum Problemstand in der Lehre von der Sünde und vom Bösen

§ 1 Beschreibung eines im Gang befindlichen Prozesses

K. BARTH, Der Römerbrief, München ²1922.- G. EBELING, Das Problem des Bösen als Prüfstein der Anthropologie. In: DERS., Wort und Glaube III, Tübingen 1975, 205-224. - J.G. FICHTE, Werke in 8 Bdn., hg. v. I.H. FICHTE (Bonn 1834ff), Neuaufl. als photomech. Nachdruck Berlin 1971 (zit.: W mit anschließender römischer Bandziffer). - A. GÖRRES/K. RAHNER, Das Böse. Wege zu seiner Bewältigung in Psychotherapie und Christentum, Freiburg i. Br. 1982. - K. LEHMANN/W. PANNENBERG (Hgg.), Lehrverurteilungen - kirchentrennend? Bd. I: Rechtfertigung, Sakramente und Amt im Zeitalter der Reformation und heute (Dialog der Kirchen. Veröffentlichungen des ökumenischen Arbeitskreises evang. u. kath. Theologen, Bd. 4), Freiburg i. Br./Göttingen 1986. - K. LORENZ, Vorwort zu V.E. FRANKEL, Der Mensch vor der Frage nach dem Sinn, Serie Piper Bd. 289, München/Zürich (1979) ⁴1985. - J.M. MILLAS SJ, Die Sünde in der Theologie R. Bultmanns (FThSt 34), FFM 1987. - O. MOCHTI, Das Wesen der Sünde. Kontinuität und Wandel im Verständnis von Sünde bei den Moraltheologen des deutschen Sprachraums in der 1. Hälfte des 19. Jh.s (SGKMT 25), Regensburg 1981. - W. MOSTERT, Gott und das Böse, in: ZThK 77 (1980), 453-478. - J. PIEPER, Über den Begriff der Sünde, München 1977. - L. RAGAZ, Weltreich, Religion und Gottesherrschaft, Bd. 2, Erlenbach-Zürich 1922. - M. SIEVERNICH, Schuld und Sünde in der Theologie der Gegenwart (FThSt 29), FFM (¹1982) ²1983. - P. TILLICH, Systematische Theologie Bd. II, Stuttgart ¹1958.

a) *Wiederannäherung von Theologie und Philosophie*

Was Theologen, insbesondere die protestantischen, mit dem Begriff „Sünde“ meinen, wurde im Laufe der Neuzeit teils immer weniger verstanden, teils immer weniger akzeptiert. Es wurde den Theologen oft (und nicht immer zu Unrecht!) vorgeworfen, sie hätten ein zutiefst negatives Menschenbild und sie stünden mit ihrer Sündenlehre der Heilung menschlicher Gebrechen, der Bildung menschlichen Selbstvertrauens und einer wachsenden Selbsthilfe auf unverantwortliche Weise im Wege. Gestützt wurde solche Theologie- oder Christentumskritik nicht selten auf einschlägige Ausführungen pietistischer Autoren[1]. Die originale Sündenlehre der Reformatoren freilich hätte sich sehr viel weniger als Anknüpfungspunkt für solche Absetzbewegungen geeignet.

Die Auseinanderentwicklung der neuzeitlich-theologischen und der neuzeitlich-philosophischen Lehren „vom Menschen" ist im 19./20. Jahrhundert auf ihren Höhepunkt gekommen. *Die hauptsächliche Differenz liegt in der Beziehung der gesamten darzustellenden Materie auf Gott/Jesus Christus im Falle der theologischen Anthropologien und im Verzicht hierauf im anderen Fall.* Die nach dem 1. Weltkrieg von der Bewegung der dialektischen Theologie vollzogene Abkehr von Schleiermacher und der Theologie des 19. Jahrhunderts hat in ihren faktischen Auswirkungen den sprachlichen Graben zunächst zusätzlich verbreitert. Während Philosophie und Wissenschaften prinzipiell *füreinander* da sind und in gleichartiger Rationalität an die Phänomene des Menschlichen herangehen, scheint theologische Anthropologie – so konnte man in der ersten Hälfte des 20. Jahrhunderts meinen – nicht nur außerhalb, sondern sogar gegen Philosophie

---

[1] Als zureichendes Beispiel diene FICHTES Polemik gegen die vom Pietismus A. H. Franckes geprägte „Hallische Theologie" und gegen Zinzendorfs „Brüdergemeine": Ihrer, wie F. meinte, in der Lehre des *Luthertums* begründeten Religionsauffassung nach gilt: „Der Mensch solle vor allen Dingen seine Sündhaftigkeit recht innig erkennen, gleichsam Höllenangst über sie empfinden, und in dieser Angst seine Zuflucht nehmen zum Erlöser...". „Dies sey der Weg der Busse...; und ausser diesem gebe es keinen". Ihr (pietistisch-lutherischen Theologen) sagt dem armen Sünder, er habe gegen die 10 Gebote verstoßen. „Wenn er sie nun gehalten und alles gethan hätte, was er zu thun schuldig ist, seine Habe den Armen gegeben, seinen Leib brennen lassen, wäre er denn dann weniger ein Sünder? Die eigentliche Sünde hat ja ihren Sitz gar nicht in den Erscheinungen der grösseren oder kleineren Gesetzeswidrigkeit...", sondern man stößt auf sie, wenn man erkennt, „dass alles, was aus dem eigenen Willen hervorgeht, und nicht aus Gott, nichtig sey und, wenn man so reden will, Sünde. Warum hebt ihr dann nicht gleich mit diesem Satze an, mit welchem ihr doch, falls ihr euren Pflegebefohlenen wirklich zum Christenthume bringen ... wollt..., kommen müsst? Von Angst und Schrecken soll er ergriffen werden über die Sünde ...". „Ihr ... schiebt ihm ... das antichristische Princip der Selbstliebe ..." unter. „Ihr macht die Menschen zu Heiden, so gut ihr könnt, damit ihr Gelegenheit findet, euer Kunststück, zu Christo zu bekehren, auszuüben." (Aus: „Die Staatslehre oder über das Verhältnis des Urstaates zum Vernunftreiche, in: Vorlesungen, gehalten im Sommer 1813 auf der Universität zu Berlin: W IV, 563–565). – Fichtes Position ist Luthers Theologie näher, als es der Philosoph weiß. Denn der zentrale Gedanke von Fichtes Argumentation ist gerade von Luthers Sündenlehre beeinflußt: Nicht der

und Wissenschaften zu stehen. Dieser Eindruck ist aber sachlich revisionsbedürftig – gleichviel, von welcher Seite her er am meisten verschuldet wurde.

Ist der Mensch von Haus aus „gut" – verderben ihn erst „falsche" (gesellschaftliche) Strukturen? Die Theologie scheint das Entgegengesetzte zu behaupten, und daher hat sie sich in der Neuzeit selbst isoliert. Hat der Mensch die Möglichkeit oder jedenfalls das Recht, in Freiheit „aufzubrechen, wohin er will"[2]; oder ist er von Haus aus unfrei und mit allen seinen Plänen und Taten ein unfreiwilliger Verderber eigenen und fremden Lebens? Die Theologie scheint den Menschen im letzteren Sinn zu verstehen, und daher ist die Kommunikation mit ihr nahezu abgebrochen. So wird die Lage im allgemeinen dargestellt.

Wie aber, wenn es sich herausstellte, daß weder eine respektable Philosophie noch eine verantwortlich aus ihren maßgeblichen Quellen schöpfende christliche Theologie die ihnen soeben zugeschriebenen Sichtweisen vom Menschen entwickeln? Wie, wenn es sich zeigte, daß es schlechterdings nicht *gegen* die biblische Anthropologie geschieht, wenn wir Menschen das Vertrauen auf ihre eigene Kraft und natürliche Unversehrtheit stärken, wenn wir ihre Lebenslust und Sinnenlust und ihre Freude am körperlich Schönen gelten lassen und auch ermuntern? Wie, wenn es sich nicht mehr übersehen ließe, daß die tatsächlichen Unterschiede zwischen Glauben und Unglauben überhaupt nicht dort zu Buche schlagen, wo man sie für gewöhnlich dingfest machen will: bei einer angeblich zum Glauben gehörenden leibfeindlichen und alle Glücksbedürfnisse des menschlichen Ego diskreditierenden Grundeinstellung? Ließe sich, wenn dies geklärt werden könnte, ein immer obsolet gewesener Graben zwischen theologischer und außertheologischer Erhellung der Verhältnisse des Menschen endlich wieder überbrücken?

Nun ist es nicht erst die Aufgabe dieses Buches, eine theologische Wende im soeben angedeuteten Sinne zu versuchen. Dieses Buch kann mit der Feststellung schon einsetzen, daß in maßgeblichen theologischen Sündenlehren seit Jahrzehnten eine Anthropologie vorgetragen wird, die für die erwähnten Vorurteile keinen Anhalt

---

einzelne Verstoß gegen Gottes Gebote, sondern die Ablehnung Gottes, der grundsätzliche Verstoß gegen das *erste* Gebot – dieser prinzipielle „Unglaube" charakterisiert und konstituiert die Sünde.

[2] Zitat nach dem Schluß von F. Hölderlins Gedicht „Lebenslauf".

mehr bietet. Außerdem: Es gibt seit den Anfängen der modernen Existenzialphilosophie auch wieder *philosophische Zugänge* zum Menschen, die der biblisch-reformatorischen Einschätzung des Bösen näherstehen als vielen der seit über 200 Jahren vorgetragenen aufgeklärt-philosophischen Deutungen dieses Phänomens.

Man gewinnt von allen diesen Texten her den Eindruck, daß sich Theologie und Philosophie im Blick auf ihre Sicht des Menschen wieder einander annähern. Diese Entwicklung ist zu begrüßen, weil und sofern sie ungerechtfertigte Diskrepanzen abbaut. Eine heutige Theologie, die sich nicht der in diesen Diskrepanzen enthaltenen neuzeitlichen Problemlage annähme, wäre irrelevant.

Zwar unterschätzten Theologen noch bis weit ins 20. Jahrhundert hinein die außertheologischen Deskriptionen des Bösen in der Dichtung und in der Philosophie, und sie unterschätzten auch die in den Humanwissenschaften gewonnenen Einsichten in das Phänomen menschlicher Schuld. Aber eine Klimaveränderung stellte sich doch sogar schon beim frühen „dialektische" Karl Barth ein (der für Feuerbach und Marx, Dostojewski und Nietzsche, d.h. für sich klar *gegen* das kirchliche Christentum und die Theologie abgrenzende neuzeitliche Philosophen ein offenes Ohr hatte). Ferner stellte sich eine solche Klimaveränderung ein bei Paul Tillich (für den Psychoanalyse, Tiefenpsychologie und Soziologie als Humanwissenschaften bereits in den 20er und 30er Jahren erhebliche theologische Bedeutung hatten, und dessen theologische Hamartiologie den Begriff der Entfremdung aus der Tradition des Linkshegelianismus rezipiert hat). Heute gibt es sicherlich auch bereits das Problem einer theologischen Überschätzung oder Fehleinschätzung[3] der „Verwertbarkeit" moderner human- und sozialwissenschaftlicher Erkenntnisse im Bereich der Hamartiologie.

Die meisten systematischen Theologen der Gegenwart halten sich quer durch die Konfessionen hindurch für verpflichtet, in der Sündenlehre gegenüber einer Reihe traditioneller dogmatischer Zugangsweisen zu des Menschen „Urstand und Fall" einschneidende, aber eben in der heutigen Zeit nötige Ansatz- und Sprachveränderungen vorzunehmen oder (sofern diese schon seit längerem erfolgt sind) sie anzuerkennen: z.B. von der mittelalterlichen theologischen

---

[3] Vgl. Ebeling, 224: Zu wehren ist „einem Mißbrauch der Wissenschaft vom Menschen zur Religionszersetzung oder als Religionsersatz" – gerade auch in der Theologie!

Anschauung von einer „gefallenen Welt" oder einer „gefallenen Menschheit" weg zu einer die Sünde und das Böse auf die *menschliche Identitätsproblematik* zuspitzenden Begrifflichkeit hin. Oder von der früheren moralischen Angst, in Schuld umzukommen, weg und hin zu der Angst, in der *Sinnlosigkeit* umzukommen. Oder von einer die Folgen der Sünde im Jenseits beleuchtenden theologischen Lehre weg zu einer die Folgen der Sünde im *Diesseits* beleuchtenden Hamartiologie hin usw.

Das *sind* Annäherungen der Theologie an die vielfach zuerst philosophisch aufgebrochenen Fragen, Anliegen und Veränderungen in der säkularisierten heutigen Welt. Es kommt hinzu: Im Zuge des allgemeinen Erschreckens darüber, zu welchen Untaten sich der Mensch speziell im 20. Jahrhundert als „fähig" erwiesen hat, stellt es für viele heutige Philosophen und Wissenschaftler bis ins marxistische Lager hinein überhaupt keine Frage mehr dar, daß ihre fast prinzipiell zu nennende Theologievergessenheit obsolet geworden ist und daß es sich durchaus lohnen kann, beispielsweise auf anthropologische Einsichten eines Thomas von Aquin, Luther, Schleiermacher, Kierkegaard oder Barth gedanklich zurückzukommen. Allerdings: Realisiert wird dies bis jetzt doch nur in ganz wenigen Ausnahmefällen (in der jüngsten Vergangenheit etwa bei Ernst Bloch und bei einigen Existenzphilosophen). Eher kümmert sich *Theologie* um Philosophie und Wissenschaften als diese sich um jene. Die „Entfremdung" ist eben sehr weit fortgeschritten, und erst eine neue öffentliche Beachtlichkeit, besser, eine neue elementare Christlichkeit *kirchlichen Lebens* wird hieran einschneidend etwas ändern.

b) *Wiederannäherung von römisch-katholischer und protestantischer Hamartiologie*

Parallel zu der in unserer Zeit zu beobachtenden gewissen Konvergenzbewegung philosophisch-wissenschaftlicher und theologisch-kirchlicher Betrachtungsweisen treten gegenwärtig auch die früheren Differenzen zwischen protestantischer und römisch-katholischer Sündenlehre in erstaunlichem Umfang zurück. Es ist beim heutigen Stand der theologischen Lehre nicht mehr angebracht, eine römisch-katholische Tendenz, die Sünde mehr von den einzelnen Sünden*taten* her zu verstehen, einer protestantischen Tendenz gegenüberzustellen, die Sünde vor allem als Erbsünde bzw. als generelle Entstellung des Menschlichen aufzufassen[4]. Vorbei ist auch die Zeit, in der sich der konfessionelle Gegensatz dahingehend beschreiben ließ: Ein Katholik sündigt wider die Natur, ein Protestant aber wider die Christusgnade[5]. Ebensowenig ist es heute noch richtig, einem römisch-katholischen Differenzieren der Sündentaten je nach ihrer Schwere eine protestantische Gewohnheit gegenüberzustellen, das Böse/die Sünde pauschal nach der Devise „*jede* Sünde ist Todsünde" als überall gleichgewichtig zu bewerten.

Die von beiden Konfessionen gleichermaßen angestrebte ständige biblische Erneuerung ihres dogmatischen Sündenverständnisses und die von allen Christen und Kirchen heute verlangte Bewährung auch auf dem sozialethischen Feld haben hier zu Angleichungen der theologischen Lehre und des Glaubensbewußtseins geführt.

Die in den Jahren 1546/47 vom Konzil zu Trient in Sessio V und VI vollzogene Abgrenzung des katholischen vom protestantischen Erbsünden- und Rechtfertigungsverständnisses hat nicht nur *an* trennender Relevanz, sondern wohl sogar *die* trennende Relevanz verlo-

---

[4] Hierzu: SIEVERNICH, 22f. – Ferner: RAHNER in: GÖRRES/RAHNER, 210–213: „Früher empfand der Christ seine personale Geschichte ... als die Summe hintereinander gereihter Einzeltaten, die jede für sich ... aus einem gleichmäßig zum Guten und zum Bösen geeigneten Freiheitspotential entspringen" (und dementsprechend jede für sich vom Menschen verantwortet werden müssen, wie es das herkömmliche römisch-katholische *Beichtinstitut* besonders deutlich macht: „man war gewissermaßen die Summe seiner Einzeltaten"). Der heutige Mensch aber meint, seine Freiheit realisiere sich „letztlich in wenigen Grundentscheidungen und Grundeinstellungen", die den Einzelheiten des Lebens eine *gemeinsame Gestalt* verleihen. Dies hat bewirkt, daß die eigene Schuld nicht mehr an einzelnen Untaten festgemacht wird, sondern bei einer als schuldig zu betrachtenden Person-Mitte, beim bösen Herzen also. – Ein neuralgischer Punkt im Lehrgespräch der Konfessionen blieb allerdings bis heute die Auslegung von Luthers *simul iustus et peccator*. Katholiken empfinden es meist als selbstverständlich, daß das *peccator*-Sein des Menschen *limitiert* verstanden wird, so daß neben größeren oder kleineren Anteilen der Sünde auch größere oder kleinere Anteile von menschlicher Gerechtigkeit in den Blick kommen. Ein *gleichzeitiges* Ganz-und-immer-ein-Sünder-Sein *und* Ganz-von-Gott-gerechtfertigt-Sein gilt als widerneutestamentliche und unverständliche typisch protestantische Denkfigur. – MILLAS, 113 und 131, meint nicht zu Unrecht, ein solches *simul*-Verständnis bilde die „Mitte des theologischen Denkens Bultmanns". „Das Verständnis der faktisch-historischen Wirklichkeit des Menschen als total und unabänderlich sündig gehört wesentlich zum Kern des Bultmannschen Denkens." Und der Katholik M. fügt hinzu: „Dadurch wird seine ganze Theologie m. E. problematisch, und darin können wir ihm nicht folgen." – Bultmann hat gleichwohl Paulus für sich.

[5] Vgl. PIEPER, 54f. – Heute steht dem beispielsweise K. Rahners „gnadenhafte Betrachtungsweise der Sünde" gegenüber (SIEVERNICH, 291 und 33ff).

ren[6]. *Sie* steht einem neuen Zueinanderfinden der Kirchen wohl nicht mehr im Wege.

[6] Vgl. LEHMANN/PANNENBERG (Hg.), 74f: „Was das Verständnis der Rechtfertigung des Sünders angeht, so treffen die beiderseitigen ... Verwerfungsaussagen des 16. Jahrhunderts nicht mehr mit kirchentrennender Wirkung den Partner von heute." Zwar bestehen im Verständnis der Rechtfertigung des Sünders noch „Unterschiede", aber sie sind „keine Entscheidungsfragen von der Art, daß mit ihrer Beantwortung über wahre und falsche Kirche entschieden wäre".

§ 2 Zum Problem der Bagatellisierung des Bösen

(Literatur s. bei § 1)

Die in der Gegenwart durchschnittlich vorhandenen Einstellungen zur Wirklichkeit des Bösen werden höchst unzureichend erfaßt, wenn immer wieder behauptet wird, der „verweltlichte" heutige Europäer kenne die Sünde nur gerade noch in der Form von „Diätsünden" oder von „Sünden im Straßenverkehr". Dies zeige an, daß er ahnungslos geworden sei in bezug auf die Realität des Bösen. In Wahrheit leben die meisten Europäer durchaus nicht einfach im Zustand der Bagatellisierung oder Verdrängung des Bösen. Es ist auch nicht richtig, anzunehmen, das Böse sei für die westlichen Philosophien, Wissenschaften und Künste in neuerer und neuester Zeit kein Thema mehr gewesen[7]. Nahezu das Gegenteil ist der Fall. Öfters kann man sogar den Eindruck gewinnen, daß z.B. Naturwissenschaftler die in sich falsche Art, die grundverkehrte Verhaltensweise der heutigen Menschheit scharf sehen und deutlich aussprechen[8], während ausgerechnet viele Theologen, Pfarrer und Pfarrerinnen, sich kaum noch getrauen oder nicht willens sind, von der Sünde zu sprechen. Das könnten übrigens noch die Befähigteren unter ihnen sein, die die heute drohenden Mißverständnisse erkennen.(Insgesamt stehen gerade Theologie und Christenheit in unserer Zeit in der Gefahr, an der Entsetzlichkeit und Gewalt des Bösen deshalb vorbeizureden, vorbeizuschwätzen, weil sie sich professionell auf die Sünde verstehen und über einen bewährten Apparat zur Einordnung und Bewältigung

---

[7] Sievernich, 21f, deutet die gegenwärtige Situation so: Einem heutigen „Rückgang des Verständnisses für personale Schuld" steht eine heutige „Zunahme des Verständnisses für die ‚objektive' Schuld" gegenüber, „in welche die Subjekte leidvoll verstrickt sind". In der modernen Literatur und Philosophie werden diese Verstrickungen des einzelnen vor allem „auf geschichtliche, gesellschaftlich hervorgebrachte Mächte" zurückgeführt. „Der moderne Mensch erfährt sich anonymen Mächten und Strukturen ausgeliefert, er erlebt das Zwiespältige, Abgründige und Bedrohliche in seiner Lebenswelt. Er leidet eher unter dem Bösen, als daß er sich selbst mitverantwortlich dafür fühlt."

[8] Vgl. z.B. Lorenz, IX: „Was die Menschheit im gegenwärtigen Augenblick zu tun im Begriffe ist, ist... wahnsinnig...". „Die Ursachen, die unsere heutige Menschheit mit dem Untergang bedrohen, tragen offensichtlich den Charakter eines Massenwahns, einer Neurose. Und sie liegen so offen zutage, daß viele sie gerade ihrer Offenkundigkeit und Banalität wegen nicht zu sehen vermögen. Der Biologe aber sieht sie...".

des Bösen zu verfügen meinen[9]. Es ist also leider ein besonderes Mißtrauen gegenüber theologischen Einlassungen zum Bösen, zum Dämonischen und Sündhaften unserer Zeit am Platze!)

Zutreffend ist: Das Böse bildet sogar *das* Thema innerhalb der wichtigsten geistigen Bemühungen der neueren und neuesten Zeit – zu denen aber theologische Texte meist nicht mehr gehören. Gerade seitdem „Gott“ kein explizites Thema im Denken der Gesamtgesellschaft mehr ist, seitdem „Gott“ folglich auch nicht mehr beschuldigt wird für irdisches Unglück, hat sich die Erörterung der *menschlichen* Verfehlungen, der Ungeheuerlichkeiten und Unzulänglichkeiten (bis hin zu dem darüber von vielen empfundenen Lebens-Ekel!)als sehr bedrängendes – und deshalb auch oft abgewiesenes oder verdrängtes – Thema fast überall, wo nachgedacht, anthropologisch geforscht und künstlerisch gestaltet wird, in den Vordergrund geschoben[10].

Die Frage ist nur, als wie aussichtsreich diese moderne (und manchmal modische[11]!) philosophische und literarische Konzentration auf das Böse zu bewerten ist. Setzt sie, genug tiefgreifend, an der

---

[9] Die schärfste diesbezügliche Kritik an Theologie und Kirchen erhob der religiöse Sozialist Ragaz, 190ff: Die Kirchen kennen nur eine „ruhende, fertige Welt“ und sie meinen, darin sei von Gott auch das Böse eingeplant. Die entsprechende theologische Lehre läßt das Böse und seine Überwindung zu einem bloß intellektuellen Problem werden. Denn das im Leben tatsächlich begegnende Böse und Üble – wie Mammonkult und militärische Rüstung und sogar Krieg – wird von Theologie und Kirchen ergeben hingenommen. Das hingenommene Übel aber, sagt R., *wird* allererst zum Bösen. Die Kirchen und ihre Theologie sind somit ungewollt sogar die wichtigsten Erzeuger des Bösen!

[10] Vgl. Mochti, 33: „Nachdem der moderne Atheismus Gott als Geschichtssubjekt entthront und das sogenannte Theodizeeproblem als obsolet auf sich beruhen läßt, setzt nunmehr in Analogie zum Theodizeeproblem eine Art ‚Anthropodizee‘ ein, insofern nun auf den Menschen als Ersatzsubjekt der Geschichte ihre ganze Last, also auch die Aporie des Bösen gefallen ist. Diesem Druck will sich aber der Mensch entziehen. Auf diese Weise entsteht die Signatur einer Gesellschaft, ‚die sich‘“ (nach den Worten einer neueren römisch-katholischen Synodaläußerung aus dem Bereich der Bundesrepublik Deutschland) „‚von dem Gedanken der Schuld selbst immer mehr freizumachen sucht.‘“ – Anzumerken wäre hierzu, daß dieser Versuch, sich einer Art Generalbeschuldigung zu entziehen, aus theologischer Sicht nicht einfach als bedauerlich zu bewerten ist. Eher müßte theologisch gesagt werden: Der moderne Mensch hat nur allzu recht, wenn er sich diesem säkularen „Hamartiologiesyndrom“ zu entziehen sucht – denn hier ist *nicht* das Forum, wo unsere Verantwortung begründet, unsere Schuld festgestellt und unserer Reue mit der Absolution begegnet werden könnte. Im übrigen ist die sogenannte belletristische Literatur und Kunst schlechterdings voll von Versuchen, sich jenen dunklen Erfahrungen, für die wir in der Säkularität keine rechte Sprache mehr haben, anzunähern.

[11] Hierzu: Mostert, 462.

Stelle an, von wo aus die elementaren Aspekte des Bösen allenfalls sichtbar werden: bei der Selbstrechtfertigungs-Sünde des Menschen? Eher trägt doch die intensive moderne Beschäftigung mit dem Bösen die Züge einer immer massiveren Wiederkehr dessen, was *nicht* bewältigt werden konnte und nicht bewältigt wird! *Keine* Frage, daß darum von Theologie und Kirche längst mehr gefordert ist als bloß die Wiederannäherung an Philosophie und die andere Konfession: Sie sind auch danach gefragt, ob die seit Augustin besonders herausgestellte Aufgabe und Vollmacht der Kirche, den Menschen von ihren Sünden wegzuhelfen, heute überhaupt noch ernstzunehmen ist.

§ 3 Einblick in aktuelle Fragestellungen systematisch-theologischer Hamartiologie

Literaturauswahl (Werke von Autoren früherer Jahrhunderte werden jeweils im Text verifiziert)

A. AUER, Ist die Sünde eine Beleidigung Gottes? In: ThQ 155 (1975), 53–68. – G. BADER, Sünde und Bewußtsein der Sünde. Zu Schleiermachers Lehre von der Sünde, in: ZThK 79 (1982), 60–79. – K. BARTH, Der Römerbrief, München [2]1922. – DERS., Die Kirchliche Dogmatik, Zürich 1932ff. – DERS., Nein! Antwort an Emil Brunner (1934), in: „Dialektische Theologie" in Scheidung und Bewährung 1933–1936, hg. v. W. FÜRST (TB 34) München 1966, 208–258. – DERS., Die protestantische Theologie im 19. Jahrhundert, Zürich ([1]1946) [3]1960. – J. BAUR, Schuld und Sünde, in: NZSTh 24 (1982), 311–319. – O. BAYER, Umstrittene Freiheit: Theol.-philosophische Kontroversen, Tübingen 1981. – I. BLANK (Hg.), Der Mensch am Ende der Moral. Analysen an Beispielen neuerer Literatur, Düsseldorf 1971. – E. BLOCH, Atheismus im Christentum. Zur Religion des Exodus und des Reiches, FFM 1968. – R. BLOMME, Widerspruch in Freiheit. Eine Analyse des heutigen Sündenbewußtseins und der Sünde (Werdende Welt 5), Limburg 1965. – G. BROCKMANN/D. STOODT, Sünde – Versuch der Erschließung eines zentralen christlichen Symbols, FFM/Berlin/München 1981. – E. BRUNNER, Der Mensch im Widerspruch. Die christliche Lehre vom wahren und wirklichen Menschen, Zürich/Stuttgart ([1]1937), [4]1965. – M. BUBER, Schuld und Schuldgefühle, Heidelberg 1958. – P. BÜHLER, Le problème du mal et la doctrine du péché. Labor et Fides (Nouvelle série théologique), Genf 1976. – K. BÜMLEIN, Mündige und schuldige Welt. Überlegungen zum christlichen Verständnis von Schuld und Mündigkeit im Gespräch mit Paul Tillich und Karl Rahner (FSÖTh 30), Göttingen 1974. – F. BUSSINI, L'homme pécheur devant dieu. Théologie et anthropologie, Paris 1978. – PH. DELHAYE (Hg.), Théologie du péché, Tournai 1960. – K. DEMMER, Entscheidung und Verhängnis. Die moraltheologische Lehre von der Sünde im Licht christologischer Anthropologie. Konfessionskundliche und kontroverstheologische Studien, hg. v. Joh.-Adam-Möhler-Institut, Bd. 38, 1976. – H. DOLCH, Sünde in evolutiver Welt, in: Conc (D) 3 (1967), 465–469. – A. M. DORN, Schuld – was ist das? Versuch eines Überblicks, Donauwörth 1976. – E. DREWERMANN, Sünde und Neurose. Versuch einer Synthese von Dogmatik und Psychoanalyse, in: MThZ 31 (1980), 24–48. – G. EBELING, Theologie zwischen reformatorischem Sündenverständnis und heutiger Einstellung zum Bösen: In: DERS., Wort und Glaube III, Tübingen 1975, 173ff. – E. H. ERIKSON, Identität und Lebenszyklus (suhrkamp tb wissenschaft 16), FFM 1973. – H. FISCHER, Grundlagenprobleme der Lehre vom Urstand und Fall. Ein Beitrag zur Methodenfrage der Theologie, Düsseldorf 1959. – H.-J. FRAAS, Glaube und Identität. Grundlegung einer Dialektik religiöser Lernprozesse, Göttingen 1983. – C. GESTRICH, Homo peccator und homo patiens. Das Verhältnis von Sünde und Leiden als Problem der theologischen Anthropologie und der Gotteslehre, in: ZThK 72 (1975), 240–268. – B. HÄRING, Sünde im Zeitalter der Säkularisation, Graz/Wien/Köln 1974. – M. HORKHEIMER, Letzte Spur von Theologie – Paul Tillichs Vermächtnis. In: Werk und Wirken Paul Tillichs. Ein Gedenkbuch, Stuttgart 1967, 123–132. – K. JASPERS, Die Schuldfrage, Zürich 1947. – H. JONAS, Das Prinzip Verantwortung. Versuch einer Ethik für die technologische Zivilisation, FFM ([1]1979) [3]1982. – E. JÜNGEL, Gott – um seiner selbst willen interessant. Plädoyer für eine natürlichere Theologie. In: DERS., Entsprechungen: Gott – Wahrheit – Mensch, München 1980, 193–197. – C. G. JUNG, Wirklichkeit der Seele, Zürich [3]1947. – M. Klessmann, Identität und Glaube (Reihe: Gesellschaft und Theologie: Abt. Praxis d. Kirche 33), München/Mainz 1980. – Ders., Art. Identität II. Praktisch-theologisch. In: TRE 16, Berlin/New York 1987, 28–32. – W. Korff, Aporien einer „Moral ohne Schuld“, in: Conc (D) 6 (1970), 413–422. – W. Krötke, Sünde und Nichtiges bei K. Barth (Berlin [1]1971), Neukirchen [2]1983. – D. Lange, Seinserfahrung und Gewissenserfahrung in der Sünde, in: ZThK 80 (1983), 287–304. – B. Langemeyer OFM, Das Schuldbewußtsein des heutigen Menschen und seine Bedeutung für die Theologie, in: WiWei 32 (1969), 92ff. – B. Lauret, Schulderfahrung und Gottesfrage bei Nietzsche und Freud (MMHSTh 1), 1977. – P. Lengsfeld, Adam und Christus. Die Adam-Christus-Typologie im NT und ihre dogmatische Verwendung bei M. G. Scheeben und K. Barth, Koinonia 9, Essen 1965. – D. J. de Levita, Der Begriff der Identität (1965), deutsch: FFM 1971. – W.-D. Marsch, Sündenbewußtsein als „falsches Bewußtsein“? in: Conc (D) 6 (1970), 393–400. – G.H. Mead, Mind, Self and Society, Chicago 1934. – J. B. Metz, Glaube in Geschichte und Gesellschaft. Studien zu einer praktischen Fundamentaltheologie, Mainz 1977. – J. M. Millas, Die Sünde in der Theologie Rudolf Bultmanns (FThSt 34), FFM 1987. –O. Mochti, Das Wesen der Sünde. Kontinuität und Wandel im Verständnis von Sünde bei den Moraltheologen des deutschen Sprachraums in der 1. Hälfte des 19. Jh.s (SGKMT), Regensburg 1981. – T. Moser, Gottesvergiftung, FFM ([1]1976) [3]1977. – W. Mostert, „ Erfahrung als Kriterium der Theologie“, in : ZThK 72 (1975), 427 – 460. – Ders., Ist die Frage nach der Existenz Gottes wirklich radikaler als die Frage nach dem gnädigen Gott? in: ZThK 74 (1977), 86–122. – J. Müller, Die christliche Lehre von der Sünde, 2 Bde., (Breslau [2]1844) Bremen [6]1889. – P. Müller-Goldkuhle, Die Theologie der Sünde in der Dogmatik des 19. Jh. s. (BNGKT 19), Essen 1978. – F. Nietzsche, SW, Kritische Studienausg. in 15 Bdn. hg. v. G. Colli und M. Montinari, Berlin/New York 1967ff. – M. Oraison, Was ist Sünde? FFM 1968. – R. Otto, Sünde und Urschuld und andere Aufsätze zur Theologie, München 1932. – W. Pannenberg, Anthropologie in theologischer Perspektive, Göttingen 1983. – J. Pieper, Über den Begriff der Sünde, München 1977. – K. Rahner, Art. Sünde (dogmatisch). In: LThK 9, [2]1964, 1177–1181. – Ders., Schriften zur Theologie Bd. Iff, Einsiedeln 1954ff.– K. Raiser, Identität und Sozialität. Georg Herbert Meads Theorie der Interaktion und ihre Bedeutung für die theologische Anthropologie, München/Mainz 1971. – P. Ricoeur, Die Fehlbarkeit des Menschen / Symbolik des Bösen (=Phänomenologie der Schuld I und II), franz. 1960, deutsch (übers. v. M. Otto) Freiburg/München 1971. – J. Scharfenberg, Jenseits des Schuldprinzips? (Zuerst in: Der evanglische Erzieher, 1969, 425ff) jetzt in: Ders., Religion zwischen Wahn und Wirklichkeit. Gesammelte Beiträge zur Korrelation von Theologie und Psychoanalyse. Konkretionen Bd. 13, Hamburg 1972, 189–208. – F.J. Schierse, Schulderfahrung und Schuldbewältigung gestern und heute. In: Geist und Leben 49 (1976), 31–46. – N. Schiffers, Der theologische Begriff der Schuld und die Deutung des sittlich Bösen im Lichte der Verhaltensforschung, in: Conc (D) 6 (1970), 406–413. – G. Schneider-Flume, „Entsprechungsdenken“ und Sündenerkenntnis. Die Auswirkung der Methode der Korrelation auf das Sündenverständnis in der Syst. Theol. Paul Tillichs, in: ZThK 76 (1979), 489–513. – Dies., Überlegungen zur Identität des Sünders, in: NZSTh 20 (1978), 237–252. – Dies., Die Identität des Sünders. Eine Auseinandersetzung theologischer Anthropologie mit dem Konzept der psychoanalytischen Identität E.H. Eriksons, Göttingen 1985. – F. Scholz, Schuld – Sünde – Fehlhaltung (Christliches Leben heute 13), Augsburg [2]1973. – P. Schoonenberg, Theologie der Sünde, Einsiedeln/Zürich/Köln 1966. – Ders., Der Mensch in der Sünde. In: Mysterium Salutis. Grundriß heilsgeschichtlicher

Dogmatik, Bd. II: Die Heilsgeschichte vor Christus, Einsiedeln/Zürich/Köln 1967, 845–941. – W. SCHULZ, Wandlungen der Begriffe „Schuld" und „Verantwortung". In: Jahrbuch f. Psychologie, Psychotherapie und medizinische Anthropologie 16 (1968), 196–205. – M. SIEVERNICH, Schuld und Sünde in der Theologie der Gegenwart (FThSt 29), FFM ([1]1982) [2]1983. – D. SÖLLE, Sünde – zur politischen Interpretation eines theologischen Begriffs, in: ThPr 6 (1971), 246–250. – DIES., Politische Theologie. Eine Auseinandersetzung mit R. Bultmann, Stuttgart/Berlin 1971. – DIES., Das Recht ein anderer zu werden. Theologische Texte (RThP1), Neuwied/Berlin [2]1972. – DIES., Leiden (ThTh), Stuttgart 1973. – DIES., Stellvertretung. Ein Kapitel Theologie nach dem „Tode Gottes" (1965), um ein Nachw. erweit. Neuaufl., Stuttgart 1982. – J. SPLETT, Art. Schuld. In: HPhG (Studienausgabe), Bd. 5, 1277–1288. – D. STERNBERGER, Heinrich Heine und die Abschaffung der Sünde (ST 308), FFM 1976. – K. STOCK, Ist die Bestimmung der Person noch offen? (Zu: W. Pannenberg, Anthropologie in theologischer Perspektive), in: EvTh 45 (1985), 290–297. – E. THAIDIGSMANN, Indentitätsverlangen und Widerspruch. Kreuzestheologie bei Luther, Hegel und Barth, München/Mainz 1983. – P. TILLICH, Rechtfertigung und Zweifel. In: GW VIII, Stuttgart 1970, 85–100. – DERS., Systematische Theologie Bd. I–III, Stuttgart [1]1956ff. – P. TOURNIER, Vraie ou fausse culpabilité, Paris 1958. – J. TRACK, Der theologische Ansatz Paul Tillichs. Eine wissenschaftstheoretische Untersuchung seiner „Systematischen Theologie" (FSÖTh 31), Göttingen 1975. – P. WATTÉ, Theologische Anthropologie und Hamartiologie im 20. Jh. In: H. VORGRIMLER/R. V. D. GUCHT (Hg.), Bilanz der Theologie im 20. Jh., Bd. III, Freiburg/Basel/Wien 1970, 62–82. – H.G. WENZ, Vom Unwesen der Sünde. Subjektivitätstheoretische Grundprobleme neuzeitlicher Hamartiologie dargestellt unter besonderer Berücksichtigung der Sündenlehre von Julius Müller, in: KuD 30 (1984) 298–330. – T. WERNSDÖRFER, Die entfremdete Welt. Eine Untersuchung zur Theologie P. Tillichs, Zürich 1968.

a) Worum es in heutigen theologischen „Sündenlehren" geht

α) Kurzer Überblick in 12 Punkten

1. Gegenstand der heutigen wie der früheren theologischen Hamartiologien ist: die individuelle und kollektive Fehlgerichtetheit des Menschlichen, die sich äußert in von Menschen verursachtem Leid, in häßlicher Unmenschlichkeit und in Zerstörungen. Im einzelnen ergibt sich freilich ein verwickeltes Bild, das u. a. auf Divergenzen zwischen heutigen Empfindungen und heutigen Lehren in bezug auf die Sünde schließen läßt.

2. Verständlich bzw. dem unmittelbaren Empfinden zugänglich erscheint „Sünde" in unserer Zeit am ehesten in der Bedeutung einer kaum wiedergutzumachenden menschlichen Beschädigung der langfristigen irdischen Lebensbedingungen, besonders der Natur[12]. Sol-

[12] Charakteristisch sind Äußerungen außerhalb der Theologie, z. B. JONAS, 273: „Zu den Sündigern an der Erde gehört ... *jede* moderne Industriegesellschaft ...".

che Beschädigung provoziert, wie häufig empfunden wird, zwar nicht einen „Zorn Gottes", aber die „Rache der Umwelt". Trotz oder wegen des soeben Ausgeführten meinen heutige Menschen, „Böses" eher von außen her zu erleiden als es durch ihre eigene „Sünde" in die Welt zu setzen. Beklagt wird vor allem der korrupte Zustand der Mit- und Umwelt, der dann auch die einzelnen Personen mit seinen Schäden, seinem Gift infiziere. Wichtiger als der Empfang persönlicher Sündenvergebung *scheint* darum die Aufgabe, auf eine Veränderung der Verhältnisse hinzuwirken. Mit allen diesen Vorstellungen setzen sich heutige Kirchenlehren kritisch auseinander. Sie tun dies aber meist so, daß sie auch nach dem theologisch Ernstzunehmenden in der veränderten gegenwärtigen Einstellungen zum Bösen und zur Schuld fragen.

3. Vergebung der Sünde scheint eine unklare Erfahrung unter den immer weniger zahlreich nach ihr verlangenden Christen und eine Verlegenheit für die Theologie geworden zu sein. Auch wo sie noch als Zentrum der Hamartiologie und sogar des Christentums, sowie als Ausgangspunkt aller wirklichen Erkenntnis der Sünde gelehrt wird, fehlt der Darstellung oft die innere Glaubwürdigkeit.

4. Theologische Sündenlehren sind in unserer Zeit vielfältig auf die Diskurse in den Sozial- und Humanwissenschaften bezogen. Eingebettet in *deren* Deutungen des Menschlichen sind ältere Fragestellungen aus dem Bereich philosophischer Anthropologie, die z. T. im Denken des Deutschen Idealismus, aber auch von Kierkegaard, Marx, Schopenhauer und Nietzsche formuliert worden sind. Öfters erweist es sich aus theologischer Sicht als nützlich, auch diese Traditionen und Implikationen wieder aufzugreifen.

5. Immer sollte geprüft werden, aus welchem leitenden Interesse heraus heutige theologische Hamartiologien das Gespräch mit Sozial- und Humanwissenschaften suchen oder sich an deren Erkenntnisse anlehnen. Soll etwa eine jeweilige dogmatische Lehrtradition nur auf diesem Wege sprachlich verbessert oder modernisiert werden, um sie – im „sachlichen Kern" unverändert – für den heutigen Menschen verständlicher werden zu lassen? Oder soll ein Stück theologischen und kirchlichen Versagens in der Neuzeit aufgearbeitet werden (was zu einer inhaltlich modifizierten theologischen Hamartiologie hinführen müßte)? Oder soll gar den nichttheologischen Disziplinen mit ihren disparaten wissenschaftlichen Einsichten in die Beschaffenheit des Menschlichen von der theologischen Hamartiologie her *Sprachhilfe* zuteil werden: das Angebot eines geistigen Bandes, eines Integrals, einer vertiefenden Deutung? In den entspre-

chenden theologischen Lehren der Gegenwart artikulieren sich derartige Interessen oft nebeneinander oder sogar durcheinander.

6. Theologisch strittig ist, ob Sünde als zur *Erfahrung* gelangendes *Leiden* (bei P. Tillich: „Entfremdung") identifiziert werden soll und kann; ferner, ob der Fortgang der Geschichte eine zunehmende *Befreiung* von derartigen Leiden erwarten lasse.

7. Die meisten theologischen Sündenlehren sind, selbst wenn sie die herkömmliche ausschließliche Orientierung am *einzelnen* Menschen hinter sich ließen, doch noch immer neuzeitlich-anthropozentrisch und neuzeitlich-subjektivistisch orientiert. Im Vordergrund steht die Entstellung und Bedrohung des *Mensch(lich)en* durch die Sünde: z. B. die gestörte *psychische* Ordnung, die „falsch laufende" *Gesellschaftsentwicklung* oder (menschliche) *Geschichte*, die nicht recht wahrgenommene *persönliche Verantwortung*. Weniger im Blick sind: die Beleidigung Gottes und die Qual und Unordnung unter den außermenschlichen Kreaturen (die gestörte Weltordnung), sowie: überpersönlich-verhängnishaft wirkende sündige Kräfte. Selbst die „strukturelle Sünde", auf die politische Theologien hinweisen, sieht man von Personen ausgehen (etwa von den Mitgliedern der „herrschenden Klasse" und ihren Institutionen).

8. Im Vordergrund vieler heutiger theologischer Lehren vom *Sünder* („Hamartolologien") stehen Fragen, die folgendermaßen formuliert sind: Warum bin ich mit mir selbst nicht identisch? Und: Wie werde ich mit mir selbst identisch(er)? Oder: Wie werden wir als Gruppe, als gesellschaftliche Klasse, als Volk usw. mit uns selbst identisch(er)? Mit zu dieser *Identitätsproblematik* gehört die Suche und die Frage nach *Lebens-Sinn*, nach *Ich-Stärkung* und nach mehr echter *persönlicher Freiheit*.

9. Sünde ist hier – wie schon im Deutschen Idealismus – primär als das schlechterdings Freiheitswidrige verstanden, sowie als das, was das menschliche Ich bis zur Entpersönlichung schwächt und es seinem eigentlichen Sinn und Zweck entfremdet.

10. Sünde soll heute nicht mehr moralisierend gedeutet werden. Dies wird in theologischen Texten besonders häufig gefordert. (Andererseits begegnet z. B. in heutigen „Befreiungstheologien" ein neuerlich auf den moralischen Schuldvorwurf bezogenes Sündenverständnis)

11. Als Sünde gilt gegenwärtig eher die hingenommene Wirklichkeit, die noch nicht getane Tat, weniger aber verifiziert man die Sünde an der – wegen unserer Tat! – nicht mehr bestehende Wirklichkeit. Demnach wird Sünde eher in unterlassenen Taten oder Ver-

änderungen als in vollzogenen Eingriffen oder im Handeln wahrgenommen. Hierdurch wird die wirkliche Sünde oft verschleiert!

12. Die göttliche *Rechtfertigung des Sünders* hat allen Versuchen zum Trotz, die christliche Theologie von diesem Thema abzubringen, ihre Schlüsselfunktion in der Hamartiologie behauptet[13]. In der Tat kann noch immer *nur in ihrem Licht*, wie auch eine Auswertung vorhandener Texte ergibt, erhellend von der Sünde gesprochen werden. Doch muß die Rechtfertigungslehre noch besser als bisher auch in ihren philosophischen und politischen Bezügen erschlossen werden.

Seit Beginn der Neuzeit befassen sich im vom Christentum geprägten Kulturraum nicht nur theologische Untersuchungen mit der in der Bibel oft „Sünde" genannten menschlichen Fehlgerichtetheit; d.h. es gibt nicht mehr nur Deutungen, die diese Fehlgerichtetheit auf ein verkehrtes Verhältnis der Menschen zu Gott zurückführen. Neben sie sind ja nun philosophische und wissenschaftlich fundierte Analysen getreten. *Deshalb sind die heute relevanten theologischen Hamartiologien stark damit beschäftigt, das Verhältnis der auf Gott bezogenen Beschreibungen anthropologischer Sachverhalte zu den nicht auf den Gottesbegriff bezogenen theologisch zu reflektieren.* Welchen Sinn hat das eine und welchen das andere Vorgehen? Lassen sich beide Vorgehensweisen plausibel miteinander verbinden?

---

[13] Ein schönes Beispiel hierfür bietet der 1976 vorgelegte gehaltvolle Traktat von BÜHLER über das Problem des Bösen und die Lehre von der Sünde. B. unternimmt es im Anschluß an Luther und Kierkegaard, auch die tiefenpsychologischen und die sozio-politischen Dimensionen des Bösen/der Sünde in den Koordinaten der „Forums-Existenz" des Menschen zu beschreiben („le tribunal de l'existence", „l'existence en forum", 39f). Die Beziehungen, in denen sich menschliches Dasein abspielt, laufen auf Anklage, Rechtfertigung, Selbstrechtfertigung usw. hinaus. Von der reformatorischen Rechtfertigungslehre her gelingt B. ein Entwurf, der das christliche Sündenverständnis in aufschlußreicher Form in Beziehung setzt zu heutigen säkularen Versuchen, vom Bösen zu sprechen. – Auch RICOEUR (Phänomenologie der Schuld II, 289 [Anmk. 10]) betrachtet Gottes Rechtfertigung des Sünders als die eigentliche Lösung des Problemknotens des Bösen und der Sünde: „Was bedeutet (Gen 3, 22): ‚Da, der Mensch wurde wie einer von uns im Erkennen von Gut und Böse. Und nun, daß er nicht seine Hand ausstrecke und nehme auch vom Baum des Lebens und esse und so ewig lebe ...'? Hält sich Gott für besiegt? Spricht er ironisch?" R. will dies nicht annehmen; er fragt: „Warum diese Aussage nicht ernstnehmen ...? Jetzt ist der Mensch bewußt geworden, aber auf entfremdete Weise ...". Nun wird Gottes Gnade „überströmend reich" werden, eben, weil auch die Sünde „mehr" wurde, und weil tatsächlich eine „Promotion" des menschlichen Selbstbewußtseins erfolgt ist. „Es wurde ein nicht rückgängig zu machendes Abenteuer in Gang gesetzt, eine Krise des Menschwerdens, die ihre Lösung erst im Endgeschehen der Rechtfertigung hat."

β) Sünde und Neurose

Am konkreten Beispiel formuliert: Wie verhält sich etwa das Verständnis des Menschen als des in sich selbst verkrümmten Sünders zu der Diagnose, ein bestimmter Mensch sei ein in sich selbst verkrümmter Neurotiker[14]?

Die meisten Stellungnahmen zu diesem Problem suchen die Lösung in folgender Richtung: Der Sünder leidet nicht an seiner inneren Fehlausrichtung, wohl aber der Neurotiker; der erstere kann im Leben gut zurechtkommen, letzterer im allgemeinen weniger gut; der erstere gelangte in seinen schlechten persönlichen Zustand überwiegend aus eigener Verantwortung bzw. Schuld, letzterer aber überwiegend durch ihn von außen her überwältigende negative Faktoren; der erstere würde durch eine Therapie nichts gewinnen, wohl aber letzterer; der erstere steckt in einer Verkehrtheit, die alle Menschen mit ihm teilen, letzerer steckt in einer Krankheit „mit persönlicher Note" usw[15].

Wirklich geklärt ist die Frage aber nicht mit solchen Auskünften und Vergleichen. Wie könnte denn das tatsächliche Gewicht der Sünde klarwerden, wenn lediglich gesagt wird, *alle* Menschen steck-

[14] In einem Tübinger Seminar reichte mir 1968 (!) eine Theologiestudentengruppe in der Vermutung, man brauche von der Sünde nicht mehr zu reden, folgende Fragen zur Beantwortung ein: „a) Ist in der Psychologie das unter Neurose verstanden, was die Theologie als Sünde bestimmt? b) Bedeutet Sünde mehr als das Entzweitsein des Menschen mit sich selbst, mehr als Selbstentfremdung? c) Bedeutet Sünde mehr als das Verfehlen des Ichs, mehr als mißlungene Organisation von Es, Überich und Realitätsanspruch? d) Wie verhalten sich das theologische und das psychologische Schuldverständnis zueinander? Schließlich e) Ist das Rechtfertigungsgeschehen etwas anderes als die Ermöglichung der Selbstannahme?" – Die Antwort konnte nicht nach dem Schema erteilt werden: Während für die Neurose dies und das charakteristisch ist, kennzeichnet die Sünde jenes ... Die gestellte Frage selbst mußte vielmehr untersucht werden bezüglich ihres geschichtlichen Anlasses und ihrer inneren Reichweite. Nur so ließ sich der Boden bereiten, um dann in der Frage nach der menschlichen Sünde Horizonte zu verifizieren, die durch das Reden von der Neurose nicht abgedeckt werden.

[15] Einen grundsätzlich anderen Deutungsansatz verfolgt Drewermann, 24 ff. Er versucht eine Synthese von Dogmatik und Psychoanalyse. Ausgehend von Kierkegaards theologisch-psychologischer Verzweiflungslehre, stellt D. die einzelnen Neurosen (Depression, Schizoidie, Hysterie, Zwangsneurose) vor als anthropologisch verstehbare Formen der „*Fehlverarbeitung der Daseinsangst*" in einem „*Dasein ohne Gott*". Je nach Disposition *muß* der sündige Versuch, selber Gottes Rolle zu übernehmen, zu einer der vier o.g. Neurosen führen. So ist die medizinische Neurosenlehre für den Theologen geradezu als eine Phänomenologie der Sünde verwertbar. Zwischen Neurose und Sünde ist *nicht* zu unterscheiden. Auch ist die Heilung der Neurose schlechterdings nur dann möglich, wenn der Neurotiker „lernt", seinen Halt in Gott zu finden. *Nur* der Glaube bietet hier Heilung, nämlich das „Ende der Selbstmythologisierung". Die Kluft zwischen Theologie und Psychotherapie wird somit überbrückt – aber sie wird von D. in den Schoß der Theologie hinein zurückvermittelt; und das Problem wird neu erzeugt, woher denn „Glauben" als Therapeutikum aufgeboten werden könnte.

ten in ihr – aber sie fühlten sich ganz wohl dabei? Nun führt ja kein Weg daran vorbei, Sünde theologisch zu verstehen als Trennung oder Getrenntsein von Gott mit der Folge realer, Leid und Leiden erzeugender Verdrehungen sämtlicher menschlicher Wirklichkeitsbezüge. Wenn dem aber so ist, wie sollte dann der psychische Zustand der Neurotiker (und der Psychotiker!) nicht mindestens mitumgriffen sein von der Wirklichkeit der Sünde? Der schwierige Sachverhalt bleibt: Sowohl den Neurotiker wie den Sünder könnte man mit völligem Recht als den sich selbst versäumenden Menschen bezeichnen[16]. Wie aber wird ihm Hilfe?

Bekanntlich heilt weder die kirchliche Sündenvergebung „alles"; noch vermögen psychiatrische oder soziale Therapien „die Menschheit" aus verkehrten Wirklichkeitsbezügen zu erlösen. So entsteht die Frage: Wie könnten oder sollten im Einzelfall beide zusammenwirken? Die Lage ist kompliziert. Wir leben in einer säkularisierten Welt, in der *die Folgen* der allgemeinen Gottlosigkeit einen Teil der Menschen regelrecht krank machen, ohne daß sie aber die wahre Ursache erkennten und für geistliche Hilfe zugänglich wären, und in der ein weiterer Teil der Menschen kirchlichen Zuspruch der Sündenvergebung für sich in Anspruch nimmt, ohne daß sie sich krank fühlten, und ohne daß ihre Absolution einen merklichen (sozial-) therapeutischen Effekt hätte. Warum ist das so? Vorläufig kann nur eine formale Antwort gegeben werden: Es hängen in unserer säkularisierten Welt zur Zeit zwei Hermeneutiken, zwei Gesamtdeutungen des Menschlichen ineinander – eine weitere religiöse und eine engere philosophisch-wissenschaftliche –, die sich wechselseitig nicht nur ergänzen, sondern auch stören und sich oft sogar in fragwürdiger Weise selbst an die Stelle der anderen bringen wollen.

In der Masse moderner Texte zur Sündenthematik sind es letztlich nur wenige, die das *in diesen Fragen* steckende Problem ein Stück weit aufarbeiten und nach vorn weisen. Das liegt nicht allein an einem – begreiflichen – Unvermögen der Theologen, sämtliche wichtigen Methoden und Ergebnisse der Humanwissenschaften zu rezipieren; sondern mehr noch an einer derzeit verbreiteten Schwäche, die Thematik der Gottesbeziehung des Menschen belangreich in heutige wissenschaftliche Untersuchungen der Probleme des Menschlichen einzubringen.

---

[16] Vgl. statt vieler möglicher Kommentare: JUNG, 206 und 214–217. Ähnlich wie alle Theologie den Sünder beschreibt, sagt J. vom Neurotiker: Er hat Angst vor dem Leben, nach dem er sich auf der anderen Seite sehnt. Er will und will doch nicht. Er kann sich nicht entscheiden (214). Man könnte sagen: Er lebt nicht, um

γ) Die Entwicklung in den letzten Jahrzehnten

In den *sechziger Jahren* ereignete sich in beiden großen Konfessionen eine – auch die heutige Lage noch prägende – Zäsur, die sich innerhalb der jeweiligen Gepflogenheiten, von der Sünde zu lehren, wie ein Einbruch auswirkte[17]. Es handelte sich um das Bestreben, mit Hilfe der (theologischerseits nun mit einem Male als hochinteressant eingestuften) „humanwissenschaftlichen Ergebnisse" wegzukommen von einem „herkömmlichen Sündenverständnis" kirchlicher Dogmatik, das (angeblich!) eng ausgerichtet war auf die moralische Schuld des einzelnen Menschen[18] und auf die kirchlich organisierte Vergebung dieser Schuld. Wie ein Lauffeuer ging durch den theologischen Blätterwald die Parole, es sei höchste Zeit, ein bislang vorwiegend auf die Über-Ich-Funktionen der menschlichen Psyche bezogenes Sünden-, Gnaden- und Glaubensverständnis zu ersetzen durch ein Gesamtverständnis der christlichen Religion, das diese als eine das menschliche Ich stärkende, insofern identitätsbildende Kraft erweise. Als ein Signal wirkte die 1963 durch den Lutherischen Weltbund in Helsinki diskutierte Frage, ob in heutiger Zeit die – bisher zentrale – kirchliche Rede von der Rechtfertigung des Sünders nicht überhaupt besser unterbliebe, weil der heutige Mensch von der Sorge

nicht sterben zu müssen – und doch ist gerade seine Distanz zum Leben für ihn von tödlicher Gefahr (217). Der Lebensprozeß wird neurotisch, wenn jemand bei dem festgehalten bleibt, was für ihn längst Vergangenheit sein sollte, und wenn er zugleich vor Wagnissen zurückschreckt, die er auf der erreichten Lebensaltersstufe eingehen müßte (215).

Entsprechend hat Luther vom Sünder gesagt: Er fürchtet, was nicht gefürchtet werden müßte (und umgekehrt!).

Für Jung wäre der seelisch Gesunde immer der, der seelisch mit dem eigenen (nicht zuletzt biologisch vorgegebenen) Lebensablauf Schritt halten kann. Schritthalten verlangt insbesondere *nach* der Lebensmitte mit Beginn der natürlichen Abwärtsbewegung seelische Kraft. Im Zentrum von Jungs eigener „Religion" steht das Mysterium des natürlichen Lebens. Nicht weniger, aber auch nicht mehr!

[17] Vgl. Langemeyer, 98.

[18] Zwischen den *Vorstellungen* in der protestantischen Bevölkerung von der kirchlichen Sündenlehre und der *Lehre* von der Sünde bei den wichtigsten kirchlichen Theologen von Schleiermacher bis Barth muß unbedingt unterschieden werden. Die Kritik der sechziger Jahre bezog sich auf jene Vorstellungen! In den „Lehrbüchern" aber steht schon seit langer Zeit Vernünftigeres, ja, teilweise etwas ganz anderes als das, was gleichzeitig einer breiten Bevölkerung als die – repressive – kirchliche Auffassung von der Sünde gegolten hat. Bei den maßgeblichen Lehrern wird die Sünde keineswegs auf eine Weise beschrieben, die Schuldgefühle erzeugt oder das Über-Ich auf angsterregende Weise verstärkt. Schon bei Luther ist das nicht so. Zwischen Theologie und Soziologie der Sünde klafft somit eine ungute Lücke; es herrscht offenbar auf seiten der neueren Theologie eine auffallende Schwäche, sich zu vermitteln.

„wie kriege ich einen gnädigen Gott" nicht mehr bewegt sei, vielmehr (angeblich!) radikaler frage, ob Gott existiere und ob unser Leben einen Sinn habe[19].

Diese in den sechziger Jahren aufgebrochenen Fragen und die mit ihnen zunächst oft verbundenen – ich formuliere zurückhaltend – überschießenden theologischen Überlegungen führten dann in den *siebziger Jahren* zu einer Neugestaltung christlicher Lehrbildungen auf breiter Front. Insbesondere ergab sich eine reiche, auf „Lernprozesse" hinzielende sozialethische (vgl. Befreiungstheologie!) und religionspädagogische Rezeption der veränderten Sicht auf die Sünde und auf den als Kraft zur Selbstbefreiung, zur gerechten Veränderung, zum Grundvertrauen und zur persönlichen Reifungsentwicklung (mit dem Ziel der Ich-Identität) neu verstandenen christlichen Glauben.

In den *achtziger Jahren* setzten Entwicklungen ein, die man als den Versuch einer umsichtigen, mitunter auf die frühere Theologie wieder zurückverweisenden Bilanz bezeichnen könnte. Es zeigte sich, daß nicht das Verständnis der Sünde als persönliche Schuld als solches obsolet geworden war, daß aber allerdings Veränderungen bzw. Erweiterungen im theologischen Verständnis der Beschaffenheit dieser Schuld möglich und auch notwendig wurden. Es zeigte sich fer-

[19] Noch schärfer RAHNER, 1966 (Frömmigkeit früher und heute. In: Schr. z. Th. VII, 11–31, hier 20): „Wir leben in einer Zeit, in der man weniger fragt, wie man als Sünder einen gnädigen Gott findet, der uns rechtfertigt, sondern eher den Eindruck hat, Gott – so es ihn gibt – müsse sich selbst rechtfertigen vor seiner gequälten Kreatur, die der Rechtfertigung nicht bedarf...". – Zur theologischen Auseinandersetzung mit den entsprechenden Erwägungen während der 4. Vollversammlung des Lutherischen Weltbundes s. MOSTERT (1977), 86ff. Mit Recht schreibt M. (86, Anmk. 2, mit Bezug auf eine Äußerung im dokumentierten Grußwort), es sei „eine zweifelhafte Alternative, wenn man das Leiden unter der Sinnlosigkeit des Daseins dem Leiden unter der Sünde entgegensetzt, während doch beides eins ist". – Die 1963 in Helsinki versuchte Diagnose der religiösen Gegenwartssituation war der Sache nach dem Ersten Band der Systematischen Theologie von P. TILLICH entnommen. T. hatte geschrieben: „Es ist keine Übertreibung, wenn man sagt, der heutige Mensch erfahre seine Situation als Zerrissenheit und Zwiespalt, Selbstzerstörung, Sinnlosigkeit und Verzweiflung in allen Lebensbereichen." „Die Frage, die aus dieser Erfahrung sich erhebt, ist nicht wie in der Reformation die Frage nach dem gnädigen Gott und der Vergebung der Sünden, noch ist es wie in der alten griechischen Kirche die Frage nach der Endlichkeit, nach Tod und Irrtum. Es ist auch nicht die Frage nach dem persönlichen religiösen Leben oder nach der Verchristlichung von Kultur und Gesellschaft. Es ist die Frage nach einer Wirklichkeit, in der die Selbstentfremdung unserer Existenz überwunden wird, nach einer Wirklichkeit der Versöhnung und Wiedervereinigung, nach schöpferischer Kraft, Sinnhaftigkeit und Hoffnung." (AaO, 61; s. hierzu auch BÜMLEIN, 73, der von Tillichs Position sagt: „Die Rechtfertigungslehre bleibt erhalten, aber sie wird nachgeordnet.")

ner, daß nicht etwa die Lehre von der Rechtfertigung des Sünders aufzugeben wäre zugunsten einer Lehre vom wiedergeschenkten Lebenssinn und vom gestärkten Ich, sondern daß, wie es G. Ebeling schon 1973 gefordert hatte, das „Sünden- und Rechtfertigungsverständnis ... so gefaßt werden" muß, „daß die Sinnfrage nicht mehr gegen die Rechtfertigungsthematik ausgespielt werden kann, vielmehr von dieser umgriffen ist"[20].

Die z. B. wegen ihrer engführenden Anthropozentrik nicht unproblematische Exposition der theologischen Sündenlehre am Problemzusammenhang der menschlichen Identität ist aber vielfach beibehalten worden. Auch wird ein theologisches Eingehen auf human- und sozialwissenschaftlich gedeutete menschliche Grunderfahrungen weiterhin für notwendig erachtet. Aber dies geschieht nun immer weniger im Modell der theologischen „Anlehnung" an diese Wissenschaften und immer mehr unter erneuter Herausstellung eines eigenen theologischen Zugangs zur Sünde und zur Anthropologie. G. Schneider-Flume hat in ihrer Studie „Die Identität des Sünders" (1985) – einer sorgfältigen „Auseinandersetzung theologischer Anthropologie mit dem Konzept der psychosozialen Identität E. H. Eriksons" – eine Grenze aufzuzeigen versucht: Einerseits ist die „Berechtigung und Fruchtbarkeit" einer „Betrachtungsweise ... offenkundig", die dem christlichen Glauben *Funktionen* bei der menschlichen Reifung, Vertrauensbildung und Ichstärkung zuschreibt. Andererseits läßt sich der Glaube nicht „auf diese Funktion reduzieren". „Theologische Anthropologie spricht von der Möglichkeit des Glaubens auch dort, wo weder eine reife noch eine weniger integrierte Identität entwickelt ist." Auch „ist dem Mißverständnis zu wehren, daß der Glaube erst realitätsbezogen werde durch die Auseinandersetzung mit den Humanwissenschaften oder daß die Theologie erst konkret werde, wenn sie Bezug nehme auf die Ergebnisse der Human- und Sozialwissenschaften. Glaube und Theologie sind konkret, wenn sie von Gott reden – in allen Lebensbezügen der Welt"[21]. Aber Letzteres ist eher ein gegenüber Theologie und Kirche vorgebrachtes Desiderat als ein Hinweis auf eine schon verbreitete Praxis. Nicht einmal der Weg dorthin steht uns schon klar vor Augen. – Die (durchaus auch als aktueller Entwurf einer theologischen Hamartiologie zu lesende) „Anthropologie in theologischer Perspektive" von W. Pannenberg erschien 1983 als Frucht einer dreißigjährigen Arbeit. Diese Monographie ist gegenwärtig am weitesten vorangeschritten,

[20] Ebeling, 204.

[21] Schneider-Flume, Die Identität des Sünders, 120 und 125.

was den Versuch einer Zusammenführung nichttheologischer und theologischer Deutungen des Menschlichen in der *abendländischen Neuzeit* anbetrifft. Sie ist auf der einen Seite in der Lage, wichtige in der Wissenschaft der Gegenwart vorgetragene Hypothesen zur menschlichen Identitätsentstehung unter übergreifenden Gesichtspunkten zu interpretieren, sie insbesondere mit der Erinnerung an theoretisch z. T. bereits höherstufigen Problembeschreibungen in der Philosophie des Deutschen Idealismus zu bereichern. Auf der anderen Seite vermag sie die in den Humanwissenschaften entweder bekämpfte oder mindestens nicht für die eigene Erkenntnis für erforderlich gehaltene religiöse Sicht der menschlichen Wirklichkeit (als einer auf Gott bezogenen Wirklichkeit) an den humanwissenschaftlichen Ergebnissen selbst so *sinnvoll* darzulegen, daß offen gebliebene Fragen – letztlich die Freiheitsfrage – weitere Klärung finden. Pannenberg bietet somit bereits auch einen Dienst theologischer Anthropologie für die Humanwissenschaften an, wobei er mit seiner Gesprächsfähigkeit nach dieser Seite hin erneut die theologische Einsicht fördert. Ob sich aber von hier aus auch in Philosophie und Wissenschaft Lernprozesse ergeben werden im Sinne einer neuen religiös-christlichen Öffnung oder Selbsterweiterung, scheint fraglich.

Die große Vielfalt heutiger theologischer Zugänge zum Verständnis der Sünde vermittelt im ganzen überraschenderweise doch nicht das Bild eines wirren Pluralismus ohne eindeutige und gemeinsame Tendenzen[22]. Eher fahren sich die vielen unterschiedlichen Entwürfe schließlich gemeinsam fest bei wenigen Grundproblemen. Herausragend sind fünf Fragenkreise, mit und in denen praktisch jede gegenwärtige theologische Lehre von der Sünde in besonderem Maße zu ringen hat:

---

[22] Mit SIEVERNICH, 295f, kann über die gegenwärtigen Hamartiologien gesagt werden, daß die meisten von ihnen tun, was sich für sie schon immer geziemt hätte: „Eine gemeinsame Tendenz besteht darin, ein primär moralisches Sündenverständnis, das eher an ethischen oder gesetzlichen Kategorien orientiert ist, zugunsten eines primär *theologischen Sündenverständnisses* zu überwinden ...". „Dabei fällt auf, daß der Rahmen, innerhalb dessen ein solches Verständnis entfaltet wird, mit dem Leitbegriff ‚*Freiheit*' benannt werden kann ... – ein Stichwort, bei dem sich Theologie und neuzeitliches Denken, freilich in bestimmter Differenz, berühren ...". Es „konzentriert sich das tendenziell gemeinsame Interesse" besonders auf den „Raum der sozialen Wirklichkeit" oder auf das Beziehungsgefüge, in dem sich die menschliche Freiheit darstellt. „Es ist ... der Raum jener *in den Formen gesellschaftlichen Lebens objektivierten Macht der Sünde*, die eine, wenngleich aus den subjektiven Sünden stammende, so doch ihre Eigendynamik entfaltende Wirklichkeit ist. Eine unfrei machende Wirklichkeit, in die jeder ver-

δ) Fünf unerledigte Probleme

Erstens bedarf die üblich gewordene Verifikation von Sünde und Schuld an den Fragen der menschlichen Identitäts-Bildung noch weiterer Klärung. Wie weit trägt diese Begrifflichkeit? Ist sie theologisch angemessen? Muß Sünde als kollektive und als individuelle Erscheinung stets einen schmerzlichen Identitäts-Verlust bedeuten? Kann Sünde nicht mindestens mit dem Anschein menschlicher Identität verbunden sein[23]?

Damit hängt, zweitens, die Frage nach der Möglichkeit einer empirischen Verifikation der Sünde zusammen. Diese Verifikation wird allein schon wegen des Verblassens des Wortes Sünde in unserer Zeit für unerläßlich gehalten. Aber der Zusammenhang von (Entfremdungs-) Erfahrung und Sündenerkenntnis ist ja weder unmittelbar

---

strickt ist und an der jeder durch seine eigene Sünde mitwirkt." Gegenwärtig wird also versucht, „die Wirklichkeit der Sünde als herrschende Macht und als personale Tat in ihrem Zusammenhang zu fassen".

[23] Buber, 17, spricht sogar vom „Schauder des Identischseins mit sich selbst", der denjenigen überkommen kann, der seine Schuld in sich verschließt. – Auch Barth befaßte sich mit der Frage, ob der Sünder als der bewußtseinsmäßig mit sich selbst nicht identische Mensch beschrieben werden sollte. Im Gegensatz zu Theologen, die dies bejahen, deutete B. *den Sünder* als den (gegenüber der Offenbarung bzw. der Gnade, die er haßt und ablehnt [KD II/1, 151 u.ö.]) *in hohem Maße „mit sich identischen Menschen"* (KD I/2, 290. Hervorhebung von mir). Der Sünder ist, so verstanden, mit *sich* identisch, während der Mensch, den Gottes Gnade ergreift, „identisch" ist „mit dem *neuen* Menschen" (Röm, 181). Diese Gnade setzt keineswegs eine zuvor bestehende menschliche Identitätskrise voraus, sondern eher schafft *sie* allererst eine solche. Und zwar dadurch, daß die Ganzheit des „alten Menschen" in das Kraftfeld und unter das Gericht des „neuen Menschen" gerät. „Gnade ist die Beziehung des anschaulichen Menschen auf seine unanschauliche, in Gott begründete Persönlichkeit, welche sich zu jenem verhält wie der Tod zum Leben" (Röm, 180). B. erwartete also die wirklich einschneidende, wenngleich heilsame Störung der menschlichen Identität nicht von der Sünde, sondern von der Gnade, während er gleichzeitig zu bedenken gab, es sei doch wohl die „Erschütterung des Menschen durch die Wirklichkeit seiner Existenz, durch seine Verflochtenheit in Schuld und Tod ... tatsächlich, gerade wenn man sich nun ernstlich an die Wirklichkeit hält, so umfassend, so radikal nicht, wie man ... es ... darzustellen pflegt. Er erträgt diese Wirklichkeit viel lieber und viel leichter als die Gnade Gottes, durch die ihm zugemutet wäre, sich endlich tragen zu lassen, statt sein Leben selber tragen zu wollen. Der Mensch will gerade in Wirklichkeit nicht getragen sein" (KD II/1, 148). – Mit dieser vom Zentrum neutestamentlicher Sündenlehre her durchaus richtigen Sichtweise B.s hat sich die bisherige Diskussion – sofern z.B in der Religionspädagogik nach einer Befreiung vom protestantischen „Schuldprinzip" gerufen wurde, oder sofern immer wieder neue humanwissenschaftliche Deutungen der menschlichen Entfremdung und ihrer Heilung als angebliche Schlüssel zum rechten theologischen Verständnis von Sünde und Gnade ausgegeben wurden – noch zu wenig auseinandergesetzt.

noch evident. Wie wird der Bezug der Sünde zur Erfahrung theologisch richtig expliziert?

Eine Lösung dieser Frage bleibt unerreichbar, solange, drittens, dunkel ist, ob Sünde ein Defizit im *Menschsein* oder im *Glauben* bedeutet. Ist das, wovor sich der Sünder verschließt, das ihm vom Schöpfer geschenkte Potential an menschlichen Lebensmöglichkeiten oder aber Gottes Zusage/Verheißung des eschatologischen Heils? Oder ist beides *eins*? Dies ist eine unerledigte theologische Streitfrage des 20. Jahrhunderts.

Das vierte Problem : Ist in unserer Zeit *Sünde* kein deutliches Wort mehr; oder geht das eigentliche Problem dahin, daß *Gott* kein deutliches Wort mehr ist? Wenn letzteres zutrifft, welcher sinnvolle Weg läßt sich dann einschlagen zu einer Erneuerung der theologischen Sündenlehre?

Fünftens spielt es für jede Hamartiologie eine fundamentale Rolle, wie man die Frage beantwortet, ob mit einem Fortschritt in der Geschichte, mit einer zunehmenden Reifung und Identität sogar der Menschheit als ganzer zu rechnen sei. Wie das Reich Gottes theologisch als Ziel der Weltgeschichte verstanden wird, das entscheidet über den Wert und Charakter jedes Sündenverständnisses. Die Frage nach dem Ziel der Geschichte und die Frage nach der richtig wahrgenommenen Rolle der Christenheit auf dem Weg zu diesem Ziel werden in der gegenwärtigen Theologie durchaus kontrovers beantwortet.

Mit Blick auf diese fünf systematischen Hauptprobleme gegenwärtiger Hamartiologie, die alle dazu beitragen, daß auch die kirchliche Vollmacht zur Vergebung der Sünde sehr verblaßt, ja, fast zum Rätsel geworden ist, soll der Diskussionsstand im folgenden näher untersucht werden. Es werden aber nicht „wichtige Entwürfe unserer Zeit" referiert und miteinander konfrontiert werden. Viele von ihnen haben ohnehin inzwischen schon ihre Darstellung und Untersuchung gefunden. Vielmehr ist beabsichtigt, zur Debatte stehende Fragen und unerledigte Probleme genauer zu besichtigen.

b) Vom Schuldbewußtsein zur Identitätskrise?

Es scheint, daß in den letzten Jahrzehnten das Verständnis der Sünde als einer *persönlichen Verschuldung* vor Gott (und auch gegenüber Menschen oder anderen Exponenten der „Umwelt") seine „Plausibilität eingebüßt hat". So urteilt z. B. der katholische Theologe M. Sievernich auf der Grundlage seiner Untersuchung über „Schuld und Sünde in der Theologie der Gegenwart" ([1]1982). Er wollte nicht sagen, daß die heutige Theologie den Schuldgedanken gar nicht mehr entfalten würde (sie tut es weithin noch), sondern daß sie mit ihren diesbezüglichen Darlegungen beim Kirchenvolk derzeit nicht mehr ankommt. Ein erster Grund hierfür liege in der bisherigen „verengten", „bisweilen sogar falschen Art und Weise", wie die Kirche Schuld und Sünde thematisiert hat. Als ein zweiter Grund fungiere „die aufklärerische Kritik am Christentum und seiner Moral im 19. Jahrhundert (sic!), die in unser Jahrhundert hinein weiterwirkt". Und als dritter Grund seien die Auswirkungen der viele menschliche Fehlhaltungen erklärenden, entschuldigenden und sogar heilenden modernen Humanwissenschaften zu nennen[24]. Als vierten Grund stelle ich noch dazu: die moderne Erfahrung der *Ohnmacht des einzelnen* gegenüber übermächtigen, in der Umwelt vorgegebenen „bösen Verhältnissen" . Letzere infizieren den einzelnen, und dieser „kann nichts dafür"; er sieht auch keinen Sinn darin, daß bei ihm selbst angefangen werden sollte mit dem Versuch, Schuld wieder abzubauen.

Der evangelische Theologe J. Scharfenberg schrieb vor 20 Jahren, das Schuld-Thema sei in letzter Zeit „mit einer gewissen eruptiven Kraft in die öffentliche Diskussion geraten". Dies drohe die „Speerspitze" einer neuen Religionskritik zu werden.

„Die Art von Stillhalteabkommen, das gleichsam zwischen kritischer Tiefenpsychologie und Seelsorge ausgehandelt worden war, nach dem das kranke, das ‚falsch plazierte' (Paul Tillich) Schuldgefühl dem therapeutischen Zugriff ausgeliefert wurde, die ‚Existentialschuld' jedoch unangreifbare Domäne der Theologie blieb, scheint an seine Grenzen gekommen zu sein"[25].

„Wenn ich recht sehe, geht es heute bereits um etwas anderes, um die Frage nämlich, inwieweit die Monopolisierung des Schuldproblems, die eine christliche Rechtfertigungstheologie sich meinte anmaßen zu können, durch das Auftreten einer säkularisierten Konkurrenz erschüttert erscheint und ob die radikale Lösung des Schuldproblems, die jene, von Paulus herkommend, theoretisch stets inten-

[24] Sievernich, 16–19.

[25] Scharfenberg, 189. Diese Betrachtung war nicht nur zutreffend, sie schilderte auch eine theologisch durchaus begrüßenswerte Entwicklung! Denn der theologische Begriff der Sünde hätte niemals auf die sozusagen „gesunde" Existential-Schuld reduziert werden dürfen. Die wirkliche Sünde hat stets mit einem *falschen Plazieren* der Wirklichkeitsbezüge zu tun. Die Frage ist nur, ob sich, wie Scharfenberg es damals wollte, die theologische Sündenlehre folglich *ganz* aus dem Geschäft der Bearbeitung von Schuld und Schuldgefühlen zurückziehen sollte, um es therapeutischen Wissenschaften zu überlassen. Wenn die Theologie bei ihrer Sache ist, wird ihre Sündenlehre im Gegenteil mit *beidem* angemessen umgehen: mit der Existential-Schuld und mit den falsch plazierten Schuldgefühlen. *Beides* ist ihre „Domäne"!

dierte, praktisch aber nie verwirklichte, bei dieser als besser realisiert angesehen werden muß. Offenbar hat die christliche Theologie eine verhängnisvolle Neigung dazu bewiesen, in dem fortschreitenden Freiheitskampf des menschlichen Geistes sich immer wieder auf der falschen Seite zu etablieren und sich erst nach beschämenden Rückzugsgefechten zu einem Frontwechsel bewegen zu lassen."[26]

Scharfenberg stellte hier die Frage, ob der Protestantismus, der bisher oft (nicht: immer) um die Lehre von der Rechtfertigung des Sünders kreiste, heute nicht mit Nachdruck zu einem „Jenseits des Schuldprinzips" aufrufen müsse. Zwar dürfe das Christentum die ethisch unerläßliche Funktion der Schuldkategorie und auch des Gewissens (bzw. der psychischen Über-Ich-Kräfte) nicht einfach über Bord werfen. Aber seine Theologen sollten das Heil oder die Gnade auch nicht dahingehend auslegen, daß diese beiden *ausschließlich* zur Stärkung der Über-Ich-Kräfte dienen. Sonst würde die Theologie nämlich A. Mitscherlichs Qualifikation der christlich-abendländischen Geschichte als einer „Schuldkultur" bestätigen[27]. Im Unterschied zu manchen anderen heutigen Theologen, die es überhaupt ablehnen, Gott zur adäquaten Wahrnehmung irgendeiner existenziellen Aufgabe für *notwendig* zu halten, meinte Scharfenberg: „Wenn wir ... (nun dennoch) einen Teilbereich der menschlichen Persönlichkeit glauben entdecken zu können, ‚für den Gott notwendig' ist, dann ist es der der menschlichen Ich-Funktionen"[28]. Hier ist bei Scharfenberg im Blick: teils S. Freuds Theorie vom reif und stark werdenden menschlichen Ich auf dem Hintergrund eines wohl bestandenen Ödipus-Komplexes (nach dem Durchschreiten der dem Es zuzuordnenden oralen, der dem Über-Ich zuzuordnenden analen und schließlich noch der phallischen Phase), teils P. Tillichs Lehre von den drei kirchengeschichtlichen Epochen der Angst (in „Der Mut zum Sein", deutsch [1]1953: Wir stehen jetzt in der dritten Epoche, die weniger, wie das Spätmittelalter, durch Schuldangst, viel eher durch die Angst vor einem sinnleeren Dasein gekennzeichnet ist), teils E. H. Eriksons psychologisch-psychiatrischer Entwurf (in dem immer wieder darauf hingewiesen ist, daß sich die Situation der Psychoanalyse gewandelt hat: Freuds Patienten hatten es meistens mit ungelösten Konflikten aus dem Bereich der Über-Ich-Problematik zu tun; die heutigen Patienten leiden überwiegend an Neurosen oder Psychosen aus dem Bereich der Ich-Funktionen: Sie fragen, wer/was sie sein oder werden sollen/können[29]).

[26] Ebd.
[27] Vgl. aaO, 189.
[28] AaO, 207.
[29] Erikson, z. B. 12ff, 123ff, 189ff u. ö. – Vgl. Klessmann (1980), 56f.

Nun lehrt uns die Theologiegeschichte von der Aufklärung bis Bonhoeffer: Die Rede von einer *Notwendigkeit Gottes* für bestimmte „Lücken“ unserer (derzeitigen) Erkenntnis oder Lebensfähigkeit scheidet als christliche Möglichkeit einer „Verifikation Gottes“ rundweg aus. Wir können Scharfenberg hier nur so verstehen, daß er – dies wissend und anerkennend – für unsere Zeit den Grenzverlauf zwischen befreiender und krankmachender Religiosität anzugeben versucht.

Schuld, Schulderfahrung, Schuldgefühle, Schuldbewußtsein dürfen aber nicht nur – obwohl dies Freuds Modellvorstellung vom psychischen Apparat nahelegen könnte – mit den psychischen Funktionen des Über-Ichs zusammengebracht werden. Daß dies eine unstatthafte Verengung wäre, die die möglichen positiven Beziehungen zwischen dem Ich und der Schuld vernachlässigt, zeigen die in unserer Zeit beobachteten „Veränderungen im Schuldbewußtsein“[30]. Um zunächst von den z.B. bei J. Schierse beschriebenen zehn Veränderungen einige herauszugreifen:

Nur noch als „sinnvoll“ einleuchtende sittliche Normen werden heute als Instanz, an der Schuld entstehen kann, anerkannt. Viele frühere Normen (beispielsweise solche des Sexuallebens) erfüllen diese Bedingung nicht mehr. Darum erzeugen sie auch immer weniger Schuldbewußtsein. – Ferner: Für nicht wenige Fehlleistungen kann das Individuum (erst) heute „objektive Sachzwänge“ als Ursache ausmachen und sich so entschuldigen. – Ferner: „Die Probleme von Schuld und Schuldbewältigung werden nicht mehr rein individualpsychologisch, sondern ... vornehmlich sozialpsychologisch betrachtet“[31].

A. Auer beobachtete: Während bis vor kurzem vor allem die Nichterfüllung irgendwelcher aus der Gesellschaft kommender Normen oder Anforderungen als Schuld erlebt wurde, wird heute „auch der Verlust der Identität mit sich selbst als Schuld empfunden“[32]. Schuldgefühle entstehen in diesem Fall aus der Verletzung eigener Normen und Ideale. Sich selber nicht treu sein können – das ist gewiß eine aktuelle Komponente des Schuldbegriffs.

W. Pannenberg hat im Zusammenhang einer Erörterung von Nietzsches Aufstellungen über den Ursprung des *schlechten Gewissens* (in: Zur Genealogie der Moral, 1887) dargelegt: Ein Schuldbewußtsein, bei dem wir empfinden, aus einer früher vorhanden gewesenen Identität herausgefallen zu sein oder von uns selbst abgefallen zu sein, ist zu unterscheiden von einem Schuldbewußtsein, das fühlt, *noch nicht* übereinzustimmen mit der Idee von der eigenen Bestimmung. Nur im ersten – dem von Nietzsche angenommenen – Fall ist das Bewußtsein der Nichtidentität bzw. das Schuldgefühl „Produkt einer Selbstaggression“. Im zweiten Fall aber ist die Identität nicht der verlorene (angebliche) frühere Vollkommenheitszustand, sondern das noch nicht erreichte Ziel. Das schlechte Gewissen zeigt die noch bestehende Distanz in bezug auf das Ziel an. Darum ist es nützlich. Es hat einen ethisch positiven Ursprung und ein ethisch positives Ziel. Es treibt den

[30] Schierse, 36.

[31] AaO, 36–39.

[32] Auer, 55.

Schuldbewußten an zur Übernahme von Verantwortlichkeit in bezug auf seine Selbstwerdung. „Wenn man die Funktion der Lehre von der Sünde im Zusammenhang eines noch unabgeschlossenen Prozesses auf das Ziel der Identität des Menschen hin versteht, dann wird man sie nicht als Produkt nach innen gewendeter Aggression mißdeuten. Das Bewußtsein der Selbstverfehlung, der Sünde, ist ein notwendiges Moment im Prozeß der Befreiung des Menschen zu sich selber." Zwar ist unter dem Eindruck, schuldig geworden zu sein, Selbstaggression aus verletztem Stolz heraus immer naheliegend. Und es ist auch in kirchlichen „Sündenpredigten" immer wieder geschehen, daß gerade diese Selbstaggression noch verstärkt wurde. Pannenberg sieht dies. Aber er zieht daraus unter dem Einfluß des heute veränderten Schuldbewußtseins die Konsequenz: Wo die „Predigt und Lehre von der Sünde ... streng auf ihre Funktion im Zusammenhang der Identitätsbildung der Menschen begrenzt bleiben, als Momente im Geschehen der Befreiung des Menschen", sind sie „gegen solche Verkehrung geschützt"[33].

Schuldbewußtsein kann jedenfalls – das ist nach wie vor festzuhalten – auch aufbauende Elemente der Identitätsbildung, der Selbstwerdung, der besseren künftigen Selbstübereinstimmung des Menschen enthalten. Es bezieht sich dann, in Freuds Modellvorstellung vom psychischen Apparat ausgedrückt, vorwiegend auf die Funktionen des Ich. So gesehen, ist die Schuldthematik von der der Identitätsbildung nicht zu trennen. Diese darf ebenso wenig gegen jene ausgespielt werden, wie es auch nicht richtig ist, die Sinn-Frage generell nur noch *anstatt* der Schuld-Frage zu thematisieren.

c) *Der anthropologische Identitätsbegriff (unter Berücksichtigung Kierkegaards)*

Wir gehen auf Eriksons Verdienste an der psychologischen Exegese und der foudroyanten Verbreitung des Identitätsbegriffs, der früher noch ein philosophischer Begriff war, hier nicht in besonderer Weise ein. Mit Blick auf die komplizierte Geschichte des Identitätsbegriffs fassen wir zusammen:

Letztlich bedeutet die Frage nach der menschlichen Identität die Frage nach der Ermöglichung menschlichen Daseins in Freiheit.

Es genügt freilich für ein wirkliches Verstehen der Identitätsproblematik nicht, daß wir in dieser Weise erkennen, was ihr genaues Thema oder ihr Inhalt sei. Wir müssen auch fragen und erkennen, warum sich die Identitätsproblematik gerade

---

[33] Pannenberg, 149 f. – Ähnlich Lauret, 15 f: Schulderfahrung kann die Identitätsbildung sowohl hemmen wie auch fördern. Im zweiten Fall hilft sie den Menschen, sich besser der Realität anzupassen und sich weniger durch Wünsche und Illusionen verführen zu lassen. Generell gilt, „daß die Schulderfahrung in der Identitätsbildung des Menschen ihren Ort hat" (254).

im Laufe der Neuzeit so heftig aufgedrängt und zugespitzt hat. Warum beschäftigt sie uns – die geistes- und humanwissenschaftlichen Texte weisen es ja aus – heute mehr denn je? Von welcher Seite auch immer man an diese Frage (die übrigens zu selten gestellt wird[34]!) herangeht, ob z.B. von protestantischer Theologie oder von marxistischer Philosophie aus, stets wird man auf einen fundamentalen *inneren Zusammenhang* stoßen *zwischen der in der Neuzeit zurückgehenden Anerkennung der Existenz Gottes und der in der Neuzeit akut aufgebrochenen Unsicherheit menschlicher Individuen hinsichtlich ihrer Identität.* Es ist, als ob die Seelen unter den Bedingungen atheistischer oder agnostischer Konstellationen fragten: „Wer aber blickt jetzt allezeit mit liebendem Auge auf mich persönlich? Wer sagt mir nun das ‚Evangelium'? Wer steht *immer* für mich ein? Wer oder was garantiert meine ‚Einmaligkeit' und gibt mir die Sicherheit, daß ich mich nicht als ein völlig austauschbares Rädchen im allgemeinen Getriebe wiederfinden muß? Kann oder muß ich mich nun selbst zu einem identischen Menschen machen?"[35] – Nun war letzteres schon immer ein *unerreichbares Ziel.* Im Prozeß der Identitätssuche gewinnt nämlich das (nicht erst in der Neuzeit gültige) „Grundgesetz" eine immer deutlichere Kontur: *Nur dadurch* (und: so weit) *findet der Mensch seine Identität, daß sich* (bzw. so weit wie sich) *ein anderer mit ihm identisch macht,* also mit seiner eigenen Existenz und Zeit stellvertretend für ihn eintritt. Wie aber ist dies zu „haben"? Hier antworten nun die Religionen, die Theologien, die Philosophien usw. in alter wie in neuer Zeit sehr unterschiedlich. *Eine* Antwort aber, die durch die Zeiten hindurch stets gleich bleibt, geben die Menschen, wenn sie sündigen: Man kann versuchen, das Eintreten anderer für sich selbst zu erzwingen im Zuge einer umfassenden Strategie, die im vorliegenden Buch den Namen „Selbstrechtfertigung" trägt.

Das Problem, das hier im Großen zur Verhandlung steht, ist folgendes: Während verschiedene Denker der Aufklärung und des Idealismus der *Sünde*, die eine erste, noch naive menschliche Identität zerstöre, eine letztlich positive Bedeutung, Notwendigkeit für die menschliche Reifung, insbesondere für die Entstehung menschlicher Freiheit beimaßen (was heute freilich nicht mehr als allgemein plausibel erscheint), versuchen gegenwärtige Theologien immer wieder, *Gott* eine unerläßliche Bedeutung für die Ermöglichung und Auf-

---

[34] Es gehört zu den Stärken von SÖLLES oft kritisiertem Buch „Stellvertretung", daß hier diese Frage explizit untersucht wird. Schon die Einleitung, die die bezeichnende Überschrift trägt „Unterwegs zur Identität", entfaltet diese Frage unter dem Leitproblem, wodurch sich „nach" dem neuzeitlichen „Tode Gottes" menschliche Identität ermögliche. Obwohl Sölles spezifische Verwendung der Chiffre „Tod Gottes" und außerdem ihre These, heute müsse der Mensch für den abwesenden bzw. in „Ohnmacht" gefallenen Gott eintreten, „etwas für Gott ... tun" (173), zu notwendigen kritischen Rückfragen Anlaß gegeben haben, hat sie den Zusammenhang zwischen den Säkularisierungsprozessen seit der Aufklärung und der aktuellen Identitätsproblematik doch eindringlich beschrieben und auch belegt. Zuzustimmen ist ferner ihrer Diagnose, die Freiheitsfrage in der Philosophie des deutschen Idealismus sei – auch für die Theologie – noch unerledigt, sie sei gleichbedeutend mit der heutigen Identitätsthematik; und es sei auch schon im Neuen Testament „Freiheit" „der ... Name für Identität gewesen" (35, 151 u.ö.).

[35] Vgl. SÖLLE, aaO, 40ff.

rechterhaltung menschlicher Freiheit zuzuschreiben[36] (was bisher aber noch nicht mit allgemeiner Plausibilität dargelegt werden konnte[37]).

Im hier näher interessierenden Zusammenhang berührt das Identitätsproblem stets *die Differenz zwischen dem Ich und dem Selbst.* Der Mensch sucht sich selbst solange er lebt[38]. Dies ist so, weil sich *Menschen* stets unter der Einwirkung zweier entgegengesetzt zielgerichteter Natur- und Gesellschaftskräfte entwickeln: einer Kraft, die den Menschen bei ihm selbst festhält, einer zweiten (wirklich einer zweiten?), die ihn über sich selbst hinaustreibt. Der Mensch existiert im Schnittpunkt einer zentrierenden und einer zentrifugalen Wirksamkeit seiner Lebenskräfte. Existierend versucht er, zwei schwer miteinander zu vereinbarenden Grundanforderungen gerecht zu werden: sowohl den Imperativen zur *Selbsterhaltung* wie auch den Anspruch auf seine ganze Person erhebenden *Forderungen der Umwelt.* Er muß die aufsteigende Tendenz seines Lebens, durch die ihm aus seiner Umwelt Kräfte zufließen, mit der absteigenden, die ihn als Individuum teils abbaut, teils drängt, für andere dazusein, vermitteln. Weil alles menschliche Leben unter diesem Doppelaspekt und

---

[36] Im Bedenken der Wirklichkeit Gottes am Ort der Frage nach dem Grund menschlicher Freiheit stimmen z.B. die Theologien Pannenbergs und Rahners überein.

[37] Die Versagung der Anerkennung dieses Gedankens als plausibel kommt nicht in erster Linie von philosophischer oder humanwissenschaftlicher Seite, sondern schon von theologischer: Hier blieb bis heute strittig, ob auch der bloße Gottesgedanke schon von Wert sei – oder nicht. Ist im Verhältnis zum Atheismus das Rechnen mit der *Existenz* eines allmächtigen Gottes, des Schöpfers des Himmels und der Erde, für ein menschliches Leben in Würde und Freiheit bereits ein Gewinn? Theologisch besteht hier die Schwierigkeit, unterscheiden zu sollen zwischen einer als Glaube und einer als bloßes Gottesbewußtsein (=Rechnen mit der Existenz Gottes) charakterisierten Ausrichtung des Menschen auf Gott. Gibt es denn, außer dem Glauben, überhaupt eine menschliche Ausrichtung auf Gott? Ist nicht aller Nicht-Glaube immer schon *Unglauben* und mithin Verfehlung bzw. Ablehnung Gottes? Letzteres dürfte zwar kein Christ bestreiten, aber das ganze Problem lautet dann verschärft: Wo findet man wahren Glauben und wodurch definiert er sich? Ist er ein christlich-jüdisches Privileg oder muß man auch mit seiner unausdrücklichen Existenz quer durch die ganze Menschheit rechnen? Auf jeden Fall ist es biblisch-theologisch richtig, genau umgekehrt auch vom christlich-kirchlichen und vom jüdisch-israelischen Bereich auszusagen, daß man sich hier keineswegs *in* der Welt des Glaubens befindet, sondern in einer Welt des ständigen Ringens zwischen Unglauben und Glaube. Genauer: in einer Welt, in der ebenfalls nur der Unglauben, nie aber der Glaube direkt greifbar wird.

[38] Anders gesagt: Der Mensch sucht nach seiner Identität. Solange er sie nicht gefunden hat, leidet er, wie schon Nietzsche betont hat, an sich selbst (s. bei Lauret, 380).

Doppelgebot[39] steht (und an dessen inadäquater Wahrnehmung schuldig wird), darum ist es ethisch und religiös mit der Identitätsfrage belastet. Mit den praktischen Folgen dieser Belastung – den Identitätskrisen – beschäftigen sich vor allem die individual- und sozialtherapeutisch ausgerichteten Wissenschaften. Gleichzeitig beschäftigen sich auch theologische Hamartiologien mit ihnen, weil sie hier ihr ureigenstes Gebiet sehen.

Vor der Differenz zwischen Ich und Selbst liegt eine Differenz schon unmittelbar im Ich. Sie läßt sich beispielsweise im Anschluß an G.H. Meads „sozialbehavioristische" Unterscheidung zwischen „I" und „Me" darlegen. Es handelt sich um den Antagonismus zwischen einem als „nah", „eigen" und „frei" empfundenen Aspekt des Ich und einem als mehr äußerlich (wie z.B. der eigene Körper und seine „Triebe" oder die prägenden Anteile aus der Um- und Vorwelt), als eher objekthaft und als das eigene Dasein eingrenzend empfundenen zweiten Aspekt des Ich. Der noch nicht vermittelte Widerstreit dieser beiden Aspekte oder Pole des Ich hat zur Folge, daß der Mensch dann auch sein Selbst nicht findet, nicht zu sich selbst kommt.

Eine Streitfrage der Philosophen und Gelehrten lautet seit je, ob die Initiative zur Überwindung dieses primären Antagonismus beim bewußten *Ich* liegen müsse, ob also die Inititative zu einem „Zusammenwachsen" der beiden Aspekte des Ich von jenem ersten freieren Pol auszugehen habe, bei dem man den anthropologischen Ort des Bewußtseins, der Ratio vermuten kann. Oder ob eine erfolgreiche Identitätsbildung – und diese läge eben im „Zusammenwachsen" der beiden Ich-Pole – von einer *dritten Instanz* ausgehen müsse, die gleichsam der Rechtsanwalt beider Pole oder Aspekte des Ich wäre und als das *Selbst* des Menschen bezeichnet werden könnte. Wer in diesem letzten Modell denkt, muß betonen, das bewußte Ich und das Selbst des Menschen seien *nicht* dasselbe[40]. Der Unterschied zwischen dem Menschenbild S. Freuds und C.G. Jungs beispielsweise hat damit zu tun, daß Freud jene alte Streitfrage in ersterem, Jung

[39] Das biblische Doppelgebot „Du sollst deinen Nächsten lieben wie dich selbst" (Lev 19,18; Mt 19,19; 22,39) ist die kürzeste Beschreibung des Wegs zur menschlichen Identität! Es schildert freilich die Aufgabe, nicht schon die Lösungsmöglichkeit. Dieses Grundgebot der Liebe steht nach dem Matthäusevangelium nur als die andere Seite der von uns geforderten Gottesliebe „von ganzem Herzen, aus ganzer Seele und von ganzem Gemüt" in Geltung! (Mt 22,37–39; vgl. Lk 20, 25–28) Nur gemeinsam mit diesem zweiten Gebot kann es gehalten werden.

[40] Nietzsche (SW IV,40) hat im „Zarathustra" eine weither kommende philosophische Entwicklung zusammengefaßt: „Immer horcht das Selbst und sucht; es vergleicht, bezwingt, erobert, zerstört. Es herrscht und ist auch des Ich's Beherrscher." „Dein Selbst lacht über dein Ich und seine stolzen Sprünge ...".

aber in letzterem Sinn beantwortet hat. Es müssen aber nicht immer sachliche, es können auch bloß terminologische Unterschiede vorliegen, wenn in der Literatur die Entstehung menschlicher Identität bald als *Selbst*-Werdung, bald als sich aufbauende *Ich*-Stärke beschrieben wird. Andererseits kann sich an dieser Stelle doch auch ein tiefer sachlicher Gegensatz anmelden. Letztlich liegt dieser dann darin, daß die Identitätsbildung bald einem einsamen und mit einer illusionären Mächtigkeit „bedachten" Ich zugemutet wird, bald aber – und dies verbirgt sich dann hinter der Chiffre, bei der Identitätsbildung „handle" das „Selbst" – erwartet wird von außerhalb des Individuums liegenden Wesen oder Mächten. In letzterem Fall wird die Nichtautarkie, also das wesensmäßige Angewiesensein auf andere auch beim „zur Freiheit bestimmten" Menschen besonders hervorgehoben.

Anthropologisches Grundmodell, an dem sich *alle denkbaren* philosophischen, theologischen oder wissenschaftlichen Varianten einer Exposition des anthropologischen Identitätsproblems aufzeigen lassen[41]:

Schaubild 1:

Der Mensch als Person

SELBST (früher auch Geist genannt)

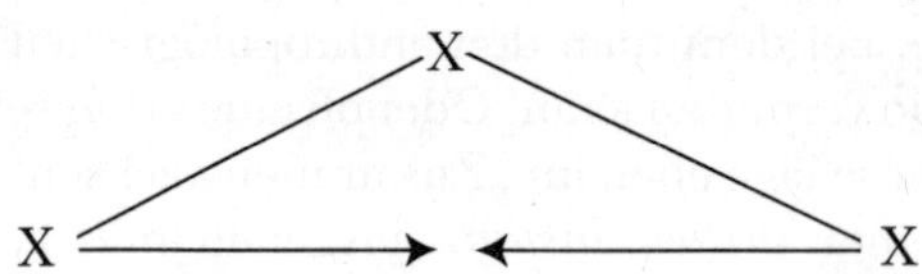

ICH (1)
Subjekt
Ratio
Bewußtsein
individuelle Freiheit

(reicht empfindungsmäßig/
gedanklich hinein ins
Unendliche oder Ewige)

ICH (2)
„beseelter Körper"/„Leib"
objektiver Aspekt des Ich
Persönlichkeitsanteile aus
der Gesellschaft, der
Menschheitsgattung usw.

(bezieht sich empfindungsmäßig/gedanklich auf die
Kategorie des Irdischen, Endlichen
oder Zeitlichen)

---

[41] Die beiden Pfeilspitzen, herkommend von den zwei Polen des Menschlichen, weisen hin auf die mögliche Einbruchsstelle des Bösen: Das ist die „Schwelle" (im Sinne von griech. *chorismos*) zwischen „Endlichem" und „Unendlichem". Die Vermittlung dieser beiden Größen soll in den Akten menschlicher Existenz geleistet werden. Eben diese Vermittlungspflicht bildet aber die Schwachstelle. Sie begründet, wie unlängst wieder RICOEUR (Phänomenologie der Schuld I, bes.

Woher aber kommt *die Kraft*, die *entweder* das in der Graphik links unten dargestellte bewußte Ich *oder* jenes in der Graphik an die Spitze gestellte sogenannte Selbst dazu bringt, einen Menschen zur mit sich selbst übereinstimmenden Persönlichkeit zu integrieren? Besonders bei theologischen Bearbeitungen des Identitätsproblems wird angesichts dieser Frage das soeben genannte Entweder-Oder als unzulänglich angesehen. Somit wird der Rekurs auf den Gottesgedanken anscheinend unausweichlich.

Kierkegaards klassische Darstellung des Wegs, auf dem Menschen – mit Hilfe des Glaubens! – „ein Selbst werden", figuriert noch in vielen heutigen Untersuchungen als Vorbild. Seine in den beiden Werken „Der Begriff Angst" (1844) und „Die Krankheit zum Tode" (1849) vorgelegten Reflexionen zur identitätstheoretischen Verhältnisbestimmung von Ich und Selbst bilden eine im 20. Jahrhundert oftbegangene Brücke zwischen Psychologie, Soziologie und biblisch-theologischer Anthropologie.

In der früheren Schrift definiert Kierkegaard den Menschen als eine Einheit von Leib und Seele (S. V.IV, 315), sowie als eine Einheit des Zeitlichen und des Ewigen (S. V.IV, 355), die *vom Geist* (des Menschen!) zuwegegebracht werde. Es handle sich aber um eine stets gefährdete Einheit. In der Angst, die als Agentin des Geistes zu unterscheiden ist von der auf konkrete äußere Bedrohungen reagierenden Furcht, geht es dem Menschen um sich selbst: um die Einheit der ihn bedingenden beiden gegensätzlichen Grundkräfte. Die Rolle der Angst ist hierbei ambivalent. Einerseits dient sie dem Einigungsziel des Geistes. Andererseits treibt sie den Menschen in Schwindelzustände hinein, in denen es ihm vor seinen Freiheitsmöglichkeiten bange wird. Hierdurch bindet sie den Menschen erst recht wieder

---

175 ff) – eine breite Tradition und Forschung verarbeitend – gezeigt hat, des Menschen „Fehlbarkeit" bzw. „den Punkt des geringsten Widerstandes, durch den das Böse in den Menschen eindringen kann". Denn der Mensch – selber ein endliches, eingeschränktes Wesen – ist für solche Vermittlungstätigkeit auffallend schwach gerüstet. „Der Mensch als Realitätsmitte, als Spannungsbogen zwischen den äußersten Polen des Wirklichen, als Mikrokosmos, ist auch das schwache Glied des Wirklichen." (183) Er ist zerbrechlich und vieles zerbricht *ihm* – und er trauert darüber. R. definiert den Menschen eindrucksvoll: „Der Mensch, das ist die Freude des Ja in der Trauer des Endlichen." (182) – Der Mensch wird den ihm auferlegten Gang über die „Schwelle" oft ängstlich scheuen und meiden. Oder er wird, über die „Schwelle" gehend, doch die Vermittlungsarbeit träge verweigern und sich auch beim andern Pol so verhalten, als würden auch hier noch die Gesetze des gegenüberliegenden Poles gelten. In diesem Fall sucht der eine Pol des Ichs, sich den anderen zu unterwerfen und zu assimilieren. Ein solches menschliches Verhalten ist zwar nichtig, aber zugleich wirkungsvoll böse und zerstörerisch, auch selbstzerstörerisch. – R. versuchte zu zeigen, inwiefern dem Tun des Bösen – also der vollendeten Fehlsamkeit – eine dieses ermöglichende anthropologische Voraussetzung – unsere „Fehlbarkeit" – entspricht. Wie es aber von dieser Voraussetzung und potentiellen Fähigkeit zum getanen Bösen komme, ließ er mit Recht unerklärt: „... von dieser Möglichkeit bis zur Wirklichkeit des

an seinen disparaten bisherigen Zustand. Ewigkeit oder Unendlichkeit kommen dann nicht mehr zum Zuge als Befreiung aus der Determiniertheit in Zeit und Endlichkeit. In diese von persönlicher Existenz-Erfahrung inspirierte Denkfigur hinein zeichnet Kierkegaard die Thematik des Gen 3 geschilderten Sündenfalls (vgl. S. V. IV, 331 f). Das spätere Werk „Die Krankheit zum Tode" (gemeint ist eine Krankheit im Geiste: die Verzweiflung) kennzeichnet den Geist auch als *das Selbst* des Menschen (S. V. XI, 147). Außerdem wird die Beziehung dieses Selbsts zu den beiden anderen Polen der menschlichen Existenz, dem Leib und der Seele (zu beachten ist die abweichende, aber in der Sache unerhebliche *Terminologie* in unserer Graphik, die den Leib, heutigem Denken entsprechend, als beseelt voraussetzt!), von Kierkegaard nun präziser erfaßt als 5 Jahre zuvor: Mit dem Selbst kommt nicht ein dritter Teil zu Leib und Seele noch hinzu. Sondern das Selbst bedeutet das *Verhältnis*, in dem Leib und Seele zueinander stehen. Dieses Verhältnis ist nun das Dritte:

„Der Mensch ist Geist. Was aber ist Geist? Geist ist das Selbst. Was aber ist das Selbst? Das Selbst ist ein Verhältnis, das sich zu sich selbst verhält, oder ist das an dem Verhältnisse, daß das Verhältnis sich zu sich selbst verhält...".

„Der Mensch ist eine Synthesis von Unendlichkeit und Endlichkeit, von dem Zeitlichen und dem Ewigen, von Freiheit und Notwendigkeit, kurz eine Synthesis. Eine Synthesis ist ein Verhältnis zwischen zweien." – „In dem Verhältnis zwischen Zweien ist das Verhältnis das Dritte als negative Einheit, und die Zwei verhalten sich zu dem Verhältnis, und in dem Verhältnis zum Verhältnis...".

Was ist nun Verzweiflung? Sie ist „ein Mißverhältnis" in jenem Verhältnis, das sich zu sich selbst verhält. Dieses Mißverhältnis kommt daher, meint Kierkegaard, daß der Mensch nicht (mehr) bewußt auf jene Instanz bezogen lebt, die dieses ganze Verhältnis, welches das Selbst genannt wird, gesetzt hat: Gott. Die Verzweiflung ist uns, die wir uns selber konstituieren wollen, unausweichlich. Wir können sie allenfalls verdrängen. Folgendes aber ist „die Formel, welche den Zustand des Selbsts beschreibt, wenn die Verzweiflung ganz und gar ausgetilgt ist: indem es sich zu sich selbst verhält, und indem es es selbst sein will, gründet sich das Selbst durchsichtig in der Macht, welche es gesetzt hat" (S. V.XI, 127 f. Übersetzung von E. Hirsch, in: S. Kierkegaard, Gesammelte Werke, 24. u. 25 Abt., Düsseldorf 1957, 8–10).

Das Interessanteste an Kierkegaards Konzept vom Selbst (das auch als Versuch einer Aufschlüsselung der Struktur menschlicher Personalität und des spezifisch menschlichen Selbstbewußtseins gelesen werden kann) ist die mit ihm einhergehende Koordinierung von menschlicher *Selbsttätigkeit* und menschlicher *Abhängigkeit von Gott.* Beides steht für Kierkegaard durchaus nicht im Widerspruch zueinander. Der Mensch verhält sich wirklich als er selbst zu sich selber. *Sein* Geist ist es, der die eigene Synthesis erstrebt. Aber die hierbei auftretende Verzweiflung, bei der sich der Mensch als der, der er tatsächlich ist, loswerden und ein anderer sein will – und beides nicht kann, treibt die Selbstreflexion schließlich hin zur Frage

---

Bösen geht eine Spanne, ein Sprung: darin liegt das ganze Rätsel der Schuld" (183).

nach der alles umgreifenden Macht. Gelingt dem Menschen der Durchstoß zu ihr, so ist die Verzweiflung dem Glauben gewichen[42].

---

[42] Pannenberg fragt in seiner „Anthropologie in theologischer Perspektive": Ist der von Kierkegaard für notwendig erachtete Durchstoß zum Glauben „überhaupt noch eine Möglichkeit des Menschen"? Kierkegaard will „die Überwindung der Versuchung zur Verzweiflung als eine Möglichkeit der menschlichen Freiheit" festhalten. Aber der Glaube ist doch „nicht eine der Freiheit des Menschen von ihm selbst her offenstehende, sondern immer nur eine ihm von Gott eröffnete Möglichkeit" (aaO, 96). – P. ist an einer genaueren Bearbeitung dieser Unklarheit interessiert, weil in ihr die Frage nach der Vereinbarkeit biblisch-theologischer Anthropologie mit den neuzeitlich-philosophischen Bedingungen menschlicher Selbsterkenntnis enthalten ist.

Kierkegaards „Krankheit zum Tode" ordnet P. „in den Zusammenhang des in den letzten Jahren intensiv diskutierten Verhältnisses von Selbstbewußtsein und Selbsterhaltung" ein. Er meint (mit D. Henrich), die im Selbstbewußtsein des modernen Menschen zur Geltung gelangte Nötigung zur *Selbsterhaltung* (conservatio sui) sei *das umfassendste Motiv innerhalb der neuzeitlichen Deutung der Bestimmung des Menschen.* Auch Kierkegaard, sagt P., ging davon aus, „daß der Mensch auf sich selbst gestellt ist" und sich deshalb auch selbsttätig erhalten muß (aaO, 97). Somit ist *Freiheit* bei Kierkegaard als ein eigenaktives menschliches Selbstwerden *im Interesse der Selbsterhaltung* gedacht.

In diesem unserem Zusammenhang signalisiert das Stichwort „Selbsterhaltung": Das menschliche Selbst repräsentiert nicht nur, was wir zukünfig erst *werden* sollen, sondern es repräsentiert auch eine *ursprüngliche Identität*, die es zu *erhalten* gilt. Aber wie ist beides logisch zu vereinbaren? „Wenn das Subjekt hinsichtlich seines Selbstseins und auch seiner Freiheit erst im Werden ist, so kann es nicht schon Bedingung und vorgängiger Grund aller Erfahrung sein." P. sieht Kierkegaard in einer begrifflich noch nicht zureichenden Weise mit dem Problem ringen, daß der Endpunkt der menschlichen Selbst-Werdung in gewisser Weise auch schon der Ausgangspunkt sein müßte. Die Unklarheit zeige sich bei Kierkegaard z.B. daran, daß er die vorfindliche menschliche Subjektivität bald als die *Unwahrheit*, bald als die *Wahrheit* bezeichnet (aaO, 98). – Als Lösung des Problems kommt hier wohl nur *ein* Weg in Frage, bei dem der Glaube nicht als eigenmächtige Setzung der Selbstwerdung durch den Menschen verstanden ist, sondern als die Annahme des uns von Gott her bereits vorgegebenen Selbsts, das wir *dann* selbsttätig im Prozeß unserer Existenz, soweit wir es können, auch *werden* sollen. Es muß uns in dieser Form ein Vorgriff auf unser noch nicht erschienenes und noch nicht gewordenes eigenes Selbst möglich sein. Ohne diesen Vorgriff könnte die Selbstwerdung des Menschen letztlich nicht gedacht und auch nicht angestrebt werden.

Zu dieser Lösung bewegt sich Pannenbergs ganzes Buch hin. Gott ist für den Menschen der Grund „des eigenen künftigen Selbstseins". Weil Gott dieser Grund ist, haben wir ihm gegenüber keine menschliche Wahlfreiheit (aaO, 113). Gibt es doch die Freiheit des Menschen zu sich selbst allererst, *weil* Gott unser Selbst vorweg schon gegründet hat. (Was die Bibel *Sünden* nennt, sind dann nicht schlechte menschliche Taten auf der Bahn unserer freien Selbstverwirklichung. Sondern Sünde ist – formal ebenso wie der Glaube – ein Bestimmtwerden schon an der Wurzel unserer Existenz. Sünde ist die Verweigerung eines – unseren Taten vorauslaufenden – anfänglichen Vertrauens. Sie ist das Nicht-empfangen-Wollen des uns von Gott ermöglichten Vorgriffs auf unser eigenes künftiges Selbst) „Die

d) Der Mensch als personales Ebenbild Gottes

Das im obigen kleinen Schaubild skizzierte *anthropologische Grundmodell* kann im Anschluß an Kierkegaard und bei besonderer Berücksichtigung des trinitarischen christlichen Gottesverständnisses folgende Präzisierung oder weitere Klärung (nicht Ergänzung!) erfahren:

Schaubild 2:

Der Mensch als personales Ebenbild Gottes

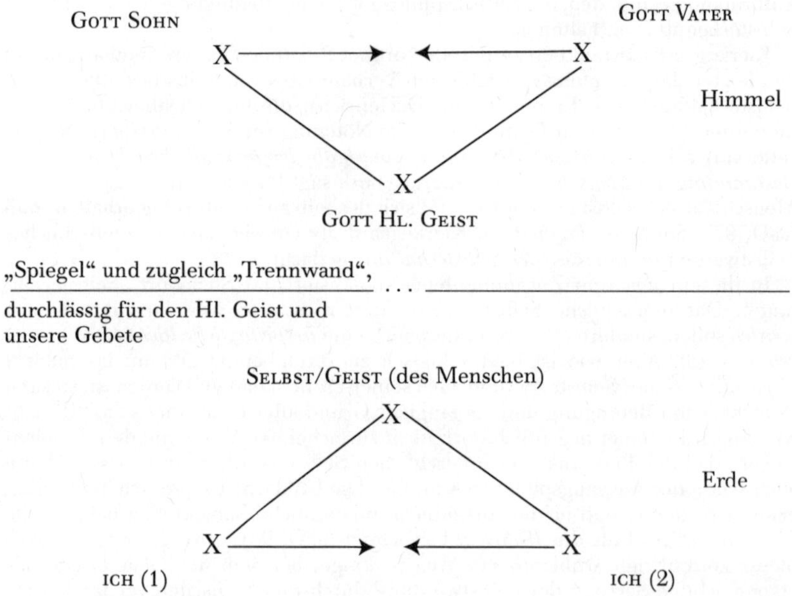

Gott existiert und verhält sich zu sich selbst in der Weise überfließender schöpferischer Liebe. Durch seine Liebe und seinen Geist entsteht u.a. der Mensch, der seinerseits inspiriert wird, als liebendes und in der Liebe schöpferisches, nach außen überfließendes Selbstverhältnis zu existieren. Erst so werden wir im vollen Sinn des Wortes eine *Person.*

In Gottes beziehungsreicher Persönlichkeit vertritt der *Sohn* die ganze Menschheit. Im menschlichen Streben nach personhafter Existenz vertritt der menschliche *Geist* die uns zugewandte Seite Gottes.

Menschen werden nicht durch ihre Taten erst ... zu Sündern, sondern sie sind es schon vor allem eigenen Tun" (aaO, 117).

Der Mensch ist dazu bestimmt, als des dreieinigen Gottes geschöpfliches irdisches Ebenbild zu existieren. Daß aber auch der Mensch, so wie Gott, die drei Aspekte seines Seins zur Ganzheit und personalen Einheit verbinden kann, ist nicht selbstverständlich, ja, dies wird von uns niemals voll erreicht[43]. Daß wir überhaupt als menschliche *Personen* mit einem Stück Freiheit da sind – ob wir unsere Freiheit nun gut nützen oder nicht, ob wir etwas von unserer Bestimmung sichtbar machen können oder aber als widerpersönliche Person existieren –, dies verdanken wir, wie in obenstehender Modellzeichnung zum Ausdruck gebracht, Gottes Zuwendung im Hl. Geist. Gottes Geist hilft unserem Geist; er hilft unserem konstitutionellen „Defizit" auf, das zunächst darin liegt, daß auch wir nicht anders gemacht sind als Tiere und Pflanzen, sondern uns nur graduell von ihnen unterscheiden.

Gottes Geist hilft uns nun nicht etwa dort, wo wir „menschliche Schwächen" zeigen, sondern er macht den Menschen zum Menschen! Gottes besondere Zuwendung im Hl. Geist hebt *alle* menschlichen Geschöpfe ins personale Menschsein – nicht nur die Gläubigen! Letztere *wissen* aber darum und *lassen* Gott ihnen dienen. Das ist der ganze, freilich entscheidende Unterschied!

Übergang von der Christologie zur Anthropologie:
Gläubige Christen erkennen in dem uns *als Menschen* ermöglichenden (und in der Sünde rettenden) Hl. Geist den *Geist oder das Selbst Jesu Christi*. Jesus Christus ist es, so glauben sie, der sich selbst uns Menschen darreicht als *Vorgriff* auf unser noch nicht erschienenes eigenes *wahres Selbst*. Er ist der Stellvertreter. Er steht wirklich dort, wo im Blick auf unsere allgemeine menschliche Situation „einer" stehen müßte, damit auch wir „ein Selbst werden" können. Er steht *realiter* dort, weshalb die Symbolsprache des Neuen Testaments mit Recht immer wieder vom Sein des auferstandenen Christus *in uns* und von unserem Sein *in ihm* spricht. In ihm kommt zunächst der Mensch, sodann im geretteten Menschen die ganze Schöpfung „zu sich selbst" (vgl. Röm 8,19ff).

Der Mensch ist ein Mängelwesen. Was ihm unverschuldet (weil konstitutionell) mangelt, ist aber nicht etwa die Instinktsicherheit, die Körperkraft und -geschicklichkeit oder das Anpassungsvermögen. *Es mangelt ihm vielmehr an hinreichender Kraft zum Menschsein in Frei-*

---

[43] BARTH sagt entsprechend vom *Personsein* (das er als „freies Subjekt sein" versteht): „Nicht das ist problematisch, ob Gott Person ist, sondern das ist problematisch, ob wir es sind. Oder werden wir unter uns Menschen einen finden, den wir im vollen ernsten Sinn dieses Begriffs Person nennen könnten?" (KD I/1, 143)

heit, Liebe und Würde[44]. Es mangelt ihm, anders gesagt, die Kraft zur zuverlässigen, konstanten Menschlichkeit. Es mangelt ihm, mit Kierkegaard zu reden, die Kraft, aus Eigenem ein Selbst zu werden. Darum *will* er es auch gar nicht. Nicht nur bleibt er immer hinter sich selbst zurück, sondern er lügt sich vor allem über seinen Mangel hinweg. Erst hier beginnt seine eigene Schuld, die zugleich wirklich eine allgemeine Schuld (und Sünde!) der Menschen ist: Der Mensch gesteht sich seine mangelnde Kraft zu wahrer Menschlichkeit bzw. zu einer Selbstwerdung, die den *Kriterien der Menschlichkeit* in Freiheit, Liebe und Würde wirklich genügt, nicht ein. Er ist nicht wahrhaftig (*omnis homo mendax*, Ps 116,11). Er ist als Sünder auch ein Heuchler. Und er hält sich *schon* für befriedigt und für identisch genug, obwohl er in Wirklichkeit mit Surrogaten lebt, die seinen Mangel keineswegs beheben.

Immer wird behauptet, wir alle strebten ein Leben in völliger Identität an. Aber tun wir das wirklich? Vielleicht waren Schleiermachers berühmte „Gebildete" noch nie weiter entfernt vom Ziel der Identität als heute, wo sie es sogar zum Programm erhoben haben.

e) Der Begriff des Heils im Kontext von Natur und Gnade

„Heil" ist heute ein fast blindes Wort geworden. Auch wurde es durch die neuere deutsche Geschichte diskreditiert. Bevor ich auf seinen Gehalt näher eingehe, will ich auf eine die Theologie im 20. Jahrhundert ganz besonders beschäftigende Kontroverse hinweisen, die auch in der Gegenwart noch Neuauflagen erlebt. Es handelt sich um den alten Streit um „Natur und Gnade". Ein Teil der theologischen Lehrer geht quer durch alle konfessionellen Lager davon aus, daß auch der ungläubige Sünder, wie überhaupt jeder Mensch, durch eine immer wirksame göttliche Schöpfungsgnade im Menschsein gehal-

[44] Richtig charakterisiert Wenz, 324f, diesen Mangel auch als ein Versagen in bezug auf die bestehende Verantwortung. Durch Verantwortungslosigkeit, die eigentlich ein Drang zur „vermittlungslosen und in sich verschlossenen Selbstunmittelbarkeit" ist, „versagt der Mensch". „Denn der Mensch ist, was er ist, als Mit-Mensch. Sein Sein hängt an Beziehungen. Die Widersinnigkeit der Sünde aber besteht darin, daß sie, obzwar sie Beziehungen faktisch in Anspruch nimmt und nehmen muß, die in diesem Anspruch mitgesetzte Verbindlichkeit ... verweigert. Im Vollzug der Sünde widerspricht der Mensch mithin sich selbst. Indem er Verantwortung schuldig bleibt und vom Anderen in monologischem Eigensinn abstrahiert, verfällt er einer Beziehungslosigkeit, die im Selbstverlust endet." Eben darum ist Sünde immer auch ein „Rechtsversagen". – Hier ist die Brücke, die zu theologisch-juristischen Diskursen über Schuld und Sünde führen könnte.

ten wird. Der andere Teil will von solcher Gnade nichts wissen und nennt erst die göttliche Vergebung und Überwindung der menschlichen Sünde in Jesus Christus *Gnade.*

Aber ist die Alternative richtig? Oder gibt es etwa *zwei* göttliche Gnaden: eine den Menschen als Menschen konstituierende und erhaltende Gnade und eine zweite, die von Sünden erlöst? Zu antworten ist: Weder die Alternative noch die Addition zweier Gnaden ist dem biblischen Glauben wirklich gemäß. Um aber über dieses Problem ein wenig hinauszusehen, müssen wir es erst noch weiter zuspitzen:

Für *alle* Menschen – sie seien gläubig oder ungläubig, sündig oder nicht – scheint zu gelten: Der Mensch ist nicht wie die anderen Naturwesen fest eingebaut in die zu ihm gehörenden biologischen Zusammenhänge. Er überschreitet sie alle. Er lebt in einer relativen Freiheit und nimmt eine eigentümlich „exzentrische Position" in der Natur ein, woran Pannenberg im Anschluß an H. Plessner wieder erinnert. Diese besondere Position ermöglicht es dem Menschen, „von den Dingen Abstand zu nehmen, sie als Objekte, *als* Dinge zu nehmen". Sie begründet auch die „Fähigkeit zur Selbstreflexion", ist also „nur ein anderer Name für das Selbstbewußtsein" des Menschen. Denselben Sachverhalt bezeichnet Pannenberg (im Anschluß an M. Scheler, A. Portmann und A. Gehlen) auch als die Bestimmung des Menschen zur „Weltoffenheit"[45]. In ihr wurzelt des Menschen Freiheit.

Das Problem lautet jetzt: Ist diese Beschreibung des allgemeinen Menschlichen auch in dem Sinne richtig, daß die Sünde – das menschliche Leben in der Abgewandtheit von Gott – *nichts ändert* an dieser relativen Freiheit des Menschen und an seiner allgemeinen Fähigkeit, „die Objekte ... *als* Dinge zu nehmen"? Das wird man *nicht* sagen dürfen! Wenn und wo es Sünde gibt, bedeutet sie nämlich die Versuchung, ja, die Tat, hinter den Objekten *mehr* zu suchen als bloß „Dinge", ihnen eine soteriologische Bedeutung „beizumessen". *Insofern ist ein sündiger Mensch immer bereits verfälscht in seinem Menschsein: in seiner relativen Freiheit und in der Betätigung seines Selbstbewußtseins.*

Von hier aus fällt nun Licht auf einen Dissens zweier in der Gegenwart lehrender protestantischen Theologen: W. Pannenberg weist, um mindestens den *Sinn* des Gottesgedankens darzutun, darauf hin, daß wir Menschen insgesamt aus einer alles Vorhandene und End-

[45] Pannenberg, 34f.

liche übersteigenden unendlichen Wirklichkeit schöpfen müßten. Um überhaupt *Menschen* zu sein, seien wir angewiesen auf diese unendliche Wirklichkeit, was sich daraus beweise, daß die Menschen als *weltoffene* Wesen in ihren Akten das jeweils Vorhandene transzendieren. G. Schneider-Flume widerspricht Pannenberg und sagt: Dieser von Pannenberg behauptete Angewiesenheit des Menschen auf eine nicht endliche Wirklichkeit „ist engegenzustellen die Angewiesenheit des Menschen auf das Heil. Letztere ist allerdings nicht aus dem Wesen des Menschen an sich zu erheben und zu erkennen, sondern allein aus der Geschichte Gottes mit den Menschen zu erfahren."[46]

Mit diesem neuerlichen Virulentwerden des alten Streits um Natur und Gnade, Schöpfungsoffenbarung Gottes und Heilsoffenbarung Gottes ist die Aufgabe gestellt, das Problem noch besser zu formulieren. Das könnte gelingen, wenn die Lehre von der Sünde in folgender Weise an der Lösung beteiligt wird: Würden die genannten beiden theologischen Meinungen, so wie sie soeben zum Vorschein gelangten, zur Grundlage einer Lehre von der Sünde, dann bedeutete Sünde im einen Fall einen Verstoß gegen das Menschsein, im anderen Fall einen Verstoß gegen das Heil. Dies wäre jedoch kein rechtes Entweder-Oder! Denn das Un-Heil des Menschen liegt ja darin, daß er sich nicht selbst *menschlich* machen kann, aber es sich dennoch einbildet. Sünde darf christlich-theologisch durchaus gewertet werden als Verstoß gegen das Menschsein in Weltoffenheit oder Freiheit. Aber auch die Christusgnade – das Heil – darf christlich-theologisch gewertet werden als die Rettung der menschlichen Natur, d.h. der grundmenschlichen Bestimmung zur Weltoffenheit oder Freiheit. „Heil" bedeutet nicht etwas darüber noch Hinausgehendes. Sondern es bedeutet die Rettung und die Ermöglichung der vollen Menschlichkeit angesichts des Bösen. Es ist die Wiederkehr des verlorenen und verwirkten wahren Menschseins in Freiheit, Liebe und Würde: und dies im Einklang auch mit der Umwelt!

Auf der einen Seite muß man sich – gegen eine bestimmte römisch-katholische Lehrtradition – dafür entscheiden, die anthropologische Folge der Sünde *nicht* nur im Verlust „übernatürlicher Gnade" (bei unverletztem Fortbestehen der menschlichen Natur) zu erblicken, sondern in einer wirklichen Desorganisation und Verbiegung der menschlichen Natur. Auf der anderen Seite muß man sich – gegen eine bestimmte protestantische Lehrtradition – dafür entscheiden, die in Jesus Christus kulminierende besondere „Geschichte Gottes mit den Menschen", die Christusgnade, *nicht* über, außer oder gar gegen das Schöpfungstheologische, d.i. gegen die dem göttlichen Schöpferwillen und Schöpfungshandeln gemäße Wirk-

[46] Schneider-Flume, Die Identität des Sünders, 105, Anmk. 8.

lichkeit zu stellen. (Das christlich verstandene Heil ist nur insofern „neue Schöpfung“ [II Kor 5,17] als es die Überwindung der Sünde und der Übel *in* der Schöpfung meint, es meint also: die *eine* Schöpfung befreit von Sünde und allem Übel)

Die besondere Geschichte Gottes mit den Menschen beginnt zeitlich sogar schon *vor* dem „Auftreten“ der ersten Menschen in der Evolution, sie beginnt mit der Schöpfung selbst. Die Evolutionsgeschichte und die Heilsgeschichte sind letztlich koextensiv. Damit wird keineswegs geleugnet, daß das Verhältnis Gottes zu den Menschen etwas Besonderes ist. Wir meinen aber, daß die ganze Natur an dieser Besonderheit Anteil hat, mit ihr in einem Zusammenhang steht. Folglich wird hier der – in bisheriger Theologie oft anzutreffenden – Meinung entschieden widersprochen, es bilde die sich entwikkelnde außermenschliche Natur nur den Rahmen, den Schauplatz, gleichsam die Theaterbühne, worin sich *die Heilsgeschichte* abspiele als eine angeblich besondere Geschichte Gottes mit den Menschen (oder gar mit einer Menschheitsauswahl). Die Schaubühne ist theologisch aufzuwerten! Sie ist nicht bloß die technische Ermöglichung für ein dramatisches Spiel, das des Menschen Sündenfall und göttliche Erlösung umfaßt. Die außermenschliche Natur ist vielmehr selber – zwangsweise, was des Menschen Sünde anbetrifft, frei werdend aber, was des Menschen Erlösung anbetrifft – mit einbezogen in dieses Spiel.

Theologie ist und bleibt Auftrag und Versuch der Interpretation des gesamten Evolutionsgeschehens als von Gott verantwortete Geschichte. Theologie hat wirklich alle Dinge *sub ratione Dei* darzustellen (Thomas von Aquin)[47]. Eine angeblich der Neuzeit eher gemäße „anthropozentrische Theologie“, die die ganze Wirklichkeit *sub ratione hominis* darstellte, wäre ein Widerspruch in sich. Darum ist z.B. die Philosophie des Deutschen Idealismus, die dies dennoch durchgeführt hat, nicht *Theologie.* Der Auftrag zum Verstehen der Wirklichkeit *sub ratione Dei* bedeutet aber nichts anderes, als daß die Theologie diejenige Wissenschaft sein sollte, die den heilsgeschichtlichen Aspekt der Evolution, gestützt auf göttliche Offenbarung, wahrzunehmen hat. In *diesem* Zusammenhang hat die Theologie auch von des Menschen Sünde oder des Menschen Nichtbereitschaft zu sprechen, der ihm von Gott zuteilgewordenen (und zugleich seiner natur- oder evolutionsgemäßen!) Bestimmung zu genügen.

Noch einmal: Die Evolutionsgeschichte und die Heilsgeschichte fallen zusammen: Soweit unsere Theologie, wie vor allem durch Teilhard de Chardin geschehen, an diese aus traditionellen Engfüh-

[47] S.th. I, 1,7c.

rungen herausführende weite Orientierung gemahnt wird, ist zuzustimmen und endlich Folge zu leisten.

f) Sünde, Urvertrauen und christlicher Glaube

Des Menschen Sünde kann unmöglich ein *notwendiger* Teil der menschlichen Selbstverwirklichung in Freiheit, Würde und Liebe sein[48]. Wenn menschliche Identität in solcher Selbstverwirklichung besteht, dann liegt jedenfalls Sünde nicht *an* ihrem Weg, sondern sie liegt ihr *im* Wege. Sie stört, hindert, zerstört das Werden solcher Identität.

Gleichwohl liegt das, was uns Menschen zur wahren Menschlichkeit und somit zur Erfüllung unserer Bestimmung bzw. zur Identität hinführt, und das, was uns in die Sünde hineinführt, nur um Haaresbreite getrennt beieinander. Ja, es liegt so dicht nebeneinander oder aufeinander, daß beides immer wieder miteinander verwechselt wird. Dann heißt es: „Weil ich mit mir identisch werden soll, muß ich auch sündigen. Die Sünde richtet für mich und für andere zwar Schaden an. Aber ich muß da durch." Diese Meinung ist eine Falle, in der sich nur allzuleicht auch die theologische Hamartiologie verfängt – und dann dort verendet.

Pannenberg hat angesichts der unheimlichen Nähe zwischen menschlich notwendigem Identitätsstreben und Sünde die – gerade noch mögliche – Formulierung gewagt, die menschliche *Egozentrizität* (amor sui), die „den Wesenskern der Sünde, der Selbstverfehlung des Menschen" bilde, sei wirklich „eng verflochten mit den *Naturbedingungen* unseres Daseins"[49]. Denn der seine Identität suchende

[48] Die Sünde ist nicht notwendig, damit wir zu uns selbst kommen. Wir können nur nicht anders als sündigen: ob wir nun zu uns selbst kommen oder nicht. (Genau genommen, kommt übrigens kein lebender Mensch jemals zu sich selbst!) Wir sündigen – und an dieser Aussage führt kein christlicher Weg vorbei –, weil Gott den Menschen *als Sünder* will. Die Art, wie Gott sich uns Menschen zuwendet, wie er bei uns *ist*, zeigt, daß Gott sich selbst nicht nur zur Gemeinschaft mit dem Menschen, sondern zur Gemeinschaft mit dem *homo peccator* bestimmt hat. Nur insofern bestimmt die Sünde unseren Werdegang unvermeidlich. *Er* kennt und will uns gar nicht anders, denn als Sünder. Wir selbst sehen uns – im Unglauben – allerdings anders.

[49] PANNENBERG, 104. „Möglich" ist diese Aussage, weil sie ja nicht – was auch falsch wäre – von der Kongruenz von Egozentrizität als Ausdruck des uns von der Natur auferlegten Selbstverwirklichungsstrebens und von Egozentrizität als Ausdruck der Sünde spricht. P. sagt vielmehr mit Recht, beides sei eng miteinander verflochten. P. wollte offensichtlich dem Tatbestand nicht ausweichen, daß es höchst schwierig ist, das Natürliche und die Sünde hier auseinanderzuhalten. *Daß*

Mensch *muß* ja die Dinge dieser Welt, deren Realität er nicht verdrängen oder übersehen sollte, auf sein eigenes Ich beziehen. Er *muß* sich als Wahrnehmungszentrum in die Mitte von allem stellen und sehen, wie er mit allem zurechtkommt. Diese fürs menschliche Ausbilden einer eigenen Identität offenbar unerläßliche Zentrierung des Wirklichen beim Ego widerspricht durchaus nicht der von Pannenberg (im Anschluß an H. Plessner) gelehrten *exzentrischen* Position des Menschen, sondern beides entspricht sich aufs Genaueste: *Weil* sich der Mensch immer schon in einer exzentrischen Position im Kosmos wiederfindet, darum versammelt er nach Möglichkeit „alles" beim Ich. Dies *entspricht* wirklich seiner Natur.

„Die exzentrische Selbsttranszendenz, das Sein beim andern seiner selbst ..., konstituiert das Ich oder die Person. Zugleich aber setzt sich das Ich in seiner Identität mit ‚sich selbst' auch wieder dem andern entgegen. Das ist die Wurzel des Bruches im Ich, die Wurzel seines Widerspruchs gegen seine eigene exzentrische Bestimmung." Wird das „Sein beim andern" nun „zum Mittel", um sich in der „Unterschiedenheit vom andern zu behaupten", bedeutet es mithin den Wunsch, den andern oder das andere zu beherrschen, dann beginnt die Verfehlung. Nun wird „die Entgegensetzung des Ich gegen das andere totalisiert", so daß „*alles* andere nur noch als Mittel seiner Selbstbehauptung dem Ich dienstbar gemacht" wird. Genau dies bedeutet zuletzt auch den „Bruch des Ich mit sich selber, mit der es immer schon konstituierenden Exzentrizität ..."[50].

Damit hat dann auch der Prozeß der Identitätsbildung sein – allzu frühes – vorläufiges oder definitives Ende gefunden. Wodurch aber kann diese persönliche Katastrophe vermieden oder in ihren Auswirkungen begrenzt werden? Wodurch bleibt menschliche Identität erhalten, wie wird sie gestärkt? Wie kann sogar Schuld so verarbeitet werden, daß ein Mensch darüber identischer mit sich selbst wird? Primär dadurch wird dies ermöglicht, so antwortet heute vor allem eine breite psychologische und auch religionspädagogische Literatur, daß in frühester Kindheit ein *Grund- oder Urvertrauen* erworben werden konnte, d.i. „die erste Komponente seelischer Gesundheit" (E.H. Erikson). – Je mehr Grundvertrauen, desto mehr Kraft zu

---

dies aber geschehen muß, daran läßt auch er keinen Zweifel. Nur hätte er hier deutlicher sagen und zeigen können, daß mehrere, mindestens zwei Erscheinungsweisen menschlicher Egozentrizität *strictissime* voneinander unterschieden werden müssen: vor allem die, die zur Erkenntnis der Dinge, und die, die zur Sünde hinneigt. Wirklichkeitserkenntnis ist – unbeschadet des Essens der Frucht vom Baum der Erkenntis nach Gen 3 – keineswegs schon immer mit Sünde gleichbedeutend. Beides stößt sich hier nur hart im Raum. (Vgl. zum Gespräch mit P. über diesen Punkt auch Stock, 293ff, der, dasselbe Problem von anderer Seite her beleuchtend, fragt, ob man die Egozentrizität wirklich unter die *Natur*bedingungen des Menschlichen zu rechnen habe. Was heißt hier „Natur"?)

[50] Pannenberg, 82.

einem identischen Leben[51]. Demgegenüber sind alle späteren therapeutischen Nachhilfen oder Nachbesserungen von sekundärem Rang.

Die anthropologische Bedeutung des christlichen Glaubens wird heute sehr oft anhand oder im Sinne dieses Grundvertrauens erläutert: Der Glaube, so wird etwa gesagt, begründet, rechtfertigt und stärkt das Grundvertrauen[52]. Oft wird er heute sogar mit ihm identifiziert.

Dafür scheint vor allem folgendes zu sprechen: Die Frage nach der Herkunft des Grundvertrauens reicht ja noch sehr viel weiter als nur bis zu den Beziehungen und Bezugspersonen während der frühesten Kindheit! Daß in der kosmischen Evolution überhaupt jenes gewaltige Vertrauen auftrat, das unseren menschlichen Vorfahren die Einnahme einer „exzentrischen Position" ermöglichte, erscheint wie ein Wunder. Und wir sollten *auch* fragen: Was *rechtfertigt* überhaupt jenes Urvertrauen, das uns bei der für unser Menschsein entscheidenden „exzentrischen Position" verharren und dabei mehr oder weniger Identität gewinnen läßt? Weder unsere Beobachtungen der Abläufe und Entwicklungen in der Natur noch unsere Erfahrungen innerhalb der uns berührenden Ausschnitte aus der Geschichte der Menschheit geben genügend Anlaß und Anhalt für die Ausbildung eines Urvertrauens. Eher zum Gegenteil! Wenn es freilich so steht, ist dann nicht, was die Religionen „Gott" nennen, schlichtweg das Woher und die Rechtfertigung unseres – sogar gegen die Wirklichkeitserfahrung möglichen – Urvertrauens? Vorsichtig ließ sich z.B.

[51] Vgl. z.B. Fraas, 112: „Eine angemessene Bewältigung" der im ontogenetischen Prozeß „ersten, oralen Krise des Säuglings" (wenn sich die Mutter „wieder stärker anderen Aufgaben zuwendet") „schlägt sich im Urvertrauen nieder, das die Grundlage der Identitätsentwicklung und die Voraussetzung zur Lösung aller späteren Konflikte bildet". – Ebenso geht Pannenberg, 222f, im Anschluß an Ergebnisse Eriksons davon aus, daß in der menschlichen Reifungsentwicklung „jeder spätere Akt ... selbständiger *Identitätsbildung* eine erneute Aktualisierung jener in der frühen Kindheit begründeten, vertrauensvollen Öffnung auf die Weltwirklichkeit hin darstellt".

[52] Fraas, 113, meint: „Glaube ist ebenso Ausdruck wie Motiv des Urvertrauens. Fragt man nach den Bedingungen des Urvertrauens, nach den Wurzeln der Zuversicht, die die Mutter dem Kind vermittelt, nach der sachlichen Berechtigung oder nach dem Bürgen und Garanten, so wird der soziale Zusammenhang überschritten. Es ist für den Gläubigen der Gottesglaube, der das Urvertrauen rechtfertigt und damit zum Gottvertrauen macht." – Der Zusammenhang von Grundvertrauen und Glaube wurde z.B. auch von H. Küng (Existiert Gott?, München 1978, 524ff) in dieser Weise beschrieben, was dann von H. Albert (Das Elend der Theologie. Kritische Auseinandersetzung mit Hans Küng, Tübingen 1979) zurückgewiesen wurde, weil der nichtgläubige Mensch nicht zu einem Grundmißtrauen verurteilt sei (zu dieser Kontroverse s. Pannenberg, 224ff).

W. Pannenberg von der Frage der zureichenden Begründung des Urvertrauens zu dem Schluß führen, es gehöre die *Gottesfrage* „dem Menschen als Menschen unveräußerlich" an. Genau hier ist auch Scharfenbergs Überlegung verwurzelt, die Beziehung des Menschen zu Gott (die ja im Glauben wahrgenommen und gelebt wird), sei *notwendig* für die Ausbildung menschlicher Identität[53].

Doch an dieser Stelle liegt ein *praktisches* Problem: Ein Mensch, der nahezu kein Grundvertrauen hat, ist wahrscheinlich auch nicht in der Weise „reif für den Glauben", daß er nun – eben wegen dieses Mangels – ohne weiteres von einem bisherigen Nicht-Glauben oder Unglauben zum ihn rettenden, ihm das Grundvertrauen ersetzenden Glauben übergehen könnte. Gläubiges Ergriffenwerden von Gott kommt jedenfalls nicht als ein verfügbares therapeutisches Mittel für ichschwache Menschen in Betracht. Umgekehrt: Auch wer ein starkes Grundvertrauen hat, ist deswegen noch längst kein glaubender Mensch im religiösen oder christlichen Sinn. Vielleicht fühlt gerade er keinen Bedarf für den Glauben. Möglicherweise hört er auch nicht gern, sein Grundvertrauen *impliziere* echte religiöse Gläubigkeit, auch wenn er dies selbst nicht weiß. Oder sein Grundvertrauen sei die Frucht eines ausgeprägten christlichen Glaubens seiner Eltern, seiner weiteren Vorfahren oder des Pflegepersonals, das er als Säugling hatte.

Das Verhältnis des Glaubens zum menschlichen Grundvertrauen ist also schwierig zu bestimmen. *Es kann nur von der Seite des Glaubens her durchsichtig gemacht werden, nicht umgekehrt.* Wo Glaube an Gott vorhanden ist, da ist gewiß auch ein Vertrauen des Menschen zum Schöpfer und zu dessen Werk aufgerichtet. Insofern ist auch Grundvertrauen da. Aber dieser Glaube bedeutet zugleich, daß der Mensch aufhört, „sein ganzes Vertrauen" auf diese Welt oder auf irgendetwas/irgendjemanden in dieser Welt zu setzen. Der Glaubende gründet sich nicht mehr auf (vermeintlich) Verläßliches in seinem eigenen Verfügungsbereich. Er trägt den sündigen Zertrennungen in unserer Lebenswelt Rechnung – und verläßt sich auf den Schöpfer, der zugleich Versöhner und Erlöser der Welt ist. Wenn er im Einzelfall dennoch als ein Mensch zu bezeichnen sein sollte, der ein natürliches oder spontanes Vertrauen zu anderen Menschen, sowie Daseinsfreude und Zutrauen zum Leben hat, so handelt es sich hierbei wahrscheinlich um ein Gemisch aus einem ihm aus einer guten Kindheit zuteilgewordenen glücklichen Naturell und hinzuge-

[53] S. o. S. 58.

kommenen Glaubenskräften. *Der Glaube jedoch ersetzt weder ein solches (zum Grundvertrauen disponierendes) Naturell, falls es von Haus aus nicht da war, noch zerstört er es, noch erzeugt er es.* Er wird es, falls es ohnehin da ist, unterstützen. Aber auch das ist nicht seine eigentliche „Aufgabe“ oder „Funktion“[54]. Was aber ist *dann* Sinn und Ziel des Glaubens? Soll er etwa nicht befreien – zur Liebe? Und: Durch welche bloß religiöse Kehrtwendung könnte ein Mensch *ohne Grundvertrauen* überhaupt jemals zur Freiheit und zum Lieben, die uns ja beide als Früchte des Glaubens verheißen sind, hingelangen? *Muß* sich somit der christliche Glaube, wenn er etwas bedeuten will, nicht eben doch mit dem Grundvertrauen vermählen, ja, identifizieren – wie dies ja auch Erikson vorausgesetzt hat[55]?

Es sagt sich zwar leicht im Sinne einer dogmatischen Richtigkeit, daß der Glaube nicht vereinnahmt werden dürfe, um die menschliche Selbstentfaltung zur Ganzheit, zur Reife, zum Glück zu unterstützen. Aber wenn unsere Theologie mitteilen soll, worin *dann* die Bedeutung des Glaubens für den Menschen liege, kommt sie in Schwierigkeiten. Wird sie nun sagen, dem Glauben sei *anderes* wichtig als der Gewinn eines authentischen, Identität ermöglichenden oder beweisenden Menschenlebens und als die Abwehr und Heilung von Entfremdung und Leiden? Was? Hier bedarf es großer Sorgfalt theologischen Denkens. Dieses darf sich *hier* nicht zu Entweder-Oder-Antworten hinreißen lassen. Aber es muß, im Unterschied zum Großteil heutiger theologischer Literatur, wieder eindeutig sagen, daß wirklicher Glaube zuerst an *Gott selbst* interessiert ist – und nicht an Reifung, Freiheit, Glück, Identität des glaubenden Menschen. *Glaube ist nicht ein Zu-sich-selbst-Finden des Menschen auf dem Umweg über Gott, sondern ein Zu-Gott-Finden des Menschen in der gelingenden Loslösung von sich selbst*[56]. Obwohl gerade dieses Zweite schließlich

[54] Vgl. die theologisch klaren und richtigen Ausführungen bei SCHNEIDER-FLUME, Die Identität des Sünders, 120; 123 und 125.

[55] Vgl. SCHNEIDER-FLUME, Die Identität des Sünders, 102: In der Studie „Der junge Mann Luther“ (englisch 1958; deutsch Hamburg 1970) führte Erikson konsequent „die Gleichsetzung von Glaube und Ichstärke“ durch. „Leitbild ist dabei die in sich ausgewogene *Ganzheit* der Persönlichkeit, innerhalb derer die Religion bzw. der Glaube die Funktion hat, das Ich zu stabilisieren durch Wiederherstellung des Urvertrauens. Deshalb kann Erikson seine Studie schließen mit dem Hinweis ..., ‚daß der ursprüngliche Glaube, den Luther wiederherzustellen suchte, auf das Grundvertrauen der frühesten Kindheit zurückgeht‘“.

[56] Die Tatsache der *Anthropozentrik* des Denkens in der neuzeitlichen Zivilisation bedeutet nicht, diesem Denken gehe es dort, wo das Denken früher um Gott kreiste, jetzt geradezu zwangsläufig um den Menschen. Zunächst einmal meint

auch der Erlangung menschlicher Identität dienlich ist[57], darf dies Letztere theologisch nicht als das eigentliche Ziel hingestellt werden! Theologie hat samt ihrer Glaubens- und Sündenlehre verspielt, wenn sie anderes sein will als ein menschlicher Reflex auf das, was *Gott* in *seiner* Identität ist, will und tut[58].

---

die für unser heutiges Denken charakteristische Anthropozentrik nur die gegenüber früheren Zeiten kolossale Ausweitung unserer Zuständigkeiten und unserer Verantwortung in der Natur. Wir sind inzwischen fast überall in der Natur „involviert". Es gibt fast nichts mehr in der Natur, was wir einfach „Gott", will sagen, „sich selbst" bzw. seinen eigenen Entwicklungstendenzen überlassen können. Somit hat sich unser Platz und unsere Bedeutung *in der Natur* und *den Mitgeschöpfen gegenüber* sehr ausgeweitet, *nicht aber Gott gegenüber.* Nirgendwo steht der heutige Mensch dort, wo sonst wirklich noch Gott stand. Wir haben Gott nicht verdrängt. Nirgendwo tun wir, was früher noch das Werk Gottes war – der heutige Mensch bildet sich dies höchstens ein. Er ist selbstredend nirgendwo an die Stelle des göttlichen Schöpfers und Erlösers getreten. Und darum ist die Gottesfrage noch immer die *Gottesfrage* – und in keiner Weise zu ersetzen durch eine Frage nach uns.

[57] Treffend sagt BAUR (317) vom glaubenden Menschen, dieser habe „in sich selbst keinen Stand", seine menschliche Vollkommenheit bestehe „im völligen Empfangen" (und zwar: Gottes in seinem Wort!). „Er ist er selbst durch den Geist der Liebe, in der Gemeinschaft des Vertrauens mit seinem Gott. Gerade seine Bedürftigkeit, die ihm in sich selbst keinen Stand anweist, ist seine Vollkommenheit." Sobald er jedoch – sündigend – aus diesem völligen Sich-von-außen-hergegeben-sein-Lassen herausfällt und *in sich* hineinstürzt, wird er in Wahrheit fremdbestimmt, geht er der Identifikationsmöglichkeit verlustig. „In sich hineingestürzt, ist er zugleich ‚draußen'." Insofern ist Unglauben nicht nur identisch mit Sünde, sondern auch mit Identitätsverlust.

[58] Ein erheblicher Teil von K. Barths theologiegeschichtlicher Bedeutung dürfte in Barths Erinnerung daran liegen, daß *Gott* überhaupt nur dann in unserem Sprechen und Denken präsent ist, wenn wir ihn als das Subjekt einer spezifischen, ihn nach seinem eigenen Willen definierenden *Geschichte* wahrnehmen. Wenn wir auf christliche Weise von Gott sprechen wollen, kommt es auf jene Nuancen an, in denen vor allem die biblischen Grundtexte die Erscheinungsweisen Gottes zur Sprache bringen. Nur im wahrhaft exegetischen Eingehen auf die verzweigte göttliche Sprach-Geschichte und Geschichts-Sprache kann sich unser Denken wirklich auf Gott beziehen. Die eigene religöse Erfahrung genügt *darum* nicht! Auch ist dem religiös „entwöhnten", säkularisierten Menschen *nicht* zuerst die Frage zu beantworten, ob es Gott überhaupt gibt (woraufhin man dann weitersähe). Sondern theologisch einzusetzen ist mit einer erschließenden Darlegung, *als wer* Gott uns nach unseren kirchlichen Gesamterfahrungen und Texten begegnet. Nicht mit dem Zweifel, sondern mit dem Glauben wollte Barth beginnen. Er sah das Dilemma der neuzeitlichen Kirche darin, daß sie zwar mit großem apologetischem Aufwand für das Thema „Gott" auf den Plan trat, aber dann durchaus keinen großen Aufwand mehr trieb, um inhaltlich zu erkennen, wer Gott ist. Dies setzte sie nämlich als schon hinreichend bekannt voraus. Darum hatte sie letztlich fast gar nichts in Händen, was sich lohnte, apologetisch unter das Volk gebracht zu werden. In unserer Zeit muß deshalb Gott als in sich selbst reicher und differenzierter „Gegenstand" wiederentdeckt werden. (Durch JÜNGEL, 196 f, ist in diesem Sinne gegen eine nivellierend von Gott überhaupt redende „natürliche Theologie"

g) Zum Problem der Verifikation der Sünde und des Glaubens – mit einer theologischen Ausgangsthese

Mit dem Vorausgegangenen wurde eine These vorbereitet. Sie lautet: *Theologie sollte sich abkehren von allen ihren Versuchen, die Sünde an Störungen der Ausbildung menschlicher Identität zu verifizieren.* Damit ist nicht gesagt worden, daß Sünde nichts mit Identitätsverlust zu tun habe, sondern daß sie von ihm her nicht begriffen werden kann[59]. Sünde ist erst in zweiter oder dritter Linie menschliche Selbstverfehlung. Sünde ist in erster Linie Fehlausrichtung auf Gott. Sodann wirkt sie sich selbstverständlich aus in destruktiven Verhältnissen zwischen Mensch und Natur, in der in Unordnung geratenen Natur selbst, zwischen Mensch und Mensch und schließlich auch psychisch in den einzelnen menschlichen Personen. Würden wir aber die Uneinigkeit oder gar Zerfallenheit mit uns selbst, wie sie in allen Leidensgraden bis hin zur Psychose erfahren wird, als das eigentliche sachliche Problem der Sünde hinstellen, hätten wir von der wirklichen Sünde noch nichts begriffen – ja, wir sündigten gerade hierin erneut wieder! Denn wir stilisierten dann unsere persönliche Nichtidentität als das Zentrale, Entscheidende der Sünde – als zählte nur unser Leiden, unsere Selbstentfremdung.

Sünde wird erst dann wieder ein wirkliches Wort unserer Sprache, wenn wir sie primär *als menschliche Mißachtung des göttlichen Wesens und Wirkens* verstehen: als einen frevelhaften menschlichen Übergriff in den Bereich der Identität Gottes. Eine künftig wieder „greifende" theologische Sündenlehre darf sich nicht in der Richtung verständlich machen wollen, daß sie sagt, Gott könne schließlich „nur im *Menschen* gehaßt und beleidigt werden"[60]. Sondern sie muß hervorheben, daß in der Mißachtung und Mißhandlung von Men-

---

herausgestellt worden, daß „Gott *um seiner selbst willen interessant* ist") *Diese* Einsicht zeichnete Barths Kirchlicher Dogmatik den Weg vor: den Weg einer ins Einzelne gehenden Wiederentdeckung der göttlichen Wirklichkeit.

[59] Das war auch die Auffassung von K. Barth. In seinen Vorlesungen „Die Protestantische Theologie im 19. Jahrhundert" hob er – lobend – hervor, der große hamartiologische Entwurf von Julius Müller („Die christliche Lehre von der Sünde") sei mit seiner These von der Unbegreiflichkeit der Sünde in die unmittelbare Nähe der richtigen Einsicht gelangt, „Sünde" könne es nur als „unableitbare Qualifizierung des Menschen durch Gottes Offenbarung geben". Es müsse dort, wo wir es mit der Sünde zu tun haben, „Gottes Offenbarung selber zu einer solchen Wirklichkeit werden, die dem Kreis der systematisch begreifbaren Möglichkeiten entzogen ist", die vielmehr „als *Gottes*wirklichkeit einsichtig werden muß ... ohne Korrespondenz zu einer menschlichen Möglichkeit" (aaO, 541).

[60] Sölle, Politische Theologie, 115 (Hervorhebung von mir).

schen (aber auch anderer Geschöpfe!) *Gott* beleidigt wird[61]. Wenn wir dies nicht wieder erreichen, ist die theologische Sündenlehre erledigt. Alles *dennoch* stattfindende Reden von der Sünde ist dann gefährlich und im Interesse der Menschlichkeit sogar abzulehnen. Wenn uns die Ehre und Würde Gottes nicht bewegt, muß man nicht annehmen, daß es uns mit Sünde und Sündenvergebung wirklich Ernst ist; noch, daß wir wirklich gewillt wären, uns immerhin von der bedrohten Würde und Ehre des Menschen und sonstiger Geschöpfe zur Umkehr bewegen zu lassen.

Ebenso wird auch der Glaube erst dann wieder kenntlich als eine menschlich bedeutsame Angelegenheit, wenn er nicht reduziert wird auf das menschliche Grundvertrauen, auf die Übereinstimmung des Menschen mit sich und seiner Welt, sondern gelebt und verstanden wird als Übereinstimmung des Menschen mit der anderen, der göttlichen Wirklichkeit. Bei dieser Übereinstimmung des Glaubens ist es – eben wegen unserer Sünde – wichtig, daß sie als eine uns *von außen her* zukommende und von uns *in dieser Form* nicht gewollte oder gesuchte Identität zu bewerten ist.

Doch wodurch könnte diese theologische Rede von der „von außen kommenden göttlichen Wirklichkeit" heute noch überzeugen? Ist ein von außen hereinwirkender Gott überhaupt denkbar? Wäre er in

[61] Leibniz schrieb in seiner „Theodizee" (I.B.114), „eigentlich" könne „Gott nicht *beleidigt* d.h. verletzt, belästigt, beunruhigt oder in Zorn gebracht werden". L.s Grundanschauung, alle Sünden und alle Übel dienten auf eine ganz unverzichtbare Weise dem Gnadenplan Gottes mit der Welt, bildet den Hintergrund dieser Behauptung.- Wer heute die Beleidigung und Verletzung *des Menschen* als den Kern aller Sünde begreifen wollte und meinte, Gott werde allenfalls auf diese Weise indirekt mitbeleidigt, der könnte sich auf L. natürlich nicht berufen. Denn für L. wäre auch dieses moralische Übel, das unseren Nächsten trifft, notwendig und ohne verletzende Wirkung für Gott. „Gott kann weder Kummer, noch Schmerz, noch Unwohlsein empfinden: er ist immer vollkommen zufrieden und wohl auf" (ebd.). Was L. freilich ganz außer Betracht gelassen hat, ist, daß das Böse, durch welches Menschen andere heimsuchen, intentional gegen Gott selber gerichtet, also – wenn auch unbewußt – gerade ihm gelten könnte. (Der Sünder richtet sich, wenn er sündigt, nur vordergründig gegen irgendeinen Nächsten; er richtet sich tatsächlich gegen Gott) Ferner ließ L. außer Betracht, daß Gott sich hineinziehen läßt in die durch menschliche Sünden bewirkten Zerstörungen, d.h. daß Gott durch Hingabe eigenen göttlichen Seins rettet, was sonst gänzlich verloren ginge. L.s „Theodizee" hat an dieser Stelle ihr christologisches Defizit. Sie sieht Gott unter den metaphysischen Aspekten der Autarkie und Apathie des Göttlichen, während eine heutige christliche Gotteslehre in christologischer Begründung danach zu fragen hat, inwiefern es richtig ist, auch vom Schmerz und Leiden Gottes zu sprechen.

seinem Kommen erfahrbar? Ist und bleibt unser Operieren mit dem Gottesbegriff nicht das (von der neuzeitlichen Religionskritik als schädlich erkannte) „Setzen" Gottes dort, wo der Mensch bei der Wahrnehmung seiner „Lage" so etwas wie Gott gern oder dringlich postuliert? Behaupten wir vielleicht *darum* die Existenz Gottes, weil unsere Art der Darlegung der *conditio humana*, insbesondere der menschlichen Freiheit, eben einen Gott braucht, ihn denkerisch zu verlangen scheint?

Es ist ja vielleicht naheliegend, daß sich der Mensch wegen seiner „exzentrischen Position" im Kosmos die Existenz eines Gottes, der ihn dorthin gebracht habe und ihm dort Halt gebe, einbildet. Aber solche „althergebrachte Einbildung" wurde doch, mit Recht, mitten ins Herz getroffen durch die Forderung der Aufklärung, der Mensch müsse sein Leben selbst bestimmen und solle nicht Trost und Halt suchen bei einem ins Jenseits projizierten Übervater.

Inzwischen haben nicht wenige in der Christenheit gelernt, sich gerade um des Glaubens willen an solcher Religionskritik zu beteiligen. Das ist zu begrüßen. Denn Gott ist in der Tat nicht aus unseren Bedürfnissen ableitbar. Alles, was wir *aus ihnen* an Hypothesen über Gott ableiten, ist unhaltbar. Es sagt dies alles nur über uns etwas aus, nichts aber über den existenten Gott. Irrelevant ist auch unser Fragen: „Was spricht für Gott?" „Welche unserer Erfahrungen lassen auf die Existenz (eines) Gottes schließen?" Oder: „Welche Beobachtungen lassen Gott immerhin als denkbar erscheinen?" Sogar, wenn wir aus dem heraus, was wir erkennen und erfahren, wirklich Gottes Existenz *beweisen* könnten, wäre ein solcher – ohnehin nicht zu habender – Beweis Gott unangemessen. Denn nicht, wie Gott aus unseren Dingen heraus einleuchtend gemacht werden könnte, heißt „nach Gott fragen". Sondern die religiöse Gottesfrage lautet: Welcher Sinn fällt auf unsere Dinge von der göttlichen Wirklichkeit her? Letztere muß sich, bevor wir so *nach ihr* fragen können, von selbst schon eingestellt haben! Sie muß sich uns von sich aus spürbar und hinreichend kenntlich gemacht haben! Nur so wird Glaube möglich und Theologie sinnvoll. Alle Theologie ist m. a. W. Offenbarungstheologie – oder ein theologisches *Nihil*.

Die Gottesfrage, die allein relevant ist, fragt nicht: „Was spricht für Gott?" Sondern: „Was spricht für den Menschen?!" Sie geht davon aus, daß *der Mensch* (und seine Existenz) das Problem darstellt, nicht Gott (und seine Existenz). Sie meint freilich nicht, daß wir Menschen wegen unserer Mängel und Probleme so etwas wie Gott gut gebrauchen könnten. Sondern sie sieht bestimmte Mängel und Probleme in unserer Existenz, *weil* sie ein Fragen und Wahrnehmen aus der Betroffenheit durch den existierenden Gott heraus ist.

Alles andere, alles aus unserer Bedarfslage heraus entstehende Reden und Denken über Gott, Mensch und Welt ist fruchtlos. Gott aber, der uns sagt, was für uns spricht, und warum wir da sind, ja, der uns merken läßt, daß wir nur da sind, weil *er* zu uns spricht, weil er uns göttliche Worte zuwendet, die uns ins Menschsein treiben und im Menschsein halten –, für diesen Gott muß keine Theologie eine Lanze brechen, indem sie gegenüber Zweiflern, Atheisten, Philosophen usw. dessen „Denkbarkeit" dartut. Er *ist* denkbar. Er ist eine Aufgabe für das Denken: insbesondere für das Bedenken der Endlichkeit, des Zusammenhanges von Welt und Mensch. Der wirkliche Gott bekundet sich – oder er schweigt. Er spricht zu uns verbal oder durch Schweigen (vgl. Jes 42,14). So oder so sorgt er dafür, daß wir ihn merken – und sei es so, daß wir „nichts" von ihm merken, „nichts von ihm hören". Auch das betrifft uns *spürbar.*

Gottes Schweigen, das ja inzwischen oft als ein besonderes Situationsmerkmal des 20. Jahrhunderts apostrophiert worden ist, entspricht dem bei Deuterojesaja erwähnten (Jes 54,8) Sichverbergen Gottes „im Augenblick des Zorns" (über die Sünden des Volkes). Dahingestellt mag jedoch bleiben, ob Gott hier wirklich schweigt, wirklich nicht mehr zu den Menschen redet; oder ob diese ihn wegen ihrer Sünden nicht hören, obwohl er redet. Ebenso mag dahingestellt bleiben, ob nicht im Zorn Gottes, der ja kein psychischer Affekt des Schöpfers Himmels und der Erde sein kann, vielleicht die tiefe Abneigung des sündigen Menschen gegen Gottes Güte und überhaupt gegen Gottes Existenz mit (oder gar vornehmlich) zum Ausdruck kommt.

h) Sünde und Erfahrung

Jetzt sind wir in der Lage, in sinnvoller Weise das Thema der *religiösen Erfahrung* aufzugreifen. Erfahrung ist immer und grundsätzlich: Erlebnis mit Erkenntnis und Verstehen gepaart. Bloßes Erleben, gar nur dumpfes Fühlen, ist noch keine Erfahrung. Auch religiöse Erfahrung – Glaubenserfahrung, Gotteserfahrung, Sündenerfahrung – muß Erkennen und Verstehen mit einschließen. Sündenerfahrung interessiert in unserem Zusammenhang besonders. Sie scheint den heutigen Menschen oft zu „mangeln" – aber darf man das überhaupt so sagen und sehen? Wenig sinnvoll ist das gegenwärtig verbreitete kirchliche Beklagen des heute oft nicht mehr vorhandenen Gespürs für die Sünde, des fehlenden Sündenbewußtseins, des nicht vollzogenen Erkennens der eigenen Sünde. Den Gottesmangel *spüren* die Menschen ja durchaus. Er geht ans Mark des Menschseins. Die Frage ist nur, wie wir ihn verarbeiten und deuten. Er kann auch als etwas ganz anderes gedeutet werden. Vor allem aber kann auch etwas ganz anderes (etwas, das gar nicht wirklich Sünde ist) als *Gottes*mangel mißdeutet werden. D.h. es können auch negative Folgen von Sachzwängen, es können menschliche Schwächen, Nöte und Fehler, gesellschaftliche und physische Übel usw. in falscher Weise theologisiert und mit dem Namen „Sünde" belegt werden. Dies geschieht in unserer Zeit häufig.

Der zuletzt genannte Vorgang ist zwar theologisch nicht vertretbar, aber verstehbar. Gotteserfahrung ist nämlich eine sich unter anderen Erfahrungen verbergende Erfahrung. Das *muß* ja z.B. immer dann so sein, wenn Gott durch *Schweigen* zu uns redet. Es ist aber auch dann so, wenn Gott zu uns *spricht*. Denn uns erreichen nur menschliche Worte, hinter denen sich aber Gott, wenn er sich bekunden will, verbirgt. Die solchermaßen paradoxe Struktur religiöser Erfahrung wird sowohl von Theologen wie auch von Vertretern nichttheologischer Erfahrungswissenschaften häufig außer Acht gelassen. Dann wird „fehlausgelegt", was sich zwischen Gott und Mensch ereignet. Gottes (vielleicht schweigende) Nähe beim Menschen wird als Abwesenheit, als Nichtvorhandensein Gottes deklariert; wirkliche Sünde vielleicht als Ausdruck menschlicher Identität oder gar Gottesnähe; von Menschen heilbare Leiden und Störungen vielleicht als wirkliche Sünde usw.

Mit dem Erfahrungsbezug des Glaubens und der Sünde steht es aber so: Den Verlust oder die Störung der Gottesbeziehung spürt der Mensch zwar, aber er erkennt und versteht nicht zugleich, daß es sich *hierum* handelt. Somit gibt es keine direkte Erfahrung der Sünde als Sünde und auch keine Erkenntnis des Unglaubens mitten im Unglauben. Weithin stimmen die Christen und Theologen aller Zeiten in dem überein, was im 20. Jahrhundert K. Barth folgendermaßen formuliert hat:

> Sünde ist „des Menschen Sonderung von der Gnade Gottes, aus der und in der er sein Sein und Wesen hat. Darin besteht die Sünde, daß er Gottes Gnade und damit sich selbst versäumt" (KD III/2, 39).
>
> Aber dieselbe göttliche *Gnade*, die der Mensch – sich selbst damit tödlich gefährdend – in der Sünde abweist, muß sich *von sich aus* wieder neu in einem Menschenleben *zur Erfahrung* bringen, damit dieser Mensch seine Sünde überhaupt erkennt: „Die schmecken und fühlen wie freundlich der Herr ist, sie und sie

allein sind es, die ihre Sünde erkennen. Alle übrigen erkennen vielleicht mehr oder weniger deutlich das herrschende Böse in der Welt", auch „ihre inneren und äußeren Lebenskonflikte", ferner „Übelstände", von denen man teils annimmt, man könne über sie „hinweggehen", teils, man müsse versuchen, sie zu „reparieren". „Ihre eigene Sünde" aber, „die man in keiner Weise reparieren kann", „erkennen nur die, denen durch Gottes Gnade das Licht darüber, wer sie sind und was sie getan haben und noch tun, aufgegangen ist". „*Erkannte* Sünde ist immer nur die *vergebene*" „und also (die) im Licht der triumphierenden Gnade Gottes erkannte Sünde". Barth meint, es sei letztlich nicht so, daß ein zunächst einmal zur Buße bereiter und tatsächlich zu Gott umkehrender Mensch *dann* auch wieder Gottes Gnade und Barmherzigkeit (statt Gottes Zorn) verspüren werde. Sondern: „Buße tut der und nur der, der den gnädigen Gott schon gefunden ... hat".

Und nun sagt Barth überaus zugespitzt: Die als Einstieg in die menschliche Sündenerkenntnis und Buße notwendige göttliche Vergebung, diese neuerliche göttliche Gnadenzuwendung und menschliche Erfahrung der Freundlichkeit Gottes wird in der Welt nicht bald hier und bald dort, sondern nur an einem genau bestimmten Ort erfahren: Der Empfang und die Erfahrung jener göttlichen Vergebung gehören „zu den Privilegien Israels und der Kirche"! Diesen beiden sei von Gott eine „Botschaft" anvertraut, die sie allerdings der ganzen Welt auszurichten haben: die Botschaft von der über des Menschen sündige Abweisung der Gottesgnade *triumphierenden*, weil eben diese Sünde vergebende und damit erledigende *Gottesgnade*. Diese Botschaft, von der gelten soll, daß sie keineswegs überall ihren Ort hat, war auch keineswegs immer schon in der Weltgeschichte zu hören: „Sie ist etwas Neues, das den Glaubenden zugleich mit der Erkenntnis der Liebe Gottes in Jesus Christus aufgegangen ist" (KD III/2, 40f).

Christlich verstandene Gnade ist demnach die sich gegen ihr eigenes Abgewiesenwerden durch die Menschen erneut bei den Menschen durchsetzende Gotteskraft. Sie ist eine Kraft, die ihre eigene Nichtung durch die sündigen Menschen übersteht und rückgängig macht. Erst wenn die Gnade, mit Barth zu reden, „triumphiert" und aus ihrer Nichtung wiederersteht, erkennt der Mensch auch seine Sünde – und zuvor erkennt er sie als der „natürliche Mensch" *nicht*.

Dahingestellt blieb in Barths Ausführungen aber, ob die unerkannte Sünde nicht trotzdem als eine sonstwie verstandene *Not* zur Erfahrung gelange. Barth scheint dies anzunehmen. Seine Sätze lassen den Schluß zu, immerhin gehe mit der Sünde eine vom Menschen als „ungut" gewertete Erfahrung einher. Barth sagt übrigens auch nicht, daß alle *menschlichen Versuche*, aus solchen negativen Erfahrungen zu lernen, um Abhilfe zu bewirken, scheitern müssen. Dennoch bleibt er bei dem Urteil: *Sündigend wissen wir nicht, was wir tun und was tatsächlich mit uns geschieht.* Erst bei dem – in Israel und in der Kirche möglichen – Widerfahrnis der Vergebung wissen wir, wer wir sind, was wir getan haben und was mit uns geschieht. Kurz: Sünde ist *zunächst* eine zwei- oder mehrdeutige Erfahrung. *Vergebung* aber ist sofort eine eindeutige Erfahrung. Sie ist ein Ereignis, das sich selbst deutet und das zugleich den Menschen, den sie trifft, eindeutig identifiziert – gerade indem sie ihn nun eindeutig als Sünder identifiziert.

So weit scheint Barths Argumentation *theologisch* stringent. Gern wüßte man von Barth aber noch Näheres: Welchen theologischen Stellenwert hat denn die von ihm selbst erwähnte, noch nicht bis zur Sündenerkenntnis gediehene menschliche Erfahrung, verstrickt zu sein in leidvolle Konflikte und ungute Entfremdungszusammenhänge? Und wie wird das menschliche Reifen an solchen Erfahrungen, und wie wird ferner die von ungläubigen Menschen aus eigener Kraft zuwegegebrachte Heilung mancher Schuld, Verbogenheit, Entfremdung theologisch beurteilt? Wie schließlich ist die Erfahrung der Sündenvergebung selbst, von der Barth spricht („schmecken und sehen, wie freundlich der Herr ist"), konkret zu gewinnen? Allein durch gläubiges Hören der „Botschaft" – oder muß damit ein menschlich verbindliches Umkehrgeschehen in der kirchlichen Gemeinschaft einhergehen?

Wie wirkt sich *die Sündenvergebung* auf menschliches Leid und auf verkehrte Verhältnisse aus? Hat sie einen therapeutischen Effekt? Offenbar soll es sich bei ihr ja um ein Wieder-in-Ordnung-Kommen des Menschen von der Wurzel her handeln. Aber muß man denn annehmen, daß alle Therapie, die ohne Sündenvergebung auskommen will, letztlich die Kranken nur von der einen auf die andere Seite bettet? Das leuchtet wohl niemandem ein. Doch genau hier, wo die befreiende Kraft der lediglich irgendwie humanistisch begründeten menschlichen Anstrengungen gegen Leid und Entfremdung zur gerechten Bewertung ansteht, liegt der Punkt, wo sich viele gegenwärtige theologische Sündenlehren entweder nicht mehr allgemein verständlich machen können; oder wo sie ihre Hamartiologie so sehr irgendwelchen psychiatrischen und sozialtherapeutischen Krankheits- und Heilungsmodellen assimilieren, daß sie *als Theologie* nicht mehr einleuchten.

i) Sünde in der Befreiungstheologie

Befreiungstheologien, zu denen wir alle Theologien rechnen können, die im letzten Vierteljahrhundert einen neuen politischen oder einen neuen sozialen Begriff der Sünde aufgestellt haben, verifizieren die Sünde an den Leidenserfahrungen der wirtschaftlich, sozial und rechtlich, sowie durch Rassismus und durch Geschlechterdiskriminierung unterdrückten oder benachteiligten Menschengruppen.

Von diesen theologischen Entwürfen läßt sich in der Regel sagen, was M. Sievernich speziell zur Kennzeichnung von D. Sölles politischer Hermeneutik von Sünde und Vergebung formuliert hat: Sie übernehmen „das Erbe HEGELS nicht in der Vermittlung KIERKEGAARDS", sie schließen sich vielmehr „der linkshegelianischen Tradition, insbesondere dem frühen MARX an"[62]. Andererseits kennzeichnet viele dieser Vorstöße zu einer aktuellen Sündenlehre die Tendenz, sich überhaupt nicht irgendwelchen „Lehrtraditionen" anzuschließen, sich auch nicht an der weiteren dogmatischen Ausdifferenzierung der Hamartiologie zu beteiligen, sondern die eigenen Erfahrungen sprechen zu lassen (und im übrigen möglichst unbefangen biblische, vor allem alttestamentliche Kernaussagen auf heutige Lebensfragen zu beziehen). In *allen Entwürfen* wird „Befreiung" auch von einer Theologie gesucht, die mit sich selbst, statt mit der Welt von heute beschäftigt ist.

Der Bezug der befreiungstheologischen Sündenlehren zur Erfahrung *scheint* simpel. *Evidente* Schuld- und Entfremdungserfahrungen scheinen Sünde, *evidente* Befreiungsgeschehnisse scheinen Gnade oder gar Heil und Erlösung genannt zu werden. Aber dieser erste Eindruck, den man aus vielen Entwürfen gewinnen kann (und der dann schnell an der theologischen Sach- und Stichhaltigkeit solcher Entwürfe zweifeln läßt), muß korrigiert werden. *Auch* in der Befreiungstheologie spielt nämlich die menschliche *Verblendung*[63] im Sinne der Nichterkenntnis und Nichterfahrung eigener Sünde eine große Rolle! *Bewußtseinsbildung*, *Lernprozesse* müssen stattfinden, damit *der einzelne* (!) seine persönliche Verstrickung, seine Mitbeteiligung und Kollaboration an der landesweiten oder gar weltweiten Sünde erfährt und erkennt: sein träges Hinnehmen, seine Scheu davor, sich zum politischen Kampf organisieren zu lassen, sein unsensibles Verdrängen von Unmoral und Unterdrückung, seinen Egoismus.

Befreiungstheologien haben durchaus im Blick, daß z. B. bei den Mächtigeren oft dort programmatisch von der Bewahrung der Freiheit und von Erfahrungen der Freiheit die Rede ist, wo ein sensibleres Bewußtsein längst tiefe Unfreiheit, tiefe Verstrickung in Zwänge wahrnimmt. Somit ist der typische befreiungstheologische Ansatz der Sündenlehre nicht, daß appelliert würde an bereits evidente Entfremdungserfahrungen. Sondern im Sinne dieser Lehre muß (auch bei scheinbar harmlosen alltäglichen Gewohnheiten) allererst aufge-

[62] SIEVERNICH, 185.
[63] Z. B. METZ, 97. Vgl. hierzu SIEVERNICH, 212.

deckt werden, daß es sich *um Sünde* handelt. Von dieser Art der Aufklärung über die tatsächliche Beschaffenheit unserer Erfahrungen und Handlungen erhoffen sich Befreiungstheologinnen und -theologen Anstöße zu strukturellen bzw. politischen Veränderungen *und* zur Freisetzung einer individuell besseren Menschlichkeit!

Auf die Deutung bestimmter Erfahrungen *als Sünde* kommt hier alles an! Befreiungstheologien wollen sagen: Weil nicht dies oder das geschieht, was üblicherweise zum Leben gehört, sondern weil es wirklich *Sünde* ist, was du tust, und weil du auch selbst dein Verhalten *als Sünde* erkennen mußt, *darum* kannst du unmöglich auf deinem bisherigen Weg weitergehen.

Befreiungstheologie erwartet *Rettung*, vom Wiedergewinn eines Sündenbewußtseins. Daß es *Sünde* ist, was ich tue, das soll ich – Säkularisierung hin oder her – *lernen.* Aus Respekt vor dem alten schweren Wort „Sünde", vor allem aber, um Schuldgefühlen zu entgehen, soll ich mein Leben ändern. Schuldgefühle dürfen und sollen – Nietzsches und Freuds Kritik an ihrer Weckung hin oder her – erzeugt werden!

Diese befreiungstheologische Wendung und Zuspitzung des hamartiologischen Erfahrungs- und Erkenntnisproblems ist freilich bedenklich! Kann solche Paränese, die ihrerseits das Wirken der göttlichen Gnade irgendwie zu übergehen scheint, überhaupt zur „Sündenerkenntnis" führen? Kann sie uns helfen, unsere Erfahrungen und Handlungen richtig zu deuten: *als Sünde*? Hilft sie uns, Sünde *richtig* zu verstehen? In denkbar ausgeprägter Anti-Klimax zu der von Barth vorgetragenen klassischen theologischen Meinung, („nur wer Gottes vergebende Barmherzigkeit verspürt, kehrt um und erkennt seine Sünde") scheint uns hier das Leid der – auch durch uns – Unterdrückten appellativ auf unsere Seele gelegt zu werden, damit wir *so* umkehren. Bedeutet solches Vorgehen einfach „theologisches Ungeschick"? Ist es gar gefährlich und im Sinne der ethischen Zielsetzung „untauglich"? Man darf an dieser Stelle selbstverständlich nicht alle Entwürfe einer Befreiungstheologie über einen Kamm scheren, man sollte hier überhaupt mit theologischen Wertungen besonders vorsichtig sein. (Bedeutet doch die theologische Zurückweisung der befreiungstheologischen Paränesen allzu leicht ein Ausweichen in der ethisch nicht zu Unrecht geforderten Sache!)

Ferner sei daran erinnert, daß befreiungstheologische Hamartiologien von Haus aus gegen einen Fehler gefeit sind, den die herkömmliche Kirchenlehre von der Sünde oft genug gemacht hat: Sie *können* gar nicht absehen von den sozialen Bezügen, in denen jedes menschliche Individuum nicht nur lebt und nach Freiheit strebt, sondern auch glaubt, liebt, hofft – und sündigt. Hamartiologie, welche die homines peccatores *nicht* in diesem Umfeld ihrer menschlichen Beziehungen wahrgenommen hat, war ja noch niemals theologisch richtig. Sie war es nicht nur wegen ihres isolatorischen religiösen Individualismus nicht, sondern sie verfehlte ihre Aufgabe durchaus auch wegen ihrer Praxisferne, ihrer Unkonkretheit, ihrer spiritualisierenden Verdrängung der materiellen Wirklichkeit. Wer immer Kritik übt am Sündenverständnis heutiger Befreiungstheologien – etwa, weil diese angeblich nicht *alle* Menschen unter das Vorzeichen der Sünde stellten; weil sie nicht klar genug von der Vergebung der Sünde, sondern lieber von der „Verantwortung" und der Notwendigkeit der „Aufarbeitung" der Sünde redeten; oder weil sie nicht in der Lage seien, den Gefahren eines gesetzlichen und moralisierenden Sündenverständnisses zu entkommen –, der müßte zuerst gefragt haben, ob die ihm selber vorschwebende theologischere, dem Neuen Testament gemäßere Hamartiologie nicht doch nur durch die partielle Rezeption von Impulsen aus jenen Befreiungstheologien heute vor ärgsten theologischen Irrtümern bewahrt bleibt.

Von Haus aus sind Befreiungstheologien auch geradezu immun gegen eine weitere Gefahr, der Theologie und Kirche oft schon erlagen: die Vernachlässigung der Geschichte. Nicht der Kirchengeschichte, sondern der Welt- und Menschheitsgeschichte im ganzen. In Befreiungstheologien wird mit Selbstverständlichkeit erfaßt, was manche andere Theologie noch niemals erfaßt hat, nämlich (mit D. Sölle zu reden): „Nicht der entweihte Tempel oder die leergewordenen Kirchen klagen uns an, sondern der Zustand unserer Welt"[64]. Mit Recht wird ferner in den Befreiungstheologien das *Reich Gottes* als Ziel aller Geschichte sofort mit bedacht, wo nachgedacht wird über Sünde, Unterdrückung, Unrecht, kurz: über die besseren und schlechteren geschichtlichen Gestaltungen unserer menschlichen Dinge. Wer immer Kritik übt an der theologisch nicht immer haltbaren Art, wie hier die Berufung auf das Reich Gottes erfolgt (vielleicht zu synergistisch im Sinne des leidigen „ethischen Ansporns"), der möge doch auch bedenken, daß das Reich Gottes in mancher anderen, traditionell-kirchlichen sogenannten Sündenlehre und Theologie praktisch gar keine Rolle spielt, und daß – im übrigen – meistens sehr viel weniger Schaden angerichtet wird durch eine dogmatisch inkorrekte, häretische Theologie als durch die Nichtexistenz, das

[64] Sölle, Politische Theologie, 115.

Fehlen, das Nicht-auf-dem-Plan-Sein theologisch wirklich sachgemäßer Lehre.

Weniger das Vorkommen von unreiner Lehre pflegt in der Kirche eine Katastrophe zu bewirken, als *das Fehlen der reinen und rechten* zur richtigen Zeit! (Wieviel unnötiges Gezänk, wieviel theologischer Leerlauf wäre der Kirche und der Menschheit erspart geblieben, hätte immer die kirchliche Selbsterkenntnis geherrscht, daß es in *diesem Sinne* auf die reine und rechte Lehre *ankommt*!)

Gewiß könnte eine theologische Rückentwicklung von Jesus zu Johannes dem Täufer oder vom Sündenverständnis im Neuen Testament zum Sündenverständnis im Alten Testament keine Empfehlung sein für heutige befreiungstheologische Versuche, unsere Christlichkeit zu stärken. Gewiß würden *Gerechtigkeitsanliegen* der Befreiungstheologinnen und -theologen oft eher in die Lehre von den guten Werken gehören als in die Hamartiologie. Andererseits wird gerade in diesen (in theologisch unterschiedlich zu beurteilenden Gestalten vorliegenden) Entwürfen die Brücke zu wesentlichen und wertvollen Bestrebungen der Aufklärung geschlagen. Die befreiungstheologische Sündenlehre, die die am individuellen menschlichen Identitätsstreben (=Freiheitsstreben!) orientierte Hamartiologie offensichtlich durch Streben nach sozialer Identität logisch ergänzt und ihr „innerlich" gleicht, ist ein besonders starkes Indiz für die Notwendigkeit eines weitergehenden Gesprächs zwischen Christentum und Aufklärung. Beide sind in die Jahre gekommen und haben sich gegenseitig vielfältig desavouiert – aber sie haben sich noch immer nicht bei ihren jeweiligen Stärken getroffen. Eben darum steht es mit beider Wirkungsgeschichte auch nicht gut.

j) Zur Bedeutung der Eschatologie für die Hamartiologie – mit einer theologischen Schlußthese

Ein offengebliebenes, der weiteren Diskussion in hohem Maße bedürftiges Problem lautet: Ist trotz allen Erfahrungen und Einsichten, die das Gegenteil vermuten lassen, doch von einem dem Weltgeschehen zugrundeliegenden *Plan* auszugehen? Ist die Existenz und Entwicklung der *Menschheit* der besonders wichtige Teil eines solchen Plans? Haben wir anzunehmen, daß sich die Weltverhältnisse früher oder später tiefgreifend bessern werden, weil die Natur sich zunehmend hominisiere und vergeistige? Sollen wir obendrein (oder: „wenigstens") glauben, daß auch den bisher verstorbenen Opfern der

Geschichte noch Gerechtigkeit zuteil werden wird, daß alle Tränen von Gott abgewischt werden (Apk 7,17; 21,4)?

Je weniger der *säkularisierte* „Heilsplan" (d.i. die im Geiste der Aufklärung oder der sozialistischen Utopie geplante und unternommene Umgestaltung der Welt) noch als ein realistischer Weg eingeschätzt wird, der nach „Eden" führen könnte, desto mehr fragt man auch wieder nach *Gottes* Vorsehung und nach dem Sinn des biblisch verheißenen Gottesreichs. Hat *Gott* einen Plan?

Wenn ja, dann sieht dieser göttliche Plan aber offenkundig *nicht* vor, daß sich die Weltverhältnisse fortschreitend verbessern, sich Schritt für Schritt „aufwärtsentwickeln" bis zum Ziel eines von Übeln und Leid schließlich ganz freien Kosmos. Fortschritte in Richtung „Eden" machen wir nicht. Wir machten sie noch nie. Was aber könnte ein göttlicher „Heilsplan" dann noch zum Inhalt haben? Kommen nur *jenseitige* Tröstungen und Beglückungen infrage? Letzteres widerspräche den Gesichtspunkten einer biblischen Eschatologie. So darf eine verantwortlich arbeitende Theologie nicht lehren. Denn mit Blick auf die Bibel müssen wir auch fragen: Was besagt einerseits *Glaube* als ein Beschenktsein durch die letzten Dinge schon jetzt, und was besagt andererseits die biblische Metapher vom weltgeschichtlichen Ziel der *Vereinigung aller Dinge mit Gott*? (Paulus schreibt I Kor 15,23ff, der auferstandene Christus werde nach und nach – in einer gewissen Ordnung – alle Feinde Gottes besiegen, bis daß ihm „alles untertan sei", so daß Gott zuletzt sei „alles in allem") Kommt in solcher Metapher etwa nicht auch eine *diesseitsbezogene*, chiliastische „Hoffnung auf bessere Zeiten", eine Hoffnung für diese Welt zum Ausdruck? In der Tat besagt diese Metapher – und theologische Eschatologie sollte sich an ihr orientieren! –,daß wir Diesseits und Jenseits gar nicht alternativ gegeneinanderstellen dürfen. Gott steht und handelt über dieser vermeintlichen Alternative. (Oder wird man, was vor allem das Neue Testament anbelangt, letzten Endes zu dem Ergebnis kommen, die Eschatologie aller nebeneinandergestellten Texte sei diffus, bis zum Widersprüchlichen theologisch vielfältig? Freilich ist diese Annahme, die zwar den gegenwärtigen Zustand kirchlich gelehrter Eschatologien ganz gut erklärt, letztlich falsch. Denn die *eine* Aussage, unsere Welt der Sünde, der Übel und des Todes sei zum unzerstörbaren Leben in der Vereinigung bzw. Wiedervereinigung mit Gott bestimmt, bildet klar erkennbar die Hauptlinie in der gesamten neutestamentlichen Eschatologie)

Alles, was geschieht, ist demnach hintergründig geprägt durch eine fortwährende Bewegung Gottes zur Welt hin und auch der Welt hin zu Gott. Das feststehende Ziel dieser Bewegungen ist die Versöhnung und Erlösung der Welt in einer – im einzelnen noch nicht beschreibbaren – vermehrten, ja, völligen Teilhabe der Geschöpfe an Gott. Wenigstens soviel ist theologisch nicht zweifelhaft oder strittig.

Ohne Gewißheit und Klarheit in der Eschatologie kann die Kirche nicht von der Sünde reden. Denn der Begriff der Sünde erhält geradezu seine Konkretion und seinen Inhalt aus der Frage, ob es eine eindeutige Bestimmung für uns Geschöpfe gibt, die wir verfehlen. Leider gebricht es nun gegenwärtigen Theologien, auch wenn es einen minimalen eschatologischen Konsens geben mag, an der Kraft, diese Bestimmung eindeutig zu formulieren. Die Theologien verhelfen gerade hier den Menschen nicht mehr zur Gewißheit.

Nach früherer theologischer Lehre gibt es unter den Menschen auch Verworfene. Nach heutiger nicht mehr. Wer kann sagen: warum? Hat man heute die Hauptlinie neutestamentlicher Eschatologie etwa besser denn je erkannt – oder akzeptiert man nur nicht mehr, was uns als „biblische Härte" erscheint? Nach früherer theologischer Erkenntnis ist uns Menschen von Gott ein Leben nach dem Tode bestimmt. Die heutige christliche Predigt an den Gräbern von der Auferweckung der Toten wurde ein Schauplatz geistlicher und geistiger Verlegenheit. Hingegen gilt die chiliastische Hoffnung auf „bessere Zeiten" und auf entsprechende geschichtliche Fortschritte in vielen Kirchen der Reformation heute – im Gegensatz zur früheren strikten Ablehnung des Chiliasmus – als arbiträr: Sie muß nicht, aber sie darf in der Kirche einen Platz behaupten. (Immerhin wird nach dem deutschen evangelischen Kirchengesangbuch auch noch immer ein schon älterer Liedvers gesungen, in welchem im Anschluß an Psalm 98 von unserer Erde behauptet wird: „Gott will, daß sie ein Eden werde"[65]!)

An religiösen Vorstellungen wie dieser haben sich auch die innerweltlichen, säkularen Heilslehren der Neuzeit entzündet. Sie haben das „Heil" als zunehmende sittlich-geistige Reifung und Selbstwerdung der einzelnen Menschen und der gesamten Menschheitsfamilie interpretiert. Sie versprachen sich von dieser Reifung auch Fortschritte in der Überwindung des entfremdeten Verhältnisses von Mensch und Natur. Und sie bestimmten schließlich Sünde und Schuld, zwischen denen kaum mehr ein sachlicher Unterschied gesehen wurde, als ein menschliches Verhalten, das diese Reifung hemmt. Das Gespräch der christlichen Theologie mit diesen Vorstel-

[65] EKG 186,2.

lungen ist schon darum noch nicht abgeschlossen, weil die christliche Zukunftshoffnung in neuerer Zeit in sich selber unklar und disparat vorgetragen wurde.

Worin aber liegt die Unklarheit letztlich? Was ist in gegenwärtiger theologischer Eschatologie und praktischer eschatologischer Hoffnung der entscheidende Mangel? Mir scheint, er bestehe in dem seit längerem eingerissenen, aber nicht zu akzeptierenden Kleinmut bezüglich der theologischen Aussagen über das Jenseits, über ein Leben nach dem Tode. Was soll denn der ganze begeisterte Trend heutiger Kirchen ausgerechnet hin zur Fortschrittsgläubigkeit, zum Chiliasmus, zur Utopie[66], wenn daneben keinerlei Hoffnung für die bisherigen, die heutigen und die morgigen Opfer der *noch nicht* gut gewordenen Weltverhältnisse aufgezeigt werden kann? Die Frage sollte sich von selbst beantworten. Die Individualeschatologie, die jedem Menschen eine spezifische Zukunft bei Gott nach dem Sterben zusagt, muß in den Kirchen zu neuer Kraft gelangen – oder Kirchen werden überflüssig. In der Eschatologie liegen die wichtigsten theologischen Zukunftsaufgaben! Es wird sich zeigen, daß die Alternative „Diesseitsfrömmigkeit – Jenseitsfrömmigkeit“ falsch ist: Der Glaube und die Hoffnung des einzelnen Menschen über das diesseitige Leben (und also: über den Tod) hinaus sind nämlich die entscheidenden Quellen jener Lebenskraft *im Diesseits*, welche den glanzlos gewordenen und von völliger Destruktion bedrohten Verhältnissen neuen *kabod* zuführt.

k) Zusammenfassung und Vorblick

Heutige theologische Hamartiologien haben, wie dargestellt wurde, die Tendenz, den Erfahrungsgehalt und den Wirklichkeitsbezug von Glaube und Sünde im menschlichen Streben nach Freiheit und einem identischen Leben anzusiedeln. Darin liegt eine auffallende Nähe zu verschiedenen philosophischen Entwürfen des 18. Jahrhunderts. Diese Nähe ist nicht unproblematisch. Doch entscheidet jeweils die Art der konkreten Durchführung über den theologischen Wert eines Entwurfs.

Eine *erste*, bei der Durchführung stets zu treffende Entscheidung

[66] Obwohl dieser Trend philosophisch längst diskreditiert ist, ist er eine Art „Rettungsanker“ für eine verlegene theologische Eschatologie geworden. Wo keine Aussage über ein Sein nach dem Tode mehr riskiert wird, muß eine innerweltliche Eschatologie „alles abdecken“.

geht dahin, offenzulegen, ob man bereit ist, den Glauben mit dem Gefühl eines starken Grundvertrauens, die Sünde aber mit dem Gefühl persönlicher Zerrissenheit und Entfremdung kurzerhand gleichzusetzen. Eine Gleichsetzung, das haben wir schon gesehen, wäre theologisch nicht akzeptabel. Theologisch darf man allenfalls sagen: Glaube und Sünde haben einen Bezug zu solchen menschlichen Erfahrungen. – *Zweitens* muß man klären, ob man nicht nur dem Grundvertrauen, sondern – wie beispielsweise Hegel es tat – sogar auch der Sünde bzw. der Schuld eine *notwendige Funktion* bei der Ausbildung menschlicher Identität beimessen soll. Die Antwort: Aus theologischer Sicht ist es hier mindestens erforderlich, Schuld und Sünde zu unterscheiden (und dann von der Sünde, trotz Hegel, auszusagen, *sie* sei jedenfalls *nicht* notwendig zur Erlangung menschlicher Identität, zur Betätigung und Bewährung menschlicher Freiheit. Denn die Sünde ist auf dem Weg dorthin nur ein störender, ja, zerstörender Faktor). Die Sünde kann auch nicht, wie es bei der Schuld oft möglich ist, vom Menschen „verarbeitet" werden. Gerade dies aber wäre doch die Voraussetzung für ein Reifen auf dem Weg zu größerer persönlicher Freiheit. – Eine *dritte* Entscheidung fällt schließlich an der Stelle, wo gefragt wird, ob Schuld und Sünde jedes Menschenleben unausweichlich und ständig begleiten müssen – gleichviel, ob man nun Reife oder Zerstörung von ihnen erwartet. Auch hier würde eine theologisch akzeptable Antwort die Unterscheidung von Schuld und Sünde voraussetzen. Aber nun im umgekehrten Sinn: Es wäre nämlich nicht richtig, das *Schuldigwerden* – etwa wegen der Pflichtenkollisionen im Leben – als ein unausweichliches und ständiges Moment oder Ingredienz unserer Existenz zu deuten[67]. *Der Mensch kann sich auch sittlich bewähren.* Er kann Schuld vermeiden. Er kann Gottes Gebote, er kann das Naturgesetz, er kann

---

[67] An dieser Stelle bin ich anderer Meinung als LANGE, 299 f. L. hält den „echten Pflichtenkonflikt für die ethische Schlüsselsituation, an der sowohl das Wesen des Ethischen" – das mag angehen – „als auch ... das Verhältnis von Schuld und ‚Erbsünde' klarzumachen ist" (300). Diese Verifikation der Erbsünde an einer generalisierten Erfahrung der *Pflichtenkollision*, die jedermann ausweglos in Schuld verstricke, halte ich nicht für richtig. Mit JULIUS MÜLLER (I,43), der seinerseits auf SCHLEIERMACHER rekurriert, meine ich, jene Kollision sei zwar „eigentlich immer vorhanden", aber sie könne und müsse von uns zur klaren Entscheidung gebracht werden durch jeweiliges Entdecken unserer *bestimmten Pflicht.* Dann werde sogar deutlich, „daß es eigentliche Kollisionen der Pflichten selbst nicht gibt". Das biblisch bezeugte *göttliche Gebieten* wird um seinen schlichten Sinn, unser Leben bewahren zu helfen, gebracht, wenn die Pflichtenkollision in ethischer Hinsicht die undurchdringliche existentiale Situation unseres Daseins sein soll.

die Gesetze des Staates – auch halten! Um einen berühmten Satz I. Kants[68] abzuwandeln: *Weil* er es kann, darum soll er es. Es mag in bezug auf seine sittliche Leistungskraft noch so viel Pessimismus angebracht sein. Fatalismus aber ist verboten! Anders steht es mit der Sünde, also mit der Abwendung des Menschen von Gott, mit der Gottesvergessenheit. Sie ist ein ständiges Begleitmoment unserer Existenz. Sie ist ein unvermeidliches Ingredienz unseres Wesens und Strebens[69]. Daß wir uns nämlich selbst zur Gemeinschaft mit Gott bestimmten und in unseren Handlungen aus freien Stücken eine unverbrüchliche Gottesliebe bewähren könnten, das ist ausgeschlossen.

Wer zwischen Sünde und Schuld, auch zwischen Sünde und Entfremdung, sowie zwischen Glaube und Grundvertrauen nicht zu unterscheiden weiß (Unterscheiden heißt nicht Trennen!), kommt theologisch in die Brüche. Es sind freilich gelegentlich bedeutende

---

[68] Kant, Metaphysik der Sitten, A 3: „Du kannst, denn du sollst" (Werke hg. v. Weischedel, Bd. VII), 509.

[69] Das sieht Sölle nicht so. Zwar nimmt sie z.B. uns Europäer als in *politische* Schuldzusammenhänge verstrickte Menschen wahr. Aber sie zieht daraus – mit Recht – nicht die Konsequenz, wir könnten ja auch nicht anders, weil wir schon in Sünden geboren seien. S. kritisiert ferner mit Recht die Versuche einer ausschließlich *entschuldigenden* Herleitung der Schuld aus negativen Umwelteinflüssen. Sie will den einzelnen bei seiner Schuld behaftet sehen – damit er sich ihr stelle, sie künftig vermeide, umkehre! Eben deshalb muß sich S. aber auch von der herkömmlichen theologischen Kernaussage lossagen, es gebe für uns *kein* posse non peccare, der Mensch sei *als Mensch* ein Sünder. Der springende Punkt in S.s Hamartiologie, von dem her alles andere dann so gesagt werden *muß*, wie S. es sagt, ist die Nichtunterscheidung von Schuld und Sünde. Weil S. von der Unterscheidung zwischen beiden meint, sie sei „spitzfindig", man könne „sie fortlassen" (Das Recht ein anderer zu werden, 27), muß sie letzthin das Schuldverständnis des Deutschen Idealismus wiederholen. Sie steht ihm näher als dem Alten Testament, obwohl ihr dessen Fähigkeit, Schuld und Sünde in *einer* Lebenserfahrung gemeinsam zu fassen, als vorbildlich erscheint. – An S.s Konzeption scheint mir zwar die Kraft sehr zu loben, mit der das Ausschöpfen unserer Fähigkeiten zur Schuldvermeidung, zur Umkehr, zur Schuldverarbeitung (mit dem Gewinn größerer Identität) und letztlich zur Autonomie und zur Selbstbefreiung angemahnt wird. Gegenüber theologischen Positionen, die *hierin* bereits eine Rebellion gegen Gott sehen, scheint sie ganz im Recht. Aber S.s Bereitschaft, im Interesse einer neuen ethischen Eindeutigkeit die Unterscheidung und theologische Spannung zwischen Schuld und Sünde zu überspringen, läßt sie letztlich die den *Gottesbezug* betreffende Seite der Sünde weniger wichtig nehmen. Gott kann nur im Menschen beleidigt werden. Daß aber auch in beleidigten Menschen *Gott* beleidigt wird, daß dieses beides zusammengehört und daß unsere Befreiung darum Gottes Vergebung erfordert –, dies wird nicht als der wichtigste Aspekt des Ganzen herausgestellt. – *Beide Aspekte* glücklicher zusammengefügt und unterschieden hat z.B. Auer in seinem anregenden, in thomasischem Geist geschriebenen Aufsatz von 1975 (besonders: 63ff).

Geister und in mancher Hinsicht anregende Theologinnen und Theologen, die mindestens in die Nähe solcher nicht mehr akzeptabler Ergebnisse geraten sind. Unsere geschichtliche Situation reizt sogar dazu, weil sie dazu auffordert, endlich wieder erfahrungsbezogen vom Glauben und von der Sünde zu sprechen. Fragen dieser Art sind im § 5 weiter zu verfolgen im Zusammenhang der Untersuchung neuzeitlicher Auslegungen von Gen 2 und 3, sowie weiter unten im § 8 im Zusammenhang der Auslegung der fünften Bitte des Vaterunsers.

§ 4 Beilage: religionsphilosophische Ausgangspunkte des in diesem Buch vorgelegten hamartiologischen Entwurfs

Gott wirkt in der Welt in der Weise des Rufens und des Schweigens. Das göttliche Rufen hebt die Dinge ans Licht, so daß sie glänzen. Es gestaltet sie so, wie Liebe gestalten kann. Es ist schöpferisch. Gottes Schweigen treibt in Todesangst und Verfall und weckt unter den Geschöpfen Hunger nach neuerlichem Gerufenwerden durch Gott. Auch Gottes Schweigen ist Teil seines schöpferischen Tuns. Obwohl es ein furchtbares Sich-Distanzieren oder Sich-Verbergen Gottes bedeutet, bereitet es unter den Geschöpfen, die auf diese Weise neu hören lernen, sogar das Erreichen höherer Stufen vor. Durch Rufen und Schweigen leitet Gott die Welt zu einem Ziel: der liebevollen Koexistenz und Kooperation der Rivalen im Kampf um die Lebensmittel. Die theologische Tradition nennt dieses Ziel der Welt das Reich Gottes.

Gottes *Wort* ruft nicht nur, wie es Röm 4,17 heißt, dem, was nicht ist, daß es sei (= Schöpfung), sondern es ruft auch das Gewordene auf, es ruft es zu Gott, um es zu retten, zur Liebe zu leiten und um ihm Bedeutung zu verleihen. Es rechtfertigt, was in der Evolution sein darf, und es ermutigt, was in der Evolution werden soll. In seinem weltschöpferischen und weltrettenden Wort gibt Gott sich selbst. Dennoch ist die Welt eben darum mit Gott nicht identisch, weil Gott auch schweigt. Nur durch das Schweigen Gottes gibt es die Welt als *Welt* – und wird sie vom Menschen angstvoll in ihrem Eigenstand erfahren.

Die *Menschheit* ist unter naturwissenschaftlich immer genauer angebbaren Evolutionsbedingungen geworden, was sie ist. Sie entwikkelt sich aber zu weiteren Zielen, die der Naturwissenschaft unbekannt bleiben. Die aus der Evolutionsforschung zu gewinnenden Erkenntnisse über uns selbst sind nicht auszuspielen gegen Einsichten, bei denen es um unsere Beziehung zu Gott geht. Die theologische und die naturwissenschaftliche Sichtweise könnten sogar zu *einer* Perspektive verschmolzen werden, sofern man den Willen dazu hat. Im Blick auf Gott sind die Menschen aus der Gruppe der Primaten „ausgezogen", als ihnen Gottes Rufen in der Form von Worten begegnete, die sie zu einem immer freieren Leben ermutigten. „Worte der Güte" haben auf einer bestimmten Stufe der Evolution bei ganz bestimmten Primaten das Potential des Menschlichen erweckt. Nicht durch eine Rebellion, nicht durch einen trotzigen Abfall intelligenter höherer Lebewesen vom instinktiv regulierten Naturleben entstand der Mensch, sondern durch das Vernehmen eines Evangeliums, dem die, die Menschen werden sollten, Folge leisteten. Wer hier einwendet, die Existenz solcher göttlichen „Worte der Güte" bildeten manche Menschen sich nur ein, der hat nicht verstanden, daß hier eine Aussage auf ganz anderer Ebene gemacht wurde. Es geht nicht darum, was Menschen sich, wenn sie wollen, denken oder einbilden können. Sondern vorgetragen wurde eine Hypothese darüber, warum Menschen überhaupt da sind (und sich u.a. auch über Gott ihre Gedanken machen können). Es geht um die Frage des Ursprungs des Menschlichen in seiner ganzen Breite: einschließlich der Möglichkeit einer atheistischen Existenz!

Mit dem Menschlichen zog eine gottgewollte *Freiheit* in die Natur ein. Dem Menschen kommt die Würde zu, daß er, wie Gott, die Welt von sich aus anzusprechen vermag (Namensgebung!), mithin fähig ist, gemeinsam mit Gott die Welt auszulegen bzw. die Evolution mit Sinnerschließung zu verknüpfen. Faktisch aber haben unter dieser Freiheit die Menschen selbst und die außermenschlichen Geschöpfe in vielfältiger Weise schwer zu leiden, obwohl die Freiheit auch den Glanz einer großen Verheißung bei sich hat. Die Verheißung der Freiheit liegt darin, daß die Leiden, die von Natur aus mit dem Leben verbunden sind, durch freies, kunstvolles menschliches Gestalten mehr und mehr überwunden werden könnten. Deshalb ist es eine sehr traurige Realität, mit der sich Menschen niemals abfinden dürfen, daß unsere Freiheit und unser Freiheitsstreben die Quelle neuer, zusätzlicher Leiden wurden. Die nächstliegende Sinn- und Zielbestimmung, unter der sich die Menschheit selber erfassen kann, ist darum die Aufgabe, Freiheit und Liebe im Prozeß des Lebens miteinander zu versöhnen – oder sie erst gar nicht auseinandertreten zu lassen, denn in ihrer Einheit wurzelt die Menschlichkeit. Im Dienst an dieser Aufgabe lohnt sich das menschliche Leben. Liebe und Freiheit versöhnt, das ist jene Realität, die mit dem Wort „Geist" bezeichnet wird. Der Geist sollte (er tut es keineswegs immer) in allen Geschichten, an denen Menschen beteiligt sind, zunehmen. Dahingehend sind wir Menschen jedenfalls alle von Gott berufen. Wir sind – auch im Sinne einer Dienstfunktion für den Gesamtkosmos – herausgerufen aus den übrigen Geschöpfen zur Verwirklichung von Menschlichkeit im Geist der Versöhnung.

Versöhnung und *Erlösung* sind zu unterscheiden. Versöhnungen ereignen sich in der Geschichte glücklicherweise immer wieder. Sie bilden unsere höchste ethische Möglichkeit, sie retten aus großer Gefahr und begründen neue menschliche Hoffnung. Es ist nicht verkehrt, wenn bei Versöhnungen auch das Wirken des Gottesgeistes bzw. des Christusgeistes angenommen wird. Dennoch sind Versöhnungen gleichzeitig ein wahrer Triumph des menschlichen Geistes. Beides schließt sich, wie vornehmlich Idealismus und Chiliasmus richtig sehen, nicht aus. Unerreichbar bleibt uns freilich die alles umfassende, dauerhafte Versöhnung: das Reich Gottes. Aber auch wenn durch Gottes Wirken die Versöhnung einmal so allgemein geworden sein wird, daß dann tatsächlich das Geschichtsziel eines umfassenden Friedensreiches erreicht ist, wäre die Welt noch nicht erlöst. In der erlösten Welt ist nämlich allen jemals existent Gewesenen Gerechtigkeit zuteilgeworden, haben die irgendwann zu kurz Gekommenen volle Genugtuung erlangt, sind alle Tränen abgewischt, ist alles glückselig in Gott zur Ruhe gelangt. Für uns Menschen ist die Gewißheit solcher Erlösung wichtiger als die Hoffnung auf ein in der Geschichte werdendes Reich der allgemeinen Versöhnung! Darum irrt ein Idealismus und Chiliasmus, dem alles an diesem künftigen Friedensreich gelegen ist – so als brächte dessen Ankunft den Geschöpfen wirkliche Genugtuung. Der die Weltentwicklung abschließende Zustand allgemeiner Versöhntheit wird Genugtuung für Gott bedeuten! Was uns aber zur Genugtuung gereicht, ist allein die Erlösung im genannten Sinne. An dem, was Genugtuung für Gott bedeuten wird, an der Versöhnung, müssen alle Geschöpfe dienend mitwirken. Die Erlösung der Geschöpfe aber ist Gottes Sache allein.

Sünde ist nichts spezifisch Moralisches. Unmoral ist nicht dasselbe wie Sünde. Sünde ist eine weitreichende Kategorie, zu der allerdings auch Fragen der Moral eine Beziehung haben können. Das Wort „Sünde" bezeichnet unser Leben unter dem Gesichtspunkt, daß es von Gott her „nichts" vernimmt. Als Sünder stehen wir vor dem schweigenden Gott. Die Sünde des Menschen ist eine partielle *epochä* in Gottes schöpferischem Tun. Sie mag von einem Gott „nicht gefallenden" menschlichen Verhalten veranlaßt sein. Aber das wissen wir nicht mit Sicherheit zu sagen. Letztlich ist doch alles Weltgeschehen in Gott begründet, dient alles seinem Ziel. Jene *ep-ochä* in seinem schöpferischen Tun dient wohl der Vorbereitung neuen geschöpflichen *Hörens* auf dem geschöpflichen Weg zur Freiheit. Niemals hätte Sünde als eine Gott zuwiderlaufende oder von Gott nur eben noch zugelassene, nicht verhinderte menschliche Eigenmächtigkeit ausgelegt werden dürfen. Wenn Theologen dies tun, schaffen sie auf dem Weg über ihre Sündenlehre Gott gedanklich ab. In aller ihrer Konkretion als böses, wüstes, freiheits- und liebeswidriges menschliches Tun muß Sünde von der Theologie als eine in Gottes liebevollen

Schöpfungsplan hineingestellte Realität ausgelegt werden. Gott ist dem Sünder verborgen nah. Der Sünder ist Gott, den des Menschen Sünde schmerzt, lieb. Die Gott mehr als die Menschen schmerzende und beraubende Sünde erzeugt bei uns eben jenes Vakuum, das Gott mit sich selbst füllt. Insofern gehört unsere Sünde mit zur göttlichen Heilsökonomie. Und darum ist Sünden*bewußtsein* (nicht Schuldgefühl!) das Beste, was wir haben können. Es ist identisch mit *Gottes*bewußtsein, mit der Gewißheit göttlicher Nähe. Aber auch Menschen und Zeiten, die von Gott „nichts" vernehmen, stehen nicht außerhalb der Religion, sondern mitten in ihr.

Glaube ist: Gott rufen Hören und ihm „mit dem eigenen Leben" Antworten. Im Glauben ist die Sünde überwunden. Glaubende sind dazu erwählt, Gott in ihrer Umgebung zu bezeugen. Glauben kann man nicht nur „für sich". Glaubende sind erwählt, um allen anderen Menschen ihre allgemeine göttliche Berufung zur Menschlichkeit sichtbar zu machen. Erwählung bedeutet durchaus keine persönliche Bevorzugung im Sinne einer vermehrten Teilhabe an den Glücksgütern dieser oder jener Welt. Das Erwähltsein begründet eine spezifische Dienstfunktion für die Hinbewegung der Welt zu Gottes Ziel, und gerade an den Erwählten und ihren Leiden wird auch immer in der Geschichte zuerst sichtbar, worin menschliche Selbstverfehlung (=Verwirklichung des von Gott Verworfenen) besteht. Keineswegs aber sind „ungläubige Sünder" die von Gott verworfenen Menschen. Gott verwirft die Sünde (was er mit Schweigen bedenkt, nicht mit seinem Wort ermutigt, vielmehr verwirft, das wird im Gang der Evolution zur Sünde), nicht aber die „ungläubigen Sünder". Niemand hat im übrigen den Glauben so, daß er nicht auch ein Sünder, auch ein von Gottes Schweigen betroffener Mensch wäre. Glaube und Sünde verhalten sich zueinander nicht wie eine löbliche und eine verwerfliche, überhaupt nicht wie zwei frei wählbare menschliche Verhaltensweisen. Sie haben beide eine Funktion in Gottes Plan. Sie dienen beide dem Werden des Gottesreichs. Egoistischer Heilsindividualismus, demzufolge ein Mensch insbesondere sich selber in der Zahl der geretteten Gläubigen wiederfinden möchte, ist dem Geist der gesamten Bibel zutiefst zuwider.

Die *Welt* ist Gottes Gegenüber. Sie ist von Gott ins Dasein gerufen. Sie bleibt und entwickelt sich, solange Gott sie weiter anspricht. Er gestaltet sie durch sein Rufen und auch durch sein Schweigen. Ihm wird von Geschöpfen auf vielerlei Weise geantwortet. In der Welt entsteht (vor allem durch die Sünde) immer wieder neuer Hunger danach, von Gott angesprochen zu werden (vgl. Am 8,11 f). In diesem

Hunger bereiten sich auch jene Evolutions-Sprünge vor, durch die mehr Geist, also mehr Liebe und Freiheit in die Welt hineinkommt. Wir beobachten aber keine geradlinig-evolutive Vermehrung oder Zunahme des Geistes in der Welt. Vielmehr kennt diese Evolution auch Rückschläge und scheinbare Rückschritte – z.B. durch eine wachsende Freiheit ohne Liebe. Eine Theorie des zunehmenden „sittlichen Fortschritts" und der zunehmenden „Vergeistigung" der Welt ist weder begründbar noch haltbar. Für unser Denken, Erkennen und Erfahren bleibt das Kosmos- bzw. Evolutionsziel des Gottesreiches unter einem „non liquet". Überdies aber müssen unsere Heilsgewißheit und Erlösungshoffnung vollständig anders begründet werden, nämlich auf die Glaubensaussage: Die einzelnen Abschnitte und Zweige der Evolution, auch die einzelnen Lebewesen stehen alle unmittelbar zu Gott. Sie finden in ihm alle jederzeit das sie rettende, erlösende Gegenüber – und zwar gerade dann, wenn sie selbst den Kosmos in seiner Vollendung nicht erleben!

Die *Kirche* ist eine göttliche Stiftung. Als Nachhall des Gottesrufs, der in Jesus Christus, dem fleischgewordenen „Wort" (Gottes), an Israel und an alle Welt erging und noch ergeht, ist sie der Resonanzboden und das Sammelbecken eines Schatzes göttlicher Worte. Die Kirche ist aber auch das sich auf Gottes Rufen hin versammelnde Volk. Sie soll in der noch unerlösten Welt trösten, heilen, lindern, vermeidbarem Unglück vorzubeugen helfen. Vor allem aber ist sie bevollmächtigt, im Auftrag Gottes Menschen von ihrer Sünde loszusprechen, sie von der Sünde zu entbinden. Eben damit spendet sie Trost und wiederkehrenden Glanz. Eben damit ist sie befähigt, das Schweigen Gottes zu mildern, es nicht weltweit werden zu lassen. Das ist ihr Haupt-Sinn, und die Kirche schafft sich auf keine Weise mehr ab als dadurch, daß sie ihren Auftrag vergißt, zu binden und zu lösen (Mt 16,19; 18,18; Joh 20,23).

§ 5 Aspekte des Sündenverständnisses in neuzeitlichen Auslegungen der jahwistischen Urgeschichte Gen 2,4b ff

Quellen und Literatur:

H. Balz, Zauberer und Dorfgemeinschaft, in: Neue Zeitschrift für Missionswissenschaft 41 (1985), 161–172. – D. Bonhoeffer, Schöpfung und Fall. Theologische Auslegung von Gen 1–3 (1933), jetzt in: Ders., Schöpfung und Fall/Versuchung, München 1968. – E. Drewermann, Strukturen des Bösen. Die jahwistische Urgeschichte in exegetischer, psychoanalytischer und philosophischer Sicht, Teile I–III, 1977 ff, Teil I: Die jahwistische Urgeschichte in exegetischer Sicht, Paderborn [4]1982; Teil II: Die jahwistische Urgeschichte in psychoanalytischer Sicht, Paderborn [4]1983; Teil III: Die jahwistische Urgeschichte in philosophischer Sicht, Paderborn [4]1983 (= Paderborner Theologische Studien 4–6). – K. Eschweiler, Die zwei Wege der neueren Theologie, Augsburg 1926. – I. H. Fichte, J. G. Fichtes Leben und lieterarischer Briefwechsel, Bd. II, Sulzbach ([1]1830) [2]1862. – J. G. Fichte, Werke in 8 Bdn. (Bonn 1834 ff), hg. v. I. H. Fichte, Neuaufl. als photomechan. Nachdruck Berlin 1971 (zit.: W mit anschließender römischer Bandziffer). – H. Fischer, Subjektivität und Sünde. Kierkegaards Begriff der Sünde mit ständiger Rücksicht auf Schleiermachers Lehre von der Sünde, Diss. Göttingen 1960. – S. Freud, Studienausg. in 10 Bdn., hg. v. A. Mitscherlich u. a. (Reihe: Conditio humana), FFM 1969 ff (zit. als: St. A). – H. Günther, Das Problem des Bösen in der Aufklärung, Bern/FFM 1974 (EHS. T 43). – E. Haenchen, Die Aufstellungen und Verhandlungen über den Urfall seit Julius Müller, Diss.(masch.) Tübingen 1926. – G. W. F. Hegel, Werke in 20 Bdn., hg. v. E. Moldenhauer u. K. M. Michel, FFM 1971 (zit.: ThWS). – J. G. Herder, Ideen zur Philosophie der Geschichte der Menschheit (Herder's Werke IX, hg. v. H. Düntzer, Berlin o. J.). – F. Hölderlin, Sämtl. Werke u. Briefe, 2 Bde., hg. v. G. Mieth, München [2]1978. – I. Kant, Muthmaßlicher Anfang der Menschengeschichte, 1786 (in der Berlinischen Monatsschrift), Königl. Preußische Akademieausgabe VIII, Berlin 1923, 107–130. – Ders., Werke in 10 Bdn., hg. v. W. Weischedel. Sonderausg. Darmstadt 1983. – S. Kierkegaard, Der Begriff Angst, 1844 (GW 11. u. 12. Abt., übers. von E. Hirsch), Düsseldorf 1965. – H. M. Köster, Urstand, Fall und Erbsünde von der Reformation bis zur Gegenwart, Freiburg 1982. – Ders., Urstand, Fall und Erbsünde in der katholischen Theologie unseres Jahrhunderts, Regensburg 1983 (Eichstätter Studien N. F. Bd. 16). – Ders., Urstand, Fall und Erbsünde in der katholischen Theologie des 19. Jahrhunderts. Theologie im Übergang, Bd. 8, FFM/Bern 1983. – J. Koppe, Hegels Auslegung des Sündenfalls. In: Annales Universitatis Saraviensis, Vol. V, Fasc. 3/4, Saarbrücken 1956, 241–250. – H. O. Kvist, Das radikale Böse bei Immanuel Kant. In : Makarios – Symposium über das Böse, Vorträge der Finnisch-deutschen Theologentagung in Goslar 1980, hg. von W. Strothmann, Göttinger Orientforschung 1. Reihe: Syriaca Bd. 24, Wiesbaden 1981, 237–288 (Lit.!). – E. Lämmerzahl, Der Sündenfall in der Philosophie des deutschen Idealismus, Berlin 1934. – B. Lauret, Schulderfahrung und Gottesfrage bei Nietzsche und Freud, in: Münchener Monographien zur historischen und systematischen Theologie Bd. 1, 1977. – N. Lohfink, Der theol. Hintergrund der Genesiserzählung vom Sündenfall, in: Realität und Wirksamkeit des Bösen (SBKAB 34), Würzburg 1965, 69–89. – K. Lorenz, Das sogenannte Böse. Zur Naturgeschichte der Aggression, Wien ([1]1963) [29]1971. – P. Marheineke, Theologische Vorlesungen (4 Bde. 1847–49), Bd. 2: System der christlichen Dogmatik, hg. v. S. Matthies u. W. Vatke, Berlin 1847. – M. Metzger, Die Paradieseserzählung.

Die Geschichte ihrer Auslegung von J. Clericus bis W. M. L. de Wette (APPP 16), Bonn 1959. – P. Moranti, Die Anfänge der Menschheit. Eine Auslegung der ersten elf Genesis-Kapitel, Luzern [2]1962. – F. Müller, Entfremdung. Zur anthropologischen Begründung der Staatstheorie bei Rousseau, Hegel, Marx (Schriften zur Rechtstheorie, H. 22), Berlin 1970. – W. Nikoltschoff, Das Problem des Bösen bei Fichte, Jena 1898. – W. Pannenberg, Anthropologie in theologischer Perspektive, Göttingen 1983. – L. Paul, Kant's Lehre vom radicalen Bösen. Ein Vergleich mit der Lehre der Kirche, Halle 1865. – O. Petras, Der Begriff des Bösen in Kants Kritizismus und seine Bedeutung für die Theologie, Leipzig 1913. – A. Plack, Die Gesellschaft und das Böse. Eine Kritik der herrschenden Moral, München ([1]1967) [9]1970. – G. von Rad, Theologie des Alten Testaments Bd. I, München (1957) [3]1961. – P. Ricoeur, Die Fehlbarkeit des Menschen. Phänomenologie der Schuld I, übers. v. M. Otto (frz. Originalausgabe Paris 1960), Freiburg/München 1971. – Ders., Symbolik des Bösen. Phänomenologie der Schuld II, übers. v. M. Otto (frz. Originalausgabe 1960), Freiburg/München 1971. – J. Ringleben, Hegels Theorie der Sünde. Die subjektivitäts-logische Konstruktion eines theologischen Begriffs (TBT 31), Berlin/New York 1977. – J.-J. Rousseau, Die Krisis der Kultur. Werke, ausgewählt v. P. Sakmann, in 2. Aufl. hg. v. R. Schmidt (KTA 85), Stuttgart 1956, 82–96. – R. Rüetschi, Geschichte und Kritik der kirchlichen Lehre von der urprünglichen Vollkommenheit und vom Sündenfall, Leiden 1881. – L. Ruppert, Die Sündenfallerzählung (Gen 3) in vorjahwistischer Tradition und Interpretation, in: BZ N. F. 15 (1971), 185–202. – R. Schanne, Sündenfall und Erbsünde in der Spekulativen Theologie. Die Weiterbildung der protestantischen Erbsündenlehre unter dem Einfluß der idealistischen Lehre vom Bösen. (Theologie im Übergang, Bd. 1) Bern/FFM 1976. – J. Scharbert, Quellen und Redaktion in Gen 2,4b–4,16, in: BZ N. F. 18 (1974), 45–64. – F. Schiller, Etwas über die erste Menschengesellschaft nach dem Leitfaden der mosaischen Urkunde. In: SW in 5 Bdn., hg. von G. Fricke und H. G. Göpfert, Bd. IV, München 1958, 767–783. – Ders., Über Anmut und Würde (1793) und: Die aesthetische Erziehung des Menschen (1793/94), in: Ausgewählte Werke in 6 Bdn. (Cotta-Ausg.), hg. v. K. Buchmann u. H. Missenharter, Bd. VI, Stuttgart 1950, 177–236 u. 237–349. – J. Schwartländer, Der Mensch ist Person. Kants Lehre vom Menschen, Stuttgart 1968. – D. Sölle, Das Recht ein anderer zu werden (Sammlung Luchterhand 43), Neuwied/Berlin 1971. – O. H. Steck, Die Paradieserzählung. Eine Auslegung von Gen 2,4b–3,24 (BSt 60), Neukirchen 1970. – P. Tillich, Gesammelte Werke, hg. v. R. Albrecht (zit. als GW mit nachfolgender röm. Bandzahl), Stuttgart 1957 ff. – W. Trillhaas, Felix culpa. Zur Deutung der Geschichte vom Sündenfall bei Hegel. In: Probleme biblischer Theologie. G. v. Rad zum 70 Geb., München 1971, 589–602. – M. Welker, Das theologische Prinzip des Verhaltens zu Zeiterscheinungen, in: EvTh 36 (1976), 225–253. – C. Westermann, Von Schuld und Strafe in Gen 1–11 (TB 24), München 1964, 47–58. – Ders., Der Mensch im Urgeschehen, in: KuD 13 (1967), 231–246. – Ders., Schöpfung (ThTh 12), Stuttgart 1971. – Ders., Die theologische Bedeutung der Urgeschichte (TB 55), München 1974, 96–114. – Ders., Genesis, BK AT I,1 (Gen 1–11), Neukirchen ([1]1974), [2]1976. – W. Zimmerli, Grundriß der alttestamentlichen Theologie (ThW 3), Stuttgart u. a. [4]1982.

Einen größeren Komplex innerhalb der modernen Diskussion der Sünde und des Bösen bildet die interdisziplinäre Beschäftigung mit dem Mythos vom Sündenfall Adams und Evas aus dem 3. Kapitel des biblischen Buches der Genesis. Der katholische Theologe Eugen

Drewermann untersuchte unlängst in einer großen, dreibändigen Studie insbesondere die modernen exegetischen, psychoanalytischen und philosophischen Auslegungen der genannten archaischen Erzählung. Sie ist Bestandteil der vom sog. Jahwisten im Zusammenhang von Gen 2,4b - 11,32 erzählten Urgeschichte.

Die besondere Aufmerksamkeit, die Gen 3 in der gesamten Neuzeit zuteil wurde, zeigt, daß dieser Text eine Brücke zwischen der Theologie, der Philosophie und den Wissenschaften sein kann. Das liegt an einer sowohl formalen aber auch inhaltlichen Besonderheit: Zum einen wird in Gen 3 eine offene, an besondere Glaubensvoraussetzungen nicht gebundene und eine moralische Verurteilung Adams und Evas meidende Sprache gesprochen. Sodann beleuchtet der Text (in Verbindung mit den ihm nachfolgenden Genesiskapiteln) *gleichzeitig* den Sündenfall und grundlegende Vorgänge aus den Anfängen der Kultur/Zivilisation[70] samt deren Wiederholungen in jeder individuellen menschlichen Reifungsentwicklung. Schließlich stellt die Erzählung von Gen 3 das menschheitliche Hineingleiten in die Sünde *ohne Hinweis auf eine künftig zu erwartende Erlösung von der Sünde* dar. Auf eine mögliche Heimkehr Adams und Evas ins Paradies oder auf eine aus der Sünde wieder herausführende Wiedergeburt fällt beim jahwistischen Erzähler kein Gedanke und erst recht keine Verheißung. Der Jahwist bewertet den Zustand Adams und Evas nach der Austreibung aus dem Paradies zwar als ein hartes Los. Aber er meint, es sei durch die Freundlichkeit Gottes, der der Menschheit nach dem Sündenfall einen Rahmen möglichen Überlebens gewährt, im Ganzen annehmbar. Diese soteriologische Beschränkung bildet den Hauptgrund der universalen Verständlichkeit und der neuzeitlichen Attraktivität der jahwistischen Urgeschichte.

Öfters weisen Exegeten des Alten Testaments darauf hin, „daß Gen 3 nicht isoliert gelesen werden darf". Die jahwistische Urgeschichte „ist durch eine ganze Reihung von Sündgeschichten gekennzeichnet: Gen 4 berichtet von Kains Brudermord und Lamechs zügellosen Rachedrohungen, 6,1-4 von den Engelehen, auf welche die Sintflut (6,5-9,17) folgt". Die Geschichte der Erbauung des Turms zu Babel (Gen 11) kommt noch hinzu. „Jede dieser Geschichten leuchtet auf ihre Weise von einer bestimmten Weise her an, was es ist um den rätselhaften Bruch zwischen Gott und dem Menschen und um Gottes Antwort auf diesen Bruch."[71]

---

[70] Auslegungen, die eine ursprüngliche Zusammengehörigkeit beider Aspekte festhalten: vor allem bei WESTERMANN, Genesis, 374-380. - DERS., Schöpfung, 127ff. - DERS., Die theologische Bedeutung der Urgeschichte, 96-114. - DERS., Der Mensch im Urgeschehen, 231-246.

[71] ZIMMERLI, 148. - Instruktiv sind die afrikanischen Erfahrungen des Religions- und Missionswissenschaftlers BALZ, 165, denen zufolge sich das auf die Bibel bezogene ‚Sündenfall'- Bewußtsein durchaus nicht immer und überall auf Gen 3

Zu dieser Antwort gehört in der „Erzählung von Gen 3–11 J ein rätselhaftes göttliches Ansichhalten. Dem Menschenpaar, dem für den Tag, da es vom verbotenen Baume ißt, der Tod angedroht war (2,17), wird das Leben nicht am Tage der Versündigung entzogen." „Den Brudermörder Kain schützt Jahwe ... durch ein (eintätowiertes?) Zeichen ...". „Aus der großen Flut, zu deren Beginn das unheimliche Wort laut geworden war, daß es Gott reute, den Menschen gemacht zu haben, holt Jahwe selber ... so viele lebende Kreatur heraus, daß der ganzen Welt wieder Zukunft gegeben wird"[72].

Angesichts der zentralen Bedeutung der jahwistischen Erzählung auch in modernen christlich-theologischen Sündenlehren muß freilich gefragt werden, ob nicht in der jahwistischen Sicht der Dinge vielleicht doch wesentliche Elemente dessen fehlen, was eine christliche Theologie von der Sünde und ihrer Vergebung auszusagen hätte. Christliche Theologie muß die Sünde (und den Sündenfall) jedenfalls immer auch „rücklaufend" vom Glauben an die Erlösung in Jesus Christus her verstehen. Sie sollte sich im übrigen nicht in der Weise von der „Erfahrungsgesättigtheit" der jahwistischen Erzählung blenden lassen, daß sie mit ihrer Hilfe einer vermeintlichen „Erfahrungsarmut" oder existentiellen Vermittlungsschwierigkeit des neutestamentlichen Redens von Gnade und Sünde zu entkommen sucht. Andererseits ist aber einzuräumen, daß man nirgendwo sonst mehr und bessere Einblicke in die um die Sünde/das Böse herum entstandene *neuzeitliche Diskussionslage* erhält als bei den modernen Auslegungen der jahwistischen Urgeschichte. Darum sollen im folgenden – im Anschluß an eine erste Vergegenwärtigung des Inhalts von Gen 3 – Fragen des neuzeitlichen Verständnisses (und Mißverständnisses) dieser archaischen Erzählung erörtert werden.

---

bezieht. Während *wir* es gewohnt sind, uns den ‚Fall' mit Hilfe des in Gen 3 begegnenden Symbols vom ‚Essen der Frucht vom Baum der Erkenntnis' zu verdeutlichen (wobei wir möglicherweise an die Bestrebungen des Dr.Faustus denken), ist für afrikanische Völkerschaften der Zugang zum Verstehen des ‚Sündenfalls' über Gen 4 näherliegend: Die allgemeine böse Verstrickung der Menschen entsteht aus verborgen-unbewußten gedanklichen und verbalen „Todesurteilen" und -wünschen gegen irgendwelche Nachbarn oder Angehörige. „Bei Tag wollen wir Frieden und Harmonie im Dorf; aber bei Nacht wollen wir den Niedergang aller anderen Familien außer unserer eigenen, und manchmal sogar in unserer Familie. Kain will ..., daß Abel stirbt". Dies ist die Kehrseite jenes optimistischen Menschenbilds, das uns zuweilen als „Afrikanischer Sozialismus" vorgestellt wird.

[72] ZIMMERLI, 152.

a) Worin besteht der in Gen 3 erzählte Sündenfall?

Bei dem Gen 3 erzählten Sündenfall Adams und Evas geht es um ein Doppeltes: um des Menschen „Sein wie Gott" und um des Menschen „Wissen" (übersetzt werden kann auch: „Erkennen") dessen, „was gut und böse" ist (Gen 3,5).

„Erkennen" oder „Wissen" heißt im hebräischen Urtext *jada*. Gerhard von Rad lehrte, mit *jada* sei zugleich „die Erfahrung von allem und das Mächtigwerden aller Dinge und Geheimnisse gemeint". Etwas zurückhaltenderen Deutungen zufolge, weist die hebräische Phrase „Gutes und Böses" vor allem hin auf die Fähigkeit, zu unterscheiden, was dem Leben zuträglich und was ihm abträglich ist[73].

Die Fähigkeit zur Erkenntnis von gut und böse ist gerade das, was den Menschen eine Stufe erreichen läßt, auf der er mit Gott vergleichbar wird. Aber auch umgekehrt gilt: Sich als Mensch auf eine Stufe gestellt haben, auf der man mit Gott vergleichbar wird, ist die Voraussetzung für die den Menschen zugewachsene Möglichkeit und Fähigkeit, Gutes und Böses zu unterscheiden. Hierdurch kommt die Frage in den Blick, ob das in Gen 3 erzählte Geschehen einen *Hochmut* (*hybris*) und/oder eine *sündige Begierde* (*concupiscentia*) des Menschen sichtbar mache – oder nicht. Ferner kommt die Frage in den Blick, ob es Adam und Eva – den beiden exemplarischen Menschen – überhaupt gelingt, eine Stufe zu erklimmen, von der aus sie gut und böse *wirklich* unterscheiden können. Endet der sog. Sündenfall etwa nur in der menschlichen *Illusion*, Gutes und Böses erkennen zu können? Gibt es, abgesehen vom Verlust der Unbefangenheit, überhaupt einen menschlichen „Gewinn" durch das Essen der Frucht vom Baum der Erkenntnis?

Diesen Fragen soll, nachdem jetzt zuerst noch ein Hinweis auf drei wichtige systematisch-theologische Modelle einer Gesamterschließung von Gen 3 gegeben wird, anhand einer Überlegung des Philosophen G. W. F. Hegel weiter nachgegangen werden.

α) Systematisch-theologische Auslegungen des Geschehens von Gen 3 in neuerer Zeit – vorab diejenige des spekulativen Berliner Systematikers Philipp Konrad Marheineke (1780–1846) – heben öfters darauf ab, das anthropologische *Resultat des Sündenfalls* müsse zusammengefaßt werden als *Verlust der Gottesebenbildlichkeit des Menschen*[74]. *Der Grundgedanke ist hier, daß dem Menschen, der nicht*

---

[73] VON RAD, 159. – Zusammenfassung und Interpretation der Diskussion bei WELKER, 247–249.

[74] MARHEINEKE, 182ff, hat die Lehre vom Menschen als dem Ebenbild Gottes besonders differenziert durchgeführt, indem er nicht nur zwischen des Schöpfungsmittlers Christus wahrer Gottesebenbildlichkeit und unserer vermittelten

mehr Gott gegenüber stehen will, sondern selber *wie Gott* sein möchte, die anerschaffene Gottesebenbildlichkeit (Gen 1,27) zerbricht. – An dieser Stelle waltet ein klassischer Lehrgegensatz zwischen Katholiken und Protestanten. Erstere lehren: Die Gen 1,26 erzählte Erschaffung des Menschen sowohl zum „Bild" wie auch zum „Gleichnis" Gottes (*imago* und *similitudo* bzw. *eikon* und *homoiosis* bzw. *zäläm* und *demuth*) erlaube die Folgerung, der *Sündenfall* habe die Gottesebenbildlichkeit Adams und Evas nicht restlos zerstört, sondern er habe nur eine der beiden menschlichen Bildträgerfunktionen außer Kraft gesetzt. Zerbrochen habe er zwar die *similitudo*, d.i. die Befähigung zur Gottesgemeinschaft kraft eines Erfülltseins mit übernatürlicher Gnade, die (vor Gott) angenehm macht. Die *imago* aber beziehe sich auf des Menschen natürliche Rationalität, die der Sündenfall nicht zerstört habe. Demgegenüber lehren die meisten der aus der Reformation hervorgegangenen Theologen, durch den Fall sei auch das menschliche Vernunftvermögen destruktiv beeinträchtigt worden, die Ratio des Sünders bringe nur „Widervernünftiges" hervor.

β) Andere theologische Auslegungen charakterisieren das Geschehen von Gen 3 als eine gerade hier in die Menschheit einreißende *Verwechslung von Schöpfer und Geschöpf*: Das menschliche Geschöpf habe sich hier an Gottes Stelle gesetzt. (Umstritten ist freilich, *warum* dies geschah. Etwa aus *Hochmut* oder aus *Begierde* oder letztlich gar, wie Kierkegaard im Sinne einer Korrektur solcher Auffassungen sagte, aus *Angst*? Aber man muß diese Frage überhaupt nicht entscheiden. Denn plausibel sind ohnehin nur Exegesen, die nicht übersehen, daß dies alles eine Verdorbenheit schon *vor* dem Sündenfall bedeutete, was die jahwistische Erzählung mit Widersinn belasten würde. Eine moralisierende Erklärung der Ursache des „Falles" wäre Gen 3 nicht gemäß. Man soll auch aus der ‚sprechenden Schlange' *keine* Erklärung für Adams und Evas Unglück, des Unterschiedes zwischen dem Schöpfer und Geschöpf ungewiß geworden zu sein, herleiten! Hybris und Konkupiszenz und wohl auch Angst sind allenfalls *Folgen* des unerklärlicherweise geschehenen Falls).

γ) Viele Auslegungen schließlich deuten den in Gen 3 beschriebenen Verlust der Unschuld dahingehend, daß hier vom *Erwachen des Geistes in der menschlichen Reifungsentwicklung* die Rede sei. Die das Leben Adams und Evas anfänglich noch tragende und bergende leib-seelische Einheit („träumende Unschuld") werde bei jedem Menschen (wir alle wiederholen den Fall Adams und Evas) zerbrochen, wobei unser „Geist" die Stiftung einer neuen, künftigen Person-Einheit unter dem Vorzeichen der Freiheit zwar intendiere, aber zunächst den Grund, auf dem wir stehen, stürze. Kierkegaards „Der Begriff Angst" (1844) übte vor

---

Gottesebenbildlichkeit unterscheidet, sondern auch verschiedene idealistisch-philosophische *imago-Dei*-Lehren, die den Unterschied zwischen Gott und Mensch nicht hinreichend herausbrachten, zurechtrückte. Inhaltlich bestand für M. die *imago* in der Vernunft und in der Fähigkeit, Gottes Selbstoffenbarung aufzunehmen und Gott zu denken. – Ferner 210 ff: Der Verlust der *imago* ist „der Anfang des Bösen". Der aber ist schwierig zu bestimmen, weil er in „in der noch vorhandenen Einheit des Menschen mit Gott entstanden" sein muß. Gott muß sich diesen *Fall* offensichtlich „gefallen lassen" haben. – Vgl. jetzt auch Pannenberg, 142: „Das Böse im Menschen geht aus seiner geschöplichen Natur hervor, und zwar dadurch, daß er seine Bestimmung zur Gottebenbildlichkeit verfehlt. Nur in weiterem Sinne ist diese Schwäche des Menschen, die als Sündhaftigkeit in Erscheinung tritt, selber schon als ‚böse' zu bezeichnen ....", sie muß sich nicht immer in manifester Bosheit äußern; sie ist aber allerdings schon in der Wurzel gegen Gott gerichtet.

allem an Hegels Darstellung dieser Zusammenhänge Kritik, ohne doch diese Ebene der Interpretation von Gen 3 grundsätzlich zu verlassen. Mit seinen theologischen, psychologischen und logischen Rückfragen an Hegel bereitete Kierkegaard das spätere Denken des Existentialismus vor. Seine eigene Interpretation hat im 20. Jahrhundert u.a. Martin Heideggers Verständnis der Angst und Paul Tillichs Verständnis der Sünde beeinflußt.

Hegel hat in der letzten Phase seines Schaffens kein anderes Wort der Bibel so häufig zitiert wie Gen 3,22a: „Siehe, Adam ist geworden wie unsereiner und weiß, was gut und böse ist“[75]. Hegel glaubte, diesem Bibelwort entnehmen zu können, der sündige Abfall Adams und Evas von ihrer schöpfungsmäßigen Gottesebenbildlichkeit sei nicht nur eine Quelle des Bösen in der Welt, sondern, da ja nun auch die Erkenntnis des Guten möglich wurde, gleichzeitig die Quelle einer sehr positiven Entwicklungsmöglichkeit für die Menschheit. Die Aussage von Gen 3,22a betone nicht nur das negative Moment des Verlusts der imago Dei, sondern sie enthalte zugleich das positive „Prinzip der Rückkehr zum Ebenbilde“. Dieses positive Prinzip müsse man aus der Bestätigung Gottes heraushören: „Adam *ist* geworden wie unsereiner“! Hegel klagte, diese Bibelstelle werde von der herkömmlichen kirchlichen Theologie „gewöhnlich viel zu wenig in ihrer Tiefe betrachtet“[76]. Es war Hegel bekannt, daß die Reformatoren Luther und Calvin noch gemeint haben, der Gottesspruch „Adam ist geworden wie unsereiner“ sei nur ein Sarkasmus, ein scharfer Spott Gottes. Die Reformatoren sahen auch Ironie in diesem Gottesspruch liegen, weil Adam und Eva in Wahrheit keineswegs eine sichere Erkenntnis dessen gewonnen hätten, was ihnen zuträglich oder abträglich sein würde. Hiergegen trat Hegel mit der exegetischen These auf den Plan, Gen 3,22a sei keineswegs sarkastisch oder ironisch gemeint, sondern beschreibe ernsthaft das Wesen und die Fähigkeit des Menschen nach dem Fall. Heutige Alttestamentler scheinen Hegel *hierin* inzwischen meistens Recht zu geben. Aber jene andere Vermutung Hegels können sie nicht erhärten, nämlich, daß die Sündenfallerzählung von Gen 3 bereits die positive Komponente der Rückkehr Adams und Evas zum Gottesebenbild impliziere. Gen 3 liefert nicht einen Schriftbeweis für Hegels an der dialektischen Selbstbewegung des Geistes orientiertes philosophisches System.

Inzwischen hat M. Welker gezeigt[77], daß man zwar sehr wohl mit neueren Exegeten Gen 3,22a als eine positive, unironische Aussage über den postlapsari-

[75] Nach Welker, 225ff.
[76] Hegel, ThWS 11, 239.
[77] AaO, 246ff.

schen Status des mit einer selbstbewußten Vernunft ausgestatteten Menschen verstehen kann; daß aber gerade dieser scheinbare Tribut an Hegel einen weiteren Aspekt der Erzählung von Gen 3 erschließt, der die durch den Sündenfall bewirkte *Trennung zwischen Gott und Mensch* erst recht markant hervortreten läßt. Die Erzählung meint nämlich, daß der Mensch, der nun tatsächlich mit hierfür geöffneten Augen ebenso wie Gott Gutes und Böses, Förderliches und Abträgliches unterscheiden kann, im selben Augenblick blind wurde für eine andere Unterscheidung: „Wie Gott" geworden, hat er plötzlich keine Fähigkeit mehr für die Erkenntnis dessen, was Gott und Mensch voneinander unterscheidet. Sehend geworden, wurde Adam blind für die Beschaffenheit seines Verhältnisses zu Gott. Seither kann Adam nicht mehr unterscheiden zwischen seinem eigenen Bereich und Wesen einerseits, Gottes Bereich und Wesen andererseits; zwischen dem, was ihm als Menschen zu tun obliegt und möglich ist, und dem was Gott obliegt und möglich ist. Mit dem wirklichen Gewinn der Fähigkeit, zwischen gut und böse zu unterscheiden, ging der Mensch gleichzeitig leider der Fähigkeit verlustig, seine Grenzen zu erkennen und einzuhalten. Adam kann jetzt zwar mit seiner Vernunft das Bessere anstreben; er kann versuchen, seine Lage zu verändern und das Schlechte zu vermeiden. Er kann rational in die Verhältnisse eingreifen. Dennoch fruchtet ihm dieses neugewonnene Vermögen nichts, sofern er gleichzeitig der Fundamentalunterscheidung zwischen Gott und Mensch, zwischen Schöpfer und Geschöpf nicht mehr gewachsen ist.

Adam ist durch sein neugewonnenes Vermögen (Gen 3, 22a) mächtiger geworden. Manche Ausleger vermuten, Gott habe sich vor dem zu mächtig gewordenen Menschen schützen wollen, als er ihn aus dem Paradies entfernte. Aber diese Auslegung nach dem Motiv des Götterneides ist falsch. Denn nicht aus Furcht, vom Menschen durch weitere Übergriffe vollends entthront zu werden, sondern aus Fürsorge für den Menschen hat Gott die Austreibung Adams und Evas aus dem Paradies verfügt. Mit dieser göttlichen Maßnahme wurde die notwendige *Bereichstrennung* zwischen Gott und den Menschen vollzogen. Sie hat den Sinn, die Menschen vor Selbstzerstörung zu bewahren. Sie verwehrt es Adam, mit seiner neugewonnenen Freiheit unendlichen Schaden anzurichten. Sie versetzt ihn in einen Raum, worin seine Freiheit eine „endliche" Freiheit bleiben muß, eine Freiheit, der Grenzen gesetzt sind.

Demnach gilt: Wenn man im Zusammenhang des Sündenfalls überhaupt von einem über das Negative noch hinausweisenden, positiven Moment sprechen möchte, dann liegt dieses nicht in der Adam zueigen gewordenen Kraft, Gutes zu erkennen, sondern in den fürsorglichen Handlungen Gottes, die Gott nach dem Sündenfall Adams und Evas vollzog, und zu denen auch – so merkwürdig dies klingt – die Austreibung aus dem Paradies gehört.

Das sich mit dem Sündenfall-Geschehen verbindende Positive ist somit anders zu bestimmen, als Hegel dies tat. Es liegt nicht in einer Adam durch den Verzehr der Frucht vom Baum der Erkenntnis zugewachsenen Mächtigkeit, sich zur ungetrübten Einheit mit Gott zurückzuentwickeln. Es liegt nicht darin, daß Adam seine rationale Fähigkeit, so wie Gott das Gute zu erkennen, auch real ausmünzen könnte zu einem dem Liebes- und Gerechtigkeitswillen Gottes gemäßen guten menschlichen Leben. Das Positive liegt vielmehr darin, daß schon in Gen 3 sichtbar wird, wie Gott selber gewillt ist, den in eine weitgehende *Gottesblindheit* hineingeratenen Menschen zu helfen. Schon die Schurze oder Röcke, mit denen Gott Adam und Eva nach dem Fall bekleidete, zeigen dies. Gott hat dafür gesorgt, daß auch der gottesblind und in diesem Sinn gottlos gewordene Mensch noch überleben, sogar noch immer Freude haben kann – wenngleich unter einer insgesamt erheblichen Belastung seines Lebens. Auch bei gegebenem Unglauben, auch bei gegebenem moralischem Versagen wurde von Gott her eine heilsame Hemmung etabliert, damit die Bäume des Verderbens nicht in den Himmel wachsen und der durch Menschen angerichtete Schaden doch noch eine Begrenzung findet.

Mit der erwähnten Bereichstrennung zwischen Gott im Himmel und den Menschen auf der Erde antwortet Gott in positiver Weise auf jene andere Trennung, die *nur* negativ ist: die *Sünde*, die Adam und Eva heimgesucht hat.

Sünde bedeutet immer Trennung: ein Sich-Abwenden oder Abgetrenntwerden, eine Ab-Sonderung oder eine Spaltung. Eine *vor* der Sünde vorhandengewesene Einheit wird zerstört. Getrennt vom Paradies leben Adam und Eva nun. Letzteres ist, recht verstanden, in der neuen Situation geradezu ihr Glück! Andererseits werden jetzt auch – und das ist ihr Unglück! – Trennungen *zwischen* den Menschen erfolgen, sowie eine tiefgreifende Spaltung zwischen der Menschheit und ihren Mitgeschöpfen. Jene idealistischen Philosophen, die beim Paradiesesverlust vor allem das ‚Glückliche' wahrnahmen, übersahen oder verharmlosten das in den zuletzt erwähnten Trennungen liegende Unglück, weil sie nicht wahrhaben wollten, daß dessen Überwindung alle menschlichen Kräfte übersteigt.

Die durch die Sünde bewirkten Trennungen werden vom Menschen am deutlichsten im Bereich der *sprachlichen Kommunikation* erfahren. Die den Menschen nach Gen 2,20 verliehene Macht, allen Wesen Namen zu geben, verlieh Adam – hier folge ich einer These von Paul Ricoeur – *vor* dem Sündenfall „das königliche Vorrecht eines nur wenig niedriger als Gott geschaffenen Wesens"[78]. Adam ist, so gesehen, gerade nicht *durch den Sündenfall* in eine Position

[78] Ricoeur, Phänomenologie der Schuld II, 281.

dicht unterhalb der Stellung Gottes eingerückt. Sondern es wurde im Gegenteil durch den Sündenfall die Vollmacht Adams, allen Wesen Namen zu geben und Macht über sie zu gewinnen, entscheidend vermindert. Diese Vollmacht wurde „so tief gestört, daß wir sie nur noch unter der Herrschaft der Teilung der Sprachen ... kennen" und auszuüben vermögen[79].

Mit der Teilung der Sprachen kam es auch zu einer „Trennung der Kulturen"[80]. Ricoeur präzisiert dies dahingehend, daß der Sündenfall die *Einheit* der menschlichen Sprachgewalt (genauer: Benennungsgewalt) aufgelöst habe, so daß diese Sprach- oder Benennungsgewalt nicht nur in mehrere Sprachen und Kulturen zersplitterte, sondern daß vor allem ein Sprachwirrwarr, ein Widereinander der Benennungen, der Sinngebungen, der Wirklichkeitsdeutungen usw. entstand. Erst dieser Wirrwarr, diese sich wechselseitig bekämpfenden Sinngebungen, in denen eine Not liegt, die selbst durch eine neu eingeführte Welt-Einheitssprache nicht behoben werden könnte, bedeutet die entscheidende Kommunikationsstörung, die entscheidende Schwächung der Namensgebungsgewalt Adams.

Allerdings: Im Stande der Sünde ist diese Schwächung nicht *nur* negativ zu sehen. Denn sie begrenzt auch den Schaden, den Menschen mit ihrer Sprachgewalt anrichten.

Ricoeur meint ferner, auch die Tatsache, daß Adam und Eva nach dem Fall ihre Nacktheit bemerken, weise hin auf die aus dem Sündenfall resultierende Kommunikationsstörung. Mit der in die Menschheit nunmehr – als neues Phänomen – einziehenden *Scham* habe sich ein „Umsturz jeder menschlichen Kommunikation" verbunden. Folgendes komme bei diesem Umsturz heraus: Von jetzt an ist alle menschliche Kommunikation „unter das Zeichen der Verkleidung gestellt"[81]. Der Redende bedarf jetzt einer schützenden Verhüllung, einer Maske. Er kann es nicht zulassen, daß sich über seinen Worten den Angeredeten sein innerstes Wesen enthüllt. Somit ist auch die Einheit zwischenmenschlichen Verstehens verloren.

Aber wiederum gilt: Die Scham, der entstandene Bedarf nach Verhüllung und Masken, ist nicht nur negativ zu sehen. Der jeweils angesprochene andere wird durch diese Scham ein Stück weit geschützt vor einer *seine* Freiheit zerstörenden, allzu direkten Beeinflussung durch den Sprechenden. Und auch der Sprechende selbst wird geschützt vor dem völligen Identifiziertwerden mit den eigenen Worten, vor dem Verlust des eigenen Ichs an die „Äußerung", die das Ich tat.

Ricoeur übersieht nicht, daß das Leben durch alle diese Folgen des Sündenfalls *mühselig* geworden ist – und *zweideutig*. Was durch eine Maske hindurch gesagt werden muß, ist zweideutig. „Diese Doppeldeutigkeit des Menschen, der gut erschaffen und böse geworden ist, überzieht alle Register des menschlichen Lebens." Nunmehr sind „Größe *und* Schuld des Menschen unentwirrbar vermischt, ohne daß man sagen könnte: hier ist das Urmenschliche, da die Verhextheit ...". Oder: hier ist das eigentliche, gottgewollte menschliche Wesen und da ist das verdrehte, das unnatürliche, das falsche menschliche Wesen.

Gerade deshalb wurde es eine wichtige Pflicht aller Theologie, auch aller Ethik, in dieser Lage klärende, hilfreiche Aussagen über

[79] Ebd.
[80] Ebd.
[81] Ebd.

die *tatsächliche Grenze zwischen dem Menschlichen und dem Unmenschlichen* zu wagen. Die Situation Adams und Evas nach dem Sündenfall ist wirklich „diabolisch" verwirrt (von griech. *diaballein* = durcheinanderwerfen): Nicht ist des Menschen Vernunft identisch mit seiner Sünde. Aber sie ist auch nicht einfach sein helles Licht. Sie ist zweideutig. Der ganze Mensch ist ambivalent. Was in einer bestimmten Hinsicht gut ist, ist unter anderer Hinsicht gerade böse. Und der Mensch ist nicht frei, nur die gute Hinsicht zu wählen und die andere zu lassen. *Somit liegt die schwere Last auf uns, daß nichts, was wir tun, eindeutig gut ist.* Dies ist, christlich gesehen, das Grundproblem aller Ethik[82]! Zugleich ist dies der Ausgangspunkt des Glaubenssatzes, daß alle Menschen der Sündenvergebung bedürfen, und daß Gottes Vergebung der Sünde zugleich Gottes gnädige Antwort auf die Not unseres Verstricktseins in die ethische Zweideutigkeit bedeutet. Aber dies ist bereits eine Position, die zwischen Theologie und Philosophie immer umstritten war und wohl auch noch weiterhin umstritten sein wird.

Fassen wir nun den Inhalt von Gen 3 (unter ergänzender Hinzufügung einiger weniger, bisher noch unerwähnt gebliebener Gesichtspunkte) zusammen: Aus dem – den Kern des Sündenfallgeschehens ausmachenden – *Verlust des Gegenübers Gottes im praktischen Lebensvollzug Adams und Evas* sieht die jahwistische Sündenfallerzählung eine ganze Reihe natürlicher und sozialer *Folgen* resultieren, die von den Menschen überwiegend als Lebenserschwernisse, als „Übel" wahrgenommen werden. Ein Teil dieser Folgen wird auch als *ambivalent* eingeschätzt, sozusagen zugleich begrüßt und beseufzt. Diese insgesamt 9 Folgen müssen zu dem, was den Sündenfall ausmacht, hinzugerechnet werden. Gerade sie wurden der Gegenstand vieler philosophischer und humanwissenschaftlicher Untersuchungen:

1. Es entsteht das Phänomen des „schlechten Gewissens", wobei als Ursituation im Blick ist: das Sich-Verstecken und Adams ausweichende Antwort auf Gottes Frage nach seinem Verbleib (Gen 3,8 ff).

2. Es entsteht auf sexueller Grundlage, aber weit über die Sexualität hinausreichend, der Verlust der Unbefangenheit und das Phänomen der Scham.

---

[82] Es bedeutet dies nicht, der Mensch stehe immer und überall in einer Kollision von miteinander nicht zu vereinbarenden Pflichten, daher könne er niemals das Gute tun. Sondern unser Problem besagt, daß es keinen innerweltlichen Maßstab gibt, der menschliches Tun eindeutig als gut oder als nicht gut qualifizieren könnte. Genau dies führt wieder auf Luthers Überlegung zurück, erst wenn die handelnde Person gut wäre, könnten auch ihre Werke gut genannt werden. Aber woran bemißt sich die Güte der Person? Woran bemißt sich der Glaube?

3. Die physische Konstitution der Frau wird mit besonderen Beschwerlichkeiten belegt; auch wird die Frau dem Mann unterworfen.

4. Der Mann muß sich im Schweiße seines Angesichts auf einem verfluchten Acker mühen. Neu dabei ist nicht das Phänomen der Arbeit (z.B. das Bebauen des Ackers) als solches. Die Arbeit als solche ist kein Fluch und nicht erst eine Folge des Falls. Das „Bebauen und Bewahren des Gartens“ war vielmehr der grundmenschliche Auftrag schon vor dem Fall (vgl. Gen 2,15). Nach dem Fall ändert sich aber dies, daß nunmehr Engel – also eigentlich Gott – für die Bewahrung/das Hüten des Gartens zuständig werden (vgl. Gen 3,24). Und der Mensch will nun auch nicht einmal mehr der Hüter seines Bruders sein (Gen 4). Unter der Sünde sind Arbeit einerseits und Hegen/Bewahren andererseits auseinandergetreten[83]. Diese Diastase ließ nun auch die Arbeit belastend, fragwürdig und frustrierend werden.

5. Adam und Eva müssen im Zuge ihrer Bemühung, Gutes und Böses zu unterscheiden, selbstverantwortlich ihr Leben planen, bewerten und gestalten.

6. Dieses neue Verhalten und der ihm zugrundeliegende „praktische Atheismus“ des wie Gott gewordenen Menschen machen des Menschen Austreibung aus dem Paradies erforderlich. Sie ist eigentlich eine göttliche Fürsorgemaßnahme. Denn der Mensch kann mit seiner jetzigen Existenzweise nicht mehr im gleichen Bereich wie Gott leben.

7. Ferner wird jetzt der Tod neu im Sinne einer Begrenzung der autonom bestimmten und gestalteten menschlichen Lebensentwürfe erforderlich. Dieser den Abbruch menschlicher Daseinsgestaltung erzwingende „letzte Feind“ wird mehr oder weniger das ganze Leben über vom Menschen nunmehr angstvoll erwartet.

8. Das menschliche Sozialverhalten unterliegt tiefgreifenden Störungen. Der Austreibung aus dem Paradies folgt in der jahwistischen Erzählung der Brudermord Kains an Abel (Gen 4) und schließlich auch der Entzug einer gemeinsamen Sprache beim Turmbau zu Babel (Gen 11).

9. Die Zivilisation entsteht mit dem besonderen Merkmal der Arbeitsteilung und mit ständig zunehmenden technischen Fähigkeiten.

Insgesamt interpretiert der Jahwist den Sündenfall und seine Folgen so, daß am Horizont dieses Geschehens, unausgesprochen, die Frage steht: Wird das entstandene Mißtrauen zwischen Mensch und Gott künftig doch wieder einer neuen Freundschaft zwischen Gott

---

[83] Auf diesen exegetischen Sachverhalt wies mich mein Kollege P. WELTEN hin.

und gewissen Repräsentanten der Menschheit weichen? Wird es, trotz des Sündenfalls, wieder menschliches Leben in der Blüte und in der Kraft göttlichen Segens geben? Auf der einen Seite gilt für Gen 3–11: „In unheimlicher Weise zeigt die Urgeschichte des J die rasche Verzweigung des Bösen, das sich wie ein Ölfleck auf dem Wasser ausbreitet."[84] Auf der anderen Seite ist in dieser Geschichte gerade eine gegenläufige innere Bewegung auszumachen: „Jahwe hat mit der Welt, die in vielerlei Weise vom Fluch belastet ist..., eine neue Zukunft des Segens vor". Darin sieht der Jahwist „den gottgewollten Sinn der Existenz Israels: Segen in eine um ihrer Gottferne willen von göttlichen Gerichtsschlägen gezeichnete Welt hineinzubringen"[85].

b) Zur philosophischen Bewertung des Sündenfalls als „glücklichste und größte Begebenheit"

Es dürfte im Vorausgegangenen deutlich geworden sein, unter welch' schwierigen Bedingung jeder Versuch steht, den authentischen Sinn des in Gen 3 Erzählten aufzuweisen. Mit gewissem Recht können nichttheologische Ausleger dieses Bibeltextes kritisieren, herkömmliche kirchliche Exegesen von Gen 3 seien einseitig und dogmatisch vorfixiert, sie trügen der kulturellen Weite und Offenheit der alttestamentlichen Erzählung zu wenig Rechnung; in der neueren Philosophie hingegen und erst recht in modernen Humanwissenschaften (z.B. den tiefenpsychologischen) seien einige Schätze der jahwistischen Erzählung gehoben worden, für die Theologen bisher keinen Blick hatten. Jedoch: Es mündeten bisher solche Bemühungen um noch ungehobene Schätze von Gen 3 fast immer zuletzt in einen Streit mit der Theologie um die Gesamtbedeutung des in Gen 3 Erzählten ein: Ist hier, letztlich, von verspielter oder gerade von neu gewonnener Freiheit, von Verlust oder von Gewinn für die Menschheit die Rede? Philosophische und humanwissenschaftliche Auslegungen haben meistens die Tendenz, dem Aspekt des *Gewinns* ein Übergewicht zuzuerkennen. Dem widersetzen sich dann zwar die theologischen Exegeten, jedoch nicht selten bei gleichzeitiger Anerkennung, selber von neuen, nichttheologischen Auslegungen doch auch profitiert zu haben. So kompliziert ist die Lage seit über 200 Jahren! Seit um die Wende vom 18. zum 19. Jahrhundert Philoso-

---

[84] ZIMMERLI, 149.
[85] ZIMMERLI, 152.

phen, die dem deutschen Idealismus zuzurechnen sind, Gen 3 geistvoll paraphrasiert haben, sind die kontroversen Gesichtspunkte und Fragen bis heute im wesentlichen nicht mehr vermehrt oder verändert worden. Sie werden auch in den heutigen Diskussionen zwischen Theologie und Humanwissenschaften in Auswahl immer wieder aufgegriffen – wobei sich aber das denkerische Niveau nicht immer gehalten hat.

Im Zentrum der Philosophien des deutschen Idealismus steht der Gedanke, daß die Menschen sich selbst konstituieren (hervorbringen, erzeugen), indem sie sich selbst in äußerste Gefahr bringen, sich selbst entäußern, sich – scheinbar – definitiv von sich selbst entfremden. Es wurde im Idealismus angenommen, daß in der Naturgeschichte der Erde diejenigen Lebewesen die *ersten Menschen* waren, die in das gefährliche Experiment einwilligten, sich nicht mehr nur gewohnheits- oder instinktgemäß zu verhalten, sondern aus dem Schutz vorgegebener (Natur-) Abläufe herauszutreten und neuartige Lebensweisen auszuprobieren. Das idealistische Paradigma von der „Selbsterzeugung durch Selbstentäußerung“[86] will zugleich auf die Anfänge der Menschheit und auf die Anfänge der Kultur/Zivilisation hinweisen, sowie auf den Ursprung jeder neuen Freiheitstat in der Geschichte, bei der Menschen unter Selbstgefährdung und Schmerz mutig ihre Menschlichkeit betätigen und bewähren.

Kant und die nachfolgenden idealistischen Denker waren der gemeinsamen Ansicht, die Erzählung vom Sündenfall in Gen 3 sei nichts anderes als eine gelungene mythologische Darstellung des Grundprinzips menschlicher Selbstkonstituierung. *Für alle diese Denker gilt, daß sie die Erschaffung des Menschen, besser gesagt: die Selbsthervorbringung des spezifisch Menschlichen , nicht schon in Gen 1 oder 2, sondern erst in Gen 3 erzählt sehen. Vor* dem Ereignis, das die Theologen den Sündenfall nennen, seien Adam und Eva noch „große Kinder“ gewesen, somit Wesen ohne eigene Verantwortung und Freiheit, dem ewigen Kreislauf von Begierde, Genuß und Ruhe ausgeliefert wie die Tiere. Diesen prälapsarischen Zustand meine der jahwistische Erzähler mit der Vokabel „Paradies“. Mit der dort je und je ertönenden „Stimme Gottes“ aber meine er den sich zu Wort meldenden Instinkt. Gott wird also nicht als ein eigenes Wesen, sondern als ein Symbol für die determinierende Macht der Naturgesetze verstanden.

Gemäß dieser idealistischen Deutung ist die Substanz des in Gen 3

[86] Diese Formulierung verdanke ich meinem am Theologischen Sprachenkonvikt in Berlin (Ost) Philosophie lehrenden Kollegen R. Schröder.

Erzählten: der Abfall Adams und Evas von der Herrschaft des Instinkts. So urteilte auch Friedrich Schiller in „Etwas über die erste Menschengesellschaft nach dem Leitfaden der mosaischen Urkunde" (1790). Die Theologen, meinte Schiller, mögen in der Tat Adams und Evas einen großen Verlust erblicken. Aber mit „nicht weniger Recht" könne der philosophisch Denkende „der menschlichen Natur im Großen zu diesem wichtigen Schritt zur Vollkommenheit Glück ... wünschen"[87]. Die Philosophie habe sogar das Recht, hier von einem „Riesenschritt der Menschheit", von einem gigantischen Fortschritt zu sprechen. Wurde der Mensch doch durch den Sündenfall aus einem „Automat(en) im sittlichen Wesen", aus einem „Sklaven des Naturtriebs" ein „frei handelndes Geschöpf". Und trat der Mensch doch mit diesem Riesenschritt erstmalig auf die Leiter, die ihn „nach Verlauf von vielen Jahrtausenden zur Selbstherrschaft führen wird"[88].

Schiller übersah nicht, daß Gen 3 auch vom Eintritt (der Möglichkeit) des Bösen in die (der) Geschichte handelt. Aber er meinte, das Böse sei *nur* deshalb in die Welt gekommen, damit die Wahl des moralisch Guten überhaupt möglich wurde. So gesehen, war der Sündenfall „ohne Widerspruch die glücklichste und größte Begebenheit in der Menschengeschichte"; „von diesem Augenblick her", meinte Schiller, schreibt sich die Freiheit des Menschen; „hier wurde seiner Moralität der erste, entfernte Grundstein gelegt"[89].

Schillers (der theologischen Intention des jahwistischen Textes offenkundig zuwiderlaufende) Bewertung des Sündenfalls paßt zu einem Menschenverständnis, demzufolge die Menschheit geschichtlich fortschreitet zu immer vollständigerer Herrschaft über die Natur und gleichzeitig zu der immer vollständigeren kulturell-zivilisatorischen *Freiheit*, das Leben „vernünftig" zu gestalten. Menschliche Kultur*fähigkeit* wird zugleich als Kultur*auftrag* oder -*pflicht* begriffen und bejaht im Sinne einer beglückenden Auszeichnung der menschlichen Gattung.

Würde freilich jemand unser kulturell-zivilisatorisches Bemühen eher als einen Fluch bewerten, dann müßte er die in Gen 3 beschriebenen Vorgänge – aus der gleichen Logik heraus, die bei Schiller zur Anwendung gelangte – in einer gewissen Übereinstimmung mit der kirchlichen Glaubenslehre als ein Menschheits-Unglück bewerten. Ein solcher Denker war z.B. J.-J. Rousseau. Freilich müssen Theolo-

---

[87] SCHILLER, aaO, 769.
[88] Ebd.
[89] Ebd.

gen vorsichtig mit der Frage umgehen, ob eine Schillers Thesen opponierende Zivilisationskritik wirklich bereits als Zustimmung oder Affinität zu den maßgeblichen kirchlich-dogmatischen Auffassungen vom Sündenfall einzuschätzen sei – oder nicht.

Auf alle Fälle wollte Schiller die herkömmlichen theologisch-dogmatischen Beurteilungen der Erzählung von Gen 3 in die Ecke einer zivilisations- und aufklärungsfeindlichen Ideologie stellen. Solche Kritik an einer grundlegenden christlichen Lehre forderte seither viele Theologen dazu heraus, es auf der einen Seite nicht an einer Bejahung von Freiheit, Aufklärung und Zivilisationsarbeit fehlen zu lassen und dennoch auf der anderen Seite hinter dem in Gen 3 Erzählten einen Vorgang menschheitlichen Unglücks und der Sünde zu erblicken. Diese schwierige Aufgabe ist aber bis heute noch nicht hinlänglich bewältigt. Besonders im 20. Jahrhundert waren nicht wenige Theologen versucht, geschichtliche Depressionen und Einbrüche im modernen Fortschrittsglauben für eine rechthaberische Demonstration dessen auszunützen, daß die herkömmliche theologische Deutung von Gen 3 doch die richtige gewesen sei. *Solche Theologen übersahen, daß weder kulturoptimistische noch kulturpessimistische Auslegungen von Gen 3 den tatsächlichen Aussagegehalt der Sündenfallerzählung erreichen.*

Folgende 4 biblisch-theologische Markierungen bleiben aber für eine textgemäßere Auslegung von Gen 3 wichtig:

1. Jede biblisch orientierte und gebundene Theologie muß es vom erkennbaren Aussagewillen des Textes her ablehnen, Gott mit der Stimme oder dem Gesetz der unverfälschten Natur, also etwa mit dem Instinkt, zu identifizieren. Denn als Schöpfer ist Gott von der Natur unterschieden. Er steht ihr gegenüber.

2. Biblisch orientierte und gebundene Theologie versteht die mythische Erzählung vom Fall Adams und Evas nicht dahingehend, als rede sie von der sich dem Menschen eröffnenden Möglichkeit, künftig *entweder* das Gute zu tun *oder* zu sündigen. Sie meint vielmehr, das in Gen 3 Erzählte und von Adam und Eva mit dem Verzehr der Frucht Bewirkte sei der exemplarische Vollzug von Sünde. Erzählt werde das sich vollziehende Gefesseltwerden der Menschen durch das Böse.

3. Biblisch orientierte und gebundene Theologie bestreitet, daß die jahwistische Urgeschichte es intendiere, die Anfänge menschlicher Selbstverantwortung, Sittlichkeit und Freiheit darzustellen. Sie sieht hier im Gegenteil die Anfänge des menschlichen Verlusts von alledem dargestellt.

4. Darum bestreitet jede biblisch orientierte und gebundene Theologie auch dies, daß die Menschwerdung des Menschen erst mit Adams und Evas Abwendung von Gott beginne. Während Schiller meinte, durch diese Abwendung sei – wie immer man die biblische Verwendung des Gottesbegriffs deuten müsse – jedenfalls die erste Sprosse auf der Leiter zur Humanität erklommen worden, spricht Gen 3 aufs deutlichste von einem menschlichen Nach-unten-Fallen, vom Sünden*fall* (auch wenn dieser Begriff im Text nicht verwendet wird).

Die mit diesen Positionen angezeigte theologisch-philosophische Kontroverse geht in ihrer Bedeutung über Konstellationen, wie sie am Ende des 18. und am Anfang des 19. Jahrhunderts geherrscht haben, weit hinaus. Auch modernere humanwissenschaftliche Theoriebildungen von der *conditio humana* sind vielfach mitbetroffen. Es geht nämlich bei diesem Konflikt letztlich darum, ob es der Erzählung von Gen 3 gemäß ist, wenn sie als Basistext für ein dialektisches Existenz- und Wirklichkeitsverständnis herangezogen wird. Bedeutet der sog. Sündenfall in Wahrheit etwa den ontologisch und existentiell notwendigen, unvermeidlichen Übergang von der These zur Antithese (und schließlich zur Synthese)? Scheinbar artikuliert die jahwistische Urgeschichte – ebenso wie die Abrahamsgeschichte, die Erzählung vom Exodus Israels aus Ägypten oder das Gleichnis vom verlorenen Sohn – ein Daseins- und Wirklichkeitsverständnis im Sinne etwa der idealistischen Philosophie. Aber die Art, wie in der Bibel die Sünde und ihre schließliche Überwindung durch Gott im Blick ist, unterscheidet sich bei Lichte besehen tiefgreifend von der dialektischen Selbstbewegung des Geistes, die der Idealismus zu erfassen versucht.

Im schematischen Rahmen bewegen sich die Differenzen und strittigen Fragen folgendermaßen:

Das gegenüberstehende Schema zeigt, daß Gen 3 die menschliche Situation in Bildworte faßt, über die grundsätzlich mit jedermann gesprochen werden kann. Der in der Bibel mehrfach und mit verschiedener inhaltlicher Zuspitzung thematisierte „Gang in die Fremde" beleuchtet eine grundlegende menschliche Erfahrung. Dennoch müssen wir uns dafür offenhalten, daß sogar diese Grunderfahrung nicht nur verschiedenen Deutungsmöglichkeiten, sondern echten strukturellen geschichtlichen Veränderungen unterworfen ist, so daß auch ‚frühere' und ‚spätere' Erscheinungsweisen dieser Erfahrung (samt der zughörigen Sprache) miteinander in Konflikt geraten können. Gen 3 beispielsweise formuliert sie in der Perspek-

Schema: Zur Bewertung des Sündenfalls

			in der jahwistischen Erzählung von Gen 3 *nicht* gedacht:
	These	*Antithese*	*Synthese*
Bibel	Zustand vor dem Sündenfall: Sein im Paradies *aliter:* Leben in der heimatlichen (Groß-) Familie, Sein im Vaterhaus, Existenz bei den „Fleischtöpfen"	Sündenfall, Vertreibung aus dem Paradies *aliter* Exodus, Gang in ein unbekanntes Land („das ich dir zeigen werde"), Gang in die Wüste, Verlassen der „Fleischtöpfe"	(nur in später entstandenen biblischen Texten:) Ins Paradies Gelangen nach dem Tod *aliter:* „Heimkehr" ins verheißene Land, ins Vaterhaus *aliter*: Reich Gottes, Erlösung, Wiedergeburt
strittiger Bereich zwischen biblischer Theologie, neueren Philosophien und Humanwissenschaften:	roher Naturzustand? ganz trieb- und instinktgeleitetes menschliches Leben? noch ungebrochene Feudalverhältnisse? *oder (mehr vermittelnd):* träumende Unschuld (Kierkegaard, Tillich), essentielles Sein (Tillich)	Entfremdung, Betätigung des Verstandes in Verbindung mit reflektierendem Selbstbewußtsein, ödipale Konflikte, Identitätskrise, Proletarisierung/Verelendung, Zerstörung der Natur *oder (mehr vermittelnd):* Erwachen des Geistes, existentielles Sein (Tillich)	„zweite Natürlichkeit", Zu-sich-selber-Kommen des Geistes, vollendete Kultur, „wohlbestandener Ödipuskomplex" (Freud), „Selbst-Werdung" (C. G. Jung), kommunistische Gesellschaft *oder (mehr vermittelnd):* Versöhnung, neues Sein (Tillich)
Bedingungen des Übergangs zur nächsten Stufe:		Sünde? „Selbstbewegung des Geistes"? Ausbeutung? Not? Anwachsen der Angst bis zum „Sprung" (Kierkegaard)?	Sündenvergebung oder Gnade? „Revolution der Denkungsart" (Kant)? sozialistische Revolution (Marx)? Heilung oder Überwindung von Neurosen?

tive Palästinas um 950 v. Chr. (Salomozeit), also in der Perspektive der damaligen Einsicht in die Strukturen der Beziehungen zwischen Mann und Frau und in die Strukturen von Schuld und Lebenserfüllung. C. Westermann wagte die These, „das Phänomen der Sünde oder des Bösen" sei „als ... menschheitliches Phänomen in einem Jahrtausende dauernden Prozeß geworden"[90]. Vielleicht sind zwar die 3000 Jahre zwischen unserer Gegenwart und der Formulierung der jahwistischen Erzählung fast zu vernachlässigen. *Dennoch spielt für ein zutreffendes Erfassen des Phänomens der Sünde/des Bösen auch die Einsicht in die innere Beschaffenheit der Jetztzeit, in den Zustand der eigenen Gesellschaft und den gegenwärtigen Status der Zivilisation eine Rolle.* Nur so wird Sündenerkenntnis zur wirklichen Selbsterkenntnis, betrifft sie das jeweilige Selbstverständnis. *Theologien* waren in der Neuzeit meist stärker in der *Erinnerung biblischer Texte* (einschließlich des im Neuen Testament bezeugten, von Gott selbst in der *Menschwerdung* in Christus unternommenen „Gangs in die Fremde"); *Philosophien* waren in der Neuzeit indessen meist stärker im Erfassen *gegenwärtiger Lebenswirklichkeit* im Fluß geschichtlicher Veränderung.

Darum befinden wir uns schon seit längerem in einer Situation, in der mehrere Wissenschaften und Weltanschauungen (und mit ihnen auch die christlichen Theologien) um die adäquate Wertung der in Gen 3 ausgesprochenen grundmenschlichen Erfahrungen ringen.

Mir hat es sich in der Lehre bewährt, nicht gleich mit den neuesten Stellungnahmen zum eigentlichen Gehalt von Gen 3 den Disput aufzunehmen, sondern zunächst einen Text von I. Kant, der die jahwistische Urgeschichte paraphrasiert hat, etwas breiter vorzuführen. *Es wiederholt sich nämlich in den aktuellen Debatten immer wieder eine schon im 18. Jahrhundert geführte anthropologische Diskussion.* In der Art, wie Kant den Anfang des biblischen Buchs der Genesis im kritischen Gespräch mit J. G. Herder und J.-J. Rousseau zur Basis einer philosophischen Anthropologie und Freiheitslehre gemacht hat, dürften die meisten heutigen anthropologischen Theoriebildungen bereits enthalten sein.

Umgekehrt begegnen uns verschiedene *heutige Theoriebildungen* im philosophischen Diskurs des 18. Jahrhunderts in einer lehrreichen, anfänglichen Gestalt.

---

[90] WESTERMANN, Genesis, 379.

c) Immanuel Kant über die Anfänge des Menschlichen, insbesondere der Freiheit (I)

Besprochen wird jetzt die vier Jahre *vor* F. Schillers erwähntem Aufsatz erschienene (und diesen inspiriert habende) Schrift von I. Kant „Muthmaßlicher Anfang der Menschengeschichte" (1786), Königlich-Preußische Akademieausgabe Bd. VIII, 1923, 107–130. Kant gibt hier eine sozusagen biblisch verfremdete „Geschichte der ersten Entwicklung der Freiheit" (S. 109)[91]. Er sucht eine philosophische Antwort auf die Frage, wie Freiheit im Menschen grundsätzlich zustandekommt. Dazu bedient er sich in eingestandenermaßen nicht kirchlich-dogmatisch gebundener Weise der Textvorgaben in den ersten Kapiteln der Genesis. Am Anfang der genannten Schrift lädt Kant den Leser ein, sich in einen Park hineinzuversetzen, in einen gegen Raubtiere aller Art gesicherten Garten „unter einem jederzeit milden Himmelsstriche" (S. 110). Nahrungsmittel sind in diesem Garten von Natur aus reichlich vorhanden. Kants Gedankenexperiment setzt nun in diese Parkanlage ein Menschenpaar hinein, und zwar erst einmal nur *ein* Paar, damit nicht sogleich die Problematik kriegerischer Verwicklung auftauche und die Beobachtung subtiler und ursprünglicher Sachverhalte störe. Es soll sich um ein physiologisch voll ausgebildetes Menschenpaar handeln, das aufrecht gehen, sprechen und denken kann (S. 110). In dem von Kant skizzierten Garten ist außerdem noch die *Stimme Gottes* vorhanden, die den Effekt hat, den Bewohnern des Gartens eine instinkthafte Vorempfindung von der Tauglichkeit oder Untauglichkeit der Nahrungsmittel zum Genuß zu vermitteln (S. 111).

Als die Zeit ‚erfüllt' war, setzte eine *vierstufige Menschheitsentwicklung zur immer vollständigeren Freiheit* ein, die Kant bereits ähnlich beschreibt wie später Sigmund Freud die individuelle menschliche Reifungsentwicklung vom Säugling zum Erwachsenen (wobei Freud wiederum die „ontogenetische" Reifungsentwicklung eines menschlichen Individuums vom Leben unter der Herrschaft des „Es" bis hin zum Leben unter der erwünschten Herrschaft des „Ich" ausdrücklich als eine Wiederholung der menschheitlichen „Phylogenese" begriffen hat).

Nach Kant geschieht der *erste Schritt* zur Freiheit dadurch, daß sich die Vernunft ernstlich zu regen beginnt: und zwar als ein erwachendes *Vermögen zu vergleichen. Menschliches Denkvermögen beruht*

[91] Zur Kantischen Deutung des Sündenfalls siehe jetzt auch: DREWERMANN, Teil III, bes. 30–53. Ferner LÄMMERZAHL.

somit, nach Kant, auf der gut entwickelten Fähigkeit, Phänomene miteinander zu vergleichen. In bezug auf Adam und Eva meint Kant, ihr Gesichtssinn habe ihnen ständig noch andere potentielle Nahrungsquellen als die, die sie in Anspruch zu nehmen gewohnt waren, vor Augen gestellt. Daraufhin habe sich aber regelmäßig die „Stimme Gottes" gemeldet und vom Genuß der nicht gewohnten Speisen abgeraten. Als aber die Zeit dafür reif geworden war, setzte folgender Mechanismus ein: Vernunft und Einbildungskraft „erkünsteln", der Stimme des Instinks *entgegen*, im Menschen gewisse Begierden (S. 111). Im Falle des ersten Menschenpaares durfte die Veranlassung, der Stimme Gottes abtrünnig zu werden, „nur eine Kleinigkeit sein" – wenn es „auch nur eine Frucht gewesen wäre" (S. 111f). Denn nur so, bemerkt Kant weise, konnte der Abfall von der Herrschaft des Instinkts in Ruhe verarbeitet werden. Es konnte die Vernunft ihr Vermögen begreifen, die Stimme der Natur nach Belieben zu „chikaniren". Auch wenn der erste Versuch „wahrscheinlicherweise nicht der Erwartung gemäß ausfiel", entdeckte der Mensch durch ihn trotzdem *„ein Vermögen, sich selbst eine Lebensweise auszuwählen und nicht gleich anderen Thieren an eine einzige gebunden zu sein"* (S. 112).

Die psychische Reaktion auf dieses Erlebnis war ambivalent. Es erweckte (was individualpsychologisch dem ‚Trotzalter' entsprechen würde) gleichzeitig „Wohlgefallen", aber auch „Angst und Bangigkeit". Der Mensch stand jetzt „gleichsam am Rande eines Abgrundes". Denn er wußte noch gar nichts von den verborgenen Eigenschaften und entfernten Wirkungen der Dinge bzw. der Speisen, an die er sich heranmachte. Er wußte nur dies eine, daß es für ihn „aus diesem einmal gekosteten Stand der Freiheit" von nun an kein Zurück mehr gab (S. 112).

Bevor ich auf Kants Darstellung der drei weiteren Entwicklungsschritte der Freiheit eingehe, lasse ich hier einen Einschub folgen, der zeigt, wie sich Kant in seiner Abhandlung ständig mit Herder und Rousseau auseinandergesetzt hat.

d) *Assoziationen zur biblischen Sündenfallerzählung bei J. G. Herder und bei J.-J. Rousseau*

Herder hatte ein Jahr vor dem Erscheinen der erwähnten Schrift Kants in seinen „Ideen zur Philosophie der Geschichte der Menschheit" (1785) eine ganz andere Anthropologie entwickelt. Meinte

Kant, der erste Schritt in die Freiheit habe aus dem ganz und gar naturhaften, instinktgeleiteten Dasein der ersten Menschen herausgeführt und zugleich in die Welt der Vernunft hineingeführt, und war Kants Anthropologie deshalb letztlich dualistisch orientiert, nämlich auf den Konflikt zwischen natürlich-sinnlicher Neigung und sittlicher Vernunft gegründet, so hatte es Herder in Abrede gestellt, daß Natur und Vernunft (natürliches Menschsein und kulturelles Menschsein) überhaupt Gegensätze seien! Herder, der Vorläufer des Idealismus und der Romantik, meinte, die Vernunft sei der Natur selber schon eingestiftet. Er vertrat also die These, daß die Vernunft nicht gegen die Natur, auch nicht gegen die Natur des Menschen gerichtet ist. Er verwies in dem genannten Werk – erster Teil, 3. Buch, Kap. 6 – auf den für menschliche Lebewesen naturgemäßen aufrechten Gang (S. 126ff). Dieser sei die wichtigste Voraussetzung der geistigen Vorzüge des Menschen gegenüber dem Tier. Allerdings unterscheide der Mensch sich vom Tier nicht grundsätzlich und qualitativ, sondern nur graduell und quantitativ. „Der Menschen ältere Brüder sind die Thiere." (Erster Teil, 2. Buch, Kap. 3, S. 89) Die Entstehung von Hochkulturen wertete Herder nicht als das Ergebnis des im Sündenfall geschehenen Essens von der Frucht vom Baum der Erkenntnis. Vielmehr erinnerte er seine Zeitgenossen daran, daß in den antiken Hochkulturen religiöse Frömmigkeit und Vernunft meist noch organisch miteinander verbunden waren (zweiter Teil, 9. Buch, Kap. 5, S. 138ff). Im übrigen deutete Herder die in der Urgeschichte des Buchs Genesis enthaltenen Aussagen über die Anfänge der Zivilisation/Kultur dahingehend, sie seien nicht das Resultat der neuen aus dem sogenannten Sündenfall stammenden Fähigkeit, gut und böse zu unterscheiden, sondern sie seien das Ergebnis einer freundlichen *göttlichen Unterweisung* der Menschen von Anfang an[92].

„Wollte die Gottheit ..., daß der Mensch Vernunft und Vorsicht übte, so mußte sie sich seiner auch mit Vernunft und Vorsicht annehmen. Erziehung, Kunst, Kultur war ihm vom ersten Augenblick seines Daseins an unentbehrlich ...". Alte Überlieferungen weisen darauf hin, „daß die erstgeschaffenen Menschen mit den unterweisenden Elohim im Umgange gewesen, daß sie unter Anleitung derselben durch Kenntniß der Thiere sich Sprache und herrschende Vernunft erworben ..." (zweiter Teil, 10. Buch, Kap. 6, S. 177). – Der sogenannte Sündenfall spielt in diesem (ansonsten nach wie vor eindrucksvollen) Werk Herders nur eine ganz marginale Rolle. Beiläufig wird (aaO, S. 177) gesagt, die Menschen hätten sich nicht mit dieser vorzüglichen Ausstattung begnügt, die ihnen die Erkenntnis des Guten, von Anfang an in vollem Umfang ermöglichte. Sie hätten darüber hinaus

---

[92] S. zu Herder auch: METZGER, 149; LÄMMERZAHL, 36.

auch noch „auf eine verbotene Art" der göttlichen Erkenntnis des Bösen teilhaftig werden wollen. Das Ergebnis: eine gewisse Schädigung und die Heraufkunft einer neuen „künstlichere(n) Lebensart".

Einen ganz anderen Zugang zur Frage der Zivilisationsentwicklung finden wir bei J.-J. Rousseau. Für ihn war der *erste Schritt* in die Zivilisation wirklich ein Sündenfall! Dies geht aus seiner 1754 ausgearbeiteten Beantwortung einer Preisfrage der Akademie von Dijon hervor, die folgendermaßen formuliert war: „Was ist der Ursprung der Ungleichheit unter den Menschen, und ob sie aus dem Gesetz der Natur begründet werden kann?"

Rousseaus These[93]: Keinesfalls liegt es schon in der Natur des Menschen, daß Ungleichheit zwischen den Menschen herrscht. Der Naturzustand der Menschheit, der sich an einigen von Europa weit entfernt lebenden, primitiven Völkern heute noch beobachten lasse, war und ist nicht durch die Herrschaft der einen über die anderen, folglich auch nicht durch Ungleichheit charakterisiert. *Sondern der Naturzustand muß als ein glückliches Stadium gelten, in dem die Menschen noch fast autark leben können*! Sie sind kaum voneinander abhängig. Großzügig über die bedrückenden Abhängigkeiten hinwegsehend, in denen gerade auch sog. Primitive leben, behauptet Rousseau: Im Naturzustand ist der Mensch, friedlich unter einer Eiche sitzend und vom klaren Wasser einer Quelle trinkend, äußerlich von aller Technik, innerlich von allem Reflektieren und von Sorgen frei.

Im Unterschied zu Kant vermutet Rousseau, daß die Menschheit bei ihrem ersten zivilisatorischen Schritt *nicht* ins Reich der Freiheit eintrat, vielmehr umgekehrt begann, ein ursprüngliches Reich der Freiheit zu verlassen. Rousseaus Schrift ist eine einzige Kritik an der Zivilisation. Nur unterschwellig begegnet dem Leser auch eine gewisse Hoffnung Rousseaus, daß sich gerade unsere Zivilisation eines Tages an die Ideale des Ursprungs wieder anschließen könnte. Aber seine Hauptthese lautet: Jene Menschen, die in der Moderne despektierlich als „die Wilden" bezeichnet werden, zeichnen sich in Wahrheit durch eine vorbildliche Freiheit von Angst und Aggression und folglich auch durch das Fehlen jeglicher Ungleichheit aus.

---

[93] Zu Rousseau und Kant: LÄMMERZAHL, 34ff.

α) A. Plack und K. Lorenz im Verhältnis zu Rousseau

Im Geiste von Rousseau hat Arno Plack in seinem seit 1967 in vielen Auflagen erschienenen Buch „Die Gesellschaft und das Böse. Eine Kritik der herrschenden Moral" die These entfaltet, die Zwänge und eingestifteten Unaufrichtigkeiten unserer Kultur seien *das* Böse. Sie entstellten den Menschen, machten ihn krank und aggressiv.

Plack fordert, die Kultur und die Gesellschaft sollten so verändert werden, daß die ursprüngliche Natur des Menschen, „die ja nicht böse sein kann"[94], sich ungehinderter als jetzt zu entfalten vermag. Das Individuum (oder gar dessen persönliche Sünde) scheidet, nach Plack, als Quelle des Bösen aus. Nach Placks tiefer Überzeugung wurde das menschliche Individuum in unserer Zivilisation durch die falsche Moral der bestehenden Gesellschaft allererst zum Sünder gemacht.

Rousseau richtete seine Ausführungen über Aggression und Angst vor allem gegen Thomas Hobbes (1588–1679), der behauptet hatte, alle Menschen seien von Natur aus „trotzig und dächten an nichts als an Angriff und Kampf". Rousseau opponierte aber auch Charles des Montesquieu (1684–1755), der der Meinung war „nichts sei so scheu wie der Naturmensch, der immer zittere und beim geringsten Geräusch, der geringsten Bewegung sich zur Flucht wende"[95].

In der Gegenwart würde Konrad Lorenz, wie es aus seinem zuerst 1963 erschienenen Buch „Das sogenannte Böse. Zur Naturgeschichte der Aggression" hervorgeht, eher den Ansichten von Hobbes und Montesquieu beipflichten als denjenigen von Rousseau oder gar Plack. (Das gilt unbeschadet der Tatsache, daß Hobbes und Montesquieu ihrerseits ebenfalls in einem gewissen Widerspruch zueinander stehen. Dieser Widerspruch mildert sich, nimmt man zur Kenntnis, daß sowohl Hobbes wie Montesquieu eine Analogie zwischen den Menschen und den *wilden Tieren* herstellen. Wilde Tiere aber reagieren auf gefährliche Situationen nur teilweise mit *Aggression*, teilweise eben auch mit *Flucht*)

Lorenz würde nun, anders als Rousseau, das *aggressive* Verhalten durchaus auch schon dem noch nicht zivilisierten Frühmenschen, dem Primitiven, zuerkennen: Denn den Aggressionstrieb teilt der Mensch, Lorenz zufolge, generell mit den meisten Tieren.

Biologisch verstanden ist dieser Trieb aber keineswegs mit dem Bösen identisch, sondern er dient der Arterhaltung. *Böses* verband sich mit dem Aggressionstrieb erst, als die Menschen auf einer bestimmten Entwicklungsstufe die Hemmschwelle überschritten, die bei den Tieren vor die Vernichtung der eigenen Artgenossen gesetzt ist. Doch lernte die Menschheit bis in die jüngste Vergangenheit hinein, auch dieses Handicap durch sehr zu begrüßende Riten, Gebräuche, ethische Regeln und Gesetze so weit zu kompensieren, daß es bisher niemals bis zur völligen Selbstvernichtung kam. In der modernen Industrie- und Technikkultur drohen allerdings plötzlich alle diese Kompensationsmöglichkeiten zu versagen.

---

[94] Plack, 339.

[95] Rousseau, 82.

So ist in unserer Unangepaßtheit an die heutigen Verhältnisse (bzw. dieser Verhältnisse an uns) eine neue Quelle des Bösen entstanden, die von uns erkannt und bekämpft werden muß. Wenigstens *eine* Parallele zum Denken Rousseaus findet sich somit sogar bei Lorenz: Auch er denkt nach über menschenfeindliche Resultate einer – heute – falsch laufenden Zivilisation.

β) *Rousseau gegen Hobbes und Montesquieu*

Gegenüber den anthropologischen Auffassungen von Hobbes *und* Montesquieu stellte Rousseau folgendes heraus:

„Ich weiß, man wiederholt unaufhörlich, nichts sei so elend gewesen wie der Mensch im Naturzustand. Ich aber möchte schon wissen, in was für einer Art Elend eigentlich ein freies Wesen sein sollte, dessen Herz nicht unruhig und dessen Körper gesund ist. Ich möchte wohl wissen, ob das Leben im Naturzustand dem, der es führt, eher unerträglich wird als dem bürgerlichen Menschen sein Leben. Hat man je von einem freien Wilden gehört, daß er das Leben anklagte, oder daß er das Leben sich zu nehmen suchte?" Nein, die sog. Wilden sind nicht nur frei und gleich, sondern es kommt ihnen sogar – und *nur* ihnen ganz rein und selbstverständlich – die Tugend der Mitleidsfähigkeit zu. Erst der Verstand nämlich erzeugt Egoismus. Und die Reflexion verstärkt ihn. Sie veranlaßt den Menschen, sich in sich selbst zurückzukrümmen. „Die Philosophie isoliert" (S. 82).

Das von Kant gerühmte erwachende Vermögen des Menschen zu vergleichen – die Basis unseres Verstands –, wurde von Rousseau *nicht* als Fundament einer Höherentwicklung der Menschheit anerkannt! Nach der Meinung des Franzosen führte dieses erwachende Vermögen die Menschheit in eine drastische Verschlechterung ihrer Lage hinein. Daß Rousseau demgegenüber das ursprüngliche, naturhafte Sein so sehr lobte, wurde für Kant, der in Rousseau sehr gerne einen Mitstreiter für die Sache der menschlichen Autonomie und Freiheit erblicken wollte, eine Herausforderung.

Kant sah sich genötigt, die Gedankenführung Rousseaus, dieses großen Vordenkers von *liberté*, *egalité* und *fraternité*, an der soeben erwähnten Stelle einer etwas eigenmächtigen Deutung zu unterwerfen: Kant entwickelte die Hypothese, Rousseau habe das Ideal des Naturzustandes nicht zwingend in der historischen Frühgeschichte angesiedelt. Sondern er habe vom Naturzustand im Sinne einer gegenwartskritischen Utopie gesprochen. Der von Rousseau vor Augen geführte ursprüngliche Zustand der Menschheit sei eigentlich das Ziel, dem gerade vernünftige Menschen *in* der Zivilisation entgegenstreben. Der bei Rousseau geschilderte Naturzustand habe deshalb, recht verstanden, mit einem früheren Leben der Menschheit vor dem Erwachen des Verstandes oder der Vernunft nichts zu tun. Rousseaus sog. Naturzustand beschreibe unsere Hoffnung, in der Kultur/Zivilisation eine *zweite Natürlichkeit* zu erringen (Muthmaßlicher Anfang ..., S. 116ff).

Hören wir aber, was Rousseau selbst über den ersten sündigen Schritt der Menschheit, einem Prediger vergleichbar, gesagt hat:

„Der erste, dem es in den Sinn kam, ein Grundstück einzuhegen und zu behaupten: ‚Das gehört mir' (ceçi est à moi), und der Menschen fand, einfältig genug, ihm zu glauben, war der eigentliche Gründer der bürgerlichen Gesellschaft. Wieviel Verbrechen, Kriege, Mordtaten, Elend und Scheußlichkeit hätte *der* Mann dem Menschengeschlecht erspart, der die Pfähle herausgerissen, den Graben eingeebnet und seinen Mitmenschen zugerufen hätte: ‚Hütet euch, diesem Betrüger zu glauben! Ihr seid verloren, wenn ihr vergeßt, daß die Früchte allen gehören und die Erde niemandem!'" (Auswahlausgabe, S. 87) – Aber dieser warnende Mann ist nicht rechtzeitig dagewesen. Es kam stattdessen der Ackerbau und mit ihm die Teilung des Bodens. Es sonderten sich, wie auch in der Genesis beschrieben, die Landbauern und die Metallarbeiter. (Von einem der Nachkommen Kains, von Thubal-Kain, heißt es Gen 4,22, er sei ein Meister in allerlei Erz- und Eisenwerk geworden) Der jetzt „notwendige Austausch der Erzeugnisse" brachte die Arbeitsteilung, „die gegenseitige Abhängigkeit der Erzeuger" (Auswahlausgabe, S. 91). Der ehedem freie und unabhängige Mensch – bei Kant tritt der Mensch umgekehrt erst durch den Sündenfall in den unwiderruflichen Stand der Freiheit; bei Rousseau hingegen verliert er die Freiheit unwiderruflich durch den ersten Schritt in die Sünde –, der ehedem freie, unabhängige Mensch also wird mit den stets wachsenden Bedürfnissen immer mehr verknechtet, versklavt sowohl an die Natur wie an seinesgleichen. Das *Recht des Stärkeren* – von Darwin später gerade wieder in den Naturzustand, von Rousseau aber in den *Kultur*zustand verlegt – wird nun zur Grundlage des gesamten Rechtswesens. Die Ungleichheit ist da (S. 92f). Und mit ihr auch das Phänomen der Entfremdung, der „Selbstentäußerung", der „Herrschaft des Scheins und der Lüge". „Der ursprüngliche Mensch ist allmählich verschwunden, den Augen des Verständigen bietet die Gesellschaft nur noch das Bild künstlicher Menschen und künstlicher Leidenschaften, die das Werk dieser neuen Verhältnisse sind, die keine Wurzel in der Natur haben." (S. 96f)

Soweit Rousseau, jener Denker, den später die Französische Revolution und die Philosophen des deutschen Idealismus längst nicht völlig einholen konnten, dessen Mission darum unabgegolten liegenblieb – bis sich vor allem bei Karl Marx das Unerfüllte wieder Luft machte und zur Vision einer notwendigen zweiten, einer verbesserten Französischen Revolution verdichtete. Mit mehr oder weniger Erfolg versuchten im 20. Jahrhundert marxistisch-leninistische Denker, diese Vision insbesondere mit der russischen Oktoberrevolution von 1917 zu identifizieren.

Die philosophischen Linien, die in der Form von Interpretationen der biblischen „Sündgeschichten" von Rousseau und Herder über Kant bis hin zu Hegel und Marx (und noch weit über diese hinaus) verlaufen, sie alle intendieren ein möglichst wirklichkeitsgerechtes, für die Verbesserung unserer Verhältnisse nützliches Erschließen der menschlichen Wesensart, sowie der gegenwärtigen Situation der Menschheit. Hierbei korrigiert ein Entwurf den andern, eine Weise der Verarbeitung des Problems von Gen 3 die andere. *Gemeinsam ist allen diesen philosophischen Interpretationen der Genesistexte, daß sie die Frage der Beziehungen des Menschen zu Gott weitgehend aus der Erörterung dessen, was als die ursprüngliche Entfremdungskatastrophe zu gelten habe, heraushalten.* An diesen Tatbestand läßt sich jetzt eine eigentümliche Frage anknüpfen: Muß man nicht vermuten, daß die Verbesserungen, die jeweils *ein* philosophischer Entwurf am Vorgängerentwurf anzubringen sich genötigt sah, mit Unzulänglichkeiten und Einseitigkeiten zusammenhängen, die *allen* Entwürfen gerade wegen ihrer Ausklammerung (oder deistischen Reduktion) der Gottesfrage unterlaufen mußten?

Wenn hieran etwas ist, muß man weiterfragen: Sind neuzeitliche Philosophien und Wissenschaften mit ihrer ständigen Korrektur und Überbietung der vorausgegangenen Erschließungen der *conditio humana* etwa *unbewußt* auf dem Weg, den mit der Verdrängung der Frage der menschlichen Gottesbeziehung angerichteten Schaden (Perspektivenverengung, Einseitigkeit) selber wieder auszugleichen und aufzuarbeiten? Dann wären allerdings auch sie auf ihre Weise, gleichsam auf ihren Umwegen, de facto an der theologischen Auslegung von Gen 3 mit beteiligt. Die Theologie stünde dann mit ihnen gemeinsam vor der Aufgabe, menschliche Entfremdung zureichend zu erfassen.

Nun wieder zurück zu Kant und vorwärts zu seiner Darstellung der drei weiteren Phasen in dem Geschehen, das die Theologie den Sündenfall nennt.

e) Immanuel Kant über die Anfänge des Menschlichen, insbesondere der Freiheit (II)

Der *zweite Schritt* fällt nach Kant mit der Aquisition des berühmten Feigenblatts von Gen 3,7 zusammen. Einer der Erkenntnisfortschritte hierbei war, daß sich die Geschlechtslust (gegenüber dem nur periodisch auftretenden Paarungstrieb im Tierreich) durch die menschliche Einbildungskraft verlängern und vermehren lasse. Was bedeutet nun das Feigenblatt? Es lenkt den menschlichen Blick – angeblich – von dem ab, worauf der Geschlechtstrieb zielt. Je mehr dieser Gegenstand den Sinnen entzogen wird, desto „dauerhafter", freilich auch mäßiger, „gleichförmiger" werde das „Geschäft" des geschlechtlichen Lebens betrieben. Gerade so aber werde auch der Überdruß vermieden (S. 112f). (Im Gegensatz zu dieser Meinung Kants glaubte Rousseau, *der Wilde* sei mäßig in der Sexualität, sein Liebesleben vollziehe sich ohne übersteigerte Reizempfindung, während dem Kulturmenschen sich alle Sümpfe des Lasters auftun!) Kant indessen will auf die Erfindung bzw. Anwendung des Feigenblatts geradezu das Aufkommen der menschlichen Liebe zurückführen. Diese Liebe sei eine vom Bewußtsein kontrollierte innige Neigung (S. 113).

Kant führt ferner aus: „*Weigerung* war das Kunststück, um von bloß empfundenen zu *idealischen* Reizen, von der bloß *thierischen* Begierde allmählig zur Liebe und mit dieser vom Gefühl des bloß Angenehmen zum Geschmack für Schönheit ... überzuführen". „Die *Sittsamkeit*", jenes Bedürfnis, durch „*Verhehlung* dessen, was Geringschätzung erregen könnte", anderen Menschen „Achtung gegen uns einzuflößen", gab „den ersten Wink zur Ausbildung des Menschen, als eines sittlichen Geschöpfs". Gar nicht so übel! Kant fügt noch die schöne Bemerkung hinzu: „Ein kleiner Anfang, der aber Epoche macht, indem er der Denkungsart eine ganz neue Richtung giebt, ist wichtiger, als die ganze unabsehliche Reihe von darauf folgenden Erweiterungen der Cultur" (S. 113).

Nun der *dritte Schritt*: Die dritte Stufe des Abfalls vom Instinkt „war die *überlegte Erwartung des Künftigen*". Daß der Mensch die Zukunft planen kann, dies sei „das entscheidenste Kennzeichen des menschlichen Vorzuges ..., seiner Bestimmung gemäß sich zu entferneten Zwecken vorzubereiten" (S. 113). Andererseits sei dieses Vermögen – darin gibt Kant Rousseau Recht – selbstverständlich auch ein ständiger Sorgenquell, von dem die Tiere ganz verschont bleiben. Kant bezieht sich in diesem Zusammenhang auch auf Gen 3,13–19, wonach der Mann die wachsende Mühsal seiner Arbeit empfindet und die Frau unter den Beschwerlichkeiten ihres Geschlechts leidet und obendrein schon diejenigen Beschwerlichkeiten voraussieht, „welche der mächtigere Mann ihr auferlegen würde". „Beide sahen nach einem mühseligen Leben noch im Hintergrunde des Gemäldes das, was zwar alle Thiere unvermeidlich trifft, ohne sie doch zu bekümmern, nämlich den Tod, mit Furcht voraus". Nur die Hoffnung auf ein indirektes Fortleben in einer zahlreichen Nachkommenschaft, die die Früchte der jetzigen Mühsal ernten dürfe und es deshalb vielleicht einmal besser haben würde, hielt die Stammeltern noch aufrecht (S. 113). Weil aber offensichtlich die Vernunft – als vorausschauendes Vermögen und somit als Sorgenquell – ihnen die im

Ganzen unglückliche Situation eingebrockt hatte, geriet die Vernunft von dieser Stufe an immer wieder in ein böses „Zwielicht". Es kam jetzt eine, wie Kant meint, ungute Neigung auf, den Überschritt vom Instinkt zur Vernunftherrschaft geradezu als ein „Verbrechen", eben als *Sünde* zu etikettieren.

Obwohl Kant, hier selber im Verein mit Rousseau (!), auf die tiefe Problematik dieses Schritts in die zivilisatorische „Freiheit" hinweist, will Kant es dennoch nicht mit denjenigen halten, die in dieser Lage die Vernunft als den Quell allen Verderbens betrachten. Vielmehr will er realistisch sehen, daß dem Menschen gar nichts anderes übrigbleibt als ein *sapere aude*!, ein Wage-dich-der-eigenen-Vernunft-zu-bedienen!, um aus diesem Dilemma aus eigener Kraft herauszufinden.

Kant will mit alledem sagen: Die Wissenschaft als Instrument des prognostisch-planvollen Handelns zur Verbesserung der Verhältnisse darf nicht inkriminiert, sie muß vielmehr weiter ausgebildet werden!

Eindeutig steht Kant hier auf der Seite z.B. der damals neu aufgekommenen (utopischen) Idee von einer wissenschaftlich begründeten, sozialen Planwirtschaft (Claude Henri de Saint-Simon, 1760–1825) und der später seit Auguste Compte (1798–1857) als *Soziologie* bezeichneten Wissenschaft. Tief ist hier wieder jedoch die Kluft zu Herder, der ein ganz anderes, archaisch anmutendes Kultur- bzw. Zivilisationsverständnis vertrat. Könnte man Kants Kulturmodell ein szientifisches nennen, weil es zur Beherrschung der Natur bereits die experimentelle Wissenschaft und die Technik aufbietet, so blickt Herder auf die archaische Kultur in der Spiegelung des Goldenen Zeitalters zurück.

Ich komme jetzt in der Darstellung der Kantschen Deutung von Gen 3 zum *vierten und letzten Schritt* des Abfalls vom Instinkt und des Eintritts in die Freiheit. Auf dieser Stufe erkennt der Mensch sich selbst als den eigentlichen Zweck der Natur: „Das erste Mal, daß er zum Schafe sagte: *den Pelz, den du trägst, hat dir die Natur nicht für dich, sondern für mich gegeben*, ihm ihn abzog und sich selbst anlegte[96] . . ., ward er eines Vorrechtes inne, welches er vermöge seiner Natur über alle Thiere hatte, die er nun nicht mehr" (wie Herder dies forderte!) „als seine Mitgenosssen an der Schöpfung, sondern als seinem Willen überlassene *Mittel und Werkzeuge* zu Erreichung seiner beliebigen Absichten ansah" (S. 114).

Kant legt hier auf seine Weise das Gebot von Gen 1,28 aus: „Machet euch die Erde untertan und herrschet über die Tiere . . ."! Kants Gedankengang erreicht nun die entscheidende Wendung mit folgen-

[96] Kant begründete dies ausgerechnet mit der Aussage von Gen 3,21 (wo es heißt: „Und Gott der Herr machte Adam und seinem Weibe Röcke von Fellen . . .")!

der These: So etwas wie „dein Pelz gehört mir" durfte man von nun an zu keinem *Menschen* mehr sagen (S. 114)! Hier bringt Kant das – wahrscheinlich – zentrale Dogma des neuzeitlichen Denkens zum Vorschein, das zweifellos „erholend" gewirkt hat, mit dem sich aber vor allem größte Schuld an namenlosem Leid und verhängnisvoller Umweltzerstörung verbindet[97]. An dieser Stelle bekundet Kant überdies eine bestimmte Vorstellung von der menschlichen Triebökonomie, die auch heute von manchen noch geteilt wird: Die Auslieferung des Tieres an die menschliche Aggression, meint Kant, ermögliche den Menschen die Bildung einer Gesellschaft, die „auf Zuneigung und Liebe" (S. 114) errichtet ist. Kant hat auf diese Weise der uralten *Sündenbocktheorie* beigepflichtet.

Sigmund Freud würde Kant, dem ihm in vielerlei Hinsicht Geistesverwandten, hier aufs deutlichste widersprochen haben! In „Das Unbehagen in der Kultur" (1930) befaßt Freud sich beiläufig auch mit dieser (Sündenbock-)Theorie. Ich greife eine Stelle heraus, die sich mit der Tatsache befaßt, daß im christlichen Abendland die Juden oft zum Sündenbock gemacht wurden. Freud schreibt: „Nachdem der Apostel Paulus die allgemeine Menschenliebe zum Fundament seiner christlichen *Gemeinde* gemacht hatte, war die äußerste Intoleranz des Christentums gegen die draußen Verbliebenen eine unvermeidliche Folge geworden; den Römern, die ihr staatliches Gemeinwesen nicht auf die Liebe begründet hatten, war religiöse Unduldsamkeit fremd gewesen, obwohl die Religion bei ihnen Sache des Staates und der Staat von Religion durchtränkt war." Aber als die Regierungen dann *christliche Regierungen* wurden, hat sich das Volk der Juden, schreibt Freud sarkastisch, „anerkennenswerte Verdienste um die Kulturen seiner Wirtsvölker erworben; leider haben alle Judengemetzel des Mittelalters nicht ausgereicht, dieses Zeitalter friedlicher und sicherer für seine christlichen Genossen zu gestalten"[98].

Wenn wir diese bitteren Zeilen analysieren, springt uns aus ihnen Freuds Meinung entgegen, daß alle einer *Selbsttäuschung* unterliegen, die meinen, man könne Leiden von sich fernhalten und Glück zu sich heranziehen, indem schwächere Mitgeschöpfe als Sündenböcke benützt werden. Nach Freuds Einsicht sind nicht nur die Juden zu Opfern dieses Trugschlusses geworden, sondern auch die, die Freud hier als die „christlichen Wirtsvölker" bezeichnet.

Da Freud hier Recht hat, muß Kants Theorie, derzufolge eine humane Gesellschaft auf der Grundlage von Tieropfern errichtet werden könnte, vom heutigen Kenntnisstand her einer scharfen Kritik unterzogen werden! Hierzu sollte auch die Theologie, die ohnehin ihr Verständnis der *Sühne* gegenwärtig in verbesserter Form re-

---

[97] Vgl. Eschweiler, 54f: „Der Glaube, das menschliche Wesen sei als Persönlichkeit oder als Gattung unbedingter Selbstzweck und einzige Instanz für die Wertung der Wirklichkeit, erweist sich ... als der letzte Beweggrund des spezifisch neuzeitlichen Geschehens".

[98] Freud, St.A. Bd. IX (191–270), 243.

formulieren muß[99], das Ihre beitragen: Sie muß mit guten Gründen gegen Kants Auslegung von Gen 1,28 Stellung beziehen. Sie muß ferner zeigen, daß der christliche Glaube deutlich wegruft von einer – vermeintlich realistischen – Ökonomie, die unsere Humanität (menschliche Gleichheit, Freiheit und Brüderlichkeit) erkaufen oder absichern möchte durch erlaubte Aggressions- und Opferhandlung gegenüber Tieren oder Pflanzen.

Gegen Schluß seiner Schrift „Muthmaßlicher Anfang der Menschengeschichte" kommt Kant auf das schon durch Rousseau behandelte Problem der nicht vorhandenen *Gleichheit* der Menschen zu sprechen. In besonders starker Spannung zu Rousseaus Gedankenführung sagt Kant, jener vierte und letzte Schritt in die Freiheit, bei dem Adam sich zur Selbstüberhebung über alle außermenschliche Kreatur entschloß, habe den Menschen die „*Gleichheit mit allen vernünftigen Wesen*, von welchem Range sie auch sein mögen", eröffnet (S. 114). Auf der Grundlage der Tierunterdrückung wurde demnach die Gleichheit unter den Menschen möglich – und wurde sie Pflicht! Denn jetzt gilt folgende Zwei-Klassen-Theorie: Das Tier hat seinen Zweck darin, einem anderen, überlegenen Wesen zur Verfügung zu stehen. Dafür trägt der Mensch seinen Zweck in sich selbst. Er existiert als selbstbewußte, individuelle und freie Person um seiner selbst willen. Darin sind sich alle Menschen gleich. (Deswegen lautet Kants zweite Fassung des kategorischen Imperativs folgendermaßen: „Handle so, daß du die Menschheit, sowohl in deiner Person, als in der Person eines jeden anderen, jederzeit zugleich als Zweck, niemals bloß als Mittel brauchest."[100])

Für Kant bedeutet dieser letzte Schritt zur vollen Menschenwürde zugleich die „Entlassung" des Menschen „aus dem Mutterschooße der Natur" (S. 114). Kant erinnert daran, daß diese Entlassung eine Parallele zur Austreibung Adams und Evas aus dem Paradies darstelle. Allerdings bewertet Kant den Vorgang der Entlassung auf seine Weise. Er schreibt, dieser Vorgang sei für den Menschen „ehrend" gewesen, zumal er der Menschheit auch ernstliche Gefahren einbrachte. Der Mensch habe hierbei in Selbstgefährdungen eingewilligt, wie sie unausweichlich sind, wenn jemand „aus dem harmlosen Zustand der Kinderpflege" (oder eben aus einem „Garten, der ihn ohne Mühe versorgte") hinausgestoßen wird. Das bedeutet den Übergang in eine Welt, wo auf den Menschen „so viele Sorgen, Mühe

[99] S.u. S. 321 ff.

[100] Aus der „Grundlegung zur Metaphysik der Sitten" (Werke hg. v. Weischedel Bd. VI), 61.

und unbekannte Übel ... warten". Künftig werde sich der Mensch noch oftmals (denkt Kant hier an Rousseau oder Herder?) nach dem verlorenen Paradies zurücksehnen, wo er sein Dasein in „ruhiger Untätigkeit und beständigem Frieden ... verträumen oder vertändeln" konnte (S. 114f).

Selbstredend ist ein derartiges (allerdings nicht von der Bibel, sondern von Kant in dieser Weise stilisiertes!) „Paradies" nicht nach des Philosophen Geschmack. Der Mensch mache sich von solchen Träumen frei! Unsere Vernunft erlaubt es ja nicht, „in den Stand der Rohigkeit und Einfalt zurück zu kehren". Es ist schon gut so, daß Gott den Cherub vor das Eingangstor zum Natur-Paradies gestellt hat. Der Cherub wehrt der Regression. Der *Cherub, das ist die Vernunft*, die den Menschen antreibt, „die Mühe, die er haßt, dennoch geduldig über sich zu nehmen ... und den Tod selbst, vor dem ihm grauet ... zu vergessen" (S. 115). Kant rät uns, die Todessorge zu verdrängen durch jene kleinen Sorgen, die einem das tägliche Leben zur Genüge bietet.

Am Ende des ganzen Essays stellt Kant sich der entscheidenden Frage, ob der Mensch durch jene Veränderung, die die Bibel den Sündenfall nennt, „gewonnen, oder verloren" habe. Seine Antwort lautet: Als Gattung hat die Menschheit zweifellos gewonnen. Für die Gattung bedeutet die Entlassung aus Eden ein „*Fortschreiten* zur Vollkommenheit" oder doch wenigstens einen „*Fortschritt* vom Schlechteren zum Besseren". Nicht aber gilt „das Nämliche für das Individuum". Dieses hatte es im „Stand der Unwissenheit" und der „Unschuld" leichter. Für das Individuum bedeutet, was der Gesellschaft als ganzer Gewinn bringt, Verlust (S. 115).

An dieser Stelle äußert sich Kant in völliger Übereinstimmung mit Sigmund Freuds späterer Argumentationsweise in „Das Unbehagen an der Kultur" (1930). Freud sagt, zwar gebe es zur Kultur keine Alternative, aber es sei verstehbar, wenn *einzelne* Menschen zu dem Schluß gelangen, „die ganze Anstrengung sei nicht der Mühe wert und das Ergebnis könne nur ein Zustand sein, den der Einzelne unerträglich finden muß"[101].

Es gibt aber selbst hier noch einen Unterschied zwischen Kants und Freuds Denken. Kant geht über Freud hinaus, wenn er sagt, das Individuum habe „Ursache, alle Übel, die es erduldet, und alles Böse, das es verübt, seiner *eigenen Schuld* zuzuschreiben". Zugleich möge es die „Weisheit und Zweckmäßigkeit" der gattungsmäßigen Anordnung „bewundern und preisen" (S. 116). Nur wenn es das tue, werde es fertig mit dem scheinbaren Widerspruch bei Rousseau, der einer-

[101] FREUD, St.A. Bd. IX (191–270), 269.

seits mit Recht hervorhebe, daß die Kultur mit der physischen Natur des Menschen im Widerspruch liegt, und der andererseits in seiner Schrift „Du contrat soçial" (1762) ebenfalls mit Recht schreibe, die Kultur müsse eben weiterentwickelt werden, um die Menschheit sittlich so weit anzuheben, daß sich schließlich Kultur und menschliche Physis nicht mehr widersprechen (S. 116). Diese von Rousseau gesuchte Harmonie wird erreicht sein, sagt Kant, wenn einst „vollkommene Kunst wieder Natur wird" (S. 117f). *In der Erreichung dieser zweiten Naivität erfüllt sich für Kant die sittliche Bestimmung des Menschen.* In der Zeit *nach* Kant haben auch die Philosophen des deutschen Idealismus grundsätzlich in dieser Zielrichtung gedacht.

f) Zu Kants Wahrnehmung eines radikalen Bösen in der menschlichen Natur

Mit der Selbstabgrenzung der ersten Menschen gegenüber den ehemaligen Mitgenossen an der Schöpfung, den Tieren, ist, Kant zufolge, die Menschwerdung des Menschen zunächst abgeschlossen. Aus Kants Sicht hat sich bis jetzt schlechterdings noch nichts Böses ereignet. Vielmehr hat sich der Mensch selbst herausgebildet als ein Wesen besonderer Art, nämlich als eine Einheit von Gebundenheit und Freiheit[102], von Naturzugehörigkeit und Geistzugehörigkeit. Dieser aus den Geschehnissen von Gen 3 hervorgegangene Mensch ist ein Bürger zweier Reiche, die sich ihrerseits freilich antinomisch zueinander verhalten und die dennoch *im Menschen* unter der Leitung der Freiheit und des Geistes (der Vernunft) zu einer Art Widerspruchseinheit zusammenfinden. Der dualistische Charakter, der dem nunmehr voll ausgebildeten menschlichen Wesen eignet, *ermöglicht* allererst das Böse, das In-die-Sünde-Fallen des Menschen. Als Bürger zweier Reiche ist er gewisser Handlungen fähig, die zurückschließen lassen auf unrechte Maximen, auf böse Grundsätze in seinem Inneren.

Aber wie erklärt sich dieser allgemeine „Hang zum Bösen" näher? Kant hat hinsichtlich dieser Frage eine außerordentliche Menschenkenntnis bewiesen. Auch bewegte er sich dieser Frage gegenüber in einer eigentümlichen Nachbarschaft zur theologisch-kirchlichen

[102] Später wird TILLICH in deutlichem Unterschied hierzu sagen: Darin, daß der Mensch diese Einheit von Endlichkeit (Gebundenheit) und Freiheit ist, „liegt die Möglichkeit des Falles" (GW III,199). Diese Einheit wurde also, T. zufolge, nicht durch den Fall erworben. Und dies bezeichnet T. mit Recht als die *christliche* Sichtweise dieser Zusammenhänge.

Lehrtradition, die manchen Bewunderern seines sonstigen Werkes als fragwürdig erschienen ist. Kant erklärte die Entstehung des Bösen nicht einfach mit dem – für sein System eigentlich naheliegenden – alten, gnostisch-dualistischen Theorem, es bringe sich das Reich des Fleisches oder der Sinnlichkeit oder der Materie oder der naturgesetzlichen Determination auch in den vom Geist beanspruchten Menschen noch so stark zur Geltung, daß die Menschen von ihrer geistigen Bestimmung abgedrängt würden und versucht seien, zurückzufallen ins Vormenschliche, ins Reich der Trieb- oder der Naturabhängigkeit. Auf diese traditionelle Weise hat Kant den Mechanismus des menschlichen Hangs zum Bösen *nicht* beschrieben. Er hat aber auch nicht das entgegengesetzte Theorem in Erwägung gezogen, daß das Böse aus einer Selbstüberhebung der Menschen über ihre Naturbasis resultieren könnte. Die Neigung zum Bösen sieht er also auch *nicht* in der Weise sich betätigen, daß die Menschen sich freier oder geistesmächtiger wähnen als sie es sind und in hybrider Selbstliebe möglichst „alles" unter das ihnen vorteilhaft und vernünftig Erscheinende zwingen.

Kant hat in seiner Schrift „Die Religion innerhalb der Grenzen der bloßen Vernunft" (^{1}1793, ^{2}1794) näher ausgeführt, daß weder in der Natur- oder Triebverwurzelung des Menschen noch in des Menschen Vernunftgebrauch und Herrschaft über die Natur das Böse angelegt sei. Das Böse realisiere sich hingegen so, daß die Menschen, die ihren *beiden* „Triebfedern" – der Natur und der Vernunft – einwohnende innere Ordnung gegeneinander verkehren. Der Mensch tut demnach so, als sei das Vernünftige und Moralische seine Lust und das von den sinnlichen Trieben ihm Nahegelegte seine sittliche Pflicht. So entlastet er sich im Blick auf beide und gelangt scheinbar leichter zu einer äußerlichen Billigung seiner Existenz, seines Verhaltens. Diese Art der mit Selbsttäuschung verbundenen Lebenserleichterung ist, Kant zufolge, die Wurzel des Bösen, die Wurzel aller Sünde.

Es „ist der Mensch (auch der beste) nur dadurch böse, daß er die ... Ordnung der Triebfedern, in der Aufnehmung derselben in seine Maximen, umkehrt: Das moralische Gesetz zwar neben dem der Selbstliebe in dieselbe aufnimmt, da er aber inne wird, daß eins neben dem andern nicht bestehen kann, sondern eins dem andern ... untergeordnet werden müsse, er die Triebfeder der Selbstliebe und *ihre* Neigungen zur Bedingung der Befolgung des moralischen Gesetzes macht ...". „Bei dieser Umkehrung der Triebfedern" können die Handlungen am Ende sogar immer noch „so gesetzmäßig ausfallen, als ob sie aus echten Grundsätzen entsprungen wären" – dennoch ist nun plötzlich das Böse auf dem Plan[103]!

---

[103] Werke hg.v. WEISCHEDEL Bd. VII, 685.

Das Böse bestimmt sich bei Kant nämlich nicht nach der Qualität und dem Effekt der menschlichen Handlungen, sondern nach der diesen zugrundeliegenden *Gesinnung*. Kant ist der reine Gesinnungsethiker. Moralisch böse ist der Mensch aufgrund eines inneren, ihm die Maximen verwirrenden Gesinnungs- oder Willensdilemmas: Das „eigentliche Böse ... besteht darin: daß man jenen Neigungen, wenn sie zur Übertretung anreizen, nicht widerstehen *will*, und diese Gesinnung ist eigentlich der wahre Feind“[104].

Nun hat auch die kirchlich-theologische Lehrtradition auf ihren Hauptlinien die Sünde/das Böse stets auf einen Vorgang der schuldhaften *Verkehrung* zweier fundamentaler Bezugshorizonte unseres Daseins zurückgeführt: *Sünde hebt an mit dem Vorgang einer Inversion der Beziehung, die gegenüber der Schöpfung bzw. den Mitgeschöpfen angemessen wäre, und der Beziehung, die gegenüber Gott, dem Schöpfer, angemessen wäre.* Sogar die gesamte christlich-jüdische Lehrtradition erblickt gemeinschaftlich *hierin* den (auf eine Übertretung des ersten Gebotes hinauslaufenden) Kernvorgang des Sündigens. *So weit* stimmt sie also mit Kant überein, daß auch ihre Theologien lehren: *Die Sünde oder das Böse ist nicht auf eine eigene, in der Welt angeblich vorhandene böse Substanz oder Materie zurückzuführen.* Die Sünde oder das Böse ist, so gesehen, substanzlos und nichtig. Als Ergebnisse einer bloßen Verdrehung von Beziehungen nähren sie sich beide nicht aus etwas in der Welt Vorhandenem, sondern aus einem „als ob“, aus der Vorspiegelung falscher Tatsachen. *Darum steckt das Moment der Lüge schon im Wurzelgrund der Sünde.*

Formal kommt Kants Interpretation des Bösen von dieser traditionell-theologischen Sicht der Dinge her. Jedoch: Wo die theologische Tradition vom Schöpfer spricht, dem die Menschen nicht gehorsam sind, redet nunmehr Kant von der (praktischen) *Vernunft*, deren Stimme sich die Menschen nicht pflichtgemäß stellen. Und wo Bibel und kirchliche Theologie die schöpfungsmäßige Einbindung, die Konvivialität des Menschen im Blick haben, blickt Kant auf die nicht aufhörende Wirksamkeit der natürlich-sinnlichen Triebe im Menschen. Das Böse tritt, Kant zufolge, auf den Plan, sobald der Mensch sein triebhaftes Verhalten „rationalisiert“, es mit dem Anschein der Vernünftigkeit umkleidet und gleichzeitig das von seiner Vernunft geforderte Verhalten mit der Illusion umgibt, es bereite ihm Lust. *Somit wurde bei Kant aus der von der Bibel beklagten Verkehrung der*

---

[104] AaO, 710 (Anmk.).

menschlichen Relationen zum Schöpfer und zur Schöpfung hin eine Verkehrung zweier Grundkräfte im Inneren des – dualistisch verstandenen Menschen selbst. Bei dieser anthropozentrischen und zugleich verinnerlichenden Wendung, die nicht nur einer Engführung, sondern einem Verlust des Sündenverständnisses gleichkommt[105], sind die verfehlten Bezüge zum Schöpfer und auch zu den Mitgeschöpfen (wie z.B. Tieren und Pflanzen) in folgenschwerer Weise aus dem Verständnis des Bösen herausgefallen. Doch das solchermaßen nur noch reduziert wahrgenommene Phänomen heißt nun auch bei Kant: die „angeborene Sünde", „peccatum originarium" und sogar „das radikale Böse" („weil es den Grund aller Maximen verdirbt" und einer allgemeinen „Verkehrtheit des menschlichen Herzens" entspringt). Dieses alles sei zu verstehen als ein „natürlicher Hang", den „menschliche Kräfte nicht zu vertilgen" vermögen, „weil dieses nur durch gute Maximen geschehen könnte, welches, wenn der oberste

[105] Positiver urteilt Pannenberg, 91ff. Seine Überlegungen setzen bei Augustins zutreffender Wiedergabe des biblischen Grundgedankens ein, daß die Sünde eine kosmische Verderbnis bewirke, weil sie ja der menschlichen Verkehrung der Beziehungsrichtung auf den Schöpfer und auf die Geschöpfe entspringt. Kant hat nun, schreibt P., „die Verkehrtheit des Menschen nicht mehr, wie Augustin, in einer Verkehrung der Ordnung des Kosmos durch das menschliche Handeln erblickt ..., sondern in einer Verkehrung der inneren Ordnung der menschlichen Natur selber ...". Für diesen Umschwung macht P. die geistige Lage der Neuzeit verantwortlich: „Die Gottesfrage hat für die Neuzeit ihren philosophischen Ort in der Frage nach der Konstitution der menschlichen Subjektivität ...". Das Problem einer Verkehrung der Ordnung auch des Kosmos wurde eine „zweite Frage". „Darin zeigt sich der Abstand von der Problemlage, in der Augustin seine Argumentation entwickelte. Angesichts der Tiefe dieser Differenz ist es erstaunlich, daß die modernen Beschreibungen der psychologischen Struktur der Verkehrung im menschlichen Verhalten dennoch eine fundamentale Übereinstimmung mit der Beschreibung Augustins aufweisen: In allen Fällen wird die Verkehrtheit des Menschen in der Überordnung seiner Egozentrizität über die sein egoistisches Dasein transzendierende Bestimmung erblickt ...". – Ist diese Parallele theologisch begrüßenswert? Oder bleibt sie, weil an der wirklichen Sünde vorbeiredend, für die christliche Hamartiologie der Gegenwart belanglos? P. meint, Augustin habe die menschliche Selbstverfehlung erst als eine *Folge* der sündigen „Verkehrung der Ordnung des Universums" begriffen, und bei Kant sei umgekehrt die Selbstverfehlung das Ursprüngliche und Eigentliche, das andere aber, soweit überhaupt mit Interesse vermerkt, eine zweite Sache für sich. Es ist deutlich, daß demgegenüber auch P. die in den Kosmos hineinreichenden destruktiven Auswirkungen der Sünde im Blick hat; soweit ist er an Augustins Problemaufriß theologisch besonders interessiert. Aber er meint zugleich, er müsse auch die bei Kant sichtbare neuzeitliche subjektivitätstheologische Wendung als ein irreversibles Geschehen theologisch respektieren. Das führt ihn in eine schwierige eigene Position.

subjektive Grund aller Maximen als verderbt vorausgesetzt wird, nicht stattfinden kann"[106].

Kann somit der *Hang* zum Bösen zwar durch keines Menschen Kraft ausgerottet werden, so kann und muß der Mensch dennoch, Kant zufolge, aus eigener Kraft mit Hilfe des *guten Willens* diesem Hang *widerstehen*. Dieser gute Wille artikuliert sich im pflichtgemäßen Verhalten, das über die eigenen Neigungen siegt. Kant hat mit außerordentlicher Emphase von diesem guten Willen gesprochen – fast so, als sei seine Existenz ein Wunder vom Himmel her.

g) Zwei kritische Rückfragen an Kant

Das Wunder[107], daß es überhaupt *eindeutig* Gutes (und nicht nur „gemischt Gutes" oder ethisch Neutrales) in der Welt gibt, hängt für Kant an dem Phänomen, daß Menschen einen „guten Willen" haben können.

> „Es ist überall nichts in der Welt, ja überhaupt auch außer derselben zu denken möglich, was ohne Einschränkung für gut könnte gehalten werden, als allein ein *guter Wille*."[108]

Dieser *gute* Wille ist nicht ein solcher, der auch mit unseren Neigungen oder Wünschen übereinstimmen könnte, sondern er muß – unseren Neigungen oder Wünschen *entgegen* – übereinstimmen mit dem, was die Vernunft als das pflichtgemäße oder gesetzmäßige Handeln erkennt. Der gute Wille korrespondiert der vorbehaltslosen, uneingeschränkten „Achtung fürs Gesetz". Er steht keineswegs jedem jederzeit zu Gebote, sondern seine Existenz und seine Wirksamkeit setzen eine „Revolution der Denkungsart" voraus, die den Wurzelgrund unserer Maximen aus seiner sündigen Verderbtheit herausreißt.

Weil ein solcher guter Wille erstaunlicherweise nach Kants Meinung je und je real begegnet, darum gibt es menschliche *Würde* in der Welt. Würdig ist ein Mensch, sofern er sich unter keinen Umständen,

---

[106] Werke hg. v. WEISCHEDEL Bd. VII, 675–688.

[107] „Wie es nun möglich sei, daß ein natürlicherweise böser Mensch sich selbst zum guten Menschen mache, das übersteigt alle unsere Begriffe, denn wie kann ein böser Baum gute Früchte bringen?" – *Dennoch* „erschallt ... das Gebot: wir *sollen* bessere Menschen werden ... in unserer Seele; folglich müssen wir es auch können ...". Aus: Die Religion innerhalb der Grenzen ... (Werke hg. v. WEISCHEDEL Bd. VII), 695.

[108] Anfangssatz der „Grundlegung zur Metaphysik der Sitten" (Werke hg. v. WEISCHEDEL Bd. VI), 18.

seinen Begierden nachgebend, kaufen läßt: „... was ...über allen Preis erhaben ist..., das hat eine Würde“ bzw. einen „innern Wert“ in sich selbst[109]. Es versteht sich, daß demnach die Erhebung des Menschen zur Würde, also zur Betätigung des guten Willens, alles andere als leicht ist. Ist sie überhaupt menschenmöglich?

Die *eine* kritische bzw. problematische Stelle in Kants Lehre vom Guten und von der Würde des Menschlichen liegt in der Frage des *revolutionären Übergangs* von der Verderbtheit zur Sündenfreiheit des menschlichen Herzens. Wodurch wird er ermöglicht? Wie wird er real?

Die *andere* Problematik liegt in Kants kühner Voranzeige des Lebensideals einer *zweiten Natürlichkeit.* Wir sahen: Kant hatte die nüchterne Meinung vertreten, daß der einzelne Bürger im Prozeß der immer aufgeklärter werdenden Zivilisation mehr Leiden als Genuß, mehr asketische Einschränkungen als Ausleben seiner natürlichen Neigungen, mehr persönliches Unglück als Glück hinnehmen müsse zugunsten einer allgemeinen Besserung. *Dies werde so lange dauern, bis einst eine völlig perfektionierte zivilisatorische Kunstfertigkeit dem Zusammenleben der Menschen erneut die Form eines ganz natürlichen Lebens verleihe.* Diese utopische Hoffnung ist in Deutschland besonders durch Heinrich von Kleists späteren „Versuch über das Marionettentheater“ bekannt geworden. (Kleist meinte, wir müßten ein zweites Mal „von dem Baum der Erkenntnis essen, um in den Stand der... Unschuld zurückzufallen“) Aber besitzt diese philosophische Heilsvision die geringste Chance der Verwirklichung? Gewiß: Bei Kant selbst figuriert sie nur als utopische Randvorstellung, als ein aus pädagogischen Gründen erwähntes letztes Hoffnungsziel. Kants idealistische Schüler aber waren von der Realisierbarkeit menschlichen Lebens im Modus der „zweiten Natürlichkeit“ zutiefst überzeugt. War es bei Kant noch offen, ob die Herstellung einer von der moralischen Vernunft regierten zweiten Natürlichkeit sich auch konkret im Fortgang der Geschichte realisieren lasse, so war dies für die deutschen Idealisten keine Frage mehr. Sie gingen in einem Sprung von dieser zweiten Natürlichkeit schon aus. Sie sahen die Wirklichkeit nicht mehr anders als so, wie sie sich nach dem Plane der moralischen Vernunft darstellt.

---

[109] Aus: „Grundlegung zur Metaphysik der Sitten“ (Werke hg. v. WEISCHEDEL Bd. VI),68.

h) *Entwicklungen über Kant hinaus: am Problem des Bösen sich nährende und immer wieder scheiternde gedankliche Kreisbewegungen*

War Kant der Philosoph des pflichtgemäßen *Kampfes* der moralischen Vernunft gegenüber den Neigungen und Wünschen des Menschen gewesen, so proklamierten die deutschen Idealisten den unausbleiblichen *Sieg* der Moral über die vom Menschengeist umgeformte sinnliche Natur. Mit Schiller und Fichte, Hölderlin und Hegel ist das eigentliche Zeitalter der Aufklärung in Deutschland bereits zuende. Der Zug ist weitergefahren von der *Kritik* der herkömmlichen Religion und von der *Kritik* des Vernunftvermögens zur philosophischen Neubestimmung der Religion und zum kreativen Ersinnen einer neuen vernünftigen Kultur und Staatsverfassung. Dies gilt unbeschadet der Tatsache, daß bei Feuerbach, Marx und anderen dann auch noch eine (im Blick auf Kant und Hegel eigentlich nachhinkende) *Religionskritik des 19. Jahrhunderts* auf den Plan getreten ist, und daß die idealistischen Blütenträume für Staat und Gesellschaft nicht wirklich gereift sind.

α) *J.G. Fichte über die Sünde*

J.G. Fichte (1762–1814), der Erstling und Begründer der zwar auf Kant bezogenen, dennoch ihm gegenüber neuen, idealistischen Philosophien, präsentierte einen Entwurf, der „vom Anfang bis zum Ende nur eine Analyse der Freiheit sein" sollte[110]. Fichte nahm die Wirklichkeit bewußt und gewollt nicht mehr anders wahr als so, wie sie sich nach dem Plan der moralischen Vernunft *darstellt*: Wirklichkeit hat *nur* dasjenige, was man innerhalb der moralischen Ordnung der Dinge denkt und erkennt. Alles andere ist wesenloser Schein. Die ganze Welt ist nichts anderes als „das versinnlichte Materiale unserer Pflicht"[111]. Sie hat darin ihre Wirklichkeit, daß sie mit dem moralischen Willen des Ichs übereinstimmt. Auch das Ich und die ganze Menschheit gewinnen dadurch Wirklichkeit, daß sie sich die Welt nach Maßgabe der sittlichen Pflicht neu erschaffen[112]. Der Ge-

[110] I.H. FICHTE, 279.
[111] W V, 185.
[112] W VII, 64; vgl. 7: „... der Zweck des Erdenlebens der Menschheit ist der, dass sie in demselben alle ihre Verhältnisse mit Freiheit und nach der Vernunft einrichte".

danke einer uns Menschen bereits vorgegebenen Schöpfungswirklichkeit aber, der Glaube an die Welterschaffung durch den göttlichen Schöpfer, wurde für Fichte systemwidrig, unnachvollziehbar[113]. Der Glaube an die sittliche Kraft des Menschen hat sich, Kant gegenüber, bei Fichte noch erheblich verstärkt. Ja, indem Fichte die *gesamte Philosophie* – auch die theoretische bzw. die von der „reinen Vernunft" zu vollziehende Denkarbeit – auf die Arbeit der *praktischen Vernunft* begründete, glaubte er auch, die berühmten Antinomien, die in Kants Denken stehen blieben, überwunden zu haben. Auch wurde für ihn Kants Erkenntisgrenze am Ding an sich gegenstandslos.

Der Zug ist weitergefahren. Die französische Revolution *war* da, Napoleon *ist* da; die Romantik beginnt, und das Zeitalter der Kritik wird abgelöst vom Zeitalter des Imperialismus der neuen Ideen. Eine neue Epoche ist angebrochen, und deren Schlüsselwort heißt nicht mehr *Vernunft*, sondern *Geschichte.* Diese erscheint als der Raum einer stürmischen weiteren Freiheitsentwicklung und Zivilisationsverbesserung. Die Frage nach der Bewährung eines derartigen Optimismus wird dann freilich die nächste Generation stellen. Schon ist Schopenhauer geboren(im Jahre 1788), dem sich dieser Optimismus in schieren Pessimismus verkehren wird. Und im Jahre 1818 kommt Karl Marx zur Welt, der versuchen wird, die geistige Welt des Idealismus um 180° zu wenden.

Fichtes Philosophie hat zwei Stufen durchlaufen:

Auf der ersten erfaßte sie das Böse/die menschliche Sünde als *Trägheit* bzw. als Verweigerung der Mitwirkung an der kulturellen Arbeit der Naturveränderung zum Zwecke der Realisierung menschlicher Freiheit.

Auf der zweiten Stufe – ihr war eine mystische Wendung Fichtes kurz nach Beginn des 19. Jahrhunderts vorausgegangen – eliminiert Fichte den Begriff „Sünde" überhaupt aus seinem Denken. In der Schrift „Die Anweisung zum seligen Leben" (1806) versucht er, ein in der ersten Phase seines Denkens offen gebliebenes Problem zu lösen, nämlich aufzuzeigen, inwiefern auch dem freien Menschen doch eine *Grenze* gesetzt sei[114]. Die Grenze findet Fichte in Gott. Gott dient ihm als Gewährleister einer Grenze, die den Menschen aber die Freiheit nicht kosten soll. In mystischer Selbstertötung solle der Mensch seine Freiheit auf Gott übertragen. So erfährt der Mensch seine Wiedergeburt, die nur durch diesen

---

[113] W V, 479: Die „Annahme einer Schöpfung" ist „der absolute Grundirrthum aller falschen Metaphysik und Religionslehre"; „eine Schöpfung lässt sich gar nicht ordentlich denken".

[114] Diese dem Menschen gesetzte Grenze vermißte Barth (KD III/2, 113ff, besonders 121) freilich im *gesamten* Werk Fichtes, weil Fichte den Menschen zu nahe an Gott herangerückt habe.

„Tod" hindurch erlangt werden kann[115]. Fichte vollzieht hier die wohl letztmögliche Kehre einer philosophischen Freiheitslehre. Im Ergebnis erweist sich der Mensch als frei dadurch, daß er sich Gott hingibt. In diesem Akt ereignet sich nach Fichte der Akt des Übergangs zur „höhern Moralität" und zu dem schon in der irdischen Existenz erreichbaren „seligen Leben". In ihm ist der Mensch von aller Sünde völlig frei. Denn die Sünde, so sagt Fichte in scheinbarer Übereinstimmung mit der Bibel und der kirchlichen Dogmatik, ist ja das Leben außerhalb Gottes. Aber ein solches Leben außerhalb Gottes kann es für den Menschen, recht verstanden, gar nicht geben. Eine Existenz außerhalb Gottes wäre ja der Tod. Fichtes letzte Schlußfolgerung ist hier, daß kein Mensch dazu in der Lage sei, sich mit Gott zu entzweien. Würde dies nämlich glücken, wäre man ja ein Nichts, als welches man aber wiederum gar nicht in der Lage wäre, zu sündigen[116].

Das *Christentum* ist für Fichte als die *Religion des Lebens* diejenige Glaubensweise, die die Sünde nicht kennt, nicht mehr kennen darf. Jesus habe als das Lamm die Sünde und den Wahn von ihr – ebenso wie die Scheu vor einer willkürlich strafenden und belohnenden Gottheit – aus der Welt hinausgetragen[117]. Hierdurch habe Jesus eine neue Welt und eine neue Zeit begründet[118].

Die Religion der alten Welt, schreibt Fichte in „Die Grundzüge des gegenwärtigen Zeitalters" (1806), kannte Gott nur als einen Feind des Menschen. Die alten Völker, auch die gebildetsten, fanden, wenn sie den Schrecken der äußeren Natur glücklich entronnen waren, „eingekehrt in die geheime Tiefe ihres Herzens", erst dort „das furchtbarste Schreckniss . . . : die Gottheit, als ihren Feind. Durch kriechende Demüthigungen . . ., durch Aufopferung dessen, was ihnen am liebsten war, durch freiwillig sich zugefügte Martern, durch Menschenopfer . . . suchten sie dieses auf alles menschliche Wohlseyn eifersüchtige Wesen zu bestechen . . ., es auszusöhnen"[119]. „Wer aber war es, der diesen allgemein verbreiteten Wahn aus-

[115] W V, 413: Dies ist „das der Endlichkeit nie abzunehmende Schicksal; nur durch den Tod hindurch dringt sie zum Leben", und „wo das wahre Leben beginnt, stirbt es, in dem Einen Tode, für immer und für alle die Tode in die Unendlichkeit hinaus, die im Scheinleben seiner warten." – W V, 412: Zwar kann sich der Mensch das Ewige nicht geradezu erschaffen, aber er kann sich selbst im höchsten Aufschwung des Denkens als (mitsamt der Welt) „in dem unveränderlichen göttlichen Wesen" eingebettet erkennen. Dann läßt er alles, was nur Schein ist, fahren, „worauf sogleich das Ewige, mit aller seiner Seligkeit, zu ihm kommen wird". „Die Seligkeit erwerben können wir nicht, unser Elend aber abzuwerfen, vermögen wir, worauf sogleich durch sich selber die Seligkeit an desselben Stelle treten wird." – Vgl. W IV, 544.

[116] W VII, 190.

[117] W V, 490: „Jesus ist bei Johannes . . . ein Lamm Gottes, das der Welt Sünde wegträgt, keineswegs aber ein solches, das sie mit seinem Blute einem erzürnten Gotte abbüsst. Er trägt sie weg. Nach seiner Lehre existiert der Mensch ausser Gott . . . gar nicht, sondern er ist todt und begraben . . .". „Wer aber in Jesum, und dadurch in Gott sich verwandelt [sic!] . . ., in ihm lebet Gott: aber wie könnte Gott gegen sich selbst sündigen? Den ganzen Wahn demnach von Sünde, und die Scheu vor einer Gottheit, die durch Menschen sich beleidigt finden könnte, hat er weggetragen und ausgetilgt.

[118] W V, 419; W IV, 557ff – Fichte bemerkt dies kritisch gegenüber der pietistischen Praxis, den Menschen ein Sündenbewußtsein anzuerziehen.

[119] W VII, 44.

rottete" und damit auch allererst die Philosophie, Wissenschaft und Freiheitsmoral der neuen Zeit ermöglichte? „Die christliche Religion ... allein"[120].

Das Christentum hat den Unterschied zwischen Ausgestoßenen und Erwählten, Sündern und Gerechten aufgehoben. „Die Sünde ... und mit ihr die Entsündigung" wurde „durch das Christenthum rein ausgetilgt ... aus der Welt. Seit dem durch Jesus erklärten Entschlusse Gottes, durchaus Jeden, der sich ihm nahe, aufzunehmen, gab es keine Sünde mehr"[121]. Mit den bis auf den heutigen Tag bekannten Entsündigungsmitteln dagegen, mit „Weihung, Beschneidung, Taufe, oder was es sey", bliebe Gott ja „der willkürliche, der eigensinnige Despot ... und Zaubergott"; während er jetzt doch tatsächlich der himmlische Vater ist, dem der Mensch, so wie er ist, „kindlich und ohne Furcht sich nahen darf"[122]. Christus ist der Sünde gestorben – Röm 6 –, was er aber lebt, das lebt er Gott. „Also auch ihr, haltet euch dafür, daß ihr der Sünde gestorben seid und lebet Gott in Christo" (V 11). „Wir wissen, daß wer von Gott geboren ist, der sündigt nicht ..." (1. Joh 5,18). Aber nicht einmal derjenige, der aus einer fleischlichen Gesinnung heraus lebt, soll meinen, daß er sündige. Denn sein Leben ist dann zwar ein leerer Schein, aber es verdient nicht den Namen der Sünde. Denn, so sagt Fichte in der „Staatslehre" (1813), „es ist selbst ein sündlicher Hochmuth des Menschen, zu glauben, dass er sündigen und etwa den göttlichen Weltplan *realiter* stören könne"[123].

Der ehemalige Kandidat der Theologie Fichte hegte eine besondere Vorliebe für ein „johanneisches Christentum", das Gott als Geist und das das Christentum als Religion der Liebe begreift[124]. Damit hat er einer wichtigen Strömung im Protestantismus des 19. Jahrhunderts vorgearbeitet. Mit der philosophischen Form, die Fichte bestimmten Theologumena des Neuen Testaments gab, glaubte er dazu beizutragen, daß das Christentum in der Gegenwart zur geschichtlichen Weltgeltung gelange. Vom „johanneischen Christentum" aus betrachtete er auch die seit der Reformation bestehenden Konfessionsspaltungen als überholt[125]. Auch hat er Hegel darin vorgearbeitet, daß er im Anschluß an den johanneischen Gnostizismus das Christentum aus einer Religion des Glaubens in eine Religion des Wissens überführen wollte. Der von Gott geschenkte *Glaube* als die Vorbedingung des Heils gehöre der alten Zeit an, meinte er.

Kehren wir noch einmal zurück zu Kant! *Seine* bereits optimistische Lehre von der Macht des guten Willens ist eine Kontrastlehre zur christlichen Auffassung, daß das Wunder der Existenz des Guten in der Welt aus der *Schöpfung Gottes* stammt. Man könnte aber von

---

[120] W VII, 53. FICHTES These, das Christentum habe die Aufklärung und die moderne Wissenschaft hervorgebracht, wurde im 20. Jh. von Friedrich Gogarten wieder aufgegriffen.

[121] W IV, 557.

[122] W IV, 558.

[123] W IV, 562.

[124] W VII, 98ff.

[125] W VII, 104.

der *christlich* verstandenen Schöpfung, Kant abwandelnd, sagen: *Es ist überall nichts ..., was ohne Einschränkung für gut könnte gehalten werden, als allein das durch Gottes Wort erschaffene, bestehende und im Falle der Trennung von Gott auf Gottes Rückruf hin zu Gott zurückkehrende (vgl. Ps 90,3) Sein.* Und: Es ist überall nichts in der Welt, ja überhaupt auch außer derselben zu denken möglich, was ohne Einschränkung *für böse* könnte gehalten werden, als allein ein Sein, das *nicht* aus *Gottes* Wort erschaffen ist, nicht aus ihm heraus besteht noch – im Falle der Trennung von Gott – seinem Rückruf folgt.

Allein aus dem „guten Wort", dem Evangelium, das die Menschen schon uranfänglich aus den übrigen Geschöpfen heraushob und das ihnen dann auch in ihrer Gottferne, in ihrer Schuldverstrickung und in ihrer Einsamkeit im Kosmos immer wieder aufs Neue Gottes Nähe und Liebe zuspricht –, allein durch dieses gute schöpferische Wort Gottes empfangen *Menschen* jenen Glanz, der ihr Leben rechtfertigt, empfangen sie jene Würde, die ihrer Person den unzerstörbaren „innern Wert" verleiht, jene „zweite Natur", die das Neue Testament *Wiedergeburt* oder *neue Schöpfung* nennt.

Nach Kant ist die menschliche Neigung oder Möglichkeit zur Sünde der Abgrund, über dem sich der Mensch allein durch den guten Willen – keineswegs aber „allein aus Gnade" – in der Menschlichkeit, in der Würde des Menschlichen erhalten kann. Nach christlicher Auffassung ist die göttliche Gnade – konkretisiert in Gottes „gutem Wort" – der *Grund*, auf dem allein das Menschliche – trotz der Wirklichkeit der Sünde – in Würde Bestand hat. Die christliche Lehre sieht also den *kabod* des Menschlichen in einer von Gott und von außen gewährten Gabe begründet, zugesprochen.

Ist Kants Lehre vom Guten und von der Würde von einer geradezu illusionären ethischen Härte, so betont die christliche Lehre anstößig die umfassende Verwiesenheit der Menschen auf Gott. In der Generation *nach* Kant suchten viele Denker und Dichter einen Mittelweg, der miteinander Kants Härte und die noch rigorosere Theozentrik der christlichen Gnadenlehre vermeiden sollte.

In dieser Richtung bemüht war beispielsweise Friedrich Hölderlin, der in Kant einen *zweiten Mose* erblickte[126], der ein halsstarriges Volk mit dem heiligen Gesetz zu zügeln und am Leben zu erhalten versucht.

---

[126] HÖLDERLIN, SW II, 797 (Brief an den Bruder vom 1.1. 1799): „Kant ist der Moses unserer Nation, der sie aus der ägyptischen Erschlaffung in die freie,

β) F. Hölderlins Wunsch, eine neue Mythologie zu stiften

Zufrieden war Hölderlin nicht mit Kants rigoroser Art, die hohen sittlichen Ansprüche der Aufklärung dem Volke einzupflanzen. Er empfand Kants Pädagogik als zu einseitig intellektuell. Der heiligen Sache der Aufklärung, die teils am Christentum Anhalt hat, teils aber über das historisch gewordene Christentum hinausgeht (und dabei ans klassische Griechentum wieder anknüpft), müsse eine umfassendere, eine auch das Gemüt, das Schönheitsempfinden und das religiöse Hoffen der Menschen ansprechende Form „gestiftet" werden: „wir müssen eine neue Mythologie haben" wie sie „noch in keines Menschen Sinn gekommen ist": „eine Mythologie der *Vernunft*", „um die Philosophen sinnlich zu machen" bzw. die Ideen der Aufklärung „ästhetisch d.h. mythologisch" werden zu lassen, damit sie sich auch bei der bisher noch unaufgeklärten Volksmasse einwurzeln könne.

> „Dann herrscht ewige Einheit unter uns. Nimmer der verachtende Blick, nimmer das blinde Zittern des Volks vor seinen Weisen und Priestern. Dann erst erwartet uns *gleiche* Ausbildung *aller* Kräfte, des einzelnen sowohl als aller Individuen. Keine Kraft wird mehr unterdrückt werden, dann herrscht allgemeine Freiheit und Gleichheit der Geister! – Ein höherer Geist, vom Himmel gesandt, muß diese neue Religion unter uns stiften, sie wird das letzte, größte Werk der Menschheit sein."[127]

Zu dieser beabsichtigten neuen abendländischen Religionsstiftung ist es bisher, trotz Hölderlins eigener Bemühung um sie, nicht gekommen. Sei es, weil das Christentum die bei Hölderlin vorgesehene Synthese einfach nicht verträgt. Sei es, weil Hölderlins Versuch, über die rigorose Form der Ethik Kants hinauszugelangen, sich als nicht durchführbar erwiesen hat. Das Ziel, dem Hölderlins Sehnsucht nach neuem, ganzheitlichem Leben entgegenstrebte, ist überaus begreiflich und auch heute noch anrührend. Aber es überdeckt, nein, es bezeichnet mit seiner unerreichbaren Idealität sehr genau eine fundamentale Schwierigkeit der Ethik und Anthropologie schon bei Kant.

---

einsame Wüste seiner Spekulation führt und der das energische Gesetz vom heiligen Berge bringt. Freilich tanzen sie noch immer um ihre güldenen Kälber ...".

[127] HÖLDERLIN, SW I, 918f (aus dem sogenannten ältesten Systemprogramm des deutschen Idealismus).

γ) *Kant und Schiller in den neunziger Jahren*

Es ist gut verständlich, daß die Kritik an Kant gerade hier ansetzte: bei Kants unaufgelösten „Antinomien" zwischen der Behauptung einer radikalen Verdorbenheit des Menschlichen und der Behauptung der menschlichen Befähigung zum Sieg des guten Willens; ferner zwischen der Zugehörigkeit der Menschen zum Reich der naturgesetzlichen Determination und der Zugehörigkeit der Menschen zum Reich der Freiheit. Kant selbst hatte in seiner „Kritik der Urteilskraft" (^{1}1790, ^{2}1793, ^{3}1799) einen Weg aufgezeigt, der aus diesen Antinomien herauszuführen *schien*: Die *Urteilskraft* nannte Kant ein drittes Erkenntnisvermögen, welches den Übergang von der theoretischen hin zur praktischen Erkenntnis, vom Naturbegriff hin zum Freiheitsbegriff ermögliche. Zwischen *theoretischer Erkenntnis* und der auf den guten Willen abzielenden *praktischen Vernunft* residiere die (mit den Gefühlen der Lust oder der Unlust verbundene) Urteilskraft. Zum Phänomen der Lust bemerkte Kant, daß es mit der Empfindung des Schönen einhergehen könne, weshalb Kant den ersten Teil des genannten Buchs als „Kritik der ästhetischen Urteilskraft" gestaltet hat. Er begann diesen Teil mit einer „Analytik des Schönen", er erweiterte ihn ab § 40 mit Untersuchungen über die Kunst und er beschloß ihn im § 59 mit einem „Von der Schönheit als Symbol der Sittlichkeit" überschriebenen Abschnitt.

Friedrich Schiller nutzte dann gerade diesen von Kant gegebenen Fingerzeig, um selbständig über Kants rigorose Gesetzeslehre hinauszudenken. In „Über Anmut und Würde" (1793) und „Die ästhetische Erziehung des Menschen" (1793/94) entwarf Schiller eine *Ethik, die dem Ideal des Lebens in einer zweiten Natürlichkeit nahekommen sollte.* Mit Hilfe der Kategorien „Kunst", „Schönheit" und „Spiel" entwickelte er eine Lebenslehre, derzufolge das Sittliche natürlich und das Natürliche sittlich gelebt werden könne. Die Schönheit nannte Schiller eine „Bürgerin zweier Welten . . ., deren einer sie durch Geburt, der anderen durch Adoption angehört" (S. 187). Schönheit kann also sowohl natürlich vorgegeben sein wie auch durch menschliche Arbeit hervorgebracht werden und folglich die beiden bei Kant auseinanderklaffenden Welten miteinander verbinden.

Schiller beklagte, wie Hölderlin, die imperative Form des Kantschen Moralgesetzes, die den Menschen eher anklage und erniedrige als erhebe. Diese Form erwecke – *gegen* Kants erklärte Absicht – in der Praxis des Lebens doch den Eindruck, als werde den Menschen von außen eine fremde Norm aufgezwungen. Schiller meinte im Gegensatz zu Kant, daß der sittliche Mensch *nicht* in einem dauernden Widerstreit mit seiner Natur lebe. *Des Menschen Natur sei dazu bereit, sich vom Geist bilden zu lassen und dadurch Anmut zu gewinnen.* Selbst der wenig ebenmäßige oder gebrechliche Mensch habe die Möglichkeit, in einer sittlichen Bemühung schön zu werden.

„Indem also die Person oder das freie Prinzipium im Menschen es auf sich nimmt, das Spiel der Erscheinungen zu bestimmen, und durch seine Dazwischenkunft der Natur die Macht entzieht, die Schönheit ihres Werks zu beschützen, so tritt es selbst an die Stelle der Natur(!) und übernimmt ... mit den Rechten derselben einen Teil ihrer Verpflichtungen. Indem der Geist die ihm untergeordnete Sinnlichkeit in sein Schicksal verwickelt und von seinen Zuständen abhängen läßt, macht er sich gewissermaßen selbst zur Erscheinung und bekennt sich als einen Untertan des Gesetzes, welches an alle Erscheinungen ergehet. Um seiner selbst willen macht er sich verbindlich, die von ihm abhängende Natur auch noch in seinem Dienste Natur bleiben zu lassen (!) und sie ihrer früheren Pflicht nie entgegen zu behandeln. Ich nenne die Schönheit eine *Pflicht* der Erscheinungen, weil das ihr entsprechende Bedürfnis ... in der Vernunft selbst gegründet und daher allgemein und notwendig ist. Ich nenne sie eine *frühere* Pflicht, weil der Sinn schon geurteilt hat, ehe der Verstand sein Geschäft beginnt. Die Freiheit regiert also jetzt die Schönheit. Die Natur gab die Schönheit des Baues, die Seele gibt die Schönheit des Spiels. Und nun wissen wir auch, was wir unter Anmut und Grazie zu verstehen haben. Anmut ist die Schönheit der Gestalt unter dem Einfluß der Freiheit ...". „Die architektonische Schönheit macht dem Urheber der Natur, Anmut und Grazie machen ihrem Besitzer Ehre. Jene ist ein Talent, diese ein persönliches Verdienst ...", kraft dessen „sich der Geist sogar seinen Körper" bildet, „und der Bau selbst ... dem Spiele folgen (muß), so daß sich die Anmut zuletzt nicht selten in architektonische Schönheit verwandelt" (S. 191f).

Das Böse sitzt bei diesem Paradigma Schillers in einer den einzelnen Menschen benachteiligenden Mangelhaftigkeit oder Unebenmäßigkeit der ihm von Geburt an mitgegebenen biologischen Ausstattung. Das Böse ist hier weder der Gegenbegriff zum Begriff des Glaubens noch zu dem der Tugend, sondern es ist der genaue Gegenbegriff zum Begriff der *Freiheit*, der menschlichen Freiheit, sich selbst zu formen, sich selbst eine Lebensweise auszusuchen. Schiller nahm den Begriff der Freiheit in dem Sinne auf, in dem auch der Philosoph Fichte ihn definierte: Als das Vermögen, sich dem eigenen Wunsche gemäß durch Arbeit zu verändern. Es war Schillers heroischer Glaube, der Mensch sei „ein Wesen, das sich nach Willkür verändern" *kann* (S. 217).

In dem Buch von Dorothee Sölle, Das Recht ein anderer zu werden (1971), wird diese idealistische Zuversicht als die eigentliche Substanz des neutestamentlichen Evangeliums identifiziert. Dies gilt jedenfalls, wenn Schillers Reden von der „Willkür", mit der sich der Mensch verändern könne, im Sinne Schillers als eine human bestimmte menschliche Freiheit verstanden wird. Sölle begreift „Buße" und „Sündenvergebung“ als Einweisungen in den Lernprozeß zur Selbstannahme, zur autonomen Daseinsgestaltung und zur Rebellion gegen das, was das eigene Leben zu verstümmeln droht; und eben damit auch: Einweisung in den Lernprozeß zum sozialen Erwachen, zur Liebe und zur Gerechtigkeit. Sölles Ansatz ist der Versuch eines „Einholens“ der im deutschen Idealismus von der kirchlichen Theologie abgespaltenen Perspektiven auf das neutestamentliche Evangelium hin. Die Intention dabei ist, die heutige kirchliche Theologie zu verbessern. Daß hieran sowohl ein richtiges wie auch ein zum Scheitern verurteiltes Moment festzustellen ist, dürfte sich fast von selbst verstehen.

Schiller verheißt, anders als Kant, eine anmutige Leichtigkeit ethischer Existenz. Außerdem verheißt er dem in der Zivilisation so bedrängten *einzelnen* Menschen, er könne auch persönlich jenes Glück erreichen, das nach den Vorstellungen Kants nur der vollendeten Menschheits*gattung* zukommt.

Schillers Kunstgriff entspringt der Annahme, es gebe ein menschliches Verhalten der Natur gegenüber, das frei ist von dem Drang, die Natur sofort bestimmten Zwecken zu unterwerfen. Ein Künstler beispielsweise könne das Schöne der Natur genießen, ohne es zu begehren; er könne es zweckfrei sich selbst ein-bilden, es in seinem Innern nachbilden. Es gibt demnach ein künstlerisches „wie die Natur“, das einer ästhetischen Erziehung der Menschen nutzbar gemacht werden könnte. Es komme darauf an, nicht nur dem ethischen „guten Willen“, sondern, über Kant hinaus, auch der Einbildungskraft eine „eigene absolute Gesetzgebung“ zuzugestehen.

Schiller kommt freilich nicht um Zirkelschlüsse herum: Damit die ganze menschliche Person unter Einschluß ihrer Sinnlichkeit und ihrer Affizierbarkeit durch das natürliche Schöne ästhetisch erzogen und in diesem Prozeß *gut* werden könne, müsse wirklich auch die *ganze* Person (und nicht etwa nur ein gegen die menschliche Natur auftretender menschlicher Wille) sich selbst verwirklichen.

Hierbei bleibt die Frage offen, warum Menschen so einseitig und zerspalten sein können, daß sie eben gerade nicht ‚ganzheitlich‘ handeln, daß bei ihnen vielmehr Neigung und Pflicht, Naturtriebe und geistige Bestimmungen faktisch im heftigsten Widerspruch zueinander stehen. Als Theologe ist man versucht zu fragen: Ist es nun der *Glaube*, der die Persönlichkeit gut und heil (ganz) macht – oder ist es der Glaube an die *ganze Persönlichkeit*, der die Probleme löst?

Bei Schillers Übergang vom Begriff der Anmut zum Begriff der *Würde* zeigt es sich, wie wenig aussichtsreich es ist, auf dem Boden und mit den Mitteln der Kantschen Philosophie über Kant hinausgelangen zu wollen. Interpretierte Schiller die Anmut als eine durch *Leichtigkeit* gekennzeichnete Übereinstimmung von Pflicht und Neigung, so begriff er die Würde als die persönliche Fähigkeit zum Widerstand gegen die von unseren natürlichen Trieben herrührenden Störungen und Obstruktionen unseres sittlichen Wollens. Die Würde bedeutete Schiller ein Verhalten auf der Grundlage dessen, daß man sich zwar nicht der (eigenen) Natur, aber der (eigenen) „rohen Natur" geschämt hat. *Scham* liefert demnach den Antrieb und auch die Kraft, die menschliche Würde erreichen lassen. Hier aber wird nicht nur der Theologe ein großes Fragezeichen anbringen.

Reicht Scham wirklich aus, um Menschen jenen Glanz, jenes Gewicht zu erhalten oder zurückzugeben, worin die wahre Würde besteht? Genauer gesagt: stellt sie sich zuverlässig genug ein? Als mögliche Quelle des Widerstands gegen triebhafte Beeinträchtigungen unseres sittlichen Wollens versagt die Scham doch tagtäglich, und dies nicht nur im individuellen Leben. Im 20. Jahrhundert müssen wir auch von einer erschreckenden Abwesenheit, ja, von einem Versagen der Scham in der Dynamik abgründiger gesellschaftspolitischer Prozesse, denen ganze Völker zum Opfer fallen, sprechen.

Das ungelöste Problem in Schillers Ansatz liegt in der nicht beantworteten Frage, warum Menschen so einseitig und zerspalten sein können, daß bei ihnen Neigung und Pflicht, Naturtriebe und geistige Bestimmung faktisch in heftigsten Widerspruch zueinander geraten. Daher bleibt auch unbeantwortet, mit welchem sachlichen Recht Schiller die menschlichen Möglichkeiten um einige Grade idealistischer eingeschätzt hat als Kant.

Aber letzten Endes ist es nur eine untergeordnete Frage, ob der Widerstand gegen das radikale Böse eher, mit Kant, als schwierigstes, der Gesinnungsrevolution und eines heiligen Imperativs bedürftiges Unterfangen verstanden wird; oder aber eher, mit Schiller, als ein im volksfreundlichsten Sinne menschenmögliches Tun. Es ist ferner nur eine untergeordnete Frage, ob das Böse eher, mit Kant, als „radikal", als den Wurzelgrund der menschlichen Gesinnungen durcheinanderbringend und verderbend verstanden wird; oder eher, mit Schiller, als nicht ganz so „radikal", weil nicht *alle* verheißungsvollen menschlichen Anlagen korrumpierend. Es ist schließlich auch dies nur eine untergeordnete Frage, ob das Böse (hier definiert als das Hemmnis der eigenen freien Selbstverwirklichung und Selbstveränderung) in einer gewissen Analogie entweder zu alttestamentlichen oder zu neutestamentlichen Aussagen begriffen wird. Alle diese möglichen Unterschiede ändern nichts daran, daß hier *auf keiner Ebene des Denkens* das biblische Begreifen des Bösen durchgehalten ist. Kant steht den biblischen Sündenlehren letztlich auch nicht näher als Schiller (dessen Bemühung um eine gewisse „Evangelizität“ in der Ethik sogar auf ein wohlwollendes Verständnis bei der evangelischen Theologie stoßen müßte). Kant wie Schiller begreifen die Überwindung des Bösen als eine Aufgabe ausschließlich für den Menschen selbst. Sie haben den religiösen Grundvorgang des Bösen und der Sünde – die menschliche Trennung von Gott – ausgeklammert. Sie lesen ja auch die biblischen Erzählungen in Gen 2 und 3 nicht als Darlegungen über das Verhältnis zwischen Menschen und Gott, sondern als rein anthropologisch zu wertende verschlüsselte Aussagen über die menschliche Reifung[128]. So verkennen sie auch *Gottes* unerläßlichen Anteil an der Überwindung des Bösen und seiner Folgen.

Im 19./20. Jahrhundert hat keine andere Frage das philosophische Denken so sehr in Bewegung gesetzt und auch in Bewegung gehalten wie ausgerechnet das – bei Kant und vor allem bei seinen idealistischen Nachfolgern scheinbar denkerisch definitiv gelöste – Problem des Bösen. Offensichtlich entstand im 19. und im 20. Jahrhundert immer wieder der Eindruck, gerade dieses Problem sei bisher nur unzureichend erfaßt, geschweige denn bewältigt worden. Darum waren die neu auftretenden Denksysteme stets Versuche, dem Phänomen des Bösen besser standzuhalten.

Die genannte Unzufriedenheit erstreckte sich allemal auch auf die einschlägigen Antworten zeitgenössischer Theologen! Auch sie, die immerhin unter der Pflicht stehen, die religiöse Ausgangskonstellation und die historischen Wurzeln unseres Redens vom Bösen mit zu bedenken, haben oftmals im Trend des Zeitgeistes viel zu oberflächlich vom Bösen und von der Sünde gesprochen. Oder ihre Beiträge wurden aus anderen Gründen nicht als hilfreich, nicht als beachtlich angesehen. Zu diesen anderen Gründen gehört ein unter Theologen verbreiteter Hochmut, der ihnen suggeriert, selber von den Aporien der Philosophen gar nicht betroffen, vielmehr mit Hilfe von Bibel und kirchlicher Lehrtradition im Besitze der vollen und unüberbietbaren dogmatischen Einsicht in die Problematik des Bösen zu sein. Solcher

[128] Zutreffend Metzger, 156f: Die Auslegungen von Gen 2 und 3 durch die „Vertreter der Aufklärung und des Idealismus sind in starkem Maße anthropozentrisch. Sie sehen in der Paradieseserzählung nicht in erster Linie eine Aussage über das Wesen der Gott-Mensch-Beziehung und der Sünde, sondern eine Aussage über und ein Dokument für die geistige und religiöse Entwicklungsgeschichte der Menschen. Die Sünde wird zu einer innerweltlichen und entwicklungsgeschichtlich bedingten Größe. – Damit gehen die Ausleger der Aufklärung und des Idealismus am eigentlichen Wesen der Paradieseserzählung vorbei, ja kehren ihre eigentliche Absicht z. T. geradezu ins Gegenteil.“

Hochmut hat allemal zwei Wahrheiten vergessen. Einmal die, daß das „richtige Dogma“ nicht eine wie ein volles Bankkonto stets verfügbare und, unabhängig vom Wandel des Zeitgeistes, aus sich selbst heraus wertvolle Tradition darstellt. Zum andern die, daß die Existenz der neueren Philosophie ein einziger Hinweis ist auf Mängel im Wahrheitsbewußtsein gerade der christlichen Dogmatiker.

Unsere heutige europäische Theologie ist also tief mit verstrickt in die ungenügenden – und ihrerseits um ebenfalls ungenügende Theoriebildungen über das Böse kreisenden – Gedankenbewegungen im 19. und 20. Jahrhundert. Sie hat es bisher nicht vermocht, einen die Erkenntnis des Bösen echt verbessernden, weitreichenden Einfluß auf das diesbezügliche Denken in den westlich geprägten industriellen Gesellschaften auszuüben. Daran ist nicht nur ein sich immer mehr verbreitender Unglaube schuld, sondern auch eine verkehrte Selbsteinschätzung der Theologen.

i) Exkurs: Zum Verständnis der Sünde und des Bösen bei E. Drewermann

Ungenügen der herkömmlichen Theologie konstatiert auch Drewermann, der zugleich – ausgehend von seinen Einsichten in die Erfahrung des Bösen einst und heute – andeutungsweise einige Vorschläge zur Wiederherstellung einer relevanten Theologie und einer fürs praktische Leben hilfreichen Frömmigkeit unterbreitet. Folgendes ist das Ziel von Drewermanns dreibändigem Werk „Strukturen des Bösen“: Der Sinn der jahwistischen Urgeschichte aus Gen 2–11 soll im Lichte der exegetischen, der psychoanalytischen (tiefenpsychologischen) und der neuzeitlich-philosophischen Auslegungen oder Paraphrasen dieses Bibeltextes für die heutige Menschheit erschlossen werden. Niemals zuvor wurden aber für eine Interpretation von Gen 2–11 so viele Ergebnisse, Fragestellungen und Methoden zu einem Ensemble und zu einer Gesamtschau vereinigt. Charakteristische Formulierungen aus der belletristischen neueren und neuesten Literatur sind in reichlichem Maße ebenfalls in die Darstellung einbezogen worden. Und gleiches gilt für thematisch verwandte Mythen und für religionsgeschichtliche Parallelen samt deren Diskussion in verschiedenen heutigen Wissenschaften. Drewermann hat somit die *conditio humana* in einem großen sprachlichen Panorama zusammengefaßt. Er verband damit die Hoffnung, „der Theologie ein Stück ihrer Kompetenz“ zurückzugewinnen „bzgl. der Aufgabe ..., menschliches Dasein, gestützt auf das Wort der Bibel, verbindlich zu deuten und geistig zu durchdringen" (Teil 3, S. 565).

Welches ist der sachliche Ertrag eines so materialreichen, gut geschriebenen und in seiner systematisch-theologischen Zielsetzung zugleich als römisch-katholisches Lehrbuch genügen wollenden Werkes? Weil Drewermann „an Hand der j Urgeschichte zeigen" zu können meinte, „wie der Mensch sich ohne Gott zugrunde richten *muß*", konnte er im Ergebnis folgende Mahnung formulieren: „Statt dem Programm der Kantischen Reduktion der Religion auf eine bloße Morallehre 200 Jahre nach der Aufklärung in geistiger Selbstverstümmelung Folge zu leisten und durch das Erörtern all dessen, was man zur Rettung von Kirche und Gesellschaft noch ‚machen' müsse, nur das Ausmaß an Schuldgefühlen zu vermehren, kommt im Gegenteil zunächst alles darauf an, die Einsicht der j Urgeschichte zu befestigen, daß vor der Hand überhaupt ‚nichts zu machen' ist, weil der Mensch nicht ‚moralisch' sein kann, wenn nicht zuvor die Angst seines Daseins im Glauben zur Ruhe gekommen ist. Das einzig entscheidende Thema des Lebens ... ist die Frage, in welch einem Verhältnis der Mensch zu Gott steht; alle Fragen nach Moral und Handeln ... .kommen später" (ebd.). Die Richtung, in die Drewermann zeigt, leuchtet theologisch ein. Aber läßt sich aus der Analyse der j ‚Sündenfallgeschichte' unmittelbar eine Perspektive für die spätneuzeitlichen Kirchen gewinnen? Von der Exegese zur Paränese übergehend, spricht Drewermann in folgender Weise:

„Die Wahrheit ist, daß man weder sich selbst noch einen anderen Menschen noch irgendetwas in der Welt überhaupt lieben und gelten lassen kann, wenn man nicht selber in Gott Geltung und Liebe gefunden hat. In einem Leben ohne Gott folgt daher jede Psychoneurose auf dem Fuße. Die Sünde ist die Geisteskrankheit schlechthin ...". – Auch die beiden wichtigsten menschlichen Antriebe, „Aggressivität und Sexualität", müssen eine „biologisch sinnwidrige Funktion erlangen ..., wenn das menschliche Bewußtsein, ohne in den Sicherungen instinktiver Regulatoren genügenden Halt zu finden, eine Welt widerspiegelt, die – ohne Gott – bis in die Tiefe durchsetzt erscheint von Angst, Vergeblichkeit, Bedrohung, Feindschaft und Sinnlosigkeit" (Teil 2, S. XIVf).

Immer wieder findet Drewermann zu seiner Basisthese: Ohne Gott zu leben, bedeutet Krankheit (und zwar vorrangig: „Geisteskrankheit"), widermenschliches Menschsein, Selbstverfehlung. Die Neurosenlehren der Psychoanalytiker bilden aus theologischer Sicht eine einzige Phänomenologie der Sünde. Als diese sollen sie in die theologische Dogmatik mit aufgenommen werden, kann die Psychoanalyse überhaupt als eine Hilfswissenschaft der Theologie fungieren, die diese hinsichtlich der „Grundeinstellungen, die den Menschen seelisch zerstören oder heilen", belehrt, und die der Theologie zeigt, „wie die Grundentscheidungen für oder gegen Gott sich in psychische Sachverhalte umsetzen" (Teil 2, S. XX). Beispielsweise soll die „entscheidende Bedeutung der sog.‚Erbsündenlehre'" darin liegen, „daß sie den Menschen unter Einbeziehung psychoanalytischer Erkenntnisse als ein Wesen verstehen lehrt, das an der *Angst seines Bewußtseins krank* werden muß, wenn es diese Angst, die es wesentlich kennzeichnet, nicht durch einen Akt des Vertrauens überwinden lernt". „Wissenschaftstheoretisch geht es ... darum, die Neurosenpsychologie der Psychoanalyse als ein hermeneutisches Verfahren der theologischen Erbsündenlehre zu benutzen und mit ihrer Hilfe zu zeigen, wie die Angst im Ursprung eines Daseins ohne Gott sich in den einzelnen Formen der Neurose auslegt ..." (Teil 3, S. LXXIXf).

Eine wahrlich selbstbewußte Funktionsbestimmung und Selbstdefinition der Theologie! Sie gilt hier als eine integrierende, übergeordnete Wissenschaft und als die unersetzliche Grundphilosophie bezüglich der Frage, was den Menschen überhaupt menschlich sein läßt. Noch mehr als dies verwundert beim ersten Lesen, daß der ganze Ertrag des dreibändigen Werks mit seinen vielfältigen Differenzierungen ausgerechnet in einem stereotypen ‚ohne Gott geht es nicht' liegen soll. Man hält es kaum für möglich, daß Drewermann, nachdem er zunächst im 3. Bd. mit Kant und anderen Denkern feststellt, daß Adam und Eva im sog. Sündenfall ihre geschöpfliche Instinktsicherheit verloren, sich nun – anders als Kant und die neuere Philosophie – unbeirrt festmacht bei der These: Nunmehr, nachdem gleichsam der Instinkt fehlt, braucht der Mensch, um noch lebensdienliche Orientierung zu finden, unbedingt Gott. Der Mensch des Sündenfalls muß eine eigene Grundentscheidung für Gott treffen. Sonst ist er verloren. *Und er ist dann selbst schuld an seinem Untergang!* Denn: „Jeder äußere Mangel (z.B. an Arbeitsplätzen, Absatzmärkten etc.) mag eine Situation bestimmen, in der ich schuldlos eine fremde (historische) Schuld in meine Praxis übernehmen muß; am Mangel Gottes aber bin ich immer selber schuld, gerade wenn das Fehlen Gottes als ein Faktum, als eine geschichtliche Gegegebenheit von absoluter Unabweisbarkeit von außen her auf meine Freiheit trifft." (Teil 3, S. 360) Wie ist das alles gemeint? Reden diese Freiheitslehre und diese Selbstschulderklärung nicht am wirklichen Menschen der Sünde vorbei?

Merkwürdig, daß Drewermann ausgerechnet aus der j Urgeschichte die Lehre zieht, der Mensch müsse sich, will er nicht sich und seine Umgebung zerstören, glaubend zu Gott verhalten. Spricht denn der Jahwist nicht umgekehrt davon, daß der Mensch durch den Fall vollständig unfähig wurde, mit Gott zu leben, sich für Gott zu entscheiden oder Gott ins eigene Leben hineinzuziehen? Und wird denn von der j Darstellung her nicht klar, daß der Mensch, der ein Mensch der Sünde geworden ist, nun ganz ausschließlich angewiesen ist auf *Gottes* Bereitschaft, den Menschen gleichwohl noch zu erreichen, zu unterstützen und zu retten? Wäre *diese Sicht* der Dinge etwa bloß eine protestantische Unterschätzung der Kräfte und der inneren Freiheit auch der sündigen Menschen? Ich meine: keineswegs. Sondern eine Theologie, die eine andere Sicht der Dinge verträte, hätte die Bibel hier nicht für sich. Wie also kann es Drewermann gemeint haben? Die nächstliegende Erklärung für seine Argumentationsweise ist, daß er Fragen des neuzeitlichen Säkularismus, Atheismus und Agnostizismus in einer ihm eigentümlichen Weise mit den Fragen verknüpft, die einst vom Jahwisten – vor allem in Gen 3 – bearbeitet wurden. Die moderne Lebensweise in einem Klima, in dem Gott sozusagen nicht vorkommt, scheint für Drewermann eine Analogie zur Abkehr Adams und Evas von Gott darzustellen. So wie diese beiden nach der j Erzählung einen Schnitt ins eigene Fleisch vollzogen, als sie sich ohne Gott selbst zu begründen versuchten, so tut dies anscheinend auch der atheistische oder agnostische Mensch der Neuzeit. So scheint Drewermann die Zusammenhänge zu sehen. Aber läßt sich diese unter Theologen nicht eben seltene Sichtweise theologisch halten?

Ein möglicher Einwand gegen diese Sichtweise: Der *neuzeitliche Verlust des Gottesbewußtseins* mag noch so sehr von den einzelnen Menschen, aber z.B. auch von ‚schwachen' Theologien mit verschuldet sein, er bedeutet dennoch auch eine *notwendige Erscheinung*! Letzteres nicht etwa nur im Sinne von ‚unvermeidlich' (wegen der Faktizität der vom modernen Europa ausgegangenen Entwicklungen und Veränderungen), sondern auch im Sinne von ‚theologisch wünschenswert' (soweit er nämlich die Abkehr von einem mehr philosophischen als christlichen Gottesbegriff bedeutete, der Gott nicht vom Kreuz Jesu her, sondern in einer bedrückenden absoluten Machtvollkommenheit verstanden hat). Der neuzeitliche Mensch ist, wie immer es mit seinem Involviertsein in den modernen (angeblichen) Zerfall des Gottesgedankens bestellt sein mag, nicht ‚gottloser', als es die Menschen zu früheren Zeiten waren. Darum ist die schon z.B. von Fichte aufgestellte Hypothese, zwischen dem Sündenfallgeschehen von Gen 3 und der neuzeitlichen Aufklärung bestehe besondere

Analogie, nicht zu halten. In aller seiner Ambivalenz, auch seiner moralischen Ambivalenz, brachte das Aufklärungsgeschehen überhaupt keine neue und besondere Sünde zustande, die sich auch nur im geringsten von den Sünden bzw. der Gottlosigkeit im vorneuzeitlichen Corpus Christianum unterscheiden würde. Ist in dieser Lage Drewermanns Appell ‚zurück zu Gott' nicht fragwürdig?

Nun hat Drewermann zu den neuzeitlichen Vorgängen, insbesondere zur Entstehung des neuzeitlichen Atheismus, eine eigene Theorie. Sie allererst bietet den Schlüssel zu seinem Ansatz:

„Der moderne Atheismus, der Streit der Konfessionen und die innere Zerrissenheit des Menschen in der Neuzeit" sind „Früchte eines Widerspruchs, der in der Entwicklung des Christentums von Anfang an mit der Ablehnung der heidnischen Mythen und damit der mythenbildenden Kräfte im Menschen grundgelegt wurde" (Teil 3, S. 528). Indem schon die frühchristliche Apologetik „die mythischen Vorstellungen der heidnischen Umwelt gerade wegen ihrer offenkundigen Ähnlichkeit mit der Lehre von Christus als Produkte menschlicher Phantasterei und Leidenschaft buchstäblich ‚verteufelte', mußte ... ein Keil tiefer Skepsis gegenüber den eigenen emotionalen Anlagen in die Seele des Menschen getrieben werden. Nicht die Welt der Träume, der Sehnsüchte, Gefühle und Empfindungen sollte fortan der Findung und Annahme göttlicher Wahrheit dienen, – es galt vielmehr, sie als etwas dem Christentum Feindliches ... zu unterdrücken; einzig der philosophisch geschulte *Verstand* und der moralisch geübte *Wille* schienen in der heidnischen Welt den Glauben an Christus vorbereitet zu haben" (aaO, S. 521). In der Folge wurden selbst so mythische kirchliche Dogmen wie das von der Menschwerdung Gottes durch eine Jungfrau theologisch *rational* und in der Form einer angeblichen historischen Begebenheit interpretiert – ein weiteres Dilemma des Christentums aufgrund eines grundfalschen Anfangs (aaO, S. 522f). Solange nun die Kirche in einer Umwelt lebte, in der faktisch die Tradition der Mythen noch lebte, war eine „polemische Entgegensetzung" noch unvermeidlich und auch noch menschlich erträglich. „In dem Maße das Christentum jedoch die heidnische Welt in ihren kulturellen Voraussetzungen zerstörte, gewann die mythenfeindliche Einstellung ... eine Schärfe, die sich zunehmend gegen die Voraussetzungen auch des christlichen Glaubens in der menschlichen Seele selber richten mußte" (aaO, S. 524). Hier überall entsprechende Urteile von C. G. Jung aufnehmend, betrachtet Drewermann die neuzeitlichen Orientierungskrisen und Erschütterungen (Atheismus und Nihilismus eingeschlossen) als das Resultat dieser Entwicklung, zu der die katholische Kirche insgesamt etwas weniger, der Protestantismus eindeutig mehr beigetragen hätten. Drewermann nennt dieses Resultat eine „im Namen Gottes" getätigte „Zerstörung der menschlichen Psyche" (aaO, S. 527).

Von hier aus wird Drewermanns Forderung, wir alle sollten zur Gottesbeziehung zurückfinden, um nicht krank, neurotisch und zerstörerisch leben zu müssen, allererst einigermaßen verständlich. Diese Forderung ist nicht einfach der Appell, aus dem Unglauben in den Glauben an Gott einzukehren. Sie meint erst recht nicht, wir könnten uns in unserer Freiheit auch aus eigener Kraft vor der Sünde und dem Bösen retten. Sondern das stereotype Drewermannsche ‚nur wer mit Gott lebt, lebt menschlich' ist offenbar in erster Linie ein Plädoyer für eine von Grund auf veränderte Theologie und Frömmigkeit im Christentum. Es gehe „darum, daß die christlichen Lehren und Symbole nicht länger mehr als eine dem Menschen äußerlich aufgezwungene und andressierte Form verinnerter Gewalt, als eine Einrichtung des ‚Über-Ichs' ... erscheinen, sondern daß sie ihre innere Wahrheit zurückerhalten, indem sie sich als das erweisen, was in der Tiefe der menschlichen Seele angelegt ist und die Menschen aller Völker und aller Zeiten miteinander verbindet". Andernfalls lasse sich voraussehen, „daß schon allein die Bevölkerungsexplosion der nächsten drei Jahrzehnte das Christentum zu einem peripheren Sondergebilde der weltgeschichtlichen Entwicklung entwerten muß" (Teil 3, S. 529f).

Nicht, daß das Christentum endlich heidnisch werden sollte, wird gefordert. Aber daß es das Geschichtliche mit dem Ewigen, das Individuelle mit dem Kollektiven, das Menschliche mit dem Göttlichen verbinden lerne mit der synthetischen Kraft des Glaubens. Der Wurzelgrund des Christentums sei ja schließlich genau diese Vereinigung des Archetypus des göttlichen Erlösers mit einem geschichtlich-individuellen Menschen. Und Drewermann nennt – recht frei – *Glauben* die Kraft, die auch in uns diese Synthese so zum Tragen bringe, daß die *Angst* gebannt werde, „die den Menschen in die mythische bzw. neurotisch-psychotische Abhängigkeit von den Mächten des Unbewußten zurückzuziehen drohte oder ihn zwang, sein gefährdetes Ich in rigoristischer Einseitigkeit gegenüber dem Ansturm ... des Unbewußten geltend zu machen". Gerade das Christentum, das durch seine antimythische Verfaßtheit so viel Angst erzeugt habe, trage – im Unterschied zu den heidnischen Religionen, die im Kollektiven verbleiben – in sich selbst die Kraft, „die Angst als diejenige Macht zu bannen, die den Menschen in der Tat zu einer teuflischen Zerrgestalt seiner selbst verformt und ihn, wie in den Mythen, zu einem bloßen Objekt dämonischer Willkür erniedrigt. Diese Angst prinzipiell überwunden zu haben und in jedem Einzelmenschen immer wieder von neuem zu überwinden, ist das Verdienst und die Aufgabe des Christentums." Nicht die – unüberwindbaren – heidnischen Mythen hätte darum das Christentum bisher bekämpfen sollen, sondern die „*Angst*, die den Menschen dahin bringt, sich auf mythische bzw. neurotische Weise durch Dinge, Personen und Kräfte, die nicht Gott sind, zu definieren und bestimmen zu lassen" (aaO, S. 533).

Nun schließt sich der Kreis der Drewermannschen Argumente.

Wir sind jetzt wieder beim Bösen und bei der auch von der j Urgeschichte thematisierten ersten Berührung des Menschen mit dem Bösen angelangt. Drewermann möchte Kierkegaards Auslegung von Gen 3 lebhaft zustimmen, sofern in ihr herausgearbeitet wurde, daß es die *Angst* sei, die den Menschen in die Sünde fallen und böse werden läßt. Soll das Christentum jene Gnadenmacht sein, die etwas gegen die Sünde ausrichten kann, ja, die im Glauben den Sieg über das Böse anheben läßt, so muß das Christentum vor allen Dingen die Angst in uns überwinden. *Hierdurch* stellt es den Menschen vor Gott. Und eben dadurch, *daß* es jeden indivuellen Menschen als einmalige geschichtliche Person zugleich vor den ewigen Gott des Universums stellt, bannt es auch die Angst. Die Angst könnte im Menschen, mit Kierkegaard zu reden, allenfalls wegen Geistlosigkeit fehlen – und dann käme es auch nicht bis zur Sünde (vgl. Teil 3, S. 546). Wo es aber aus der Angst heraus zur Sünde und zum Bösen kommt, da lassen sich deren unerträgliche Folgen – sofern man nicht zu Gott (zurück)findet – nur durch ein einziges ‚menschliches Mittel' einigermaßen in den Griff bekommen: durch die Einschränkung unserer Freiheit (vgl. aaO, S. 175: die große heidnische Gegenmöglichkeit zum Glauben ist, die Angst des Menschen zu tilgen „durch die Vernichtung seiner Freiheit"). Aber ohne Freiheit kann der Mensch nicht menschlich leben ....

Letztlich sei des Menschen Angst als die große *Chance* zu werten, „daß der Mensch in ihr Gott begegnet" und hierbei entdeckt, „wovon er wirklich lebt". Dies ließe den Menschen auch in der Freiheit *bestehen*. „Dies ist der Schritt des *Glaubens*: daß ich mich selbst, meine kontingente, nicht-notwendige, überflüssige Existenz als geschaffen, vom Unendlichen her als bejaht, gewollt, berechtigt entdecken kann und daß diese Entdeckung es ermöglicht, mich selbst zu akzeptieren ...". „Die Erfahrung, daß ich ... die Rechtfertigung meines Daseins nicht zu erschaffen brauche, weil es diese Grundlage ... bereits gibt ..., ermöglicht es, daß die Bewegung der Transzendenz, in der das Endliche ... verloren ging, wieder zu mir selbst ... zurückkommt" –, so daß ich mich vor meiner Endlichkeit nicht mehr „ekeln" oder mich für sie „auf ewig schämen" muß. „Es ist also möglich, daß die Angst, die notwendig zum Menschen gehört, *nicht* zur Verzweiflung, sondern zum Glauben führt." (AaO, S. 546f)

Letzteres hätte Kierkegaard, auf den sich Drewermann beruft, so freilich gerade nicht gesagt. Er hätte gesagt, daß der Mensch nur durch die Verzweiflung hindurch zum Glauben durchstoßen kann –, und daß dies Gnade ist! Aber die nachfolgenden Ausführungen Drewermanns zeigen, daß er es an dieser Stelle doch auch selbst im Grunde so meint, wie es bei Kierkegaard gesagt ist.

Wenig schreibt Drewermann von der Vergebung. Sie spielt in seinem Entwurf keine bedeutsame Rolle. Dies mag mit der eigentümlichen Zweigleisigkeit zusammenhängen, in der Drewermann das Böse beschreibt: Bald will er sagen, daß es aus der allen Menschen zugehörigen Sünde stammt (und nur von Gottes Gnade überwunden bzw. vergeben werden kann). Bald aber will er sagen, daß es aus einer Angst hervorquillt, an der das herkömmliche Christentum durch seinen unzulänglichen Umgang mit dem Mythischen mit Schuld trage (woraus dann zu folgern wäre: Wir brauchen eine andere Theologie und veränderte Formen der Frömmigkeit, damit wir diese Angst bannen und uns nicht weiterhin an ihren bösen Folgen schuldig machen). Einmal wird an Gottes Gnade, das andere Mal an unsere Einsicht appelliert – aber beides bei Drewermann in einer merkwürdig ineinander verwobenen Weise. Hier hat man sich um größere Trennschärfe zu bemühen, um nicht im Ergebnis – ungewollt – einer triumphalistischen oder einer pietistischen ‚Auch-du-brauchst-Gott-Theologie' das Tor zu öffnen, und um andererseits nicht mindestens den Anschein zu erwecken, man verspreche sich etwas davon, die ganze neuzeitliche Welt als ein großes Krankenhaus zu charakterisieren, in dem die Atheisten auf der Intensivstation liegen – ohne es zu merken und ohne bis jetzt die richtigen Ärzte (die offenbar am besten Theologen und Psychoanalytiker in einem wären) gefunden zu haben.

Was es bedeute, als Mensch ‚nicht ohne Gott zu sein', das ist die entscheidende Frage, über die mit Drewermann in der Sache noch gesprochen werden muß. Denn dies ist ja zweifellos zuerst eine Bestimmung, die Gott sich selbst zum Menschen hin gab und gibt. Und dies wird auch zuletzt niemals eine Bestimmung, die wir uns selbst aufgrund eines eigenen Willensentschlusses geben werden.

Mit Zurückhaltung begegne ich darum Drewermanns Art und Weise, den Glauben an seine Aufgabe zur Weltrettung zu erinnern: „Es wird ... eine Überlebensfrage der Menschheit an den Glauben sein, ob er die Kraft besitzt, den uralten Widerstreit von Natur und Kultur zu lösen, und ob es den Gruppen der Glaubenden (nach J dem Volk Israel, im NT der Kirche) gelingt, der Einbeziehung des biologischen Erbes in den Existenzentwurf der Selbstvergötterung zu wehren, oder ob der Mensch das Problem seiner evolutiven Herkunft, statt in Freiheit aus dem Glauben, mit rein biologischen Mitteln, also unter frei vollzogener Ausschaltung der Freiheit, wird lösen müssen. Die eigentliche Entscheidung zwischen dem Völkerschicksal Babylons und dem Lebensprinzip des Volkes der Bibel, die Entscheidung zwischen der Apokalypse und dem Reich Gottes bleibt nach wie vor ... das Kernproblem der Geschichte" (Teil 3, S. 561). Der Glaube Israels an seinen einen Gott (der, für Drewermann, mit dem der Kirche ganz identisch und schon bei J ausgebildet ist!), ist „Auftrag und Richtmaß unserer Geschichte", weil die heutige Welt noch immer „auf einem, gemessen an Israel, unzeitgemäßen Niveau, noch tief versunken in der Welt mythischer Unfreiheiten ... und kollektiver

Zwänge" lebt. „Die Geschichte Gottes mit seinem Volke löst also in der Tat die Geschichte der Völker ab und stellt das bloß natürliche Verständnis des Menschen in seiner gnadenlosen Grausamkeit und ungerechtfertigten Überflüssigkeit auf eine neue Grundlage; erst jetzt erkennt man, was der Mensch eigentlich sein kann ..." (aaO, S. 555f).

Alle diese Thesen sind ihrerseits summarische Wiederholungen idealistischer philosophischer Anschauungen. Deren Wirkungsgeschichte bis in die Gegenwart hinein hat mehrere Stränge. Einer dieser Stränge führt über den Linkshegelianismus zu bestimmten Typen einer heutigen kritischen Gesellschaftswissenschaft. Ein anderer führt über die Naturphilosophie der deutschen Romantik zur späten Goethezeit und über bestimmte Formen der Lebensphilosophie bis zur heutigen Tiefenpsychologie. Am vorläufigen Endpunkt dieses einen, tiefenpsychologischen Stranges sind auch die Thesen Drewermanns angesiedelt. Ihre geistige Basis ist somit sehr schmal – und dies verleiht ihnen zunächst Stoßkraft. Aber es ist doch schade, wieviele Facetten des ganzen Problemspektrums bei dieser auf so breiter Basis *begonnenen* Untersuchung am Ende verlorengehen.

Ich sehe eine doppelte Gefahr: daß Gott zu einem Therapeutikum, das man ‚verordnet' oder aus dem Unbewußten ‚freisetzt', herabgestuft werden könnte, und daß ein neuer religiöser Individualismus kultiviert werden könnte, der die Entdeckung Gottes in der Seele vielleicht schätzt als Kompensation für Frustration in den heutigen Gesellschaften und Umwelten, der aber nicht geeignet ist, heilend auf die Schäden in der Politik, im Sozialwesen, in der Natur usw. zu wirken. Gegen die von Drewermann geforderte liturgische und seelsorgerliche (Wieder-) Beachtung des Symbolischen und Mythologischen im Christentum ist nichts einzuwenden. Im Gegenteil: Die Kirchen müssen ihr altes Wissen auf diesem Gebiet reaktivieren. Doch wenn ihnen dies gelingen sollte, dann wird sich gleichwohl das Problem des alle unsere Lebensstrukturen zersetzenden Bösen noch nicht lösen. Die ‚Schicksalsfragen' der gegenwärtigen Menschheit wären noch längst nicht bewältigt; und die Angst würde nicht schwinden. Das wirklich Erhoffbare ist bescheidener: Es liegt darin, daß wir in der Angst weniger Illusionen über ihre Ursachen haben, und daß mehr Menschen als heute die Kraft gewinnen, das wirkliche Böse überhaupt zu sehen. Dann würde weniger in der falschen Weise agiert und mehr in der not-wendenden Richtung gehandelt werden. Dazwischen aber lägen Gebet, Gottesdienst und gegenseitiges Sich-Stärken der Christen.

§ 6 Zum Verständnis des Bösen in unserer Zeit

A. Annen, Die Dämonenaustreibungen Jesu in den synoptischen Evangelien. In: Theologische Berichte Bd. 5, Köln 1976, 107–146. – H. Arendt, Eichmann in Jerusalem. Ein Bericht von der Banalität des Bösen (aus dem Amerik. übers. v. B. Granzer mit einem einleitenden Essay v. H. Mommsen), München/Zürich 1986. – H.-M. Barth, Der Teufel und Jesus Christus in der Theologie Martin Luthers, Göttingen 1967. – M. Battke, Das Böse bei S. Freud und C. G. Jung, Düsseldorf 1978. – G. Baumbach, Das Verständnis des Bösen in den synoptischen Evangelien (ThA XIX), Berlin 1963. – B. Bavink, Das Übel in der Welt, München ^{2}1947. – I. Beck, Das Problem des Bösen und seiner Bewältigung. Eine Auseinandersetzung mit der Tiefenpsychologie von C. G. Jung vom Standpunkt der Theologie und der Religionspädagogik, München/Basel 1976. – W. Beinert, Müssen Christen an den Teufel glauben? In: SdZ 195 (1977), 541–554. – F. Billicsich, Das Problem des Übels in der Philosophie des Abendlandes. I: Von Platon bis Thomas Aquino, Wien ^{2}1955, II: Von Eckehard bis Hegel, Wien/Köln 1952, III: Von Schopenhauer bis zur Gegenwart, Wien 1959. – H. Blumenberg, Der Prozeß der theoretischen Neugierde, FFM 1973. – M. Buber, Bilder von Gut und Böse, Werke Bd. I, München/Heidelberg 1962. – K. Daub, Judas Ischarioth oder das Böse im Verhältnis zum Guten. Zwei Hefte in einem Band, Heidelberg, 1. H. 1816, 2. H. 1. Abt. 1818. – H. Dembowski, Die Sünde – das Böse – die Schuld. Theologische Aspekte, in: Radius Projekte 46, Stuttgart 1971, 7–25. – G. Ebeling, Das Problem des Bösen als Prüfstein der Anthropologie. In: Ders., Wort und Glaube III, Tübingen 1975, 205–224. – H. Flügel, Begegnungen mit dem Bösen in der neueren Literatur. In: H. M. Barth/H. Flügel/R. Riess, Der emanzipierte Teufel. Literarisches, Psychologisches, Theologisches zur Deutung des Bösen, München 1974, 13–46. – H. Friebel, Die Bedeutung des Bösen für die Entwicklung der Pädagogik Schleiermachers, Ratingen 1961. – A. Görres/K. Rahner, Das Böse. Wege zu seiner Bewältigung in Psychotherapie und Christentum, Freiburg 1982. – C. Gremmels, Die Sünde – das Böse – die Schuld. Soziologische Aspekte, in: Radius Projekte 46, Stuttgart 1971, 33–47. – J. Gründel Das personale Böse und das strukturelle Böse. In: Verantwortung für andere (Leitgedanken zur Fastenerziehung 1974), Hamm 1974, 2–4. – H. Günther Das Problem des Bösen in der Aufklärung (EHS.T 43), Bern/FFM 1974 – H. Haag, Teufelsglaube. Mit Beiträgen von K. Elliger, B. Lang und M. Limbeck, Tübingen 1974. – Ders., Vor dem Bösen ratlos?, München/Zürich 1978. – H. Häring, Das Problem des Bösen in der Theologie (Grundzüge Bd. 62), Darmstadt 1985. – Ders., Die Macht des Bösen. Das Erbe Augustins (ÖTh 3), Gütersloh 1985. – J. Hick, Evil and the God of Love, London/Basingdoche ^{2}1977. – W. Huth, Kain – eine Hinführung zur schicksalsanalytischen Auffassung vom Bösen im Menschen. In: J. Zelies (Hg.): Brudermord. Zum Mythos von Kain und Abel (Reihe Doppelpunkt), München 1975, 37–56. – H. Jaschke, Das Böse in der Erziehung. Ein Beitrag zur pädagogischen Anthropologie, Düsseldorf 1974. – E. Jüngel, Gott als Geheimnis der Welt. Zur Begründung der Theologie des Gekreuzigten im Streit zwischen Theismus und Atheismus, Tübingen 1977. – C. G. Jung, Antwort auf Hiob (1952), in: Ders., Ges. Werke Bd. 11, Zur Psychologie westlicher und östlicher Religion, Olten ^{2}1973, 385–506. – P. Kaiser, Der Teufel und die Wirklichkeit des Bösen, in: HK 29 (1975), 36–38. – W. Kasper, Das theologische Problem des Bösen. In: Ders./K. Lehmann (Hg.): Teufel – Dämonen – Besessenheit. Zur Wirklichkeit des Bösen, Mainz 1978, 41–69. – S. Kierkegaard, Der Begriff Angst, 1844 (GW 11. u. 12. Abt. übers. von E. Hirsch), Düsseldorf 1965. – T. Koch, Das Böse als theologisches Problem. In: KuD 24 (1978), 285–320. – P.K. Kurz, Das Böse und die

Schuld in der Literatur. In: SdZ 190 (1972), 20-34. - DERS., Das Böse und die Schuld in der zeitgenössischen Literatur. In: DERS., Über moderne Literatur IV, Standorte und Deutungen, FFM 1973, 106-128. - C. LANZMANN, Shoa. Mit einem Vorwort v. Simone de Beauvoir. Franz. Orig.-Ausg. 1985, deutsch: Düsseldorf [2]1986. - G.W. LEIBNIZ, Die Theodicee. Nebst den Zusätzen der Debosses'schen Übertragung mit Einleitung und Erläuterungen deutsch von R. Habs. I. Bd., Leipzig o.J. (1883). - B.-H. LÉVY, Spiegel-Gespräch über den Terrorismus in Europa, in: Der Spiegel, 40. Jg. 1986, Nr. 48 (24.11. 1986), 134-138. - M. LIMBECK, Satan und das Böse im Neuen Testament. In: H. HAAG, Teufelsglaube, Tübingen 1974, 273-388. - K. LORENZ, Das sogenannte Böse. Zur Naturgeschichte der Aggression, Wien ([1]1963) [29]1971. - K. LÜTHI, Gott und das Böse. Eine biblisch-theologische und systematische These zur Lehre vom Bösen, entworfen in Auseinandersetzung mit Schelling und K. Barth, Zürich/Stuttgart 1961. - O. MARQUARD, Art. Malum I (Einführung und Überblick), in: HWP V, 652-656. - W. MOSTERT, Gott und das Böse. Bemerkungen zu einer vielschichtigen Frage, in: ZThK 77 (1980), 453-478. - E. MÜHLENBERG, Das Verständnis des Bösen in neuplatonischer und frühchristlicher Sicht, in: KuD 15 (1969), 226-238. - J. MÜLLER, Die christliche Lehre von der Sünde. 2 Bde. ([1]1839), Bremen [6]1889. - W. OELMÜLLER, Zur Deutung gegenwärtiger Erfahrungen des Leidens und des Bösen, in: Conc (D) 11 (1975), 198-207. - W. PANNENBERG, Anthropologie in theologischer Perspektive, Göttingen 1983. - O. PLATENIUS, Schellings Fortführung der Lehre Kants vom Bösen, Hilchenbach 1928. - S. PORTMANN, Das Böse - die Ohnmacht der Vernunft. Das Böse und die Erlösung als Grundprobleme in Schellings philosophischer Entwicklung, Meisenheim am Glan 1966. - W. POST, Philosophische Theorien über das Böse, in: Conc (D) 6 (1970), 430-434. - J. RATZINGER, Abschied vom Teufel? In: DERS., Dogma und Verkündigung, München 1973, 225-237. - R. ROTHE, Theologische Ethik I-V (1845), Wittenberg [2]1869-1871. - R. SCHANNE, Sündenfall und Erbsünde in der spekulativen Theologie. Die Weiterbildung der protestantischen Erbsündenlehre unter dem Einfluß der idealistischen Lehre vom Bösen (Theologie im Übergang Bd. 1), FFM/Bern 1976. - R. SCHNACKENBURG (Hg.), Die Macht des Bösen und der Glaube der Kirche, Düsseldorf 1979. - O. SEMMELROTH, Abschied vom Teufel? Mächte und Gewalten im Glauben der Kirche, in: Theologische Akademie Bd. 8, FFM 1971, 48-69. - W. SPARN, Leiden - Erfahrung und Denken. Materialien zum Theodizeeproblem (ThB 67), München 1980 (Lit.!) - B. STOECKLE, Die Übel und der Übel Größtes. Gedanken über das Übel, die Schuld und die Sünde, in: IKaZ 8 (1979), 202-213. - W. STROTHMANN (Hg.), Makarios - Symposium über das Böse. Vorträge der Finnisch-deutschen Theologentagung in Goslar 1980. Göttinger Orientforschungen 1. Reihe: Syriaca, Bd. 24, Wiesbaden 1981. - K.-H. TILLMANN, Die Lehre vom Bösen in gesamt-systematischen Entwürfen deutscher katholischer Theologen im 19. Jh. J.B. Hirscher, Fr. A. Staudenmaier, A. Berlage. (Regensburger Studien zur Theologie Bd. 26) FFM/Bern 1982. - B. WELTE, Über das Böse. Eine thomistische Untersuchung (QD 6), Freiburg/Basel/Wien 1959. - G. ZACHARIAS, Das Böse. Dokumente und Interpretationen, München 1972.

a) Rückschau auf neuzeitliche Deutungen und Lokalisierungen des Bösen

Wir brechen an dieser Stelle die Vorführung einiger in der Neuzeit paradigmatisch gewordener Auslegungen der alttestamentlichen

Sündenfallerzählung aus Gen 3 ab. Nur einen kleinen Ausschnitt haben wir genauer betrachtet: den Weg von Kant in den nachfolgenden deutschen Idealismus hinein. Freilich: Die Hypothesen, Fragen und gegensätzlichen Positionen, die auf diesem kurzen Weg in Erscheinung getreten sind, beschäftigen uns noch immer. Nur sehen wir heute nicht allein die Meinungsunterschiede in bezug auf das Böse, die sich bereits innerhalb dieses engen Ausschnittes aus der Geschichte des neuzeitlichen Denkens ergeben haben. Sondern wir sehen aus historischem Abstand heraus auch das Gemeinsame der im vorigen Kapitel beschriebenen Positionen: Auf dem Weg von Kant in den deutschen Idealismus hinein ist der sog. Sündenfall gemeinschaftlich von allen Interpreten als *kulturnotwendig* verstanden worden. Die Fähigkeit zu sündigen wurde als unsere Eintrittskarte in das Reich möglicher Freiheit und Selbstverantwortlichkeit charakterisiert. Der sog. Sündenfall, hieß es, sei ein Evolutionssprung, der die Menschheit aus dem Tierreich oder jedenfalls aus ihren unzivilisierten Perioden herausführte.

Über das Böse aber bildete man sich in dem besprochenen Zeitraum (und weit über ihn hinaus bis ins 20. Jahrhundert hinein) folgenden Formalbegriff: Wenn Menschen Böses tun, dann verstoßen sie gegen die ihnen *durch* den sog. Sündenfall eröffnete höhere Daseinsmöglichkeit. Sie nehmen die Aufgaben der Mündigkeit nicht oder nicht konsequent genug wahr. Sie fallen zurück in Verhaltensweisen, die sich ein Mensch *nach* dem „Erwachen des Geistes" nicht mehr leisten darf. Sie „regredieren" oder sind „träge", indem sie in ihrem Verhalten archaischen „sinnlichen" Trieben statt der sittlichen Vernunft folgen. Formal besteht dieses Böse eigentlich in einer *unzeitgemäßen Zurückgebliebenheit.* Als Quelle und Verursacher dieses Bösen befindet sich der Mensch nicht auf der Höhe, die ihm *nach* dem sog. Sündenfall geistig und sozial nicht nur angemessen, sondern überlebensnotwendig wäre.

Dies stellt im Vergleich zur herkömmlichen, christlich-kirchlichen Interpretation des Sündenfalls – Abfallen von Gott und Beschädigung oder Verelendung ehemals guter Lebensstrukturen – eine einschneidende *Neuerung* dar: Das Böse wird nicht mehr als *Abfallen* von einem guten (wenngleich transhistorischen oder übernatürlichen) Urstand gedeutet, sondern als *Zurückbleiben* hinter der – angeblich im sog. Sündenfall von Gen 3 geschehenen – geistigen Berufung und geschichtlichen Zielbestimmung der Menschen. Das Böse wird somit nicht mehr in einem *protologisch*, sondern in einem *teleologisch* ausgerichteten Denkrahmen wahrgenommen! Diese Veränderung des

Koordinatensystems, die auch weithin in den neuzeitlichen Theologien Eingang gefunden hat, unterwarf das Verständnis des Bösen und der Sünde einer verstärkten Moralisierung.

Kant und seine idealistischen Nachfolger hielten bei ihren Versuchen, das Böse zu denken, noch am *Gottesbegriff* fest. Die Bedeutung dieses philosophischen Gottesbegriffs erscheint auf den ersten Blick als leicht durchschaubar (Platzhalter für noch unbegriffene Rahmenbedingungen, für Axiome usw.). Sie ist in Wirklichkeit aber schwer aufzuhellen und schwer zu bewerten. Einerseits wurde die Vokabel „Gott" offenkundig als Chiffre für gewisse Naturkräfte oder auch Fähigkeiten des Menschen eingesetzt (für den Instinkt, für die Stimme des Gewissens, für die Vernunft usw.). Andererseits sprach man aber deswegen von Gott, weil man aus der Beobachtung der menschlichen Natur und der menschlichen Schicksale heraus die ethische Bestimmung des Menschen doch nicht hinreichend erklären und begründen konnte (was nützt es dem einzelnen, sich für das Gute einzusetzen?) –, *und* weil man mit wichtigen Intentionen des biblischen Christentums durchaus übereinzustimmen, ja, das Christentum geistig zu erneuern meinte. Im Rahmen dieser Meinung wurde das Böse durchweg als eine Wesenswidrigkeit verstanden, die dem „Göttlichen" im Menschen widerspreche. Erst mit der Religionskritik Feuerbachs und weiter Teile des sog. Linkshegelianismus wurde der Gottesbegriff aus der philosophischen Deutung des Bösen zurückgezogen.

Nietzsche schließlich hielt jedes Verständnis des Menschen, das Gott dem Menschen gegenüberstellt, für die Quelle, aus der das *wirkliche* Böse überhaupt erst entsteht! Letzteres ist zu unterscheiden vom *sogenannten* Bösen der moralisch-religiösen Konvention. Die Begrenzung des Menschen durch Gott, insbesondere durch den christlich verstandenen Gott – der „christliche Gottesbegriff", sagt Nietzsche in „Der Antichrist", ist durch seine Verleumdung des Diesseits und durch seine Abstempelung der Menschen als sündig und erlösungsbedürftig „einer der corruptesten Gottesbegriffe, die auf Erden erreicht worden sind ..."[129] – *erzeuge* allererst Heillosigkeit auf der Erde. Was im übrigen vom Christentum als „böse" bezeichnet wird, sei geradezu eine menschliche Tugend, „des Menschen beste

[129] NIETZSCHE, SW VI, 185. – Vgl. SW V, 93: „Die grossen Epochen unsres Lebens liegen dort, wo wir den Muth gewinnen, unser Böses als unser Bestes umzutaufen."

Kraft“[130], der Ursprung des Guten[131]. Nietzsche brachte die Botschaft, daß es Gott um einer unseren Möglichkeiten entsprechenden menschlichen Entfaltung willen nicht geben *darf*.

In den heute wirksamen Entwicklungen der Philosophie des 20. Jahrhunderts hat sich aber Nietzsches Hoffnung auf eine Überwindung des wirklichen Bösen durch den Mut zur Gottlosigkeit nicht weiter verstärkt. Zwar hat es im 20. Jahrhundert auch keine philosophische Rückkehr zum postulatorischen Theismus bei Kant und den Idealisten mehr gegeben. Aber die Zuversicht, daß gerade der vom Gottesgedanken und Gottesglauben befreite Mensch sich endlich zur reichen, gut zu nennenden Menschlichkeit entfalten würde, klang in der philosophiegeschichtlichen Programmatik neuerdings wieder ab – zuletzt sogar in einigen Konzepten marxistischer Philosophie. Politische Umwälzungen und ungeheure Verbrechen, die im 20. Jahrhundert manchmal ausdrücklich im Zeichen eines postulatorischen *Atheismus* begangen wurden, haben Nietzsches bekanntes Ideal vom „Übermenschen“ und dessen „Willen zur Macht“, das von vielen auch in mißverstandener Form angeeignet worden war, weithin erledigt. Heute ist es keine Frage mehr, daß wir das wirkliche Böse auch dann noch erfahren, wenn Menschen nicht mehr auf Gott bezogen leben oder „gedacht werden“. Das wirkliche Böse kommt, wie auch Nietzsche wußte, aus den Menschen; aber dies nicht, weil sie an Gott glauben, sondern – so erfährt man es im eigenen Leben deutlich genug – weil sie ihre egoistischen, aber kurzsichtigen Wünsche durch Macht und Gewalt durchzusetzen versuchen.

Im Zuge der modernen Wirklichkeitsdeutung *etsi deus non daretur*[132] unterliegt das Verständnis des Bösen einer zunehmenden *Politisierung*: Immer wieder werden nämlich einzelne fremde Nationen, aber auch Anhänger einer bestimmten Gesellschaftsschicht oder einer bestimmten politisch-ideologischen Richtung in der eigenen Nation, mit dem „Reich des Bösen“ identifiziert. Nicht das eigene Herz und auch nicht das „Dichten und Trachten“ *aller* Menschen

---

[130] Ders., SW IV, 359.

[131] Das Christentum hat Jesu Kreuzestod von Anfang an als ein Vermächtnis begriffen, mit dem alles „Opfern“ ans Ende gekommen sein soll (vgl. Hebr 7,27). Nietzsche (SW IV, 40) hat dies ins genaue Gegenteil gewendet: „Der christliche Glaube ist von Anfang an Opferung: Opferung aller Freiheit, allen Stolzes, aller Selbstgewißheit des Geistes; zugleich Verknechtung und Selbst-Verhöhnung, Selbst-Verstümmelung.“ Den christlichen Kirchen sollte es zu denken geben, daß sie von Nietzsche ausgerechnet auf die Seite der „Opferer“ gestellt worden sind.

[132] Näheres zu dieser bei D. Bonhoeffer wichtigen, auf Hugo Grotius zurückgehenden Formel bei Jüngel, 21f mit Anmk. 7.

„von Jugend auf" wird als Quelle des Bösen vermutet, sondern der gewalttätige und egoistische Machtanspruch bestimmter Gruppen, denen man selbst nicht angehört oder auf die man keinerlei Einfluß zu haben meint. Wenn ich selbst böse geworden sein sollte, so nur, weil man mich, als ich noch nicht böse war, von seiten solcher finsteren Gewaltzentren unterdrückt hat (so z.B. A. Plack)[133].

„Das Böse kommt in der Tat vom Menschen – aber nicht von allen und nur zum geringsten Teil von mir", so denkt wohl die Mehrheit heute. Der Aufklärungsgedanke, daß der Fall in die sog. Sünde *alle reif werdenden Menschen* betreffe, ist also spätestens im 20. Jahrhundert im Zuge einer Erneuerung des Freund-Feind-Denkens preisgegeben worden. Aber beibehalten wurde im 20. Jahrhundert dennoch der andere Aufklärungsgedanke, das Böse könne und müsse in einem mühevollen Kampf (gegen die bösen Gruppen und Ideologien) *besiegt und aufgehoben werden.*

Mit dieser Unausgewogenheit hat sich unsere Situation gegenüber der Aufklärung, deren Optimismus in bezug auf die menschliche Selbstverbesserungsfähigkeit bereits zu groß gewesen ist, noch dramatisch verschlechtert. Die Gefahr ist stark angewachsen, daß der illusionäre Kampf gegen das „bei den anderen" lokalisierte Böse gewaltsam, möglicherweise auch mit verheerenden militärischen Waffen ausgefochten werden soll und wird. Denn da ist nicht mehr Gott in unserer Blickrichtung, an dem wir *alle* gesündigt haben und bei dem *wir* (und *auch* die Mitglieder anderer Klassen und Gruppen der Menschheitsgesellschaft) Vergebung der Sünden finden.

b) Unter welcher Fragestellung muß neu nachgedacht werden?

Angesichts dieser neuzeitlichen Entwicklung der Auffassungen vom Bösen bis in die Gegenwart hinein müssen wir auf die (durch Nietzsche besonders scharf akzentuierte) Frage noch einmal zurückkommen: *Bedeutet der Gottesgedanke eine Erschwernis bei unserem Umgang mit dem Bösen?* Bedeutet der früher allgemein üblich gewesene Vorgang, das Böse in der Welt mit unserer sündigen Beziehung zu Gott in Verbindung zu bringen, eine Blockierung unserer sittlichen Kraft, eine zusätzliche moralische Belastung? Resultiert gar aus dem Glauben an Gott die Gefahr einer noch tieferen Verstrickung in das Böse? Obwohl nun vom Leser angesichts solcher Fragen schon erwartet werden wird, daß ein theologisches Buch sie zum Schluß eben

[133] S. o. S. 125.

zurückweisen oder mit „Nein“ beantworten werde, seien diese Fragen hier ernsthaft gestellt im Blick auf ein offenkundig gewordenes gemeinsames Versagen von philosophischer Metaphysik und kirchlicher Gotteslehre in der Neuzeit[134].

Tatsächlich scheint schon auf den ersten Blick einiges dafür zu sprechen, daß das Postulat der Existenz Gottes die Erklärung und die Bekämpfung des Bösen erschwert. Gott kann von den Gläubigen als Alibi-Instanz benützt werden, die es gestattet, die eigenen Hände in Unschuld zu waschen. Die Wirklichkeit des Bösen scheint überhaupt eher gegen als für die Existenz Gottes zu sprechen. Früher fragte man oft mit der Formel des Boethius (aus dessen „Trost der Philosophie“, 1. Buch, 4. Prosa): „Wenn Gott existiert“ – und das galt für einigermaßen gewiß –, „woher kommt dann das Böse“? In der Gegenwart liegt es viel näher, umgekehrt zu fragen: „Wenn das Böse so augenscheinlich existiert und uns heimsucht – wie kann es dann Gott geben; woher will man Argumente für seine Existenz beziehen?“ Also nicht mehr: *Si deus – unde malum*? Sondern: *Si malum – quomodo Deus?* Das Theodizeeproblem bzw. die Aufgabenstellung einer Rechtfertigung Gottes angesichts der Übel/des Bösen in der Welt scheint sich , bei Lichte besehen, nicht etwa als unlösbar erwiesen zu haben, sondern es erscheint als *gelöst* im Sinne einer unumgänglich gewordenen Absage an den Gottesglauben überhaupt! Auch heutige Theologie meint: „ . . . was Gott nach christlichem Verständnis ist, das kommt erst an den Tag, wenn er als Über-Macht über das Böse in der Welt zur Erkenntnis gebracht wird“[135]. Aber wo geschieht das?

---

[134] Mit JÜNGEL, XIIf, meine ich, daß sich kirchliche Theologie nicht freisprechen darf von dem Desaster, das dem metaphysisch gedachten Gott der Philosophen auf dem Weg von der Aufklärung bis hin zu Nietzsche zuteil wurde. Wir dürfen einer gewissen, von Karl Barth und der dialektischen Theologie ausgegangenen Versuchung nicht erliegen, sich kirchlicherseits auf den in Geschichtstaten offenbar werdenden Gott Abrahams, Isaaks und Jakobs (und schließlich: Jesu Christi) zurückzuziehen und abzuwarten, ob nicht auch die Philosophen es noch merken, daß sie sich von Anfang besser *so* verhalten hätten. Mit Recht sagt J., es müsse von der Theologie *erst noch gezeigt werden*, daß der von Nietzsche als *„dei negatio“* bewertete Gekreuzigte (Jesus Christus) gleichwohl – trinitarisch – als Aussage und Anzeige der Lebendigkeit Gottes, der „Liebe . . . genannt zu werden verdient“, zu verstehen ist. Dadurch, daß es herkömmliche kirchliche Theologie nur selten wagte, Gott wirklich *ganz* von der Menschlichkeit und vom Tod Jesu definiert sein zu lassen, daß herkömmliche Theologie vielmehr meist *nur* die zweite Person in Gott vom Tode betroffen wähnte, hat diese Theologie selbst mit dem Begriff eines durchs Endliche letztlich nicht berührten metaphysischen Gottes gearbeitet. J. macht, darin mit Recht über Barth hinausgehend, keinen Hehl aus der Angewiesenheit heutiger kirchlich-theologischer Gotteslehre auf die neuzeitliche philosophische Kritik am Gottesgedanken überhaupt, um im Lichte des Rechts dieser Kritik Gott *theologisch* besser denken zu lernen und besser zur Sprache zu bringen. Dieser Bemühung weiß sich auch die vorliegende Arbeit verpflichtet, die herauszufinden bestrebt ist, welche Hamartiologie dieser vom christologischen Zentrum her erneuerten Gotteslehre entspräche.

[135] KOCH, 287. – Dieser Aufsatz bietet eine gute Einführung in die heutige theologische Bearbeitung der Thematik des Bösen. Er belehrt gleichermaßen über argumentative Widersprüche in der theologischen Lehrtradition seit Augustin wie

Die Fronten scheinen begradigt, die Aufgabenstellung scheint klar, seit die Mehrheit der Angehörigen der westlichen Zivilisation die Übel und das Böse als eine ausschließlich *menschliche* Angelegenheit, als eine Erziehungs-, Therapie- und Regierungsaufgabe vor allem, wahrnimmt. Nun weiß man, woran man ist. Nun ist die menschliche Anstrengung und Bewährung gefragt – nichts sonst.

Wie aber, wenn das Böse einem Loch, einer saugenden Leere, einem Mangel entspringt, die stets und trotz aller menschlicher Anstrengungen, die Verhältnisse zu verbessern, *immer* da sind und da bleiben? Wie, wenn sich auch in der säkularen ethischen Praxis „ohne Gott" das Böse als eine Hydra erweist, der jeweils mehr Köpfe nachwachsen als ihr von den ethischen Kämpfern gegen das Böse abgeschlagen wurden? Wie also, wenn *gar nichts* hilft, es sei denn Gott selbst würde durch seine Wiederannäherung an die von ihm getrennten Menschen diesen Abgrund des Bösen überbrücken und dieses ins Sein eingerissene Loch füllen? Dann wäre doch die Gottesfrage erneut als die Schlüsselfrage auszuarbeiten, vor die uns die Wirklichkeit des Bösen heute stellt. Dies aber sei hier nicht als Behauptung gesagt, sondern zunächst nur als eine noch weiterer Differenzierung bedürftige Hypothese.

c) *Die Gotteserkenntnis und das Böse*

In diesem Abschnitt wird die soeben geforderte weitere Differenzierung versucht. Die Grundaussage christlicher und jüdischer Dogmatik über Gott lautet: Gott ist Schöpfer und Erlöser der Welt, der Ermöglicher und der Retter aller Wesen, die da neu entstehen und wieder vergehen. Gott erkennen, heißt, einer, nein, *der* die Welt regierenden Quelle der Liebe, Schönheit und der rettenden Wiederherstellung zu vertrauen. Gott erkennen, ist Vertrauen *gegen* den Anschein, die Lebewesen dieser Welt seien zu einer Existenz verurteilt, in der sie, verraten und verkauft, ganz auf sich selbst gestellt wären. Gewiß, es scheint die Situation zu geben, daß Gott *uns* verläßt: ‚Warum hast du mich verlassen, Vater', so klagt jedenfalls der sterbende Menschensohn. Aber da beginnt schon sein Ostern, denn der ihm nicht antwortende Gott identifiziert sich schon *in diesem Augenblick* (und nicht erst drei Tage später!) mit diesem verlassenen

über wichtige Denkhilfen, die in einigen neuzeitlichen Untersuchungen des Problems des Bösen außerhalb der Theologie erarbeitet wurden: etwa bei Spinoza und bei Schelling.

Sterbenden! Wir verlassen *Gott*:,Warum wollt ihr denn sterben in eurer Sünde', klagt Gott nach dem Zeugnis alttestamentlicher Propheten. Aber dann ist er keinem so nahe wie gerade dem Sünder, der die Folgen seiner schuldhaften Trennung von Gott erleidet. Nur: der jeweilige Nullpunkt muß erreicht werden.

Das bedeutet: Wir könnten Gott *nicht* erkennen, wenn wir nicht auch die Erfahrung der Trennung von Gott und der Unerreichbarkeit Gottes machen müßten. Existierten wir in einer symbiotischen Verbundenheit mit Gott, wäre Gotteserkenntnis ebenso unmöglich wie Selbsterkenntnis des Menschen als eines von Gott unterschiedenen Wesens.

Der Mensch ist das zur Gotteserkenntnis berufene Geschöpf. Allein in der Gotteserkenntnis findet der Mensch – wenn überhaupt – auch zu sich selbst. Deshalb ist sein Herz unruhig, bis es in Gott Ruhe findet. Dieser zentrale Gedanke der Theologie Augustins kann sich niemals erledigen. Auch die Gottesfrage selbst wird sich niemals erledigen. Sie wird sich nur souverän aus der Asche und den Trümmern *alter Fragestellungen* und bereits *gewohnter Antworten* (und aus bereits zur Gewohnheit gewordenen Gefühlen der Einheit mit Gott – s. z.B. unsere Weihnachtstheologie!) zu immer *neuen Formen* erheben, weil Gott niemals die Begegnungsweise des uns überraschend zukommenden Lebendigen verliert.

Fichtes mystische Hypothese, eine Trennung von Gott könne es für die Lebewesen einschließlich der Menschen gar nicht geben[136], ist sicherlich falsch, aber sie trifft genau ins Zentrum der *Problematik* des Bösen hinein: Kann denn Gott selber die Menschen in die Not der Trennung von ihm hineingestoßen haben, damit diese Gattung der Lebewesen ihn zu „finden", ihn *zu erkennen* vermag? Dann wäre das menschliche Tun des Bösen in der Trennung von Gott der gottgewollte oder von Gott in Kauf genommene Preis für das Zustandekommen menschlicher Gotteserkenntnis?! Wie schwere Leiden und Anfechtungen seiner vom Bösen betroffenen Geschöpfe hätte Gott dann zu verantworten! Diese bedrängende Konsequenz ist nicht mit leichter Hand wegzuwischen, zumal da nach allgemeiner christlicher Überzeugung Gottes Göttlichkeit unvereinbar ist mit der Meinung jener dualistischen Weltanschauungen, die neben Gott ein zweites, dunkles und für das Böse verantwortliches demiurgisches Weltprinzip stellen. Das dualistische Denken „erklärt" das Rätsel des Bösen sehr viel leichter als das christliche (siehe Augustins manichäische

[136] S.o. S. 141f.

„Anlaufstrecke" auf seinem Weg zur christlichen Existenz und Gotteserkenntnis!), aber es verabschiedet sich von der Allmacht Gottes, überhaupt von Gott als dem Schöpfer Himmels und der Erde. Uns bleibt daher nichts anderes übrig, als uns jetzt in jene schwierigen Fragen hineinzubegeben, vor denen das Christentum immer gestanden hat, wenn es die Wirklichkeit Gottes und die Wirklichkeit des Bösen gleichermaßen ernstnahm.

Wir haben soeben die intellektuell durchaus verlockenden Erklärungsmöglichkeiten für die Existenz des Bösen, die die dualistischen Kosmologien bereithalten, *a limine* abgewiesen. Im vorigen Paragraphen aber hatten wir bereits die in der Aufklärung und im deutschen Idealismus entwickelten Theorien abgewiesen, denen zufolge das Böse nur ein *sogenanntes* Böses sei, weil es immer auch „sein Gutes" habe und sogar den Grund unserer Freiheit bilde. Diese Deutung, die das Böse als ein in Kauf zu nehmendes Übel bewertet (und es damit übel verharmlost), wäre – wenn sie wahr wäre – eine gedanklich elegante und befriedigende Lösung. Ihr gegenüber sahen wir uns aber zu dem Standpunkt genötigt: Nicht *weil* wir Menschen unseren Geist betätigen und die zur Menschlichkeit gehörende Freiheit wahrnehmen wollen, müssen wir durch das als böse empfundene „Negative" (Hegel) hindurchgehen. Sondern: Sofern wir bei der gottgewollten Betätigung unseres Geistes und bei der gottgewollten Wahrnehmung unserer Freiheit nicht zugleich in der Gotteserkenntnis, d.i.nicht zugleich im Glauben stehen, fallen wir in das Böse! (Betätigung des menschlichen Geistes und menschliche Freiheit sind *nicht* Folgen des Sündenfalls, sondern gehören schon *vor* ihm zum Humanum und werden *durch* ihn infragegestellt[137].)

Wir sagen also vom Bösen: Das Böse ist nicht der Preis der Freiheit, sondern ihr Verlust. Der die Freiheit begründende Exodus der Menschheit aus dem Tier- und Pflanzenreich hat, recht verstanden, mit Adams Fall in das Böse gar nichts zu tun. Der Exodus aus der vollständigen Instinktgeleitetheit ist vielmehr als ein gottgewollter Weg der Menschheit in die Selbstbewußtheit und Erkenntnisfähigkeit zu betrachten. Nichts Negatives, nichts Übles haftet ihm an! *Dieser* Exodus wurde im Gegenteil ermöglicht durch eine besondere Zuwendung Gottes zu den Hominiden. Diese Zuwendung geschah in

[137] Vgl. JÜNGEL, 536: Nicht die in die Sünde gefallenen Menschheitseltern Adam und Eva, sondern „die Glaubenden" sind „‚die ersten Freigelassenen der Schöpfung'". J. bezieht sich hier auf die bekannte Formulierung von J. G. HERDER, Ideen zur Philosophie der Geschichte der Menschheit, 1. Teil, 4. Buch (SW hg. v. B. SUPHAN, Bd. 13, Berlin 1887 [= 1967], 146).

göttlichen Worten der Güte, durch die allein sich die Hominiden den Schritt in die Freiheit getraut haben. Das Böse aber beginnt erst mit der menschlichen Abwendung von Gott und seinem Wort. Das Böse ist Unglauben. Solche Abwendung geschieht immer aus der *Illusion* heraus, es sei die Gefahr, zusammen mit der Gottesverbundenheit auch die Freiheit und die Humanität wieder zu verlieren, dann doch nicht so groß. Es könne sich im Gegenteil im Zuge der Abwendung von Gott die Menschlichkeit noch reicher entfalten. Gen 3 lieferte die Pseudorechtfertigung für die Meinung, der Ungehorsam gegen „Gottes Stimme" führe doch zu beweisbaren Fortschritten der Zivilisation. Die Zivilisation aber sei von beweisbarer Nützlichkeit im Kampf gegen Krankheiten, gewalttätige Rechtsbrüche und Naturkatastrophen. Sie vermehre den allgemeinen Wohlstand. Kurz, die Zivilisation sei eine wirksame humane Erfindung gegen die Übel, welche Gott leider aus seiner Schöpfung (noch) nicht entfernt hat.

Das Tragische und Fehlerhafte dieser Meinung liegt in der Verwechslung von Übel und Bösem. Man verwechselte aber auch die zivilisatorischen Verbesserungen mit dem menschlich Guten, mit dem Nicht-böse-Sein. Man verwechselte dies ebenso, wie man auch die zivilisatorisch vermehrte menschliche Bewegungsfreiheit fälschlicherweise mit einer Vermehrung der menschlichen Freiheit gleichsetzte. Die zivilisierter werdende Menschheit fiel sich selbst in den Rücken durch die Illusion, zusammen mit ihren Erfolgen im Kampf gegen die Übel zugleich das Böse loszuwerden – und somit über ihrer Gottesvergessenheit sogar noch zunehmend gut zu werden. Der komplizierten Frage des Verhältnisses zwischen Übel und Bösem wollen wir uns nun zuwenden.

d) Ist zwischen dem Bösen und den Übeln zu unterscheiden?

Malum kann auf deutsch entweder mit „Böses" oder mit „Übel" wiedergegeben werden. Bei der letzten Bitte des Vaterunsers steht man im Deutschen vor der Frage, ob „erlöse uns vom Bösen" oder „erlöse uns vom Übel" gebetet werden soll. Gleichzeitig steht man vor dem Problem, worin überhaupt ein Unterschied zwischen Bösem und Übeln zu sehen wäre. Häufig wird gesagt, das Böse sei das Ereignis, aber auch das Ergebnis menschlicher Schuld/Sünde; die Übel aber seien die Folge einer gewissen Mangelhaftigkeit oder vorläufigen Unvollkommenheit der Natureinrichtung (Seuchen, Erdbeben, Tod, wechselseitiges Sich-Auffressen der Lebewesen usw.)[138]. Man könnte auf der Grundlage dieser Unterscheidung schlußfolgern: Für das Böse hat der Mensch einzustehen, für die Übel aber hat Gott, hat der Urheber der Natur einzustehen, wenn es einen solchen überhaupt gibt. Aber dann müßte man ehrlicherweise sofort *auch* fragen: Warum ist Gott dann nicht ebenfalls der Verantwortliche für alles Böse (und Gute), das von *Menschen* ausgeht? Auch die Menschen gehören ja zur Natureinrichtung ...

Letztlich ist es dennoch richtig, zwischen dem Bösen und den Übeln zu unterscheiden[139]. Allein, wenn dies in der soeben angegebenen Weise geschieht, unterliegt dies zunächst einigen unabweisbaren Einwänden. Denn es ist logisch und wissenschaftlich nicht stringent, die menschliche Fähigkeit, schuldig zu werden und Böses hervorzubringen, von den übrigen Mängeln der Natur abzutrennen. Auch die menschliche „Sündenfähigkeit" entstammt der Evolution der Natur. Sie ist vielleicht eine der größten Schwachstellen der Natur – also dann ein Übel par excellence. Aber diese menschliche Eigenart repräsentiert eben nicht – so könnte man dann sagen – eine besondere Klasse des Negativen, sondern sie ist ein Übel.

Wer nun demgegenüber ganz anders vorgehen und ein eher optimistisches Bild von der Menschheit zeichnen möchte, der wird eine Unterscheidung zwischen dem Bösen und den Übeln sogar erst recht vermeiden. Er wird, um den Menschen nicht in besonderer Weise negativ abzustempeln (sondern ihn als den moralisch besonders befähigten Kämpfer gegen die jetzigen Natur-Schwächen zu charakterisieren), die Übersetzung von *malum* mit *Übel* bevorzugen, wie es in der Aufklärungszeit die Philosophen Leibniz und Wolff getan haben.

Leibniz hat in seiner *Theodizee* (1710) das *malum* gänzlich auf den Begriff des *Übels* gebracht (die entsprechenden späteren Übersetzungen ins Deutsche sind richtig, weil der häufige Pluralgebrauch *nur* die Übersetzung „die Übel" zuläßt). Aber Leibniz hat dann gleichzeitig zwischen dem *moralischen Übel* (menschliche Sünde oder Schuld), dem *physischen Übel* (Leiden) und dem *metaphysischen Übel* (Unvollkommenheit der Dinge in der nur bestmöglichen aller Welten) unterschieden[140]. Diese drei Gattungen von Übeln stehen in – innerhalb der abendländischen Geschichte des Denkens sehr strittigen – wechselseitigen Abhängigkeitsverhältnis-

---

[138] GÜNTHER beobachtet (25), daß unsere Sprache oft *das Böse* als „die Sache eines Subjekts", *das Übel* aber „als Attribut eines uns objektiv Begegnenden" bewertet.

[139] Hierauf stößt jede eindringende Untersuchung, auch wenn die Unterscheidung gelegentlich in anderer Terminologie geschieht wie z.B. bei BARTH, der (KD III/3, 362f) von der „*Schattenseite* der Schöpfung" das „wirklich" Nichtige, das „wirklich" Böse unterscheidet.

[140] LEIBNIZ, I.B. § 21.

sen: Aus dem metaphysischen Übel folgt *nach Leibniz* das moralische[141], aus dem moralischen Übel aber das physische[142].

Für Leibniz lag es nahe, das moralische Übel, die Sünde also, aus dem metaphysischen Übel herzuleiten: Die Wurzel der Sünde ist demnach das menschliche Sich-nicht-abfinden-Können oder -Wollen mit der (schöpfungsgemäß doch unvermeidlichen, notwendigen und letztlich guten) eigenen Unvollkommenheit und der Unvollkommenheit der Welt. Denkbar wäre es freilich auch (im Unterschied zu Leibniz und in Übereinstimmung mit manchen Humanwissenschaftlern), die Leidenserfahrung und die Leidensangst (also das physische Übel) als die Hauptwurzel menschlicher Schuld/Sünde zu sehen[143]. Aber Leibniz hat, wie gesagt, das physische Übel als eine Folge des moralischen Übels und nicht als dessen Voraussetzung verstanden. Die Leiden sind nach seiner Einschätzung Strafen für moralische Verfehlungen, aber auch Erziehungsmittel. Wiederum wäre es demgegenüber aber denkbar gewesen, das physische Übel aus dem metaphysischen Übel, aus der Unvollkommenheit der Welt als aus seiner Wurzel herzuleiten. Außerdem bleibt immer eine Identifizierung von physischem und metaphysischem Übel erwägenswert. Nämlich dann, wenn man sagen will: Die Unvollkommenheit der Welt *besteht* gerade in ihrer Eigenschaft, Lebewesen leiden zu lassen.

Im Blick auf die Frage, ob zwischen dem Bösen und den Übeln unterschieden werden müsse, liegt der springende Punkt darin: Entschließt man sich dazu, die sich schuldig machenden Menschen eher *als Opfer* zu sehen? Will man also das menschliche Böse nicht aus je *eigener* Verderbnis der Individuen heraus verstehen, sondern aus einer die menschlichen Individuen stets von außen her beschädigenden üblen Realität? *Wenn man dies will, braucht man zwischen dem Bösen und den Übeln nicht zu unterscheiden.* Und genau dahin geht in der Neuzeit eine in ihrer Mächtigkeit geradezu konkurrenzlose anthropologische Tendenz.

Eine Anmerkung des Autors zu dieser Tendenz: Wer dürfte bestreiten, daß zugefügte Gewalt Menschen verbiegen und in ein antisoziales Verhalten treiben kann? Und wer dürfte bestreiten, daß vermeidbare Leiden und Verbiegungen auch vermieden werden sollen? Darüber sollte kein Streit sein – auch nicht mit der Theologie. Es darf aber andererseits auch nicht behauptet werden, daß sich das Problem des Bösen so löse und erkläre wie es folgende Hypothese meint: „Das Böse stammt aus gewaltsamer Verbiegung der Menschen durch andere Menschen oder durch anonyme Verhältnisse und Strukturen!" – Wer dies für eine adäquate Auskunft hält, übersieht die Zirkularität seines eigenen Ansatzes: Warum quälen die Quäler? Warum unterdrücken die Unterdrücker? Hierauf kann geantwortet

---

[141] Hierzu: Billicsich II, 124. 137.

[142] Leibniz, I. B. § 26. Obwohl z. B. Erdbeben nicht auf moralische menschliche Verfehlungen zurückgehen, meint L., daß wir die meisten physischen Leiden eben doch auf menschliche Schuld zurückzuführen haben: „Ein einziger Caligula, ein Nero haben mehr Unheil angerichtet als ein Erdbeben. Ein böser Mensch findet Vergnügen daran, andern Schmerzen zuzufügen und zu zerstören, und er findet nur zu viel Gelegenheit dazu."

[143] Vgl. Arthur Janov: „Das Böse stammt vom Leid." (Zit. bei Görres/Rahner, 85).

werden: Weil es ihnen von klein auf ähnlich erging: Und warum dieses? Antwort: Falsche Ideen, inhumane religiöse Normen und Volkssitten sind letztlich schuld daran. – Doch woher kommen diese? Schließlich steht man eben doch vor der Tatsache, daß Individuen aus sich selbst heraus böse sein können, böse sind. Das Zurückschieben der Ursachen des Bösen auf andere hat sogar schon eine logische Grenze!

Auf einen ganz anderen Zusammenhang hat Hans Blumenberg aufmerksam gemacht. Er schreibt mit Recht, daß sich das Übel im Prozeß der Neuzeit immer mehr gewandelt hat von einem *der Natur* entstammenden Negativen hin zu einem aus *dem Menschlichen* herausfließenden Negativen[144]. Je weniger wir in unseren Lebensverhältnissen noch direkt und unmittelbar von der Natur abhängen, desto häufiger gehen Übel, die wir erfahren, auf Menschen zurück.

Dieser Prozeß ist schon so weit gediehen, daß es inzwischen nicht mehr angebracht erscheint, die Übel auf von Gott oder von der Natur ausgehende Bedrängungen zu beschränken. Erleiden wir doch bei manchen Flugzeugunfällen oder bei Massenkarambolagen auf der Autobahn bereits Übel, die zwar von keinem einzelnen Menschen verschuldet sind, die aber trotzdem auf die durch Menschen der Natur aufgezwungene Zivilisation zurückgehen. *Hier scheitert die Idee von der Unterscheidbarkeit eines aus dem sündigen menschlichen Herzen resultierenden Bösen von den nicht aus menschlicher Planung und Verantwortung hervorgehenden, aber schon der Natur eingestifteten Übeln.* Auf diese Weise kann man Böses und Übel jedenfalls nicht mehr unterscheiden. Mit Blumenberg ist festzustellen: Wir erfahren immer häufiger ein *Übel*, das uns eindeutig als eine fremde Gewalt von außen aufgezwungen wird, das aber auch eindeutig „anthropogen" ist und für das es dennoch kaum „Schuldige" gibt und kaum ein Heilmittel. Inzwischen wissen wir: Es handelt sich hierbei oft um die Erfahrung der unvermeidlichen Kehrseite ursprünglich guter, humanistischer Bestrebungen und Realisationen – beispielsweise um die negativen Folgen bei der „Dialektik der Aufklärung"!

Theologie und Kirche stehen hier am Kern ihrer heutigen Sprachprobleme hinsichtlich des Bösen: Die alte Unterscheidung „das Böse kommt aus dem Inneren der Menschen und die Übel begegnen von außen" funktioniert nicht mehr. Folglich funktioniert auch eine *Predigt* nicht mehr, die immer nur generell zum Glauben und zur Buße

[144] BLUMENBERG, 68: „Die Übel der Welt erscheinen immer weniger deutlich als physische Mängel der Natur, immer mehr und wegen der technischen Verstärker eindeutiger als Resultat menschlicher Handlungen."

aufruft im Blick auf das aus den Menschen hervorquellende Negative und Destruktive. Denn es ist, wie Blumenberg gezeigt hat, nicht mehr von vornherein klar, ob es sich hierbei überhaupt um *unser* „sündiges Böses“ handelt. Theologie und Kirche müssen folglich eine neue hamartiologische Sprache erlernen, die im Blick auf das anthropogene Negative und Destruktive zu unterscheiden vermag zwischen Sünde und Nicht-Sünde, zwischen Vergebungsbedürftigem und Aufzuarbeitendem usw. Dies läuft aber auf eine *neue Fähigkeit* hinaus, zwischen dem Bösen und den Übeln zu unterscheiden!

Als ein philosophisches Grenzproblem bleibe hier die Frage offen, ob nicht doch *auch* die zunehmenden *anthropogenen Übel*, auf die Blumenberg hinweist, letztlich gewertet werden sollten als eine Lebensäußerung der großen, rätselhaften Mutter Natur, die sich diese destruktiven Menschen eben „leistet“. Weiterführend scheint dieser Grenzgedanke aber nicht zu sein. Denn hilfreich ist in dieser Lage nicht ein neuer philosophischer Naturalismus und Determinismus, sondern nur der Versuch, herauszufinden, welche negativen und bedrohlichen Erscheinungen in unserer Welt überhaupt besiegbar oder beseitigbar sein dürften, ferner: wie und durch wen der Kampf gegen sie geführt werden sollte.

Dementsprechend gilt für die Theologien, daß sie nicht mehr länger objektiv falsche „innere Zusammenhänge“ zwischen dem sündigen Herzen des einzelnen und den allgemeinen Schwachpunkten im gegenwärtigen zivilisatorischen System behaupten sollen. Kirchliche Dogmatik darf kein quasinaturalistisches Dogma von *der* bösen menschlichen Natur mehr bilden. Theologie muß neu überprüfen, wo Beichte, Sündenvergebung und göttliche Erlösung vom Bösen wirklich hingehören. Sie muß darauf hinwirken, daß nicht der einzelne in der Beichte Befreiung von Negativmächten sucht, die entweder gar nicht seine Schuld, nicht *sein* Böses sind; oder die von ihm auf ganz andere Weise als durch die Bitte um Vergebung angegangen werden sollten: etwa durch seine persönliche Beteiligung an der politischen Meinungsbildung und Gestaltung.

Es mag dabei bleiben, daß der Begriff „Übel“ einzig und allein für diejenige Dimension des *malum* steht, die mit Recht als eine *Aufgabenstellung* für unsere Sittlichkeit, Wissenschaft und technische Kunstfertigkeit begriffen wird. Es muß aber *auch* dabei bleiben, daß wir mit jener Dimension des *malum* noch „umgehen“ können, die wir niemals in unsere Gewalt bekommen. Diese Dimension erkennen wir nur, indem wir gleichzeitig auch Gott erkennen – und zwar Gott als den Grund des Seins, den wir Menschen in abgründiger

Weise in seiner Schöpferehre verwunden[145] (wobei letzteres nur ein unzulängliches Bild ist). Erst wenn wir auch diese Dimension des *malum* erfassen, hören wir auf, uns über die Wirklichkeit des Bösen vollständig zu täuschen und seine Bekämpfung in einer Richtung anzustreben, in der wir uns nur noch tiefer in es verstricken. Der Beginn unserer wirklichen Befreiung aus den Verstrickungen durch das Böse liegt ausschließlich in der Gotteserkenntnis. Kein anderer Weg ist möglich. Der allein zum Ziel führende Weg kann nur von dem Ausgangsort her beschritten werden, wo Gott und Mensch einander wie „der gütige Vater seinem verlorenen Sohn" begegnet sind.

Soll unsere Befreiung aus den Verstrickungen durch das Böse *möglich* und soll eine Bekämpfung verschiedener Manifestationen des Bösen bzw. verschiedener Übel durch uns erfolgreich werden können, dann muß der Strick des Bösen zuvor von Gottes Seite her *gelöst* worden sein. In der alten theologischen Sprache formuliert: Die Erlösung vom Bösen, um die wir im Vaterunser bitten, muß unserem Kampf gegen das Böse (soll dieser nicht das Gegenteil des Intendierten bewirken) *vorausgehen.* Wer immer gegen das Böse ankämpft, muß aus der persönlichen Berührung mit dem ihm vergebenden Gott heraus beginnen, soll sein Kampf wirklich Gutes hervorbringen – und nicht die Wirklichkeit des Bösen noch steigern. Das Böse hat eine die Welt transzendierende Dimension, die nicht etwa bis zur Existenz eines Teufels, aber bis zur Existenz Gottes reicht. Nicht um den Teufel wäre es schade, wenn Menschen diese transzendente Dimension des Bösen nicht erfassen, aber um *Gott*, genauer, um das von ihm her *uns* zukommende *Gute.*

Es gibt die Menschen auf der Welt gar nicht anders als so, daß – bildlich gesprochen – dem Schöpfer der Welt durch die Menschheit eine Kränkung oder Verwundung zugefügt wird; und es gibt die Menschen – wiederum bildlich gesprochen – auch gar nicht anders als so, daß der Schöpfer sich selbst „etwas" vom göttlichen „Herzen" reißt und es den Menschen zuwendet, damit sie sein können. (Könnten wir dies nur angemessener ausdrücken, als es in den soeben gebrauchten Bildern geschah!) Natürlich kann man das Gesagte für Spekulation halten oder für eine durch nichts zu beweisende „reine Glaubenssache". Letzteres trifft ja auch zu. Man kann, wenn man will, auch alles als irrelevant abtun, was etwa in der Christologie zu diesem Thema gesagt ist. Aber niemals, niemals wird der Mensch ohne Anerkennung dieser besonderen Zuwendung Gottes uns gegenüber im

---

[145] Vgl. Ebeling, 223: Der Satz „Gott ist ‚jenseits' des Bösen . . . bedeutet nicht: es gehe ihn nichts an. Ist doch letztlich Gott, seine Wahrheit und sein Leben, das Objekt des Bösen . . .". Das (aus des Menschen Sünde resultierende) Böse zielt letztlich auf Gott. „Hier aber findet es die Grenze seiner Macht: an der Wahrheit, die wahr macht, und dem Leben, das Leben aus dem Tode weckt. Am Ziel des Bösen kommt es zur Überwindung des Bösen."

Kampf gegen die Übel in der Welt oder gar gegen „das Böse" echt erfolgreich sein. Der Schlüssel liegt bei Gott, nicht bei uns.

Abschließend: Es geht nicht darum, daß wir die negativen Erscheinungen in unserer Welt sortieren und die einen „Übel", die anderen „das Böse" nennen. Eine solche Unterscheidung – und die damit verbundenen Probleme haben wir schon eingangs gesehen – ist letztlich weder nötig noch möglich. Aber es geht darum, daß wir am Negativen eine transzendente, weil Gott betreffende Dimension von den immanenten Dimensionen unterscheiden. Wenn wir diesen transzendenten Abgrund des Bösen, der den Grund des Seins „verwundet", in unserer Gotteserkenntnis erreichen, dann werden allerdings *alle* Erscheinungen des *malum* in unserer Welt zu *bloßen Übeln*, die dann auch bei großer Schrecklichkeit jedenfalls nichts Abgründiges, nichts Dämonisches, nichts einem Kampf gegen sie Unzugängliches mehr an sich haben.

e) *Unde malum?*

Seit Jahrtausenden suchen Menschen, das Rätsel zu ergründen, woher das Böse in die Welt komme. Das Wunschziel dabei ist, das „durchschaute" Böse schließlich auszuschalten, es zu besiegen. Doch dieses Ziel wird nicht erreicht. Die Einbildung, das Böse in den Griff zu bekommen, ist stets gleichbedeutend mit einem unbemerkten und ungewollten Vermehren des Bösen. Denn der Mensch selbst ist ja der Ursprung des Bösen. Seine exzentrische Position im Kosmos (=seine spezifische intellektuelle Ausstattung) bereitet ihm immer wieder neu die *Versuchung*, seine eigene nur vorübergehende und relative Bedeutung ‚umzulügen' in eine absolute Bedeutung. So stört er den Kosmos. So zerstört er sich und andere. So sündigt er. So verspielt er seine relative Freiheit, weil er der Versuchung nachgibt und sich über sich selbst täuscht. Man spricht dann davon – schon Augustin tat es –, daß sein *Wille* – das Böse hervorbringe. Aber auch der Wille ist kein *primum movens*. Der Mensch erliegt eben der Versuchung, er überschätzt sich, er findet keine Begrenzung seines fehlgeleiteten Strebens – das ist schon alles.

Gewiß erschloß Platons geniale und folgenreiche Intuition von der Existenz *zweier Welten* – zum einen die mit vielen Mängeln behaftete, vergängliche Welt der irdisch-materiellen Erscheinungen, zum andern die vollkommene, vollständige Welt des Geistigen bzw. der Ideen – vielfältige Möglichkeiten, um das Wesen und die Entstehung des Bösen und der Übel zu erklären. Noch nach 750 Jahren hat Augustin diese Intuition als eine große, unverbrauchte Sprach- und Denkhilfe erlebt und sie auf dem Boden des Christentums gleichsam nachentdeckt. Er vor allem hat sie an die heutige Welt weitervermittelt.

Allerdings betonte Augustin, nachdem er aus dem Bannkreis des Manichäismus herausgefunden hatte, die Unangemessenheit der Frage, *woher* das Böse stamme. Die das Hervortreten des Bösen in der Welt, insbesondere im menschlichen Willen, letztlich bewirkende Ursache sei unauffindbar. Die Frage nach der Ursache des Bösen liege auch nicht im wohlverstandenen christlichen Interesse. Statt einer Bearbeitung der Frage „*woher* das Böse?" empfehle sich eine Untersuchung „*was* ist das Böse?"[146] Im übrigen, so meinte Augustin, sollten sich die Menschen eher Gedanken machen über die Frage „*unde bonum?*", also über die Herkunft des vielen Guten, von dem wir leben. Wir würden dann auf Gottes Schöpferhandeln verwiesen werden.

Was der christliche Bischof Augustin *auch* hinter sich ließ, ist jenes in allen gnostischen Systemen das vitale Zentrum bildende Bestreben, das Böse denkerisch und erkenntnismäßig zu bewältigen, das Böse hinsichtlich seines Status und seiner Funktion im Weltprozeß durchsichtig zu machen und es so praktisch zu besiegen. Die gnostisch-manichäische Frage „*unde malum?*" bekommt uns nach Augustins Meinung deshalb nicht, weil sie uns übersehen läßt, wie wir selbst im Kern unserer Person das Böse verursachen und repräsentieren, ohne dies auf äußere Veranlassungen zurückschieben zu können. Im Bannkreis der Frage nach den vermeintlichen äußeren Letztursachen des Bösen wird sich der Mensch darum nur noch tiefer in das Böse verstricken. Er wird sich zusätzliche Illusionen machen über sich selbst.

---

[146] De natura boni contra Manichaeos. Liber Unus, cap. 4. MPL 42,553: „... cum quaeritur unde sit malum, prius quaerendum est quid sit malum". AUGUSTIN antwortet hier selbst, nichts anderes sei das malum als eine Verderbnis entweder des richtigen Maßes (modus) oder der angemessenen Erscheinungsform (species) oder der natürlichen Ordnung (ordo naturalis). A. versteht das malum also nicht als eine eigene böse Substanz, sondern formal als ein Durcheinandergeraten der Kategorien, unter denen sich Seiendes manifestiert. – Vgl.: De moribus Ecclesiae catholicae et de moribus Manichaeorum. Liber Secundus, cap. 2. MPL 32, 1345 f. Hier wirft A. den Manichäern vor, mit Penetranz fragten sie „unde sit malum?", aber sie seien ignorant, wenn es darum geht, *was* das malum ist. Die Manichäer halten ja die Natur oder das Seiende selbst für das malum. Aber sie irren. Was *gegen* die Natur ist, das ist das malum, schreibt A. Das malum hat das Bestreben, das, was ist, in seinem Sein aufzuheben: „Tendit ... id quod est, facere ut non sit".

Dieser Fingerzeig bestätigt uns noch einmal, daß es auf alle Fälle angebracht ist, zwischen dem Bösen und den Übeln zu unterscheiden. Denn dies darf kein Theologe behaupten, daß wir auch nach den Ursachen der Übel in der Welt *nicht* fragen sollten. Es wäre *wider* die Bibel, wollten Christen sich nicht um die Ursachen von Leiden, die vermieden oder besiegt werden können, kümmern. Man hätte es mit einem groben Mißverständnis von Mt 5,39 zu tun, wenn Christen beispielsweise Schutzmöglichkeiten vor Blitzschlag bewußt ungenützt ließen, um „dem Übel nicht zu widerstehen". Der Wunsch nach einer Untersuchung der Herkunft oder der Ursachen von Übeln ist auch eines der wertvollsten Motive der modernen Wissenschaft. Allerdings gehört zum Ethos des mit solcher Untersuchung befaßten Wissenschaftlers auch die Erforschung möglicher *Nebenwirkungen*, die sich als *neue Übel* aus der *Ausschaltung* von Beschwernissen, die wir als Übel erfuhren und bekämpften, ergeben. Dies bedeutet, daß endlich auch ein Ethos von den – zur Vermeidung noch größerer Übel – zu ertragenden und hinsichlich ihrer Last gerecht zu verteilenden Übel entfaltet werden muß. Ein weithin offenes, aber dringliches Desiderat!

Bekanntlich hat Augustin nicht allein die Unerforschbarkeit der Herkunft des Bösen gelehrt, sondern auch das Nichtvorhandensein einer besonderen Substanz, die innerhalb der Schöpfung das Böse bilden würde[147]. Die Schöpfung sei nicht ein Gemisch von gutem Seiendem und bösem Seiendem, sondern alles Geschaffene sei gut, und das Böse sei eine Art Aushöhlung dieses Guten. Das Böse schmarotzt am Guten. Es ist nichts Eigenes, sondern *privatio boni*, ein Mangel, eine Abwesenheit des Guten, ein nur durch den Menschen (aus des Menschen Willen heraus) erzeugbares Loch in jenem umfassenden Guten, das alles Seiende oder Geschaffene darstellt. Ganz im Sinne Augustins lehrt auch heute z.B. der evangelische Theologe W. Mostert: „Der Ort des Bösen ist da, wo das Gute sein sollte und könnte. Das Gute wird seines Ortes beraubt."[148] Diese Verdrängung des Guten geschieht, weil man selber mit seinen Plänen und seinem Tun dessen Ort einnehmen will und sich einbildet, dadurch *erzeuge* man allererst Gutes. Genau diese Haltung ist die Wurzel des Bösen.

Das Böse ist die partielle Abwesenheit des Guten im Kosmos durch Raub. „Der Räuber des Guten ist der Mensch". „Daß da Böses ist, wo Gutes war und sein soll, das ist durch den Menschen Wirklichkeit."[149] Wird aber der Mensch unter diesem Blickwinkel gesehen, so

---

[147] Hierzu und zum Folgenden: KOCH, 294ff, wo sich auch eine Kritik an der logischen Nicht-Stringenz der Augustinschen Herleitung des Bösen aus dem menschlichen Willen findet. – Eine Sammlung der Augustin-Quellenstellen findet sich z.B. in der Augustin-Darstellung bei BILLICSICH I; einen besonders gründlichen Quellennachweis zur Lehre vom Bösen als „privatio boni" bei Augustin und anderen Kirchenvätern, sowie bei weiteren Theologen und Philosophen bis hin zur Neuzeit, bietet schon MÜLLER, I, 392ff.

[148] MOSTERT, 465.

[149] AaO, 467.

nimmt man ihn zugleich als Sünder wahr. Als Sünder begeht er aktiv die *privatio boni*, die Demontage des Seins, die Vernichtung von Teilen des Schöpfungszusammenhangs. Dieses Raubhandeln ist „deswegen verhängnisvoll, weil der Mensch selbst ein von Gott geschaffenes Gut ist“[150]. Er zerstört sich, er widerspricht sich letztlich selbst, wenn er sündigt. Er, der Mensch, geht bei der Sünde ins Nichtige; und er zieht Mitgeschöpfe in diesen Bereich mit hinein. Niemals darf sich christliche Theologie von diesen Basisaussagen über das Böse entfernen.

Aber man kann nun fragen, ob diese Lehre vom Bösen mit der Annahme der personalen Existenz eines Teufels oder Satans vereinbar sei. Und man kann außerdem fragen, ob die Definition des Bösen als *privatio boni* nicht die Eigenwirksamkeit und Eigenmächtigkeit des Bösen verkenne. Modernen Denkvoraussetzungen liegt möglicherweise die Hypothese, es müsse ein Teufel oder ein eigenes teuflisches Prinzip in der Welt existieren, viel näher als man im allgemeinen glaubt. Darauf ist im nächsten Abschnitt einzugehen.

f) Kirchliche Sprachprobleme in bezug auf das Böse – der Teufel und die Inkarnation des Bösen in der Seele

Jetzt ist die schwierige Frage zu erörtern, *wie* von der ins Transzendente reichenden, will sagen: *Gott* betreffenden Spitze des Bösen unter den Bedingungen der Neuzeit theologisch-kirchlich gesprochen werden sollte. Ist die religiöse und die dogmatische Sprache der Kirche veraltet? Trägt eine theologische Terminologie, die das Böse nicht allein im menschlich-weltlichen Bereich wahrnimmt, sondern von ihm auch behauptet, es betreffe und verletzte in seiner Spitze Gott, den Bedingungen heutigen Denkens (z. B. Subjektivismus, Anthropozentrik usw.) überhaupt Rechnung? Redet sie denn nicht auch z. B. an den modernen tiefenpsychologischen Erkenntnissen vorbei? Wird die Kirche *dadurch* ungewollt zu einer Agentin des Bösen, daß sie sich diesem längst nicht mehr an den Brennpunkten, wo es virulent wird, „stellt“, obwohl sie es meint? Die kirchliche Sprache scheint in doppelter Weise von säkularen Sprechweisen überholt worden zu sein. Zum einen gewinnt der „Teufelsglaube“ – das Rechnen mit der Realität Satans – vielerorts umso mehr Attraktivität und neue Plausibilität, je weniger die Kirchen noch für die Anerkennung

---

[150] AaO, 469.

einer Satanspersönlichkeit plädieren. Zum andern fordern nicht wenige Tiefenpsychologen uns alle zur Anerkennung der Wirklichkeit und numinosen Kraft des Bösen in der eigenen Seele auf: und zwar, wenn wir C.G. Jung folgen, nicht in der Weise, daß wir um eine Erlösung von oder um eine Verschonung vor diesem Bösen beten sollten, sondern allenfalls um die Kraft zu seiner *Integration.* Und dieses Böse sei nicht nur eine *privatio boni*, sondern eine machtvolle Realität *sui generis.*

Nach beiden Seiten hin sollten sich Theologie und Kirche heute unbedingt als gesprächsfähig erweisen.

α) „Der" Böse: unser Sprachproblem mit dem Teufel

Drei Denkmodelle sind aktuell:

I. Es lohnt nicht, dieses Thema überhaupt aufzugreifen.

II. Wer „Gott" für Realität hält, müßte dies konsequenterweise auch hinsichtlich des Teufels tun.

III. Zwar existiert Gott, nicht aber der Teufel. Denn „der" Böse ist das absolut Nichtige. *Ist*...? Ja, um Realität handelt es sich auch beim Nichtigen, aber nicht um eine Person. Denn Personhaftigkeit setzt Beziehung voraus. Das Nichtige aber ist das ganz Beziehungslose...

Für das erste Denkmodell spricht gegenwärtig am meisten. Denn größer als die Gefahr, daß „das Völkchen", eben weil es den Teufel derzeit kaum „spürt", von *ihm* „am Kragen" gehalten wird, ist die andere Gefahr, daß sich mit einem „Glauben" an den Teufel Gegen-Aufklärung und eine regressive Dämonisierung von Realitäten, an denen sich Ängste entzünden, verbinden.

Das zweite Denkmodell ist das fragwürdigste. Es ist nicht ersichtlich, wie es auch nur logisch, geschweige denn historisch und theologisch zu erhärten wäre. Das Alte Testament gewährt uns ein schönes Beispiel dafür, wie eine Religion, die zwar unter gewissen Einflüssen zu einer bestimmten Zeit mit der Existenz Satans zu rechnen begann, zuvor während vieler Jahrhunderte zwar Gott, nicht aber auch einen Teufel kannte. *Theologisch* soll das Plädoyer *für* den Teufel, der als Gott gegenüberstehend gedacht werden müsse, allemal der „Entlastung" Gottes und der Menschen dienen. Gott soll auf diese Weise als Ursprung des Bösen nicht in Frage kommen. Und der Mensch soll auf diese Weise gedanklich gerettet werden als ein Wesen, in dem doch auch Gutes und Freiheit zum Guten wohne (nach dem Motto: „So böse können wir doch gar nicht sein, daß all' das Schreckliche, das wir anrichten, vollständig auf *unser* Konto ginge"). So wird, logisch kurzatmig, der Teufel „vorgeschoben". Aber das verändert das Problem, recht verstanden, überhaupt nicht: Gott wird nicht „entlastet", denn: warum läßt er den Teufel zu? Der Mensch wird nicht entlastet, denn: welche ernstzunehmende Religion wird es ihm gestatten, seine bösen Taten auf einen anderen Verantwortlichen (der gar noch in einer anderen Welt wohnt) zurückzuschieben?

Der Heidelberger spekulative Theologe Karl Daub (1765–1836) hat wohl die gedankenreichste Verteidigung des Teufels vorgelegt. Sie erfolgte in kritischer Auseinandersetzung mit dem Gottesbegriff, den F.W. J. Schelling in seinen „Philosophische(n) Untersuchungen über das Wesen der menschlichen Freiheit und die damit zusammenhängenden Gegenstände" (1809) entfaltet hatte. Schelling, der seinerseits Aporien bisheriger Anschauungen zu überwinden bestrebt war, suchte nach einer gedanklichen Herleitung des Bösen aus Gott, die jeden Dualismus in der Welterklärung vermeidet und die dennoch *nicht* Gott zum Verursacher des Bösen erklärt. Im Ereignis der Weltschöpfung habe, so Schelling, in Gott ein dunkler Seinsgrund zusammengefunden mit Gottes lichthell-geordnetem Willen. Der dunkle Seinsgrund ist ausschließlich ein wilder, selbstischer und sehnsuchtsvoller Drang, in die Existenz hineinzugelangen. Gottes Wille aber ist immer bereits von Liebe und Verstand geprägt. Die Geschöpfe haben somit einen doppelten Ursprung aus Gott. Sie sind frei, diese beiden Prinzipien aus ihrem *in Gott* einträchtigen und sinnvollen Miteinander zu lösen und sie gegeneinander zu verkehren. Aus Geschöpfen, die dieses tun, quillt dann das Böse in die Schöpfung hinein.

In seinem eigentümlichen Werk „Judas Ischarioth oder das Böse im Verhältnis zum Guten" (1816/18) hat K. Daub diese Theorie zu verbessern versucht, weil sie den Ursprung des Bösen letztlich doch nicht von Gott separiere. Daubs Korrektur besteht in der Einführung der Existenz des Satans, die sich gedanklich als zwingend notwendig erweise! Wie aber ist Satan geworden? Er entstand ohne „vernünftigen Grund" als ein „leidiges Wunder" durch sich selbst. Er ging nicht etwa *aus* der Schöpfung hervor, die ja „gut" ist, sondern er entstand *in ihr* aus eigenem Antrieb (Bd. I, S. 136; Bd. II, S. 96f). In ihm verdichtete sich Schellings dunkler Seinsgrund durch „Selbstentzündung" am Willen Gottes vorbei zu einem existierenden Wesen, das, weil ohne Zusammenhang mit der Schöpfung, als das „absolut zufällige Wesen" von Anfang an *gegen* die Schöpfung und ihren göttlichen Urheber steht (Bd. I, S. 171ff): „Gott ist ihm nicht Gott, sondern er sich selber". Nicht „die Ewigkeit, sondern die Zeitlichkeit mit ihrer skandaleusen Chronik, Geschichte genannt, hält er ... für die Wirklichkeit; nicht das Heilige, sondern das Räumliche ist ihm das Wesentliche; nicht die Liebe ..., sondern der Haß ist ihm Liebe; nicht die Wahrheit ..., sondern die Lüge selber ist ihm Wahrheit" (Bd. II,446).

Daubs Aufstellungen hatten den willkommenen Nebeneffekt, gleich noch den sogenannten Zeitgeist, der der Theologie immer viel zu schaffen macht, als „Lügengeist" entlarven zu können. Aber es ist hinreichend deutlich: Auch Daub vermochte nur *das* in die Existenz seines „Satans" hineinzulegen, was andere als das Wesen des sündigen *Menschen* begreifen: Lüge, Feindschaft gegen Gott, grundloser Haß auf Gottes Schöpfung usw. Daubs Argumente *für* den Teufel leben insgesamt mehr von den von Daub wahrgenommenen Problemen in Schellings System als von einer tragfähigen Bibelexegese und dogmatischen Grundlegung. Das zeigt sich besonders an seiner fragwürdigen Theorie: wie Christus als die Inkarnation des Guten zu gelten habe, so sei der ihm gegenüberstehende Judas Ischarioth die Inkarnation des Bösen gewesen. Judas – zuletzt „nur noch die Hülle eines Menschen" – vollzog einen ihm angeblich vom Wesen her konsequenten Selbstmord (Bd. I, S. 22ff).

Daub achtete als theologischer Deuter der ihm zeitgenössischen Geschichte auf Mißgeburten und andere biologische und physikalische Abnormitäten – Satanszeichen! Mit großer dogmatischer Sicherheit aber konnte er auf dem Grund und Boden seines Systems einer durch die Naturwissenschaften verunsicherten Bürgerschaft darlegen, daß der „Zufall" nicht als „Schöpfer oder Mitschöpfer der Welt" gelten könne (Bd. II, S. 427). Denn der Zufall ist – angeblich – des Teufels Ursprung und Wesen[151]!

Das dritte Denkmodell enthält zwei schwierige Fragen, die nicht abgewiesen werden dürfen. Die eine lautet: Ist also Gott letztlich der Urheber auch des Bösen? Die andere lautet: Ist die unpersönliche, böse Macht des Nichtigen ein *Bestandteil* jeder menschlichen Person, den wir entweder zu unserem Schaden *verdrängen* oder aber im Zuge persönlicher Reifung uns *bewußt einverleiben*? Die erste dieser beiden Fragen soll man nur deshalb nicht abweisen, weil man denen, die sie stellen, ihre Sinnlosigkeit zu zeigen versuchen muß: Sie kann niemals zu einem begründeten Ergebnis führen, weil wir es niemals ausschließen können, daß wir den Schöpfer der Welt, wenn er an uns Gutes wirkt, dennoch als Quelle des Bösen *empfinden*. Die Herkunft des Bösen ist kein denkerisch zu klärendes Problem. Aber es ist nicht leicht, sich damit abzufinden. Gerade nur der wird dies können, der sich als Sünder erkennt. – Die zweite Frage weist zu dem Problem hinüber, ob Theologie und Kirche neuerdings, tiefenpsychologischen Ergebnissen Rechnung tragend, dem uralten Gedanken endlich nähertreten sollten, auch das Böse müsse „Mensch werden", sich „inkarnieren". Dieses weitschichtige Problem soll jetzt gesondert untersucht werden.

β) Inkarnation des Bösen oder Erlösung vom Bösen?

Anhand von Texten wie C. G. Jung, „Antwort auf Hiob" (1952), kann man sich die Reichweite der hier zu verhandelnden Frage verdeutlichen: Es scheint die *Erfahrung* dafür zu sprechen, daß nicht nur ein lichthelles, freundliches, vernünftiges, ethisch konstruktives und gesetzestreues Göttliches vom Menschen „empfangen" werden will (so wie Maria den Gottessohn empfing), sondern ebenso auch ein dunkles Göttliches mit anarchisch-zerstörerischen Kräften. „Gott" hat

[151] Zitate nach SCHANNE, 160ff. – Schelling und Hegel haben gegenüber Daubs Gleichsetzung des Zufälligen mit dem Satanischen doch in sehr erwägenswerter Weise das Zufällige im göttlichen Wesensgrund selbst betont und die Aussage gewagt, daß *in Gott* Zufall und Notwendigkeit koinzidieren. S. hierzu: JÜNGEL, 30 Anmk. 15; sowie 35.

zwei „Söhne", den Christus und den Satan, und wir Menschen müssen es sehr teuer (nämlich mit Zerrissenheit und Daseinsverfehlung) bezahlen, wenn wir es nur einem von beiden gestatten, in uns Fleisch und Blut zu werden. Daß ich mehr und mehr die Person werde, die ich unverwechselbar *selbst* werden soll, und vor allem, daß ich ein Mensch des Friedens werde und selber Frieden finde, dies setzt voraus, daß ich die Kraft gewinne, *mein* Böses „anzunehmen"[152].

Die christliche „Idee", das Böse sei eine bloße *privatio boni*, „stimmt nicht überein mit den psychologischen Erkenntnissen. Die psychologische Erfahrung zeigt, daß allem, was wir ‚gut' nennen, ein substanzielles ‚Böses' oder ‚Übel' [bezeichnenderweise unterscheidet Jung zwischen beidem *nicht*] gegenüber steht. Wenn das ‚Böse' nicht existiert, dann müßte alles, was ist, notgedrungenerweise ‚gut' sein. Nach dem Dogma [sc.: der Kirche] kann weder das ‚Gute' noch das ‚Böse' im Menschen seinen Ursprung haben, da ‚der Böse', als einer der Söhne Gottes, vor dem Menschen war[153]. Die Idee der *‚privatio boni'* begann erst nach Mani in der Kirche eine Rolle zu spielen. Vor dieser Häresie [nämlich der Kirche!] lehrte Clemens von Rom, daß Gott die Welt mit einer rechten und einer linken Hand regiere; mit der rechten Hand war Christus gemeint, mit der linken Satan. Die Auffassung von Clemens ist offensichtlich monotheistisch, da er die Gegensätze im einen Gott vereinigt. Später wurde das Christentum dualistisch, insofern als der in Satan personifizierte Teil der Gegensätze abgespalten wird und Satan im Zustand ewiger Verdammnis verbleibt. Dies stellt das zentrale Problem dar. Es ist von primärer Bedeutung und bildet den Ausgangspunkt der christlichen Erlösungslehre. Wenn das Christentum den Anspruch erhebt, eine monotheistische Religion zu sein, so ist die Annahme der im einen Gott enthaltenen Gegensätze unerläßlich." (Antwort auf Hiob, S. 505 f; Bemerkungen in eckiger Klammer von mir)

Jungs Beschreibung der dogmatischen Entwicklung trifft die historischen Tatsachen nicht hinreichend korrekt. Abgesehen davon, daß Clemens von Rom keinen Einschnitt in der Gottesauffassung bedeutete, von dem aus „später" alles anders geworden wäre, ist auch zu wenig berücksichtigt, daß sich Augustin zugleich mit seiner Abkehr vom Manichäismus gerade entschieden von einem dualistischen Gottesbegriff entfernte – und gerade dies mit der Bezeichnung des Bösen

[152] Man soll nicht übersehen: JUNG spricht schlechterdings nicht von dem, worum es im Inkarnationsdogma der Kirche geht. Er ist mit einem anderen Thema befaßt. Der Gott des kirchlichen Dogmas will weder in lichtheller noch in dunkler Gestalt von uns „empfangen" werden – auch nicht von unserem Unbewußten. *Wir* hätten das wohl zuweilen gern so; es schmeichelte uns und verliehe uns teils wünschenswerte, teils fürchterliche Bedeutung. Aber wir kommen dafür gar nicht in Betracht: nicht für jenen Vorgang, von dem Joh 1,14 die Rede ist („... das Wort ward Fleisch ..."). Und was schließlich Maria anbetrifft: Sie hat ihre ungesuchte Beteiligung an der Menschwerdung Gottes durchaus nicht für ihre eigene menschliche Entfaltung benötigt. Aber eben hiervon spricht J., wenn *er* es mit dem Inkarnationsthema zu tun hat.

[153] Jung irrt hier: Nach dem Dogma *hat* das Böse im Menschen seinen Ursprung.

als *privatio boni* vereinbarte. Auch wurde, weil Jung wohl Gottesauffassungen aus der liberalen Theologie des 19. Jahrhunderts als Maßstab nahm, nicht gesehen, daß sich einflußreiche christliche Theologen – man denke an Luther oder an den Occamismus – zu bemühen pflegten, den in Christus offenbaren Gott mit dem verborgenen Gott zusammenzudenken. Sie taten dies genau darum, weil sie den „Gegensatz" in Gott selbst voraussetzten und spürten.

Für Jung war es bedeutsam, daß sein eigener Vater als Pfarrer und als Mensch scheiterte, weil er, wie es Jung schien, glaubensmäßig und ethisch den Forderungen seines Gottes nicht zu genügen vermochte. Sein Beruf war sein Ruin. Die Pflicht, Zeuge des lieben Gottes zu sein, war für ihn eine menschliche Überforderung. Hierin sah Jung, tiefenpsychologisch, den Vorgang, daß ein Mensch in seiner Gottesbeziehung von *Gottes* dunkler Seite belastet wurde (vgl. die entsprechende Denkfigur in „Antwort auf Hiob", S. 489). Ein Mensch wurde mit jenem Bösen „identifiziert", das eigentlich Gottes Böses ist. Erst wenn ein Mensch dieses Böse im Prozeß der sog. Individuation als *sein* Böses anzunehmen lernt, wird er mit dieser Last fertig. Dies ist mit der Vorstellung von der Notwendigkeit einer Inkarnation der dunklen Seite Gottes in uns gemeint.

Wie aber denkt Jung wohl über den Menschen als *Quelle* des Bösen? Und wie über die Erlösung des Menschen – durch Gott? Rät er der Christenheit, die Gottes dreieiniges Wesen durch den Menschen Jesus geradezu definiert sieht, im Ernst, sie möge Gott nicht nur als Liebe, sondern als Liebe und Satan in einem verstehen – und ihn *so* auch verehren? Ist so Vertrauen zu Gott, ist so Liebe zu Gott überhaupt möglich?

Wir kommen hier nur weiter und können Jung auch nur ernstnehmen, wenn wir, erstens, sein Anliegen teilen, eine menschliche Überforderung durch das Göttliche als etwas nicht Hinzunehmendes (und objektiv auch nicht Gegebenes) anzusehen, und wenn wir, zweitens, den Ort seiner Rede von der (gerade unter christentumsgeschichtlichen Bedingungen erforderlichen) Inkarnation der dunklen Seite Gottes genau wahrnehmen.

„Sünde" und „das Böse" spielen ja im Erleben vieler heutiger Menschen nur *losgelöst* von der Glaubenserkenntnis und einer gläubigen Gottesbeziehung eine Rolle. Was „sündig" oder „böse" sei, wird bei ihnen von mehr oder weniger irrationalen Konventionen, Traditionen, Fremdinstanzen usw. her bestimmt. Überhaupt gilt in der heutigen Gesellschaft: Das Böse hat keine offizielle Definition mehr, es ist im Prozeß der Neuzeit ins Unbewußte, Subjektive und

Private *abgesunken*. Der einzelne ist mit seinem Bösen allein. Er steht schon wegen der fehlende Sprache und Veröffentlichbarkeit für das „Dunkle in ihm", das er z. T. ohne sein Verschulden nur aus geschichtlichen Gründen in sich trägt, in der Gefahr, zerspalten zu werden. Und da hält ihn Jung nun nicht nur für berechtigt, sondern geradezu für verpflichtet, sich nicht zur Hälfte verleugnen zu müssen. Denn dies bekommt weder dem Leben im allgemeinen noch dem Menschsein im besonderen. Dem kann man allemal auch von der Theologie aus beipflichten.

Muß man, um *hierin* den springenden Punkt an Jungs Rede von der (über Jesus Christus hinaus) weitergehenden Inkarnation Gottes in uns sehen zu können, Jung ein wenig besser verstehen als er sich selber verstanden hat? Jedenfalls: so *muß* man ihn verstehen – und nicht als Religionslehrer, der einen neuen Gottesbegriff von einem nicht verehrungswürdigen Gott aufstellte. Wo nicht der Glaube und eine gelebte Gottesbeziehung nach der Maßgabe des Evangeliums zur Erkenntnis eigener Sünde hinführen (was die soeben genannten Probleme des *Absinkens* von ehemaligen Glaubens- und Ethosinhalten ins Unbewußte gegenstandslos machen würde), da ist es hilfreich, wenn z. B. ein Arzt zur Individuation ermutigt und die mit ihr verbundenen Ängste aufzufangen und auszuhalten hilft. Hilfestellung zu geben, daß Menschen ihre ins Dunkel gehüllte zweite Seite zu integrieren vermögen, ist zweifellos, was Luther ein „gutes Werk" genannt hätte. Daß ein solcher Vorgang als „numinos" erfahren wird, ist anthropologisch verständlich. Daß er sich in unserem Kulturraum häufig in freier Weise mit christlichen Symbol- und Sprachresten verbindet, ist geschichtlich vorprogrammiert. So kommt es auch zum derzeitigen inflatorischen Gebrauch des Begriffs „Inkarnation". Das alles muß von einer verständigen Theologie hingenommen werden, nachdem sie sich über die Situation klar geworden ist. Menschen, denen auf Jungs Weise geholfen wird, ihrem Schatten und ihrem gegengeschlechtlichen Archetypen standzuhalten und beiden Einkehr ins *bewußte* eigene Wesen zu gewähren, sind im übrigen nicht von vornherein dazu verurteilt, dem christlichen Gott den Rücken zuzukehren und von „Selbsterlösung" Gebrauch zu machen. Es ist denkbar, daß sie überhaupt erst bei fortgeschrittener Individuation fähig werden, sich als Sünder vor Gott und damit als eine Quelle des Bösen zu wissen und sich der göttlichen Vergebung und Gnade zu freuen. Die Probe auf Jungs Äußerungen zu allen diesen Fragen ist, ob am Ende der Mensch Dank weiß für sein Leben und für die unverdienten „Flügel", die über und unter ihm und anderen ausgebreitet worden sind. Die Frage ist also, ob der Mensch die Gnade spürt und ob er, was er ohne sein Zutun empfing, doch noch würdigen lernt. Und zu fragen ist außerdem, ob der Mensch nun begreift, daß es *nicht* das einzige Problem ist, wie er zu sich selbst finden könne, sondern daß dem das gleichrangige Problem zur Seite steht, wie er es vermeide, anderen Geschöpfen das Leben zu schmälern oder zu rauben. Die Probe auf Jungs gutes Werk der Hilfe zur Selbstwerdung ist auch, daß der so unterstützte Mensch die Verantwortung für das Böse nicht mehr von sich wegschiebt auf eine fremde äußere Instanz, sondern daß er seine Verantwortung erkennt, demütiger wird vor seinem Nächsten und Gott die Ehre gibt. Daß nur dieses Ziel hoffnungsvoll und respektabel ist, und daß es dringlich ist, ihm zuzustreben, soll der nachfolgende Schlußabschnitt zeigen.

g) Shoa – das absolut Böse

Von dem, was jetzt in den Blick zu nehmen ist, wissen die theologischen Bücher früherer Zeiten wenig oder nichts. Das absolut Böse ist die Vernichtung und Schändung menschlichen Lebens, einschließlich seiner Seele, *ohne erkennbaren Grund.* In uns allen wohnt ein Bedürfnis, das Böse wenigstens als anthropologisch *verstehbar* vorauszusetzen, wenn es denn schon nicht vermieden, besiegt und aus der Welt geschafft werden kann. Doch sogar hinter der Meinung, wenigstens theoretisch des Bösen Herr zu werden, verbirgt sich eine große Illusion!

Die klassischen „Verstehensversuche" sind jene beiden, die die Wurzel des Bösen entweder im Ergriffenwerden der Menschen von der Hybris oder im Ergriffenwerden der Menschen von geisttötenden Triebdurchbrüchen (Konkupiszenz) erblicken. An diese klassischen Deutungen haben sich längst zahlreiche, sehr differenzierte theologische, philosophische und humanwissenschaftliche Untersuchungen darüber anschließen können, *warum* die Bedingungen menschlicher Existenz diese Grenzüberschreitungen geradezu provozieren. Weil wir ja genötigt seien, unser Ich zum Mittelpunkt unserer Welt zu erheben, komme es im menschlichen Existenzvollzug nur allzu leicht zu einer Übersteigerung der ichhaften Leitlinie – und somit zum Bösen. Im vergangenen Jahrhundert war z.B. J. Müller in seinem bedeutenden Entwurf einer Sündenlehre mit Vehemenz dafür eingetreten, so und nicht anders sei der anthropologische Entstehungsgrund der Sünde und des Bösen zu verstehen[154]. Sein (etwas minder) gelehrter Antipode war

[154] MÜLLER II,199: „Wollte aber Gott [unsere] Persönlichkeit als Centrum der Welt, so mußte er ihr auch vergönnen sich selbst zu begründen von einem sittlich unbestimmten Anfange aus." Dieses „Selbstsein des Geschöpfes [ist] keineswegs schon für sich als ein *Keim oder Anfang des Bösen*, der Selbstsucht, zu betrachten". MÜLLER I,179: Erst die *„selbstische Isolirung des Geschöpfes"* ist das, „was die Sünde zur Sünde macht, das Böse im Bösen ...". Es gebe Zustände, bei denen

R. Rothe, in dessen Ethik mit ebenso großem Nachdruck und mit etwa gleich guten Gründen die klassische Konkupiszenztheorie entfaltet ist[155]. S. Kierkegaard aber

---

Menschen zwar durchaus nicht in maßlose Leidenschaften geraten, aber: In ihrem „Innern regiert ‚das Ich, der dunkle Despot'". Ein solcher Mensch steht „mitten in der Welt ... allein" da, „versunken in sich selbst und in ein Chaos selbstischer Bestrebungen ..., ohne wahre Theilnahme an den Leiden und Freuden des menschlichen Geschlechts und der Einzelnen, entfremdet von Gott". – I,187ff: Die „tiefste Wurzel der Sünde" ist somit „die *Selbstsucht*". II Thess 2,3 und 4 werde der Anfang „des menschlich Bösen im Sündenfalle" zutreffend als eine Selbsterhebung des Menschen über alles, was Gott oder Gottesdienst heißt, beschrieben. Dies ist zugleich auch „die höchst mögliche Spitze der Selbstsucht", daß sich der Mensch als Teufel und Widersacher in dem Tempel Gottes setzt und vorgibt, er sei Gott. Auch Jesus Sirach 10,15 wird (nach der einen Lesart) „die *superbia* ... als Anfang der Sünde des ersten Menschenpaares" dargestellt.

[155] Rothe III,12ff: Mit unseren „Begriffsbestimmungen über die Sünde finden wir uns zu unserem Leidwesen in durchgreifendem Widerspruch mit einem Werke, dem wir aus unserer neuesten theologischen Literatur nur sehr wenige andere an die Seite zu setzen wüßten, mit Julius *Müller's* Christlicher Lehre von der Sünde ...". R. sagt, nicht die Selbstsucht, sondern die Sinnlichkeit ist „das Princip"; und „die sinnliche Sünde" ist „die eigentliche Grundform der Sünde". Müller habe „die Frage nach dem *Wesen* der Sünde" – dieses sei allerdings die Selbstsucht – „und die nach ihrem *Princip* nicht gehörig" unterschieden (14). Auch habe er fälschlicherweise die Sünde „mit ihrer diabolischen Kulmination" (=der Selbstsucht) schon „anheben lassen" (16). R.s Argumentation möchte also herausarbeiten, daß die Selbstsucht des Menschen ihrerseits ja kausiert ist – eben von einer wirklichen Sucht, einer Triebmacht, die sich der Kontrolle des sittlichen Willens entzieht. Zugleich soll das verhängnishafte Hineinschlittern ins Böse deutlicher werden. Nicht soll, wie bei Müller, das Böse mit des Menschen Feindschaft gegen Gott *schon anheben*, weil nämlich das Böse in dieser Feindschaft schließlich kulminiere. – Das ist allerdings kein einleuchtendes Argument: Warum sollte bei der Sünde ein anfänglich noch wenig verwerfliches Moment von einem verwerflichen Höhepunkt unterschieden werden dürfen? Ist nicht schon die kleinste und anfänglichste Sünde als *offensio dei* identisch mit dem schlechterdings Verwerflichen? Ist nicht *jede* Sünde ‚Todsünde'?: Luther hat darum gewußt! – Müller (II,519f [u.ö.]) allerdings hat unter dem Bann der Frage, wie es zum Bösen bzw. zum Anfang der Sünde komme, seine Zurückweisung des Ansatzes von R. damit bezahlt, daß er sich genötigt sah zur Annahme einer vorzeitlichen, unserer irdischen Existenz vorausliegenden persönlichen Urentscheidung gegen Gott. So erklärte sich ihm auch allein die Rede von einer „angeborene(n) Sündhaftigkeit, die Jeden schuldig *macht*". Diese biblisch-kirchliche Rede nötige, so meinte er, gedanklich zum „Begriff einer *jenseits unsers zeitlich individuellen Daseins* begründeten Sündhaftigkeit, welche, weil sie ... Schuld mit sich führt, ihren Ursprung in unsrer *persönlichen Selbstentscheidung* haben muß. Sie bedingt unser Thun, unsre ganze Entwicklung von ihren ersten Anfängen an ...". Sie nötigt zur Annahme der „Idee einer außerzeitlichen Existenzweise der geschaffenen Persönlichkeit, von der ihr Leben in der Zeit abhängig ist". – Von dieser eigenartigen spekulativen Annahme aus lösten sich für M. die gedanklichen Schwierigkeiten des Sündenbegriffs durchgängig und mit einem Schlag. Aber wodurch ist sie zu rechtfertigen? Dieser interessanteste Aufschwung der meisterhaften Arbeit M.s ist zugleich ihre Achillesferse.

ging einen Schritt über beide Positionen hinaus. Angetrieben von der gedanklich unbefriedigenden Situation, daß etwas der *Entstehungsgrund* des Bösen sein soll, was – als Hybris oder als Konkupiszenz – selber schon ein Stück sündig verdorbenes Leben darstellt, suchte Kierkegaard den Entstehungsgrund des Bösen noch ursprünglicher zu bestimmen: in der *Angst* des Menschen vor den möglichen realen Konsequenzen seiner Freiheit – also in der Angst vor (noch gar) nichts, vor noch nicht Eingetretenem[156]. Mit den Begriffen „Angst" und „Nichts" war Kierkegaard ein genialer Griff gelungen. Aber fand Kierkegaard somit tatsächlich den weder guten noch bösen Wurzelgrund des Bösen/der Sünde?

In der Gegenwart tritt E. Drewermann mit Nachdruck für Kierkegaards Lösungsversuch ein[157], während W. Pannenberg[158] in Kierkegaards Lösungsversuch keinen wirklichen Fortschritt über die klassischen Verstehensmodelle hinaus erblickt. Auch Kierkegaard sei ein gedanklicher Fehler unterlaufen, weil er die Angst als etwas vermeintlich gegenüber gut und böse noch Neutrales darstellte, während sie – sogar in Kierkegaards eigener Darstellung – in Wahrheit denselben Einwänden unterliegt wie Hybris und Konkupiszenz (sofern *sie* der Entstehungsgrund des Bösen sein sollen): auch die Angst steht nämlich schon im Negativen, in ihr artikuliert sich die Sorge des Menschen um sich selbst; sie ist gerade in Kierkegaards Sicht *das Selbstische* schlechthin[159]. Bedeutet also nicht auch sie, die dem Tier nach Kierkegaard grundsätzlich fremd ist, bereits eine menschliche Verdorbenheit? – Darüber ließe sich noch weiter streiten. Pannenbergs Einwand bedeutet freilich nicht, daß wir uns nun noch einmal auf die Suche machen sollten, um den anthropologischen Entstehungszusammenhängen des Bösen noch tiefergreifend auf die Spur zu kommen, als es die klassischen Versuche (zu denen jetzt auch Kierkegaards Präsentation des Begriffes „Angst" gehört) vermochten. Ferner scheint es unergiebig, wenn auch in künftiger Zeit die schon bei J. Müller und bei R. Rothe gesammelten Argumente in immer neuen Variationen wiederholt wer-

---

[156] Kierkegaard, 38ff (= IV, 312ff): Ließe man die Sünde z. B. mit der *concupiscentia* beginnen, so würde man bereits mit einer „Schuld und Sünde vor Schuld und Sünde" operieren. Es fehlte dann an der richtigen „Zwischenbestimmung" zwischen Unschuld und Schuld; und der „qualitative Sprung" zwischen beiden würde „entnervt". Man muß bei der Unschuld beginnen. „In diesem Zustand ist Friede und Ruhe; aber da ist zu gleicher Zeit noch etwas Anderes ... Was ist es denn? Nichts. Aber welche Wirkung hat Nichts? Es gebiert Angst. Das ist die tiefe Heimlichkeit der Unschuld: sie ist zugleich Angst. Träumend spiegelt der Geist seine eigene Wirklichkeit hin, aber diese Wirklichkeit ist Nichts, aber dieses Nichts sieht die Unschuld fort und fort außerhalb ihrer." Das „Nichts der Angst", das an der Unschuld vorbeistreift, ist „die ängstigende Möglichkeit zu *können* ...". – Hieraus folgt nun der Sündenfall im „qualitativen Sprung", und die „Folge war zwiefach, daß die Sünde in die Welt gekommen, und daß das Geschlechtliche (Sexuelle) gesetzt worden ist, und eins soll vom andern unabtrennlich sein". Die Angst erklärt, da sie die „Zwischenbestimmung" ist, den Sprung ebensowenig, „als sie ihn ethisch rechtfertigt. Angst ist, keine Bestimmung der Notwendigkeit, aber auch keine der Freiheit, sie ist eine gefesselte Freiheit ...". „Logisch das Kommen der Sünde in die Welt erklären zu wollen, ist eine Torheit, auf die nur Leute verfallen können, welche lächerlich darauf vermessen sind, eine Erklärung zu bekommen."

[157] Drewermann, Teil 3, 436ff.

[158] Pannenberg, 99f.

[159] Kierkegaard, 61.

den in der Hoffnung, einem dieser beiden Erklärungsmodelle doch noch zur allgemeinen Anerkennung zu verhelfen.

Vernachlässigen sollte man die immer wieder angebotenen patenten Erklärungen für die Entstehung des Bösen. Etwa aus dem Raum der Psychoanalyse heraus das Einzelvotum: Das Böse entstehe, wenn Menschen unter Leidensdruck gesetzt werden[160]. *Einzelne* Faktoren des Lebens als *Ursache* des Bösen zu benennen, ist als ein von vornherein gescheitertes Unternehmen anzusehen. Wer weiter kommen wollte, müßte, wie Kierkegaard, einen formalen Begriff finden, in dem viele und verschiedene einzelne Lebenserscheinungen aufgehoben werden können. Würde ich es selbst für richtig halten, auf dieser Linie weiterzudenken, würde es mir am meisten einleuchten, die Aufgabe, als ein menschlicher Mensch zu existieren, als eine grundsätzliche *Überforderung* zu interpretieren – und zuletzt würde ich dann sagen: das Böse kommt aus der Überforderung. Aber diese ganze Denkrichtung ist darum letztlich verfehlt, weil sie mehr dem Bedürfnis einer Psychohygiene entspringt, die gedankliche Ordnung in die faktische Unordnung unseres Lebens bringen will, als daß sie dem Bösen selbst wirklich auf die Spur käme. Auch läßt diese ganze Denkrichtung sehr deutlich noch den alten idealistischen Wunsch erkennen, „etwas" zu finden, was die Überforderung (und damit: das Böse) vermeidet.

Wenn es nicht anders geht, muß man sich das Problem an Hitler verdeutlichen. Wurde Hitler etwa böse, weil er als Mensch überfordert war? Ist es angemessen, bei ihm den anthropologischen Entstehungsgrund des Bösen auf der Grundlage einer konzentrierten humanwissenschaftlichen Durchleuchtung seines Lebens aufzuweisen? Es existieren ja bereits psychoanalytische und ähnliche Untersuchungen seiner Persönlichkeit. Aber gibt es den Interpreten, der auf solchen Wegen den wirklichen Grund des von Hitler ausgegangenen Bösen finden könnte?

Mit der Wirklichkeit des Bösen steht es so, daß sogar unser Bedürfnis, seine Gewalt über uns, die wir kaum hindern können, wenigstens zu verstehen, unbefriedigt bleibt. Wir haben nicht recht, wenn wir meinen, die signifikant bösen Gestalten der Geschichte seien eben kranke Menschen mit neurotischer Kindheit und einer mißglückten Sozialisierung in der Jugend. Das hätten wir gerne so. Aber so ist es nicht[161]. Zwar *erscheint* das Böse oft in Formen, die als eine solche Krankheit gelten müssen. Doch diese Krankheit ist dann ein Resultat, nicht der Grund des Bösen. Das Böse ist absolut grundlos. Nur *zeigt* es sich glücklicherweise nicht immer so. Es ist eine besondere Gnade Gottes, ein bestimmtes Fenster unseres Geistes meist halb geschlossen zu halten, so daß wir den Abgrund unserer selbst kaum zu sehen bekommen. Dieser würde uns nämlich zeigen: Wir treten nicht so ins Leben, daß das Gute das Normale, das Böse aber die Ausnahme wäre. Es kann auch umgekehrt sein. Es ist alles

[160] S.o. S. 172.

[161] So gegenwärtig mit Nachdruck auch z.B. Lévy, 134: „Ich merkte, daß sich das Böse mit philosophischen Mitteln gar nicht darstellen läßt. Der philosophische Diskurs versagt." Man kann das Böse „nicht per Analyse beschreiben". Es ist „pervers".

möglich, weil sich in jenem Abgrund nicht die erhoffte letzte Wohlordnung der Dinge, sondern deren völlige Gleichgültigkeit zeigt. Mit ursprünglicher Lust und in aller Ruhe seiner Seele ist der *eine* Mensch ein grausamer Agent des Bösen, der *andere* aber liebt die Menschen und verbreitet Wärme. Oder in einem und demselben Menschen ist beides. Aber nur ausnahmsweise zeigt sich uns – Gott sei Dank! – das Böse in seiner absoluten, durch nichts gehemmten oder in Frage gestellten Gestalt, in der es *ungerührt* alles Menschliche widerruft, als wäre es bloßer Dreck: das Menschliche – durch keine platonische Idee gesichert, durch keine Erziehungsarbeit der Jahrtausende befestigt.

Der Grund des Bösen ist so eindeutig außerhalb unserer menschlichen Verfügung, daß nichts außer Gott – ebenfalls außerhalb unserer menschlichen Verfügung – als hilfreich hinsichtlich des Bösen auch nur zu denken möglich ist. Wo das absolut Böse sich zeigt, weil Gott nicht davor ist, gibt es für uns keine andere Wahl als den sofortigen Tod, geschehe er durch Selbstmord oder anders. Wo das absolut Böse sich zeigt, vergeht das Geschöpf vielleicht nicht mit einem Schrei nach Gott, aber als ein Schrei nach Gott. Wer das weiß, wird kaum mehr aufhören, zu beten und für jedes Gotteswort zu danken.

***

Filip Müller, tschechischer Jude, ist ein Überlebender der fünf Liquidationen des sog. Sonderkommandos Auschwitz. Er gehörte im Lager zu denen, die die Arbeit in den Gaskammern und Krematorien verrichten mußten. In Claude Lanzmanns Dokumentarfilm „Shoa" wirkt Müller – ein damals kräftiger Zwanzigjähriger – als ein Überlebenswunder und als ein unvergeßlicher Zeuge und Berichterstatter mit. Er hatte Schrecklichstes gesehen. Seine Hände hatten Ungeheuerlichstes zu tun – bis hin zum „Umrühren" menschlicher Körper in den Öfen. Davon berichtet er aber – welcher Kontrast! – mit einer ruhigen und warmen, sehr melodischen und das Deutsche gewählt artikulierenden Stimme. Der Filmzuschauer fragt sich, wie es diesem Rückblick haltenden Mann möglich sei, die Fassung zu behalten. Offenbar hilft ihm die Erinnerung daran, daß die Opfer im Vernichtungsraum, wie er meint, regelmäßig von der eintretenden Lebensberaubung völlig überrascht wurden. Nach Müllers Beobachtung hatten sie bis zuletzt Hoffnung.

Doch einmal erlebte er es anders. Ein größerer tschechischer „Familientransport", der ausgerechnet aus Müllers Heimatregion gekommen war, wurde in Auschwitz aufgrund bestimmter Anweisungen monatelang „gut behandelt". Ein SS-Offizier gab der Gruppe sein Ehrenwort, Auschwitz sei nur ihr Zwischenaufenthalt bis sie an einen definitiven Umsiedlungsort verbracht werden könnten. Einige der Transportmitglieder kannte Müller persönlich. Zu seinem Entsetzen aber erschienen auch sie eines Tages alle miteinander im „Auskleideraum". Müller berichtet: Ausnahmsweise befolgten die meisten dieser Menschen den Befehl, sich auszukleiden, nicht. Einer Offiziersgruppe, die zur Beobachtung erschienen war, hielten sie schreiend vor: „‚Wir waren belogen! Wir wollen leben! Wir wollen arbeiten!' Und guckten dabei im Gesicht den SS-Henkern."[162] Auch dieser Mut, den Schergen ins Gesicht zu blicken, war ungewöhnlich.

Darauf wurden diese „unglücklichen Menschen" sogar mit „außergewöhnlicher Härte" geprügelt, während die Offiziere „wie nicht beteiligt" zuschauten. „Und plötzlich hörte ich, wie ein Chor . . . fängt an, wie ein Chor fängen an sich singen. Ein Gesang verbreitete sich in dem Auskleideraum, und da fing an zu klingen, sich singen die tschechische Nationalhymne und die Hatikwa. Es hat mich sehr berührt, dieser . . . dieser . . .". *Jetzt* kann Müller plötzlich nicht mehr weiterberichten. Er verlangt vom Filmteam: „Abstellen!" Er weint. Der unglaubliche Gegensatz zwischen dem, was diese Menschen erleiden mußten, und ihrem scheinbar sinnlos-wirklichkeitsfremden *Lied*, das noch einmal an die menschliche Solidargemeinschaft appellierte und gleichsam ins Leere hinein die grundmenschliche Hoffnung beschwor, ging über alles Faßliche hinaus. Als Müllers Bericht diese Stelle berührt, ist es mit seiner zuvor so auffallenden *contenance* sofort vorbei. Erneut scheinen ihm bei der bloßen Erinnerung Herz und Seele zu zerbrechen.

Als die Filmaufnahme später fortgesetzt werden kann, erklärt Müller, im damaligen Augenblick sei sein starker Überlebenswille vollständig zusammengebrochen: „. . . also dieser Vorfall mit meine Landsleute, und ich hab mich erfaßt, daß mein Leben nicht mehr kein Wert hat". Sehr laut und mit einem Male auch hart stößt er die zusätzliche Frage hervor: „Was sollte man leben, für was?" – Wenn die letzten Funken der Hoffnung zertreten werden, vollendet sich das Böse. Müller wurde in die Erfahrung des absolut Bösen hineingezogen, mit der niemand weiterleben kann. Nicht das bis zur Abstumpfung erlebte physische Vernichten abertausender Menschen hat ihn zu dieser Frage „wozu leben?" und zu diesem Endpunkt gebracht, sondern dies bewirkte *die Erfahrung der völligen Nutzlosigkeit aller*

---

[162] Dieses Zitat und die folgenden Zitate bei: LANZMANN, 218–220.

menschlichen Werte, sowohl des Geistes der Liebe wie auch des Geistes der Hoffnung. Ihre Nutzlosigkeit manifestierte sich in einem gleichgültigen, ausweglosen Raum („Auskleideraum"). Das Menschliche erwies sich hier samt den vermeintlich in ihm wohnenden Funken eines Höheren – als Dreck. Darum hat sich Müller im damaligen Augenblick unwillkürlich aus seinem „Arbeitskommando" herausgelöst; er entschied sich zu sterben und ging mit den anderen in die Gaskammer.

Eine der Frauen, die ihn in der Gaskammer erkannten, sagte zu ihm (laut Müllers Bericht): „Du willst ja sterben. Aber das hat doch keinen Sinn. Dein Sterben wird nicht unseres Leben bringen. Das ist keine Tat. Du mußt von hier raus, du mußt ja noch berichten über dem, was wir leiden, was für ein Ungerecht uns getan ... geschehen ist". Müller kehrte im letzten Augenblick zu seinem Kommando zurück. Jener Frau, die ihn dazu bewegt hatte, war ein Hoffnungsrest übriggeblieben, und der bezog sich gerade auf Müller. Daß die Wirklichkeit ein Sinn-Gefüge sei, daran klammerte sich jene Frau – im Unterschied zu Müller – noch immer: Ein späterer Berichterstatter könnte das jetzt geschehende Unrecht vor aller Welt bekannt machen. Dadurch würde sich nicht die absolute Sinnlosigkeit wie Finsternis über diese Morde breiten. Recht und Unrecht, Mensch und Unmensch würden doch wieder in gerechtem Gericht auseinandertreten. Die Frau starb. Aber sie hat das absolut Böse – die Denunzierung des Humanen als Dreck – nicht realisiert.

***

Theologische Glaubenslehren und die Kirchen dürfen von der *Sünde* nicht so sprechen, daß ihre Sprache ungewollt ebenfalls zu einer Denunzierung des Menschlichen als Dreck wird. Theologie hüte sich davor, irgendwelche Menschen oder gar „den" Menschen *ad maiorem Dei gloriam* als schlecht oder gleichgültig zu bewerten. Das biblische „es ist nichts Gesundes an meinem Leibe ... und ... nichts Heiles an meinen Gebeinen wegen meiner Sünde" (Ps 38,4) darf der Gläubige wirklich nur von sich selber sagen. Und auch dies nur, sofern in ihm die Hoffnung noch glimmt, weil Gott ihm bereits als „Zuflucht für und für" bekannt ist.

Die Sprache der Kirche muß im Blick auf das *Böse* bestrebt sein, diese Vokabel ausschließlich für das kontingent aus dem einzelnen Menschen hervorbrechende Schlechte zu verwenden, also für jene Bosheit, die der Mensch nicht auf eine verursachende äußere Instanz zurückschieben kann. Was C. G. Jung das Böse und zugleich „Gottes dunkle Seite" nennt, sollte nicht auch der Theologie für das wirkliche Böse gelten dürfen! Obwohl es richtig ist, daß unser Ich überflutet werden kann von finsteren und „numinos" wirksamen Kräften, und obwohl einzuräumen ist, daß viel Ungutes letztlich unverschuldet aufgrund äußerer Prägung aus uns hervorbricht, darf dennoch der Theologie all' dies nicht für das Böse gelten. Theologie muß unterscheiden zwischen den vergiftend in uns wirkenden Fragmenten einer Vorfahren-Religiosität, die ohne Einbindung ins eigene geistig-seelische Leben ihre Valenzen entfalten, und dem wirklichen Bösen. Sie muß unterscheiden zwischen dem, was beispielsweise logotherapeutisch aufgearbeitet werden könnte (und dabei kann es sich nicht um das Böse handeln), und dem, wovon uns der Grund aller Liebe – Gott – erlösen müßte (und nur dies kann das Böse sein). Wenn die Kirchen diese Unterscheidung lernen, wird ihre Theologie ein ebenso unpolemisches wie eigenständiges und kooperatives Verhältnis zu den Humanwissenschaften gewinnen, deren Sinn es doch ist, die Menschen bei ihrer Bemühung um Befreiung aus dunkler, bösartiger Gefangenschaft unterstützen. Sie wird nicht mit diesen Wissenschaften um Begriffe wie „Inkarnation" streiten. Sie sollte dies vielmehr in der innertheologischen Auseinandersetzung tun. Ihrerseits wird sich solche Theologie wieder mehr auf die Frage konzentrieren, wie die Kirche heute so von Gott reden kann, daß sichtbar wird: Wir müssen nicht samt allen unseren Wissenschaften und Therapien letztlich doch im absolut Bösen verenden. Diese Hoffnung und den mit ihr verbundenen Raum zum Menschsein zu begründen, ist die Sache der Theologie. Wie aber die theologische Sündenlehre beschaffen sein sollte, die zu diesem Auftrag gehört und ihn unterstützt, soll nun in den beiden letzten Kapiteln des Buches erörtert werden.

Kapitel III

Systematische Entfaltung: Was ist Sünde?

Die Anordnung der Paragraphen dieses Kapitels bedarf einer Erläuterung. Es hätte nach der Erörterung von Gen 3 im vorigen Kapitel naheliegen können, hier mit einer neutestamentlichen Grundlegung zu beginnen, dann einen kirchen- und dogmengeschichtlichen *tour d'horizon* anzuschließen und schließlich am Schluß dieses Kapitels von der Sünde systematisch-theologisch in gegenwärtiger Verantwortung zu sprechen. Dieser Weg ist nicht gewählt worden. Er hätte das Dogmatische in nicht sachgemäßer Weise vom Exegetischen und Historischen abgelöst. Deshalb werden gleich jetzt – in der Mitte des Buches – die systematisch-theologischen Zugänge zu der hier beabsichtigten Hamartiologie konzentriert zusammengestellt. Sachlich setzt der jetzt folgende § 7 freilich auch die Beschäftigung mit der Hamartiologie im Neuen Testament und in der Christentumsgeschichte (insbesondere der Reformation) schon voraus. Entsprechende Ergebnisse wurden eingearbeitet. Trotzdem werden drei Paragraphen nachfolgen, die noch spezielleren Fragen aus neutestamentlichen und dogmengeschichtlichen Texten gewidmet sind. Der letzte von ihnen, § 10, wird überleiten zum Schlußkapitel über die Sünden*vergebung*, mit der ein theologisches Buch zur Lehre von der Sünde auch sehr gut hätte beginnen können. Vielleicht werden die Hamartiologien der Zukunft so verfahren.

§ 7 Der Vorgang des Sündigens in seinen elementaren Aspekten

H. ARENDT, Eichmann in Jerusalem. Ein Bericht von der Banalität des Bösen (aus dem Amerik. übers. v. B. GRANZER mit einem einleitenden Essay v. H. MOMMSEN), München/Zürich 1986. – O. BAYER, Zugesagte Freiheit (GTB 379), Gütersloh 1980 (bes. 97–100). – R. BLOMME, Widerspruch in Freiheit. Eine Analyse des heutigen Sündenbewußtseins und der Sünde (Werdende Welt 5), Limburg 1965. – D. BONHOEFFER, Ethik, München [6]1963. – DERS., Schöpfung und Fall / Versuchung, München 1968. – G. EBELING, Theologie zwischen reformatorischem Sündenverständnis und heutiger Einstellung zum Bösen (1973). In: DERS., Wort und Glaube III, Tübingen 1975, 173–204. – DERS., Dogmatik des christlichen Glaubens I, Tübingen 1979 (besonders: § 15 Der Mensch als Sünder). – M. FRISCH, Tagebuch 1946–1949, FFM 1963. – C. GESTRICH, Sünde in der Beziehung zum Mitgeschöpf. Theologische Aspekte des sogenannten Umweltproblems, ThViat 15 (1982), 13–24. – E. JÜNGEL, Der Gott entsprechende Mensch. Bemerkungen zur Gottebenbildlichkeit des Menschen als Grundfigur theologischer Anthropologie. In: Entsprechungen: Gott – Wahrheit – Mensch (BEvTh 88) München 1980. – R. KNIERIM, Die Hauptbegriffe für Sünde im Alten Testament, Gütersloh 1965. – C. LINK, Das Bilderverbot als Kriterium theologischen Redens von Gott, in: ZThK 74 (1977) 58–85. – G. MANN, Erinnerungen und Gedanken. Eine Jugend in Deutschland, FFM 1986. – W. MOSTERT, Sünde als Unterlassung. Bemerkungen zur Hermeneutik des Verhältnisses von Sünde, Gesetz und Wirklichkeit, in: Verifikationen. FS f. G. Ebeling, hg. v. E. JÜNGEL u.a., Tübingen 1982, 295–315. – G. PICHT, Nachwort (1980) zu: Zum geistesgeschichtlichen Hintergrund der Lehre von den Menschenrechten, in: Hier und Jetzt I, Stuttgart 1980, 133–135. – DERS., Der Staat und das Gewissen seiner Bürger, in: Hier und Jetzt II, Stuttgart 1981, 198–215. – DERS., Erziehen – was ist das? In: Hier und Jetzt II, Stuttgart 1981, 476–483. – P. TILLICH, In der Tiefe ist Wahrheit. Religiöse Reden (erste Folge 1952), Stuttgart [6]1975. – W. WOLBERT, Der Mensch als Mittel und Zweck. Die Idee der Menschenwürde in normativer Ethik und Metaethik (MBTh 53), Münster 1987.

a) Über die Verstehbarkeit und die Erkennbarkeit der Sünde

Sünde ist auch außerhalb der Lebensbereiche des Glaubens erläuterbar und verstehbar. Wir haben von der Frage, ob ein Mensch seine eigene Sünde konkret *erkennt*, die Frage zu unterscheiden, ob ein Mensch Sünde *verstehen* kann. Hinsichtlich der zuletzt genannten Frage gilt: Der Vorgang des Sündigens ist nicht nur Gläubigen begreiflich zu machen. Dieser Vorgang kann sogar in seiner anthropologischen, kosmologischen und theologischen Tragweite so allgemein erschlossen werden, daß deutlich gemacht ist, warum er nicht etwa nur für auf eine rückständige Weise religiös geprägte Menschen von Belang ist. Es wird sich dann zeigen: Je weniger „menschliche Defizite" irgendwo herrschen, desto weniger herrscht auch Ignoranz in bezug auf die Sünde. Je mehr persönliche Freiheit, Offenheit und Kraft vorhanden sind, mit der eigenen Angst ohne allzu viele Verdrängungen umzugehen, desto mehr Vertrautheit darf erwartet werden mit dem Unglück der alles zerstörenden Sünde. Diese Einsicht stand als Ertrag bereits hinter Kierkegaards intensiver Beschäftigung mit der dunklen Größe der Sünde.

Das Gesagte scheint aber einem oft zitierten Satz Luthers zu widersprechen, der besagt, allein mit Hilfe des *Glaubens* erschließe sich uns unser Sündersein, denn dieses liege für uns nicht offen zutage[1]. Nun, um einen Widerspruch zu dem soeben Ausgeführten handelt es sich dennoch nicht. Denn Luther spricht hier davon, wie sich der Mensch *selbst* als Sünder erkennt. Dies bindet Luther an den Glauben. Ich möchte aber gleich hier vor Mißverständnissen – auch vor Mißverständnissen Luthers – warnen und dafür eintreten, daß auch der Vorgang des Glaubens nicht verengt verstanden wird. Das Wesen des Glaubens wird doch verkannt, sofern „Glaube" als eine zum „normalen" menschlichen Selbstverständnis noch hinzutretende Orientierungsweise erscheint, die nur für engagierte Angehörige kirchlicher Gemeinschaften charakteristisch sei. In Wahrheit sind der Glaube und der Unglaube allgemeine menschliche Haltungen. Glaube ist weder auf geheimnisvolle Weise höher als alle Vernunft noch jenseits aller Erfahrung. Richtig freilich ist: Nicht immer weiß es der Mensch, daß er glaubt; und erst recht nicht, daß seine Haltung Unglaube darstellt. Daß aber jemand sich selbst unter die Christen rechnet, auch an Gott zu glauben meint, bedeutet jedenfalls noch nicht, daß er wirklich glaubt und seine Sünden erkennt.

Luthers genannter Satz sagt gewiß nicht, nur solche Christen, denen es „geschenkt ist", sich zur Kirche zu halten und in ihr an Gott zu glauben, seien einer Erkenntnis ihrer Sündhaftigkeit fähig. Vielmehr ist Luthers Aussage in folgender Richtung zu erschließen: Erkenntnis der eigenen Sünde ist dort *nicht* zu erwarten, wo Menschen gerade akut in der Situation des Vertrauensverlustes, des Schuldgefühls, der Depression oder der Selbstanklage stehen. In der akuten Situation der Desintegration mögen Traurigkeit, Reue oder Wut empfunden werden, aber die Kraft und die Freiheit zur Erkenntnis der Sünde fehlen. Die Chance dafür, daß diese Kraft und Freiheit sich einstellen, findet sich aber dort, wo mitten in der Schuld – kaum begreiflich – *Güte* erfahren wird, und wenn Gott in *diesem* Erfahrungszusammenhang Glauben entstehen läßt.

„Sünde" (und auch: „das Böse") ist eher geheimnislos als geheimnisvoll[2], eher banal[3] als interessant, eher oberflächlich als „tiefwurzelnd" – und dennoch wird man ihrer nicht Herr.

---

[1] WA 56, 231, 8–11: „Quia sicut per fidem Iustitia Dei vivit in nobis, Ita per eandem et peccatum vivit in nobis, i. e. sola fide credendum est nos esse peccatores, Quia non est nobis manifestum, immo sepius non videmur nobis conscii."

[2] Gegen Blomme, 49 und 52, die Sünde und das Böse seien ein „Mysterium", weil sie an „das Tiefste" in uns rührten.

[3] Mann (320ff) bewertet die von Arendt in „Eichmann in Jerusalem" herausgestellte Banalität des im Nationalsozialismus freigesetzten Bösen als unangemessen. Er teilt A.s Bestreben nicht, auf das ganz und gar Undämonische des im Judenvernichter Eichmann wirksam gewordene Bösen hinzuweisen.

Doch bilden hier Gegensatzpaare wie „banal oder dämonisch", „trivial oder brutal" ohnehin nicht die Alternative! An diesem Streit beteiligt man sich besser

Das Wort „Sünde" meint auch nicht ein solches menschliches Fehlverhalten, das sich *heutzutage* humanwissenschaftlich „erklären" und therapeutisch „behandeln" lasse, während es früher eben noch mit irrationalen mythologischen oder religiösen Formeln unter dem Vorzeichen kirchlicher Herrschaftsgelüste erschlossen und bekämpft worden sei. Sünde kann in Wahrheit *nicht* wissenschaftlich „aufgearbeitet" werden[4], weil sie – die oberflächliche und banale – ihre zerstörerische Rolle in uns immer längst schon spielt, wenn wir darangehen, uns die Wirklichkeit wissenschaftlich zu erschließen. Die Wissenschaft kommt ihr gegenüber bereits zu spät. Sünde wirft früh, bevor wir unsere Interessen entfalten, einen Schatten auf alles Menschliche. Diese frühe Stelle im Bereich unserer Existenzvollzüge werden wir später als „Selbstrechtfertigung" genauer kennenlernen.

Für den genannten Schatten und damit für die Thematik der Sünde haben wir alle – auch wenn wir uns noch so sehr vom „Phänomen des Bösen" fasziniert wähnen – *kein* spontanes Interesse. Darum vor allem ist die Sünde so unbekannt und ist das Wort Sünde unter uns wenig geschätzt – und erst in zweiter Linie verhält sich dies so wegen der oft törichten (und dann eine gesunde Abwehr erzeugenden) *Fehlbenennung* relativ harmloser oder wissenschaftlich aufklärbarer Vorgänge mit der Vokabel „Sünde".

Die wirkliche Sünde zu verstehen und außerdem das eigene Sündersein zu erkennen, ist von großer Bedeutung für alles Leben auf der Erde. Nicht schon das Sündigen selbst besiegelt unseren Untergang. Aber unweigerlich besiegelt ihn die von niemandem mehr, die auch von keiner stellvertretend auftretenden Gruppe mehr geleistete Erkenntnis der Sünde. Darum vor allem wird dieses Buch geschrieben. Es versucht in der Situation des aus geschichtlichen Gründen weithin verschütteten Vermögens, für die Realität der Sünde eine Sprache zu finden, die wichtigsten Verstehens-, Erkenntnis- und Sprachbedingungen für die Sünde wieder freizulegen. (Daß Sünde

---

nicht. Denn das Böse pflegt gleichzeitig durch Dämonie (Besessenheit) *und* Sterilität charakterisiert zu sein. In jeder Sünde steht in der Tat, mit K. Jaspers zu reden, ein böser „Wille zum Nichts" auf, eine „Leidenschaft ohne Gehalt", „eine Energie die dem Guten Widerpart hält ... und in der Unbewußtheit des Zerstörens vom Sein im Dasein sich selbst miteinsetzt" (zit. bei Mann, 327). Aber eben darum sind Sünde und Böses auch in sich nichtig, allenfalls *scheinbar* geistvoll glänzend, genau genommen: *zutiefst leer.* Und das ist nicht einmal schwer zu erkennen, das springt sogar sofort ins Auge – es sei denn, man wäre durch die Macht eben dieses Bösen selbst *verblendet*, somit selbst ein Stück weit besessen. Nur die Besessenheit macht für die Gehaltlosigkeit des Bösen blind, sie verbirgt seine Armseligkeit.

[4] Sünde kann überhaupt nicht „aufgearbeitet", sondern nur vergeben werden.

wieder *verstanden* wird, das kann – wenn eine ordentliche Untersuchung gelingt – erreicht werden. Die unendlich wichtigere *Erkenntnis* der eigenen Sünde aber kann leider kein Buch durch Argumente bewirken)

Was im folgenden ausgeführt werden wird, ist theologische Arbeit in einer Form, die sich ohne „geheime Hintertür" auf dem Feld der allgemeinen anthropologischen Diskussion und Wahrheitssuche unserer Zeit bewegt. Dabei möchte aber gezeigt werden, daß diese Form keine Abstriche an der biblischen Wahrheit machen muß, sondern ihr im Gegenteil besser gerecht werden kann als jede andere. Diese Form verhindert auch nicht, daß über Gott und über Schöpfung *nachgedacht* werden kann. Denn es steht nicht in Frage, *ob* ein modernes, auf wissenschaftliches Nachfragen nicht verzichtendes Wahrheitsbewußtsein dies tun könnte, sondern die Frage lautet, *wie* es sich hierauf einzulassen vermag.

b) Die Ur-Sehnsucht und hemmungslose Jagd des Menschen nach Bestätigung

Obwohl Sünde mit Gott zu tun hat bzw. den Tatbestand des menschlichen *Nichts*-mit-Gott-zu-tun-haben-Wollens erfüllt, sollte nicht sofort und zuerst von Gott *gesprochen* werden, wenn der Vorgang des Sündigens beschrieben wird. Liegt es doch in der Sünde selbst begründet, daß ein verfrühtes, steiles Reden von Gott nur als nichtssagend empfunden werden kann. Wir haben zunächst Arbeit genug damit, anthropologische, ontologische und kosmologische Konturen jener Erfahrung zu erschließen, die nur mit dem Wort „Sünde", das bisher durch keine andere deutsche Vokabel wirklich ersetzt werden konnte[5], richtig bezeichnet wird.

Sünde ist die von allen Menschen im Zuge ihrer angstvollen Sorge um sich selbst produzierte (oder hingenommene) unangemessene Beziehung zu anderen Lebewesen und Dingen.

Aber was heißt „unangemessen"? Ist etwa sofort an aggressive, überhaupt an von „sinnlicher Triebhaftigkeit" gesteuerte Beziehungen zu denken? Keineswegs. Sünde ist z.B. etwas anderes als der aus dem Hungertrieb heraus erfolgende Verzehr anderer Wesen. Der den Naturgesetzen unterliegende Zugriff auf das Leben anderer kann

[5] Vgl. TILLICH, 144: „Es gibt keinen Ersatz für Worte wie ‚Sünde' und ‚Gnade'. Aber es gibt einen Weg, ihren Sinn wieder zu entdecken. Es ist der gleiche Weg, der uns in die Tiefe unserer menschlichen Existenz führt."

nicht als eine „unangemessene Beziehung" beschrieben werden. *Der wirkliche Vorgang der Sünde überbeansprucht die Wesen, zwischen denen er sich abspielt, mit der Folge der wechselseitigen Zerstörung.*

Wir Menschen töten (nach Gen 9,3 – unter bestimmten Kautelen – legitimerweise) Tiere im Interesse unserer Ernährung und Erhaltung. Keineswegs sündigen wir schon darin, daß auch wir Menschen uns genötigt sehen, dem Naturgesetz „alles Leben lebt vom Leben" zu entsprechen. Der menschliche Säugling, der buchstäblich am Leben seiner Mutter zehrt, sündigt hierdurch offensichtlich nicht. Säuglinge können in der ersten Lebenszeit überhaupt noch nicht sündigen (um schon an dieser Stelle mit der ohnehin meist mißverstandenen Reminiszenz aus der christlichen Dogmengeschichte – „der Mensch wird schon in Sünden empfangen" – aufzuräumen). Säuglinge sind zwar Menschen, die, wie alle anderen, einmal sündigen werden. Aber nicht schon die den Säuglingen vorderhand nur mögliche physische bzw. instinktive und dem freien Willen nicht unterliegende Inanspruchnahme von Pflegepersonen stempelt sie zu Sündern. Denn *Sünde ist überhaupt nicht zu charakterisieren als ein naturbedingter Gebrauch, den wir voneinander machen, sondern nur als ein Mißbrauch, der in seiner Widernatürlichkeit oft noch erkennbar ist, und bei dem Macht über andere auf ausbeuterische, einseitige und alle Beziehungsverhältnisse zerrüttende Weise ausgeübt wird.* Leider kann und wird *auch* die Tötung von Tieren und die Vernichtung von Pflanzen durch Menschen – wie wir es heute an einer über die Konzession von Gen 9,3 weit hinausgehenden Luxusindustrie verifizieren müssen – von dieser Fehlhaltung aus betrieben werden. Denn das ist unser „menschliches Elend", daß wir den natürlichen Gebrauch der Dinge offensichtlich nur selten in Reinheit zuwege bringen, ihn vielmehr überwiegend und vielfältig ins Widernatürliche hinüberspielen lassen.

Das Sündigen ist unter den Lebewesen den Menschen allein vorbehalten. Es ist eng verknüpft mit unserer im Naturreich ohnehin exzentrischen geistigen Wesensart. Zur Sünde gehört Geist, sagt eine richtige, alte Sentenz. *Sünde entsteht im Lebensvollzug dort, wo es uns keineswegs ausschließlich um unsere biologische Selbsterhaltung, sondern mehr noch um unsere geistige Selbstbehauptung als menschliche Wesen geht.* Sofern mit dem Begriff „Metaphysik" etwas von dem zum Ausdruck gebracht werden will, was als die spezifisch menschlichen geistigen Bedürfnisse über das *nur* Physische, *nur* Naturgesetzliche hinauszuweisen scheint, läßt sich formulieren: *Sünde ist nicht der physisch bedingte Gebrauch, sondern der aus metaphysi-*

schen menschlichen Bedürfnissen heraus geschehende Mißbrauch anderer Wesen und sogar der eigenen Natur, also des physischen Wesens, das wir selber darstellen. (Dieses Mißbrauches ist man übrigens, wie auch Marxisten und andere philosophische Materialisten einräumen könnten, nicht schon dadurch enthoben, daß man den Begriff und die Sache eines metaphysischen Denkens oder eines metaphysischen Wirklichkeitsbereichs ablehnt. Denn es handelt sich an dieser Stelle um die allgemein bekannte, ungeheure Gefahrensituation, die mit dem spezifischen Freiheitsbedürfnis der Menschen einhergeht)

Freiheit ist nicht allein an die Bedingung des Selber-entscheiden-Könnens geknüpft, sondern auch an die Bedingung eines geringen, überwindbaren Widerstandes von seiten der Umwelt. Gegen den entschlossenen Widerstand, gegen die Ablehnung durch eine feindliche Umwelt kann kein Mensch objektiv frei sein. Nicht einmal Gedankenfreiheit ist dann möglich, weil auch in den Gedanken und dem Gewissen eines Individuums die Umwelt über Sitz und Stimme verfügt.

Darum ist es ein charakteristisches Merkmal der menschlichen Lebewesen, daß sie um die Zustimmung der anderen zum eigenen Sein und Wollen werben. Die Suche nach immer neuer Bestätigung von außen ist für Menschen unverzichtbar. An und für sich muß ihr nichts Verwerfliches anhaften. Sie könnte ja z.B. der Absicht eines Menschen oder einer Gruppe entspringen und dienen, sich selbst und die anderen vor ungerechten und schädlichen Übergriffen zu schützen und ein für die Allgemeinheit nützliches Leben zu führen. Aber dies ist eine abstrakte Betrachtungsweise. In Wahrheit üben einzelne Menschen und Zweckgemeinschaften auf die Umwelt stets Druck aus, um das eigene Anerkanntwerden sicherzustellen. Es wird darin in der Regel – und damit beginnt die Sünde – völlig hemmungslos vorgegangen. Sogar Gott kann „benützt", „eingespannt" werden zum Zwecke menschlicher Selbstvergrößerung, indem z.B. anderen bedeutet wird, Gott habe nicht *sie* erwählt, sondern eben diejenigen, deren menschliche Qualität und Daseinsberechtigung sie bestätigen sollen.

Das Sündigen wird dem Menschen immer wieder aufs Neue zum Zwang über seinem Bestreben, eine umfassende Bejahung seiner Person durch andere – trotz allem, was an ihr kritikwürdig sein mag – mit allen Mitteln, einschließlich List und Gewaltherrschaft, sicherzustellen. Nur der Mensch verhält sich unter den Lebewesen als ein solches, das erst noch der Bestätigung bedarf. Und dieses Verhalten ist kein vereinzelt, kein bald stärker oder schwächer unter den Menschen auftretendes „psychisches Bedürfnis", sondern eine generelle Ausrichtung des Menschlichen. Sie besteht auch ohne die entsprechenden psychischen Stimmungen. Im Reich der Natur treten die Menschen als die noch unbejahten Wesen auf, deren größter Hunger nicht biologischer Nahrung, sondern dem Erwerb ihrer eigenen Bejahung gilt. *Der Hunger nach der eigenen Rechtfertigung ist jene uranfängliche Stelle der menschlichen Existenz, wo die Sünde zuerst ihren Schatten auf alles Menschliche wirft.*

Die angestrebte umfassende Bejahung bedeutet, daß andere mich und mein Verhalten bestätigen sollen, indem sie beides in einer mir vernehmbaren und mich beruhigenden Weise *für gut befinden.*

Es soll, von mir aus gesehen, bei dieser Akklamation außer Acht bleiben, daß in Wahrheit kein Mensch dazu in der Lage ist, meinem Dasein das Qualitätsmerkmal „gut" zu erteilen. Ferner soll außer Acht bleiben, daß objektiv nicht alles gut an mir ist. Vielleicht zwar bitte ich andere um „produktive Kritik" an meiner Person. Jedoch: Sogar die von anderen erbetene Kritik muß aus meiner Sicht noch der Herstellung oder Wiederherstellung meiner *uneingeschränkten Bejahbarkeit* dienen. So sehr ersehne und brauche ich diese Bestätigung, daß ich das nach Gen 3 durch den Sündenfall erworbene Vermögen der *Unterscheidung von gut und böse* in bezug auf meine eigene Person und mein Verhalten *unscharf* werden lasse, es vielleicht gar außer Kraft setzte, suspendiere.

Eben darüber *werde* ich aber, genau genommen, erst zum Sünder! Hier erst geschieht für jeden einzelnen der sog. Sünden*fall.* Und seine Folge – das sei gegen Hegels Auslegung von Gen 3,22a „Siehe Adam ist geworden wie unsereiner und weiß, was gut und böse ist" gesagt – ist gerade nicht der Gewinn, sondern der Verlust der Erkenntnis von gut und böse. Indem ich mich (bei aller Selbstkritik, die ich vielleicht in meinem Bewußtsein trage) grundsätzlich im Modus des Selbstrechtfertigungsstrebens in die Umwelt einbringe, habe ich mich als Subjekt, das zwischen gut und böse unterscheiden könnte, bereits disqualifiziert. Darum ist es nicht richtig, das Unterscheidungsvermögen zwischen gut und böse als „das Ergebnis des Sündenfalls" herauszustellen.

Dies ist auch der Grund dafür, daß es als sinnvoll verstanden werden kann, wenn Gott, dem Alten Testament zufolge, trotz des bereits seit Adam und Eva geschehenen Eintritts der Menschen in das eigene moralische Unterscheidungsvermögen, später eben doch noch eigens *göttliche Gebote* zum Erkennen und Tun des Guten und zum Vermeiden des Bösen feierlich erlassen und eingeschärft hat: Dies geschah *als Lebenshilfe* für Menschen, die als Sünder das ihnen nur *theoretisch* zu Gebote stehende moralische Unterscheidungsvermögen in der Praxis gerade blockieren. Freilich ist die *Heiligkeit*, und nicht etwa ein erstaunlich neuer Inhalt, bei den Sinai-Gesetzen der springende Punkt.

Wer diesen Zusammenhängen noch weiter nachdenkt, wird sich schwerlich überzeugen lassen von der in der Aufklärungszeit des 17. und 18. Jahrhunderts besonders begeistert vorgetragenen Autonomiethese, „der Mensch" habe „im Grunde" keine ihm „von außen" gesetzten Gebote oder Gesetze nötig, denn sein erwachender Verstand komme „von selbst" auf das Erkennen und Praktizieren der Unterscheidung von gut und böse. Es muß demgegenüber - heute mehr denn je - auch von der evangelischen Theologie die Heiligkeit, Wohltat und Notwendigkeit des der Menschheit von Gott gegebenen ethischen Gesetzes anerkannt und proklamiert werden. Der Akzent liegt hierbei aber nicht auf dem „ethischen Gesetz" (das ja immer auch philosophisch begründet werden kann), sondern wirklich auf dem autoritativen „von Gott gegeben"! Evangelische Theologie irrt, wo sie diese autoritative Gegebenheit und Gültigkeit des Gesetzes leugnet oder abschwächt, indem sie das Gesetz entweder als ethisch evident bzw. mit der eigenen vernünftigen Einsicht übereinkommend oder aber als durchs Evangelium „überholt" erklärt, weil Christus das Ziel und Ende (*telos*) des Gesetzes sei (Röm 10,4).

Fassen wir zusammen: Der Druck, den Menschen auf ihre Umwelt ausüben, sie möge ihnen das Echo geben, daß sie gute, daseinswürdige Menschen seien, ist das sündige Substrat all' des Bösen, das durch Menschen in die Welt kommt. Das wirkliche Böse, nicht das sogenannte Böse, entspringt dieser mit letzter, angsterfüllter Sorge begehrten und notfalls durch zweckdienliche Manipulationen erzwungenen Bestätigung der eigenen Güte durch die Umwelt. Überall, wo Menschen sich so verhalten, haben sie begonnen, Sünder zu sein. Dieser Wurzelgrund der Sünde ist allgemein; er ist bei allen Menschen der gleiche. Auf diesen Wurzelgrund muß das hypertrophierte herkömmliche Reden von der *Erbsünde* oder vom *peccatum originale* zurückgeschnitten werden. Das Problem ist auch dann noch bedrängend genug.

c) Sünde als Selbstrechtfertigung

Die Grenze zwischen der *von Gott gewollten* menschlichen Freiheitlichkeit/Vernünftigkeit/ethischen Tüchtigkeit einerseits und der Sünde andererseits verläuft scheinbar *fließend.* Darum wird die Sünde auch so oft verkannt. Darum herrscht oft solche Empörung, die beklagt, daß von der Theologie die besten Kräfte des Menschen – Freiheitsstreben, Wille zur sittlichen Autonomie – in den Schmutz der Sündigkeit gezogen würden. Darum oft auch jener Trotz, der den Menschen zu seiner angeblichen Sünde ausdrücklich beglückwünscht. Weil die Grenze zwischen dem echt und wünschenswert Menschlichen und dem sündig gewordenen Menschlichen so subtil konturiert ist (sie ist fließend und dennoch *nicht* beliebig, *nicht* gleichgültig und nicht *nicht* vorhanden!), müßte es eigentlich unser vordringliches Bestreben sein, gleichsam das Vergrößerungsglas anzusetzen, um den Verlauf dieser Grenze scharf ans Licht zu bringen. Es müßte ein hauptsächliches Anliegen zumal aller Theologien sein, als dieses Vergrößerungsglas zu dienen und den schwer erkennbaren Grenzverlauf zwischen Nichtsünde und Sünde, zwischen gut und böse herauszuarbeiten und einzuschärfen. Leider haben die Glaubenslehren gerade an diesem Punkt in ihrer Leistung nachgelassen. Dabei könnten sie selbst die beachtlichsten Ethiken sein!

Unser bisheriges Ergebnis auf der Suche einer ersten Erkenntnis des schlechterdings lebensentscheidenden Grenzverlaufs zwischen gut und böse bedeutet der Sache nach: *Die Inanspruchnahme der Umwelt zur Selbstrechtfertigung – werde sie nun durch den einzelnen Menschen vollzogen oder durch Menschengruppen – ist die allgemein erfahrbare Grundgestalt der Sünde.* Sie schlägt sozial, politisch und auch ökologisch unmittelbar zu Buche. Sie überbeansprucht die Umwelt und verlangt Unbilliges, Unrechtes von ihr: die Umwelt soll *einzelnen* besonders akklamieren, *sie* mit Lob bedenken, *sie* als „gut" einstufen und dadurch deren Daseinswürdigkeit besonders unterstreichen.

Der Mensch *braucht* zwar Anerkennung. Das Streben nach ihr ist auch keineswegs eo ipso verwerflich. Das Urteil der Umwelt, der Nächsten, mit denen der Mensch in Liebe verbunden sein sollte, kann und darf ihm bei der Selbstkontrolle nicht gleichgültig sein! Aber daraus folgt nicht, daß Menschen das eigene Bestätigtwerden auch erpressen dürften. Noch folgt daraus, daß Menschen in *der* Weise ihre Freiheit sichern sollten, daß sie die absolute Verfügung über die Rechtfertigung oder Bestätigung der Daseinswürdigkeit ihrer Person selber in Händen halten. Erst recht folgt daraus nicht, daß Mitgeschöpfe dazu wirklich in der Lage wären, uns unser Dasein zu rechtfertigen.

Selbstrechtfertigung ist in dem hier gemeinten Sinn eine grundmenschliche Fehlhaltung, deren genaueres Verständnis zwar durch zusammenwirkende humanwissenschaftliche Untersuchungen gefördert werden kann, aber auf alle Fälle auch einer theologischen Aufschlüsselung bedarf. Theologie muß hierbei darlegen, was am Grund oder Ursprung des Menschlichen bei uns allen geschieht im Sinne einer verderblichen falschen Weichenstellung. Selbstrechtfertigung ist von der Theologie als falsches Vorzeichen vor *allen* unseren Lebensentscheidungen zu erfassen, nicht aber als eine – z. B. psychologisch deutbare – einzelne menschliche Verhaltensweise neben vielen anderen menschlichen Verhaltensweisen.

Weil es bei dem ganzen Vorgang unseres grundmenschlichen Strebens nach Rechtfertigung um die *Bestätigung des Gutseins menschlicher Individuen* (und nicht bloß bestimmter menschlicher Handlungen!) geht, bricht die Frage auf: Wer unter den Irdischen kann denn überhaupt „siehe, dieser Mensch da ist sehr gut" (vgl. Gen 1) ohne Grenzüberschreitung aussprechen? *Wenn ich andere bedränge, mir die Rechtfertigung meiner Existenz bzw. meiner aktuellen Erscheinung zu signalisieren, dann suche ich etwas bei ihnen, was mir Menschen, Tiere, Pflanzen und Sachen billigerweise nicht geben können noch wollen.* Darum ist theologisch von der Sünde zu lehren, daß sie immer und überall so geschieht, daß Menschen und ihre Mitwelt überfordert, überstrapaziert werden. Sündigen bedeutet stets eine Überanstrengung der Geschöpfe.

Man verläßt die Erkenntnisgrenzen humanwissenschaftlicher Untersuchungen durchaus *nicht*, wenn man das bisher Dargelegte nun auch so beschreibt: Im Vorgang der Selbstrechtfertigung mißbrauche ich andere, weil ich sie so gebrauche *als wären sie Gott.* Aber wohl erst die Theologie wird hieraus *folgern*: Ich fordere ihnen eine Leistung ab, die für Wesen, die nicht Gott sind, unangemessen ist! Seit je nennt unsere Sprache einen Mißbrauch irdischer Wesen, der ihnen die Leistungen Gottes abfordert: Götzenmachen! *Wer (oder was) in einen Selbstrechtfertigungsvorgang eingespannt ist, wird gleichsam nebenbei auch vergötzt.*

Das vor allem von der Psychologie in seinen Folgeerscheinungen näher zu beschreibende grundmenschliche Selbstrechtfertigungsstreben, das aus der Angst heraus geschieht, die Daseinswürdigkeit abgesprochen oder nicht bestätigt zu bekommen, ja, vielleicht sogar aus der Angst heraus, kein Mensch zu sein, *dieses grundmenschliche Verhalten kann ohne die Wahrnehmung seiner Spitzenberührung mit der Gottesfrage nicht zureichend verstanden werden*! Das gilt, gleichgültig, ob man von der Existenz Gottes überzeugt ist oder nicht. Denn der Vorgang des *Vergötzens* ist auch der philosophischen und der wissenschaftlichen Religionskritik immer zugänglich gewesen.

Die Vergötzung selbst betrifft nicht nur diejenigen, die in menschliche Selbstrechtfertigungsprozesse mit eingespannt werden, sondern genauso diejenigen, von denen sie ausgeht. Mit der Vergötzung anderer zum Zwecke der Selbstrechtfertigung überschreite ich auch die eigene Grenze. Ich habe mich bereits selbst unmenschlich überhöht, ja, vergötzt, sofern ich bestrebt bin, mir die eigene Rechtfertigung mit Kunst, List oder Macht zu besorgen. Wir alle setzen uns an die Stelle Gottes, wenn wir die Welt zu unserer „Umwelt" machen, die gefälligst auf uns bezogen zu sein hat und die als Chor wirksam werden soll, um unserem Dasein Glanz zu verleihen.

Theologisch bedeutet die Selbstrechtfertigung des Menschen nichts anderes als einen Verstoß gegen das Erste Gebot. Menschen fabrizieren sich in der Meinung, hierdurch alle Fäden in die Hand zu bekommen, „andere Götter". Diese *heidnische Entscheidung* – und damit ist nicht der historische altgriechische Polytheismus gemeint, sondern ein anthropologisch-ethischer Vorgang, zu dem z.B. auch Israel und die Christenheit stets fähig sind – wurde von Paulus im ersten Kapitel des Römerbriefs klassisch beschrieben: Menschen („Heiden") vermeiden es, Gott in seinem „unsichtbaren Wesen" zu ehren. Sie halten sich für weise, wenn sie „die Herrlichkeit des unvergänglichen Gottes vertauschen" mit den an Gottes Statt benützten kreatürlichen Götzen. Tatsächlich werden die so verfahrenden Menschen darüber zu „Narren". Ihre sämtlichen Lebensbezüge verkehren sich ins „Widernatürliche". Ihr Leben wird zerstört (Röm 1,18ff).

d) Tora und Sünde

Die Tora oder das Gesetz Gottes – das Herzstück der Hebräischen Bibel/des Alten Testaments – ist *nur* als eine (Gottes Zuwendung zum durch sich selbst bedrohten, sündigen Menschen bekundende) rettende göttliche Gabe *recht* zu verstehen. D.h. die Tora ist Israel von Gott nicht in der verborgenen Absicht gegeben worden, daß Israel an diesem „Gesetz" scheitere und dadurch ganz auf Gottes freie, erbarmende Gnade geworfen werde.

Die feierliche göttliche Offenbarung und Aufrichtung der Tora am Berg Sinai ist Ex 19 als *heiliges Geschehen* beschrieben, bei dem unter Blitz, Donner und starkem Posaunenklang (Ex 19,16) ein *Bund* Gottes mit Israel begründet wurde. Immer bedeutet „Bund" im Alten Testament: göttliche Initiative zugunsten der Lebensmöglichkeiten derer, mit denen der Bund geschlossen wird. Israel hat die göttliche Aufrichtung der Tora mit Recht immer als eine Auszeichnung und Hilfe empfunden, nicht aber als eine verkappte Drohung Gottes an alle Menschen, die künftig den Weisungen der Tora nicht gehorchen würden.

Darin liegt auch ein Wink zur richtigen Bestimmung der Beziehung der Sünde zum Gesetz: *Menschliche Sünde wird nicht erst mit dem Bruch einzelner Gebote der Tora „gesetzt", sondern die Tora ist wegen der schon vorgängigen Sündhaftigkeit und Armut des menschlichen Wesens von Gott „gesetzt" worden.*

Es war immer ein theologischer Fehler, wenn Sünde *erst* vom Tatbestand der *transgressio legis*, also vom Überschreiten der unserer menschlichen Willkür durch Gottes Gebote gesetzten Grenzen her begriffen wurde. Denn der Mensch ist ein Sünder schon bevor er die ihm *wegen* seiner Sündhaftigkeit geschenkten *Weisungen zum Leben* (Tora) verletzt hat. Nicht erst die Diskrepanz zwischen Gottes ethischen Forderungen an Israel und dem tatsächlichen Leben Israels stempelt Israeliten – und heute entsprechend: Christen – zu Sündern. Noch resultiert eine geistlich fruchtbare Erkenntnis der eigenen Sünden aus der Wahrnehmung dieser Diskrepanz. Sondern solche Erkenntnis vollzieht sich immer und überall nur als Wahrnehmung der eigenen *Undankbarkeit* angesichts bereits erfahrener göttlicher Nähe und Hilfe bzw. gütiger Zuwendung über den „trennenden Graben" zwischen uns und Gott hinweg.

Es war auch immer ein theologischer Fehler, wenn lehrmäßig die göttliche *Rechtfertigung des Sünders* auf diejenigen beschränkt wurde, die nach ihrem Scheitern beim Tun des von Gottes Gesetz verlangten Werke „nur" gerade noch auf Gottes Gnade vertrauen können. Als ob der Glaube das Leichtere, das Tun der „Werke des Gesetzes" das Schwerere wäre. Die ganze Blickrichtung ist falsch. Als theologische Basis des gesamten Rechtfertigungsgeschehens muß gelten: Der göttliche Entscheid zugunsten der Rechtfertigung des Sünders fiel schon, *bevor* bei diesem die Frage des Einhaltens oder des Bruchs der Gebote Gottes überhaupt akut wird. Luthers richtige Intuition in bezug auf diese Frage fand in seinem Lied „Nun freut euch, lieben Christen gmein" (EKG 239,4) einen bündigen Ausdruck: „Da jammert Gott *in Ewigkeit* mein Elend übermaßen; er dacht an sein Barmherzigkeit, er wollt mir helfen lassen ..." (Hervorhebung vom Vf.).

Gottes Hilfe meint aber nicht exklusiv die Hilfe in Jesus Christus, welcher *gegen* eine angeblich zuvor von Gott selbst durch die Setzung der Tora erzeugte Notlage „gesandt" worden wäre. (Wenn Luther *dies* jemals gemeint haben sollte, müßte er hier theologisch korrigiert werden) Vielmehr gehört *auch* die Tora zu den mancherlei Bundesgaben Gottes, die sich alle zusammenschließen zu *einem* ewigen göttlichen Willen, dem von ihm getrennten Menschen (und das ist ja der Grundsinn des Wortes „Sünder") in dessen jeweiliger geschichtlicher Situation zu helfen.

Wenn das nicht beachtet wird, fällt auf diejenigen, die sich der guten, heiligen Gabe der Gebote Gottes erfreuen und den Geboten gehorsam sein wollen, ein unbegründeter Makel: Sie scheinen etwas überflüssig Gewordenes zu versuchen; oder sie scheinen von vornherein des Versuchs der Selbstrechtfertigung verdächtig. Das Gesetz Gottes – konzentriert im *Liebesgebot* (Dt 6,5; Lev 19,18; Mt 22,36–40) – muß aber auch von christlicher Theologie uneingeschränkt für „heilig, gerecht und gut" (Röm 7,12) erachtet werden – und darum auch für allgemeinverbindlich.

Alle Sünde ist zuerst ein zwischen Mensch und Gott, Gott und Mensch geschehener Bruch. Ein Bruch, bei dem der Mensch die Gaben und Hilfen Gottes anderweitig erhalten und vor allem aus eigener Kraft sicherstellen „will", ja, sicherzustellen nicht umhin kann, solange Gott ihm dies nicht durch eine Überbrückung und Heilung des Bruchs erspart.

Die erste (und im Grunde einzige) Hilfe, die in bezug auf die Sünde benötigt wird, ist also, daß sich Gott selbst über den Bruch hinweg dem Menschen wieder nahebringt. Der Grundmangel, den die Sünde für den Menschen darstellt, ist Gottesmangel. Ob Gott *heilsame Gebote* aufrichtet oder ob er seinen Sohn, den menschlichen Sohn, als *Heiland* aufbietet – immer kommt *er selbst* in seinen Gaben den Menschen nahe. Mit diesen Gaben reißt er sie zugleich aus ihrem Verderben und läßt den Glanz in ihr Leben zurückkehren: *kabod* von seinem *kabod.* Im Halten der Gebote, im Glauben, im Taufgeschehen des Eingegliedertwerdens in den Leib Jesu Christi – immer ziehen Menschen hierbei Gott selbst in ihr Leben und gewinnen Anteil an seinem Segen.

Das Halten der Gebote ist sowohl eine Möglichkeit, Gott und seinen Segen ins Leben zu ziehen, als auch eine Möglichkeit, Gott zu antworten und zu danken, weil er schon segensreiche Wohltaten erwiesen *hat.* Ohne daß sich Gott schon als nahe und segensreich bezeugt hätte, würde kein Mensch seinen Geboten etwas abgewinnen. Zuallererst bekundet sich Gott schon als gnädiger, wohltätiger Gott, bevor er mit der Gabe seiner Gebote *weiterhin* hilfreich wirksam wird, weitere Gelegenheit gibt, ihn zu finden, ihm nahe zu sein und Segen zu gewinnen. Kein Mensch wird m. a. W. *zuerst* des gebietenden Gottes, *danach* aber des Gottes der sich frei über den Sünder erbarmenden Gnade ansichtig, sondern Gottes freie, erbarmende Gnade ist *auch* der Grund des göttlichen Gebotes!

Ob dies auf die Lehre vom sog. *tertius usus legis* hinausläuft? Ob damit gesagt ist, daß Gottes Gebote *überhaupt nur* im Sinne der Dankbarkeit für empfangene Gnade, Rechtfertigung und Wiedergeburt aus freien Stücken gehalten werden können, jedenfalls nur so auf eine segensreiche Weise? Das mag auf den ersten Blick so aussehen. Aber die Lehre von einem „dritten Gebrauch des Gesetzes" durch die Wiedergeborenen soll durch das Gesagte eher infragegestellt werden. Sie ist theologisch problematisch. Sind denn Menschen, die von Gottes Nähe oder segensreicher Selbstbekundung schon *herkommen*, weil sie sie erfahren zu haben meinen, immer nur exklusiv die „Wiedergeborenen"? Oder immer nur die, die im Glauben „ohne des Gesetzes Werke" ihre Rechtfertigung fanden? Sind es gar ausschließlich die „bekehrten Christen"? Gerade das sollte mit dem Dargelegten implizit bestritten werden. Denn: Auch bevor jemand Gottes Gebote empfangen hat und kennt und bevor jemand „zum Glauben gekommen" ist, kann er schon Wohltat und Nähe Gottes verspürt haben.

So gilt auch umgekehrt, daß Gottes Gebote nicht erst erwählten Israeliten und nicht erst den von Jesus Christus zum Glauben erweckten Menschen leuchten und hilfreich werden können. Sie sind universal. Freilich enthält die Tora in der Hebräischen Bibel z. B. auch kultische Weisungen, die von der Behauptung der Universalität auszunehmen wären. Und der *Dekalog* von Ex 20,1 ff – sicherlich Kernstück der Tora – unterscheidet in einer Weise Pflichten gegen Gott und Pflichten gegen Menschen, die ebenfalls fragen läßt, ob alle diese Gebote gleichermaßen universal sein können. Es geht nämlich immer um die Frage, *wo* die Adressaten der Worte und Weisungen Gottes gerade stehen: Ob sie, wie das im Ersten Gebot konkret vorausgesetzt wird, Gott und seine Wohltat soeben *neu* kennengelernt haben („ich *habe* euch aus Ägypten herausgeführt"); oder ob ihnen dies unmittelbar bevorsteht; ob sie erinnert werden sollen daran, daß

Gott einen Bruch zwischen ihnen und Gott bereits geheilt hat; oder ob sie neu solcher Heilung bedürfen usw.

Das Erste Gebot scheint sich jedenfalls in spezifischer Weise an Menschen zu richten, die „soeben"(!) Gottes wohltätige Nähe verspürt *haben*. Die hermeneutisch etwas komplizierte Stellung dieses Gebotes innerhalb des Dekalogs, sowie das hiervon abhängige Problem, wie das Erste Gebot zur Sünde, die Sünde zum Ersten Gebot stehen, wird jetzt nachfolgend untersucht.

e) Sünde als Verstoß gegen das Erste Gebot

Dem Ersten Gebot, das eigentlich alle anderen schon in sich schließt, kommt im Dekalog (Ex 20) eine Sonderstellung zu[6]: Wer es wirklich hielte, könnte auch die andern neun nicht übertreten, er hätte sie auch gar nicht nötig. Nur *weil* es allgemein unzulänglich steht mit unserem Verhalten Gott gegenüber, ist auch die bekannte Reihe der ethischen Weisungen, die mit dem Gebot, die Eltern zu ehren, beginnt – wir nennen sie die *zweite Tafel* des Dekalogs[7] –, erforderlich geworden.

Nun werden die ethischen Weisungen dieser zweiten Tafel des Dekalogs, die sich aufs mitmenschliche Verhalten beziehen, von der ganzen Menschheit als Gesetze empfunden, die auch ohne die Gebote und Verbote der ersten Tafel als sinnvoll zu verstehen seien und die eine allgemeine Anerkennung beanspruchen dürften. Bei dieser weltweit vollzogenen Wertung stehen jedoch die *auf Gott* bezogenen Gebote und Verbote, steht insbesondere das Erste Gebot wie ein Luxusartikel da. Seine Allgemeinverbindlichkeit scheint nicht gegeben zu sein. Auch scheint sein innerer Zusammenhang mit den übrigen Geboten und Verboten kein notwendiger Zusammenhang zu sein. Im Ersten Gebot nimmt insbesondere eine säkularisierte Ethik etwas wahr, was im Zusammenhang der Sittlichkeit als die „Privatsache" eines jeden Menschen gelten könnte.

---

[6] Den „absoluten Primat" des Ersten Gebots „hat [erst] Luther in bis dahin unüblicher Weise betont". Und es war auch „ungewohnt", daß Luther von diesem Gebot sagte, „allein im Glauben" werde es erfüllt. Auf der Kehrseite erfuhr auch die Sünde hiermit eine „Zentrierung . . . auf das Gottesverhältnis" (Ebeling, Wort u. Glaube III, 182).

[7] Die Einteilung entspricht der 93. Frage des Heidelberger Katechismus: „Wie werden diese Gebote eingeteilt? In zwei Tafeln: Deren die erste in vier Geboten lehret, wie wir uns gegen Gott sollen halten; die andere in sechs Geboten, was wir unserem Nächsten schuldig sind."

Was drückt sich aus in einer derartigen Einstellung dem biblischen Dekalog gegenüber, die den inneren Zusammenhang der beiden Tafeln zerreißt? Auf jeden Fall kommt hier zum Ausdruck, daß die Weisungen der *zweiten Tafel* auch und gerade dann relevant sind, wenn und weil es mit dem Befolgen der Weisungen der ersten Tafel Schwierigkeiten gibt. Der Versuch, „wenigstens" die Weisungen der zweiten Tafel zu befolgen, ist sogar legitim! Existieren sie doch überhaupt nur aufgrund einer schon vorausgesehenen allgemeinen Schwäche in bezug auf das Erste Gebot. Andererseits zeigen die auf das Halten der Gebote bezogenen Ausführungen in der Bergpredigt (Mt 5), daß es auch mit der Erfüllung der Weisungen auf der zweiten Tafel erhebliche Probleme gibt. Die Berpredigt hat eindrucksvoll dargetan: Was es wirklich heißen würde, nicht zu töten, nicht die Ehe zu brechen, nicht zu lügen usw., das kommt dort, wo in der Lebenspraxis vom Ersten Gebot abstrahiert wird, eben *nicht* zur Geltung!

Darum ist sowohl der oft z. B. in philosophischen Ethiken eingeschlagene Weg legitim, die zweite Tafel des Dekalogs für sich zu nehmen und ihren Inhalt als „sittlich entscheidend" und „allgemein zugänglich und verplichtend" zu bewerten, wie auch der z. B. von den christlichen Theologien unternommene Versuch, die Einheit der beiden Tafeln aufzuweisen. Die Philosophen haben dies Argument für sich, daß die Weisungen auf der zweiten Tafel gerade deshalb wichtig sind, weil es mit dem, was auf der ersten Tafel gefordert wird, irgendwie „nicht geht". Die Theologen könnten das Entgegengesetzte geltend machen. Die Theologie ist hier freilich in der schlechteren Position. Denn sie vermag mit ihren Ergebnissen nicht auch die Kraft mitzuliefern zum Halten des Ersten Gebots. Sie kann bestenfalls – mit der Bergpredigt – eine voreilige und heuchlerische Selbstzufriedenheit, die aus einer vordergründigen Erfüllung der auf die Mitmenschen bezogenen Weisungen resultiert, aufdecken und anklagen. *Nur dort aber, wo Freude an Gott angetroffen wird, kommt die Einheit der beiden Tafeln wirklich zur Geltung.*

Mit dieser Aussage soll der Hinweis auf eine Problematik verbunden werden, die der üblichen *christlichen Auslegung* des Ersten Gebotes (Ex 20,2f) anhaftet. Bei dieser Auslegung wird in der Regel unterdrückt, daß *vor* dem Verbot, andere Götter zu haben, Gottes Hinweis an Israel steht: „Ich bin der Herr, dein Gott, der ich dich aus Ägyptenland, aus der Knechtschaft, geführt habe." Mit diesem Hinweis wird auf ein das Verbot, andere Götter zu haben, *begründendes Geschichtsereignis*, auf eine gute historische Erfahrung Israels mit Gott hingewiesen!

Weil die Christenheit sich meist als nicht betroffen vom Auszug aus Ägypten wähnte, stellte ihre Theologie das Erste Gebot häufig – auf nichts. Dies war ein schwerwiegender Fehler. Ist doch in der Bibel das Erste Gebot eine Weisung, die ausdrücklich auf eine nachvollziehbare gute Lebenserfahrung gestellt worden ist:

auf eine gute Lebenserfahrung, aus der Gott nicht weggedacht werden kann, so wie bei der Befreiung aus Ägypten *Gott* für Israel (und auch für den christlichen Bibelleser!) schlechterdings nicht wegzudenken ist. Die christliche Theologie muß das Erste Gebot – und *sie* darf und soll dies mit Bezug zur Christologie tun – ebenfalls auf geschichtlich empfangene Wohltat, von der Gott nicht wegzudenken ist, stellen!

Die Freude an Gott gehört sicherlich nicht zur allgemeinen biologischen Ausstattung der Menschheit (wie das z.B. vom Weinen- und Lachenkönnen oder vom aufrechten Gang zu sagen ist). Es ist nicht einmal wahr, daß sich sehr viele Menschen bewußt oder unbewußt wünschten, es gäbe einen Gott. Und wenn ihm auch viele Menschen in einer bestimmten Situation ihres Lebens einmal dankbar waren, so folgt doch *immer* rasch das Vergessen, die *Undankbarkeit* (vgl. Röm 1,21).

Hiermit aber werden wir dann am allerleichtesten fertig, wenn wir diesen Prozeß dahingehend rationalisieren, daß wir uns und anderen darlegen, die Annahme der Existenz Gottes sei doch eigentlich „durch nichts zu rechtfertigen". Wir tun dann so, als ob aus jener unserer Erfahrung, in der Gott früher einmal „vorzukommen" schien, Gott eigentlich weggedacht, durch bessere heutige Einsicht z.B. in psychologische Zusammenhänge ersetzt werden müsse. Mit dem philosophisch und wissenschaftlich so aufwendigen Unternehmen der Religionskritik *kann* es – auch so banal bestellt sein! Man verschleiert dann durch den wissenschaftlichen „Nachweis", daß es Gott – so schmerzhaft dies das Gottes Existenz kindlich wünschende Gemüt berühren mag – nicht gibt, die Tatsache, daß man die Existenz Gottes in Wirklichkeit gar nicht will. Luther bereits wies mit Recht darauf hin, es *könne* uns Menschen am wirklichen Existieren Gottes gar nicht gelegen sein; ehrlicherweise könnten wir diesen Wunsch nicht haben, weil er mit dem menschlichen Bedürfnis nach Selbstverwirklichung konkurriere. Die allgemeinmenschliche Schwierigkeit mit dem Ersten Gebot erklärte Luther in der „Disputatio contra scholasticam theologiam" (1517) in der 17. These folgendermaßen:

Non ‚potest homo naturaliter velle deum esse deum', Immo vellet se esse deum et deum non esse deum (WA 1, 225,1f). Nicht Gott soll der Gott sein, sondern wir selbst, und er nicht. Das ist sogar noch dann unser „natürliches Bestreben", wenn wir religiös oder vielleicht kirchlich und religiös sozialisiert sind. Sünde als Verstoß gegen das Erste Gebot ist „nicht bloß nicht erkennen, das Gott Gott ist, sondern nicht wollen, daß Gott Gott sei. Sie ist nicht bloß Abkehr von Gott, sondern Aufruhr, Widerwille, Haß gegen Gott"[8]. (Das hebräische Wort *päscha*,

[8] Ebeling, Wort u. Glaube III, 182.

die härteste der Vokabeln, mit denen das Alte Testament die Sünde benennt, gibt diesen Tatbestand des Bruchs mit Gott am ehesten wieder[9].

f) Die Verwechslung von Schöpfer und Geschöpf und der theologische Bedarf nach Religionskritik

In der Theologiegeschichte wurde der Verstoß gegen das Erste Gebot oft lapidar beschrieben als eine für die ganze Menschheit irgendwie unvermeidliche *aversio a Deo* (Wegwendung von Gott aufgrund einer „Aversion" gegen ihn) und eine *gleichzeitig* vollzogene *conversio ad creaturam* (Hinwendung zur Kreatur - jedoch in einer, trotz der gegenteiligen Aussage im Prometheus-Mythos, nur scheinbaren Liebe zu ihr). *Weil in diesem Vorgang der Platz, den Gott bei uns haben könnte oder sollte, mit unserer Beziehung zur Kreatur ausgefüllt wird, entsteht für uns das Problem des ab-göttischen Verhaltens und überhaupt das Problem der Verfehlung des Mißlingens von Beziehungen.*

Der *Nutzen* des Haltens des Ersten Gebotes für den Menschen - und warum sollte man nicht auch nach ihm fragen - müßte in der Richtung einer Hilfe für den Menschen gesucht werden, die eigene Bedeutung und Rolle im Kosmos sachgerechter wahrzunehmen und auszufüllen. Das Erste Gebot wirkt verderblichen Überhöhungen, aber auch ebenso verderblichen Bekundungen der angeblichen Minderwertigkeit von Lebewesen, Verhältnissen und der jeweiligen Person selbst, die dieses Gebot vernimmt, entgegen. Da alle Menschen, was ihr Verhältnis zu den Mitgeschöpfen anbetrifft, auffallend schlecht von sich selbst abstrahieren können, geraten sie auch ständig in Illusionen über sich selbst und über alles. Menschen suchen und sehen allzusehr sich selbst in allen(m) anderen, als daß diese Illusionen für sie leicht vermeidbar wären. Nicht nur in anderen Geschöpfen sehen und suchen wir überwiegend nur uns, sondern, sofern wir religiös sind, auch in Gott, dem Schöpfer.

Darum hat diejenige *Religionskritik* die größte Relevanz, die es beleuchten kann, wie der Mensch zwar über *Gott* Aussagen zu machen scheint, in Wahrheit aber von *sich* spricht. Dies ist eine Religionskritik, die sich nicht auf Feuerbachs Frage beschränkt, ob jemand über seinem Reden von Gott sich selbst verfehlt, sich selbst und seine menschlichen Bedürfnisse verkennt, weil er, was dem Menschen zugehört oder gegeben werden sollte, auf einen ersonnenen

---

[9] Vgl. die sorgfältige Untersuchung bei KNIERIM, 113–184.

Gott projiziert. Sondern diese Religionskritik greift noch weiter aus bis hin zu der Frage, ob jemand, obwohl er von Gott redet, Gott mit Sicherheit verfehlt und in einem widersinnigen Tun begriffen ist, weil er in Wahrheit nur von seinen eigenen Bedürfnissen und, wie in einem geschlossenen Zirkel, unverkennbar nur von sich selbst spricht. Eine „Anthropologie des Ersten Gebotes" würde sich in der Richtung solcher Religionskritik bewegen. Es müßte sogar alle theologische Arbeit implizit solche Religionskritik betreiben.

Luther sagte einmal: Die Menschen „sündigen gegen das Erste Gebot, weil sie nicht suchen, was Gottes ist. Sondern das, was ihnen selber zugehört, das suchen sie auch in Gott... Sie sind sich selbst das letzte Ziel und Idol...; sie gebrauchen Gott und genießen sich selbst" (WA 1, 425, 2). Auf diese Weise charakterisierte Luther die sündige Verwechslung von Schöpfer und Geschöpf näher. Ein Sünder, so argumentierte er, vergötzt nicht einfach nur Kreaturen, sondern letztlich sich selbst. Falls ein Mensch aber der Meinung sein sollte, dessen sei er nicht schuldig, denn er verehre ja Gott, würde Luther ihm sagen: „Gewiß, aber du verehrst Gott nicht angemessen, du suchst und verstehst unter Gott etwas, was lediglich deinem Ich und seinen partikularen Interessen nachgebildet ist. Auch springst du mit Gott um wie mit einem Dienstboten, ja, wie mit einer völlig in deine Hand gegebenen Sache. Du meinst, Gott zu verehren, aber in Wahrheit rechnest du nicht mit dem wirklichen, nicht mit dem ganz anderen, lebendigen Gott!"

Der „Augustinermönch" Luther griff in diesem Zusammenhang eine Terminologie auf, die er aus Augustins Schrift „De doctrina christiana" (Buch I, c 3 und 4) übernahm: die Unterscheidung von *uti* und *frui*. Augustin unterscheidet, was wir gebrauchen, von dem, was wir genießen sollen. Zum Genuß bestimmt sind nur diejenigen Dinge, die um ihrer selbst willen zu lieben sind. Das aber gilt nur vom dreieinigen Gott. Zum Gebrauch bestimmt sind diejenigen Dinge, die nicht um ihrer selbst willen genossen werden, sondern von uns als Mittel gebraucht werden wollen, damit wir zum letzten Ziel der menschlichen Lebensreise, nämlich dem Genuß Gottes hingelangen. Alle Kreaturen, alle zeitlichen Güter sind, Augustin zufolge, letztlich zu solchem Gebrauchtwerden bestimmt.

Augustin unterscheidet also nicht, wie später Immanuel Kant dies getan hat, zwischen der angemessenen menschlichen Beziehung zu den Tieren und Pflanzen, die bloße Mittel zu unseren beliebigen Zwecken seien, und der angemessenen Beziehung der Menschen zu ihren Mitmenschen, die ihren Zweck in sich selbst tragen und darum nicht einfach nach Maßgabe beliebiger Interessen gebraucht und verbraucht werden dürfen. Demgegenüber unterscheidet Augustin vielmehr zwischen einem unter Geschöpfen angemessenen Umgang einerseits und der gegenüber dem Schöpfer allein angemessenen Beziehung andererseits. Für Augustin ist es hier nicht von Wichtigkeit, den Unterschied zwischen vernünftigen und nicht vernünftigen Geschöpfen herauszuarbeiten. Sondern es kommt ihm darauf an, die Qualität der Gottesbeziehung von der Qualität aller übrigen menschlichen Beziehungen abzuheben. Bei Kant aber erfährt in diesem Zusammenhang weder die Gottesbeziehung noch der Gottesbegriff Berücksichtigung. Kant nahm an, der Mensch käme über dem beliebigen Gebrauch der in seine Hände gegebenen untermenschlichen Kreaturen zur Ruhe, er finde hierbei Frieden für seine Seele! Bei Kant finden wir sodann das Erste Gebot eigentlich nicht auf Gott, vielmehr auf das Lebewesen „Mensch" ausgerichtet.

Aber muß das so scharf gesagt werden? Ist die neuzeitliche Anthropozentrik auf diese Weise zu geißeln? War das Anliegen Kants und vieler anderer, den Menschen als qualitativ unvergleichliches und besonders ehrwürdiges Lebewesen herauszustellen, in jeder Hinsicht falsch? In *einer* Hinsicht war diese Haltung, die sich allerdings auch die furchtbare und hemmungslose moderne Naturzerstörung zurechnen lassen muß, nicht verkehrt: Wem der Mensch besonders am Herzen liegt, wer für der Menschen Wohl und Ehre kämpft, der stellt sich *deswegen* noch längst nicht gegen Gott. Sehr hoch vom Menschen und seinem Wert zu denken und das Beste für ihn zu wollen oder Gott die Ehre zu geben – dies ist keine Alternative, dies beides sollte man nicht gegeneinander ausspielen.

In der Anthropologie und der Weltlehre Luthers und Augustins einerseits, Kants und seiner Gesinnungsverwandten andererseits, liegt ein ungeheuerer ethischer Konfliktstoff. Er ist es, der viele von der Neuzeit geprägten Menschen nahezu zerreißt. Auch in geistiger Hinsicht! Wie könnte denn in der modernen Lebenswelt die Einsicht noch eine praktische Berücksichtigung finden, daß wir alle krank sind daran, daß die dem Schöpfer und die den Mitgeschöpfen zukommenden jeweiligen Ausrichtungen unseres Denkens und Handelns ständig miteinander vertauscht werden? Was fangen wir praktisch an mit der Schlußfolgerung, daß sich *aus diesem Grunde* auch unsere irdischen Bezugsverhältnisse durchweg widernatürlich verkehren? Wie könnte solche Einsicht heute weltpolitisch und sozialethisch relevant werden? – Es kann auf diese Fragen, die ja nur eine verbreitete Aporie wiedergeben, hier keine Antwort gegeben werden. Vorerst soll Luther noch weiter gehört und dann noch einmal Kant gegenübergestellt werden.

g) Was heißt: Das Gute tun? Ein Hinweis auf Luthers Beitrag zum Verständnis der Sünde

Luther wurde über dem ihm sich einstellenden besseren theologischen Verständnis der Sünde zum Reformator. Zur Anthropozentrik des neuzeitlichen Denkens steht sein Sündenverständnis aber offenbar quer. Diesen Eindruck gewinnt, wer etwa das Menschenbild und die Ethik bei Kant und Luther einander gegenüberstellt. Dennoch enthält Luthers Sündenverständnis eine Botschaft für die gegenwärtige Menschheit.

Die drei wichtigsten Gründe für die zunächst zu nennende heutige Fremdheit der Lehre Luthers sind folgende:

1. Es sieht so aus, als stemple Luther den Menschen (im Unterschied zum Katholizismus und zum Humanismus!) in einem Maße zum Sünder, das keine Chance zur ethischen Besserung, zur gewollt herbeigeführten positiven Veränderung unserer Verhältnisse übrigläßt.

2. Es sieht so aus, als relativiere Luther unzulässig das moralische Gewicht der einzelnen Sündentaten, der sog. Aktualsünden. Seine Theologie der Sünde scheint kaum abzuheben auf eine ethisch differenzierende Erörterung der Qualität und Wirkung menschlicher Handlungen, vielmehr scheint sie allein abzuheben auf die Erörterung des Zustandes und Wertes der sündhaften menschlichen Person im allgemeinen. Die *Erbsünde* scheint Luthers Hauptschlüssel zum Verständnis der Sünde zu sein. Seine generalisierende Rede von *der* Sünde und *dem* Sünder trifft zwar mit einem auch im Neuen Testament verbreiteten Sprachgebrauch zusammen. Sie ist aber mindestens großen Teilen des Alten Testaments fremd, weil Sünden dort als greifbare einzelne Unrechtstaten im Blick sind.

3. Es sieht so aus, als ergebe sich von Luther her ein disqualifizierendes Urteil über moderne Versuche, die Strukturen menschlicher *Entfremdung* zu begreifen und politisch bzw. therapeutisch geeignet erscheinende Maßnahmen zu ihrer Überwindung zu ergreifen. Von Luthers Theologie scheint die Stimmung auszugehen: Ihr Modernen könnt die Widersprüche im gesellschaftlichen und individuellen Leben mit allen euren Anstrengungen nicht heilen, weil ihr überseht, daß sie aus einem Verstoß gegen das Erste Gebot hervorgehen. Auch eure vermeintlichen Therapien betten daher die Patienten nur zur Abwechslung von der linken auf die rechte Seite.

Diese drei Perspektiven auf Luthers Sündenverständnis sind freilich nicht geeignet, den Beitrag Luthers richtig zu erschließen. Ich beschränke mich jetzt auf wenige und knappe Hinweise, da Luthers Menschenverständis und theologische Sündenlehre ja anderswo vielfach und ausführlich zur Darstellung gelangt sind.

Ad 1) Es ist nicht richtig, daß Luther zu einer pessimistischen Einschätzung der menschlichen Kräfte geneigt hätte.

Die menschliche Ratio, die er allerdings als in ihrer Gesamtwirksamkeit von der Sünde mitbetroffen erkannte, wurde von ihm zugleich als eine hervorragende Kraft, als Quelle hochstehender Zivilisationsleistungen und -künste gepriesen. Für wie chancenreich und begabt gerade Luther die menschlichen Geschöpfe in Wahrheit einschätzte, dies sehen nur diejenigen nicht, die Luthers Theologie am Maßstab ihres eigenen (vorreformatorischen? und zugleich modernen?) Menschenbildes messen, das Luther aber gerade nicht geteilt hat.

Diesem von Luther abgelehnten Menschenbild zufolge, wird der Mensch von seinen Taten her konstituiert, was bedeutet, daß er als Person allmählich durch habituale Gewöhnung jene Qualität gewinnt, die seine Taten ihm aufprägen. (Wer häufig Verkehrtes tut, wird ein verkehrter Mensch – darum sollte der Mensch möglichst viele gute Werke tun, damit er nicht zum Schluß ganz und gar als „Sünder" dasteht. Dies setzt voraus, daß der Mensch ein intaktes Vernunftvermögen und eine gewisse Willensfreiheit besitzt, um drohender Sündhaftigkeit vorzubeugen. Eben diese Sicht des menschlichen Wesens teilte Luther von Grund auf nicht, weshalb *seine* Aussagen über die Fehlgeleitetheit unserer Ratio durch die Sünde auch gerade nicht *das* besagen, was sie *innerhalb* des abgelehnten Menschenbildes sagen würden)

Luthers größte Sorge galt nicht der Gefahr, Christenmenschen könnten sich zu wenig im Tun des Guten anstrengen. Sondern sie galt der Gefahr, Christenmenschen könnten das Gute trotz großer Anstrengungen verfehlen! *Wahrscheinlich liegt der bedeutendste ethische Beitrag von Luthers Sündenlehre darin, daß sie die Frage, was denn überhaupt „gut" sei, neu stellte.* Wider den Anschein, es sei selbstverständlich, was unter gutem Handeln zu verstehen ist, und es sei evident, daß gutes, tugendhaftes Verhalten menschenmöglich ist, fragte Luther neu nach den Bedingungen des guten Werkes. Er fand diese Bedingungen im Glauben, und was dies in der Sache bedeutet, wird uns jetzt nachfolgend beschäftigen.

Ad 2) Da Luthers Sündenlehre mit ihrer radikalen Rückfrage nach dem Guten faktisch direkt ins Zentrum der Ethik hineinführt, sollte man sie nicht in folgender Richtung mißverstehen: Weil diese Sündenlehre ja weniger auf die konkreten einzelnen Sündentaten der Menschen blickt, sich vielmehr auf die Person des Sünders konzentriert, geht es ihr wohl vor allem um innere und individuelle menschliche Zustände, etwa um das Glaubensleben und das je persönliche ewige Seelenheil, weniger aber um die für die Gesellschaft als ganze so bedeutsame ethische Qualität der Werke. Ein Fehlurteil!

Während die mittelalterlichen Theologen vor und neben Luther überhaupt nur deshalb mit größter Aufmerksamkeit auf die sozial so bedeutsamen guten oder sündigen Werke blickten, weil sie *allein von ihnen aus* auf die *Qualität der einzelnen Menschen* schließen konnten (um deren Seelenrettung es ihnen *eigentlich* ging!), war Luthers ganze Blickrichtung die umgekehrte. Luther wollte nicht dies akzentuieren, daß schlechte Taten bzw. sündhafte Werke eines Menschen schädigend auf seine Seele zurückwirken (was im *psychologischen* Sinn ja durchaus zutrifft), sondern Luther wollte herausstellen: Weil der Mensch ein Sünder *ist*, darum tut er Schädliches - auch wenn seine Werke gut aussehen. Solange sein Herz zu Gott nicht so steht, daß *Glaube* die sündige Trennung von Gott überbrückt, ist ein Mensch auch mit philosophisch-ethisch (ein-)leuchtenden Taten fruchtlos, ja: schädlich für alle. Mit diesem besonderen Beitrag Luthers zur Ethik hat man sich auseinanderzusetzen!

Es ist korrekt, von Luthers Theologie der Sünde zu sagen, sie erweise sich eher als eine Lehre von der sündigen menschlichen *Person* (Hamartolologie, von *ho hamartolos*), denn als eine Lehre von den *Sünden* (Hamart*i*ologie, von *hai hamartiai*). Aber gerade dieser theologische Zugang zur Sünde ist auch sozialethisch nicht folgenlos. Und es liegt seine Anstößigkeit für die Moderne, genau genommen, nicht darin, daß Luther sich nicht in einer differenzierenden Weise um die ethisch bessere oder schlechtere menschliche Tat oder Lebensweise gekümmert hätte, vielmehr darin, daß Luther behauptet hat: *Ohne Glauben, keine guten Werke!* Nur aus dem Glauben, nur aus der Situation heraus, daß im Herzen des handelnden Menschen das Erste Gebot aufgerichtet wurde, können gute Werke entstehen! Hier steht Luther allerdings unter dem Verdacht, er habe nicht- oder andersgläubigen Menschen die Befähigung zu guten Werken abgesprochen.

In Wahrheit ist Luther aber nicht derjenige, der bestreiten würde, daß es z.B. naturrechtliche Maßstäbe gibt, nach deren Norm man quer durch die ganze Menschheit gutes, sehr gutes und auch nicht gutes Tun ausmachen könnte. Luther sah keine Schwierigkeiten, es war ihm vielmehr ein theologisches Bedürfnis, in diesem naturrechtlichen Sinn eine vorbildliche Menschlichkeit und moralisch Gutes etwa bei den im 16. Jahrhundert im westlichen Europa nahezu als menschliche Ungeheuer betrachteten Türken festzustellen. Darin liegt ein Hinweis, daß wir die eigentliche Aussage seiner These, *gute* Werke seien an den Glauben gebunden, in einer anderen Richtung suchen müssen als in der, Luther habe Rand- und Nichtchristen der moralischen Insuffizienz verdächtigt.

Beachtet werden muß der Zusammenhang der genannten These mit Luthers Rechtfertigungslehre. Wird dieses Zentrum seiner Theologie berücksichtigt, erschließt es sich klar, was Luther hier tatsächlich erreichen wollte. Es wird deutlich, an welche Bedingungen Luther die Wahrnehmung und die Freisetzung des ethisch Guten geknüpft sah: *Ein „gutes Werk" ist ein solches, das nicht in die (meist verborgene) Zielsetzung der Selbstrechtfertigung eingespannt ist.* Nur dort, wo diese zweite Determiniertheit von Werken, nämlich, außer ihrem direkten Effekt und Ziel indirekt auch der Selbstrechtfertigung des Handelnden zu dienen, *nicht* statthat, kann die Schöpfungswidrigkeit und damit die Schädlichkeit von gut erscheinenden Werken objektiv ausgeschlossen werden.

Ad 3) Wie steht es aber mit der Vermittelbarkeit der soeben erwähnten Lehre zu von der Aufklärung geprägten, neuzeitlichen ethischen Theorien hin? Wie verhält sich Luthers rechtfertigungstheologisches Wollen zu der modernen Hoffnung, die Wirklichkeit *immer mehr* zum Besseren hin verändern zu können, vorgegebene Übel *zunehmend* „therapieren" zu können?

Wenn wir in diesem Zusammenhang noch einmal – paradigmatisch – nach der Stellung Kants zu Luther fragen, so hat dies den besonderen Reiz und die besondere Schwierigkeit, daß der in lutherischer Tradition stehende Philosoph Kant ausgerechnet ein besonderes Verständnis für die generelle Blickrichtung in Luthers Anthropologie und Ethik gehabt hat! Es war auch Kants Sache *nicht* gewesen, von guten oder gut erscheinenden Werken zurückzuschließen auf das Gutsein der zugehörigen Person. Mildtätige finanzielle Zuwendungen an Arme wären von Kant beispielsweise nicht *eo ipso* als gute Werke anerkannt worden. Ob sie dies seien, hing für ihn davon ab, ob sie pflichtgemäß, ob sie unter moralischer Stimmigkeit der von der handelnden Person zu beachtenden Maximen geleistet worden sind. Erst die richtige Gesinnung der Person qualifiziert *gut erscheinende* Werke als *wirklich gute* Werke. Der Mensch, der sie tut, bleibt allerdings – nach Kant – auch dann ethisch gerechtfertigt, wenn sein Handeln im praktischen Erfolg wider Erwarten unerfreuliche Früchte zeitigen sollte.

Bei Kant bringt die richtige, pflichtgemäße *Gesinnung* („guter Wille") im Kern der Person, bei Luther der *Glaube* im Kern der Person das gute Werk hervor. Beide, der Gesinnungsethiker und der Glaubenstheologe, setzen eine transzendent begründete, letzte Einheit zwischen Subjekt und Objekt, zwischen individuell-subjektiver Wahrheit und Güte und objektiver Wahrheit und Güte voraus. Dennoch ist Kants Philosophie nicht einfach eine Fortführung des theologischen Erbes Luthers auf dem Boden und mit den gedanklichen Mitteln der Moderne. Gerade am Gemeinsamen haftet ein tiefer sachlicher Gegensatz.

Luthers Glaubensethik unterscheidet sich von Kants Gesinnungsethik dadurch, daß bei Luther auf die Abhängigkeit des Menschen von Gott abgehoben wird. Genau dies geschieht bei Kant nicht. Dies ist vielmehr ein erst wieder von Schleiermacher im Sinne einer geistigen Neuvergegenwärtigung der Reformation zur Geltung gebrachter Gesichtspunkt. Kant seinerseits begriff (wie später auch Fichte) die natürliche Umwelt des Menschen als die Materie oder das Material, an dessen pflichtgemäßer ethischer Gestaltung der Mensch seine Freiheit bewähren soll. Für Luther aber kam es darauf an, *den Menschen*, bevor diese ethische Problematik des pflichtgemäßen Umgestaltens der Wirklichkeit überhaupt in den Blick kommt, als *materia Gottes* zu verstehen. Die Geschichte der Menschheit und der Welt mag mehrere Dimensionen aufweisen, aber die grundlegende ist für Luther, daß im Weltprozeß Gott, der Schöpfer, an der zukünftigen Gestalt des Lebens arbeitet. Gott tut dies in seiner Freiheit nicht willkürlich, nicht planlos, nicht mit der offenen Möglichkeit eines für die Menschen möglicherweise verheerenden Ausgangs der Weltgeschichte, sondern entsprechend seinen biblisch bezeugten Verheißungen.

Nach Luthers theozentrischer Weltsicht gerät den Menschen ihr Handeln immer dann zur Sünde, wenn sie bei dem Versuch, ihre Freiheit zu bewähren und die Wirklichkeit nach ethischen Maximen zu verändern, davon abstrahieren, daß sie in der grundlegenden Dimension des Weltprozesses selbst „Gewirkte Gottes" sind: Material in der Hand des Schöpfers, der die Welt dem verheißenen Ziel entgegenführt. Luthers Glaube geht davon aus: Bevor die Menschen neue Realitäten schaffen, bevor sie auch sich selbst aufbauen nach eigenem Lebensentwurf, *verdanken* sie alles Reale und auch sich selbst Gott. Glauben bedeutet ethisch: das soeben Festgestellte in der Ethik zum Ausdruck zu bringen, somit menschliches Handeln in der Haltung des Dankes, des Gotteslobs und der Selbstbegrenzung zu vollziehen.

Luther lehrte nicht die Unfreiheit des Menschen. Er lehrte, daß des Menschen Freiheit umgriffen ist von der Freiheit Gottes. Diese Art der transzendenten Begründung der Weltgeschichte findet sich bei Kant nicht. Kant hätte sie als fundamentale Beeinträchtigung der menschlichen Autonomie abgelehnt, während nach Luther Gottes Freiheit nicht als eine Freiheit *gegen*, sondern *für* des Menschen Freiheit zu bewerten ist. *Freilich stellt Luthers Glaube die Menschen zurück in den Gesamtbereich der Geschöpfe Gottes.* Obwohl die Menschen eine eigene Geschichte machen können, ist die Menschheit zuvor auch ein Objekt der eschatologischen Arbeit Gottes, der die *ganze* Schöpfung dem *von ihm* bestimmten Ziel entgegenführt.

Wenn es Luthers Theologie entspricht, den Begriff der *Sünde* dahingehend zu präzisieren, sie sei *das beim menschlichen Handeln stattfindende Nicht-wahrhaben-Wollen der Tatsache, daß die handeln-*

den Menschen zugleich Material in der Hand des Schöpfers sind, dann folgt daraus auch eine Kritik an dem z.B. in Kants Ethik geschehenden Abstrahieren des handelnden Menschen von seiner kreatürlichen Verbundenheit mit den übrigen Geschöpfen. Luthers Theologie, die die Menschen ins Reich der Geschöpfe und Werke Gottes zurückstellt, erinnert uns daran, daß die sittliche Qualität unserer Werke (gut oder böse) *dann* von vornherein problematisch ist, wenn der handelnde Mensch von seiner kreatürlichen Verbundenheit mit den Mitgeschöpfen abstrahiert. Luther sensibilisiert für die Erkenntnis, daß die sittliche Qualität menschlichen Tuns primär davon abhängt, wie der Mensch seine Stellung im Kosmos begreift.

Die Stellung der Menschen im Kosmos ist objektiv dadurch charakterisiert, daß sie ihre Rechtfertigung nicht in sich selbst tragen, sich also gerade nicht, wie Kant meinte, „Selbstzweck" sind, sondern der Rechtfertigung durch den, der sie allein gewähren kann, bedürfen. Gott allein ist berechtigt und befähigt, sie zu gewähren, weil er alle Menschen (ob sie sich nun gegen ihn richten und dadurch zur – für die Neuschöpfung ebenfalls notwendigen – Zerstörung der alten Welt beitragen, „Zorn wirken"; oder ob sie im Glauben mit Gottes eschatologischem Ziel verbunden sind und darum unmittelbar am Werden des Neuen mitwirken) in je ihrer Art „braucht" für seine Arbeit der Verwandlung der Schöpfung.

Sich als Mensch von Gott rechtfertigen lassen, heißt *glauben.* Sich als Mensch selbst rechtfertigen, heißt sich von seinen Mitgeschöpfen trennen. In solcher Trennung von den Mitlebenden, in solcher sozialer Gespaltenheit und Isolierung objektiviert sich der *Unglaube.*

Luthers Botschaft für die heutige Zeit liegt im Rückruf zu einer Ethik, die nicht der Vertiefung, sondern der Überbrückung der Kluft zwischen den Menschen und ihren Mitgeschöpfen dient. Luthers Ethik kommt darin zum Ziel, daß der handelnde Mensch, der in das Dasein verändernd eingreift, zuvor sein Leben und das Leben aller als Gabe und Mandat Gottes wahrgenommen hat. Auch Luther lehrt eine Sonderstellung des Menschen innerhalb der Natur. Doch diese liegt nicht allein in einer besonderen Machtausstattung, sondern mehr noch in jener besonderen Bedürftigkeit des Menschen, angewiesen zu sein auf Gottes Zuwendung in seinem Wort, die uns „Evangelium" ist.

Wahrscheinlich ist es nicht verkehrt, Kants anthropozentrischer Ethik nachzurühmen, ihr Ansatz habe in der Neuzeit beste menschliche Kräfte mobilisiert, vielleicht sogar alles Menschenmögliche hervorgereizt, was zur sittlichen Veränderung schlechter Zustände gedacht und getan werden kann. Was Kant in der Sache erreichen wollte, steht der Ethik Luthers weithin gar nicht entgegen. Wer aber auf die *Wirkungsgeschichte* der Kantschen Ethik im Blick auf die „Umwelt-Folgen" nur mit zwiespältigem Gefühl zu blicken vermag, der sollte zugleich einräumen, daß genau diese „Umwelt-Folgen" dem anthropozentrischen *Ansatz* von Kants Ethik entsprechen, und ferner, daß der ihr kontrastierende (und daher zu Hoffnungen für die „Umwelt" berechtigende) Ansatz Luthers bisher weltgeschichtlich esoterisch geblieben ist. Ob er sich eines Tages samt seiner Christozentrik und Theozentrik noch fortentwickeln und sogar die Form solcher (relativer) gedanklicher Allgemeinheit, wie sie Kants Ethik zugebilligt wird, erlangen könnte, ist gegenwärtig noch eine offene Frage.

h) Der Verstoß gegen das Bilderverbot – mit einem Hinweis auf die theologische Struktur des sog. Umweltproblems

Es ist aus heutiger Sicht zu bedauern, daß Luther sich dazu entschloß, das in der Christenheit vermeintlich nicht mehr aktuelle 2. Gebot (Ex 20,4-6) nicht in den Katechismus aufzunehmen. Bekanntlich unterteilte Luther das letzte Gebot (Ex 20,17) in zwei Gebote, um die Zehnzahl aufrechtzuerhalten. Aber er unterdrückte den Text, der mit den Worten beginnt: „Du sollst dir kein Bildnis noch irgendein Gleichnis machen weder von dem, was oben im Himmel ist, noch von dem, was unten auf Erden ist, noch von dem, was im Wasser unter der Erde ist. Bete sie nicht an und diene ihnen nicht!" Doch inwiefern ist dieses Bilderverbot denn in unserer Gesellschaft noch relevant?

Scheinbar ist die heutige zivilisierte Menschheit nicht mehr versucht, Götzenbilder anzufertigen und Bilder von Naturwesen anzubeten. Allenfalls werden Naturwesen in künstlerischem Sinn oder zu wissenschaftlichen Zwecken abgebildet – oder als Erinnerungsphoto. Wo liegt dann aber die dennoch drohende Gefahr? Ein neutestamentlicher Text kann uns auf die Spur bringen.

Als Paulus im 1. Kapitel des Römerbriefs auf die Form zu sprechen kam, in der die Gottlosigkeit bei den Heiden generell begegnet, charakterisierte er deren Sünde mit den Worten: Sie „haben die Herrlichkeit des unvergänglichen Gottes vertauscht mit einem Bild gleich dem eines vergänglichen Menschen und der Vögel und der vierfüßigen und kriechenden Tiere" (Röm 1,23). Als *der Grund* des Bildermachens wird der elementare Vorgang der sündigen Vertauschung der den Geschöpfen gebührenden Beziehung und der Gott gebührenden Beziehung angegeben. Die Heiden reagieren auf Gottes Selbstbezeugungen und Wohltaten nicht mit Gottesliebe und nicht mit Ehrfurcht gegen Gott. „Sicherheitshalber" verlassen sie sich doch lieber, wie dies in Israels kanaanäischer Um- und Mitwelt überall geschieht, auf die Leistungen eines irdischen Gottesersatzes, eines Götzenbildes. In nicht geringerem Maße verstoßen aber die Juden ebenfalls gegen das Erste Gebot. Sie verstoßen ständig gegen die ganze ihnen von Gott gegebene Tora, die doch ihr Stolz ist. Sie mißbrauchen sie auch. Gipfel des Mißbrauchs ist, leitet man aus der „Leistung", Gebote befolgt zu haben (bzw. die Wohltat der rechten Wegweisung angenommen zu haben) den Anspruch ab, die Rechtfertigung des eigenen Daseins „verdient" zu haben.

Führt bei den Heiden der Verstoß gegen das Erste Gebot gewöhnlich unmittelbar hinüber zur Bilderverehrung, so bei den Juden zur Selbstrechtfertigung unter Mißbrauch der Tora. Und in einem sublimeren Sinn führt dann auch das Selbstrechtfertigungssyndrom – das werden wir gleich sehen – hinüber zur Aufrichtung von geistigen Götzenbildern „im Herzen".

Die ersten drei Kapitel des Römerbriefs führen monumental vor Augen, inwiefern menschliche Selbstrechtfertigung, Verstoß gegen das Erste Gebot, Verwechslung von Schöpfer und Geschöpf, Mißbrauch des Gottesnamens und Verstoß gegen das Bilderverbot allesamt nur Facetten eines einzigen Phänomens sind: der Gottlosigkeit der menschlichen Herzen von Jugend auf.

Von Dingen, Verhältnissen und Lebewesen, derer wir uns zur Selbstrechtfertigung bedienen, machen wir uns *stets* ein Bild. Wir sehen sie so, wie wir sie sehen wollen, sehen müssen. In unserer Beziehung zu ihnen versuchen wir, ihre Erscheinung und ihre Wirklichkeit nach Maßgabe unseres Interesses an ihnen zu beschneiden. Machen wir uns von einem Menschen ein Bild, dann sehen wir ihn nicht so, wie er von sich aus ist. Wir versuchen, ihn so festzulegen und auszulegen, daß *wir* aus der Beziehung zu ihm Rechtfertigung erhalten. Wir sind bestrebt, von ihm die „Gottesleistung" zu erhalten, über unserer Existenz das „Siehe da, ein sehr gutes Geschöpf" auszusprechen. Dies kann unseren Versuch einschließen, anderen zu schmeicheln und ihre Erscheinung zunächst zu überhöhen. Wer so überhöht wird, wird dann später wieder gestürzt. Da aber, so oder so, die Wahrnehmung des anderen auf das Maß der eigenen Wünsche an ihn zurechtgestutzt wird, *schaden* wir jedenfalls denen, die wir vergötzen.

Wir machen uns ein Bild von anderen. Wir sehen vornehmlich *uns* in ihnen. Sie aber begegnen uns nicht mehr und verstummen. Dieses Verhalten unseres Gegenübers – handle es sich um Gott, Mitmenschen oder um nichtmenschliche Geschöpfe – ist das sichere Anzeichen dafür, daß wir als Sünder leben. Wir und der andere bleiben einsam in solchen sog. Beziehungen. Sündige Beziehungen sind solche, deren Signatur gerade die Beziehungslosigkeit ist. Ist die Sünde am Ziel, sind die Partner der sündigen Beziehung (mit Ausnahme Gottes, der allenfalls verstummt) tot.

Die protestantischen Reformierten haben das Bilderverbot als eine auch für Christen wichtig gebliebene Weisung Gottes erkannt. Es wurde in den Heidelberger Katechismus übernommen und durch den Verzicht auf bildliche Darstellungen, insbesondere des gekreuzigten Jesus Christus, in den reformierten Gottesdiensträumen respektiert. Letzteres freilich traf schwerlich den Kern des Gebotes, der Mensch solle sich kein Bildnis machen und auch keines anbeten. Diesem Gebot werden überhaupt *die Gegner* von sinnenfällig-bildhaften und religiösen Symbolen in der Kirche durchaus nicht besser gerecht als deren Befürworter. Der im reformierten Zürcher Kulturmilieu beheimatete Schriftsteller Max Frisch beschreibt in zahlreichen Texten das Sich-ein-Bild-voneinander-Machen[10] als fundamentales Problem und Stigma der menschlichen Weltgesellschaft.

Die Folgen des auch bei uns heute noch üblichen Verstoßens gegen das Bilderverbot bemerken gegenwärtig z. B. viele Frauen, die es bis in ihre tiefste Seele hinein schmerzt, in einer Kultur der Männerdominanz nicht in ihrer weiblichen Eigenart wahrgenommen und angesprochen, vielmehr männlichen Strukturen kurzerhand *subsumiert* zu werden. Auch hier reicht der Schmerz in die Tiefen des Rechtfertigungsthemas hinunter: Frauen erfahren sich als eingezwängt in ein gewisses Bild, das sie nicht „sind" und das männlichen Herrschaftsmöglichkeiten und Selbstrechtfertigungsbedürfnissen entspringt.

Der völlig ungehemmte, allgemeine Verstoß gegen das nach wie vor in Kraft stehende und relevante göttliche Gebot „Du sollst dir kein Bildnis machen ..." manifestiert sich heute auch in der Form unserer ungeheuren ökologischen Nöte, also im sog. *Umweltproblem*. Sobald Lebewesen oder Dinge in die Zone möglicher *Beherrschbarkeit* durch Menschen eintreten, werden sie sofort „Objekte", von denen ein Bild angefertigt wird. Oft wurden in den letzten Jahren *Naturwissenschaft und Technik* des objektivierenden Denkens oder Erkennens bezichtigt. Ihr Zugriff auf die Natur habe die Zusammengehörigkeit von Subjekt und Objekt negiert und gesprengt. In ihnen bräche sich ein verengtes Wirklichkeitsverständnis Bahn: das einseitige Interesse einseitiger Menschen, bei denen der Instinkt des Inbesitznehmens („Habens") absolut vorherrschte. Darüber sei die Natur stumm und todkrank geworden, wobei *vor* ihr aber die Menschen, die ihr dies antun, todkrank waren und sind.

---

[10] Grundlegend die Tagebuch-Äußerung von 1946 (Frisch, 37): „Du sollst dir kein Bildnis machen, heißt es von Gott. Es dürfte auch in diesem Sinne gelten: Gott als das lebendige in jedem Menschen, das, was nicht erfaßbar ist. Es ist eine Versündigung, die wir so wie sie an uns begangen wird, fast ohne Unterlaß wieder begehen – ausgenommen wenn wir lieben."

Falsch ist an solcher Argumentation, daß sie die Verdienste der Naturwissenschaften um die Bekämpfung und Überwindung von Vorurteilen und eingefahrenen Weltbildern sowie um die Kräftigung unseres Blicks, damit er auch unangenehmen, verdrängten Realitäten standhalte oder auf die Spur komme, völlig übersieht. Das theologische Lob dieses Aspekts der Naturwissenschaften (und auch z.B. der historischen Wissenschaften) ist in unserer Zeit noch nicht hinlänglich gesungen worden!

Richtig daran ist, daß die grüne Natur seit Beginn der Neuzeit ein bevorzugtes Objekt wurde, an dem die Menscheit ihre mißratenen Gottesbeziehungen ausläßt. Seitdem uns die grüne Natur kaum mehr als eine bedrohliche Großmacht noch als Schöpfung mit einer eigenen Sprache und Würde gegenübersteht, sondern Material und Energiespender (ein *Bild*, das wir uns von ihr gemacht haben!) wurde, seither wurde sie auch der hochwillkommene Ersatz für vordem herangezogene *menschliche* Sklaven. In dem Augenblick als wir vor der grünen Natur den Respekt verloren, konnten wir großzügig damit beginnen, das Bemühen und Besitzen menschlicher Sklaven als „unter unserer Würde" liegend zu bezeichnen. Die Erfindung der Dampfmaschine und die moderne Anerkennung und Aufrichtung grundlegender Freiheits- und Menschenrechte fallen nicht zufällig in die gleiche Zeit. Der seit dem 18. Jahrhundert ungeheuerlich gewordene *Naturverbrauch* dokumentiert keineswegs nur, wie so oft behauptet wird, die stark angewachsenen materiellen Bedürfnisse einer stark angewachsenen Menschheit, sondern er ist in erster Linie *das Resultat einer fehlgeleiteten Stillung unseres metaphysischen Hungers*. Die Volkswirtschaft muß stetsfort *wachsen*, Naturwissenschaften und Technik müssen stetsfort *fortschreiten*, die grüne Natur muß stetsfort mehr *ausgebeutet* werden, weil wir sonst auch geistig nicht wüßten, wo wir bleiben und wie wir leben sollten. Dem Fortschritt und dem Wirtschaftswachstum kommt *soteriologische Bedeutung* zu! Sie nehmen uns derzeit auf die bequemste Weise das Stellen und Beantworten der Frage nach dem Lebenssinn ab. Sie schützen auch davor, daß die Gottesfrage störend zum Durchbruch kommt. (Wenn es aber *so* steht mit dem modernen Naturverbrauch – wieviel Besserung des Umweltproblems darf man sich dann von politischen Reformansätzen und ökologischen Naturschutzprogrammen allein versprechen? Die Wahrheit ist, daß die meisten, die vorgeben, das bisherige System nicht mehr zu wollen, es insgeheim doch bejahen!)

In den letzten Jahrzehnten ist nicht nur die Arbeiterfrage des 19. Jahrhunderts spiegelbildlich als Naturfrage wiedergekehrt. Sondern es haben außerdem die arbeitenden Menschen nur scheinbar mehr Freiheit und mehr Lebensqualität dadurch gewonnen, daß bei ihrer Arbeit die Natur als Sklave mehr und mehr an ihre eigene frühere Stelle getreten ist. Denn durch die Ausbeutung der Natur, bei der erneut ein angeblich weniger daseinswürdiger Teil der Schöpfung von einem angeblich besser gerechtfertigten Teil dominiert wird, müssen ja alsbald auch die Ausbeuter selbst in die Verlustzone hineingeraten. Auch die Ausbeuter werden mit dem *Fluch* der Entfremdung und Zerstörung belegt. Das Ergebnis jener Sünde, die im Verstoß gegen das Erste Gebot, gegen das Bilderverbot oder gegen das Verbot des Mißbrauchs des Gottesnamens liegt, ist allemal, was im biblischen Sprachgebrauch *Fluch* heißt, im modernen Sprachgebrauch aber Entfremdung, Destruktion, tödliche Isolierung heißen mag.

Die grüne Natur ist derzeit unser wichtigster Götze: Wir verehren sie und wir zerstören sie. Wir überhöhen und erniedrigen sie. Sie kann der ganzen Menschheit Pseudoersatz bieten für Gott und für das gute Wort, das Menschen zum Leben brauchen. Sie liefert uns den Fortschritt, in dem unser Dasein – scheinbar – Ruhe und Rechtfertigung findet. Wir haben unser Dasein durch die Ausbeutung ihrer Kräfte umfassend abgesichert, wobei wir unser Dasein in Wahrheit aber ungesicherter denn je werden ließen. *Das gerade ist charakteristisch für die Grundsünde des verfehlten Gottesbezugs, daß sie auf einen Sicherheitszuwachs hinausläuft, der paradoxerweise von Anfang an unsere Sicherheit umfassend unterhöhlt.*

Der Verstoß gegen das Bilderverbot ist schon vorprogrammiert, sobald wir von nichtgöttlichen Wesen, sie überfordernd, die Leistung oder Gabe erpressen, die uns zu gewähren Gott selbst sich vorbehielt: unsere Rechtfertigung.

Wer sich ein Bildnis macht, der verliert sich in einer Illusion. Er qualifiziert das, was ist, falsch. Er legt einen unzutreffenden Anschein über die Welt. Er ist ein Bewirker von Trug und leerem Schein (Sünde ist Lüge!). Er verdreht alles, und ihm verdreht sich alles. Er behandelt ein Stück der Schöpfung, das er vergötzt, so, als wäre es Gott. Er qualifiziert Endliches und Zeitliches so, als sei es das Unendliche und Ewige. Er nennt das gut, was ihm in seiner Ichbezogenheit jetzt gerade als gut *erscheint* – seine Unterscheidungsfähigkeit von gut und böse zerbröckelt ihm. Er sieht das Gute in seiner Nähe nicht, er vermutet das Gute vielmehr in räumlicher und in zeitlicher Ferne. Er sucht – *als der sich selbst versäumende Mensch* – das Gute immer da, wo es gerade nicht ist. Er hat einen unersättlichen Zeit- und Raumhunger, auch Zeit- und Raumverschleiß. Hierin eingefügt, verbraucht er Menschen, Tiere, Pflanzen und sog. Rohstoffe. Er zehrt andere auf und versäumt doch sich selbst. Er beherrscht andere – und wird zutiefst abhängig von ihnen; er verliert gerade seine Freiheit über dem Versuch, sie in der Ausbeutung anderer zu finden.

i) Menschliche Würde, Ehre und Scham

Semantisch können Würde und Ehre im täglichen Sprachgebrauch nahe aneinanderrücken. Sie können beide durch das griechische Wort *doxa* wiedergegeben werden. Sie sind auch beide in dem hebräischen *kabod* enthalten. Dennoch ist ihre Bedeutung nicht einfach identisch.

Die Würde des Menschen besteht in dem, was den Menschen als Menschen – untheologisch gesprochen – schon von Natur aus auszeichnet. Man spricht von der Menschenwürde und meint damit etwas alle Menschen Auszeichnendes. Sie ist nicht das Ergebnis spezieller Leistungen, zu der einige Menschen fähig wären, andere aber nicht. Wir können also genau angeben, wem Menschenwürde zukommt: allen Menschen. In erhebliche philosophische Schwierigkeiten, ja, in Aporien geraten wir aber, wenn wir auch angeben sollen, was der *Inhalt* der Menschenwürde sei[11].

Die Ehre ist weniger fest in der allgemeinen Menschennatur verwurzelt als die Würde. Zwar meinen fast alle Menschen, „wenigstens" die Ehre zu brauchen, ja, sie nötiger zu haben als die physischen Lebensmittel. Aber um den Erhalt und um das Behalten der Ehre wird von uns Menschen ständig gekämpft. Sie ist eben doch nicht so allgemein „zuhanden". Die Ehre ist auch mobiler und formbarer als die Würde. Sie kann durch besondere Leistungen vergrößert und verkleinert werden. „Ehre, wem Ehre gebührt". Man kann „besondere Ehre" erwerben und „einlegen", während sich die Menschenwürde nicht steigern läßt. Bei der Ehre des Menschen läßt sich im übrigen unschwer sagen, worin sie *inhaltlich* besteht: Am meisten ehrt es uns, wenn wir nicht auf Privilegien, die wir besitzen, egoistisch bestehen, sondern sie mit denen teilen, die unsere Höhe nicht erreicht haben. Wahre Ehre atmet den Geist der Selbsteinschränkung

---

[11] Picht, Erziehen ..., 482, spricht von der Undefinierbarkeit der Menschenwürde. Er leitet sie in seinem Aufsatz „Zum geistesgeschichtlichen Hintergrund der Idee von den Menschenrechten", 135, daraus ab, daß „der Mensch ... anerkennt, was höher ist als er selbst". Dies kann natürlich nicht als Bedingung gemeint sein, die derjenige erfüllen müßte, dessen Menschenwürde anerkannt werden soll. Vielmehr denkt P. wohl daran, unter welcher Voraussetzung wir eigene und fremde Menschenwürde anerkennen.

aus Solidarität, aus Liebe. Wahre Ehre ist überhaupt eine Manifestation des Geistes.

Man kann zwar von der Würde, schwerlich aber von der Ehre auch der nichtmenschlichen Geschöpfe reden.

Eine spezifische Würde kommt jedem Geschöpf zu: Jedes hat sein ihm vom Schöpfer verliehenes *Gewicht (kabod)*. Hierin kann auch am besten die Forderung begründet werden, daß wir „Ehrfurcht vor dem Leben“ (A. Schweitzer) haben sollen. Ferner muß hieraus konsequenterweise die Einsicht folgen: Kein Lebewesen muß sich für sein Daseindürfen bei anderen Geschöpfen bedanken. Auch nicht bei seinen Eltern. Wer existiert, muß sich hierfür ferner nicht rechtfertigen oder von anderen rechtfertigen lassen. Indem ein Geschöpf da ist, ist es auch bereits daseinsberechtigt („daseinswürdig“). Kein „seiendes Wesen“ sollte also den anderen „Buße bezahlen“ (Anaximander) für die angebliche Schuld seines bloßen Daseins. Dies freilich ist nur dann strikt ausgeschlossen, wenn klar ist: Die Würde der Geschöpfe, insbesondere auch die der Menschen[12], besteht in dem Gewicht (*kabod*), das jedes von sich aus hat, weil Gott sie schuf.

Die Frage nach der Würde des Menschen bricht gewöhnlich auf, wenn Menschen in Verhältnissen/Machtstrukturen leben müssen, die sie hindern, ihre Grundbedürfnisse zu entfalten. Für diese Behinderung hat die Moderne die Bezeichnung gefunden: Es fehlen die Menschenrechte. Letztere meinen nichts anderes als das Vorhandensein jenes Lebensraums, der für Menschen „natürlich“ ist, weil er ihnen ihre ursprüngliche Würde beläßt. Vom Vorhandensein der Menschenrechte sollte also normalerweise ausgegangen werden können. Man darf sie nicht als Lohn oder Prämie für eine würdige und disziplinierte Lebensführung betrachten. Denn sie sind der gottgewollte Rahmen, in dem ein menschenwürdiges Leben möglich ist. Die Menschenrechte sind somit nicht zu gewähren, sondern einzuhalten[13]. Kein Staat hat das Recht, sie abzuschaffen. Jeder Bürger aber hat die Pflicht, erforderlichenfalls für ihre Wiederherstellung zu kämpfen. Wo die Menschenwürde mit Füßen getreten wird, stehen hierfür in erster Linie die Mächtigen im Lande, in zweiter Linie aber die ganze Gesellschaft in der Verantwortung. Die Sorge für die Menschenwürde ist somit ein politischer, ein öffentlicher, ein die Allgemeinheit betreffender Vorgang.

---

[12] Ähnlich Jüngel, 300: „Des Menschen höchste Würde ist die, dazusein.“

[13] Vgl. Picht, „Der Staat ...“, 204: „Die Anerkennung der Menschenwürde ist ... eine fundamentale Legitimationsgrundlage des Staates.“ Vgl. ferner (aus Pichts Aufsatz „Zum geistegeschichtlichen Hintergrund ...“,135): „Die Achse

Demgegenüber ist die Ehre mehr eine Sache der einzelnen. Die einzelnen kämpfen miteinander/untereinander nicht um Würde, wohl aber um Ehre. In ethisch-geistiger Anstrengung den Sieg erringen nicht etwa über die konkurrierenden „anderen", sondern über die eigenen fleischlichen Lebensanfechtungen, dies verschafft nach der Terminologie, die Schiller gebraucht hat, einem Menschen *Würde.* Wir aber können des Menschen Würde hierin nicht begründet sehen. Terminologisch würden wir hier von „Ehre" sprechen, wobei auch noch zu prüfen wäre, wie sich die Schillersche Würde und Ehre zu der in der Bibel erläuterten *doxa* eines Menschen verhält.

Was es um des Menschen Würde *und* Ehre ist, kommt – auch philosophisch – am klarsten im Lichte unserer Gottesbeziehung zum Ausdruck. Würde *und* Ehre meinen beide ein Leuchten, eine Glorie unseres Wesens, die sich nicht recht aus der „Immanenz" heraus erklären lassen wollen. Der Krieg und die Ehre, das Vaterland und die Ehre, das materielle Statussymbol und die Würde, das ethische Asketentum und die Würde – unabsehbar ist doch die Reihe der Irrungen, der Verdrehungen, der Selbsttäuschungen im Zusammenhang mit den *immanenten* Begründungen menschlicher Würde und Ehre!

Versuchen wir zum Schluß, Würde *und* Ehre doch noch im Zusammenhang zu sehen!

Wir suchen im Umgang mit den Mitgeschöpfen unsere *Ehre.* Wir blicken erwartungsvoll auf die anderen. Doch bedeutet unser Blick nicht eine Würdigung ihrer jeweiligen geschöpflichen Besonderheit. Er berechnet vielmehr den aus ihnen zu ziehenden Gewinn an eigener Ehre. Wir würdigen also die anderen nicht. Vielleicht aber ehren wir sie dennoch „aus taktischen Gründen", nämlich in der Erwartung, daß sie Gleiches mit Gleichem vergelten. Unseres eigenen Wertes ungewiß, suchen wir Ehre voneinander und sind gleichzeitig unfähig, den anderen in seiner geschöpflichen Würde gelten zu lassen. „Wie könnt ihr Glaubende sein, die ihr Ehre (*doxa*) voneinander fordert und empfangt, aber die von dem alleinigen Gott kommende Ehre nicht sucht" (Joh 5,44)? Wie könnte das wirklich *Ehre* sein, was uns zuteil wird, wenn wir, Ehre suchend, „hinaufsteigen" (uns selbst erhöhen), anstatt hinab?

Den anderen falsch und berechnend anzublicken, führt bei diesem – auch wenn er für diesen Blick nicht mitverantwortlich ist – zur

---

der Menschenrechte ist die Würde des Menschen. Die Menschenrechte als solche sind lediglich ein Versuch, gewisse Bedingungen zu formulieren, die garantiert sein sollten, damit Menschenwürde möglich ist."

Scham. Er erfährt sich ungewürdigt und zum Objekt gemacht. Scham ist „die nicht zu beseitigende Erinnerung des Menschen an seine Entzweiung mit dem Ursprung, sie ist der Schmerz über diese Entzweiung und das ohnmächtige Verlangen, sie rückgängig zu machen“[14]. Sich schämen ist ein ganz elementarer Vorgang, was man vom Schlagen des schlechten Gewissens nicht in gleicher Weise sagen könnte. Wenn das Gewissen schlägt, zeigt sich nicht unbedingt die Wahrheit. Oft zeigt das schlechte Gewissen an, daß ein Mensch in seiner Ehre oder Würde getroffen wurde. Aber nicht immer wird dann auch deutlich, warum dies in Wahrheit geschah; oft wird der tatsächliche Sachverhalt vernebelt. In der Scham aber entgeht der Mensch der Wahrheit nicht: er spürt sie. Er ist ‚wehrunfähig‘ in Gottes Hand geraten, wobei er auch dies empfindet, daß er sich vor Gott verbergen können müßte. Die Verhüllungen, nach denen der sich schämende Mensch in seiner Fluchtunfähigkeit greift, sind nicht ohne Funktion und Wert. Sie sind notwendige Blickabschirmungen, die auch Gott dazu nützt, um sich dem von ihm abgetrennten Geschöpf wieder zu nähern und es über dem Abgrund zu halten.

Das Tiefste ist die Hülle, die Gott sich selbst gibt – so als wäre auch er in der Scham wegen der von ihm getrennten Menschen. Die Rede ist von der Menschwerdung Gottes. In einem Menschen offenbart und verbirgt Gott sich zugleich.

Gott wird Mensch, damit der Mensch nicht meinen soll, Gott werden zu müssen. Dies ist der *existenziale Sinn* der göttlichen Menschwerdung: uns bei der Menschlichkeit festzuhalten, mehr noch, uns in die wahre, in die wirkliche Menschlichkeit einzusetzen. Das andere ist auch wahr: Gott wurde Mensch, damit wir göttlich würden. Dieser Hauptgedanke des Irenäus steht nicht im Widerspruch zum zuerst Gesagten. Denn der unmenschliche Mensch erhöht oder erniedrigt sich selbst ins Leere hinein; aber der mit Gott vereinigte Mensch findet zu seiner geschöpflichen Bestimmung und Wahrheit. In dieser Weise bedeutet Gottes Menschwerdung unsere höchstmögliche Würdigung: Sie zielt auf die *glorificatio* des Menschlichen. Sie allein ist die Quelle unseres Glanzes. Die Menschwerdung Gottes ist das wirksame Gegenmittel gegen unseren Mangel an Menschlichkeit, gegen unsere Sünde.

---

[14] BONHOEFFER, Ethik, 22. – Vgl. DERS., Schöpfung und Fall, 94ff, wo das Gewissen eigentümlicherweise als „die Scham vor Gott, in der zugleich die eigene Bosheit verborgen wird“, in den Blick kommt (95). B. deutet das Gewissen nicht als die Stimme Gottes im Sünder, sondern als „die Abwehr gegen diese Stimme,

j) Zusammenfassende Thesen über die Sünde

Der Mensch

1. Den Menschen schuf Gott so, daß er dieses Lebewesen zugleich bei seinem Namen gerufen hat. Gott spricht die Menschen an und ermutigt sie in Liebe dazu, ihm mit ihrem Leben zu antworten.
1.1. Gottes liebende Anrede nehmen Christen am deutlichsten an dem Mitmenschen Jesus von Nazareth – dem ‚Fleisch' gewordenen Logos – wahr, der als Träger der guten Botschaft Gottes für uns (=Evangelium) der Christus genannt wird.
1.2 Gott spricht auch dem Sünder, der ihm die Antwort schuldig bleibt, die menschliche Würde nicht ab. Er spricht ihn weiter in Liebe an.
1.2.1. Aber die Gefahr besteht, daß sich der Sünder die menschliche Würde selbst aberkennt, sie seinen Mitmenschen abspricht oder sie von anderen Menschen abgesprochen bekommt.
1.2.2. Menschen werfen sich wechselseitig und auch sich selbst vor, ihr Leben bzw. ihre Daseinsberechtigung nicht *verdient* zu haben. Menschen leben in der Grund-Angst, nicht weiterleben zu dürfen, wenn sie sich nicht vor ihrer Umgebung durch Taten als lebenswürdig und als daseinsberechtigt ausweisen können.
1.2.2.1. Dabei übersehen sie, daß alle schon um des ihnen vom Schöpfer verliehenen Lebens und Gewichts willen daseinsberechtigt und zu würdigen sind.
1.2.3. Menschen rauben *Mitgeschöpfen* die Würde/Ehre, indem sie diese „einspannen" in den Prozeß der Selbstrechtfertigung. Menschen geben *ihre eigene* Würde/Ehre für verloren, wenn sie sich schuldhaft ihre Zukunft so verbaut haben, daß sie keine Lebensmöglichkeit mehr sehen. (Umgekehrt geben sie ihr eigenes Daseins-Recht auf, wenn anscheinend nur noch der Tod ihre menschliche Würde und Ehre bewahren kann. Beides kann mit tiefer *Scham* einhergehen)
1.3. Scham ist die tiefste Infragestellung des Menschlichen. Wer sich schämt, fürchtet in der Weise elementaren Fühlens, seine Humanität, sein Dasein *als Mensch* zu verlieren. In der Scham zeigt es sich zugleich, wie der Mensch eigentlich gemeint ist.

---

die aber eben als Abwehr doch wiederum wider Wissen und Wollen auf die Stimme hinweist" (96).

1.3.1. Wer sich schämt, vermißt – unbewußt – die Einheit mit Gott. Diese ist die Quelle, die dem Dasein Glanz und innere Lebenskraft verleiht.
1.3.1.1. An Menschen, die sich schämen, arbeitet Gott. Mit Recht begegnet man ihnen darum mit einer Art scheuer Ehrerbietung.
1.3.1.2. Der Gegenbegriff zu Scham ist, wenn wir unserem eigenen Erleben folgen, die menschliche *Ehre.* Aber auf dem Boden theologischer Reflexion wird man mit gleichem Recht sagen: Es ist der *Glaube.* Auch im Glauben zeigt es sich, wie der Mensch eigentlich gemeint ist. Glauben ist zugleich diejenige Kraft, die uns im Dasein *als Menschen* erhält. Er ist gerade nichts Zusätzliches zur „bloßen Humanität".
1.3.1.3. Glaube bedeutet, aufs Ganze der Anthropologie gesehen, die Befreiung des Menschen aus der Scham.
1.4. Der gläubige Mensch würdigt auch sich selbst! Aber er betrachtet sich deshalb als daseinswürdig, weil Gott ihn gewollt hat, nicht weil er sein eigenes Daseindürfen verdient hätte.
1.4.1. Gleichwohl wird und darf er sich über geglückte Leistungen freuen. Weil diese ihm nicht zum Beweis der Daseinserlaubnis nötig sind, darum erst recht!
1.5. Der Mensch *als Mensch* lebt und stirbt von den sich durchsetzenden Beurteilungen seiner Person.
1.5.1. In der gläubigen Existenz setzt sich Gottes Beurteilung der Person durch.
1.5.2. Nur der seiner eigenen Rechtfertigung gewisse Mensch kann andere so würdigen, daß sein Urteil für sie *lebensdienlich* ausfällt.

Der Vorgang der Sünde

2. *Sündigen* bedeutet im Kern, niemanden und nichts würdigen zu können. Sünde ist die Unfähigkeit, Mitgeschöpfe so anzunehmen, wie sie von sich aus kraft ihrer geschöpflichen Würde da sind. Auch sich selbst vermag der Sünder nicht in dieser Weise zu würdigen.
2.1. Der Sünder nimmt die anderen *nur* so an, wie sie ihm ins eigene Bild passen. Sein Bild von der Wirklichkeit ist so, daß es sich mit seinen Selbstrechtfertigungs- und Selbstbehauptungsbedürfnissen genau deckt.
2.1.1. Der Sünder sieht nur *sich* in allen anderen, sofern er deren Erscheinung und Existenz beschneidet nach Maßgabe dessen, was er von ihnen haben will: die Rechtfertigung *seiner* Person.
2.2. Sünde ist berechnend. Sünde beginnt oft damit, daß man sich vor

anderen verneigt, um sie sich geneigt zu machen. Sie endet aber in Ausbeutung und Destruktion.

2.2.1. Der sündigende Mensch verrechnet sich also. Er erreicht durch seine Sünde bestenfalls eine kurzfristige Entlastung seiner Situation, mit Sicherheit aber eine längerfristig umso größere Belastung.

2.2.2. Der Sünder verkennt die Wirklichkeit, und die Wirklichkeit rächt sich hierfür.

2.3. Sünde hat immer und überall die Struktur, daß Menschen andere Geschöpfe als Gottesersatz mißbrauchen.

2.3.1. Weil diese Mißbrauchten, die dem Sünder Gott spielen sollen, hiermit grundsätzlich überfordert sind, erhält der Sünder am Ende das Gewünschte immer nicht, sein Tun und Sein sind nichtig.

2.3.2. Insofern ist Sünde das schlechterdings Nichtige, das Vergebliche, das Nie-zum-Ziel-Kommende. Doch bedeutet dies keineswegs, daß Sünde nicht wirklich zerstört, nicht wirklich tötet.

2.3.3. Sünde ist fehlgeleiteter Gotteshunger. Gerade der Sünder *sucht* Gott. Und gerade ihm ist der wirkliche Gott näher als er, der Sünder, denkt.

Das Rätsel der Sünde

3. Nur der Mensch kann sündigen. Aber warum sündigt er?

3.1. Der Mensch sündigt, weil ihm Gott fehlt – oder zu fehlen scheint.

3.1.2. Der Mensch steht, so wie Gott ihn schuf, ständig in der *Versuchung*, die ihm ungewiß erscheinende göttliche Stillung seines Rechtfertigungshungers durch eigene Maßnahmen – nämlich durch Druckausübung auf Mitgeschöpfe – sicherzustellen. Die Tatsache, daß der Mensch auf diesem Wege oft *zunächst* erfolgreich ist, begründet seine ständige *Versuchung* zur Sünde.

3.1.3. Es gibt niemanden außer Gott, der für die Tatsache dieser Versuchbarkeit des Menschen einstehen kann. Davon *ist* aber auszugehen, daß Gott hierfür einsteht. Deshalb bitten wir ja Gott im Vaterunser auf Jesu Empfehlung hin, daß er die von ihm geschaffene Versuchbarkeit, der wir unterliegen, bei uns nicht zum Zuge kommen lasse. Das heißt im Klartext: Er möge uns nicht in die Sünde hineinführen.

3.2. Der Mensch gerät nicht deshalb in die Sünde hinein, weil er Gott hassen würde oder weil er seine eigene (Handlungs-)Freiheit suchte und selbst wie Gott sein wollte. Solche Gottesfeindschaft ist vielmehr immer erst die Folge *bereits geschehener* Sünde.

3.2.1. Am ehesten ist es *Gottesvergessenheit* (aus im Menschen oder aus in Gott liegenden Gründen?), was den Menschen zuerst in die Sünde hineinführt. Später führt dann Sünde zu immer weiteren Sünden. Mehr können wir nicht sagen. Der Eintritt des Menschen in die Sünde bleibt, wie man es auch dreht und wendet, Gottes Geheimnis.

Die Bedeutung der Sünde

4. Wird der Mensch ein *Sünder* genannt, so meint man mit Recht von ihm, daß er *gegen* die Kräfte und Gesetze existiere, die das Leben erhalten und weitergeben.
4.1. Sünde bewirkt Tod und ist in ihrer Tendenz Anti-Schöpfung. Sünde ist die Nicht-Freude am Sein. Nur vordergründig erscheint sie als Lebensgier.
4.1.1. Der Sünder schert aus der Selbstbewegung und Selbstordnung der lebendigen Natur aus, er bewegt sich gegen den Strom, gegen den Richtungssinn der übrigen Schöpfung (=Mangel nicht nur des Instinkts, sondern auch der Vernunft).
4.1.2. Der Sünder schert auch aus den menschlichen Gesetzgebungen und Sozialordnungen aus, die den grundmenschlichen Konflikt mit der Natur kompensieren sollen (=Mangel nicht nur der Vernunft, sondern auch der Liebe).
4.2 Dieses doppelte Ausscheren nennt die herkömmliche theologische Terminologie triebhaft-süchtige Begierde (Konkupiszenz) und Hochmut (Hybris) des Menschen.
4.2.1. Konkupiszenz und Hybris meinen keine psychischen Defekte oder Leidenschaften (Passionen), erst recht bezeichnen sie nicht die moralischen Untugenden einzelner Menschen, sondern sie kennzeichnen den Menschen in seiner allgemeinen menschlichen Situation.
4.2.1.1. Denn der Mensch ist unter den Lebewesen das seiner selbst noch ungewisse und seiner Rechtfertigung noch bedürftige, desintegrierte Geschöpf.
4.3. Gewißheit, Rechtfertigung und Integration des Menschen zur liebevollen Harmonie mit den Mitgeschöpfen sind spezifische Sinngehalte des Wortes *Glaube.*
4.3.1. Wirklich vorhandener Glaube ist wirklich vorhandene Gewißheit, Rechtfertigung und Integration des Menschen.
4.3.2. Der gläubige Mensch kehrt in die Gemeinschaft mit dem Schöpfer zurück und erfaßt die Liebe als den gottgewollten Richtungssinn der Schöpfung.
4.4. Auch ohne vorhandenen Glauben, auch bei lediglich vorhande-

ner Sünde, bewahrt Gott die Schöpfung und die Menschheit vor völliger Zerstörung. Die Sünde kommt nicht völlig zum Ziel.
4.4.1 Trotzdem bewirken die Sünden der Menschen *und* auch die in der Natur noch vorhandenen Übel zusammen bei vielen Geschöpfen schwere und ungerechte Leiden.
4.4.2. Die einerseits der Sünde, andererseits auch dem Glauben zugeneigte Menschheit ist ein Indikator für den gegenwärtig noch unvollendeten Zustand der Schöpfung. (Unvollendet heißt nicht: schlecht. Daß Gott die Welt gut *und* unvollendet geschaffen hat, ist kein Widerspruch. Auch wer ein Kind oder eine Symphonie als unvollendet bezeichnet, meint damit nicht, sie seien schlecht oder auch nur mangelhaft)
4.4.2.1. Unvollendet ist die Schöpfung jedoch schon insofern, als sie von den Übeln noch nicht erlöst ist, aber erlöst werden soll.
4.4.2.2. Im Sündigen liegt auch eine menschliche Unzufriedenheit mit der – angesichts der fortdauernden Übel – noch nicht erreichten Vollkommenheit der Schöpfung, die Gott im Grundsatz teilt.
4.4.2.3. Gott stimmt aber nicht überein mit den „Lebensverbesserungsaktionen" des Sünders, sofern diese nicht der Freude am Sein, sondern dem Haß, dem Neid und dem Ekel entspringen.
4.5. Die den Menschen eingeräumte Möglichkeit des Glaubens ist eine konkrete Voranzeige („Vorempfang") auf die ausstehende Erlösung der Welt.
4.5.1. Als Sünder ist der Mensch das schädlichste und elendste aller Geschöpfe. Als Glaubender aber ist er eine Offenbarung der Schöpfung in ihrer vollendeten Schönheit, eine Voranzeige der Herrlichkeit der erlösten Welt.
4.5.2. Die Geschichte der Menschheit ist die Grammatik der Weltevolution. Der Gang der Schöpfung bis hin zur Erlösung hat in der Menschheit eine Sprache gefunden.
4.5.2.1. Weder in der Sünde noch im Glauben sind darum die Menschen selbst der alleinige Sinn und Zweck der Wirklichkeit, sondern sie sind immer auch Zeichen oder Buchstaben, in denen sich das Gotteshandeln in und an der Welt ausdrückt.
4.5.2.2. In der Sünde und im Glauben – diesen beiden den Menschen vorbehaltenen Möglichkeiten – kommen die eschatologischen Schöpfungsziele zur Sprache: sowohl, was Gott verworfen hat, also ausscheiden will aus der Schöpfung, wie auch, was Gott erwählt hat und in der erlösten Schöpfung zur alleinigen Wirklichkeit erheben wird.
4.5.3. Als Trägerin der eschatologischen Grammatik Gottes ist nicht

nur die Menschheit, sondern schon jede einzelne Menschenseele von letztem, d. h. ewig feststehendem Wert.

4.5.4. Auch der durch seine Sünde an Gottes Verwerfungsarbeit und Verwerfungsmaßnahmen beteiligte Mensch ist ein Diener des Schöpfers, der dessen ewigen Willen verkörpert und erlöst werden kann. Auch seine Seele ist von ewigem Wert.

4.5.4.1. Der Sünder vollzieht, von Gott gewollt, die Offenbarung dessen, was von Gott verworfen ist und also von Gott in der vollendeten Schöpfung nicht mehr gewollt wird. *So* schließen sich Gottes Wollen und Nicht-Wollen in bezug auf die Sünde *sinnvoll* zusammen.

Gottes Beistand für den Sünder

5. Gott kennt die von ihm geschaffenen Menschen als solche, die im Kampf um ihre Würde *alle* in Sünde fallen und denen er selbst beistehen muß, sollen sie vor der völligen Selbstzerstörung bewahrt bleiben.

5.1. Auch begnadete Menschen, an denen sich das Böse gleichsam totläuft, sind und bleiben mit Sünden und Schwächen behaftete Menschen. Aber sie sind „Gotteszeichen" unter uns. Sie sind eine Tür, durch die verlorener Schöpfungsglanz wiederkehrt.

5.2. Der konzentrierte Inhalt des Evangeliums von Jesus Christus ist, daß Gott unser Sündigen als einen Mangel ansieht, für den er, der Schöpfer selbst, mit einer besonderen Zuwendung zu den Menschen – Menschwerdung Gottes! – einsteht.

§ 8 Hauptfragen neutestamentlicher Hamartiologie

K. Barth, KD IV/2, Zollikon - Zürich 1955 (darin: § 65. Des Menschen Trägheit und Elend). - H.D. Betz, Studien zur Bergpredigt, Tübingen 1985. - C. Colpe, Der Spruch von der Lästerung des Geistes. In: Der Ruf Jesu und die Antwort der Gemeinde (FS J. Jeremias), Göttingen 1970, 63-79. - C. Dietzfelbinger, Das Gleichnis von der erlassenen Schuld. Eine theologische Untersuchung von Matth. 18, 23-35, in: EvTh 32 (1972) 437-451. - P. Fiebig, Das Vaterunser. Ursprung, Sinn und Bedeutung des christlichen Hauptgebets (BFChrTh), Gütersloh 1927. - P. Fiedler, Jesus und die Sünder. Beiträge zur biblischen Exegese und Theologie, Bd. 3, Bern/FFM 1976. - C. Gestrich, Homo peccator und homo patiens. Das Verhältnis von Sünde und Leiden als Problem der theologischen Anthropologie und der Gotteslehre, in: ZThK 72 (1975), 240-268. - D. Gewalt, Behinderung und Krankheit als Folge von Sünde, in: PTh 3 (1986), 96-110. - H. Greeven, Krankheit und Heilung nach dem Neuen Testament, Stuttgart 1948. - W. Grundmann, Art. „kakos“, in: ThWNT 3 (1938), 470-487. - G. Harder, Art. „ponäros“, in: ThWNT 6 (1951), 546-566. - N. Hartmann, Ethik ([1]1925), Berlin [3]1949. - D. Hollaz, Examen Theologicum Acroamaticum Universam Theologiam Thetico-Polemicam Complectens (1707), Holmiae et Lipsiae 1750 (Impensis Godofredi Kiesewetteri). - J. Jeremias, Zöllner und Sünder, in: ZNW 30 (1931), 293-300. - R. Knierim, Die Hauptbegriffe für Sünde im Alten Testament, Gütersloh [2]1965. - K. G. Kuhn, „Peirasmos - hamartia - sarx“ im Neuen Testament und damit zusammenhängenden Vorstellungen, in: ZThK 49 (1952), 200-222. - E. Lohmeyer, Das Vater-unser, Göttingen [5]1962. - J. Maisch, Die Heilung des Gelähmten (SBS 52), Stuttgart 1971. - D. Mieth, Wie weit kann man „Schuld“ und „Sünde“ trennen? In: ThQ 160 (1980), 184-191. - J. Müller, Die christliche Lehre von der Sünde, 2. Bd., Bremen [6]1889 (S. 612ff zur Frage der Lästerung des hl. Geistes). - L. Ott, Grundriß der katholischen Dogmatik, Freiburg/Basel/Wien [8]1970. - G. Quell, G. Bertram, G. Stählin, W. Grundmann, Art. „hamartano, hamartäma, hamartia“, in: ThWNT Bd. 1 (1939), 267-320. - K.H. Rengstorf, Art. „hamartolos“, in: ThWNT Bd. 1 (1939), 320-339. - G. Röhser, Metaphorik und Personifikation der Sünde. Antike Sündenvorstellungen und paulinische Hamartia (WUNT 2. Reihe, Bd. 25), Tübingen 1987. - B. Schüller, Todsünde - Sünde zum Tod? Bedenken zur Theorie der Endentscheidung, in: ThPh 42 (1967), 321-340. - H. Thyen, Studien zur Sündenvergebung im Neuen Testament und seinen alttestamentlichen und jüdischen Voraussetzungen (FRLANT 96), Göttingen 1970. - W. Trillhaas, Dogmatik, Berlin/New York [3]1972.

a) Sünde im Übergang vom Alten zum Neuen Testament

Im Anschluß an die Feldzüge Alexanders des Großen begann für Palästina das Zeitalter des Hellenismus. Diese Epoche war zugleich das Zeitalter des *Judentums* zwischen Altem und Neuem Testament. Dieses Judentum nahm teil an dem im Hellenismus weit verbreiteten Angstempfinden, über der ganzen Welt liege Unheil. Die spätesten literarischen Dokumente des Alten Testamentes - z.B. das Danielbuch - tragen dieser hellenistischen Weltangst mit apokalyptischen Visionen Rechnung. Allerdings hat sich das erwähnte, verbreitete

Gefühl *auch* einigermaßen organisch aus Israels Geschichte selbst herausgebildet. Israel wurde zunehmend durch offen gebliebene theologische Fragen wie z. B. das Problem Hiobs tief verunsichert. In diesem Fall ging es um die überdeutliche Falsifizierung der Erwartung, daß es den Sündern schlecht und den Frommen gut ergehen sollte.

In der Zeit des Judentums zwischen den beiden Testamenten gewann Israel ein – teilweise – vertieftes theologisches Verständnis der Sünde. Die Frage, wie weit die schädigenden Folgen sündiger Taten reichen, wurde nun noch genauer untersucht. Einerseits verstärkte sich die Meinung, jeder habe nur für seine eigenen Sünden zu büßen. Andererseits bewertete man sündige Taten unter dem Aspekt, daß sie einen zerstörerischen Impuls in den Schalomzustand der Welt hineinbringen. Die Bedingungen einer dies wiederum *heilenden Sühne* wurden reflektiert, wobei der Gedanke im Zentrum stand, daß Sünden „neutralisiert" werden können, wenn ein Gerechter den ihm eigenen und ihm gebührenden Schalomzustand opfert und stellvertretend leidet. Weil es aber wiederum evident zu sein schien, daß im Hinblick auf die vielen Sünden der Menschen zu wenige stellvertretende Gerechte vorhanden seien, beurteilte man das Weiterbestehenkönnen der jetzigen Welt pessimistisch. Auch aus politischen Gründen verzagte Israel zunehmend in der Hoffnung, es könnten sich die dem Volk gegebenen Heilsverheißungen im kontinuierlichen Fortgang der Geschichte noch erfüllen. Immer mehr setzte sich die Meinung durch, die jetzige Weltordnung sei in sich unhaltbar, sie sei eine ihrer Zerstörung entgegengehende „alte Welt". Alle apokalyptisch empfindenden Menschen erwarteten ein bald hereinbrechendes, qualitativ ganz anderes neues Weltzeitalter, in dem Leiden und Tränen nicht mehr sein würden.

Neben solchen Erwartungen, die sich teilweise vertiefend auf das Verständnis der Sünde und des Bösen auswirkten, standen auch Gedanken, in denen sich eine Verflachung des Umgangs mit der Sünde und des Verständnisses der Sünde dokumentierte: Man begann angesichts des erwarteten baldigen Weltendes kaufmännisch zu errechnen, ob ein gewisser Überhang der guten über die bösen Taten vorhanden sei. Eine Art Soll- und Habengesinnung kennzeichnete vielfach die Einstellung zu Schuld und Sünde, zu Gut und Böse. Gleichzeitig wurden die Sünde und die Gerechtigkeit der Menschen immer stärker unter die priesterlichen Kategorien von „unrein und rein" gebracht. Auch darin lag mindestens eine Tendenz zur Veräußerlichung des Verständnisses der Sünde. Denn „sündigen" konnte jetzt kurzerhand als ein Vorgang der Übertretung von Reinheitsvorschriften begriffen werden. Hierbei kam es offenbar häufig zu theologisch und menschlich verkehrten Einstellungen, die dann Jesus ausdrücklich gerügt hat (z.B. an der klassischen Stelle Mk 7,15ff).

Was sich im hellenistischen Judentum schon anbahnte, kam im Neuen Testament teilweise zu seiner schärfsten Ausprägung. Während das Alte Testament, zumal in seinen älteren Schichten, Sünden als konkrete einzelne Verfehlungen gegenüber Gott oder gegenüber Menschen zu verstehen pflegt, kann im Neuen Testament besonders häufig von *der* Sünde als von einer über der ganzen Welt liegenden und prägenden Macht die Rede sein. Es entspricht dem in der Zeit zwischen den Testamenten gesteigerten Bewußtsein von der Verderbtheit und der Verlorenheit der Welt, daß das Neue Testament vielfach in einer die Sünde geradezu personifizierenden Weise von *hä hamartia* sprechen kann. In der berühmten paulinischen Abhandlung über die Sünde Röm 7,15ff finden wir beispielsweise nicht nur Aussagen darüber, was *der* Sünder tut oder nicht tut, sondern auch Aussagen darüber, was *die* Sünde tut, was *die* Sünde vermag.

Daneben bringt das Neue Testament aber (ebenso wie schon das Alte) den alltäglichen Vorgang, daß ein Mensch sündigt und schuldig wird, mit einer Vielzahl schlichter, menschlich leicht faßbarer und international bzw. -religiös gebräuchlicher Vokabeln zur Sprache. Allein schon die im Neuen Testament verwendeten griechischen Substantive sind in einer Weise bunt gemischt, wie dies wohl auch in den meisten anderen Sprachen und Religionen der Welt der Fall ist. Außer der erwähnten Vokabel *hamartia*, die am häufigsten begegnet und ihrer Wortbedeutung nach meint, daß der Mensch wie ein schlecht abgeschossener Pfeil sein Ziel verfehlt oder vom Weg abirrt, ist im Neuen Testament auch die Rede von des Menschen *adikia* (Ungerechtigkeit), *anomia* (Gesetzlosigkeit, die einen selbstsüchtigen menschlichen Willen gegen Gottes Gebot behauptet), *hättäma* (nur bei Paulus Röm 11,12 und IKor 6,7: Niederlage, Minderleistung), *kakia* (Bosheit, Schlechtigkeit), *opheiläma* (z.B. im Vaterunser Mt 6,12: die Schuld, die in einem Gläubiger-Schuldner-Verhältnis entsteht), *parabasis* (die Übertretung des Gesetzes, *transgressio legis* – eine vor allem von Paulus verwendete Bezeichnung für die Sünde), *parakoä* (Ungehorsam), *paraptoma* (Fehltritt, Vergehen – und zwar häufiger im Verhältnis zu Gott als im Verhältnis zu Menschen verwendet), *planä* (Irrtum, Irrwahn des Herzen), *ponäria*, *ponäron* (Schlechtigkeit, Gemeinheit, Lasterhaftigkeit, alles erdenkbare Böse), *porneia* (Unzucht – auch im Sinne von Abgötterei) usw.

Trotz dieser mit dem Befund im Alten Testament und in anderen Religionen durchaus vergleichbaren terminologischen Fülle besteht im Neuen Testament eine auffällige Tendenz, die Vielzahl der möglichen menschlichen Sünden zu konzentrieren und allgemein von *der* Sünde (im Singular) zu reden. Diese Konzentration hat nicht nur etwas zu tun mit dem in der zwischentestamentlichen Zeit entstandenen und auch in manchen neutestamentlichen Schriften eingedrungenen apokalyptischen Gedankengut. Sondern mehr noch ist sie verursacht durch die das ganze Neue Testament durchdringende *christologische Prägung*: Durch die Erscheinung Jesu Christi erfuhr das Böse oder die Sünde eine äußerste Zentrierung und Zusammenfassung. Jesus Christus erscheint vielfach im Neuen Testament als derjenige, an dem sich die zum alten, vergehenden Weltzeitalter gehörende Menschheit und die zum neuen, kommenden Weltzeitalter gehörende Menschheit *scheidet*. Jesus Christus *ist* die Entscheidung, sofern es nämlich gilt, entweder mit ihm dabeizusein beim Anbruch der neuen Schöpfung oder aber zurückzubleiben in der Welt des Verderbens, in der Welt des Bösen.

Somit hat sich im Übergang vom Alten zum Neuen Testament folgendes ereignet: Was das Wort „Sünde“ letztlich meint und was das „Böse“ letztlich ist, dies erschließt sich jetzt am genauesten, am eindeutigsten aus der Stellung, die der einzelne Mensch Jesus Christus gegenüber bezieht. „Sündigen“ bedeutet jetzt immer auch: Jesus Christus und das in ihm gekommene Eschaton *ablehnen. Die* Sünde (im Singular) zeigt sich jetzt als die Grundhaltung des Hasses gegen das Licht, das mit und in Jesus Christus in die Welt kam. Darum heißt es Joh 3,19: „Das aber ist das Gericht, daß das Licht in die Welt gekommen *ist*, und die Menschen liebten die Finsternis mehr als das Licht, denn ihre Werke waren böse.“

Durch die Sendung Jesu Christi erhielt mithin das theologische Verständnis der Sünde noch einmal eine neue Form. Im Neuen Testament wurde „sündigen“ nicht mehr nur in gewohnter Weise als Verstoß gegen eines der Gebote Jahwes verstanden. „Sündigen“ gewann vielmehr gleichzeitig auch das Wesen einer Feindschaft gegen die in Jesus Christus erschienene Gnade Gottes. „Sünde“ geschah nun in der Form der Ablehnung des Evangeliums, der Ablehnung der Sendung und der Botschaft Jesu Christi. Hierdurch wurde allerdings nur erneut wieder deutlich, was auch schon die alttestamentlichen Propheten gewußt und gesagt haben, nämlich, daß eine Sünde niemals nur ein Verstoß gegen ein bestimmtes ethisches Gebot darstellt, sondern im Kern *Unglauben* ist. Auf dem Hintergrund dieser wiedererreichten Vertiefung des Sündenverständnisses konnte Sören Kierkegaard sagen: Nach christlichem Verständnis der Sünde ist der *Gegenbegriff* zur Sünde nicht etwa die Untugend, die sittliche Fehlhandlung, sondern der Gegenbegriff zur Sünde ist der Unglaube!

Ich sagte schon, daß diese neutestamentliche Ausprägung des Verständnisses der Sünde keinen schlichten Bruch gegenüber dem Alten Testament bedeutet hat. Man hat es im Gegenteil eher mit einer Bündelung der alttestamentlichen Traditionsgeschichte zu tun. Die Kontinuität zum Alten Testament ist das Vorherrschende. Nur scheinbar liegt ein Gegensatz darin, daß der alttestamentliche Sünder im Zuge seiner Übertretung einer Weisung der Tora schuldig wurde, während der neutestamentliche Sünder, wie gezeigt worden ist, auch durch Unglauben, durch Zurückweisung des Evangeliums oder der Gnade Gottes in Jesus Christus zum Sünder wird. Tatsächlich gilt: Auch der alttestamentliche Sünder verstieß letzten Endes immer gegen die Freundlichkeit, gegen die Gnade Gottes. Er beschädigte das Vertrauensverhältnis zum Gott des Bundes. Indem er das Bundesgesetz brach, verstieß er nicht einfach gegen einen göttlichen Erlaß, sondern gegen die Israel erwählende Freundschaft, Liebe und Hilfe Gottes. Andererseits wird unsere frühere Beobachtung, Sünde sei im Kern ein Verstoß gegen das Erste Gebot, in ihrem theologischen Wahrheitsgehalt nicht außer Kraft gesetzt durch die neutestamentliche Betrachtungsweise, daß alle Sünde Unglauben gegenüber dem Evangelium und Ablehnung der Christusgnade sei. Denn auch dies meint nichts anderes als gleichsam das Beharren im Verstoß gegen das Erste Gebot – trotz der in Christus erschienenen Freundlichkeit und Nähe Gottes, die doch gerade *dieses* überflüssig, unmöglich machen sollte. Glaube an Jesus Christus soll gar nichts anderes bewirken als die Wiederaufrichtung des Ersten Gebotes im Herzen der Sünder. Darum heißt es im Johannesevangelium mit Recht, Christus habe gesagt: „Wer mich hasset, der hasset auch meinen Vater" (Joh 15,23) und „wer mich siehet, der siehet den Vater" (Joh 12,45).

b) *Zum Verhältnis von Sünde und Leiden (Krankheit) im Neuen Testament*

Im Neuen Testament setzt sich eine Erkenntnis fort, die sich schon in den späteren Schichten des Alten Testaments Bahn brach, nämlich: Nicht in jedem Fall muß ein Sünder auch leiden, nicht in jedem Fall ist seine Schuld zugleich auch seine Last. Ferner: nicht in jedem Fall muß ein Gerechter auch ein von Leid, Krankheit und Unglück freieres Leben führen können. Die inzwischen selbstverständlich gewordene Einsicht war also, daß weder die Sünde in jedem Fall krank macht noch die Gerechtigkeit in jedem Fall den Gerechten an Leib und Seele gesund erhält.

Darum ist im Neuen Testament die *Vergebung der Sünden* auch *nicht in jedem Fall und nicht von vornherein identisch mit einer Gesundung der leiblichen oder der sozialen Verhältnisse*! Sie zielt aber – das muß auch gesehen werden – auf eine solche Gesundung hin!

Als ein gelähmter Mensch durch das geöffnete Dach eines überfüllten Hauses zu Jesus in den Wohnraum hinabgelassen wurde, erwartete jedermann, wie aus der Schilderung Mk 2 hervorgeht, von Jesus nichts anderes, als daß er diesen paralytischen Menschen heile. Wegen dieser Vorerwartung (und außerdem wegen des ungeheueren Vollmachtanspruches Jesu) befremdete es sehr, als Jesus dem Gelähmten – zunächst – die Vergebung seiner Sünden zusprach. Das physische Gebrechen des Mannes wurde *hierdurch* keineswegs geheilt (Mk 2,1-12 par.).

Insofern ist im Neuen Testament die in den älteren Teilen des Alten Testaments hier und dort angenommene Einheit von Sünde und Krankheit, von Sündenfreiheit und Gesundheit nicht mehr wirksam. Es fehlt ja auch jeder Hinweis darauf, daß Jesus die Krankheit des Paralytikers als eine Folge dessen verstanden hätte, daß dieser Mann besonders schwere Sünden auf sich lud[15].

Doch will diese Erzählung in einer ganz neuen Weise wieder auf die Einheit zwischen Gerechtigkeit vor Gott und Gesundheit aufmerksam machen. Sie bringt zum Ausdruck, daß die bloße körperliche Wiederherstellung eines Kranken noch nicht dessen hinreichende Genesung bedeutet. Das umherstehende Volk soll begreifen, daß die Wiederherstellung eines Menschen *vor allem* die Heilung des Gottesverhältnisses erfordert. Danach erst kommt es dann auch zur körperlichen Heilung durch Jesus. Es wird klar, daß das schwerere Gebrechen, das schwerere Leiden dasjenige ist, an dem das Volk tatsächlich kaum jemals wirklich leidet: das zerbrochene Gottesverhältnis.

Bei Paulus begegnet dann im Neuen Testament sogar die Rede von einem Leiden, dem ein Mensch gerade darum ausgesetzt wird, *weil* er zum Glauben gekommen ist und *weil* ihm in Jesus Christus die Sünden vergeben worden sind. Das Stehen in der Christusgnade hat für Paulus nichts mit einem religiösen Pharmakon zu tun, das uns irgendwelchen Leiden entzöge. Paulus konnte im Gegenteil sein Glaubensziel dahingehend formulieren, er wolle „Christus gewinnen" und „Anteil erhalten an seinem Leiden" (Phil 3,7.10). Der Gerechte *muß* nicht nur viel leiden (Ps 34,20), er *darf* es und *kann* es.

Im erst spät zum Bestand der alttestamentlichen Schriften hinzu-

[15] Vgl. Joh 9,1-3: „... Jesus ging vorüber und sah einen Menschen, der blind geboren war. Und seine Jünger fragten ihn und sprachen: Meister, wer hat gesündigt, dieser oder seine Eltern, daß er blind geboren ist? Jesus antwortete: Es hat

gekommenen Hiobbuch begegnet uns noch die in eine ganz andere Richtung gehende Klage Hiobs, er müsse leiden, *obwohl* er nichts verbrochen habe. Im Neuen Testament begegnet uns in Paulus ein Israelit, der davon überzeugt ist, im Glauben ein Gerechter geworden zu sein und gerade deswegen danach streben zu müssen, den Leiden, ja, dem Tod Jesu Christi *gleichgestaltig* zu werden. Paulus ist insofern ein Anti-Hiob als er es durchaus bejaht, daß gerade Gottes Freunde leiden müssen. Charakteristisch ist sein Wunsch, sogar die Seligkeit zu verlieren und verflucht zu werden, wenn dadurch seinem Volk Zugang zum Heil in Jesus Christus eröffnet werden könnte (Röm 9,3).

Paulus war nicht leidenssüchtig. Bekanntlich hat er sich stets gegen ungerechte Behandlung z. B. durch römische Behörden gewehrt. Leiden-Müssen war für ihn nicht ein Imperativ im Sinne der nur als unsinnig zu bezeichnenden Regel: Jetzt, da du ein „bekehrter Christ" wurdest, mußt du eben die sauren Seiten des Lebens schmecken lernen. Sondern leiden ist für Paulus ein Indikativ, d.h. eine Gegebenheit für jeden, der in den Leib Christi eingepflanzt ist. Für den Getauften gehört es zur Wirklichkeit seiner Existenz. Dies jedoch nicht im Sinne eines nun anhebenden Kennenlernens der sauren Seiten des Lebens, sondern im Gegenteil im Sinne der Erfahrung einer nun über den traurigen Gefilden des Lebens anhebenden Wiederkehr des göttlichen Glanzes. Denn die Glieder am Leibe Jesu Christi leben, wenn sie Paulus nacheifern, als die Traurigen „allezeit fröhlich" (II Kor 6,10). Paulus ist traurig und fröhlich zugleich, weil er in seiner Verbundenheit mit Jesus Christus sowohl dem alten wie dem neuen Äon angehört. Zwar zeigt sich ihm gerade durch seine Christusverbundenheit der alte Äon allererst ungeschminkt in seiner ganzen Traurigkeit. Doch liegt der Akzent darauf, „daß die Leiden dieser Zeit nicht ins Gewicht fallen gegenüber der Herrlichkeit, die an uns offenbart werden soll" (Röm 8,18).

Paulus steht auch mit dieser Haltung noch in einer gewissen Kontinuität zum alttestamentlichen Erbe. Beispielsweise wird Jesus Christus von ihm im Lichte der bei Deuterojesaja erscheinenden Gestalt des „leidenden Gerechten" interpretiert (vgl. Jes 53,3ff und Phil 2,7f). Die getauften Christen, die an Jesus Christus Anteil haben, werden diesem „leidenden Gerechten Gottes" inkorporiert und erhalten darum auch Anteil an dessen bereits anhebender glanzvoller

---

weder dieser gesündigt noch seine Eltern, sondern es sollen die Werke Gottes offenbar werden an ihm."

Verherrlichung durch Gott. Dies alles bedeutet ein lebendiges Weiterbewegen alttestamentlicher Tradition.

c) *Schuld und Vergebung in der fünften Bitte des Vaterunsers*

„Vergib uns unsere Schuld, so wie auch wir vergeben (haben) unseren Schuldigern“. Bei Lukas steht für Schuld *hamartia* (Lk 11,4), eine Vokabel, die sonst vielfach auch mit dem deutschen Wort „Sünde“ wiedergegeben wird. In Mt 6,12 heißt es: „Vergib uns *ta opheilämata*“! (Gott, laß uns die Schulden nach, die wir dir gegenüber angehäuft haben!) Man muß sinngemäß fortfahren: Tu dies, Gott, so wie auch wir bereit sind, unseren mitmenschlichen Schuldnern deren Schulden gegen uns nachzulassen. Wer die bei Mt in dieser Form überlieferte fünfte Bitte auslegt, sollte immer auch die wichtige Parallele des Gleichnisses vom sog. Schalksknecht (Mt 18,23–35) mit heranziehen:

Ein Fürst hat seinem Minister eine riesige Summe erlassen, die der Minister ihm schuldete, aber zurückzuzahlen nicht imstande war. Der Minister verhielt sich dann aber gegenüber einem ihm untergebenen Schuldner leider nicht in derselben Weise. – Wenn im Vaterunser gebetet wird: Gott, laß uns unsere Schulden nach, dann bitten wir den himmlischen Vater so, wie jener Minister bei seinem Fürsten um den Erlaß der Schuldenrückzahlung gebeten hat. Zugleich wissen wir aber, daß die Erfüllung dieser unserer Bitte unsere eigene Vergebungsbereitschaft implizieren muß.

Wie in diesem Gleichnis, so liegt auch in der fünften Bitte des Vaterunsers ein Parallelismus vor. Das erste Satzglied redet von unserem Verhältnis zu Gott, das zweite von unserem Verhältnis zum Nächsten. Hier kommt in einer elementaren Weise der Zusammenhang zwischen der Sünde gegenüber Gott und der Schuld gegenüber dem Nächsten zur Sprache. Es ist freilich eigentümlich, wie wenig wir, die wir das Vaterunser so oft beten, wirklich zu bedenken pflegen, um welche Vergebung wir dort bitten. Wie vielen Betern mag es wohl bei der fünften Bitte des Vaterunsers empfindungsmäßig *darum* gehen, von eigener Schuld befreit zu werden, und zwar von Schuld, die sie *anderen Menschen gegenüber* auf sich luden? Wenn wir aber auf das erläuternde Gleichnis vom Schalksknecht achten, so wird deutlich, daß wir im Vaterunser nur um die Vergebung einer eigenen Verschuldung bitten, die wir Gott gegenüber begangen haben.

In der fünften Bitte des Vaterunsers geht es nicht darum, Kraft dafür zu erhalten, Schulden wiedergutzumachen, die wir in der Beziehung zum Mitmenschen auf uns geladen haben. Denn die fünfte

Bitte besagt: So wie Gott als unser Gläubiger uns unsere Schulden bei ihm nachläßt, so sollen auch wir denjenigen Mitmenschen, die uns gegenüber in einer Schuld sind, deren Schuld nachlassen! Es geht hier nicht um das im Pietismus eine so große Rolle spielende aktive Bereinigen eigener Schuld bei den Mitmenschen, welches nötig sei, bevor man auch von Gott eine Vergebung der Sünden erhalten könne. Sondern es geht um unsere Versöhnlichkeit an einem Punkt, an dem *wir selber etwas einzuklagen haben* von unseren Mitmenschen! Es wird im Vaterunser neben die göttliche Vergebung unserer Sünde (Gott gegenüber) dies gestellt, daß auch wir denen zu vergeben haben, die an uns schuldig geworden sind.

Oft begegnet im christlichen Bereich folgendes Pauschalurteil über das Alte Testament: Es sei angefüllt mit rachsüchtigen Gedanken, ja, mit Frohlocken über den Sturz und das Unglück der sog. Feinde. Stolz und zufrieden meinen solche christlichen Kritiker, selbst nicht mehr auf diesem „niedrigen kulturellen Niveau" zu stehen. In seelsorgerlichen Gesprächen etwa bekennen sie, sie selbst seien solche Menschen, die eigentlich niemals jemandem etwas übel nehmen können, zumal dann nicht, wenn sie sich in die Persönlichkeitsstruktur und die Motive der anderen verstehend eingefühlt haben.

Aber ist diese verstehende, alles verzeihende und oft eher zur Selbstanklage bereite menschliche Haltung wirklich „kulturell hochstehend"? In Wirklichkeit enthält sie ein sehr schwerwiegendes, verdrängtes Problem. Alle Menschen haben durchaus Grund dazu, manchen anderen, die an ihnen schuldig geworden sind, mit Haß oder Zorn zu begegnen. Aber sie können sich diese Gefühle selber nicht gestatten. Sie haben Angst, daß die Freigabe dieser Gefühle in ihrer persönlichen Vernichtung enden würde. Die Kraft, die im Vaterunser erbeten wird – sofern wir es denn überhaupt „korrekt" beten können und nicht schon beim Nachsprechen seine Ausrichtung umbiegen –, ist (im ersten Schritt) die Befähigung, überhaupt wahrzunehmen, wo wir in unserem Glücklichsein oder Heilsein von anderen geschmälert worden sind. Man sollte nämlich wirklich *wissen*, was es heißt, seinem Schuldiger zu vergeben!

Wenn wir uns noch einmal bei dem (die fünfte Bitte des Vaterunseres erläuternden Gleichnis) vom Schalksknecht erkundigen, erfahren wir, daß wir anderen vergeben sollen, was diese an uns *niemals wieder gut machen können*! Wir haben nämlich dem anderen nicht aus Gutmütigkeit etwas nachzulassen oder zu ersparen, was er uns sehr wohl auch wieder zurückerstatten könnte, was er nur aus Bequemlichkeit oder einer gewissen Scham heraus an uns nicht wieder gutmachen will. Sondern wir sollen dem anderen jene Beschädigung unseres Wohlseins, ja, unserer Person, verzeihen, die bei uns gleichsam aufs Ganze gegangen ist, weil sie auch beim Schuldigen selbst aus dem tiefsten Grund menschlicher Verkehrung entsprungen war. Wir sollen dem schuldig gewordenen Nächsten die Schmälerung unseres eigenen Seins verzeihen, die etwa dadurch geschah, daß der andere sich ein Bild von uns gemacht, uns gar als Gottesersatz mißbraucht hat. Die fünfte Bitte des Vaterunsers kommt von der Erkenntnis her, daß Menschen sich nicht nur manchmal einen nicht wieder gutzumachenden Schaden zufügen, sondern sich alltäglich und unter dem Anschein sittlicher Normalität oder sogar Güte in dieser tiefgreifenden Weise wechselseitig zerstören! Von abgewandelten Formen des Götzendienstes ist unsere ganze Lebenswirklichkeit durchsetzt. Was wir aber anderen antaten, die wir als Gottesersatz mißbraucht haben, können wir am allerwenigsten wiedergutmachen. Hier versagt jede moralische Anstrengung und Kompensationsbemühung.

Schwer ist es, überaus schwer, zu vergeben, wenn Menschen z.B. damit konfrontiert sind, daß sie von Kind an von ihrer Mutter oder ihrem Vater geschädigt worden sind, weil sich ihre Eltern ein Bild von ihnen gemacht haben. Nur weil auch das ehemalige Kind in *ähnlicher* Weise selber schuldig wird, nur weil auch das ehemalige Kind verloren wäre, wenn Gott sich infolge solcher Schuld von ihm zurückzöge und nicht alle Morgen wieder neu als das „Licht vom unerschöpften Lichte“ dem Sünder seine „Strahlen zu Gesichte“ sendete (EKG 349), kann der als Kind geschädigte Mensch sogar hierin seinen Eltern vergeben.

Von der zuerst einsetzenden Vergebung Gottes her – und nur von ihr her – kann die Unheilskette des Götzenmachens real unterbrochen werden. Es kann dort Frieden eintreten, wo menschliches Leben von einer alles zerstörenden Rachsucht infiziert ist – oft, ohne daß dieser Tatbestand überhaupt bemerkt wird, vielmehr in einer durch und durch verdrängten Weise existiert und seine negativen Wirkungen zeitigt. Die uns von anderen Menschen zugefügten und niemals mehr wiedergutzumachenden Leiden können sogar produktiv gewandelt werden in neue Lebensmöglichkeiten, wenn wir Leiden hierbei, so wie Paulus es getan hat, als die Teilhabe am Schmerzensleib Jesu Christi verstehen, der mit uns zusammen dem Glanz der neuen Schöpfung entgegengeht.

d) Reflexion über den Sinn einer Unterscheidung zwischen Sünde und Schuld

Als Sünde bezeichnete ich im Vorangegangenen vornehmlich unser verfehltes Verhältnis gegenüber Gott; als Schuld das verfehlte zwischenmenschliche Verhältnis. Dies ist aber vom Neuen Testament her keineswegs so zwingend. Im Neuen Testament herrscht ein eher lockerer Sprachgebrauch, und es werden zahlreiche Begriffe benützt, die bald mehr unser verfehltes zwischenmenschliches Verhältnis, bald mehr unser verfehltes Gottesverhältnis beleuchten, bald beides auch in einem einzigen Zusammenhang ausdrücken.

Dennoch empfiehlt es sich in unserer heutigen Sprachsituation innerhalb einer säkularisierten Gesellschaft, die Begriffe Sünde und Schuld zu unterscheiden[16]. Wenn wir von Sünde reden, kann zunächst einmal das verfehlte Gottesverhältnis im Blick sein. Es sollte jedenfalls nicht überall dort, wo die sich einer weltlichen Sprache bedienenden Mitmenschen von Schuld zu reden pflegen, eine christliche „Sprachkorrektur" einsetzen und das Wort „Sünde" benützt werden. Denn dann wäre die kritische Rückfrage sehr berechtigt: Setzt ihr nicht mit euren theologischen Überhöhungen zwischenmenschlicher Schuld andere Menschen bis hin zur Erzeugung von Neurosen unter Druck? Und umgekehrt: Macht ihr es euch nicht zu leicht mit der Aufarbeitung von Schuld, wenn ihr zwischenmenschliche Verfehlungen gar nie als etwas begreift, was, soweit es irgend geht, zwischen den betroffenen Menschen – aus eigener Kraft – bereinigt werden sollte? Macht ihr es euch nicht zu leicht, wenn ihr angesichts solcher bereinigbarer Schuld betet: Gott vergib uns? *Bereinig-*

---

[16] So auch schon HARTMANN, 23ff und 817f, der den Begriff der Sünde – „das eigentlich Umwälzende in der christlichen Ethik" – ausschließlich dem kirchlich-theologischen Sprachgebrauch überlassen wollte. Die Gründe, die der Philosoph hierfür nannte, überzeugen freilich durchgehend nicht. Er meinte, die moralische Schuld, die heute – im Unterschied zur Sünde – allein in Betracht komme für eine allgemeine Ethik, könne niemals wieder von einem Menschen genommen werden. Man müsse sie tragen oder zugrundegehen; sie laste ewig und bleibe unaufhebbar. Von der religiösen Sünde aber werde man ja erlöst, weshalb *sie* sich als vom Menschen und seinem Tun *ablösbar* darstelle. Als wirklich ethisch kann H. letzteres jedoch nicht bewerten.

Zu fragen ist ein Doppeltes. Einmal: Sieht H. christliches Sündenverständnis richtig? Dann hätte er die Sünde nicht eine vom Menschen und seinem Tun ablösbare nennen, vielmehr an die Rechtfertigung des Sünders denken sollen. Zum andern: Ist wirklich *alle* menschliche Schuld eine nie mehr wiedergutzumachende, ewige Last? Das kann man zwar unter einem bestimmten Blickwinkel so sehen: Nichts Geschehenes kann ungeschehen gemacht werden. Dennoch müßte gerade der Philosoph, der um die schwere und allgemeine menschliche Belastetheit durch das Schuldproblem weiß, auch an die Begrenztheit des Schuldvorwurfs, den ein Mensch gegen den anderen erheben kann, denken. Und außerdem: Es kann unter Menschen doch auch mancherlei hinreichende Genugtuung geben. – H.s Schuldbegriff erweckt den Eindruck, daß bei ihm eine typische Selbstbelastung des philosophischen Begriffs mit (in der säkularisierten Form) inzwischen falschwertig gewordenen Resten aus der ehemaligen christlichen Glaubenssprache vorliegt.

bare, durch ein verbessertes Verhalten abänderbare Verletzungen anderer sollte man als Schuld, nicht als Sünde bezeichnen[17].

Im Strafrecht hat der Begriff der *Sühne* den Sinn, Schuld abzubüßen durch eine Strafe von entsprechendem Gewicht. Aber das ist ein säkularistischer Mißbrauch und Mißverstand der Sühne. Diese hat ihren Ort nämlich gerade dort, wo Kompensationsleistungen überhaupt nicht mehr in Frage kommen[18]. Der Begriff sollte aus dem Strafrecht verschwinden.

Sünde ist eine solche Schuld an Mitmenschen oder Mitgeschöpfen und auch an Gott, die von uns niemals mehr wiedergutgemacht werden kann[19]. Sünde ist, was nur gesühnt und vergeben, nicht jedoch durch Kompensationsleistungen bereinigt werden kann (wobei die Vergebung selbstverständlich *mögliche* Kompensationen gerade nicht erspart, weil sie etwa alternativ zu ihnen wäre, vielmehr diese entbindet!). Gesündigt wird z. B. *auch* an Menschen. Aber die Beseitigung dieser Verfehlung, die immer zugleich auch eine Verfehlung Gott gegenüber ist, setzt voraus, *daß zuerst Gott selbst aus dem Schweigen* (aus dem Verstummen, das die angemessene Folge menschlicher Sünde darstellt) *wieder heraustritt*, die Beziehung zu uns wieder aufnimmt. Und diese Vergebung ist deutlich zu unterscheiden von einer gänzlich anderen Fragestellung, nämlich, wie wir reagieren sollen, wenn eine nach Wiedergutmachung rufende Schuld vorliegt. Menschen als Menschen ernst nehmen, bedeutet hier, ihre Kraft und Freiheit zur Wiedergutmachung nicht zu unterschätzen, vielmehr auf Wiedergutmachung zu dringen.

e) *Zum Problem der Sünde wider den heiligen Geist und der Todsünden*

Wirkt der hl. Geist „unwiderstehlich" bei denen, die zum Glauben gelangen? Kann niemand sich, der von ihm ergriffen wird, gegen Gottes Ruf wehren, niemand sich dem Eintritt Gottes ins eigene Leben entziehen? Würde der hl. Geist in dieser Weise „unwiderstehlich" wirken, dann könnte auch niemand gegen den hl. Geist sündi-

[17] Dabei soll nicht übersehen werden, daß alle Schuld auch einen irreversiblen Aspekt hat.

[18] S. u. S. 321 ff.

[19] Mit Recht sagt Trillhaas, 190, es gehöre zum Wesen der Sünde, „daß sie nicht mehr rückgängig gemacht werden kann. Ich kann zwar einen Schaden beseitigen und einen Irrtum richtigstellen, ich kann aber die Sünde nicht richtigstellen. Der Satz des Paulus, daß der Tod der Lohn für die Sünde sei (Röm 5,12–21; 6,23), weist auf die Endgültigkeit der Sünde hin."

gen. Die Klärung dieser Frage ist in der Theologiegeschichte immer als besonders schwierig angesehen worden[20].

Dasselbe gilt für folgende Problematik: Wie ist es zu bewerten, wenn jemand mit Hilfe des hl. Geistes ein Bekehrter, ein Wiedergeborener, ein Getaufter, ein gläubiger Christ wurde, später aber von seinem Christentum abfällt und wiederum einige Zeit später versucht, erneut ein Christ zu werden? Besonders zur Zeit der altkirchlichen Christenverfolgungen wurde gefragt: Kann ein Gemeindeglied, das, um dem Martyrium zu entgehen, dem Kaiser geopfert hat, erneut wieder aufgenommen werden in die Kirche, in das eschatologische Gottesvolk? Es gibt einige Stellen im Neuen Testament, die hier eine eindeutige Antwort riskierten.

Hebr 6,4-6: „Denn es ist unmöglich, die, so einmal erleuchtet sind und geschmeckt haben die himmlische Gabe und teilhaftig geworden sind des hl. Geistes und geschmeckt haben das gütige Wort Gottes und die Kräfte der zukünftigen Welt und dann doch abgefallen sind, wiederum zu erneuern durch Buße . . .“

Hebr 10,26–29: „Denn so wir (Christen) mutwillig sündigen, nachdem wir die Erkenntnis der Wahrheit empfangen haben, so haben wir hinfort kein anderes Opfer mehr für die Sünden, sondern es bleibt nichts als ein schreckliches Warten auf das Gericht und das gierige Feuer, das die Widersacher verzehren wird. Wenn jemand das Gesetz des Mose bricht, der muß sterben ohne Barmherzigkeit auf zwei oder drei Zeugen hin. Wieviel ärgere Strafe .. wird der verdienen, der den Sohn Gottes mit Füßen tritt und das Blut des Bundes mißachtet, durch welches er doch geheiligt wurde, und der den Geist der Gnade schmäht“?

Diese Stellen aus dem Hebräerbrief besagen zunächst: Nach der Meinung des Verfassers ist es grundsätzlich möglich, aus dem Stande des vom hl. Geist gewirkten Glaubens wieder zurückzufallen in das alte Sein unter der Macht der Sünde und des Todes. Demnach wirkt der hl. Geist mindestens nicht in *dem Sinne* unwiderstehlich, daß er diejenigen, die er ergreift, zwingen würde, für den ganzen Rest ihres Lebens ihm zu gehören. Die zitierten Hebräerbriefstellen zeigen uns überdies: Nach der Erkenntnis seines Autors stellt der *hl. Geist* – er ist *eine Frucht des Lebens und Sterbens Christi* – das äußerste und höchste Hilfsmittel dar, das uns für unsere Sünden gegeben ist. Wenn der hl. Geist bei uns Sündern nichts ausrichten kann, dann kann uns gar nichts mehr helfen. Denn sein Kommen *ist* der eschatologische, der endgültige Advent des Heils. Sein Kommen *ist* der neue Bund Gottes. Geschieht ein Bruch zwischen uns und dem hl. Geist, dann gibt es nichts mehr, was diesen Bruch heilen könnte. Von diesen Beobachtungen am Hebräerbrief aus können wir uns jetzt den Stellen

[20] MÜLLER, 612, nennt sie den „Prüfstein . . . für das Verständnis der wahren Natur des Bösen“.

in den neutestamentlichen Evangelien zuwenden, wo von einer Sünde wider den hl. Geist die Rede ist. Es handelt sich eigentlich nur um eine einzige Aussage, die wir Mt 12,30–32, Mk 3,28f und Lk 12,10 finden. Ich zitiere zunächst die vielleicht ursprünglichere Q-Form des Logions nach Mt 12,30–32:

„Wer nicht mit mir ist, der ist wider mich; und wer nicht mit mir sammelt, der zerstreut. Darum sage ich euch: Alle Sünde und Blasphemie wird den Menschen vergeben werden, aber die Blasphemie wider den hl. Geist wird nicht vergeben werden. Und *wer etwas redet wider des Menschen Sohn, dem wird es vergeben; aber wer etwas redet wider den hl. Geist, dem wird's nicht vergeben*, weder in diesem noch im künftigen Äon."

Das Diktum Jesu von der ewigen Unvergebbarkeit der Lästerung des hl. Geistes ist bei Mt – wie schon bei Mk – in sekundärer Redaktion[21] in den Rahmen einer *Wundergeschichte* hineingestellt worden: Nachdem Jesus einen Dämon ausgetrieben hatte, versuchten einige, diese Heilungstat so zu erklären: Er hat selber einen unsauberen Geist, er treibt den Teufel mit dem Beelzebub aus. Nach Mt 12,28 wehrt sich Jesus gegen diesen Vorwurf, indem er richtigstellt: Ich treibe die bösen Geister durch den Geist Gottes aus, durch den hl. Geist also – und darum, weil ich dies tue, ist jetzt auch das Reich Gottes zu euch gekommen. *Die Flucht der Dämonen (der unreinen Geister) ist nach Jesu Auskunft Indiz der Ankunft des hl. Geistes und des Reiches Gottes.*

Der Verdacht, Jesus sei selber von einem mächtigen unreinen Geist besessen und habe darum Kraft, Dämonen auszutreiben, hat Jesus – so will es diese Redaktion – zu dieser scharfen Erwiderung veranlaßt. Halten wir noch einmal fest, daß es Mt 12,32 in sachlicher Übereinstimmung mit Lk 12,10 heißt: „... wer etwas redet gegen den Menschensohn, dem wird es vergeben, aber wer etwas redet gegen den hl. Geist, dem wird's nicht vergeben[22], weder in dieser

---

[21] So Thyen, 257f (im Anschluß an R. Bultmann und F. Hahn).

[22] Thyen, 257f (im Anschluß an Tödt): In dieser Q-Form „wird ... so etwas wie eine ‚Periodisierung der Geschichte' vorgenommen. Waren die Lästerungen der Juden gegen den ‚Menschensohn', das heißt gegen den irdischen Jesus, vergebbar, so ist es ... die Abweisung der geisterfüllten Jüngerpredigt nicht mehr ..." Es gibt m. a. W. „endgültiges Heil wie Unheil erst seit Ostern". Diese Deutung wird durch eine entsprechende Formulierung von der vergebbaren und der unvergebbaren Sünde in der *Didache* (11,7) erhärtet. „Die Sünde gegen den Geist ist das tödliche Nein zum Heilsangebot des Kerygmas. Formal steckt hinter der Formulierung natürlich die bekannte jüdische Unterscheidung zwischen sühnbaren und unsühnbaren Sünden." Aber daraus werde nun in der Situation der Urgemeinde ein endgültiges, ein eschatologisches Entweder-Oder.

noch in jener Welt" (vgl. die – die Sünde gegen den Menschensohn aussparende – Parallele Mk 3,28 f: „Wahrlich, ich sage euch: alle Sünden werden den Menschenkindern vergeben, auch die Lästerungen, wieviel sie auch lästern mögen. Wer aber den hl. Geist lästert, der hat keine Vergebung in Ewigkeit, sondern ist ewiger Sünde schuldig.")

Der bei Mt begegnenden Fassung des Jesuswortes von der Unmöglichkeit einer Vergebung in diesem und im künftigen Äon pflegte die christliche Kirche seit vielen Jahrhunderten einen merkwürdigen Gedanken zu entnehmen, der das Jesuswort reichlich strapaziert. Die Aussage umdeutend, lehrte man, *auch im Jenseits sei an sich schon noch Vergebung der Sünde und sei sogar noch Buße möglich*, und zwar Vergebung und Buße für *alle* Sünden, *außer* der Sünde wider den hl. Geist!

Dieses eigentümliche Textverständnis wurde dann im Laufe der Kirchengeschichte mit der eingangs zitierten Textstelle aus Hebr 10 kombiniert, wo von einem die abgefallenen getauften Christen heimsuchenden schrecklichen Warten auf das Gericht Gottes die Rede ist, sowie von einem *gierigen Feuer*, das diese armen Menschen im Jenseits verzehren wird. Im Mittelalter bereits ist dieses schreckliche Bild aber wieder abgemildert worden. An die Stelle des *verzehrenden* Feuers trat die Vorstellung von einem *reinigenden* Feuer, das allerdings nicht nur auf die vom Glauben wieder Abgefallenen, sondern fast ausnahmslos auf alle Verstorbenen wartet.

So ist in einem komplizierten Prozeß die kirchliche Lehre vom *Fegfeuer* entstanden. Heute ist es allen textgenau arbeitenden Theologen klar, daß es mit der exegetischen Begründung bzw. mit dem neutestamentlichen Anhalt dieser kirchlichen Lehre fragwürdig bestellt ist.

Eine gewisse Rolle für die Ausbildung der kirchlichen Fegfeuerlehre wird auch das Diktum I Kor 3,13–15 über das endzeitliche Gericht gespielt haben: Es „wird das Werk eines jeden offenbar werden ..."; „welcher Art eines jeden Werk ist, wird das Feuer erweisen". „Wird ... jemandes Werk verbrennen, so wird er Schaden leiden; er selbst aber wird gerettet werden, doch so wie durchs Feuer hindurch".

Wenn es im Matthäusevangelium heißt, die Sünde wider den hl. Geist könne weder in diesem noch im kommenden Äon vergeben werden, so sollte dies gewiß nicht besagen: Alle *anderen* Sünden könnten, wenn nicht jetzt, so jedenfalls nach dem Tode im Jenseits noch vergeben werden. Denn der künftige Äon, der *aion mellon*, meint ja gar nicht „das Leben nach dem Tode im Jenseits". Dieser kommende Aion ist vielmehr mit dem Kommen des hl. Geistes zu Pfingsten jetzt schon angebrochen. Er ist in gewisser Weise sogar mit Jesu irdischem Wirken schon angebrochen. Mt 12,32 besagt darum (im Sinne des erst von Ostern her klar erkennbar gewordenen Sachstandes): Wer gegen den hl. Geist sündigt, dem kann dies nicht vergeben werden, weder in der alten noch in der neuen Weltzeit, weder in der alten noch in der neuen Schöpfung, weder in dieser vergehenden Welt noch in der jetzt herankommenden *basileia tou theou.*

Nach überkommener römisch-katholischer Auffassung hat die Kirche nicht nur die Vollmacht, im Zusammenhang mit dem Beicht- und Bußsakrament von Sünden zu absolvieren, sondern auch die Vollmacht, jenseitige Fegfeuerstrafen zu erlassen (Ablaß). *Die Behauptung einer niemals mehr vergebbaren Sünde wider den hl. Geist hingegen spielt in der Praxis und in der Lehre der römisch-katholischen Kirche keine Rolle.* Die Kirche hält sich vielmehr selbst für befähigt, im Grundsatz jede unter Menschen vorkommende Sünde ohne Einschränkung vergeben zu können[23]. Es ist also nicht so, daß die römisch-katholische Dogmatik unterscheiden würde, wie manche meinen, zwischen im Beichtstuhl vergebbaren „läßlichen Sünden" einerseits und unvergebbaren ganz schweren „Todsünden" andererseits. Vielmehr debattiert die katholische Kirche in ihren Lehrbüchern darüber, ob man die „läßlichen Sünden" (das sind diejenigen, die keine Entstellung der Gottesebenbildlichkeit oder der Seele des Menschen bewirken) überhaupt zu beichten brauche, ob man für sie überhaupt das Bußsakrament der Kirche in Anspruch nehmen müsse, weil dieses Sakrament doch eigentlich – so die vorherrschende Lehrmeinung – für die Todsünden da ist und von ihnen weghelfen soll.

Das Begehen einer Todsünde bedeutet den Verlust des Gnadenlebens und eine Entstellung der imago Dei. Darum kann eine solche Sünde auch nur mit einer erneuten Gnadengabe durch das Bußsakrament geheilt werden. Aber so *wird* sie auch geheilt. Der theologische Begriff der Todsünde meint also nicht ein menschliches Vergehen, dessen Spur nie wieder gelöscht werden könnte, oder dessen Strafe kein Ende habe. *Der Begriff der Todsünde hat schlechterdings nichts zu tun mit der Vorstellung von einer unvergebbaren Sünde wider den hl. Geist.* Er geht auf I Joh 5,16 zurück, wo Todsünden von anderen

[23] Vgl. OTT, 503: „Die kirchliche Sündenvergebungsgewalt erstreckt sich auf alle Sünden ohne Ausnahme."

Sünden „nicht zum Tode" unterschieden werden. Hieran anschließend, hat die Kirche die Lehre von den sieben Todsünden (*peccata mortalia* oder *peccata capitalia*) entwickelt. Diese sieben nur durch Bußsakramente vergebbaren Sünden heißen mit Namen: 1. Ruhmsucht, 2. Prasserei, 3. Luxusstreben oder Üppigkeit, 4. Geiz, 5. (gottlose) Traurigkeit, 6. Neid und 7. Zorn. Es handelt sich bei diesen Todsünden also gleichsam um unsere *Alltagssünden*.

Luther und die Reformation haben die Unterscheidung zwischen Todsünden und läßlichen Sünden verworfen. Sie lehrten, daß jede Sünde eine Todsünde sei, von der uns nur Gottes Gnade in Jesus Christus helfen kann.

Leider bürgerte sich im späteren Protestantismus, vor allem im Pietismus, doch wieder ein eigenes Bedürfnis ein, zwischen leichten Sünden und *einer* ganz schweren Sünde zu unterscheiden. Wir finden etwa bei dem altprotestantischen orthodoxen Lutheraner David Hollaz (1648–1713) folgende Aussage: Bei den Wiedergeborenen, also bei den gläubigen Christen ist jede Sünde *läßlich*, sofern sie unfreiwillig geschieht und nicht die den Wiedergeborenen einwohnende Gnade des hl. Geistes fortjagt, auch den Glauben nicht auslöscht, vielmehr im selben Augenblick, in dem sie begangen wird, auch schon die Verzeihung bei sich hat. Schrecklich aber sei es, wenn jemand Gottes Gebot und Heilswillen zwar genau kennt, aber dennoch *vorsätzlich*, also überlegt diesem Gebot und Heilswillen zuwiderhandelt. Dies empfindet Hollaz nicht nur als eine Sünde zum Tode, sondern geradezu als Sünde wider den hl. Geist[24]. Hollaz hat somit eine Gestalt der Sünde vor Augen, die sehr viel schwerer wiegt als die Todsünden der römisch-katholischen Dogmatik. Es ist dies eine Sünde, die zwischen „allerschwerster Todsünde" und „Sünde wider den hl. Geist" oszilliert.

---

[24] HOLLAZ, Examen ... (pars II, cap.IV), teilt die Aktualsünden in willentlich getane und unfreiwillig getane Sünden ein (pg. 542). Er meint, das *peccatum voluntarium* komme bei Wiedergeborenen, – sofern sie wirklich Wiedergeborene sind und bleiben – nicht vor (pg. 545). Aber er rechnet auch damit, daß manche Menschen, die Christen zu sein scheinen, doch irgendwann beharrlich und feindselig „bis zuletzt" Gottes Gnade bzw. die kirchlichen Gnadenmittel zurückweisen (*impoenitentia finalis*, pg. 564). Dann liege die Sünde wider den heiligen Geist vor. Sie ist nicht eine Sünde gegen die göttliche Person des heiligen Geistes, sondern eine Sünde gegen dessen Amt (pg. 556f). Fürbitten für solche Sünder nützen nichts. Kinder können diese Sünde noch nicht begehen. Die I Joh 5,16 erwähnte „Sünde zum Tode" wird von H. dahingehend interpretiert, daß mit ihr präzis diese Sünde wider den heiligen Geist gemeint sei (pg. 565).

Was es besonders schwer macht, Hollaz bei seinen theologischen Überlegungen zu folgen, ist, daß er mit einem eigentümlichen Begriff von einer „willentlich getanen" Sünde arbeitet. Was heißt denn beim Tun einer Sünde „willentlich"? Charakteristisch für das Sündigen ist doch, daß es allermeist zugleich willentlich und unwillentlich geschieht. Darum ist Karl Barth zuzustimmen, wenn er sagt, Differenzierungen zwischen todbringenden und läßlichen Sünden seien theologisch abzulehnen: „Die Unterscheidung von letaler und venialer Sünde ist undurchführbar. Sie ist tief uninteressant", ja, sie ist mit „letztem Ernst... abzulehnen" (KD IV/2,558).

Trotzdem bleibt die Frage noch offen, was es mit der Möglichkeit einer Sünde wider den hl. Geist im Umkreis heutiger anthropologischer Erfahrung und heutiger kirchlicher Wirklichkeit auf sich hat. Diese Frage kann nicht schon dadurch als erledigt angesehen werden, daß man die Unterscheidung von Todsünden und läßlichen Sünden ablehnt. Wir haben jetzt zu fragen: Wie sieht das aus, wie spielt sich das ab, wenn ein Mensch den hl. Geist lästert? Ist dies gleichbedeutend damit, daß ein einmal zu Jesus Christus bekehrter Mensch im Laufe seiner weiteren biographischen Entwicklung den Weg des Glaubens wieder verläßt? Gibt es nur *eine* Bekehrung? Stellt das Abtrünnigwerden der bereits wiedergeborenen Menschen so etwas wie eine unverzeihliche, irreversible Katastrophe dar? Oder hat etwa Sören Kierkegaards Vater die Sünde wider den hl. Geist begangen, indem er als ein zehnjähriger Schafhirte auf einem Findlingsblock in der jütländischen Heide mit zum Himmel emporgereckten Armen seine elenden Zukunftsaussichten beklagte und Gott fluchte? Offenbar verband sich mit diesem Geschehen, das Kierkegaards Vater noch als 82-jähriger in klarer Erinnerung hatte, eine schreckliche Familien-Depression, eine zwei Generationen umgreifende Verzweiflung und das Gefühl, die ganze Familie müsse von Gott ausgelöscht werden wie ein „mißlungener Versuch".

Aufs deutlichste muß nun *gegen* die soeben genannten Vermutungen herausgestellt werden, daß eine anthropologische Verifikation des Tatbestandes „Sünde wider den hl. Geist" nicht möglich ist. Damit soll gesagt sein, daß diese Sünde nicht an bestimmten Formen menschlicher Verzweiflung, etwa an religiös bestimmten Depressionen und Fluchempfindungen festzumachen ist. Der bleibend harte Kern der Warnung Jesu vor der Sünde wider den hl. Geist richtet sich darauf, daß Gott seiner nicht spotten läßt (vgl. Gal 6,7: „Irret euch nicht! Gott läßt sich nicht spotten. Was der Mensch sät, das wird er ernten.") Auch ist es eine seelsorgerliche Tatsache, daß Christen es manchmal spüren, wenn sie den hl. Geist „betrübt" (vgl. Eph 4,30), „gedämpft" oder „verachtet" haben, und daß sie in ihrer Traurigkeit hierüber sehr wünschten, dies nicht getan zu haben. – Daß der Mensch die Folgen seiner Taten tragen muß, bedeutet aber nicht, daß Gott einem Menschen, der *an Gott* schuldig geworden ist, künftig niemals wieder freundlich begegnet.

Im Bereich des Pietismus wird die Möglichkeit, daß bekehrte oder wiedergeborene Christen noch einmal vom Glauben abfallen, sehr gefürchtet. In *dieser* Möglichkeit scheint jenes schreckliche Unheil zu liegen, das in den drei synoptischen neutestamentlichen Evangelien als Sünde wider den hl. Geist bezeichnet wird. Im Pietismus wurden diese Synoptikerstellen öfters mit den eingangs erwähnten Stellen Hebr 6,46 und Hebr 10,26–29 zwar nicht zu einer „Fegfeuerlehre" kombiniert, jedoch zu einer Lehre von der den bekehrten Christen drohenden ewigen Verworfenheit und Verdammnis. Aber auch diese exegetische Kombination ist theologisch abzulehnen. Sie belastet z. B. gerade zur Depression neigende religiöse Menschen auf unchristliche Weise (und auch auf eine medizinisch nahezu heillose Weise, weil diese Menschen ihre Depression als notwendige Folge des religiösen Versagens empfinden, und niemals umgekehrt ihre religiöse Angst als eine für sie notwendige Folge ihrer Depression).

Es wäre absurd, aus den synoptischen Aussagen über die Sünde wider den hl. Geist herauslesen zu wollen, daß zwar ein gottloser Mensch bei Gott Rechtfertigung finden und zum Glauben gelangen kann – unverdient „allein aus Gnade" – jedoch ein gerechtfertigter „wiedergeborener" Glaubender ewig verloren sei, falls dieser sich noch einmal gegen Gott auflehnt. Ferner wäre es absurd, zu meinen, ein Mensch könne den hl. Geist (und dessen Gnadenbeistand) schuldhaft verlieren. Dies würde voraussetzen, daß man den hl. Geist zunächst einmal *haben* könnte wie einen Besitz. In Wahrheit bleibt dieser Geist ja frei und unabhängig. Er wird nie zum Charakter irgendwelcher geistbegabter Menschen. Jeder getaufte Mensch ist zugleich auch der durch Gottes Geist wiedergeborene Mensch; aber jeder existiert gleichwohl *simul iustus, simul peccator*, als Gerechter und Sünder zugleich. Und seine Sünden sind keineswegs meistens nur sofort bereute, leichte Sünden, die nicht mehr störend in das erneuerte Gottesverhältnis hineinwirken würden. Sie wirken in Wahrheit *allesamt* störend in dieses Verhältnis hinein.

Die „geistliche Gesundheit" der Getauften und Wiedergeborenen ist schließlich auch kein anthropologisch vorzeigbares „neues Sein", sondern ein im Leben nie abgeschlossener Prozeß des Gesund*wer-*

dens[25]. Wenn aber dies die wirkliche Lage der christlich Wiedergeborenen ist, dann stehen sie schwerlich in der Gefahr, aus einem bereits erreichten Gesundheits*zustand* wieder ein für alle Mal „abzustürzen" in einen gnadenleeren Raum, in dem es keinerlei heilenden Kräfte mehr gäbe. Auch ist die Meinung, es könne nur *eine* Bekehrung im Leben eines Menschen geben, theologisch nicht begründbar.

Die Sünde wider den hl. Geist, von der die neutestamentlichen Synoptiker reden, muß im übrigen strikt und klar abgegrenzt werden gegen psychische Nöte und biographische Konflikte, Kurzschlußhandlungen, sowie gegen Krankheiten. Gerade im Protestantismus ist darin *gesündigt* worden, daß derartige anthropologische Erscheinungsbilder oft mit dem religiösen Gewicht einer sich für immer und ewig auswirkenden Verfehlung überfrachtet worden sind.

Im Hebräerbrief hatte die Warnung vor dem unwiderruflichen Verlust der Seligkeit und vor dem verzehrenden Feuer des Gerichts die Funktion, die Gläubigen davon abzuhalten, durch Abfall vom Christentum dem Martyrium im Römischen Reich auszuweichen. Das Weltende und die Wiederkunft Christi schienen unmittelbar bevorzustehen – wie schrecklich wäre es, dahin zielte die Argumentation, wenn ein Christ jetzt noch das zum Greifen nahe Heil ausschlüge.

In den synoptischen Evangelien sollte die Warnung vor der Sünde wider den hl. Geist die entscheidende Bedeutung der Sendung Jesu unterstreichen. Es sollte hervorgehoben werden, daß derjenige, der noch auf einen anderen Heiland warten möchte, keinen anderen mehr finden wird. Jesus sagte nach dem Zeugnis der genannten Stellen (über deren Authentizität hier nicht befunden zu werden braucht): Ich will ja keinen Ruhm für mich, aber ich mache euch darauf aufmerksam, was den Hintergrund meiner Sendung ausmacht, nämlich: Gottes äußerstes („eschatologisches") Heilsangebot, bei dem es jetzt um Tod oder Leben geht. Mit der synoptischen Rede von der Sünde wider den hl. Geist wird in erster Linie die einmalige heilsgeschichtliche Bedeutung der Sendung Jesu unterstrichen. Es wird auf den rechten Weg zum Heil aufmerksam gemacht; Zweifler werden eingeladen, diesen Weg doch zu gehen.

---

[25] Vgl. LUTHER, WA 7, 337, 30–35, wo vom Christenleben gesagt wird, es sei nicht ein Frommsein, sondern ein Frommwerden, nicht eine Gesundheit, sondern ein Gesundwerden, nicht ein Wesen, sondern ein Werden, nicht eine Ruhe, sondern eine Übung. Wir sind's noch nicht, wir werden's aber. Es ist noch nicht getan und geschehen, aber im Gang und Schwank …

§ 9 Über das Problem der Erbsünde

Literatur
(ohne die als Hilfsmittel verwendeten Dogmengeschichten)

K. Barth, KD IV/1, Zollikon-Zürich 1953. – U. Baumann, Erbsünde? Ihr trad. Verständnis in der Krise heutiger Theologie (ÖF Abt. 2, Bd. 2), Freiburg/Basel/Wien 1970. – H. Denzinger/A. Schönmetzer S.I., Enchiridion Symbolorum . . ., Barcinone-Friburgi Brisgoviae-Romae [36]1976. – F. Dexinger, F. Staudinger, H. Wahle, J. Weismayer, Ist Adam an allem schuld? Erbsünde oder Sündenverflochtenheit? Innsbruck/Wien/München 1971. – A. M. Dubarle, Unter die Sünde verkauft. Die Erbsünde in der Hl. Schrift, Düsseldorf 1963. – G. Ebeling, Theologie zwischen reformatorischem Sündenverständnis und heutiger Einstellung zum Bösen, in: Ders., Wort und Glaube III, Tübingen 1975, 173–204 (zur Erbsünde: 182ff). – W. Eichinger, Erbsündentheologie. Rekonstruktionen neuerer Modelle und eine politisch orientierte Skizze (EHS.T 138), FFM/Bern 1980. – H. Fischer, Subjektivität und Sünde. Kierkegaards Begriff der Sünde mit ständiger Rücksicht auf Schleiermachers Lehre von der Sünde, Itzehoe 1963. – G. Freund, Sünde im Erbe. Erfahrungsinhalt und Sinn der Erbsündenlehre, Stuttgart usw. 1979. – Glaubensverkündigung für Erwachsene. Deutsche Ausg. des Holländischen Katechismus, Nijmegen/Utrecht 1968. – J. Gross, Geschichte des Erbsündendogmas. Ein Beitrag zur Geschichte des Problems vom Ursprung des Übels, Bd. I–IV, München/Basel 1960ff. – E. Gutwenger SJ, Die Erbsünde und das Konzil von Trient, in: ZKTh 89 (1967), 433–446. – H. Haag, Die hartnäckige Erbsünde. Überlegungen zu einigen Neuerscheinungen, ThQ 150 (1970), 358–366, 436–456; ThQ 151 (1971), 70–86. – Ders., Biblische Schöpfungslehre und kirchliche Erbsündenlehre (SBS 10), Stuttgart ([1]1966) [4]1968. – R. Haubst, Was bleibt von der Erbsünde? Zur aktuellen Diskussion um „Ursünde“ und „allgemeine Sündigkeit“ bzw. „Mitsündigkeit“, in: TThZ 83 (1974), 214–231. – W.-A. Hauck, „Sünde“ und „Erbsünde“ nach Calvin, Heidelberg [2]1939. – H. J. Iwand, Sed originale per hominem unum, in: EvTh 6 (1946/47), 26–43. – S. Kierkegaard, Der Begriff Angst. Eine schlicht psychologisch-andeutende Überlegung in Richtung auf das dogmatische Problem der Erbsünde (1844, von Vigilius Haufniensis), übers. v. E. Hirsch, in: GW 11. u. 12. Abt., Düsseldorf 1965, 1–169. – P. Knauer, Erbsünde als Todesverfallenheit. Eine Deutung von Röm 5,12 aus dem Vergleich mit Hebr 2,14f, in: ThGl 58 (1968), 153–158. – H. M. Köster, Urstand, Fall und Erbsünde in der Scholastik, Freiburg 1979. – Ders., Urstand, Fall und Erbsünde von der Reformation bis zur Gegenwart, Freiburg 1982. – Ders., Urstand, Fall und Erbsünde in der katholischen Theologie unseres Jahrhunderts, (ESt N.F., Bd. 16) Regensburg 1983. – N. Lohfink, Wie sollte man das AT auf die Erbsünde hin befragen? In: Ders./A. Sand u. a.: Zum Problem der Erbsünde. Theologische und philosophische Versuche, Essen 1981. – B. O. McDermott, The theology of original sin. Recent developments, in: TS 38 (1977), 478–512. – G. Niemeyer, Die Lehre von der Sünde und der Erbsünde in den Bekenntnisschriften der Ev.-Luth. Kirche, EvTh 5 (1938), 183–201. – A. Peters, Die Sünde und die Sünden zwischen Glaube, Bekenntnis und Erfahrung. In: F. Beisser/A. Peters, Sünde und Sündenvergebung. Der Schlüssel zu Luthers Theologie (Bekenntnis. Fuldaer Hefte 26. Schriften des Theol. Konventes Augsburger Bekenntnisses, hg. v. R. Ritter), Hannover 1983. – R. Pfister, Das Problem der Erbsünde bei Zwingli (QASRG 2, Ser. 9), Leipzig 1939. – K. Rahner, Theologisches zum Monogenismus. In: Schriften zur Theologie I, Einsiedeln/Zürich/Köln 1954, 253–322. – Ders., Die Sünde Adams, in: Schriften zur Theologie IX, Einsiedeln usw. [2]1972, 259–275. – P. Ricoeur, Die

„Erbsünde" – eine Bedeutungsstudie. In: DERS., Hermeneutik und Psychoanalyse. Der Konflikt der Interpretationen II, München 1974, 266–283. – R. SCHANNE, Sündenfall und Erbsünde in der Spekulativen Theologie. Die Weiterbildung der protestantischen Erbsündenlehre unter dem Einfluß der idealistischen Lehre vom Bösen (Theologie im Übergang Bd. 1), Bern/FFM 1976. – L. SCHEFFCZYK, Adams Sündenfall. Die Erbschuld als Problem gläubigen Denkens heute, in: Wort und Wahrheit 20 (1965), 761–776. – DERS., Versuche zur Neuaussprache der Erbschuld-Wahrheit, in: MThZ 17 (1966), 253–260. – DERS., Die kirchliche Lehre von der Erbsünde und die theologische Diskussion der Gegenwart. In: Wesen und Weisen der Religion. FS f. W. Keilbach, München 1969, 121–236. – A. SCHIED, Konvergenzen in der Diskussion um die Erbsünde, in: ThG(B)17 (1974), 144–156. – K. SCHMITZ-MOORMANN, Die Erbsünde. Überholte Vorstellungen, bleibender Glaube, Olten-Freiburg 1969. – P. SCHOONENBERG, Theologie der Sünde. Ein theologischer Versuch, Einsiedeln/Zürich/Köln 1966. – DERS., Der Mensch in der Sünde. In: Mysterium Salutis. Grundriß heilsgeschichtlicher Dogmatik, hg. v. J. FEINER und M. LÖHRER, Bd. II, Einsiedeln/Zürich/Köln 1967, 845–941 (Lit.!), besonders 4. Abschnitt „Die Erbsünde", 899ff. – M. SEYBOLD, Erbsünde und Sünde der Welt, in: MThZ 18 (1967), 56–60. – G. SIEWERTH, Die christliche Erbsündenlehre. Entwickelt auf Grund der Theologie des heiligen Thomas von Aquin, Einsiedeln 1964. – K. G. STECK, Erbsünde als Herrschaftsinstrument. Zur kath. Debatte über die Sündenlehre, in: EvKomm 5 (1972) 229–232. – P. TILLICH, Systematische Theologie Bd. II, Stuttgart 1958. – G. VANDERVELDE, Original sin. Two major trends in contemporary roman catholic reinterpretation, Amsterdam 1975. – K.H. WEGER, Erbsünde heute. Grundlegung und Verkündigungshilfen, München 1972. – DERS., Theologie der Erbsünde. Mit einem Exkurs „Erbsünde und Monogenismus" von K. Rahner (QD Bd. 44), Freiburg/Basel/Wien 1970. – R. WEIER, Erbsünde und Sünde der Welt. Probleme der Erbsündenlehre Piet Schoonenbergs und Teilhards de Chardin, in: TThZ 82 (1973), 154–171. – S. WIEDENHOFER, „Erbsünde" – eine universale Erbschuld? Zum theologischen Sinn des Erbsündendogmas, in: ThQ 162 (1982), 30–44.

a) Bemerkungen zur Diskussion im 20. Jahrhundert

Erbsünde – ich möchte von der Allgemeinsünde sprechen. Sie ist das *peccatum*, in das die Menschen durchweg „hineinfallen". Sie fallen dabei auf sich selbst herein. Wir fallen dabei auf uns selbst herein. Niemand kann sich ausnehmen. Das „Wesen" des *peccatum commune*, das die Sünde in den Sünden darstellt, ist bereits beschrieben worden[26]: Wir versuchen, durch „Selbstrechtfertigungsstrategie" die eigene Bejahbarkeit und das faktische Anerkanntwerden unserer Person als „gut" *sicherzustellen*. Wir legen einen verknechtenden „Akklamationsdruck" auf die Umgebung. Wer damit Schiffbruch erleidet, verwirft sich selbst. In beiden Fällen aber bildet man sich ein, das Prinzip seiner selbst sein zu können und, vor allem, es sein zu müssen – und das sei Freiheit. Das äußere Kennzeichen der Allge-

[26] S. o. S. 203.

mein- oder Erbsünde ist die Abwesenheit der Dankbarkeit gegen Gott: jene Haltung, die Röm 1,21 genannt ist. Ontisch ist die Erbsünde keine besondere, zweite Sünde neben der Sünde, die wir tun. Nur gedanklich wird beides unterschieden, erweist sich erstere als der Wurzelgrund der letzteren oder als das falsche Vorzeichen vor jeder, selbst vor der ansonsten guten menschlichen Tat. Freilich: Die theologische Behauptung dieser wurzelhaften und allgemeinen menschlichen Verderbnis wird in neuerer Zeit heftig umstritten und vielfach bestritten. Ihr Sinn unterliegt nicht zuletzt deshalb Verstehensschwierigkeiten, weil viele unsicher geworden sind, in welchem Verhältnis dieses *peccatum commune* zu den angehäuften Sünden in der Welt oder dem sündigen Milieu in unserer Gesellschaft steht. Wir werden noch sehen, daß beides nicht das Gleiche ist[27]. Wäre denn jenes Milieu mit Recht als das universale menschliche Verhängnis zu begreifen, aus dem uns nur Gottes Gnade herauszieht? Nein, hier ist doch zunächst unser eigener Widerstand gefordert – so argumentiert man dann und ist verwirrt....

Protestantische und römisch-katholische Theologen haben im 20. Jahrhundert häufig Vorbehalte gegenüber der herkömmlichen Lehre von der Erbsünde geäußert. Die radikalste Kritik kam von katholischer Seite. Doch trug die Diskussion innerhalb der römischen Kirche ein anderes Gepräge als bei den Protestanten. Für katholische Theologen ging es vornehmlich um die Befreiung von einem bis über die Mitte des 20. Jahrhunderts hinaus von Rom und von konservativen Dogmatikern ausgegangenen Druck, im Glauben und in der Lehre – obwohl eine lehramtliche Definition des Wesens der Erbsünde nie gegeben wurde – strikt festzuhalten an einer wirklichen *Vererbung* der Sünde von Adam und Eva an, die ihrerseits, der naturwissenschaftlichen Evolutionslehre zum Trotz, wirklich als die beiden ersten Menschen, als die tatsächlichen *Stammeltern* von uns allen (=Theorie des sog. Monogenismus) anzusehen seien. Für europäische protestantische Theologen hingegen bedeutete die Anerkennung der naturwissenschaftlichen Evolutionslehre im 20. Jahrhundert von Anfang an kaum ein Problem. (Sie wäre gewiß auch schon von Schleiermacher vollzogen worden, hätte es sie zu dessen Lebzeiten bereits gegeben)

Bedeutsam geblieben ist für die Protestanten das Erbe aus der Reformation, das im Falle der Lehre Luthers auf eine theologische Synopse und auf ein Ineinanderstellen von Erbsünde und Tatsünden

---

[27] S. u. S. 264 f.

hinauslief. Römisch-katholischer Theologie entspricht es demgegenüber seit je, Erbsünde und Tatsünden deutlich auseinanderzuhalten. Kontinuierlich wird gelehrt, speziell von der Erbsünde (und außerdem, falls schon vorhanden, von den bisherigen Tatsünden eines Menschen) wasche die Taufe rein. Ein getaufter Christ stehe dann zeitlebens nur noch vor dem Problem seiner schuldhaft, d.h. nicht ohne Willensfreiheit zustandekommenden *neuen* Tatsünden (besonders der sog. *Todsünden*, die jedoch mit Hilfe des kirchlichen Bußsakramentes vergeben werden können).

Luther aber lehrte ein Fortwirken der menschheitlichen Allgemein-oder Erbsünde über die Taufe hinaus in jeder einzelnen sündigen Tat und Regung. Wegen dieses Fortwirkens sei es für jeden Christen gut, immer wieder in die Taufe „zurückzukriechen"[28]. Luther machte das Fortwirken der Erbsünde über das Taufgeschehen hinaus in jenen Herzensregungen fest, die auf eine Ablehnung Gottes, auf ein Unvermögen, Gott zu lieben, überhaupt auf ein Unvermögen dem Ersten Gebot gegenüber hinauslaufen[29]. Luther wollte hervorheben, daß die Getauften keineswegs nur noch mit Sünden gegen sich selbst und gegen ihre Umwelt zu kämpfen haben, vielmehr sich bei allen diesen Sünden immer auch schon von Gott abwenden. In der Rezeption der Theologie Luthers ist diese Intention manchmal verkannt worden. Man meinte, Luthers Behauptung eines Fortwirkens der Erbsünde über die Taufe hinaus bedeute in der Sache, daß Luther das menschliche Wesen als durch und durch von der Sünde verdorben eingestuft und somit am Menschen gar nichts Gutes gelassen habe.

Evangelische Erörterungen des Problems der Erbsünde im 20. Jahrhundert sind aber durchweg von diesem Mißverständnis in bezug auf die Theologie Luthers frei. Sie zeigen zudem die Tendenz, an Luthers enger theologischer Verknüpfung von Erbsünde und Tatsünden[30] festzuhalten. Bei keinem bedeutsamen protestantischen Lehrentwurf wurde im 20. Jahrhundert das Bedürfnis angemeldet, auf eine Theologie der Erbsünde überhaupt zu verzichten. Aber gewöhnlich wird in allen Darstellungen vorgeschlagen, das mißver-

---

[28] Wie LUTHER an vielen Stellen dargelegt hat, scheint ihm das Wesen der *Buße* in nichts anderem als in einer vom Christen immer wieder aufs neue zu vollziehenden *Rückkehr zu seiner Taufe* zu liegen. Hier und so bringt Luthers Tauftheologie den Aspekt des aktiven menschlichen Antwortens auf Gottes Gnade zur Geltung.

[29] Vgl. hierzu: D. Martini Lutheri quarta disputatio [de loca Rom. 3,28] (1536), WA 39 I,84–86, besonders: 84,22f (11. These).

[30] Siehe hierzu jetzt: PETERS, 54f.

ständliche deutsche Wort „Erbsünde" durch einen anderen Begriff zu ersetzen[31]: z. B. „Ursünde" und „Lebenssünde" (Karl Barth)[32]; universaler, schicksalhafter Aspekt der Entfremdung (Paul Tillich)[33].

[31] Eine Ausnahme von der Regel bietet die scharfsinnige und eigenwillige Studie von FREUND, dem es nicht entgangen ist, daß die heute fast einhellig behauptete Gleichung ‚Adam, das sind *wir*; sein Fall in die Sünde vollzieht sich jeweils in *uns*' doch eine Erklärungslücke läßt. Man kann nicht einfach den Gedanken der *propagatio* der Sünde ausschalten und meinen, dann stimme es mit dem *peccatum originale* immer noch, ja, jetzt werde dieser Begriff allererst stimmig. „Erbe" ist eigentlich kein biologischer Begriff, sondern bezeichnet die Relation von Menschen zu bestimmten anderen Menschen oder irgendwelchen Gegebenheiten. Indem F. die nun schon jahrhundertealte „Krankheit" der *Erbsündenlehre* deutlich wahrnimmt (47ff), sieht er zuletzt auch in dieser Geschichte bestätigt, daß die Sünde selbst die Art hat, uns in Form einer Krankengeschichte einzuholen. So wird es auch in der klassischen griechischen Tragödie gesehen (nämlich wenn das sich ausbreitende Übel die Geschlechter einholt und heimsucht). – Letztlich ist es aber eine christologisch-soteriologische (Neu-)Begründung, die F. dem Erbe-Gedanken zuteilwerden läßt. Er formuliert im Anschluß an Paulus (189): „durch den Tod Christi wird allen Menschen das Erbe Adams als selbstverschuldete Vergangenheit zugesprochen, dadurch daß ihnen als den Schuldigen – die ihr Leben selbst verwirkt haben – das Leben Christi zugesprochen wird. Christi unendlich am Leben (Gott) festhaltender Tod stellt gleichsam die verlorene Erinnerung der Sünde (die darin verloren war, daß sie ohne Anfang blieb) wieder her, so daß jeder Einzelne mit Adam gleichursprünglich werden kann (was er vorher immer zu sein leugnet). Sofern Menschen durch die Mit-teilung der *charis*, des Gewinns Christi, zu ‚Erben Gottes und Miterben Christi', d. i. seines Lebens (Röm 8,17), geworden sind ohne ihr Zutun, so ermöglicht dieses Erbe zugleich die Aneignung des väterlichen Erbes Adams als der eigenen selbstverschuldeten Vergangenheit des Todes. Und sofern der Glaube die Bewegung der Aneignung des Erbes Christi ist, vermag er allein auch das Erbe Adams zu übernehmen." – Der Schwierigkeitsgrad dieser Überlegungen ist der Sache angemessen!‚Einfachere' Darstellungen scheitern theologisch an ihrer Einfachheit. F. hat das ‚Erbe Christi' mit Recht als unerläßlichen Schlüssel für die Erkenntnis der Erb-Sünde inanspruchgenommen. Und ebenso verdient sein wichtiger Hinweis Zustimmung, daß auch der heutige Mensch in Wahrheit nicht bereit noch in der Lage ist, die Gleichung ‚Ich bin Adam' nachzuvollziehen, wie es von doch von vielen Entmythologisierern der Erbsündenlehre vorausgesetzt wird. Unser Verhältnis zu Adam muß erst das Verhältnis von ‚Erben' *werden* – und das geschieht nicht gegen die *libertas Christiana*, sondern nur in ihr. Darum „liegt unsere Freiheit darin, nicht mehr Kinder eines vaterlosen Vaters sein zu müssen und Adam nicht mehr kinderloser Vater: denn der Vater, den er verlor und als Verlust uns zum Erbe gab, wurde durch das vaterlose Kind ein für allemal zurückgewonnen und als Gewinn uns zum Erbe gegeben". (191)

[32] KD IV/1, 558. – Im übrigen hält BARTH, mit Recht, die herkömmliche lateinische Bezeichnung für die Erbsünde – *peccatum originale* – für „unanfechtbar" (557).

[33] TILLICH unterscheidet an der Entfremdung einen moralischen Aspekt, für den der einzelne Verantwortung trägt, und einen tragischen Aspekt, der alle Menschen schicksalhaft betrifft. Statt von „Erbsünde" will Tillich – letztlich lutherisch – von der Wirksamkeit dieses zweiten Aspekts in allem Sündigen sprechen: vgl. z. B. S Th II, 46; ferner 65: „Sünde ist ein universales Faktum, noch bevor sie zu einem

In viele aktuelle römisch-katholische Erörterungen der Erbsünde ist die Erinnerung daran eingeflossen, daß man in der eigenen Kirche von jeher an der protestantischen Behauptung einer auch die Taufe überdauernden allgemeinen Sündhaftigkeit Kritik geübt hat. Manchen zeitgenössischen Autoren scheint die Erinnerung an diese gegenreformatorische Position die Kritik am Erbsündendogma erleichtert zu haben. In der Zeit zwischen 1960 und 1972 legte der katholische Theologe Julius Gross ein vierbändiges Werk über die Geschichte des Erbsündendogmas vor. Der Band 1 trägt den Titel „Entstehungsgeschichte des Erbsündendogmas. Von der Bibel bis Augustin" (München und Basel 1960). Die seit 1963 erschienenen Bände 2–4 geben eine „Entwicklungsgeschichte des Erbsündendogmas". Der 1972 erschienene letzte Band umgreift die Entwicklungsgeschichte des Erbsündendogmas von der Reformation bis zur Gegenwart. Diesem 4. Band hat Gross als Motto einen Satz des katholischen Tübinger Alttestamentlers Herbert Haag vorangestellt:

> „Nachdem die abendländische Kirche 1500 Jahre einer durch Augustinus irregeleiteten Tradition gehuldigt hat, kommt heute der Abschied von der ‚Erbsünde' wahrlich nicht zu früh – eher viel zu spät."[34]

Im Schlußabschnitt desselben 4. Bandes resümiert Gross:

> „Die moderne Wissenschaft hat die Erbsünde getötet. Seither sind die katholischen Theologen bemüht, wenigstens deren Namen zu konservieren. Neuerdings geben sie auch den Namen preis."
> „Dem lähmenden Glauben, in die Schuld und Strafe einer in grauer Vorzeit begangenen Sünde schicksalhaft verstrickt zu sein, entwachsen, stellt sich der moderne Mensch entschlossen zum Kampf gegen das Übel in jeglicher Gestalt, überzeugt, in diesem Kampf allein auf sich angewiesen zu sein."[35]

Dieser ganzen Entwicklung stimmt Gross mit – zuletzt doch etwas übertriebener – Emphase zu. Er mag zwar darin Recht haben, daß viele heute meinen, die Menschheit sei im Kampf gegen das Böse

individuellen Akt wird, oder genauer gesagt: Sünde als individueller Akt aktualisiert das universale Faktum der Entfremdung. Als individueller Akt ist Sünde eine Sache der Freiheit, Verantwortlichkeit und persönlichen Schuld. Aber diese Freiheit ist in das universale Schicksal der Entfremdung auf solche Weise eingebettet, daß jeder freie Akt das Schicksal der Entfremdung enthält, und umgekehrt, daß das Schicksal der Entfremdung durch jeden freien Akt verwirklicht wird." – Die von T. scheinbar behauptete individuelle Freiheit besteht in Wirklichkeit mit Bezug auf die Sünde doch nicht. Sie wird von T. aber thematisiert, weil er meint: „Die Theologie muß sich auf die Seite des klassischen Humanismus stellen, der die geschaffene Vollkommenheit des Menschen gegen naturalistische oder existentialistische Verneinung der menschlichen Größe und Würde verteidigt" (46). T. hätte hier die herkömmlichen *kirchlichen Verneinungen* dazustellen sollen!

[34] Aus Haags „Geleitbrief" zu: Baumann, „Erbsünde", 6.

[35] Gross IV, 352.

ganz auf sich allein angewiesen, „kein Gott“ helfe ihr in diesem Kampf. Aber wodurch ist denn seine Behauptung abgedeckt, der in bezug auf Gott *so* empfindende „moderne Mensch“ wende sich nunmehr „entschlossen“ „zum Kampf gegen das Übel in jeglicher Gestalt“? (Wenn es doch nur so wäre!) Nicht ganz durchsichtig wird hier auch, ob Gross tatsächlich meint: Früher, als das Erbsündendogma noch fast allgemein angenommen wurde, meinten die Menschen, nur mit Gottes Hilfe gegen das ererbte Übel in der Welt ankämpfen zu können. Jetzt besorgen sie das alleine. Sollte Gross dies sagen wollen, wäre in Erinnerung zu rufen, daß doch jedenfalls die Erbsünde in der Kirchengeschichte niemals als ein Übel galt, das der Mensch mit Gottes Hilfe oder Gnade zu bekämpfen habe. Seit Augustin galt die Erbsünde vielmehr als das Unheil, aus dem nur Gott *allein* befreien kann. Durch das Sakrament der Taufe wird diese gnadenhafte Befreiung empfangen. Und *dies* müßte heute allerdings kritisch erörtert werden, ob sich ein derartiges Verständnis von der Wirkung der Taufe biblisch-theologisch halten läßt[36].

Nun ein anderes Problem: Ob die von den neueren Ergebnissen der Naturwissenschaften her bezogenen Argumente gegen das kirchliche Erbsündendogma das theologische Nachdenken überhaupt lohnen, ob sie nicht vielmehr allesamt auf eine völlig falsche Spur führen, könnte man fragen. Weniger als die herkömmliche theologische Lehre von der Erbsünde selbst erwiesen sich nämlich die – „naturwissenschaftlich“ inspirierten – theologischen Ausweichbewegungen vor ihr oft als ein Trauerspiel. Immer wieder wurde voreilig auf neueste naturwissenschaftliche Hypothesen über die Entstehung der Menschheit reagiert. Seit dem Ende des 19. Jahrhunderts versuchten viele Theologen, der naturwissenschaftlichen Selbstverständlichkeit Rechnung zu tragen, daß die heutige Menschheit auf mehrere verschiedene „erste Elternpaare“ zurückzuführen sei, und daß die ersten Menschen eher primitive als eines Sündenfalles fähige hochstehende Wesen waren. Diese neuen Erkenntnisse schienen mindestens eine Modifikation der Erbsündenlehre zu verlangen. Man muß heute aber feststellen, daß diese neuen Erkenntnisse für die theologische Problematik der Erbsünde wirklich gar nichts austragen.

Entsprechend problematisch waren auch die umgekehrten, in der römisch-katholischen Theologie bis vor kurzem noch zur Verteidigung des Erbsündendogmas unternommenen Versuche, nachzuweisen und zu fordern, jedermann müsse von der historischen Existenz

---

[36] S. dazu u. S. 306 ff.

eines einzigen ersten Menschenpaares – Adam und Eva – überzeugt sein. Ein Christ habe überdies zu glauben, daß durch *dieses* erste Menschenpaar die Sünde in die Welt kam (und sich dann „weitervererbt" hat). Es wurden katholischerseits bis über die Mitte des 20. Jahrhunderts hinaus sogar philosophische und wissenschaftliche Anstrengungen unternommen, um die Hypothese des naturwissenschaftlichen „Polygenismus" in einleuchtender Form zurückzuweisen.

Dem „Polygenismus" wurde bereits auf dem 1. Vatikanischen Konzil von einer Theologengruppe (Hauptsprecher: Franzelin) nachgesagt, er verletze „sowohl das Dogma der Erbsünde als auch das der Erlösung aller durch den einen Christus"[37]. In den fünfziger Jahren reizte es K. Rahner, der von Papst Pius XII. am 12. 8. 1950 vorgelegten Enzyklika „Humani generis" in ihrem einschlägigen Abschnitt[38] zu Hilfe zu kommen und die Schärfe des Gedankens an einer Verteidigung der Theorie des „Monogenismus" zu erproben. Es gebe, meinte er, die Möglichkeit eines „metaphysischen Beweises" für diese Theorie[39]. Doch in den sechziger Jahren wandelte sich dann im europäischen Katholizismus das gesamte theologische Klima gründlich.

Ein Beispiel hierfür P. Schoonenbergs „Theologie der Sünde" (Imprimatur 1964). Diese Monographie wollte die Erbsünde aus biologistischen Mißverständnissen befreien. Falsch an ihrem herkömmlichen Verständnis sei, daß die Existenz einer bis auf Adam zurückreichenden vererbungspflichtigen Schuldkette vorausgesetzt wurde. Man habe die allgemeine Verstrickung der Menschheit in die Erbsünde biologisch statt geschichtlich und gesellschaftsbezogen erklärt. Ebenso wie bestimmte Erscheinungsformen des Menschlichen, die früher als vererbungsbedingt galten, im 20. Jahrhundert zuweilen neu als *milieubedingt* erklärt wurden, versuchte Schoonenberg auch die Erbsünde neu zu begreifen als ein die Menschen auf sozialem und geschichtlichem Wege erreichendes Verhängnis. Vom (sündigen) „Milieu" her, in dem das seinen Ort hat, was früher „Erbsünde" hieß (und

---

[37] S. bei Rahner, Schriften . . . I, 271 (einschließl. Anmk. 2). Es handelt sich um das ursprüngliche Schema einer „Constitutio dogmatica de doctrina catholica . . .", das nicht bis zur Abstimmung und Verabschiedung gelangte.

[38] Denzinger-Schönmetzer, 3897.

[39] Rahner, Schriften . . . I, 311 ff: Folgende Annahme bildet den Ausgangspunkt: „Wir setzen voraus, daß der Polygenismus naturwissenschaftlich nicht einmal als wissenschaftliche Hypothese eine größere Wahrscheinlichkeit besitzt. Wir setzen voraus, daß der Monogenismus im strengen Sinn (d. h. ein einziges ursprüngliches Menschenpaar) naturwissenschaftlich nicht bewiesen werden kann . . .". Angesichts dieses doppelten *non liquet* schreitet R. fort zu einer „Metaphysik der Zeugung" usw. (311 f). – Kritisch hierzu: Schoonenberg, Theol. d. Sünde, 225–230.

was heute vielleicht besser „Sünde der Welt" genannt werde[40]), komme es beim einzelnen Menschen zu (Tat-)Sünden. D. h. wir sündigen wegen unseres Situiertseins in einer unsere Welt durchwaltenden „sündige(n) Situation" (=„die Situation, die aus der Sünde ist und zur Sünde einlädt"[41]).

Dieser Auffassung entsprechend, suchte Schoonenberg auch ein fortschrittlicheres Verständnis der Gnade zu entfalten. Er bemängelte, daß die herkömmliche katholische Theologie die Vermittlung der göttlichen Gnade oft wie das Eingießen einer übernatürlichen Substanz beschrieben hat. Auch hier sei die Bedeutung des Geschichtlichen, Sozialen und Gesellschaftlichen vernachlässigt worden. Richtig aber sei die Lehre: Es gibt „keine Begnadung Gottes ..., in der nicht zugleich Welt und Mitmensch eine Rolle spielen"[42].

Im einzelnen untermauerte Schoonenberg diese Thesen mit Begründungen, die manches für sich haben. Doch im ganzen ist auch sein hamartiologischer Erneuerungsversuch nicht unproblematisch. Die entscheidende Rückfrage ist, ob die Erbsündenlehre *dadurch*, daß jemand bei der Vexierfrage „Vererbung oder Milieu" eine bestimmte Entscheidung fürs eine oder fürs andere trifft, *aufs richtige theologische Geleise gehoben werden kann*? Vermutlich ist doch im Hinblick auf die Erbsünde, die eine allgemeinmenschliche Verfehlung des rechten Verhältnisses zu Gott zum Hauptinhalt hat, die „gesellschaftlich" erklärende Theorie genauso verkehrt wie die „biologisch" erklärende Theorie[43].

In den sechziger Jahren schrieb Herbert Haag, der priesterschriftliche Schöpfungsbericht Gen 1,1-2,4a beschränke sich auf die Aussage, *daß* Gott den Menschen erschaffen hat. Die technische Frage nach dem Wie der Erschaffung der Menschheit lasse der biblische Bericht im Grunde offen. Er sage auch nichts darüber aus, ob die Menschen vom ersten Augenblick ihrer Erschaffung an bereits hochstehende und dadurch des sündigen Absturzes fähige Wesen waren oder nicht. Der biblische Bericht spreche davon, daß Gott, so wie er die Bäume oder die Tiere erschaffen hat, eben auch *den* Menschen erschuf. Hierbei sei sinngemäß an die Erschaffung der ganzen Gattung der Menschen zu denken: Adam ist im Blick auf die Menschheit *pars pro toto.* Somit, meinte Haag, spricht der exegetische Befund „eher zugunsten des Polygenismus". Entsprechendes gelte auch für die jahwistische Sündenfallerzählung in Gen 3. Sie sei eine kollektive Aussage über ein Ereignis, das ursprünglich von allen Menschen (und nicht bloß von den als zwei singuläre Gestalten oder als die

[40] Schoonenberg, Theol. d. Sünde, 115 ff und 198 ff; vgl. 141: „Sünde der Welt" ist diejenige Sünde, „die ihre Vollendung in der Tötung Christi erreichte". – S. ferner: Ders., Myst Sal II, 886 ff, besonders 896.

[41] Theol. d. Sünde, 121 f; vgl. Myst Sal II, 894 ff.

[42] Myst Sal II, 896.

[43] Schoonenberg sieht diese Schwierigkeit z. T. selbst. Er hütet sich vor platten Alternativen und bevorzugt zur Promotion seiner Erwägungen oft die Form einer Frage. Er denkt vorsichtig an eine *Ergänzung* der klassischen Auffassung von der biologischen Vererbung der Sünde durch eine Berücksichtigung der „Sünde der Welt", durch die sich jeder einzelne immer schon in entstellten sittlichen Ordnungen vorfindet (s. Myst Sal II, 932 ff).

beiden menschlichen Erstlingen mißverstandenen Adam und Eva) sprach. Haag wollte zeigen, daß sich hier die Bibelwissenschaft aus exegetischen, aber eben auch aus theologischen Gründen eher auf der Linie einer Übereinstimmung mit den Naturwissenschaften bewegen sollte als auf der Linie der vatikanischen Erklärungen zur Erbsündenfrage[44].

Im *Holländischen Katechismus* (Imprimatur durch Kardinal Alfrink 1. März 1966), der im deutschen Sprachraum seit 1968 Aufsehen erregte, wurde ein noch freimütigerer Gebrauch von der kritischen Bibelwissenschaft gemacht[45].

Unlängst habe man erkannt, die biblische „Schöpfungserzählung" „mit ihren sechs Tagen" sei der Form nach „eine wundervolle Erfindung". Sie sei „ein Gedicht", das nicht als historischer „Bericht aufgefaßt werden darf"[46]. Auch ein Katholik sollte heute wissen und anerkennen: Der Mensch entsteht durch Evolution: „eine Tierart, lebend in Wäldern und Ebenen, steigt in einer langsamen Entwicklung ... empor bis zu ... uns. Das Leben, das durch mich hindurchströmt, kommt also von den Tieren." „Immer besser sehen wir das großartige Schauspiel: das Rückgrat, das sich langsam aufrichtet, der Schädel, der sich mit immer größerem Inhalt anfüllt, das Tier, das sich aufrichtet zu einem Menschen." Ausdrücklich betont der Holländische Katechismus, man brauche als Katholik nicht mehr anzunehmen, daß es „im Anfang einmal einen Zustand paradiesischer Unversehrtheit und Unsterblichkeit gegeben habe"[47]. Nicht mehr so wichtig (wie anscheinend noch für unsere Vorfahren) sei es für den heutigen Katholiken auch, in den ersten Kapiteln der Bibel eine Erklärung dafür zu finden, wie die Sünde denn in die Welt hineingekommen sei. Adam und Eva müssen nicht *dafür* herhalten, daß in grauer Vorzeit einmal ein schwerer Fehler gemacht worden sei, der sich auf die ganze spätere Menschheit vererbt habe. Heute genüge es doch wohl, zu sagen, daß die Sünde jeweils unsere eigene „freie Willensäußerung" darstelle[48].

---

[44] HAAG, Bibl. Schöpfungslehre u. kirchl. Erbsündenlehre, [4]1968; vgl. das zusammenfassende Referat bei GROSS IV, 294f.

[45] GROSS IV, 296: Verfaßt haben diesen Katechismus die „besten holländischen Theologen", wie E. SCHILLEBEECKX, P. SCHOONENBERG, G. MULDERS, A. HULSBOSCH und W. BLESS.

[46] Glaubensverkündigung für Erwachsene, 58; vgl. 296f (zu Gen 2 und 3): „Dieses unvergleichlich treffliche Stück Schrifttext wird nie ersetzt werden können in seiner zusammenfassenden Darstellung des Menschen vor Gott. Aber wohl wird es ersetzt werden dürfen (müssen) als Beschreibung des *Anfangs* der Menschheit." Was dieser Text im Anschluß an die Schöpfungserzählungen von der „ersten Sünde" sagt, ist ebenfalls nicht als historische Erinnerung zu werten. Es geht um uns. Die Sünde Adams und Evas geschieht „in uns selbst".

[47] AaO, 13f; 303.

[48] AaO, 499: „Die christliche Offenbarung sagt über das Böse, daß das menschliche Versagen nicht eine falsche Einordnung eines unfreien Wesens in die Weltordnung ist – wie es der Marxismus lehrt –, sondern eine freie Willensäußerung eines freien Wesen. Auch ist das Böse letztlich nicht die Unvollkommenheit eines freien Wesens, die durch Intellekt und Fleiß überwunden werden kann – wie es der Buddhismus suggeriert –, sondern es ist die Abwendung von den Menschen und von Gott, die der Mensch nicht selbst wieder rückgängig machen kann. Auch

Unter dem Anschein freizügigster Erneuerung, ja, gewagtester Bestreitung des Dogmas gelang es dem Holländischen Katechismus, schlußendlich in einer doch sehr herkömmlichen, im römischen Katholizismus durch lange Zeiten hin zugelassenen (semi-)pelagianischen Weise von der Sünde zu sprechen. Dies zeigt sich besonders an der Antwort, die auf folgende Frage gegeben wurde: War es „notwendig, daß die Sünde in die Welt kam"? „Darauf können wir nur sagen, daß es mit einem gewissen Maß an Freiheit geschehen sein muß – sonst wäre es nicht Sünde. Und Freiheit bedeutet, daß man es auch hätte nicht tun können." (Das ist eine klare Entscheidung hinsichtlich der von Augustin vorgegebenen Fragefigur: *posse non peccare* – *n o n posse non peccare*) In – nunmehr begreiflicher – Unschärfe wurde noch hinzugefügt: „Aber das will noch nicht besagen, im ganzen könnten alle Sünden vermieden werden."[49] – Immerhin kann diesem holländischen Versuch einer Neuaussprache bescheinigt werden, daß er die im Bereich des Katholizismus überfällige Öffnung zur Naturwissenschaft und zur historischen Bibelkritik hin konsequent vollzogen hat. Aber für die Gegenwart genügt es längst nicht mehr, bei dieser Tat stehen zu bleiben. Denn sie hat in dieser Form nicht nur alte theologische Fragwürdigkeiten unter der Decke des Fortschritts fortgeschrieben, sondern sie hat auch die notwendige inhaltliche Neuerschließung der Rede von der Erbsünde, die unbestreitbar eine Reihe von zu wenig aufgearbeiteten Problemen darbietet, noch gar nicht begonnen.

Wo liegen die unabweisbaren Hauptprobleme, die sich mit dem Dogma und schon mit dem Gedanken der Erbsünde als solchem verbinden? Mit Recht hat die Kritik am Erbsündendogma z. B. immer wieder die Frage seiner logischen Konsistenz aufgeworfen. Es wurde gesagt: Handelt es sich bei der Erbsünde wirklich um eine *Sünde*, deren jeder Mensch schuldig wird, dann ist es ausgeschlossen, daß diese Schuld ein *ererbtes* Gebrechen oder Verhängnis ist. Denn für

ist die tiefste Bosheit nicht die Übertretung eines kühlen hohen Gesetzes – wie der Islam sie auffaßt –, sondern die Verletzung einer persönlichen Liebe. Und schließlich geht es nicht um ein Vergehen am Menschen allein – wie es der Humanismus lehrt –, sondern zugleich auch immer um ein Vergehen an unserem Schöpfer und Erlöser. Dies alles liegt in dem christlichen Wort ‚Sünde' beschlossen. Die Sünde ist also eine freigewollte, vom Menschen nicht wiedergutzumachende Verletzung der menschlichen und göttlichen Liebe." – Der theologische Fehler dieser scheinbar glasklaren und wunderbar einfachen und kurzen Gesamtdarstellung liegt darin, daß nicht Freiheit und Unfreiheit *gleichzeitig* als der bestimmende Grund jeder Sündentat wahrgenommen werden, vielmehr die Freiheit auf das Sündigen und die Unfreiheit auf das Problem des Wiedergutmachens verteilt worden sind.

[49] AaO, 297.

ein vererbtes Verhängnis wäre der Einzelne nicht verantwortlich zu machen[50]. Gegen den Begriff der Erbsünde scheint man somit kritisch einwenden zu müssen: Entweder Sünde jedes einzelnen – oder Erbe. Aber nicht beides zusammen! Der Begriff der Erbsünde scheint ein hölzernes Eisen zu sein; er scheint einen Widerspruch in sich selbst zu enthalten.

Das hier vorliegende Problem ist aber auch den Theologen früherer Zeiten nicht unbekannt gewesen. Trotzdem stand ihnen die Notwendigkeit, von einer an der Wurzel des Menschlichen ansetzenden Allgemeinsünde oder Ursprungssünde (*peccatum originale*) zu lehren, stets zwingend vor Augen. Wie stark die Nötigung zu einer Lehre von der Erbsünde immer gewesen ist, mag daran ermessen werden, daß auch folgendes Problem die Theologen nicht von ihr abgehalten hat: Bis heute ist es umstritten, ob denn die Bibel selbst ein Erbsündendogma nahelege . Einerseits wird die Meinung vertreten, erst seit Augustin gebe es ein Erbsündendogma. Andere meinen, was etwa Luther unter der Erbsünde verstanden hat, finde sich der Sache nach auch schon bei Paulus. Wenn dies zutreffend ist, dann stellt sich noch die weitere Frage, ob sich ein derartiges Erbsündenverständnis auch schon im Alten Testament verifizieren ließe.

b) *Biblische Aspekte*

Gen 3 wollte kein Erbsündendogma begründen! Obwohl Israel wußte, daß das ganze Volk nicht nur von Zeit zu Zeit unter einer gemeinsamen Sünde leiden kann, daß vielmehr die Sünde jedes einzelnen Volksgenossen *immer* alle übrigen mit hineinzieht in die Schuld, und obwohl ein einziger Vers im Alten Testament – nämlich Ps 51,7 („Siehe, ich bin in sündlichem Wesen geboren, und meine Mutter hat mich in Sünden empfangen") – sogar wie eine Vorformu-

---

[50] Unter den von hier aus Kritik Übenden gebührt H.S. Reimarus (1694–1768) und seiner „Apologie oder Schutzschrift für die vernünftigen Verehrer Gottes" der erste Rang. R. entdeckte „den Widerspruch der dogmatischen Auslegung der Schöpfungs- und Sündenfalls-Geschichte gegen deren eigene Urkunde" (so: Freund, 16, im Zusammenhang einer eingehenden Würdigung [13–32] des Widerspruchs von Reimarus gegen die kirchlichen Auffassungen von der Erbsünde). F. arbeitete aber auch heraus, „daß und inwiefern die Erbsündenlehre der Orthodoxie durch die Entdeckung logisch-immanenter Aporien allein noch nicht überholt ist. Im Gegenteil: die rationale Widerlegung des Dogmas setzt vielmehr die Frage frei nach den Bedingungen der Wahrheit der Lehre, d.h. den erfahrungsgeschichtlichen Voraussetzungen ihrer einstmaligen Evidenz für den Glauben."(32)

lierung der klassischen kirchlichen Erbsündenlehre klingt, ist Israel dennoch in seiner theologischen Entwicklung erwiesenermaßen immer mehr zu der Erkenntnis hingelangt: Jeder einzelne ist selbst für seine Sünde verantwortlich, niemand hat für die Sünden seiner Väter zu büßen.

Hesekiel setzte sich mit der Tatsache auseinander, daß es unter einigen Israeliten noch immer die Meinung gab, ein Sohn müsse die Missetat seines Vaters tragen („die Väter haben saure Trauben gegessen und den Söhnen sind die Zähne davon stumpf geworden", Ez 18,2). Hesekiel verbot im Namen Gottes den Gebrauch dieses Sprichwortes: „Der Sohn soll nicht tragen die Missetat des Vaters, und der Vater soll nicht tragen die Missetat des Sohnes; sondern des Gerechten Gerechtigkeit soll über ihm sein, und des Ungerechten Ungerechtigkeit soll über ihm sein. Wo sich aber der Gottlose bekehrt von allen seinen Sünden, die er getan hat, und hält alle meine Rechte . . ., so soll er leben und nicht sterben" (Ez 18,20f). Hesekiel vermittelte den im babylonischen Exil lebenden Israeliten die Botschaft, daß sie die Chance des Neubeginns haben.

Ohne hier alle für unser Problem weiter in Frage kommenden alttestamentlichen Bibelstellen noch vorzuführen, läßt sich zusammenfassend sagen: Trotz zeitgeschichtlicher Entwicklungen und mindestens formal unterschiedlicher Schuldauffassungen innerhalb des Alten Testaments selbst, ist doch das soeben genannte Anliegen Hesekiels letztlich der gesamten Tora wie aus dem Herzen gesprochen. Aber gleichzeitig ist auch eine andere Aussage über die Schuld dem ganzen Alten Testament wie aus dem Herzen gesprochen: *Die Menschen erwidern allesamt Gottes Wohltaten nicht, wie es angemessen wäre!* (Ps 116, 11f: „Ich sprach in meinem Zagen: Alle Menschen sind Lügner. Wie soll ich dem Herrn vergelten all' seine Wohltat, die er an mir tut?") Die Menschen erwidern Gottes Güte sogar mit Bosheit. Es mag zwar im einzelnen manche schöne Frömmigkeit, manche gerechte menschliche Tat geben. Aber ein großer qualitativer Abstand trennt unsere Gerechtigkeit von Gottes Gerechtigkeit. Diese allgemeinmenschliche Not ist zwar keine sich von Geschlecht zu Geschlecht fortpflanzende Erbsünde. Aber sie beschreibt Israels Situation und die Situation aller Menschen so, daß die Menschen generell nicht leben könnten aus dem, was sie „verdient" haben, sondern ihr Leben „unverdienter" göttlicher Güte und Langmut verdanken.

Auch vom Neuen Testament ist festzustellen, daß ihm die „aufgeklärte Lehre" des Hesekiel insgesamt weit eher entspricht als etwa die entgegengesetzte Lehre, der Sohn eines sündigen Vaters sei „mitsündig", auch der Sohn müsse daher die Strafe für die Sünden seines Vaters tragen. (Vgl. Joh 9,1ff, wo anläßlich der Heilung eines Blindgeborenen auch die Frage aufgeworfen wird, ob die Sünden der Eltern hinter dem Gebrechen gestanden haben könnten). Andererseits ist im Neuen Testament ja auf Grund des Christusereignisses in einer gegenüber dem Alten Testament veränderten Form von der Sünde die Rede. Christus steht als der Erstling einer neuen Menschheit der vergehenden Welt gegenüber, die gesamthaft als „Sünde" verstanden wird. Auch die im Leib Christi eingepflanzten Gläubigen haben noch Anteil an dieser umfassenden Sündigkeit der vergehenden Welt; sie leben *auch* noch im „alten Äon". Dies ist die maßgebliche Form, in der, alles zusammengefaßt, im Neuen Testament das allgemeinmenschliche Verstricktsein in die Todesmacht „Sünde" begegnet. *Christliche Theologie müßte die Erbsünde deshalb immer dahingehend auslegen, daß unter ihr der Zustand der (noch) nicht im Lichte Jesu Christi stehenden Menschheit zu verstehen ist.*

Das 5. Kapitel des Römerbriefs enthält, wie immer gesehen wurde, die neutestamentliche Hauptstelle, die unter dem Gesichtspunkt der Erbsündenthematik zu untersuchen ist. Scheinbar lehrt Paulus hier die Existenz einer Sünde, die in einer Art „biologischer Kettenreaktion" von Adam an auf alle späteren Menschen gekommen ist. Daß hier aber in Wahrheit durchaus nicht von einer biologischen Erbkrankheit, die auf Adam zurückgehe, die Rede ist, dies kann die genaue Textexegese überzeugend herausarbeiten.

Paulus schreibt Röm 5,12, durch *einen* Menschen - Adam - sei die Sünde (und mit ihr der Tod) in die Welt gekommen. Der Tod sei „zu allen Menschen durchgedrungen" auf der Grundlage dessen (eph ho), daß sie alle gesündigt haben (in gleicher Weise wie Adam).

Paulus weist hier darauf hin, daß alle Menschen immer wieder neu in die Adamssünde fallen. Er ist schlechterdings nicht an der Behauptung einer sich von Generation zu Generation biologisch vererbenden Sünde interessiert. Interessiert ist er vielmehr an der Behauptung der viel größeren Kräftigkeit des Chistusreichs der Gnade gegenüber dem Adamsreich der Sünde. Darum lesen wir Röm 5,15: „Wenn an eines Sünde viele gestorben sind, so ist *viel mehr* Gottes Gnade und Gabe vielen überschwenglich widerfahren durch die Gnade des einen Menschen Jesus Christus."

Die Lehre von einer „Erb"-Sünde im strengen Wortsinn ist auch dem Neuen Testament nicht zu entnehmen[51]. Aber wie steht es mit den Gründen, die in der Kirchengeschichte zur Entwicklung eines Erbsündendogmas geführt haben?

[51] Am ehesten wird man den komplizierten neutestamentlichen Textbefunden und - wechselnden - Terminologien gerecht, wenn man den Unterschied zwischen einem dem irdischen Jesus zugeschriebenen Vergeben *getaner* Sünden und der dem erhöhten Jesus Christus zugeschriebenen Errettung oder Herausführung aus *der* Sünde nicht verwischt. Ersteres bedeutet, daß auch das Neue Testament in der Kontinuität zur Hebräischen Bibel noch von *den* Sünden sprechen möchte auf der Ebene des ethischen Auftrags: vergebt sie euch wechselseitig. Letzteres - der

c) Aus der Geschichte der Lehre von der Erbsünde

Das Neue Testament und die Apostolischen Väter setzten zwar die allgemeine menschliche Verstrickung unter die Macht der Sünde als eine Tatsache voraus, aber sie kannten und boten noch nicht eine spezifische Lehre von der Erbsünde. Eine Erbsünden*lehre* gibt es erst, seitdem es in der Kirchengeschichte üblich wurde, zweierlei Sünde zu unterscheiden, nämlich die, die man selber tut (peccatum actuale), und die, in die man schon hineingeboren wird (peccatum originale). Ein theologischer Bedarf für die genaue Durchführung dieser Unterscheidung entstand durch die allmählich aufkommende *Kindertaufe.* Daß durch die Taufe die Vergebung der Sünden geschenkt wird, stand durch neutestamentliche Texte fraglos fest. Die Taufe neugeborener Kinder aber stellte vor die naheliegende Frage: Welche Schuld hat der Säugling denn auf sich geladen, welche Sünden können oder müssen ihm vergeben werden[52]? Paulus hatte im 6. Kapitel des Römerbriefs von der Taufe geschrieben, sie bewirke gleichsam ein Ertränktwerden des „Sündenmenschen"; sie sei dazu da, daß der „alte Mensch" gekreuzigt wird, und daß der Leib der Sünde aufhört (Röm 6,6). In bezug auf bereits herangewachsene Menschen wurde diese Aussage als klar verständlich empfunden. Viele waren in der Frühkirche bestrebt, ihre Taufe bis zum Lebensende hinauszuschieben. Die Absicht dabei war: Man wollte nicht mehr neue Sünden auf sich laden nach der Taufe.

Als dann aber doch die Kindertaufe üblich wurde, ergab sich nicht allein die Frage, von welchen Sünden ein Säugling denn reinzuwaschen sei, sondern auch das Problem, daß trotz der Abwaschung keineswegs ein anschließendes sündenfreies Leben zu erwarten war.

„Loskauf" aller aus dem Reich der Sünde durch Tod und Auferweckung Jesu Christi – bedeutet, daß das Neue Testament, ohne das Erstere damit aufzuheben, auch von einem generell die ganze Menschheit betreffenden eschatologischen Ereignis sprechen möchte, das einen soteriologischen Einbruch in die Macht der Sünde/des Bösen in der Welt darstellt. Nur dieses Letztere bietet eine theologische Brücke, um vom Neuen Testament her auch von der „Erbsünde" zu sprechen. Aber es fragt sich, ob „Erbsünde" eine glückliche Bezeichnung für jenes finstere Reich und für jene finstere Macht darstellt, in die das Sterben und Auferstehen Jesu Christi eingebrochen sind.

[52] Von der *Taufpraxis* führte also, historisch gesehen, ein Weg zur theologischen Erbsündenlehre. Systematisch reflektierend formuliert dennoch SCHOONENBERG (Theologie d. Sünde, 220f) gerade umgekehrt: „Die alte Kirche schloß auf die Notwendigkeit der Taufe aus der Unheilssituation der Erbsünde . . .". So werden im Traditionsprozeß oft bald die Ergebnisse zu den Beweggründen! S. § 7, Anmk. 9.

Es war unklar geworden, woher die Fähigkeit zu sündigen Taten komme, wenn doch der „alte Adam" durch die Taufe ertränkt wurde. Die sich an dieser Stelle verdichtenden theologischen Schwierigkeiten führten dazu, daß nun genauere theologische Unterscheidungen zwischen der Erbsünde und den Tatsünden ausgearbeitet wurden. Im folgenden erinnere ich an historisch längst Geklärtes und Bekanntes:

Ein Wegbereiter der erst bei Augustin voll entfalteten Unterscheidung zwischen *peccatum originale* und *peccatum actuale* war Tertullian. Er bereits sprach von einem *vitium originis*, das sich durch Infektion von Adam auf alle seine Nachkommen übertrage. Er prägte auch das Bild vom *tradux peccati* (d.i. „Weinranke der Sünde", die sich von Adam an „fortrankt"). Besonders folgenschwer war sein Reden von der *corruptio naturae*, der Verderbnis der menschlichen Natur, die durch das genannte *vitium originis* bewirkt werde. Tertullian war allerdings gerade *kein* Befürworter der Kindertaufe! Er bereitete aber der späteren Unterscheidung von Erbsünde und Tatsünden den Weg durch sein großes Interesse, die Kindertaufe als einen sinnlosen Brauch zu entlarven. Er fragte: Wozu tauft man denn Säuglinge? Ist dies nicht sinnlos, wenn diese jungen Menschen doch noch gar keine echten, eigenen Tatsünden haben? Wozu die Säuglingstaufe, wenn die Neugeborenen doch lediglich mit dem *vitium originis* behaftet sind, das nicht auf ihr eigenes Verschulden zurückgeht? Tertullians Sündenlehre legte alles Gewicht auf die *Tatsünden*. Sie waren für Tertullian die Sünde schlechthin. Von ihnen sollte man darum, Tertullian zufolge, durch die Taufe Befreiung suchen.

Rund 200 Jahre nach Tertullian gab es auch für den britischen Mönch Pelagius, den Zeitgenossen Augustins, im Grunde genommen nur „Tatsünden". Pelagius meinte, jeder trage selber die Schuld für seine Sünden, jeder habe die Freiheit, Sünden zu vermeiden. Weil in der Gegenwart das Wort „Pelagianismus" zur pauschalen Bezeichnung einer Häresie auf meist eher inkorrekte Weise gebraucht wird, soll festgehalten werden, worum es Pelagius und seinen Anhängern seinerzeit ging. Die Pelagianer vertraten folgende drei Anschauungen:

a) Die Sünde Adams kam auf die spätere Menschheit *nicht* durch Vererbung. Wenn Adams Nachfahren sündigen, geschieht dies vielmehr durch *Nachahmung* des schlechten Beispiels Adams und Evas. Unser Sündigen geschieht also *imitatione, non propagatione*! (Zu dieser Anschauung hat dann das Konzil zu Trient im 16. Jahrhundert festgestellt, daß es sich gerade umgekehrt verhalte: Die Erbsünde wird nicht durch Nachahmung, sondern durch die natürliche Zeugung „fortgepflanzt").

b) Die zweite charakteristische Anschauung der Pelagianer ist, weder der Tod noch die Übel in der Welt dürfe man als eine Strafe für unsere Sünden betrachten. Vielmehr gehörten der Tod und die Übel zur natürlichen Einrichtung des Kosmos. Sie seien naturgesetzliche Wirkungen.

c) Die Kindertaufe wurde von den Pelagianern nicht grundsätzlich verworfen. Sie meinten aber, ihr Sinn sei nicht das Abgewaschenwerden von den Sünden. Denn das Entscheidende an jeder Taufe sei das Eingepflanztwerden in den Leib Christi, das Aufgenommenwerden in die Kirche.

In der Auseinandersetzung mit diesen Anschauungen der Pelagianer einerseits und mit den Anschauungen des Manichäismus andererseits hat dann Augustin den Grund zur abendländischen Entwicklung der Lehre von der Erbsünde gelegt. Augustin hatte hierbei erhebliche Schwierigkeiten zu überwinden, die auch mit der von der damaligen Naturwissenschaft strittig beantworteten Frage zusammenhingen, was genau bei der Befruchtung einer Frau durch männlichen Samen geschehe. Wird dadurch, so fragte man, ein vollständiger Mensch erzeugt mit Leib und Seele? Oder wird nur ein neuer menschlicher Leib erzeugt, während die Seele später noch auf besonderen Wegen hinzukommt? Wenn letzteres richtig sein sollte: Wann und durch wen kommt die Seele noch hinzu? Und was bedeutet diese Unklarheit über die Entstehung der Seelen für das Problem der Erbsünde? Oft ist Augustin in der Neuzeit als derjenige bezeichnet worden, durch den die Verteufelung des Sexuellen in die Dogmengeschichte hineingekommen sei. Meistens vergaß man dann aber, Augustins Haltung auf dem Hintergrund der damals unausweichlich gewordenen Debatte über die Entstehung der Seelen zu würdigen. Augustins Lehre von der Erbsünde wird nur im Licht dieser damaligen Debatte hinreichend klar.

Eine der vier im Zeitalter Augustins erwogenen Theorien über die Entstehung der Seelen war die Lehre des *Präexistentianismus*. Wer ihr anhing, meinte, daß es eine vom Leib unabhängige Existenz der Seelen gibt. Die Seelen existieren schon *vor* ihrer Verbindung mit einem menschlichen Leib von Ewigkeit her. Sie haben in der Nähe Gottes ein eigenes Leben, sie sind dort frei und können sogar sündigen. Manche Vertreter des Präexistentianismus meinten, wenn eine Seele in einen menschlichen Leib hineinkommt, sei dies immer die Folge eines vorleiblichen Sündenfalls der Seele, also eine Strafe für vorgeburtliche sittliche Verfehlungen. Dieser auch schon von Platon erwogenen Auffassung entsprach beispielsweise die Anthropologie des Theologen Origenes. Aber auch die Manichäer hingen dieser Theorie von der Entstehung der menschlichen Seelen an.

Wer damals auf dem Boden dieser Theorie stand, mußte zu dem Schluß kommen, eine Lehre von der Erbsünde sei überhaupt sinnlos. Jedenfalls schien es ausgeschlossen, daß das Böse durch die menschlichen Stammeltern Adam und Eva auf dem Vererbungswege an die Nachkommen gelangt. Das Böse hat nach der Theorie des Präexistentianismus seinen Ursprung in überzeitlichen, himmlischen Vorgängen, in einem jenseitigen Sündenfall der Seelen.

Die christliche Kirche hat im Anschluß an Augustin – mit guten Gründen – diesen ganzen Vorstellungskreis abgelehnt. Seither verneint sie, daß eine Seele vor der Geburt schon ein Eigenleben führen und sich in diesem Zusammenhang sogar sittlich verfehlen könnte.

Eine zweite damals verhandelte Theorie von der Entstehung der Seelen war der *Emanatismus*. Er besagt, die Menschenseelen entstünden durch einen Ausfluß aus der Substanz Gottes. Darum seien sie das Göttliche im Menschen. Für Menschen, die ein pantheistisches Lebensgefühl haben, liegt die Annahme dieser Emanationsvorstellung stets nahe. Indessen hat die Alte Kirche auch diese zweite Theorie abgelehnt. Sie hat hiermit – wiederum mit guten Gründen – eine allzu idealistische Sicht des Menschen als des göttlich-freien Wesens unter den Geschöpfen zurückgewiesen.

Eine dritte Theorie trägt die Bezeichnung *Generatianismus* oder *Traduzianismus*. Der Kerngedanke ist hier, daß bei der menschlichen Zeugung zugleich Leib und Seele, also sofort ein beseelter Leib erzeugt wird. Nicht meint man, wie es innerhalb des Emanatismus der Fall wäre, daß die Seelen ein Stück göttlicher Substanz seien und als solche in einen vergänglichen, irdischen Leib hineingelangen. Sondern man ist der Auffassung, die Seelen entstammten der elterlichen Substanz, genauso wie auch die Körper der neuerzeugten Menschen. Das bedeutet aber, daß man den Menschen den Besitz einer vererbbaren „Seelensubstanz" zuzubilligen hat. So wie die heutige Naturwissenschaft um genetische Ketten weiß, die aus Desoxyribonukleinsäure bestehen, so erahnte die damalige Theorie des Generatianismus oder Traduzianismus die Existenz einer Kette, durch die sich die „Seelensubstanz" forterbt. Die Bezeichnung für diese Kette war *tradux*. Ich habe dieses von Tertullian eingeführte Wort, das „Weinranke" bedeutet, bereits erwähnt. Der Generatianismus oder Traduzianismus lehrt, daß beim Akt der Zeugung etwas von der „Seelensubstanz" der Eltern an die Nachkommen abgegeben wird, wodurch sich auch die „Seelensubstanz" der Ureltern weitervererbt, und sich wie eine Weinranke unter allen Nachfahren fortschlängelt. Auf dem Boden dieser Theorie ist eine Erbsündenlehre natürlich sehr wohl denkbar. Wenn man nämlich Grund hat, anzunehmen, die „Seelensubstanz" der Ureltern sei durch irgendein Vorkommnis beschädigt worden, folgt daraus mit naturwissenschaftlicher Notwendigkeit, daß dieser Schaden sich auch auf die Nachkommen überträgt. Diese Theorie mußte damals im Vergleich zu den beiden ersten als die wissenschaftlich fortgeschrittenste erscheinen.

In der Alten Kirche wurde noch eine vierte Theorie diskutiert, der man später den Namen *Kreatianismus* gab. Wer dieser Theorie anhing, war unzufrieden mit der Auskunft des Generatianismus oder Traduzianismus, daß die Eltern fähig seien, im biologischen Vorgang der Zeugung auch die Seelen an ihre Kinder weiterzugeben. Die Kreatianisten meinten, diese Auffassung würde der Bedeutung der menschlichen Seele nicht gerecht. Deshalb vertrat man hier die Meinung, jede einzelne Seele werde von Gott unmittelbar aus dem Nichts geschaffen und dann dem jeweils in einem Mutterleib heranwachsenden neuen Leben hinzugefügt oder eingegossen. Dieser Auffassung zufolge, konnte die Erbsünde jedenfalls nicht der Seele oder dem geistigen Wesen eines neugeborenen Menschen anhaften, sondern allenfalls dessen Leib. Hierdurch gerieten die biologische Körpersubstanz und die körperlich-triebhaften Vorgänge unter das Vorzeichen der Sünde.

Die Theorie des Kreatianismus hat bei ihren Anhängern auch zu einer Diskussion über die Frage geführt, welches der Zeitpunkt sei, zu dem Gott dem heranwachsenden Embryo eine Seele schenkt. Manche setzten diesen Zeitpunkt sehr früh an, so daß er in die Nähe der Zeugung rückte, andere aber viel später. Da die Theorie des Kreatianismus in der Dogmatik der römisch-katholischen Kirche eine

Art Vorzugsstellung erhalten hat, erlangte sie sogar für die ethische Diskussion des Problems der Abtreibung Bedeutung. Theoretisch wäre eine Abtreibung bis zu dem Zeitpunkt ethisch möglich, zu dem von Gott die Seele zugefügt wird. Oder anders: Nur ein noch nicht beseelter Embryo dürfte notfalls abgetrieben werden.

Augustin schwankte zwischen der dritten und der vierten altkirchlichen Theorie über die Entstehung der Seelen. Man wird ihm noch heute darin zustimmen, daß er recht daran tat, sich nicht der Theorie des Präexistentianismus und nicht der Theorie des Emanatismus anzuschließen. Er hat recht daran getan, sich schon in der anthropologischen Grundauffassung von den Manichäern einerseits und den Idealisten und Pantheisten andererseits zu trennen. Er hat sich der in seiner Zeit auch, naturwissenschaftlich gesehen am ehesten einleuchtenden Auffassung von der Entstehung der Seelen angeschlossen. Sein Schwanken zwischen dem Kreatianismus einerseits, der Theorie des Generatianismus oder Traduzianismus andererseits, spricht für seine Vorsicht. Allerdings hatte er damit eine naturwissenschaftlich-anthropologische Grundlage akzeptiert, die eine Lehre von der Erbsünde geradezu notwendig machte. Je nachdem, ob man mehr dem Kreatianismus oder mehr dem Generatianismus bzw. Traduzianismus zuneigte, hatte man in der späteren Kirchengeschichte die Lehre von der Erbsünde dann unterschiedlich akzentuiert. Die reinen Kreatianisten stuften das Verderben der Erbsünde letzten Endes als ein weniger verhängnisvolles Geschehen oder Phänomen ein als es die reinen Anhänger der dritten Theorie taten, weil für die Kreatianisten mit den Seelen immerhin ein unverdorbener Kern in alle Menschen hineinkommt. Für die ganz entschlossenen Generatianisten oder Traduzianisten aber ist der Mensch durch die Erbsünde sogar im Grunde seiner Seele verderbt. Es ist klar, daß ein Theologe wie Luther eher dieser zuletzt erwähnten Theorie anhing, während das Konzil von Trient seine Interessen auf dem Gebiet der theologischen Anthropologie am besten mit der vierten Theorie, dem Kreatianismus, verknüpfen konnte.

Augustin gelangte in der Erbsündenfrage insgesamt zu folgenden Auffassungen: Adam besaß im Paradies zunächst noch die Möglichkeit, das Sündigen zu vermeiden. Nachdem der Sündenfall aber geschah, gibt es für Adam und für alle seine Nachfahren keine Möglichkeit mehr, das Sündigen zu unterlassen. *Post lapsum Adae* – und dies wird genau gegen Pelagius gesagt – gibt es kein *posse non peccare* mehr. *Post lapsum Adae* ist keine Fähigkeit mehr da, nicht zu sündigen. Jetzt *muß* jeder Mensch Tatsünden hervorbringen. Was sich auf uns vom gefallenen Ahnherren Adam her übertragen hat, das ist der Verlust der *iustitia originalis*. Durch die verlorene Urstandsgerechtigkeit gelangen alle Nachfahren Adams unweigerlich in den Ungehorsam gegenüber Gott, sowie in eine sündige Haltung des Stolzes oder Hochmuts (*superbia*) und in Selbstliebe (*amor sui*). Hierzu gesellt sich noch als vierte sündige Eigenschaft die „böse Lust und Begierde“ (*concupiscentia*). Neuerdings wird mit Recht betont, daß mit *concupiscentia* bei Augustin nicht nur die Geschlechtslust gemeint sei, sondern die bösen Begierden der Menschen in einem umfassenden Sinn. Allerdings stand bei Augustin die geschlechtliche Lust mindestens im Vordergrund, wenn er von der *concupiscentia* sprach. Er war davon überzeugt, die sexuelle Begierde ziehe den Menschen mit besonderer Gewalt in die Sünde hinein. Hier geschehe es exemplarisch und mit besonderer Heftigkeit, daß der Mensch schwach wird und nahezu seinen freien Willen verliert.

Augustins Aufstellungen wurden für alle nachfolgenden abendländischen Konzeptionen einer christlichen Hamartiologie grundlegend. Darum finden sich auch im zweiten Artikel der Augsburger Konfession von 1530 die entsprechenden wirkungsgeschichtlichen Spuren: Von der Erbsünde wird gelehrt, *„quod post lapsum Adae omnes homines, secundum naturam propagati, nascantur cum peccato, hoc est, sine metu Dei, sine fiducia erga Deum et cum concupiscentia, quodque hic morbus seu vitium originis vere sit peccatum*". In der Fortsetzung des Textes wird gesagt, daß die Sünde den ewigen Tod bringt, wenn man nicht wiedergeboren wird durch die Taufe und den heiligen Geist. Verworfen werden die Pelagianer und alle, die leugnen, daß das *vitium originis* eine wirkliche Sünde ist.

Einen eigenen Weg ging aber die *Kirche des Ostens*. Für sie hat die Sündenlehre nicht die Bedeutung, die ihr in der abendländischen Theologie zukommt. Zwar sprach man von Anfang an auch im Osten davon, daß durch Adam das Todesschicksal unter die Menschheit kam und unsere sittlichen Kräfte geschwächt wurden. Diese Schwächung hat man aber im östlichen Christentum nicht als ein grundsätzliches *non posse non peccare* verstanden. Folglich konzentriert sich die orthodoxe Gnadenlehre bis zum heutigen Tag nicht so stark wie die abendländische auf die Frage der Vergebung der Sünden. Wichtiger war und ist im Osten: *die Vorstellung von der Gnade als einer Kraft, die uns aus der Vergänglichkeit, aus der Todesverfallenheit, aus der Nichtigkeit der irdischen Existenz rettet.*

Schon bei Augustin deutete sich die künftige unterschiedliche Lehrentwicklung im Westen und im Osten an. Augustin verteidigte sich gegenüber den von „Griechen" erhobenen Vorwurf, er habe mit der Erbsündenlehre eine dogmatische Neuerung eingeführt. In der Schrift „Contra Julianum" führte Augustin aus, das Fehlen einer Erbsündenlehre bei einigen bedeutenden griechischen Vätern rühre lediglich daher, daß diese in einer Kampfsituation standen, in der eine solche Lehre ungünstig oder mißverständlich gewesen wäre. Wenn diese Väter, ähnlich wie manche Pelagianer, die Sünde nur als ein vorwerfbares, persönliches Verschulden des einzelnen Christen dargestellt haben, so hänge dies damit zusammen, daß sie sich ständig gegen ein vom dualistischen Manichäismus geprägtes Verständnis des Menschen (mit seiner angeblich im Kerker des Leibes gefangenen Seele) zur Wehr setzen mußten. Dies allein sei der Grund, warum sie nicht von der Erbsünde sprachen. Dies ändere aber nichts daran, meinte Augustin, daß die richtige christliche Lehrweise den Manichäismus zurückweisen und dennoch in biblisch begründeter Weise von des Menschen Erbsünde sprechen muß.

Im Laufe des Mittelalters lernten die abendländischen Theologen, sich noch präziser zu der schwierigen Frage zu äußern, worin der *spezifische Inhalt* der Erbsünde – im Unterschied zu den Tatsünden – bestehe. Man bemerkte, daß jedenfalls der Hochmut oder die Konkupiszenz nicht als Inhalt der Erbsünde benannt werden dürfen. Denn die Taufe, von der feststand, daß sie die Erbsünde tilgt, hat augenscheinlich nicht die Wirkung, beim getauften Menschen Hochmut und sündige Begierde mit Sicherheit auszuschließen. Aber in welcher Schuld oder falschen Existenzweise ist dann die Erbsünde, die ja von den Tatsünden unterschieden werden soll, wiederzufinden? Folgende Antwort wurde allgemein rezipiert: Die Erbsünde besteht inhaltlich im Fehlen der ursprünglichen Schöpfungsgnade, die den Menschen vor Gott angenehm und heilig macht. Darum wurde von der mittelalterlichen Theologie über Adam und Eva gesagt, sie seien durch ihre gemeinsame Sündentat aus der Urstandsgnade herausgefallen, sie hätten die heiligmachende Urstandsgerechtigkeit verloren. Die Erbsünde wurde somit definiert als ein Mangel, als eine *carentia* in bezug auf die *iustitia originalis* oder, was dasselbe besagt, die übernatürliche Gnade. Und entsprechend wurde die Taufe als ein sakramentales Geschehen verstanden, durch das den Täuflingen die übernatürliche Gnade wieder eingegossen wird.

Im Mittelalter unternahm man es auch, die lebensnahe Frage zu beantworten: Was wird aus Kindern, die ungetauft sterben mußten? Welches Schicksal werden sie in der anderen Welt erleiden angesichts der Tatsache, daß ihnen die heiligmachende übernatürliche Gnade nicht eingegossen werden konnte? Dies war eine die mittelalterlichen Menschen beunruhigende Frage. Und sie wurden von ihren Dogmatikern belehrt, es gebe keine Möglichkeit, daß die genannten Kinder in den Himmel kommen könnten. Doch sei ihr jenseitiges Geschick auch nicht das Schmachten in der Hölle. Dies wäre für diejenigen, die noch keine einzige eigene Tatsünde begangen haben, unangemessen. Also lehrte man, die mit ihrer ungetilgten Erbsünde früh verscheidenden Kinder müßten zwar eine Strafe (*poena*) erdulden, aber eine ganz gelinde: *mitissima omnium poenarum poena*, was schon Augustin in dieser Weise festgelegt hat. Diesen

Kindern werde zwar der Anblick Gottes vorenthalten. Dennoch können sie im Jenseits möglicherweise sogar glücklich sein. Sie kommen alle an einen besonderen Ort *vor* der Hölle, in die „Vorhölle der Kinder", den *limbus infantium.*

Diese Lehre, die so deutliche Züge einer unguten dogmatischen Konsequenzmacherei aufweist, ist ein Indiz dafür, daß das Abendland mit seiner trennenden Unterscheidung zwischen der Erbsünde und den Tatsünden auf einen problematischen Weg geraten ist. Die Definition zweier Arten der Sünde, die Luther später wieder aufzuheben bestrebt war, war von Anfang an ein Fehler. Daß die Erbsündenlehre in der Neuzeit eine so ausnehmend schlechte Presse erhielt, ist nicht einfach als theologisches Unverständnis oder als philosophierende Abkehr vom Christentum zu deuten. Auch wenn die Begründungen, mit denen die Erbsündenlehre abgelehnt wurde, oft fragwürdig waren, hat man doch ganz richtig eine innere Problematik dieses Dogmas erspürt, die schon in der Alten Kirche entstanden war. Im Zusammenhang mit den frühen theologischen Reflexionen über den sündenvergebenden Charakter der Säuglingstaufen ist diese Problematik aufgebrochen.

Nicht dies war und ist bei der traditionellen abendländischen Erbsündenlehre verkehrt, daß sie von einer allgemeinen Verstrickung der Menschheit in die Sünde spricht. Noch dies, daß sie aussagt, das Sündigen setze sich von Generation zu Generation fort. Sondern verkehrt war und ist die dogmatische Technik, die Sünde in zwei und noch mehrere verschiedene Sündenarten zu unterteilen und womöglich jeder Sündenart ein eigenes tilgendes Sakrament zuzuordnen. Falsch hieran war, daß sich die Kirche, statt als die zur Predigt des Evangeliums verpflichtete Gemeinschaft der Heiligen, als eine Art Therapiezentrum verstanden hat, als unumgängliche Heilsanstalt, wo das tödliche Gift der Sünden mit den richtigen Gegengiften behandelt werden kann.

Die tiefe Problematik dieses Selbstverständnisses der Kirche hat im 16. Jahrhundert zur Auslösung der Reformation wesentlich beigetragen. Leider vermochten die Reformatoren es nicht, eine *gemeinsame* neue Fassung der Lehre von der Erbsünde auszuarbeiten. Zwar wußten alle Reformatoren, daß das Verständnis der Sünde und das Verständnis der Gnade zu einer theologischen Erneuerung heranstanden. Auch waren sie sich alle einig in der Betonung dessen, daß der Mensch allein durch Gnade das Heil erlangt. Aber in der Erneuerung der Lehre von der Erbsünde und von den Tatsünden ging jeder Reformator einen eigenen Weg.

Der Zürcher Reformator Huldrych Zwingli wollte den Knoten so lösen, daß er die Bedeutung der Erbsünde erheblich abschwächte. Er meinte, die Erbsünde dürfe zwar als ein Gebrechen, nicht aber zugleich auch als eine Schuld des einzelnen gewertet werden. Sie sei eine Schwäche, ein „Prästen".

Der Luther-Schüler Matthias Flacius (1520–1575) hat hingegen das Gewicht der Erbsünde, das Zwingli unterschätzt zu haben schien, eindeutig theologisch überfrachtet. Er lehrte, Erbsünde sei die Substanz der menschlichen Natur, die alle Menschen so unfähig zum Guten mache, als sei der Mensch ein Holzklotz oder ein Stein (*truncus aut lapis*). Sein theologischer Gegner aber, der Melanchthon-Schüler Victorin Strigel, behauptete demgegenüber, jeder Mensch habe einen Freiheitsspielraum, kraft dessen er sich zum Guten oder zum Bösen entscheiden kann. Strigel lehrte auf jener „semipelagianischen Linie", die in unserem Zusammenhang auch in der katholischen Dogmengeschichte vorherrscht.

Die innere Unausgeglichenheit der reformatorischen Sündenlehren spiegelt sich auch wieder in der weithin akzeptierten Lehrformulierung im 2. Artikel der Confessio Augustana. Hier wurden Aussagen über die Erbsünde nebeneinander gestellt, die nicht auf einer Ebene liegen, sondern sprachlogisch sehr unklar miteinander verbunden sind[53]. Eindeutig auf einer theologischen oder der Glaubenslehre zugehörenden Sprachebene befindet man sich, wenn als der Inhalt der Erbsünde dies angegeben wird, daß der Mensch Gott nicht mehr fürchtet. Aber mit einem Sprung gerät CA II von dieser theologischen Ebene hinüber auf eine philosophisch-ontologische Ebene, indem nämlich des weiteren gesagt wird, die erbsündigen Nachkommen Adams lebten in einer tiefen Verderbnis ihrer Natur. Diese *corruptio* wird wie ein biologischer Mangel dargestellt, kraft dessen es zu menschlichen Fehlleistungen komme. Von dieser Sprachebene springt die Confessio Augustana dann weiter in einen ethischen Zusammenhang hinein, indem gesagt wird, daß die Menschen aufgrund der Erbsünde Gottes Gebote nicht halten. Von der ethischen Ebene spielen die Beschreibungen schließlich auch noch ins Psychologische hinüber, wenn von der bösen Lust und der bösen Neigung der Menschen die Rede ist. Die Tatsache, daß in CA II solchermaßen höchst unterschiedliche Sprachebenen auf unklare Weise zusammengezogen worden sind, zeigt an, daß die dogmatische Neuformulierung der Sündenlehre noch nicht weit genug voran-

[53] Die nachfolgenden Beobachtungen zu CA II finden sich – ausführlicher – bei FREUND, 48f.

gekommen war. Daß es in solcher Lage zu „das" reformatorische Sündenverständnis ablehnenden Lehrformulierungen auf dem Konzil zu Trient kommen mußte, liegt auf der Hand. Doch auch der römisch-katholische Widerspruch auf diesem Konzil enthielt schon in formaler Hinsicht ein Problem. Er setzte fälschlicherweise eine einheitlich reformatorische Lehre von der Erbsünde voraus und widersprach somit einem dogmatischen Gebilde, das weder an den Texten Luthers noch an den Texten Calvins hinreichend verifiziert werden könnte. Hierdurch hat sich schon im 16. Jahrhundert die theologische Gesamtlage im Bereich der Hamartiologie noch zusätzlich kompliziert.

Was nun – auf diesem historischen Hintergrund – weiterhin in bezug auf die Erbsünde (und auf unsere Befreiung von ihr!) gesagt werden kann, und wie dies theologisch gesagt werden sollte, versucht zunächst folgende kleine Parabel zum Ausdruck zu bringen. An sie schließen sechs Thesen an.

d) Parabel

Ein Kind ist aus dem „Vaterhaus" weggelaufen. Nun, diese Geschichte kennt man ... Das Kind will auf eigene Faust die Welt entdecken und ihre schönen Dinge in Gebrauch nehmen. Es gerät in einen großen Wald und verirrt sich. Nun wird die Geschichte immer bekannter ... Der anfängliche Stolz des auf seine Freiheitsreise gegangenen Kindes schlägt um in Befremden, Angst und Reue.

Nach einiger Zeit begegnet ihm ein älterer Bruder. Dieser geht mit sicherem Schritt durch den Wald. Das Kind ist überaus froh, sich ihm anschließen zu können, fürchtete es doch bereits, nie mehr aus dem fremden, dunklen Wald herauszufinden. „Wo sind wir denn hier", fragt das Kind. „Auf dem Grundstück des Vaters", antwortet der Bruder. – „Aber ich bin doch aus unserem Grundstück weggelaufen?" – „Nein, du irrtest immer innerhalb des Grundstückes umher. Es ist viel größer als du dachtest."

Nach diesem kurzen Wortwechsel wird dieselbe Waldecke, die dem Kind soeben noch fremd und dunkel erschienen war, sogleich vertrauter. Ein freundliches Licht dringt durch die Blätter. *Noch im Walde gehend, wird die Erfahrung des Kindes, dieser Wald sei die Fremde, antiquiert.* Obwohl das Kind noch immer dort ist, wo es aufgrund seines Weglaufens war, ist es doch nicht mehr dort, wo es bislang meinte zu sein. Die Zukunft, die es vermauert glaubte, steht ihm wieder offen. Das Kind ist erlöst.

So, wie es diese Parabel tut, müßte die Dogmatik „die Gnade der Sündenvergebung" auslegen! Durch die Gnade Gottes sind wir am gleichen Ort doch am andern Ort. In unserem Geist verändert sich das Koordinatensystem, das wir über die Dinge gelegt haben, so daß uns die Fremde zur Heimat wird und am düsteren Ort der Glanz des heimatlichen Himmels und Lichtes wiederkehrt.

Anstelle unangemessener Deutungen des Vorgangs der Sündenvergebung, in deren Gefolge die Sakramente oft als ein geistliches Purgativum oder Laxans mißverstanden werden, sagt die Parabel: Sündenvergebung ist kein Reinigungsgeschehen, sondern Rückkehr des Gottesbewußtseins in meiner Person und Wiederkehr des Glanzes in meiner Welt. Sie ist Gnade, durch die ich mich selbst an einem anderen, am unvergleichlich besseren Ort wahrnehme.

Die *Erbsünde* aber qualifiziert jede einzelne Sünde als eine Düsternis, deren Ergebnis eine verkehrte Einschätzung der Wirklichkeit sowie der hieraus resultierende Schaden ist.

Nicht allein zu Gott steht beim Sündigen das Bewußtsein nicht richtig. Sondern, weil man sich über Gott und seinen Machtbereich täuscht, kommt es immer auch zu einer Fehleinschätzung und zu einem Fehlverhalten in bezug auf die irdischen Dinge.

e) Sechs die Erbsünde betreffende Thesen

1. Die Erbsünde ist jener Mangel, der die allgemeine Erlösungsbedürftigkeit der Menschheit begründet *und* inhaltlich ausmacht. Das Interesse an einer Lehre von der Erbsünde sollte aber nicht dem Aufweis überall vorhandener menschlicher Gebrechen gelten, sondern dem Hinweis auf den in Geschichtstaten (und insbesondere im Neuen Bund in Jesus Christus) erwiesenen, universalen göttlichen Erlösungswillen!

2. Was die „Erbsünde" genannte Sünde inhaltlich ist, das sollte von der *Christologie* aus gesagt werden: Wenn wir uns die ganze Menschheit ohne Jesus Christus vorstellen, ohne seinen Geist, ohne das, wofür er auf Erden lebte, auch ohne die Möglichkeit für uns selbst, uns in ihm wiederzuerkennen und ihn in uns, dann treffen wir inhaltlich genau das bzw. bleibt genau das übrig, was das Wort „Erbsünde" meint. Denn dann wären die Menschen *nur* noch die Brüder und

Schwestern Adams und Evas und nicht zugleich auch die, die geschwisterlich Christus angehören: welch' düstere Lage!

3. Somit ergibt sich für die *Erkenntnis* der Erbsünde: Erbsünde ist jene über der Menschheit liegende Finsternis, die am adäquatesten wahrgenommen wird, wenn das von Christus her auf die Menschheit strahlende Licht bemerkt und erkannt wird. Sie ist der Schatten, den man im Lichte Jesu Christi am deutlichsten sieht. Sie ist jener „Gottesmangel", jene fehlende Nähe Gottes, auf deren Überwindung sich die Sendung Jesu Christi bezieht.

4. Der Begriff der Erbsünde meint das Sündige an aller Sünde; das, was sich bei jeder neuen Sündentat wiederholt. Das Reden von der Erbsünde meint also, daß alles Sündigen nur Spielart *einer* Grundsünde ist. Die Erbsünde und die Tatsünden sind darum nicht zu trennen, allenfalls zu unterscheiden; sie bilden eine unauflösliche Einheit. Von der Erbsünde ist so zu reden, daß nicht auf eine Unzuständigkeit des einzelnen Menschen für seine schuldhaften Verfehlungen geschlossen werden kann. Von den einzelnen Tatsünden der Menschen ist so zu reden, daß ihr Ursprung in einer allgemeinmenschlichen Gottesblindheit oder Gottesferne nicht ausgeklammert oder übersehen wird.

5. Erbsünde ist jener Sog, der in allen Menschen das Bedürfnis auslöst, die Gott allein zukommende Tat, Geschöpfe zu rechtfertigen, selber zu vollbringen. Erbsünde vollzieht sich daher im Elementaren als (negativ folgenreicher) Rechtfertigungsspruch – oder Rechtfertigungsentzug! – nicht nur aus eigener menschlicher Kraft, sondern auch nach beschränktem menschlichen Maß. (Das neutestamentliche Evangelium ist, auf die Erbsünde bezogen, die Botschaft, die mir Gott als das Subjekt meiner Rechtfertigung wiederschenkt und mir zugleich die Selbstrechtfertigung als Ursache verdorbener Lebensbezüge aufdeckt. Beim einzelnen Menschen ist die zureichende „Gegenkraft" gegen die Erbsünde nicht etwa die kirchliche Taufhandlung, sondern: der Glaube. Die Erbsünde selbst aber ist letztlich: Unglaube.)

6. Die Bedeutung der Sakramente ist im Hinblick auf das Problem der Erbsünde zu überdenken. Das kirchliche Bewußtsein von der sündenvergebenden Kraft der Sakramente steckt in einer Krise. Dies ist nicht verwunderlich, blickt man auf die lange Geschichte zurück, in der Sakramente als ein Pharmakon gegen die Sünde (bzw. ihre Folgen) mißverstanden wurden. Sakramente wie Taufe und Abendmahl waschen aber die Sünden nicht einfach ab. Sondern sie eröffnen Gottes Nähe, sie verbinden uns neu mit Gott. Hierdurch aber unter-

brechen sie zugleich sozial-destruktiv gewordene Verhältnisse; sie qualifizieren die bestehenden Beziehungen zur Umwelt neu.

§ 10 Gibt es eine kollektive Schuld – und eine kollektive Vergebung?

G. BESIER/G. SAUTER, Wie Christen ihre Schuld bekennen. Die Stuttgarter Erklärung 1945, Göttingen 1985. – G. BESIER, „Durch uns ist unendliches Leid über viele Völker und Länder gebracht worden". Schulderkenntnis und Schuldbekenntnis in der Geschichte unseres Jahrhunderts, in: Glaube und Lernen 1 (1986), 120–129. – D. BONHOEFFER, Sanctorum Communio. Eine dogmatische Untersuchung zur Soziologie der Kirche (1930), jetzt: DBW Bd. 1, hg. v. J. v. SOOSTEN, München 1986. – Das Darmstädter Wort (1947), in: H. J. IWAND, Briefe, Vorträge, Predigtmeditationen. Eine Auswahl, hg. v. P.-P. SÄNGER, Berlin 1979, 282f. – M. GRESCHAT (Hg.), Die Schuld der Kirche. Dokumente und Reflexionen zur Stuttgarter Schulderklärung vom 18./19. Oktober 1945 (Studienbücher z. kirchl. Zeitgeschichte 4), München 1982. – DERS. (Hg.), Im Zeichen der Schuld. 40 Jahre Stuttgarter Schuldbekenntnis. Eine Dokumentation, Neukirchen 1985. – B. HARENBERG (Hg.), Die Chronik Berlins, Dortmund 1986. – M. HONECKER, Geschichtliche Schuld und kirchliches Bekenntnis. Die sogenannte Stuttgarter Schulderklärung, in: ThZ 46 (1986), 132–157. – K. JASPERS, Die Schuldfrage, Heidelberg 1946. – F. KÖNIG, Kollektivschuld und Erbschuld, in: ZKTh 72 (1950), 40–65. – W. KORFF, Schuld und Sünde in der Schulderfahrung des einzelnen und im Schuldigwerden der Gesellschaft. In: DERS., Norm und Sittlichkeit. Untersuchungen zur Logik der normativen Vernunft (TTS 1), Mainz 1973, 169–178. – W. KRUSCHE, Schuld und Vergebung – der Grund christlichen Freidenshandelns. In: Gottes Friede den Völkern. Dokumentation, Berlin 1984, 76–101. – H. G. LINK, Ein neuer Anfang. Die Stuttgarter Erklärung in ökumenischer Sicht, in: ÖR 35 (1986), 40–53. – W. NEIDHARDT, Fragen zu Dorothee Sölles politischer Interpretation der Sündenlehre, in: ThPr 6 (1971), 251–253. – M. NIEMÖLLER, Das Stuttgarter Schuldbekenntnis – eine Frage an uns Christen heute, in: JK 32 (1978), 449–456. – K. RAHNER, Wenn sich ein Deutscher über die Vergangenheit seines Volkes schämt. Gibt es eine Kollektivschuld? In: Entschluß 37 (1982), 23–26. – G. SEEBASS, Die Stuttgarter Schulderklärung von 1945. Entstehung und Bedeutung, in: epd-Dokumentation 46 (1985), 1–12. – D. SÖLLE, Sünde – zur politischen Interpretation eines theologischen Begriffs, in: ThPr 6 (1971), 246–250. – K. G. STECK, Schuld und Schuldbekenntnis. Ein kritischer Bericht, in: EvTh 6 (1946/47), 368–383. – Die Stuttgarter Schulderklärung (Wiederabdruck des Originals), in: Glaube und Lernen 1 (1986), 130. – H. THIELICKE und H. DIEM, Die Schuld der Anderen. Ein Briefwechsel .., Göttingen 1948. – P. TILLICH, Systematische Theologie Bd. 2, Stuttgart 1958. – R. v. WEIZSÄCKER, Ansprache in der Gedenkfeier von Bundestag und Bundesrat am 8. Mai 1985, dokumentiert in: JK 5 (1985), 274–279.

a) Zum Problem einer Schuld des Volkes

Wir wissen aus der Kirchengeschichte: Vor dem 20. Jahrhundert waren christliche Schuldbekenntnisse gewöhnlich die Konfessionen *einzelner*. Korporative Schuldbekenntnisse und die Annahme einer kollektiven Verschuldung waren seltene Ausnahmen. Aber begegnet nicht beides dennoch bereits im Alten Testament? Israel wußte doch immer wieder um eine Verschuldung des ganzen Volkes. Zwar stand und steht es unter einzigartigen Bedingungen. Auch lassen sich bei ihm die volklich-staatliche und die religiöse Gemeinschaft kaum unterscheiden. Aber im Blick auf die christlichen Völker muß man ja fragen, ob in bestimmten Situationen nicht wenigstens die Zugehörigkeit zur *Kirche* ein gemeinsames Schuldbekenntnis erfordert und ermöglicht. Oder muß man doch noch weitergehen und auch z.B. *Nationen*, die sich als völkische Schicksalsgemeinschaft begreifen, gegebenenfalls kollektiv auf Schuld (und auch auf Vergebung) hin ansprechen? Wir untersuchen dies zunächst an einem alttestamentlichen Textabschnitt aus den Klageliedern (Thr 5,1 ff):

> „Gedenke, Herr, was uns geschehen,
> Schau her und sieh unsere Schmach!
> An Ausländer fiel unser Erbe,
> unsere Häuser kamen an Fremde.
> Wir wurden Waisen, Kinder ohne Vater,
> unsere Mütter wurden Witwen ...
> Nach Ägypten streckten wir die Hand,
> nach Assur, um uns mit Brot zu sättigen.
> Unsere Väter haben gesündigt,
> sie sind nicht mehr;
> Wir müssen ihre Schuld tragen. Sklaven herrschen über uns ...
> Frauen hat man in Zion geschändet ...
> Unsere Fürsten wurden durch fremde Hand gehenkt ..
> Wehe uns,
> daß wir gesündigt haben!
> ... Führe uns doch zu dir zurück, Herr,
> daß wir wieder heimkommen; erneuere unsere Tage wie von alters!"

Kaum ein anderer alttestamentlicher Text konnte nach dem Ende des 2. Weltkriegs so unmittelbar als eine Parallele zur damaligen Situation der Deutschen empfunden werden. Die evangelische Kirche hat am 18. und 19. Oktober 1945 die bekannte *Stuttgarter Schulderklärung* formuliert, in der prominente kirchenleitende Persönlichkeiten, die sich nicht nur in einer „Gemeinschaft der Leiden", sondern auch in der „Solidarität der Schuld" mit allen Deutschen wußten, stellvertretend für alle Deutschen bekannten: „Durch uns ist unendliches Leid über viele Völker und Länder gebracht worden." Am 8. August 1947 hieß es im „Darmstädter Wort" des Bruderrates der Evangelischen Kirche in Deutschland „zum politischen Weg unseres Volkes": Wir müssen uns „freisprechen lassen von unserer gesamten Schuld, von der Schuld der Väter wie von unserer eigenen"; wir müssen uns „durch Jesus Christus, den guten Hirten, heimrufen lassen auch von allen falschen und bösen Wegen, auf welchen wir als Deutsche in unserem politischen Wollen und Handeln in die Irre gegangen sind".

Diese Erklärungen wurden in der Bevölkerung teils dankbar begrüßt, teils sofort heftig befehdet. Strittig waren nicht nur die Inhalte, wie hier im einzelnen die Schuld der Deutschen und besonders der evangelischen Kirchenmitglieder gesehen und benannt worden war, sondern strittig war auch die Form der kollektiven Einbeziehung aller in das Eingeständnis der Schuld. Aus der Bevölkerung heraus wurde zudem vielfach der Wunsch geäußert, daß auch die Schuld der Siegermächte gegenüber Deutschen Erwähnung finden sollte.

Wollten die genannten kirchlichen Erklärungen wirklich eine Kollektivschuld der Deutschen feststellen?

Das Problem einer auf dem ganzen deutschen Volk lastenden Schuld war verständlicherweise im Sommer 1945 ein wichtiges Thema in vielen deutschen Gottesdiensten. Im Zusammenhang einer Gemeindepredigt stellte damals z.B. der um die Bekennende Kirche sich verdient gemacht habende Lutheraner Hans Asmussen fest: „Schuldig ist der deutsche Bürger ..., der um seiner Ruhe willen das Recht geopfert hat". „Das Schwert und die Not kommt nicht über uns ohne Grund. Der deutsche Untertan muß sich schuldig sprechen."[54]

Einer internationalen Delegation ökumenischer Kirchenvertreter, die im Oktober 1945 nach Stuttgart gekommen war, um wieder Kontakt mit evangelischen Christen zu knüpfen und die Möglichkeit materieller Hilfeleistung zu sondieren, war das Ereignis einzelner solcher Bußpredigten in Deutschland bereits bekannt. Innerhalb der Delegation gab es die Meinung, daß ein offizielles Schuldeingeständnis deutscher Kirchenführer die Wiederherstellung der Beziehungen und Unterstützungsleistungen aus dem Ausland erleichtern würde.

Andererseits erkannte man auch, daß ein solches Schuldeingeständnis unter ungleichmäßig freien Partnern seine Schwierigkeiten hatte. (Ein Bischof in England äußerte kurze Zeit, nachdem die Stuttgarter Erklärung erfolgt war, die Meinung, nach dem deutschen Schuldbekenntnis müßte jetzt auch ein entsprechendes Bekenntnis aus dem Kreis der Alliierten erfolgen. Diese Äußerung kam dem anglikanischen Bischof im eigenen Land teuer zu stehen)

Eine weitere Schwierigkeit der Stuttgarter wie der Darmstädter Erklärung war: Ihre Sätze hatten teilweise die Form einer *Beichte*, was zu der kritischen Rückfrage führen mußte: Soll eine Beichte so öffentlich, soll ein Schuldeingeständnis vor Gott so spektakulär und alle Mitchristen, ja, alle Mitbürger einschließend geschehen? Müßte

[54] Zitiert bei Besier, in: Besier/Sauter, 17.

solches Eingeständnis eigener Schuld nicht *jedem einzelnen* überlassen bleiben? Konnte nicht die damalige Beichte deutscher Kirchenrepräsentanten von ausländischen Staatsführern, die den geistlichen Hintergrund und den Gesamtzusammenhang z.B. der Stuttgarter Erklärung weder verstanden noch achteten, mißverstanden und politisch mißbraucht werden? Der erwähnte Hans Asmussen, der am 19. Oktober 1945 vor der Ökumenischen Delegation die Stuttgarter Erklärung vorlas, hegte entsprechende Befürchtungen. Darum erläuterte er nach der Verlesung des Textes, nur weil die deutschen Kirchenmänner die zur Sprache gekommene Schuld zuvor schon vor Gott bekannt hätten, seien sie jetzt auch in der Lage, das vor Gott Gesagte vor den ausländischen Besuchern zu wiederholen. Er fügte hinzu: „Tun Sie das Ihrige, daß diese Erklärung nicht politisch mißbraucht wird, sondern zu dem dient, was wir gemeinsam wollen“[55].

Die Stuttgarter Schulderklärung hatte schließlich noch mit der dritten Schwierigkeit zu kämpfen, daß ihre Urheber – bei den damals eingeschränkten Reisemöglichkeiten und der noch nicht vollendeten Reorganisation des evangelischen Kirchenwesens – eher zufällig für alle Evangelischen und gewiß eigenmächtig für das deutsche Volk sprachen. Asmussen meinte, er habe den „Brüdern aus der Ökumene“ heute sagen können: „Ich habe an euch gesündigt als Glied meines Volkes“, weil er – Asmussen – in Stuttgart das priesterliche Amt als ein Glied am Leibe Christi habe ausüben müssen. Asmussen fühlte sich als ein durchs eigene Gewissen und durch seine Ordination berufener *Mittler*, der einerseits auch die Schuld anderer auf sich nehmen muß, und der andererseits auch solchen schuldigen Deutschen, die in diesem Augenblick nicht zu einer eigenen Schulderklärung fähig waren, Entlastung und Verzeihung erwirken kann und soll. Nur der *priesterliche Charakter* seines Schuldeingeständnisses ermöglichte es Asmussen also, für das ganze Volk einzustehen.

Ob Asmussen auf diese Weise die Form und den Inhalt dessen, was in Stuttgart objektiv geschah, ob er ferner die Form und den Inhalt des von Hans Iwand vorformulierten (und von Asmussen selbst abgelehnten) Darmstädter Worts theologisch adäquat eingestuft hat, mag offenbleiben. Doch zeigen unsere Hinweise auf das Hintergrundsgeschehen von 1945, daß man nicht davon sprechen kann, damals hätten kirchenleitende deutsche Persönlichkeiten sich das Recht angemaßt, in Übereinstimmung mit einer gewissen ausländischen Pauschalverurteilung der deutschen Nation eine Kollektivschuld aller

[55] Zitiert bei Besier, aaO, 32.

Deutschen zu konstatieren. Und das ist gut so, denn das Behaupten einer Kollektivschuld ist immer fragwürdig. Dieser Begriff ist zu vermeiden[56]. Er ist aus theologischen, aber auch aus philosophischen und ethischen Gründen abzulehnen.

„Schuld oder Unschuld eines ganzen Volkes gibt es nicht. Schuld ist, wie Unschuld, nicht kollektiv, sondern persönlich. Es gibt entdeckte und verborgen gebliebene Schuld von Menschen. Es gibt Schuld, die sich Menschen eingestanden oder abgeleugnet haben. Jeder, der die Zeit [des sog. Dritten Reiches] mit vollem Bewußtsein erlebt hat, fragt sich heute im Stillen selbst nach seiner Verstrikkung."[57]

---

[56] Vgl. die Ausführungen bei Tillich, 67 f, denen ich zustimme: „Die Ereignisse der jüngsten Vergangenheit – vor allem die politischen – haben die Frage nach einer Kollektivschuld auftauchen lassen." Zwar ist das hier aufgebrochene Problem einer Stigmatisierung auch der Nachkommen und der Sippen usw. von Schuldigen „nicht völlig neu". Aber heute vermag und soll man – und das ist weiterführend! – den fundamentalen Unterschied beachten zwischen einer Person und einer Gruppe: Letztere ist kein zentriertes Individuum, sondern eine „Machtstruktur". „Eine soziale Gruppe als solche ist nicht entfremdet und als solche nicht versöhnt. Es gibt keine Kollektivschuld." Es sind nicht sämtliche „Einwohner einer Stadt ... schuldig an den Verbrechen, die in ihrer Stadt begangen werden". Sie sind lediglich in dem Sinn schuldig, „daß sie teilhaben an dem Schicksal der Menschheit als Ganzer" – zu dem *jeder* durch seine „Handlungen" mit beiträgt. „Sie sind schuldig nicht an den Verbrechen, die innerhalb ihrer Gemeinschaft begangen wurden; sie sind schuldig, weil sie zu dem Schicksal beigetragen haben, in dem sich diese Verbrechen ereignen konnten. In diesem indirekten Sinne sind sogar in einem Volke die Opfer der Tyrannei mit schuldig an der Tyrannei." Und es ist für das Schicksal einzelner oder einzelner Völker schließlich „negativ und positiv die Menschheit als Ganze mitverantwortlich". „Wenn solche Gedankengänge Allgemeingut würden, dann würden sie siegreiche Nationen davon abhalten, ihren Sieg im Namen einer proklamierten Kollektivschuld der besiegten Nation auszubeuten."

[57] Ansprache von Bundespräsident R. von Weizsäcker in der Gedenkfeier von Bundestag und Bundesrat am 8. Mai 1985, dokumentiert in: JK 5/1985 (274–279), 275. – Ebenfalls mit großer Autorität hatte schon Jaspers im Jahre 1946 ausgeführt: „Kollektivschuld ... gibt es zwar notwendig als politische Haftung der Staatsangehörigen, nicht aber darum im gleichen Sinne als moralische und metaphysische und nicht als kriminelle Schuld. Die politische Haftung zu übernehmen, ist zwar hart in ihren furchtbaren Folgen auch für jeden einzelnen ... Aber diese Haftung als solche trifft nicht die Seele" (56). Mit Recht unterschied J. grundsätzlich zwischen der unausweichlichen Haftung aller Angehörigen einer Nation für Verbrechen, die im Namen derselben ausgeübt wurden, und der Frage der moralischen und geistigen Mitverantwortung. Die moralische Schuld liege „immer nur im einzelnen Menschen" (70). Unter „metaphysischer Schuld" verstand J. den „Mangel an der absoluten Solidarität mit dem Menschen als Menschen" (64). J. wies damals auch mit sensibler Geduld darauf hin, daß die Deutschen sich nicht über das Nürnberger Gericht der Siegermächte, das weithin als nationale Schmach abgelehnt wurde, beklagen dürften. Nicht die Einsetzung des fremden Gerichts zur Aburteilung nationalsozialistischer Verbrecher sei zu beklagen, sondern der Weg, der zu ihm hinführte (50ff). Zur Frage der Kollektivschuld gab J. noch zwei grundsätzliche Hinweise. Einmal, „das wahre Kollektiv"

Eine allgemeine Volksschuld kann gerade nicht politisch oder juristisch, sondern allenfalls in der Sprache des Glaubens innerhalb der Kirche artikuliert werden und zwar so, daß Kirchenmitglieder, die in der Öffentlichkeit unbelastet dastehen, sich selbst zugunsten der offiziell schwer belasteten Mitmenschen *aus freien Stücken* mit unter die Anklage und unter die Strafe für die aus dem Volk heraus geschehene Schuld stellen. Solcher „Solidarität der Schuld" mag man einen priesterlichen Dienst nennen oder ihr auch einen anderen Namen geben. Jedenfalls eignet ihr eine befreiende Kraft, sie trägt wirklich bei zur Tilgung von Schuld, zum Wiederaufblühen menschlicher Beziehungen, zur Wiederkehr des Glanzes. Allein diese Solidarität berechtigt theologisch dazu, nicht nur von individueller, persönlicher Schuld sondern von – durch freiwillige Interzession – allgemein *gewordener* Schuld zu sprechen. Freiwillige Interzession als priesterlicher Dienst ist eine (keineswegs an die Ordination gebundene!) vornehme Möglichkeit für Glieder einer christlichen Kirche, ihren Glauben zu bekennen und Solidarität zu üben. Ein solcher Vorgang bedeutet nicht nur Nachfolge Christi, sondern er entspricht, wie Jes 53,4 als bekannteste Stelle bezeugt, auch zutiefst der Frömmigkeit des alttestamentlichen Israel.

Hingegen kennt auch das Alte Testament den Gedanken einer möglichen „Kollektivschuld" Israels nicht. Auf den ersten Blick scheint zwar ein alttestamentlicher Text wie die eingangs zitierten Worte aus Threni 5 doch in die Richtung der Feststellung einer kollektiven Verschuldung zu weisen. Aber hier kommt es auf eine wirklich genaue Exegese an und auf die Berücksichtigung der Tatsache, daß das Alte Testament zwar mehr oder weniger das ganze Volk erfassende *Auswirkungen* von Schuld kennt, nicht aber eine kollektive Schuldbezichtigung, die auch Unschuldige in den Schuldvorwurf mit einbegriffe. Genau betrachtet, hat der aus Threni 5 zitierte Text auch gar nicht die Form eines Schuldbekenntnisses, sondern die Form einer *Klage*. Vor Gott gebracht wird das Elend, das das Volk um der Schuld der Väter willen erleiden muß. Ausgesprochen wird: Gott, du läßt uns die Folgen früherer Sünde tragen! Wie lange noch? Der Betende und Fragende artikuliert die Hoffnung, daß Gott es wieder so gut, wie es früher war, werden läßt.

---

sei die „Zusammengehörigkeit aller Menschen vor Gott" (67). Zweitens, es dürfe nicht übersehen werden, daß die Menschen kollektiv *fühlen* (und deshalb in der Regel auch kollektiv verurteilen). Es seien nicht die schlechtesten Deutschen, die sich jetzt auf eine „rational sogar zu widerlegende Weise mitverantwortlich fühle(n) für das, was Deutsche tun und getan haben" (72).

Die aktuelle Notwendigkeit, als ganzes Volk eine innere und äußere *Umkehr* zu vollziehen, ist in dem Text aus den alttestamentlichen Klageliedern nicht im Blick. Eher richtet sich die Hoffnung auf eine Umkehr Gottes, der es jetzt mit der Strafe für das ganze Volk genug sein lassen könnte. Selbst die Aussage Threni 5,16 „Wehe uns, daß wir gesündigt haben!" ist weder ein Geständnis noch ein Bekenntnis, sondern eine Klage darüber, daß die Auswirkungen der im Volk begangenen Sünden bzw. die Strafen Gottes so hart und langwierig sind.

Dietrich Bonhoeffer hat in seiner *vor* dem sog. Dritten Reich entstandenen Dissertation „Sanctorum Communio. Eine dogmatische Untersuchung zur Soziologie der Kirche" (1930) hinsichtlich der Frage möglicher Kollektivschuld noch unbefangener geurteilt, als wir dies tun müssen. Er hat damals auch ein etwas zu pauschales, dogmatisches Bild vom alttestamentlichen Volk Israel und seinen Propheten gezeichnet. Immer wieder hätten die Propheten gefordert: „Das Volk soll Buße tun als Volk Gottes. Nicht die Einzelnen hatten sich versündigt, sondern das Volk. So muß auch das Volk getröstet werden (Jes 40,1)". Indem Bonhoeffer die soziologische Theorie entfaltet, daß es, außer menschlichen Einzelpersonen, auch die ‚greater personality' ganzer Völker und Institutionen, der sog. Kollektivpersonen gebe, kann er die These aufstellen: „Es gibt nicht nur eine Schuld der einzelnen Deutschen, der einzelnen Christen, sondern es gibt eine Schuld Deutschlands und eine Schuld der Kirche. Hier schafft nicht Abhilfe die Bußfertigkeit und Rechtfertigung der Einzelnen, sondern Deutschland und die Kirche müssen Buße tun und Rechtfertigung erfahren." Dies sei eine Analogie zur Situation des alttestamentlichen Israel, weil hier wie dort nicht nur der einzelne, sondern auch das Volk (die Gemeinschaft als ganze) Gottes Partner ist, „vor Gottes Auge" steht. Die Gemeinschaft ist gewollt und geschaffen von Gott und muß daher auch Buße suchen – meint Bonhoeffer, der hier, ungebrochener als wir es heute tun könnten, von göttlich vorgegebenen Schöpfungsordnungen bzw. Gemeinschaftsordnungen her argumentiert. Bonhoeffer nähert sich dann in diesem Zusammenhang dem Gedanken eines *stellvertretenden Priestertums* an, indem er folgenden Gedanken äußert: „Es ist klar", daß Buße/Umkehr konkret durch *einzelne* Menschen vollzogen werden muß; „und doch sind es nicht die Einzelnen, sondern die Gesamtheit, die in den Einzelnen hört, Buße tut und glaubt. Das Aktzentrum liegt in der Gesamtheit. So ist die Gesamtschuld einer Gemeinschaft etwas anderes als Schuld als soziale Erscheinung in der Gemeinschaft. Soll das ‚Volk' büßen, so kommt es nicht darauf an, wieviel es sind, die da büßen, und es wird in Wirklichkeit nie das ganze Volk, die ganze Kirche sein, aber Gott kann es so ansehen, ‚als ob' das ganze Volk gebüßt hätte."[58]

Bonhoeffer hat mit der Denkfigur von der Kollektivperson, die er auch auf jedes Volk, jede Nation anwandte, doch den Unterschied zwischen Israel und anderen Völkern verwischt. Daß er die Rechtfertigung des Sünders auch auf die Kollektivperson bezieht, ist ebenfalls problematisch. Aber man versteht Bonhoeffer richtig, geht man davon aus, daß eine derartige theologische Lehre von der Gesamtschuld eines Volkes jedenfalls nicht dazu geeignet ist, aus ihrem geistlichen Begründungszusammenhang herausgelöst zu werden, um etwa im Sinne einer völkerrechtlichen Vindizierung kollektiver nationaler Schuld eingesetzt zu werden. Es

---

[58] Bonhoeffer, 74f.

kommt bei Bonhoeffer im übrigen völlig zu Recht dies in den Blick, daß sich christliche Gemeinden/Kirchen stellvertretend mit der Schuld aus dem ganzen Volk/aus den ganzen Völkern belastet wissen sollen.

„Wir haben gesündigt" ist im alttestamentlichen Israel in der Tat korporativ gemeint in der Weise, daß entweder Sünden der Vorfahren und ähnliche eigene Sünden miteinander verschmelzen; oder auch so, daß den Verfehlungen der Väter ein lastendes Gewicht zuerkannt wird, an dem die Nachkommen noch eine Zeit lang zu tragen haben. Aber eben nur eine Zeit lang! *Diese Glaubensgewißheit ist der eigentliche Hintergrund des zitierte Klageliedes.* Israel glaubte und wußte: Gott sucht die Sünden der Väter an Kindern und Kindeskindern heim bis zur 3. und 4. Generation. Aber diese Terminierung ist gesetzt! Überdies steht für dieses alttestamentliche Israel fest, daß Gottes Gnadenhandeln quantitativ bei weitem sein Strafhandeln überwiegt: Als Lohn für eine fromme, gute Lebensführung gewährt Gott Segen, der sich noch für die 1000. Generation auswirken wird (vgl. Ex 20,5; Ex 34,7; Num 14,18; Dt 5,9). Aus diesem großen Überhang der göttlichen Barmherzigkeit über Gottes Zorn *lebt* Israel, schöpft Israel Zukunftshoffnung.

Eine ganz andere Art korporativer bzw. kollektiver Schuldhaftung haben jüdische Menschen – unfreiwillig – in der Diaspora erfahren. In Berlin z.B. wurde ihnen unter dem aufgeklärten Friedrich dem Großen im Jahre 1786 das von der jüdischen Gemeinde zu zahlende „Schutzgeld" drastisch erhöht, verbunden mit der Auflage, es müsse die jüdische Gemeinde auch für alle Verstöße ihrer Mitglieder haften – „gleichgültig, ob es sich dabei um einen Diebstahl handelt oder einen unverschuldeten Bankrott". Es wurde der jüdischen Gemeinde klargemacht, sie sei jeweils in ihrer Gesamtheit um eines „Ungerechten" willen bedroht[59].

Daß gerade viele Deutsche es nach 1945 beschwerlich und unerlaubt fanden, dieser juristischen „Denkfigur" entsprechend behandelt zu werden, ist zwar nicht unverständlich. Unverständlich ist aber auch nicht, daß ein Denken auf uns zurückfiel, das nicht einmal erst aus faschistischer Ideologie aufgestiegen, sondern viel weiter zurück in *unseren Traditionen* beheimatet war. Diesem Denken eignet allerdings keinerlei biblische Dignität – im Gegenteil!

Es gibt, wie gesagt, keine alttestamentliche Vorstellung von der gelegentlichen Existenz einer Kollektivschuld, durch die alle Volksgenossen für geschehenes Unrecht gleichermaßen verantwortlich gemacht würden. Freilich kann die von wenigen oder vielen einzelnen Volksgenossen begangene Schuld in ihren Strafauswirkungen alle, also das Volksganze treffen. Aber wenn es irgendwie „angeht", werden doch einzelne oder mehrere oder alle von diesem Verderben ausgenommen. Nach Gen 18,16ff hat Gott Abrahams Fürbitte für

---

[59] Nach Harenberg, 135.

Sodom („willst du denn den Gerechten mit dem Gottlosen umbringen") nicht nur in Langmut ertragen oder mit Freude gehört, sondern sich bereit erklärt, die ganze Stadt zu verschonen, wenn auch nur ein Bruchteil der Einwohner für gerecht befunden werde. Das theologische Interesse Israels richtet sich selbst dort, wo von einer z.B. von den Vätern auf die Söhne übergreifenden Schuld*belastung* (Tragenmüssen der Konsequenz) die Rede ist, auf die *Begrenzung* und *Beendigung* dieses Zustands. Dementsprechend verhalten sich die Anverwandten und Nachfahren von Schuldigen, die u.U. zwar tragen müssen, was auf sie kommt, diesen Zustand dann aber nicht zur Selbstanklage oder Selbstbezichtigung, sondern zur Klage gegenüber Gott werden lassen. Der verständliche und berechtigte Wunsch dabei ist, als Gemeinschaft baldmöglichst in den Segen zurückzukehren und als einzelner baldmöglichst loszukommen von der Last, die von fremder oder eigener Schuld herrührt.

Wenn der Hebräer vom *awon* spricht, der getragen werden muß, dann haben wir *awon* manchmal mit „Sünde", manchmal auch mit „Strafe" zu übersetzen. Öfters begegnet im Alten Testament die Vorstellung: Wer einen *awon* tut, den trifft auch sein eigener *awon*. Seine Sünde ist zugleich seine Strafe.(Vgl. Weish 11,16: „Womit jemand sündigt, damit wird er auch geplagt"). Gen 4,13 sagt Kain, nachdem Gott ihn verfluchte und unstet und flüchtig werden ließ: Mein *awon* ist größer, als daß ich ihn tragen könnte.

Der *awon* ist also eine *Verfehlung mit lastendem Gewicht*. In Israel war nicht der Eindruck vorherrschend, dem, der sündigt, laste etwas von außen her moralisch Vorwerfbares an, sondern er sei mit dem Gewicht seiner eigenen Tat belastet. Überhaupt wurde Schuld im Vergleich zu heutigem Empfinden viel weniger als eine moralische Kategorie gewertet. Sie erschien vielmehr als ein – bei Kenntnis der Tora vor allem unweiser – Eingriff in Gottes Weltordnung, der geradezu automatisch eine entsprechende „Zorneswirkung" auslöst.

Trotz unseres erheblichen geschichtlichen Abstandes von diesem alttestamentlichen Denkmuster gewann ein derartiges Reden von der Sünde nach 1945 in manchen Aspekten eine große neuerliche Attraktivität. Dieses Reden scheint klarer und ethisch eingängiger zu sein als das von langen und komplizierten dogmengeschichtlichen Prozessen geformte christliche Reden.

Doch enthält die verbreitete heutige Vermutung einer neuen Aktualität alttestamentlicher Formen der Schulderkenntnis und -bewältigung auch die Gefahr einer Selbsttäuschung in sich, der heute manche Theologen tatsächlich erliegen. Der Differenzpunkt ist folgender: Die „vom Christentum herkommenden Nationen" haben nicht wie das alte, von Gott auserwählte Volk Israel eine Daseinsform, in der die religiöse Kultusgemeinde und die politische Gemeinde *eins* sind. Auch leben die von der Rationalität und Moralität der neuzeitlichen Aufklärung und Säkularisierung herkommenden Nationen keineswegs im Bewußtsein der Gottes-Bindung durch die Tora. Heutige *weltlich-politische Interpretationen von Schuld- und Vergebungszusammenhängen* gehen von völlig anderen Voraussetzungen aus, als sie im Alten Testament herrschten. Es dürfte sich daher bei etwaigen „Strukturparallelen" eher um Scheinverwandtschaften handeln, bei deren Wahrnehmung z.B. die Bedeutung von Aufklärung und Säkularisierung übersehen wurde.

Überdies stellt sich in heutiger Lage als Aufgabe für die um ein verbessertes, erneuertes Sündenverständnis bemühte christliche Theologie *nicht* der Versuch einer „Rückkehr zur alttestamentlichen Hamartiologie"! Die Aufgabe, zu der es keine Alternative gibt, lautet vielmehr: Das komplizierte christentumsgeschichtliche Erbe (das ohnehin alttestamentliches Erbe immer schon mit einschließt) muß stets neu angetreten werden und – nach vorn gewandt – in stets neuer christologischer Prüfung unter Einschluß neuzeitlicher anthropologischer Wandlungen und heutiger geschichtlich-politischer Fragen weiterentwickelt werden. Ausdrücklich ist in diesem Zusammenhang festzustellen, daß es sich auch als falsch, ja, als unmöglich erweisen wird, hinter die westlich-abendländischen Entwicklungen eines höchst individualistischen, höchst subjektiven und höchst persönlichen Umgangs mit Sünde und Schuld zurückkehren zu wollen – hin zu archaischeren kollektiven, vielleicht gar „völkischen" Formen. Auch hier ist allenfalls die Weiterentwicklung, in der die bisher erreichte Innerlichkeit und Subjektivität aufs Sorgfältigste aufbewahrt bleibt, ein verheißungsvoller Weg. Eine solche Weiterentwicklung könnte in sich erneuernden Strukturen der innerkirchlichen Sozialisierung liegen.

b) Systematische Fragen einer politischen Interpretation von Schuld und Vergebung

Nun scheinen die heutigen Verhältnisse, sowie zahlreiche kirchliche Versuche, gegenwartsnah mit der Sünde umzugehen, dem soeben Ausgeführten zu widersprechen. In der katholischen Kirche ist beispielsweise die Einzelbeichte in den letzten Jahren zur Seltenheit geworden; allermeist wird das gemeinsame Schuldbekenntnis und die gemeinsame Absolution „gelegentlich" in einem Gottesdienst der Gemeinde gewünscht. Entgegen der abendländischen Gewohnheit,

Schuld (Sünde) und Vergebung immer nur auf menschliche Einzelpersonen zur beziehen, mehrten sich in den zurückliegenden Jahrzehnten auch die theologischen Plädoyers für eine Ent-Individualisierung des Verständnisses von Schuld und Vergebung. *Politische Theologien kamen in der Forderung überein, es sei aus Theologie und Kirche die Illusion auszuräumen, daß alle Veränderung und Verbesserung im Kleinen wie auch in den großen politischen Zusammenhängen nur im – zu bekehrenden – Herzen der einzelnen Menschen anheben könne.* Da nämlich der einzelne (in der Tat!) vielfach das Opfer „unbekehrter anonymer Strukturen" ist, müßten die Theologen, mehr als bisher, statt des individuellen der kollektive und politische Aspekt von Schuldverstrickung und Schuldaufarbeitung beschäftigen.

Tatsächlich stellt sich heutiger Theologie die Aufgabe, zwischen angemessener Berücksichtigung der den Gesellschaftsstrukturen eingestifteten Verderbensquellen und angemessener Berücksichtigung dessen, was nach wie vor über das sündige Herz des einzelnen zu sagen ist, den richtigen Weg zu finden. Sie muß dabei beachten, daß Sünde zwar immer soziale Beziehungsgeflechte unterminiert und destruiert, daß aber nicht kurzerhand auch umgekehrt gilt: Destruierte soziale Beziehungsgeflechte erzeugen beim einzelnen Menschen Sünden bzw. ein entstelltes Menschsein im individuellen Bereich. *Die meisten Konzepte einer politischen Theologie vollziehen freilich genau diesen Umkehrschluß: Sie betrachten die destruierten sozialen Verhältnisse als die eigentliche Ursache individueller menschlicher Verfehlung und individuellen Unglücks.* Daher halten sie es für vordringlich, daß sich die Kirchen bezüglich „Sünde und Schuld" für die Heilung zerrütteter sozialer bzw. politischer Strukturen einsetzen.

Doch hier scheiden sich die Geister: Ist die *vordringliche* kirchliche Aufgabe nicht dennoch und auf alle Fälle die christliche Verkündigung, die auf den individuellen, persönlichen Zuspruch der Gnade, der Vergebung, der von Gott her erneuerten Lebensmöglichkeit hinzielt? Und: Hat Kierkegaard nicht *Recht* mit der These, daß zwar im Gang der Menschheitsgeschichte die Sünde oder Schuld quantitativ anwächst, gleichwohl aber jeder einzelne aus sich selbst heraus im Sinne eines qualitativen Sprungs in die Sünde fällt? Hätte Kierkegaard hier *nicht* Recht, dann wäre es für die Kirchen nur konsequent, sich in politische Gerechtigkeitsparteien aufzulösen und ihren gesamten über den Gerechtigkeitsappell hinausgehenden theologisch-religiösen Hintergrund als Ballast fahren zu lassen. *Ist Kierkegaard jedoch zuzustimmen, muß auch eingeräumt werden, daß sogar erfolgreiches politisches und moralisches Hinwirken auf eine Veränderung ungerechter, kranker gesellschaftlicher Strukturen – das ja allemal stattfinden soll! – gleichwohl die Entstehung von Sünden bei allen Gesellschaftsmitgliedern nicht verhindert.* Dies ist schwer verständlich zu machen, weil ja z. B. die Kriminalität bei verbesserten gesellschaftlichen Verhältnissen sehr wohl abnehmen kann (während erbauliche Gottesdienstpredigten an der „Kriminalität draußen" kaum etwas ändern). Es kommt, streng genommen, darauf an, sozialen Verbesserungen – auch von den Kirchen aus – alle Chancen zu geben, sie aber gleichwohl objektiv zu werten als das, was sie in der Menschheitsgeschichte bestenfalls sind: relative Verbesserungen, quantitative Fortschritte zum Besseren hin, niemals aber eine bei der Wurzel ansetzende Überwindung der im Menschenherzen zur Sünde drängenden Mächte.

Mit dem Kampf gegen „die strukturellen Sünden", gegen das „gesellschaftlich objektiv gewordene Böse", zu dem auch Kirchen ermuntern sollen, ist also nicht alles getan, was von seiten der Kirchen mit Blick auf Sünde und Schuld zu tun ist. Solidarität christlicher Kirchen mit den Unterdrückten ist allerdings das *eine*, das hier durchaus zu erwarten ist. Die kirchliche Sicht und Ansprache *aller*, sogar der Unterdrückten, als Subjekte und Täter ihrer Sünden (und nicht bloß als Objekte und Opfer der Sünden anderer), ist aber das *andere*, was hier von christlichen Kirchen durchaus zu erwarten ist. Verzichten sie auf letzteres, haben sie aufgehört christliche Kirchen zu sein. Die Wahrnehmung kollektiver Unmoral und gesellschaftlich vorgegebener Entfremdungszusammenhänge sollte Kirche und Theologie nicht vergessen lassen, daß Sünde und Schuld kategorial ans *persönliche Leben*, an die je eigene menschliche Lebensführung und Lebensverantwortung geknüpft bleiben. Noch sollten sie vergessen, daß *alle*, die als *Menschen* gewürdigt werden, *auch* als selbständige Subjekte von Sünde und Schuld zu sehen sind.

Es ist nicht zu leugnen, daß manche theologisch-christliche Schuldzuweisung an den einzelnen den Beigeschmack einer pfäffischen „Beichtvätermentalität" an sich trägt, weil in Wahrheit gesellschaftliche Zwänge (oder auch nur von der Kirche noch nicht hinreichend registrierte gesellschaftliche Veränderungen) vorliegen. Dennoch bedeutet es eine Sackgasse, wenn Kirche und Theologie in dieser Lage beginnen, Sünde und Vergebung vornehmlich oder sogar ausschließlich als „kollektive Ereignisse" zu werten. Denn was geschieht dann?

Zunächst sieht es nur so aus, als bedeute dieser Weg eine ziemlich komplizierte, aber reizvoll-gefährliche Gratwanderung. Man sieht sogleich, daß Steinlawinen zur Linken wie zur Rechten niedergehen könnten. D.h. man sieht: Einerseits kann ein kollektives Verständnis der Schuld den einzelnen entlasten. Ihm wird signalisiert: Deine persönlichen Leiden und auch die Mißstände im allgemeinen sind nicht so geartet, daß sie durch dein privates Sündenbewußtsein, durch deinen privat-religiösen Bezug zu Gott aufgearbeitet oder beeinflußt werden. Du brauchst das alles nicht persönlich zu verantworten. Diese Übel sind alle bedingt durch ein falsches gesamtgesellschaftliches Bewußtsein oder durch kollektive Unmoral (oder wenigstens durch die Unmoral der Mächtigen). – Andererseits wird der einzelne aber gerade durch kollektive Interpretationen von Schuld sogar erheblich mehr belastet als durch die individuell-persönlichen Interpretationen. Dem einzelnen wird nämlich *auch* signalisiert: Selbst wenn du dich nicht direkt als Täter am Entstehen der das allgemeine Leben belastenden Mißstände beteiligt hast, bist du als Mitglied dieser Gesellschaft doch an ihnen mitschuldig, *für sie alle mitverantwortlich.* Du kannst dich durch private Entschuldigungen von einer Mithaftung nicht ausnehmen.

Zwei genau entgegengesetzte Effekte sind also das mögliche Ergebnis kollektiver Interpretationen von Schuld und Vergebung. Der eine wie der andere kann übrigens – auch aus theologischer Sicht – im Einzelfall angebracht sein: Mancher skrupulöse Christ, der sich selbst bezichtigt, erfährt Hilfe, wenn er unterscheiden lernt, für welchen Mißstand er selber einzutreten hat und für welchen Mißstand er dies nicht tun muß, nicht tun soll. Mancher nicht skrupulöse Christ, der sich in Wahrheit nur selbst beruhigt, erfährt Hilfe, wenn ihm seine Mithaftung auch für weitab von ihm geschehendes Böses verdeutlicht wird. Nur: Werden die Christenmenschen auch wirklich den jeweils für *sie* bestimmten Effekt der kollektiven Auslegungen von Schuld und Vergebung abrufen? Wird sich nicht der Skrupulöse auf der Grundlage solcher Auslegungen noch zusätzlich belasten, der Selbstzufriedene aber noch zusätzlich entlasten? Dies *nicht* ausschließen zu können, ist das Dilemma einer ganz auf diese Art der Neuaussprache von Sünde, Schuld und Vergebung fixierten politischen Theologie.

Politisch-weltliche Hamartiologien der Gegenwart haben von sich aus das vorrangige Bestreben, den einzelnen bei seiner Mitverantwortung für allgemeine Übelstände zu behaften, ihm hier gerade die begehrte Absolution zu verweigern. Dorothee Sölle z.B. begreift uns Mitglieder der reichen Industrienationen darin als „Sünder", daß wir alle de facto „Kollaborateure" mit mächtigen anonymen Unterdrükkungssystemen sind. Sogar das *peccatum radicale*, also die Erbsünde, deutet sie in dieser Weise politisch[60]. Den allgemeinen Verstrikkungszusammenhang der Sünde erblickt sie darin, daß *jedes*, auch das als politischer Täter und Mitgestalter nicht aktiv gewordene, vielmehr nur konsumierende Mitglied einer ausbeuterischen Gesellschaft an der Gesamtschuld dieser Gesellschaft mittragen muß[61]. Sicherlich ist diese Art der Hamartiologie – trotz ihrer moralischen Evidenz – theologisch und christlich unhaltbar. Diese Lehre begreift Sünde ausschließlich von der den Mitmenschen verweigerten Liebe oder Solidarität aus, also nicht zugleich auch vom unterlassenen Vertrauen auf Gott aus. Sie klagt den lieblosen, egoistischen und in seinem Wohlstand unglücklichen, isolierten Reichen an. Aber wie wird sie diesen zu mehr Liebe bewegen? Durch Drohungen? Oder durch den Appell, ein erfüllteres Leben zu führen? Wie kommt in diesem Konzept die christlich notwendige Wahrnehmung der Sünde als *Un-glaube* vor? Mit welchem Recht wird von der als Beleidigung Gottes zu wertenden Sünde gesagt, Gott könne *nur* im ausgebeuteten und erniedrigten *Mitmenschen* beleidigt werden? Wird (abgesehen davon, daß auch im Umgang mit der nicht menschlichen Kreatur gesündigt wird) in diesem Mitmenschen nicht auch *Gott* beleidigt? Es geht hier nicht um Nuancen, sondern um Ort und Funktion des Glaubens und des Unglaubens im Bezug auf die Sünde.

Wenn man Sölles Konzept folgt, muß man *auch* den Glauben im heilen, vertrauensvollen *menschlichen Miteinander* aufgehen lassen und die These formulieren, daß nur in solchem mitmenschlichen Vertrauen an Gott geglaubt werden könne. Also: Glaube als die nicht verfehlte und nicht zusammengebrochene menschliche Solidarität? – Diese These steckte dann aber doch voller unauflösbarer Rätsel. Wo und wem muß ich *zuerst* vertrauen? Zuerst Gott, dann Menschen? Oder liegt beides ineinander? *Aber von wo aus wird dann heil, was gerade zwischen Menschen zerstört ist, im Argen liegt?* Ich wüßte nicht, was christliche Theologie hier anderes lehren könnte als dies, daß zuerst Gott selbst unseres Lebens Mangel ausfüllen muß und ausfüllen will. Wer sonst könnte es tun?

Wem es um mehr Liebe und um würdigere, sinnvolle Lebensverhältnisse unter uns Menschen geht, der muß darum beten, daß *Gott*

---

[60] Das scheint mir theologisch verkehrt, weil die wirkliche Erbsünde nicht von den verkehrten Strukturen aus zum einzelnen und seiner sündigen Tat vordringt, sondern umgekehrt vom einzelnen aus in die Allgemeinheit. Die Erbsünde ist eben gerade nicht das dem jeweiligen *peccatum actuale* eines Menschen *Vorgelagerte*, sondern sie ist die in der Fehlhandlung wirksame Sünde.

[61] Sölle, 249f.

in seiner göttlichen Liebe und Kraft, in seinem heiligen Glanz manifest wird mitten in unserem Treiben. Von selber oder durch noch so eindringliche „sozial-ethische" Ermahnungen nimmt die Liebe unter uns nicht zu. Mehr Liebe unter den Menschen – und wer wünscht sie sich nicht – setzt voraus, daß mitten im allgemeinen Treiben Eingangsstellen sind, wo Gottes Nähe und machtvolle Heiligkeit erfahren wird. Diese Eingangsstellen aber sind dort, wo einzelne Menschen zum *Glauben* gelangen, d. h. *inmitten der Übel* den finden, der des Lebens Mangel ausfüllt. Dies mögen nur wenige sein. Aber als Eingangsstelle göttlicher Nähe und göttlichen Glanzes zählt ein einziger Heiliger (der immer auch eine Gemeinde hat) viel.

Kapitel IV

Sündenvergebung – erneuerte Kirche und Erneuerung der Welt

§ 11 Der Begriff der Sündenvergebung auf der Grundlage des Neuen Testaments

In formaler Deskription bedeutet Sündenvergebung

1. Errettung aus dem Tode und Wiedereingliederung eines abgetrennt Lebenden – ein Ganzheit und Unversehrtheit, aber auch Freiheit, Frieden und Zukunft herbeibringendes Geschehen, und im einzelnen

1.1 ein die Sünder *aufsuchendes*, ihnen *nachgehendes* Geschehen. Zwar sind nach dem Neuen Testament nicht wenige Notleidende auch von sich aus zu Jesus gegangen, um Hilfe zu finden. Doch hinsichtlich der Sünde gilt: Nicht der von der „Gemeinschaft des Heils" Abgetrennte sucht seinen Retter auf, sondern dieser ihn. Nicht der Sünder findet seinen Erlöser, sondern dieser ihn

1.2 ein auf nicht mehr wiedergutzumachende Schuld bezogenes göttliches und menschliches Tragen fremder Verfehlung. Es befähigt und verpflichtet den so entlasteten Menschen, seinerseits anderen, die ihm gegenüber etwas nicht mehr wiedergutmachen können, entsprechend zu vergeben

1.3 ein gegen Widerstände sich durchsetzendes Ereignis: z.B. ein gegen den Widerstand der Gerechten und Gesunden geschehendes Heimholen und Wiederherstellen der Armen, Kranken oder aus einem anderen Grund „Ausgegrenzten". Hierbei wird zugleich die Selbstzufriedenheit und Selbstabgrenzung der Gerechten und Gesunden näher interpretiert. Deren Leben sieht nach außen ordentlich aus. Aber es ist von Heuchelei und Selbstrechtfertigungsbestreben durchsetzt. Dahinter findet man Lieblosigkeit und Gottlosigkeit

1.4 ein Vorgang, dessen auch die Gesunden und Gerechten bedürfen, obwohl sie nach Mk 2,17 keinen Arzt brauchen. Ihre larvierte Zukunftslosigkeit kann nur überwunden werden, wenn sie zur Gemeinschaft mit den bisher von ihnen getrennt lebenden „Zöllnern und Sündern" hinfinden

2. ein mit Gott/Jesus Christus verbindendes Geschehen, nämlich genauer

2.1 ein Vorgang, der dem seinen Götzen verfallenen und daher in Wahrheit gottlos existierenden Menschen Gott selbst nahebringt. Dieser Mensch lernt hierdurch – was dem Glauben Israels entspricht –, Gott von der Welt zu unterscheiden und Gott zu lieben

2.2 eine Vorwegnahme des Jüngsten Gerichtes, die dem jetzt lebenden Gläubigen bereits Frieden mit Gott und begründete Hoffnung über den Tod hinaus eröffnet

2.3 die Eingliederung derer, „die da glauben und getauft werden" (Mk 16,16), in den auferweckten Leib des Gottessohnes und somit: das kirchbildende Geschehen

2.4 die Hervorbringung des reinen und heiligen „neuen Menschen" (vgl. Eph 2,15), in dem Christus „wohnt". Dieser „neue Mensch" aber begegnet niemals im Singular. Er ist niemals nur der einzelne, dem als „Privatmann" seine Sünden abgewaschen worden wären. Denn der reinigende Vorgang, der zum „neuen Menschen" macht, schließt das Ereignis mit ein, daß Schranken überwunden werden, die Menschen bisher mit unüberwindbarer Kraft voneinander getrennt haben. Die so Zusammengekommenen sind miteinander die „neuen Menschen"

3. ein die eschatologische Erneuerung der Welt voranbringendes Geschehen, nämlich genauer

3.1 eine die künftige Welt – das Reich Gottes – inmitten der jetzigen, vergehenden Welt in Keimen und Hoffnungszeichen initiierende Umwertung der gewohnten Werte

3.2 ein Licht und Finsternis im Menschenleben scheidendes Geschehen, durch das sich auch das Böse als das, was es ist, profiliert

3.3 die geschichtliche Erscheinung größerer Herrlichkeit als zuvor da war

3.4 der Beginn der Versöhnung nicht nur zwischen Mensch und Mensch, sondern auch zwischen Mensch und Natur.

§ 12 Enttäuschung heutiger Christen über ihre Erfahrungen mit der Sündenvergebung

K. BARTH, Die Lehre von der Versöhnung, KD IV/3.2, 780 ff = § 72 Der Heilige Geist und die Sendung der christlichen Gemeinde, Zollikon-Zürich 1959. – D. BONHOEFFER, Nachfolge (1937), München [10]1971. – DERS., Gemeinsames Leben, Das Gebetbuch der Bibel, hg. v. G. L. MÜLLER und A. SCHÖNHERR, DBW 5, München 1987. – R. BULTMANN, Römer 7 und die Anthropologie des Paulus. In: Exegetica, ausgew., eingel. u. hg. von E. Dinkler, Tübingen 1967, 198–209. – P. FIEDLER, Jesus und die Sünder (Beitr. z. bibl. Exeg. u. Theol., Bd. 3), Bern/FFM 1976. – E. FUCHS, Gesammelte Aufsätze I: Zum hermeneutischen Problem in der Theologie, Tübingen 1959. – C. GESTRICH, Sündenvergebung als Problem und als Wirklichkeit der Kirche, in: ZThK 80 (1983) 305–331. – DERS., Die hermeneutische Differenz zwischen Barth und Luther angesichts der neuzeitlichen Situation, in: ZThK. B. 6 (1986) 136–157. – C. G. JUNG, Erinnerungen, Träume, Gedanken. Aufgez. u. hg. von A. JAFFÉ (1961; deutsch 1971), Sonderausgabe Olten/Freiburg i. Br. 1984. – E. KÄSEMANN, An die Römer (HNT 8a), Tübingen ([1]1973) [2]1974. – P. LAPIDE / W. PANNENBERG, Judentum und Christentum; Einheit und Unterschied: ein Gespräch (Kaiser-Traktate 60), München 1981. – P. VON DER OSTEN-SACKEN, Grundzüge einer Theologie im christlich-jüdischen Gespräch (Abh. z. christl.-jüd. Dialog 12), München 1982. – A. PANGRITZ, Dietrich Bonhoeffers Forderung einer Arkandisziplin (Pahl-Rugenstein Hochschulschriften. Gesellschafts- und Naturwissenschaften 259), Köln 1988 (Lit.). – H. WINDISCH, Taufe und Sünde im ältesten Christentum bis auf Origenes. Ein Beitrag zur altchristlichen Dogmengeschichte, Tübingen 1908.

a) Das proprium Christianum: Gnade

Alle Religionen haben den Sinn, Menschen auf den Weg der Erlösung aus ihren „Defiziten“ zu bringen. Unterschiedlich aber sind die Bedingungen, die mit diesem Heils-Weg verknüpft werden. Bald müssen Opfer gebracht werden bzw. Sühneleistungen an die Gottheit gelangen. Bald haben die Menschen ihr Leben radikal zu ändern und einschneidende Gesetze einzuhalten. Bald sollen sie sich mittels bestimmter Riten oder priesterlich geleiteter Prozeduren reinigen. – Unterschiedlich sind auch die Strafen, die den „Zuwiderhandelnden“ angedroht werden. Unterschiedlich groß oder klein schließlich ist der Kreis derer, die in einer Religion überhaupt in die Schar der Erlösten hineingelangen.

Keine Frage und kein Zweifel, daß unter den Erlösungsreligionen (das Wort enthält eine Tautologie!) das Christentum den Gipfel erreicht hat, was die Entlastung der Menschen von Leistungen zum Zweck der Befreiung von Schuld und was die Proklamation eines der ganzen Menschheit, ja, Welt geltenden, universalen göttlichen Heilswillens anbetrifft (vgl. I Tim 2,4; Röm 11, 32). Mehr Last kann nicht

Gott selbst für die Erlösung der Welt tragen, und mehr Gnade kann der Menschheit nicht zuteilwerden als dies nach dem christlichen Glauben der Fall ist. Hier verschafft Gott selbst den Menschen die Sühne. Und in diesem Sinne ist es zu verstehen, wenn – mit Recht! – gesagt wird, das ganze Christentum laufe auf den Zuspruch der Sündenvergebung hinaus. Das Christentum kennt hierbei gerade nicht eine solche Vergebung, Sühnung oder Reinigung, die an bestimmte menschliche Leistungen oder an Mittlerdienste von Priestern gebunden wäre. Die „rettende Tat" ist in Jesus Christus zugunsten der ganzen Welt *ein für allemal* geschehen (Röm 6,10; Hebr 9,26). Jeder, der dies glaubt, ist schon rein und ist schon gerettet, indem er für sich selbst gelten läßt, was Gott objektiv für ihn und alle längst „getan" hat.

Im Christentum ist die Erlösung als Gnade konsequent zuendegedacht. Von keiner anderen Religion kann das Christentum hierin jemals noch übertroffen werden. Sein Evangelium ist die Botschaft von der göttlichen Vergebung ohne Bedingungen. Die Bedingungslosigkeit kommt aus dem Glauben, daß Gott selbst die für unsere *restitutio in integrum* erforderliche Leistung voll hinreichend erbracht habe.

Kirche kann keinen anderen Sinn haben als den, diesen Glauben unter uns zu verbreiten und dieses Evangelium bekanntzumachen. Kirche gibt es zum Zweck menschlicher Teilhabe an der so verstandenen Sündenvergebung – oder es gibt die Kirche gar nicht; sie besteht dann höchstens nominell.

Das Neue Testament ist randvoll mit Zuspitzungen von althergebrachten Sühne-, Reinigungs- und Vergebungsüberlieferungen auf die radikale Gnade hin. Christus ist *das Opfer* für unsere Sünden, nach welchem es ein solches Opfer niemals mehr geben wird. Er ist nach dem Hebräerbrief zugleich *der Hohepriester*, der diese letztgültige Opferhandlung leitet. Als Christen aber werden diejenigen bezeichnet, die diese Handlung auf sich beziehen und infolgedessen davon ausgehen, daß nun überhaupt nichts mehr sie werde verunreinigen können. Christen sind diejenigen, die sich selbst als die in diesem Christus-Opfer *Geheiligten* erkennen.

Ein schönes älteres Buch (H. Windisch, Taufe und Sünde im ältesten Christentum bis auf Origenes, 1908) zeigt richtig, daß es eine frühchristliche Grundüberzeugung war, die Getauften hätten mit der Sünde nichts mehr zu tun; sie seien radikal umgekehrt zu Gott, ins Leben.

Nur widerwillig sah man sich in der ältesten Kirche (angesichts nicht zu übersehender Schuldvorkommnisse sogar unter Christen) genötigt, auch das Problem der Sünden *nach* der grundlegenden Buße und Reinigung, die der Übergang zum Christentum (Taufe) bedeutet hat, theologisch zu bedenken. Um dies zu können, übernahm die frühe Kirche aus dem Judentum bestimmte Differenzierungen zwischen schweren, leichten, versehentlichen, mutwilligen usw. Sünden (S. 33). Nur leichte und versehentliche Christen-Sünden wurden zunächst in Rechnung gestellt. Denn es galt noch immer: Christen sind ihrem Wesen nach sündlose Menschen. Doch wurde dies nun ein „Ideal mit Kompromissen" (S. 507). Windisch meint, das lutherische *simul iustus et peccator* weiche insofern von der Rechtfertigungslehre des Paulus ab, als dieser ein auch dem Christen bleibendes „Sündenleben" noch nicht eingeräumt hätte (S. 527).

Diese Meinung Windischs könnte an Röm 7, 15ff überprüft werden: an dem alten Auslegungsproblem, ob der hier charakterisierte „elende Mensch", der das Gute, das er tun will, doch nicht tut, den Apostel Paulus selber kennzeichnen solle oder aber seine Lebenssituation *vor* seiner Begegnung mit Christus („das vorgläubige Sein"). Bultmann hat entschieden, daß hier selbstverständlich nicht von den täglichen Erfahrungen des Apostels, sondern vom Existenzzwiespalt *vor* der Glaubensentscheidung die Rede sei, und zwar so, wie sich das Menschsein rückblikkend vom Glauben her als widersprüchlich enthülle[1]. Mit Recht ist Bultmann damit von der Debatte abgerückt, ob hier vom „unbekehrten" oder gerade vom „bekehrten" Paulus die Rede sei. Auch ist Bultmann darin zu folgen, daß er den von Paulus beschriebenen Daseinszwiespalt nicht in psychologischer Deutung als Konflikt zwischen Wollen und Vollbringen interpretiert, sondern ihn ‚fundamentaler' als das Sein des „vorgläubigen" Menschen deutet[2]. Doch scheint mir Bultmann das Problem der auch dem glaubenden Menschen bleibenden „Vorgläubigkeit" nicht hinreichend berücksichtigt zu haben. Außerdem wird bei seiner Auslegung der Skopus von Röm 7,15ff doch nicht recht klar. Dieser dürfte in der Absicht des Paulus liegen, hier auf die Unlösbarkeit des Problems der Schuld aus eigener menschlicher Kraft hinzuweisen[3]. Positiv wollte Paulus zugleich das völlige und alleinige „Zureichen" Jesu Christi betonen, um das für uns nicht Lösbare dennoch zu lösen.

Wurde Windischs These damit gestützt? Hat er zu Recht eine theologische Kluft zwischen Luther und Paulus beim Problem des *simul iustus, simul peccator* beobachtet? Doch wohl nicht. Es gibt keinen Grund, Paulus ein „undialektisches" Glaubensverständnis zuzuschreiben, das die dem Christen lebenslang bleibende Erlösungbedürftigkeit bzw. die Fortdauer seiner „Vorgläubigkeit" auch in der Situation, wo Gott Glauben geschenkt hat, übersehen hätte. Es bleibt aber Windischs Hauptbeobachtung historisch zutreffend, daß sich die frühe Christenheit wie durch einen Schnitt (Taufe!) von der vergehenden „alten" Welt der Sünde getrennt wußte.

Im Neuen Testament herrscht im Blick auf die Befreiung von allen Sünden durch das (Kreuzes-)Verdienst Jesu Christi eine für uns heute nicht mehr ohne weiteres nachzuvollziehende „Stimmung": Wem *alle* Sünden vergeben sind, wer folglich ein *neuer Mensch* wurde (vgl. Eph 2, 15), den durchströmt eine zuvor nie gekannte Gottesliebe. In seinem Herzen ist das Erste Gebot wieder aufgerichtet. Er muß nicht mehr Mitgeschöpfe als Gottesersatz mißbrauchen: er ist mit Gott

---

[1] Bultmann, 198.

[2] Vgl. aaO, 209.

[3] Auch nach Fuchs, 284 f zielt die Argumentation in Röm 7, 14ff auf die Darlegung der „Vergeblichkeit der Existenz ohne Glauben". – Vgl. Käsemann, 190.

selbst *versöhnt.* Somit gilt im Neuen Testament für alle Menschen, die Christen geworden sind, auch dies: Sie sind aus der Sphäre der Lüge in die der Wahrheit, aus der Sphäre der Finsternis in die des Lichtes hinübergegangen. Sie sind die Wiedergefundenen, die verloren bzw. „allein und abgetrennt und ohne Freude" waren. Sie sind die Geheilten, die zuvor in Krankheit und Entfremdung existiert hatten. Sie sind die in die Freiheit Entlassenen, die zuvor Sklaven (der Sünde) waren. Sie sind neu geboren aus dem Tod – ein Bekenntnis, das ja vor allem die christliche Taufe charakterisiert. Im *Glauben*, der nun neutestamentlich-nachösterlich immer auch ein „Einwohnen" Christi im Gläubigen und umgekehrt des Gläubigen in Christus bedeutet, ist bereits die *neue Schöpfung* angebrochen (II Kor 5,17).

Die übergroße *doxa* (Herrlichkeit), die in der (im christlichen Kerygma zuendegedachten) Gottesgnade liegt, sollte ursprünglich die Botschaft sein, die alle Welt mit hoher Freude erfüllt (vgl. Lk 2). Doch inzwischen ist es nicht mehr sicher, ob dieses Kerygma auch nur die Mitglieder der Kirchen noch erfreut. Ja, es ist nicht einmal mehr sicher, ob die Christen selbst diese Verkündigung noch verstehen, und ob ihnen überhaupt klar ist, daß das ganze Christentum in der genannten Weise auf die Sündenvergebung hinausläuft.

Ich glaube mich nicht zu täuschen mit der Beobachtung, daß sogar unter den Angehörigen der gegenwärtigen, abendländisch geprägten Kirchen ein erheblicher Widerwille vorhanden ist sowohl gegenüber dem theologischen Axiom von der radikalen Sündhaftigkeit „des" Menschen (vgl. Röm 7, 15ff) wie auch gegenüber den herkömmlichen kirchlichen Applikationsformen von Sündenvergebung bzw. Gnade.

Zwar ist erkennbar, daß Christen im allgemeinen auch heute froh darüber sind, aus ihrem Glauben heraus „immer wieder ganz neu anfangen zu dürfen". Trotzdem wird die zentrale Bedeutung der Sündenvergebung im Christentum und in der Kirche vielfach verkannt oder abgelehnt. Schon bei I. Kant war es eine stehende Redewendung , „hoffentlich" erlöse uns die christliche Gnade nicht auch noch von den eigenen sittlichen Anstrengungen (zur Selbstverbesserung). Und im Zeitalter nach Kant ist die Tatsache, daß das Evangelium von Jesus Christus die Kraft hat, „Sünder selig zu machen" (I Tim 1,15), längst nicht mehr immer das, was man eigentlich vom Christentum erwartet und in der Kirche sucht. Auch ist dies – leider – längst nicht mehr immer das, was man an Eigentlichem findet, wenn man heute in seiner Kirchengemeinde lebt. Zudem ist eine erhebliche Differenz aufgebrochen zwischen der dogmatisch-herkömmlichen Behauptung einer das ganze Dasein erneuernden Kraft der

Sündenvergebung und den heute oft eher unbefriedigend verlaufenden *Erfahrungen* mit den kirchlichen „Zusprüchen" der Gnade bzw. der Vergebung. Oft gewinnt man den Eindruck, die hierbei ausgesprochenen Worte seien auf eine unangemessene Weise höher und herrlicher als das, was tatsächlich in unser Dasein übergeht. Besonders die sog. Sakramente werden doch noch häufig in einer Weise als Quellen der Sündenvergebung (und darum, mit Luther zu reden, von „Leben und Seligkeit"[4]) angeboten und angepriesen, die sich dann mit den kirchlichen Realitäten und mit den persönlichen Erfahrungen der „Sakramentsempfänger" überhaupt nicht deckt. Der „Soll-Gehalt" und der „Ist-Gehalt" divergieren[5].

Für die christliche Kirche insgesamt war es zu keiner Zeit leicht, ihrem eigenen Kerygma von der radikalen Gottesgnade zu genügen. Die Reformation beispielsweise mußte es mühsam wieder freilegen und es den in der Kirche eingerissenen Gesetzlichkeiten („Pelagianismus", „Semipelagianismus") entwinden. Doch auch die Kirchen der Reformation zeigten sich dem wieder freigelegten Evangelium im Fortgang der Geschichte nicht gewachsen. Auch sie begannen alsbald zu oszillieren zwischen einer neuen Gesetzlichkeit und einer allzu billigen Verkündigung der radikalen Gottesgnade. Und die sich hierin andeutende Problematik ist der eigentliche, der wahre Grund für den ständigen „Reformationsbedarf" jeder Kirche. Ein Bedürfnis nach reformatorischer Erneuerung der Kirche besteht m. a. W. immer im Blick auf den aktuellen Umgang mit der Gnade und auf das ihm entsprechende Sündenverständnis.

---

[4] „... wo Vergebung der Sünde ist, da ist auch Leben und Seligkeit" (Kleiner Katechismus, BSLK [6]1967, 520).

[5] Vgl. JUNG, 58–61: Nachdem J. im Jahre 1890 von seinem Vater konfirmiert worden war, ein Geschehen, das den Knaben nur „maßlos langweilte" –, setzte er seine „letzte Hoffnung" auf das Abendmahl. Das Entscheidende am Christentum würde er doch hoffentlich in der „Communion" erfahren, von der sein Vater „so viel zu halten schien". Doch er erfuhr ein steifes, „fade schmeckendes" Zeremoniell, eine „ärmliche Erinnerungsfeier", bei der sich buchstäblich „nichts ereignet" hat. Die religiöse Vereinigung mit Christus hat hier für J. ebensowenig stattgefunden wie die große Befreiung von Sünden. „Es wurde mir langsam klar", so erinnerte er sich im Alter, „daß das Abendmahl für mich ein fatales Erlebnis gewesen war. Es war leer ausgegangen, mehr noch, es war ein Verlust. Ich wußte, daß ich nie mehr an dieser Zeremonie teilnehmen konnte. Für mich war sie keine Religion und eine Abwesenheit Gottes. Die Kirche war ein Ort, an den ich nicht mehr gehen durfte. Dort war für mich kein Leben, sondern Tod. Heftigstes Mitleid mit meinem Vater erfaßte mich ...".

b) Sakramente und Sündenvergebung in der Gegenwart

Wenn heute die Taufe begehrt wird, dann geschieht dies – was die Beweggründe in den sog. Volkskirchen anbetrifft – vermutlich am wenigsten wegen der (für die frühere Christenheit noch entscheidend gewesenen!) Aussicht auf den „Empfang" der Vergebung aller Sünden. Das in der theologischen Sprache anscheinend kaum verzichtbare Wort „Empfang" schmeckt hier ohnehin wie ein modriger Pilz. Auch beim Abendmahl steht die Sündenvergebung wohl nicht mehr im Vordergrund der Erwartungen – zumal da ihr „Empfang" in der liturgischen Gottesdienstgestaltung oft eher als eine Art „technischer Voraussetzung" dafür eingestuft zu sein scheint, daß man kurze Zeit später „unbeschwert" an der Abendmahlsfeier teilnehmen kann. Ob das Abendmahl überhaupt mit der Beichte und mit Buße und Absolution eine „Ehe" bilden müsse, das ist heute theologisch umstritten. Wer dies ablehnt, wird dafür Argumente beibringen, die sich auf neuere Ergebnisse aus der Exegese des Neuen Testaments stützen. Nur wird bei der Inanspruchnahme dieser Ergebnisse auch manchmal wieder eine wichtige „theologische Implikation" außer Acht gelassen. Es wird dann übersehen: Wer unter Berufung auf neuere exegetische Ergebnisse die *Stärkung der christlichen Gemeinschaft* als den Hauptsinn des Abendmahls betrachtet, dem müßte doch – aber gerade dies geschieht nicht mehr immer – erneut die Frage in den Blick kommen, wodurch denn die Gemeinschaft unter den Menschen gestört ist. Dann würde man nämlich auch von der Seite der „Gemeinschaftsfrage" her wieder, so „unerwünscht" dies auch sein mag, auf das Kernproblem der Heilung von unseren Sünden stoßen!

An dieser Stelle darf nicht übersehen werden, daß das auf die Beichte und auf die Absolution hinzielende *Bußsakrament* (das in den lutherischen Kirchen *rudimentär* wurde und sich in seiner zurückgebildeten Gestalt vor allem an das Abendmahl angelehnt hat), heute einem alle Konfessionen übergreifenden Prozeß des Verblassens ausgesetzt ist. Manche Theologen versuchen nun – und sie tun grundsätzlich recht daran –, aus der Front des Klagens über diesen Prozeß auszuscheren. Unter den Argumenten, die sie hierfür beibringen, findet sich u.a. die Hypothese, auch schon im neutestamentlichen Verständnis des „Heils" sei die Sündenvergebung gar nicht so zentral verankert, wie dies dann in der kirchlichen Dogmengeschichte angenommen worden ist. Aber diese Hypothese ist nicht haltbar. Sie macht sich die Lösung des Problems auch viel zu einfach, weil sie die historischen Ursachen des neuzeitlichen Verblassens des Bußsakramentes und des „Sündenbewußtseins“ kurzerhand auf sich beruhen läßt. Deren Aufarbeitung aber kann man sich nicht durch einen „exegetischen Griff“ ersparen.

Gewiß: Wenn protestantischen Abendmahlsfeiern ein offenes Sündenbekenntnis unmittelbar vorangeht (wobei wir „in unseren Herzen“ mitsprechen „meine Sünden reuen mich und tun mir leid“), und wenn dann der Pfarrer als „verordneter Diener“ die Absolution „zuspricht“ und hierdurch instandsetzt, am Abendmahl teilzunehmen –, dann entspricht dieser Ritus, auch wenn sein Vokabular modernisiert wird, jedenfalls nicht dem Umgang Jesu mit den Zöllnern und Sündern bevor er mit ihnen Mahlgemeinschaft hielt. Zu fragen ist aber, ob unser Abendmahl überhaupt diesen Mahlgemeinschaften entsprechen muß. Ja, es ist sogar wissenschaftlich umstritten, ob schon der historische Jesus irgendwelchen Menschen die Vergebung ihrer Sünden „zugesprochen“ hat[6]. Denn erst im Bekenntnis der nachösterlichen Gemeinde wurde der gekreuzigte und auferstandene *kyrios* Jesus Christus („uns von Gott gemacht ... zur Weisheit und zur Gerechtigkeit ..., zur Heiligung und zur Erlösung“ I Kor 1, 30) gewissermaßen zur personifizierten Sündenvergebung.

Nun braucht mindestens darüber kein Streit der Exegeten zu herrschen, daß der historische Jesus die Verlorenen des Hauses Israels gesucht hat. Er ist denen nachgegangen, die aus irgendeiner Notlage oder Schuld heraus unter die abgetrennten Glieder des Hauses Israel geraten waren. Seine Mahlgemeinschaften dienten somit nicht zuletzt der Wiederherstellung der Einheit des von Gott erwählten Volkes. Insofern hatten sie durchaus schon etwas mit „Sündenvergebung“ zu tun. Und darum können auch diejenigen, die das Abendmahl der Kirche heute stärker am Verhalten des historischen Jesus orientieren wollen, keineswegs berechtigterweise die Sündenvergebung von der Abendmahlsfeier lösen. Wie sollte man denn die Mahlgemeinschaften Jesu anders verstehen können als so: Jesus machte sich zum Teilhaber an der Not und Schuld derer, die er ins Ganze des Volkes Gottes zurückzuholen bestrebt war. „... Schuld wird ja nicht anders von ihnen genommen als so, *daß* er mit ihnen Gemeinschaft hält“[7].

Die nachösterliche Bedeutung der Sündenvergebung ist demgegenüber keine grundsätzlich andere. Nur der universale Aspekt wurde hinzugewonnen: Die ganze Menschheit ist jetzt potentiell ihre „Empfängerin“. Vom Zusammensein des historischen Jesus mit den Zöllern und Sündern kann die christliche Theologie lernen, daß sich die Kirche hüten muß vor einem einseitigen Verständnis der Buße, welches die Reue, die Beichte, den Umkehrwillen und schließlich die Absolution des Sünders als *Vorbedingungen* für die Zulassung zu Christi Tisch wertet. Denn in Wahrheit ist es so, daß immer erst der *kyrios* an die Tür und an den Tisch dessen, der „seiner nicht wert“ ist (vgl. Mt 8,8; Lk 7,6) kommen muß, damit diesem *dann* die Entlastung zuteil und der Umkehrwille gegeben wird. Eine von der Buße hinreichend differenzierend lehrende Theologie muß im Blick haben, daß die Buße ein komplexes göttlich-menschliches Geschehen darstellt, und daß zu diesem Geschehen allein schon auf der menschlichen Seite vielfältige Akte gehören, die teils *vor* und teils *nach* dem Bewußtsein und der Erfahrung, bei Gott gnädig angenommen zu sein, liegen. Die Behauptung, es bestehe die Reihenfolge

[6] Gegen die Auffassung, daß schon der historische Jesus Sünden vergeben und auch seinen Jüngern hierzu die Vollmacht übertragen habe, wandte sich: Fiedler, 271 ff.

[7] von der Osten-Sacken, 80.

„zuerst die Buße, dann die Gnade“, ist also ebenso verkehrt wie die umgekehrte Behauptung „immer erst nach dem Gnadenempfang kommt es auch zur Buße“. Darum ist die liturgische „Ansiedelung“ des Bußsakraments (oder seiner kirchengeschichtlichen Reste) unmittelbar *vor* dem Abendmahl in der Tat mindestens nicht eindeutig und auch nicht zwingend. Um von der Buße nicht allein differenzierend, sondern auch klar sprechen zu können, dürfte es sich heute empfehlen, den gemeinsamen theologischen Rahmen auszuarbeiten für die sowohl dem historischen Jesus wie auch dem nachösterlichen Christus zuzuerkennende Vergebungskraft. Beide „Freisetzungen“ von Sündenvergebung – und darum auch von Buße – interpretieren sich gegenseitig.

Bonhoeffers Finkenwalder Experimente, die der Wiedergewinnung der *Einzelbeichte* in der evangelischen Kirche galten[8], waren wohl nicht zukunftsträchtig. Ihr Kerngedanke, es gelte regelmäßig den eigenen Hochmut zu überwinden und es jedem gerade erreichbaren Mitchristen (nicht etwa dem Freund, dem man vertraut und in Sympathie verbunden ist) zuzumuten, Beichte zu hören und Absolution zu erteilen, leidet nicht nur an Schwierigkeiten der praktischen Durchführung und auch nicht nur am Vorhandensein diverser Widerstände gegen die Gefahr einer christlichen Elitebildung. Was noch schwerer wiegt: Das Beichtinstitut als solches ist in unserer Zeit in eine Krise geraten. Verursacht aber ist dies nicht allein durch die vielbeschworene Konkurrenz zur Psychotherapie. Wahrscheinlich erscheint es heute vielen Christen als ein fast lächerlicher Heilsegoismus und Heilsindividualismus, wenn sie, wie es das herkömmliche Bußsakrament vorsieht, durch Reue, Sündenbekenntnis, Bereitschaft zur Genugtuungsleistung und zur Umkehr und schließlich durch die Absolution ihre eigene Seele zu retten bestrebt sein sollten, während gleichzeitig die ganze menschliche Gesellschaft einem Abgrund zuzutreiben scheint. Die meisten der Christen, die überhaupt noch an der „Lossprechung“ von der Schuld interessiert sind, bevorzugen inzwischen bekanntlich die gemeinsame Beichte, die in den Gottesdiensten in verschiedenen Formen ermöglicht wird. „Wir alle haben gesündigt“, spricht die versammelte Gemeinde *pars pro toto*. Auch die übrige Menschheit hätte mehr oder weniger dasselbe zu bekennen. Freilich: Die hierauf vom Pfarrer (falls er nicht bloß ein „Gnadenwort“ aus der Bibel zitiert, das der Kirchenjahrszeit entspricht und merkwürdig „bescheidener“ gehalten ist als eine explizite Absolution) zugesagte Möglichkeit des *Neuanfangs* bezieht sich dann doch wieder nur auf die Schar der anwesenden Gemeindeglieder. Wie steht es mit dem Neuanfangendürfen und -können aller übrigen? Muß man den Zuspruch „mindestens“ im Gottesdienst persönlich

[8] S. BONHOEFFER, Gemeinsames Leben, 93–102.

hören? Soviel scheint deutlich zu sein: Auch die gemeinsame Beichte und Lossprechung im Gottesdienst kann schwerlich als der geglückte Ausweg aus den heutigen Schwierigkeiten mit der Einzelbeichte und überhaupt mit dem herkömmlichen Bußsakrament gelten.

Nicht, daß die gemeinsame oder offene Beichte allzu unterschiedslos ganze Menschengruppen und ihre Verfehlungen in eins zusammenfaßte, ist der Makel. Vielmehr liegt darum ein Schatten auf ihr, weil auch sie die Probleme, die bei der Einzelbeichte vorhanden sind, im Grunde genommen gar nicht löst. Wir reichen mit Beichte und Absolution gegenwärtig einfach nicht an den Kern dessen heran, was die Hoffnungen der Menschen zerstört und verständlicherweise ihre Ängste nährt. Daß es diese kirchliche Form der „Schuldbewältigung" gegenwärtig in den hochentwickelten Ländern überhaupt noch gibt, dürfte am ehesten mit der unbewußten Suche nach einer Instanz zusammenhängen, vor der Schuld noch Schuld genannt und das Böse nicht verharmlosend weggeredet wird. Diese Härte wird gesucht – das Gegenteil vom *tout comprendre et tout pardonner*. Stimmt diese Vermutung, ist es freilich nur noch fraglicher, ob die gegenwärtigen kirchlichen Umgangsweisen mit Sünde, Beichte und Absolution der gestellten Aufgabe gerecht werden.

Das kirchliche Bußsakrament ist glücklicherweise nicht das einzige Tor, durch das Gottes Gnade in die Welt einströmen kann. Und das kirchliche „Schlüsselamt" (d.i. der Auftrag, zu binden und zu lösen), ist glücklicherweise auch nicht in exklusiver Weise an das kirchliche Bußsakrament, das die meisten evangelischen Kirchen ohnehin gar nicht kennen, gebunden. Wo aber stoßen wir heute vielleicht eher als durch die Möglichkeiten dieses kirchlichen Instituts hindurch auf Gottes Erneuerungshandeln? Diese Frage sollte man offen stellen, denn mindestens „latent" wird sie längst auf breiter Front bearbeitet. Und sie wird dann längst nicht immer befriedigend gelöst. So muß bereits vor der Meinung gewarnt werden, eigentlich brauche man nur aus den „Trümmern" des herkömmlichen kirchlichen Sakramentes die *Buße* bzw. die *Umkehr* des Menschen „herauszuziehen", dann *habe* man den Ort, wo Gott in unsere Welt erneuernd eingreifen will. Das wird so nicht gehen. Denn Buße oder Umkehr laufen, wenn sie von der zum herkömmlichen Sakrament gehörenden göttlichen Gnaden-Gabe gelöst werden, Gefahr, gesetzlich mißverstanden zu werden. Leicht wird es dann dazu kommen, daß sogar die theologisch inakzeptable Empfehlung ausgesprochen wird, doch lieber nicht so sehr auf die „bequem zu habende" und „bequem machende" Sündenvergebung zu bauen, *sondern* sich um Umkehr zu bemühen – als ob das eine ohne das andere sein könnte.

Auszugehen ist davon, daß Sündenvergebung, recht verstanden und recht praktiziert, *immer* den Nerv des kirchlichen Lebens bzw. einer lebendigen Kirche bildet. Sündenvergebung aktualisiert sich aber im Laufe der Geschichte in immer wieder anderen Formen und an immer wieder anderen Örtern. Das bedeutet, daß sie heute auch außerhalb des Beichtstuhls und überhaupt des Kirchengebäudes geschehen kann. Aber gewiß aktualisiert sie sich heute auch weitab von den moralischen Umkehrforderungen, die ohne Religion und ohne Gnade daherfahren und des Glanzes des göttlichen Erbarmens ermangeln. Bis auf weiteres ist, soll es um Sündenvergebung und Wiederkehr des Glanzes in unserer Welt gehen, auch dem allseits so sehr akzeptierten und für „grundchristlich" erachteten Ruf nach der dringlichen *Umkehr* der Christenheit (der Kirche, der ganzen Menschheit) nicht mehr ohne weiteres zu trauen.

c) *Der verbreitete Widerwille gegen die (falsch verkündigte ?) Gnadenbotschaft von der Sündenvergebung*

Wir betreten nun ein diffiziles Gelände unter der Leitfrage: Was *hemmt* das Akzeptieren der christlichen Gnadenverkündigung? Woher der Widerwille – ausgerechnet gegen die Gnade? Er hat offenbar mehrere Gründe: teils „tiefsitzende", an die geistlichen Wurzeln des Christentums rührende, teils eher „oberflächliche", durch ordentlichere theologische Arbeit und sorgfältigere Kirchenleitung vielleicht doch positiv beeinflußbare Gründe.

Was den „tiefsitzenden" Widerwillen anbelangt: Er ist identisch mit dem von allen einsichtsvollen Theologen der Kirchengeschichte genau erkannten, jedoch vom „kirchlichen Fußvolk" selten hinreichend begriffenen Sachverhalt, daß wir zwar alle „so aussehen", als freuten wir uns zu hören „deine Schuld wird von dir genommen, du wirst nicht sterben, sondern leben", daß wir aber in Wahrheit *keine* göttliche Gnade wollen, ja, überhaupt keiner anderen Realität dieses Lebens *so* feindselig gegenüberstehen wie der uns zugesprochenen Gottesgnade[9]! Der gnädige Gott ist des „natürlichen Menschen" größter Feind. Und jener Glaube an Gott, der einzig und allein uns aufhören läßt, „natürliche Menschen" und Gottesfeinde zu sein, ist unter allen Wundern das größte. Denn der Mensch will sich selbst gnädig sein, sich selbst retten, auf die selbsterarbeiteten Stützen seines physischen und psychischen Lebens durchaus nicht verzichten. Darum kommt ihm der gnädige Gott schon an der tiefsten Wurzel seiner Existenz „quer". Man müßte, mit Kierkegaard zu reden, ein ganz armer, an sich selbst verzweifelter Sünder sein, um für Gottes

[9] Vgl. LUTHER, WA 18, 633, 5. – BARTH, KD II/1, 148.151.154 u.ö.

Gnade geöffnet zu existieren. Uns, die wir genau dies nicht wollen, dennoch zu solchen ganz armen Sündern zu machen, das ist die größte Tat und die eigentliche Arbeit des heiligen Geistes in der Kirchengeschichte.

Die Arbeit des heiligen Geistes muß nun die *seine* auch bleiben! Gute Theologie erfüllt ihre Aufgabe an diesem Punkt durch das Waltenlassen genau dieser Einsicht und durch den strikten Verzicht darauf, jener Arbeit etwa durch neue theologische Erziehungs- oder neue kirchliche Reformprogramme zum besseren Erfolg verhelfen zu wollen.

Anders, ganz anders aber sieht es aus beim Widerwillen gegen die christliche Zentral-Botschaft von der Sündenvergebung, der genährt ist aus Erfahrungen, die D. Bonhoeffer in seinem Buch „Nachfolge" (1937) die „billige Gnade" genannt hat:

> „Billige Gnade ist der Todfeind unserer Kirche. Unser Kampf geht heute um die teure Gnade."
>
> „Billige Gnade heißt Gnade als Schleuderware, verschleuderte Vergebung, verschleuderter Trost, verschleudertes Sakrament; Gnade als unerschöpfliche Vorratskammer der Kirche ..."
>
> „Billige Gnade heißt Gnade als Lehre, als Prinzip, als System; heißt Sündenvergebung als allgemeine Wahrheit, heißt Liebe Gottes als christliche Gottesidee ...".
>
> „Billige Gnade heißt Rechtfertigung der Sünde und nicht des Sünders. Weil Gnade doch alles allein tut, darum kann alles beim alten bleiben ..."
>
> „Billige Gnade ist Predigt der Vergebung ohne Buße, ist Taufe ohne Gemeindezucht, ist Abendmahl ohne Bekenntnis der Sünden, ist Absolution ohne persönliche Beichte. Billige Gnade ist Gnade ohne Nachfolge, Gnade ohne Kreuz, Gnade ohne den lebendigen, Mensch gewordenen Jesus Christus ..."
>
> Das Volk in unserem geographischen Raum „war christlich, war lutherisch geworden, aber ... zu einem allzu billigen Preis. Die billige Gnade hatte gesiegt. Aber wissen wir auch, daß diese billige Gnade in höchstem Maße unbarmherzig gegen uns gewesen ist? Ist der Preis, den wir heute mit dem Zusammenbruch der organisierten Kirche zu zahlen haben, etwas anderes als eine notwendige Folge der zu billig erworbenen Gnade?"[10]

Dieser Widerwille gegen die kirchliche Gnadenbotschaft resultiert offensichtlich aus christlichem Ernst und aus der Ergriffenheit von der wahren Gnadenbotschaft des Christentums. Er richtet sich gegen die wohlfeile Gnade, die zwar von vielen ganz gern konsumiert wird, sich dann aber als nutzlos, ja schädlich erweist. Bonhoeffers Widerwille kommt aus dem Inneren der Kirche. Er kommt aus dem Schmerz über die frevelhafte Verschleuderung des Heiligsten, die durch eine opportunistische, sich dabei letztlich ins eigene Fleisch

---

[10] BONHOEFFER, 13f.

schneidende Kirchenorganisation inszeniert worden ist und weiterhin inszeniert wird.

Der mit Recht berühmt gewordene Text Bonhoeffers spielt auch auf Probleme der neuzeitlichen Säkularisierung an: Die christianisierte und teilweise sogar durch die Reformation hindurchgegangene europäische Welt, in der die Gnade immanentes Allgemeingut wurde, hat folgendes kirchliche Fehlverhalten zu beklagen: „... man taufte, man konfirmierte, man absolvierte ein ganzes Volk, ungefragt und bedingungslos, man gab das Heiligtum aus menschlicher Liebe den Spöttern und Ungläubigen, man spendete Gnadenströme ohne Ende, aber der Ruf in die strenge Nachfolge Christi wurde seltener gehört"[11]. Bonhoeffer thematisiert hier jenes verächtlich gewordene europäische Kirchentum und Christentum, das schon den Spott von Voltaire und anderen „Aufklärern" hervorgerufen hat. Sie alle waren in besonderem Maße mit der kirchlichen Gnadenlehre in Konflikt geraten. Sie haben sich gleichzeitig um mehr Sittlichkeit in den europäischen Gemeinwesen bemüht. Bonhoeffer versucht offensichtlich, ihrer Kritik Recht zu geben und doch zugleich auch die Spitze abzubrechen, indem er auf das ‚sein sollende Christentum' der strengen Nachfolge Christi hinweist. Seine Theologie vollzieht hier die Doppelbewegung: Zum einen öffnet sie sich (in Verbindung mit einer intendierten kirchlichen Selbstkritik) jenem „säkularisierten" modernen Europäer, der nach allem, was die Christentumsgeschichte erbracht hat, nur noch „weltlich" denken und fühlen kann. Zum andern gebietet sie (mit dem Ziel einer Erneuerung bzw. Wiederherstellung von Christentum und Kirche) dem nutzlosen und nichtswürdigen Hinausschleudern des Heiligen in die „Welt" Einhalt. Sie ruft dazu auf, das *Arkanum* des Christentums neu zu entdecken und vor allem: es zu bewahren.

> „Teure Gnade ist Gnade als das Heiligtum Gottes, das vor der Welt behütet werden muß, das nicht vor die Hunde geworfen werden darf, sie ist darum Gnade als lebendiges ... Wort Gottes, das er selbst spricht, wie es ihm gefälllt. Es trifft uns als gnädiger Ruf in die Nachfolge Jesu ..."[12].

Öffnung zur Welt *und* gleichzeitiges Engermachen der kirchlichen Tür – das ist die eigentümliche Spannung in der Theologie Bonhoeffers in dessen letztem Lebensabschnitt. Es wird die moderne (atheistische) Religionskritik und die aus ihr resultierende Verdiesseitigung und Verweltlichung des Lebens weitgehend akzeptiert. Gleichzeitig aber wird von Kirchenzucht gesprochen. Außerdem wird eine

[11] AaO, 25.
[12] AaO, 15.

„christologische Konzentration“ eigener Bonhoefferscher Prägung versucht: die Konzentration auf die Gnade, die in der, wie er sagt, strengen Nachfolge Jesu Christi gefunden wird[13]. In einer für protestantische Theologie äußerst kühnen Zuspitzung der Gnadenlehre versucht Bonhoeffer, die das Kreuz der Selbstverleugnung auf sich nehmende Nachfolge bzw. die (auch eine ethische Besserung ausdrücklich einschließende) Umkehr *als Gnade* zu interpretieren. Bonhoeffer bekundet in diesem Zusammenhang die Auffassung, daß das mittelalterliche geistliche Leben in den Klöstern mit seiner Entfaltung strenger Formen christlicher Gemeinsamkeit und mit seinem Versuch, auch die besonderen „evangelischen Räte“ der Predigt Jesu zu befolgen, noch durchaus aktuell sein könnte. Zwar ist für Bonhoeffer das regulierte Klosterleben, wie auch schon die Reformatoren lehrten, nicht zu billigen als die Lebensanweisung für einen aus der Bevölkerung herausgehobenen, besonderen geistlichen Stand. Aber das Leben nach den „evangelischen Räten“ müßte – samt seiner *Magna Charta*: der Bergpredigt – eben die Lebensform *aller* Christen, also des gesamten „weltlichen“ Kirchenvolks werden!

Soweit Bonhoeffers Versuch, zur teuren Gnade zurückzufinden. Es kann hier offenbleiben, wie die Frage einer Nähe dieses Versuchs zu neuen Gesetzlichkeiten in der Kirche, die mit Bonhoeffers theologischem Erbe legitimiert werden sollten, zu beurteilen sein mag. Nachdem diese wichtige Stimme gegen die gängige Praxis kirchlicher „Zusprüche“ der Sündenvergebung gehört worden ist, muß jetzt noch eine weitere, eine dritte Quelle des heutigen Widerstands gegen die „christliche Gnadenbotschaft“ erörtert werden.

Diese dritte Quelle ist die *Veränderung der Welt* seit der Einführung der Nuklearwaffen bzw. der eingetretenen Möglichkeit einer Selbstvernichtung der Menschheit. Das Christentum scheint, indem diese Geschichtsentwicklung eintrat, historisch versagt zu haben. Es

---

[13] Hier berührt sich Bonhoeffers Theologie mit den entsprechenden „Durchbrüchen“ zur (und der) Neuzeit bei Karl Barth. Sie bestehen vornehmlich in einer theologischen Neubewertung der menschlichen Leistungskraft, der menschlichen Selbstverwirklichung durch sittliches Handeln. Ähnlich wie schon die liberale Theologie, zeigt auch Barths Lehre – trotz ihres dezidierten Wiederanknüpfens an die Reformation – keine Scheu vor einer Bewertung des göttlichen Gesetzes *als Evangelium*; und trotz der Möglichkeit der Werkgerechtigkeit und der Selbstrechtfertigung zeigt sie keine Furcht vor einer grundsätzlich positiven Bewertung des Tuns „guter Werke“ als eines Zeichens der Wirksamkeit göttlicher Gnade. – Ich habe versucht, dies alles nicht als einen Bruch mit der Theologie Luthers noch als einen ungebrochen nachwirkenden Calvinismus, sondern als eine – in veränderter geschichtlicher Situation legitime – Weiterführung reformatorischer Theologie durch Barth zu interpretieren, in: Gestrich (1986), 136–157.

geriet auf die Anklagebank und wird beschuldigt, die Menschheit und die Erde in eine Sackgasse hineingetrieben zu haben. Gleichviel, wie es mit der Berechtigung dieses Vorwurfs gegen das Christentum steht: Seine „Verheißungen", wie sie üblicherweise „verkündigt" werden, sind jedenfalls für viele Menschen nicht mehr verlockend. Seine „Gnadenhilfen" gelten oft als nutzlos. „Kein Gott wird uns helfen, diese Erde zu bewahren." Weithin herrscht *Enttäuschung* über die Fruchtlosigkeit christlicher Ethik bzw. über die problematischen ethischen Früchte christlichen Glaubens. Auch viele Pfarrer macht inzwischen ihr eigener Eindruck „müde", es komme das von ihnen zu verkündigende Evangelium an die Ursachen der Übel, unter denen heute gelitten und Zukunftsangst empfunden wird, einfach nicht (mehr) heran[14]. Soziologisch betrachtet, scheint christlicher Glaube überwiegend nur noch als ethisch-politisch fast bedeutungslose Privathaltung vorzukommen. Psychologisch betrachtet, erspart christlicher Glaube kaum eine der therapeutischen Seelenhilfen aus dem gegenwärtigen humanwissenschaftlichen Instrumentarium. Man braucht die letzteren alle noch obendrein, falls man „zur Kirche geht". Und *sie* decken dann oft die „wahren Wurzeln" des Übels auf, während dies der kirchlichen Verkündigung nicht (mehr) zu gelingen scheint.

So wurden es viele Menschen in unserer Zivilisation leid, angesichts der überaus unversöhnten Gesamtzustände noch weiterhin die kirchliche „Gnadenbotschaft" von der „versöhnten Welt" zu vernehmen. Nutzlos und vernebelnd sei, was man da höre. Allenfalls die Lehren des *Judentums*, die von Repräsentanten des Christentums früher so oft als „religiös antiquiert" und als „blind" eingestuft worden sind, erfahren in dieser Lage noch einige (und im Raum der Kirchen jetzt manchmal große) „Akzeptanz". Gern aufgegriffen wird ihr – angeblich – größerer heilsgeschichtlicher Realismus, der die unversöhnte Wirklichkeit nicht „versöhnt" nennt, und der gnaden*lose* geschichtliche Folgen auch als klare Abwesenheit der Gnade bewertet[15].

Das alles mag ein Zerrbild dessen sein, was „eigentlich" in der Kirche „zu verkündigen" wäre. Aber wie fremd und durch die Wirklichkeit ungedeckt gewor-

---

[14] Vgl. meinen Aufsatz: „Sündenvergebung ..." (1983), 325.

[15] Sehr deutlich wurde dieses Problem im Dialog zwischen LAPIDE und PANNENBERG, 40. Letzterer hatte thetisch formuliert: „Die Besonderheit des Christentums besteht in dem Glauben an die Versöhnung der anderweitig noch unversöhnten Welt in Jesus Christus und in der Gegenwart seines Geistes." – L. bemerkte hierzu: „Das begreift mein schlichter jüdischer Verstand nicht mehr, entweder ist

den ist allein schon die Vorstellung, der Bevölkerung werde aus den Kirchen heraus etwas „verkündigt"! Die kirchliche Predigt steckt heute in einer, aufs Ganze gesehen, weder zu leugnenden noch allein auf die veränderten Lebens- und Freizeitgewohnheiten, auf den Wohlstand oder auf die Konkurrenz durch die Massenmedien zurückzuführenden Krise. Ihre gering gewordene Resonanz kommt *von innen.* Tausenden von Theologen bzw. Pfarrern ist die Sprache ausgegangen. Sie werden dabei betroffen (und finden sich vielfach auch selbst so vor), angesichts der geschichtlich gewordenen Situation „nichts zu sagen zu haben" oder „nichts zu sagen zu wissen". Kurz, es ist für die Kirchen sehr schwer geworden, ihr Eigenstes unter die Menschen zu bringen: die Ansage von Gottes helfender Nähe als Trost für alle, denen Gott fehlt oder die im Blick auf ihre objektive Lage (vielleicht auch: im Blick auf das derzeit herrschende Religionssystem?) von Gott nichts mehr erwarten. Sprachlos gewordene heutige Predigten sind solche, die zwar alles Mögliche sagen, aber die nicht mehr zu binden und zu lösen verstehen.

Nun sind drei wichtige Ursachen des heutigen Widerwillens gegen die „Gnadenbotschaft" von der Sündenvergebung dargestellt worden: einmal die Gnadenfeindschaft, die im Menschen *immer* da ist, weil er sein eigener Gott sein will; sodann herkömmliches Ausstreuen einer „billigen Gnade" (Bonhoeffer) durch die Kirchen; schließlich die Enttäuschung über die Fruchtlosigkeit des „geistlichen Betriebs" angesichts der weltgeschichtlichen Lage. Diese drei grundverschiedenen Ursachen wirken zusammen. Sie nötigen zu der Frage: Wie sollte eine christliche Kirche, die bei ihrer ureigenen Sache bleiben bzw. wieder zu ihr zurückfinden will, auf dieses Ablehnungssyndrom reagieren?

d) Die notwendige kirchliche Selbstkorrektur

Die derzeitige kirchliche Schwäche beim „Zuspruch der Sündenvergebung" ist nicht irgendeine Unvollkommenheit, wie sie der Kirche immer anhaftet, sondern sie stellt die Kirche wirklich in Frage. Sie reicht so tief, daß ihr auch mit noch so trefflich ersonnenen „Gemeindeaufbau- Programmen" nicht beigekommen werden kann.

Ein theologischer Fehler vieler *Gemeindeaufbau-Programme* liegt darin, daß sie – abgesehen von der manchmal vorhandenen Gefahr, die vorhandene Kirche durch eine postulierte Kirche zu übersteigen – die „kirchliche Erneuerung" überhaupt als ein eigenes Thema und Ziel betreiben. Da werden letzten Endes immer die Menschen dazu fehlen. Denn Neues und vor allem Besseres in der Kirche wird

---

die Versöhnung da, und eine Versöhnung, die für mich nicht wahrnehmbar ist, in irgendeiner Weise, kann ich als Versöhnung nicht akzeptieren."

ja nur, wenn in einer zentralen Glaubensfrage eine bessere Erkenntnis aufbricht, noch genauer, wenn eine Häresie besiegt wird, die sich in der Kirche eingenistet hat. Nur so geschieht wirklicher Aufbau. Heute muß – ähnlich wie in der Wittenberger Reformation, bei der es zunächst um die Frage des Ablasses ging – bei den lädierten kirchlichen Theorien und praktischen Gepflogenheiten rund um die Sündenvergebung der Anfang gemacht werden. Ohne theologische Erneuerung gerade an diesem Punkt können Strategien zum Gemeindeaufbau jedenfalls nicht „wichtig" werden.

In heutiger Theologie wird zu wenig nach den konkreten Bedingungen der Sündenvergebung gefragt. Gemeint sind hier nicht „Vorbedingungen", sondern der Ort und die Umstände im menschlichen Leben, in bezug auf die die Sündenvergebung ihre Rolle spielen soll. *Ein* wichtiger Ort ist zweifellos der kirchliche Gottesdienst, weil sich Christen oft in ihm auf den „Zuspruch" der Sündenvergebung einlassen. Sie hören hier, daß *Gott* sie nicht mehr als Sünder betrachtet (und daß sie sich deshalb auch selbst nicht mehr so betrachten sollen). Was nun? „Ich habe gehört, ich gehe nach Hause". (Vielleicht brachte mir auch ein Pfarrer den gottesdienstlichen „Zuspruch" direkt ins Wohnzimmer – via Television). Wie auch immer: Bei derartigen „Zusprüchen" bleibt in der gegenwärtig üblichen kirchlichen Praxis mein Lebensverhältnis zur Kirche(ngemeinde) dahingestellt. Ich habe die Absolution empfangen, ohne daß dabei die Frage dieses Lebensverhältnisses berührt wurde. Sollte nicht bereits *hier* der „häretische Punkt" sitzen, nach dem soeben gefragt wurde? In der Tat dürfte bessere Glaubenserkenntnis *an dieser Stelle* das Eingangstor eines erneuerten Sünden- und Gnadenverständnisses werden!

Die christliche Kirche steht – objektiv – immer in einem doppelten Verhältnis zur Sündenvergebung. Folgendes ist gemeint: Die Kirche hat nicht allein in die „Welt" hinein „lösende Worte" zu sprechen, d.h. sie ist nicht lediglich eine Spenderin oder Vermittlerin göttlicher Sündenvergebung, sondern sie ist selbst auch deren erste Empfängerin. Kirche selbst entsteht, wächst und gedeiht durch die Vergebungskraft des Evangeliums. Denn: wem alle Sünden von Gott vergeben sind (wie dies beispielsweise im Taufgeschehen zum Ausdruck kommt), der wird ja als ein – verloren gewesenes – Glied dem Leib Jesu Christi (wieder-)eingepflanzt.

Man vergleiche dazu Eph 2, 14ff: Hier wird der Vorgang, durch den „Kirche wird", als Zueinanderfinden von bislang durch eine unübersteigbare Kluft getrennt gewesenen Menschen beschrieben. „Juden" und „Heiden" – das bekannteste Beispiel –, die nicht an einem Tisch zu essen vermochten, finden zueinander. Der *Glaube* daran, daß Jesu Tod *mit Recht* als friedenstiftendes Versöhnungsopfer ausgelegt und proklamiert worden sei, habe dieses Wunder bewirkt. Aus den zuvor abgrundtief Getrennten wurde, so heißt es, ein „neuer Mensch", und betonen könnte man auch *ein* neuer Mensch. Sie wurden gemeinsam Glieder an dem *einen* Leib Jesu Christi. Der Epheserbrief erstellte hier, wohl von Paulus inspiriert, ein Paradigma der Sündenvergebung. Denn er erinnert daran, daß in der Person von Juden und von Heiden durch den Glauben an Jesus Christus etwas Störendes, etwas Feindlich-Trennendes „abgebaut" wurde. Juden sind stolz darauf, keine Heiden sein zu müssen. Die als „Heiden" (immer allererst vom Judentum aus!) Eingestuften reagieren hierauf feindlich und mit eigenem Stolz. Das Unversöhnliche zwischen ihnen ist besonders greifbar in der wechselseitigen Abgrenzung voneinander. Solche wechselseitige Ab- und Ausgrenzung aber ist letztlich immer das Ergebnis einer Existenz im Modus der *Selbstrechtfertigung*. Allein und allererst das geglaubte Wort vom Versöhnungstod Christi vermochte – das besagt die Erinnerung des Epheserbriefs – diese Selbstrechtfertigung außer Gefecht zu setzen. Hierdurch fanden Juden und Heiden an einen Tisch. Und die bleibende Lehre daraus besagt: Das Wort, das solche Selbstrechtfertigung zu unterbrechen vermag, *gründet* – damals und auch heute – *die Kirche*[16].

Dieser „kirchbildende" Aspekt der Sündenvergebung ist in der heutigen Theorie und Praxis der Kirche weithin ausgeblendet worden. Deshalb wurde ein solches „Zusprechen" der Vergebung zur gängigen, häretisch zu nennenden Praxis, bei dem die Frage des *verbindlichen Miteinanders der Glieder am Leib Christi* gar keine Rolle spielt. Der Fehler liegt also darin, daß der „Zuspruch" das eine, die Frage der Teilnahme am kirchlichen Leben aber das andere, von jenem Ersten Abtrennbare oder losgelöst zu Sehende sein darf.

Nicht die nachlassende Intensität und Extensität der Beichtbereitschaft, nicht die zunehmende Bevorzugung der Gemeinschaftsbeichte, nicht das im Vergleich zu früher geringere Wissen um die eigenen Sünden (und die entsprechend weniger heftig empfundene Reue, wenn man von den „Schuldgefühlen" einmal absieht) stellen das eigentliche Handicap der gegenwärtigen Sündenvergebung dar. Auch ist nicht etwa das verbreitete Nichterbringen echter Bußleistun-

---

[16] Darum kann sich z. B. die Bekennende Kirche wirklich nicht freisprechen von großen Versagen während des sogenannten deutschen Kirchenkampfes in den Jahren 1933–1945: Sofern sie sich nicht an vorderster Stelle ihres Bekenntnisses – in *dieser* historischen Situation! – zur christlich-jüdischen Gemeinschaft bzw. zu ihrer eigenen Berufung unter die Gemeinschaft von „Juden und Heiden" bekannt hat, hat sie doch wohl zur Rettung der Kirche so gut wie gar nichts beigetragen! Es war ihr dann auch nicht „gegeben", an anderer Stelle grundlegende Glaubenswahrheiten – Christologie, Rechtfertigung des Sünders – leuchtend hochzuhalten. Denn *hätten* diese Wahrheiten in der Bekennenden Kirche in voller Kraft gestanden, hätte ihr nicht ein einziger Judenchrist verlorengehen können. – Dieses Urteil ist nicht als moralisch-theologische Zensur der Bekennenden Kirche durch Nachgeborene sinnvoll, sondern es erhält dadurch Kraft und wird auch hilfreich, daß er von damaligen Mitgestaltern des Lebens der Bekennenden Kirche selber gebildet wird.

gen und Umkehrhandlungen die tatsächliche Ursache der Degeneration der Sündenvergebung. Überhaupt nicht das Verhalten auf der „Empfängerseite", sondern das auf der „Anbieterseite" bildet das eigentliche Problem! Denn die Wurzel des Schadens liegt im kirchlich hingenommenen *Privatbleiben* der Person, die - angeblich - die Vergebung ihrer Sünden empfängt[17]. Wäre erkannt, daß Sündenvergebung *eo ipso* ein konkretes (Wieder-)Aufleben eines Christen unter seinen Mitchristen bedeutet, dann würde man den „Zuspruch" eben nicht losgelöst von der Interaktion der Gemeindeglieder zur Sprache bringen. Man würde vielmehr Vergebung - und überhaupt Gnade - dahingehend theologisch neu erfassen, daß sie nicht als etwas zweites und anderes neben der sozialen und der diakonischen Dimension des Glaubens zur Sprache kommen. Genau das hat auch schon Bonhoeffer gewollt.

Es genügt nicht, sich theologisch *vorzustellen*, daß ein Mensch, der der kirchlichen Botschaft „dir sind deine Sünden vergeben" glaubt, dann anschließend auch in seiner Familie oder in seinem Kollegenkreis als Mensch wieder auflebt, also die Beziehungen zu seiner Umgebung zu erneuern vermag. Ohnehin wäre eine solche Annahme wirklich nur eine „theologische Vorstellung" - mit unklarer Fundierung in der Wirklichkeit. Es ist aber schon dies einer der Fehler gegenwärtiger Theologie, daß man es mit der Unterscheidung durchaus nicht genau nimmt/nehmen will, wer denn von den Mitmenschen eines Gemeindegliedes zur Kirche gehört - und wer nicht. Viele Menschen in unserer Umgebung sind nicht Christen, gehören nicht zur Kirche. „Macht denn dies irgendetwas aus?" So wird man fragen. Mit Blick auf das Geschehen der Sündenvergebung ist es aber der - nicht erkannte - springende Punkt, daß hierbei eine Erneuerung oder Neuermöglichung des persönlichen Zusammenwirkens mit anderen Gliedern des Christusleibes[18] *nicht ausfallen* darf. Fällt

---

[17] Oft wird behauptet, wir könnten gegenwärtig die Sünde nicht mehr ‚privat' verstehen (sondern nur noch sozial, politisch, gesellschaftlich usw.), und *darum* stehe auch der Zuspruch der Vergebung nicht mehr in Kraft. Aber das Gegenteil ist ja der Fall. Nicht, weil wir „Sünde" nicht mehr privat verstehen, wird Vergebung schwierig, sondern gerade, weil wir dies tun!

[18] Hier stellt sich die Frage nach dem Umfang des Christusleibes. Ist exklusiv die Kirche/Gemeinde als dieser Leib zu verstehen, dessen Haupt Jesus Christus ist? (Eph 1,22; Kol 1,18) Oder ist Jesus Christus das Haupt der ganzen Welt? Dieses z.B. von Barth (KD IV/3.2, 863ff) erörterte Problem ist durch die ‚post-christliche Situation' insbesondere Europas akut geworden. Die Lösung dieses Problems darf mit Sicherheit nicht in der Richtung gesucht werden, bei der die Kirche in ihrer Bedeutung relativiert und die Grenze zwischen Kirche und Nicht-Kirche verwischt wird. Doch darf diese Grenze auch mit Sicherheit nicht mit den Grenzen der

nämlich dieses aus, so wird sich auch sonst nichts erneuern oder ermöglichen. Es blieb und bleibt dann im Herzen, in der Kirche, in der Welt alles beim alten. Und es wurde auch dies bereits wieder theologisch verkannt, daß der „Empfänger" jeder einzelnen Sündenvergebung nie nur der einzelne, sondern immer nur er *und* seine „Gemeinde", er *und* die Kirche ist.

bestehenden Kirchenorganisationen gleichgesetzt werden. Diese theologische Aussage schmälert die Würde und Notwendigkeit der bestehenden Kirchen keineswegs. Nur macht nicht die Kirchenorganisation den Christusleib, sondern dieser jene. Am Verhältnis Jesu Christi zu den einzelnen Menschen und der einzelnen Menschen zu ihm entscheidet sich darum deren Zugehörigkeit zur Kirche – und dies unabhängig von rechtlich verfaßten Mitgliedschaften! So gesehen aber ist das Verhältnis zwischen Menschen, die Glieder am Leibe Jesu Christi sind, etwas Besonderes, etwas vom menschlichen Verhältnis zu Nicht-Christen Verschiedenes: Christen sind zu einem Zusammenwirken eigener Art aufgerufen, die völlig unersetzbar ist – beim gemeinsamen Gotteslob angefangen. Der Sinn und die Notwendigkeit dieser besonderen Interaktion werden aber von heutigen Christen oft verkannt, nicht mehr verstanden. Darum trauern sie merkwürdigerweise auch nicht um die vielen getauften Menschen, die gegenwärtig aus den Kirchen austreten. Diese fehlen nicht, wo es ein Zusammenwirken der Gemeindeglieder ohnehin weder gab noch geben sollte. Der Schaden ist tief in den großen Kirchen eingerissen und kann nur zusammen mit einer deutlichen Umkehr im Taufverständnis und in der Tauffrömmigkeit geheilt werden.

§ 13 Der Vollzug der Erneuerung

P. ALTHAUS, Die Theologie Martin Luthers, Gütersloh (1961) [2]1963. – G. BADER, Jesu Tod als Opfer, in: ZThK 80 (1983), 411–431. – K. BARTH, KD, Zürich 1932ff. – W. BERNET, Weltliche Seelsorge – Elemente einer Theorie des Einzelnen, Zürich 1988. – D. BONHOEFFER, Sanctorum Communio. Eine dogmatische Untersuchung zur Soziologie der Kirche, DBW 1 hg. v. J. v. SOOSTEN, München 1986. – DERS., Das Wesen der Kirche (Nachschrift einer Vorlesung vom Sommer 1932), GS V, München 1972, 227–275. – DERS., Sätze über Schlüsselgewalt und Gemeindezucht im Neuen Testament (1937), GS III, 369–381. – G. BORNKAMM, Die Binde- und Lösegewalt in der Kirche des Matthäus. In: Die Zeit Jesu (Festschrift für H. Schlier), Freiburg/Basel/Wien 1970, 93–107. – R. BULTMANN, Die Frage nach der Echtheit von Mt 16,17–19. In: Exegetica. Aufsätze zur Erforschung des Neuen Testaments, hg. v. E. DINKLER, Tübingen 1967, 255–277. – J. M. VAN CONGH und M. VAN ESBROECK, La primauté de Pierre (Mt 16,16–19) et son contexte judaïque, in: RevThéolLouv 3 (1980), 310–324. – H. DEE, Vergebung von Sünden, in: EvTh 26 (1966), 540–551. – G. EBELING, Kirchenzucht, Stuttgart 1957. – DERS., Theologie und Verkündigung. Ein Gespräch mit R. Bultmann (HUTh 1), Tübingen 1961. – P. FIEDLER, Sünde und Vergebung im Christentum, in: Conc (D) 10 (1974), 568–571. – DERS., Jesus und die Sünder. Beiträge zur biblischen Exegese und Theologie, Bd. 3, Bern/FFM 1976. – E. FRANZ, Das Opfersein Christi und das Opfersein der Kirche: d. Opferbegriff Augustins als Beitr. zum Verständnis d. Eucharistie in d. Konvergenzerklärungen von Lima 1983 (Kontexte Bd. 6), FFM/Bern/New York/Paris 1988. – H. GESE, Die Sühne. In: DERS., Zur biblischen Theologie. Alttestamentliche Vorträge (BEvTh 78), München 1977, 85–106. – C. GESTRICH, Neuzeitliches Denken und die Spaltung der dialektischen Theologie. Zur Frage der natürlichen Theologie (BHTh 51), Tübingen 1977. – R. GIRARD, Das Heilige und die Gewalt (1972), deutsch: Zürich 1987. – H. GOLLWITZER, Zu Helmut Dee „Vergebung und Sünde“, in: EvTh 26 (1966), 652–662. – DERS., Von der Stellvertretung Gottes. Christlicher Glaube in der Erfahrung der Verborgenheit Gottes. Zum Gespräch mit D. Sölle, München 1967. – R. GRADWOHL, Sünde und Vergebung im Judentum, in: Conc (D) 10 (1974), 563-567. – E. HERMS, Schuld in der Geschichte. Zum „Historikerstreit“, in: ZThK 85 (1988), 349–370. – N. HOFFMANN, Sühne. Zur Theologie der Stellvertretung (Sammlung Horizonte N. F. 20), Einsiedeln 1981. – O. HOFIUS, Sühne und Versöhnung. Zum paulinischen Verständnis des Kreuzestodes Jesu. In: W. MAAS (Hg.), Versuche, das Leiden und Sterben Jesu zu verstehen, München/Zürich 1983, 25–46. – J. IMBACH, Vergib uns unsere Schuld. Sünde, Umkehr und Versöhnung im Leben des Christen, Mainz 1978. – B. JANOWSKI, Sühne als Heilsgeschehen. Studien zur Sühnetheologie der Priesterschrift und zur Wurzel KPR im alten Orient und im Alten Testament (WMANT 55), Neukirchen/Vluyn 1982. – J. JEREMIAS, Art. A. Die verschiedenen Wendungen des Schlüsselbildes im NT. B. Die Schlüsselgewalt, in: ThWNT III, 744–753. – E. JÜNGEL, Das Geheimnis der Stellvertretung. Ein dogmatisches Gespräch mit Heinrich Vogel, in: BThZ 1 (1984), 66-80.– K. KOCH, Sühne und Sündenvergebung um die Wende von der exil. zur nachexilischen Zeit, in: EvTh 26(1966), 217–239. – G. KRAUSE, Vergebung ohne Schuld? in: EvTh 36(1976), 53–72. – K.-J. KUSCHEL, Albert Camus, Langer Schatten. Schuld als Thema der Gegenwartsliteratur (I), in: Orientierung (50. Jg., Nr. 17, 1986), 178–180. – B. G. LANGEMEYER, Sündenvergebung und Brüderlichkeit. In: DERS., Theologie im Dialog mit der Wirklichkeit, hg. u. eingel. von K. WITTSTADT, Würzburg 1979, 96–120. – H. LEROY, Vergebung und Gemeinde nach dem Zeugnis der Evangelien (Habil.-Schrift), Tübingen 1972. – DERS., Zur Vergebung der Sünden. Die Botschaft der Evangelien (SBS 73), Stuttgart 1974. – E. Lévinas, Le temps et l'autre (1948), Montpellier: fata morgana 1979; deutsche Ausgabe: Die Zeit und der Andere (übersetzt u. m. einem Nachwort vers. v. L. Wenzler), Hamburg 1984. – Ders., Die Spur des Anderen. Untersuchungen zur Phänomenologie und Sozialphilosophie (übers., hg. u. eingel. v. N. Krewani), Freiburg/München 1983. – E. Lohse, Märtyrer und Gottesknecht. Untersuchungen zur urchristlichen Verkündigung vom Sühnetod Jesu Christi, Göttingen 1955. – J. B. Metz, Vergebung der Sünden. In: SdZ 195 (1977), 119–128. – J. Michl, Sündenvergebung in Christus nach dem Glauben der frühen Kirche, in: MThZ 24 (1973), 25–35. – Ders., Sündenbekenntnis und Sündenvergebung in der Kirche des Neuen Testaments, ebd. 189–207. – E. Mühlhaupt (Hg.), Martin Luthers Evangelien-Auslegung 2. Teil, Göttingen ³1960. – F. Nietzsche, SW, Kritische Studienausg. in 15 Bdn., hg. v. G. Colli und M. Montinari, Berlin/New York 1967ff. – K. Rahner, Vom Geheimnis menschlicher Schuld und göttlicher Vergebung, in: GuL 55 (1982), 39–54. – A. Schlatter, Der Evangelist Matthäus. Seine Sprache, sein Ziel, seine Selbständigkeit. Ein Kommentar zum 1. Evangelium, Stuttgart ⁵1959. – Ders., Der Evangelist Johannes, Stuttgart 1948. – E. Schweizer, Das Evangelium nach Matthäus, NTD 2, Göttingen ¹³1973. – D. Sölle, Stellvertretung. Ein Kapitel Theologie nach dem „Tode Gottes" (1965). Um ein Nachw. erweit. Neuaufl., Stuttgart 1982 – H. Thyen, Studien zur Sündenvergebung im Neuen Testament und seinen alttestamentlichen und jüdischen Voraussetzungen (FRLANT 96), Göttingen 1970.

a) Die Sühne

Vielfältig sind aus reicher religionsgeschichtlicher Vergangenheit die sprachlichen Möglichkeiten der Bibel, das göttliche *Gnadengeschehen* auszudrücken. Unter den hervorstechenden Termini finden wir den der Sühne. Alle Menschen gelten als angewiesen auf Sühnung ihrer Schuld[19]. In der Bibel berührt sich das Wort „Sühne" (*expiatio, hilasmós*) häufig mit dem Wort „Versöhnung" (*reconciliatio, katallagé*). Der Kreuzestod Christi gilt als das „allgenugsame", „ein für allemal geschehene" Sühnopfer (vgl. Röm 6,10; Hebr 9,26–28), das die Menschheit mit Gott versöhnt. Bei diesem Sühnopfer ist Christus unser aller „Stellvertreter".

[19] Ein eigentliches Sühn*opfer* kennt Israel erst seit dem babylonischen Exil. In der priesterschriftlichen Theologie Israels steht es im Mittelpunk des Kultes (Gese, 90f): Zunächst blieb die Möglichkeit kultischer Sühnung (=Tilgung und Vergebung der Schuld) auf die *versehentlich* begangenen Sünden beschränkt, während die *mit erhobener Hand* begangenen Sünden (zu dieser Unterscheidung s. Num 15,22–31) von der Sühne ausgeschlossen bleiben (Hofius, 33). Erst Jesu Kreuzestod wurde als „Sühnopfer für alle Sünden" begriffen, und zwar nicht nur in Israel (die „alttestamentlichen Sühnopfer" waren „einzig Israel, nicht aber den Heidenvölkern gegeben"), sondern in aller Welt (Hofius, 43).

„... Gott war in Christus und versöhnte die Welt mit sich selber und rechnete ihnen ihre Sünden nicht zu und hat unter uns aufgerichtet das Wort der Versöhnung". – Gott „hat den, der von keiner Sünde wußte, für uns zur Sünde gemacht, damit wir in ihm die Gerechtigkeit würden, die vor Gott gilt" (II Kor 5,19 und 21).

Durch Christus werden wir „bewahrt werden vor dem Zorn, nachdem wir jetzt durch sein Blut gerecht geworden sind". Wir sind „mit Gott versöhnt worden ... durch den Tod seines Sohnes" zu der Zeit, „als wir noch Feinde waren ..." (Röm 5,9f).

Auf archaische Einsichten („Blut") zurückgehend, entzieht das biblische Reden von der Sühne dem Verdacht alle Nahrung, Gottes Gnadenhandeln sei ein „billig" zu habendes Verzeihen. Was mit Blut gesühnt werden muß, ist nicht nur schwerste Verletzung vorgegebener Weltordnung und von zuvor empfangenem Vertrauen und Segen, sondern auch – und zuerst – eine Verletzung Gottes. Die Heilung ist teuer. Der Tod des undankbaren Verletzers und Beleidigers ist die einzige „Lösung" – es sei denn, eine Sühnung von *entsprechendem Gewicht* wird möglich. Der Archaismus des „Sühnegedankens" (ein unangemessenes Wort!) spricht als solcher nicht dagegen, daß „Sühne" auch im Glauben und Leben heutiger Menschen eine gute, eine tragende Rolle spielen kann. Die ins Unvordenkliche hinabreichenden historischen Wurzeln, die extensive religionsgeschichtliche Verbreitung und die eminente inhaltliche Formbarkeit sprechen gerade *für* diesen „Gedanken"! Es war kurzsichtig, daß z. B. die liberale Theologie des 19. Jahrhunderts das gesamte religionsgeschichtliche Sprach- und Symbolfeld, das in der Bibel mit „Sühne" verknüpft ist, als „nicht mehr unseres Zeitalters" zurückwies. (An der religiös verkürzten, bürgerlichen Anwendung des „Sühnegedankens" im Strafrecht nahm man damals dagegen meist keinen Anstoß!) Auch heute gibt es unter Christen erhebliche Vorbehalte gegen sühnetheologische Formulierungen der Christus-Gnade. Die so sprechenden Teile des Neuen Testamentes werden noch immer oft ausgespart. Die Vorstellung von einem Gott-Vater, der seinen Sohn opfert oder opfern läßt, damit er mit den (übrigen) Menschen besser zurechtkomme (und sie mit ihm), scheint eine „unterethische", auch eine geradezu gegenchristliche religiöse Wahnvorstellung zu sein. Auch scheint dieses „Opfer" nichts gebracht zu haben: Die Menschen sündigen weiter.

Bei einer solchen prinzipiellen Ablehnung des sühnetheologischen Gnadenverständnisses spielt vermutlich nicht eine genauere exegetische Beschäftigung mit den Sühneaussagen der Bibel eine Rolle; eher rekurriert man auf Ahnungen, wie sie etwa von S. Freud in „Totem und Tabu" vorgetragen wurden – Ahnungen vom urzeitlichen Ereignis eines Vaterzorns über Söhne, welche die unter Tabu stehenden Frauen begehrten, und von der „Genugtuung" bereitenden Tötung eines solchen Sohnes durch den Vater, ferner von der „ewige Schuldgefühle" erzeugenden Tötung eines solchen Vaters durch die übrigen Söhne, den „Brüdern".

Wieviele Spekulationen sind möglich! Das Neue Testament berichtet jedoch von einem historisch verifizierbaren Menschenopfer, das unter Pontius Pilatus wirklich „passiert" ist. Im Bemühen um die richtige Deutung knüpfen die neutestamentlichen Texte an die Opfer- und Sühnetraditionen Israels an, die ihrerseits im Neuen Testament alle eine neue Interpretation als *auf Jesus Christus hinzielend* erfahren. Sein Lebensopfer, so wird an vielen Stellen interpretiert, leistet nicht *Gott* Genugtuung für einen von seiten der Menschheit erlittenen Schaden. Sondern hier gibt umgekehrt Gott der sündigen *Menschheit* „genug", um ihre Schuld zu bedecken, um die Risse zu heilen, die die Menschen ins Leben hineinbrachten oder -bringen, und um den Mangel in ihrer Seele zu füllen. Dies entspricht auch weithin den Opfertheologien schon des Alten Testaments: Gott ist nicht der Empfänger, sondern das Subjekt, der Geber der Sühne[20].

„Weder bei Paulus ... noch ... in einer anderen Schrift des Neuen Testaments finden sich ‚Theorien von dem ein blutiges Versöhnungs-Opfer fordernden Gott'. Um die Lehre von einem *satisfaktorischen* und *propitiatorischen* Sühnopfer, das Jesus vor Gott und für Gott dargebracht habe, ist eine ganz und gar ... unbiblische Lehre." Gerade Paulus ist nicht von einem zu versöhnenden gegenseitigen „Feindschaftsverhältnis" zwischen Gott und Mensch ausgegangen, sondern von der Feindschaft *des Menschen* gegen Gott. Somit bewirkt der Sühnetod Christi durchaus nicht die Stillung eines Zornaffektes Gottes. Der „Ausdruck *orgé theou* (‚Zorn Gottes') meint bei Paulus nicht eine Emotion Gottes, sondern einen objektiven Sachverhalt: das kommende eschatologische Zorngericht, das dem Sünder, der als Gottes Feind sein Leben verwirkt hat, die definitive Verurteilung zum Tode bringen muß". „Die von Gott im Kreuzesgeschehen gewährte Versöhnung hat zur *Folge*, daß die Versöhnten vor dem kommenden Zorngericht gerettet", d.h. bei Paulus: „im Endgericht nicht verdammt werden"[21].

Nun ist aber oft bemängelt worden, es sei vor allem dies ethisch unverständlich, ja, anstoßerregend, daß Gott einen Unschuldigen stellvertretend für die persönlich schuldig gewordenen Menschen leiden und büßen läßt. Dieser fatale „Sündenbockgedanke" erspare dem tatsächlich Schuldigen unsinnigerweise die verdiente Strafe, folglich auch die Reue und die Umkehr. Den Tod Jesu Christi müsse

---

[20] So übereinstimmend: GESE, HOFIUS, JANOWSKI und auch schon KOCH.

[21] HOFIUS, 27–30.

man vor solcher Interpretation schützen[22] – auch wenn sie im Neuen Testament selbst schon anklingt.

Gegen derartige Ansichten wird heute in der wissenschaftlichen Bibelexegese vorgebracht, daß sowohl im Alten wie im Neuen Testament der Empfänger des Sühnegeschehens in die Leiden des unschuldigen stellvertretenden Sühnopfers einbezogen wird. Er geht nicht „frei" aus. Man kann die in dieser Sühnetheologie begegnende Vorstellung mit H. Gese als Lehre von einer *einschließenden Stellvertretung* bezeichnenden[23]. Das Mitdazugehören des sündigen Menschen bei der Sühne ergibt sich daraus, daß keinem Menschen die Sünde nur äußerlich anlastet wie ein abnehmbares Gepäckstück oder wie eine abwaschbare Verschmutzung der Haut. Von ihrer Sünde kann sich die sündigende Person nicht distanzieren. Sünder ist man im Kern der Person. Darum bedeutet die Tilgung der Sünde eigentlich: Hinwegnahme, Tötung der Person! Nur durch seinen eigenen Tod hindurch wird der *homo peccator* seiner Sünde ledig. Das bleibt auch dann der Fall, wenn ein stellvertretendes Sühnopfer vorhanden ist. Nur wenn der Sünder durch seinen eigenen Tod hindurch gehen könnte, *ohne* definitiv zu sterben, gäbe es für ihn Hoffnung[24].

Die nachexilischen Teile des Alten Testamentes räumen eine solche Hoffnung tatsächlich ein! Gott selbst hat Israel „Mittel" gegeben, die eine solche Hoffnung begründen. Wenn der schuldig gewordene Mensch oder sein Stellvertreter, der Priester, einem Opfertier die Hände auflegt, „aufstemmt", dann beginnt das eigentlich Unmögliche doch möglich zu werden. Dieser Gestus bedeutet freilich keine „Abladung" der eigenen Sünden auf das Tier, sondern den Vorgang der persönlichen *Identifizierung* des Opfernden mit dem zum Sterben verurteilten Tier. Es handelt sich also um einen Identifikationsritus. Dadurch ist gewährleistet, daß nicht eine „ausschließende Stellvertretung" stattfindet; es geschieht bei dieser „kultischen Sühne in

[22] Vgl. GESE, 85: In neuerer Zeit wird – beunruhigend – häufig die Ansicht vertreten, „der Gedanke einer ... kultische(n) Sühne durch das Blut ... sei für einen modernen Menschen schlechthin unvollziehbar". Es gibt inzwischen Übersetzungen des Neuen Testaments, die aus solcher Denkweise heraus die Wendung „‚Blut Christi' einfach mit ‚Tod Christi' oder ähnlich umschreibend" wiedergeben. Von der „Sühnelehre" aber wird oft gesagt, „daß man hier nur *eine* unter vielen möglichen Interpretationen des Kreuzestodes Jesu sieht und daß man ihre zentrale Bedeutung für die Soteriologie bestreitet ...". Man behauptet, die *theologia crucis* könne auch „ohne Rückgriff auf Sühnevorstellungen formuliert werden".

[23] GESE, 97.

[24] Vgl. ähnlich HOFIUS, 35.

der Lebenshingabe des Opfertieres eine den Opferer einschließende Stellvertretung"[25].

Daß solches Geschehen – strukturell bzw. die Struktur auch für veränderte Inhalte liefernd – noch immer eine überragende Bedeutung besitzt, wird in den meisten christlichen Kirchen gegenwärtig wohl zu wenig erkannt.

α) Die sühnetheologische Notwendigkeit der neutestamentlichen Sakramente

Nach dem Neuen Testament geschieht die im Zentrum der Sühne stehende Identifikation des Sünders mit dem Sühnopfer (und umgekehrt: des stellvertretenden Opfers mit dem Sünder) vor allem im *Mysterium der Taufe* und im *Mysterium des Abendmahls.* Die Taufe treibt den Täufling gemeinsam mit Christus in den Tod hinein (Röm 6,3f). Im Abendmahl erhalten die Kommunikanten Anteil an Christi tödlicher Verwundung, an seinem vergossenen Blut[26] (*koinonia toû haimatos*) und an seinem gebrochenen Leib (*koinonia toû somatos*). Luther übersetzte: „Gemeinschaft" des Blutes/des Leibes (I Kor 10,6; vgl. Phil 3,10).

Die sog. Sakramente haben zweifellos ihre tiefste theologische Bedeutung und Notwendigkeit darin, daß sie den unausweichlichen Tod des Sünders (= des Sakramentsempfängers!) „vollstrecken". Sie tun dies aber auf eine Weise, die dem Sünder „Leben nach dem Tode" gewährt. In Taufe und Abendmahl geschieht das Mitsterben mit Christus. Es handelt sich um die der Kirche gegebenen Identifikationsriten, welche die Christen persönlich mit ihrem Sühnopfer vereinigen: Mit ihm „teilen" sie ihre Schuld, er „teilt" mit ihnen seine Gerechtigkeit. Nicht, daß Christus im Sakramentsvollzug erneut „geopfert", erneut für uns in den Tod gegeben würde. Der Sinn ist vielmehr, daß nun auch *wir* mit hineingenommen werden in seinen Tod. Könnte das Neue Testament auf eine sühnetheologische Explikation des Heilsgeschehens im Grunde genommen gänzlich verzichten, dann könnte es – und wir heute – auch auf Taufe und Abendmahl gänzlich verzichten und sich mit dem „Zuspruch des

---

[25] GESE, 97. – JANOWSKI, 359.

[26] Wobei dieses Blut nicht einfach auf Leiden und Sterben hinweist. Denn für Israel ist „Blut ... im kultischen Sinne die freigelegte Lebenssubstanz" (GESE, 98). Die „Gemeinschaft des Blutes Christi" bedeutet also bereits die Übertragung von *Lebenskraft* auf den todgeweihten Sünder. Hier ist schon das Kreuzesgeschehen theologisch verknüpft mit der „Auferweckung vom Tode". Vgl. GESE, 106: „Die Rede von der Sühne meint Tod und Auferstehung zugleich."

Heils" in der Predigt begnügen. Die Frage der Notwendigkeit von Taufe und Abendmahl hängt also an der Frage der Notwendigkeit der Sühne. Es wäre ein Irrtum, würde man die Unverzichtbarkeit dieser sog. Sakramente in der einen oder anderen Form und Deutung zwar betonen, den Sühnegedanken aber bzw. die Notwendigkeit der Sühne und die Deutung des Christus-Todes *als Sühne* gleichzeitig verwerfen.

Das Entscheidende bei der Taufe ist nicht die Aufnahme des Täuflings in den „Christusleib", in die Gemeinde, in die Kirche. Das Entscheidende beim Abendmahl ist nicht die Bezeugung der Zusammengehörigkeit der „Glieder" untereinander und mit Christus als dem regierenden Haupt der Kirche. Sondern im Entscheidenden geht es darum, uns das uns wegen unserer Sünde gebührende *Sterben* zu ermöglichen. Um unseres Lebens, um des Empfangs neuen Lebens aus Gott willen, soll uns *dies* ermöglicht werden. Eben das „bringen" nun Taufe und Abendmahl! Alles andere bei den sog. Sakramenten, insbesondere die zuvor erwähnten Gaben und Wirkungen, sind letzlich nur Folgen und Begleiterscheinungen des soeben erwähnten grundlegenden Sakramentsgeschehens: des sühnetheologischen Identifikationsvorgangs. Taufe und Abendmahl haben im übrigen eine völlig übereinstimmende theologische Grundaussage. Im Entscheidenden wollen und sagen sie das Gleiche. Will man unter ihnen dennoch eine Differenz und eine Reihenfolge, ein „Abfolgeverhältnis" erkennen, kann man nur darauf hinweisen, daß der Symbolgehalt der Taufe (Ertränken, Abwaschen usw.) eher die Sprache eines einmalig vorbereitenden, eines initiierenden Geschehens, das Abendmahl aber die Sprache des Beieinanderseins der Vertrauten, der längst Dazugehörigen und sich regelmäßig bei Tische Treffenden spricht.

β) Die zentrale christliche Kategorie der Stellvertretung

Da man die sog. Sakramente Taufe und Abendmahl nicht entlassen darf aus ihrer ursprünglichen Zusammengehörigkeit mit der biblischen Sühnetheologie, wenn anders man sie nicht zu willkürlichen und beliebig deutbaren „Kirchenereignissen" verkommen lassen will, darum stellt sich allerdings die grundsätzliche Frage: brauchen wir denn diese archaische Sühnetheologie noch? Ist sie christlich unverzichtbar? Braucht ein Christ die beiden Hauptsakramente? Genügen nicht Deutungen des Kreuzestodes Christi, welche den Gedanken einer Sühne umgehen? Ist wirklich das „stellvertretende Leiden und Sterben" Christi ohne jede Diskussion die Wurzel, aus der alles herauswachsen *muß*, was mit Recht den Namen „christlich" trägt?

Solche Fragen liegen heute nahe, weil auf jeden Fall auch die Nachfolge Jesu, die Ethik Jesu, die Liebesverkündigung und das Liebesverhalten Jesu und schließlich der prophetische Jesus, der den Reichen und den Ungerechten das Gericht androht, elementar zu dem gehört, was wir berechtigterweise „Christentum" nennen. Außerdem gibt es rund um den Begriff der Sühne (der „blutigen Genugtuungsleistung") immerhin zahlreiche Mißverständnisse – und dies vor allem wegen der in der Kirchengeschichte erfolgten Anwendungen eines zweifellos unchristlichen „Sühneprinzips". Diese Tatsachen wiegen so schwer, daß sie es nicht zulassen, heute – nach einer gewissen innertheologischen Kurskorrektur – den Sühnetod Christi sofort wieder als das *centrum Christianum* mit Pauken und Trompeten neu herauszustellen.

Darauf aber käme es an, daß sich die Kirche – allgemein erkennbar – *neu* zur recht verstandenen Sühne bekennt und christentumsgeschichtliche Fehler an dieser Stelle *aufarbeitet*. Ein in die Zukunft weisendes Verständnis der Sühne muß die Bedeutung der *Stellvertretung* im Christentum theologisch sachgemäß erschließen.

Einzusetzen ist bei folgender exegetischer Tatsache: Wenn in der Bibel im Zusammenhang mit der Sühne von Stellvertretung die Rede ist, dann bedeutet dies *nicht*, daß an Stelle des fälligen Opfers und Leidens des eigentlich Schuldigen ein anderer, dem man vielleicht einen geringeren Wert attestiert, über die Klinge springen muß. Insbesondere geschehen die zur Sühne herangezogenen alttestamentlichen Tieropfer nicht unter der Voraussetzung, daß Gott sich schließlich auch mit *billigerem Ersatz* zufrieden gäbe (oder sich zufrieden geben sollte). Stellvertretung heißt in der Bibel niemals Ersatz[27]! Sie

[27] Zur notwendigen Unterscheidung zwischen „Stellvertretung" und „Ersatz" s. vor allem SÖLLE, 17; 60 und passim. GESE weist auf den Unterschied zwischen unserem juristischen Sühnebegriff und dem der Bibel hin, 87: „Das althochdeutsche *Suona* meint Urteil, Gericht im Sinn von ausgleichendem ‚Ersatz'-Herstellen ...". „Unser Sühnebegriff ist wesentlich auf den rechtlichen Bereich zwischenmenschlicher Beziehungen eingeschränkt und inhaltlich als Wiedergutmachung durch Ersatzleistung bestimmt." Hingegen: Der alttestamentliche Begriff – er wird mit der hebräischen Wurzel *kpr* bezeichnet – setzt zumeist eine Störung des Gottesverhältnisses im weitesten Sinn, die Versündigung, den Verlust an kosmischer Integrität voraus, und zwar eine Verschuldung, die von seiten des Menschen irreparabel ist. *Darum wird nach der Bibel „Sühne" nur „im Zeichenhaften" und nur im Zusammenhang mit „Existenzstellvertretung" möglich.* „Die kosmische Ordnung bedarf des Ausgleichs, auch und gerade im Letzten; aber die

bedeutet im Gegenteil: Ermöglichung, Befähigung dessen, der der eigentlich Betroffene ist[28]. Der wirklich Schuldige wird dazu instandgesetzt, in eigener Person sühnen und hierdurch die Gotteskindschaft wiedererlangen zu können. Das dahingegebene stellvertretende Opfer – es mag ein schwächeres, ärmeres Wesen sein – soll zunächst den Durchbruch zur eigenen Schulderkenntnis und sodann Reue, Umkehr usw. ermöglichen. Im stellvertretenden Opfer sieht der Schuldige sich selbst: seine eigene Armut und Schwäche. Es führt den tatsächlich Schuldigen somit genau an die „Stellen", die er mit seiner Person (auch wenn er sich dem in der Sünde zu entziehen trachtet) einnehmen muß: einerseits an die Stelle des von und vor Gott Verworfenen, andererseits an die Stelle des bei und mit Gott lebenden Kindes. Letzteres vor allem ist die Stelle, an welcher der *homo peccator* bislang nicht sein wollte, worüber er dann in Schuld geriet, Böses bewirkte. An dieser Stelle wird er nun dennoch nach Gottes Willen leben. Gott erreicht dies, indem er den *homo peccator* in die Identifikation mit dem Sühnopfer hineinführt. Gott besorgt ihm die Möglichkeit zur Sühne. Damit setzt Gott durch, daß der schuldige Mensch – auch er – die für ihn vorgesehene Stelle in der *familia Dei*, im Hause Gottes, tatsächlich einnimmt[29].

Sühne ermöglicht die menschliche Weiterexistenz. Sie ist Aufrichtung des Gefallenen, Heilung des Todkranken." – Durch diese Erkenntnisse wird m. E. unsere alte Gepflogenheit, vom biblischen „Sühnopfer" zu sprechen und *kpr* im Deutschen mit *sühnen* wiederzugeben, als eine fragwürdige Angelegenheit entlarvt. Die Entscheidung zu dieser Übersetzung beruhte und beruht auf mangelhafter theologischer Einsicht in die Bedeutung von *kpr*. Doch muß man auch hier das sprachgeschichtlich Gewordene, das sich nicht einfach wieder wegschieben läßt, respektieren und *auf diesem Hintergrund* Wege zu einem adäquateren Verständnis der biblischen „Sühnetheologie" eröffnen. Vgl. hierzu jetzt auch JANOWSKI, 3ff: Sühne hat im Alten Testament „den Charakter der Vergebung, nicht der Vergeltung" (aaO, 5).

[28] Vgl. HOFFMANN, 69: Selbst durch Christi stellvertretendes Sühneleiden wird nicht *unser* Opfer, wird auch nicht die Sühne unseres „personale(n) Selbst" übersprungen. Denn „Stellvertretung" bedeutet, „manchen landläufigen Vorstellungen zum Trotz", „vom innersten Wesenssinn her nicht *Ersatz*, sondern setzende Ermöglichung personalen Eigenseins". – Vgl. jetzt auch die von FRANZ vorgelegte, nachdenklich machende Augustin-Studie, die das Opfersein Christi und das Opfersein der Kirche differenzierend untersucht.

[29] HOFFMANN, 54f: Sühne ist göttliche „Durch-setzung ‚des' Sohnes in den Söhnen". „Vom Vater her wird dem Sünder seine ‚Stelle' als ‚Sohn' neu eröffnet...", und zwar nicht über seine Sünde „hinweg, ... sondern gegen sie". Dabei muß die Tilgung, „dem Stellvertretungsgesetz entsprechend", obwohl sie als Gnade von Gott kommt, auch „des Sünders eigene Tat ... sein".

Mit Recht hat N. Hoffmann in seinen Untersuchungen zum biblischen Verständnis von Sühne und Stellvertretung die *trinitarische Verankerung* der Stellvertretung besonders herausgearbeitet. Jesus Christus, der Logos, nimmt in der Trinität die von Gott dem Menschen als Menschen eingeräumte Stelle im göttlichen Wesen selbst ein. Gott setzt in seinem dreifaltigen Wesen den Menschen als seinen Sohn auf sich selbst zu. Dem wider-setzen sich aber die Menschen. Sie wollen diese ihre Stelle im Wesen Gottes nicht ausfüllen (S. 52).

Sünde „im eigentlichen, offenbarungsmäßigen Sinn" ist „die Tat eines ‚Sohnes' als solchen, Sichwidersetzen dieses Sohnes gegen die Sohnschaft". Sie gereicht nicht bloß dem Sohn zum Schaden, sondern verwundet auch den Vater – Sünde reicht somit hinein in die göttliche Trinität (S. 53). „Im Grunde negiert der Sünder ‚Trinität'." Der Sohn „entsinkt" dem Vater. „Sünde ist der Sturz auf das *nihilum Trinitatis* zu". Genau dieses Nichts bedeute das Wort „Hölle"! (S. 54)

Das biblische Stellvertretungsgeheimnis muß demnach christlich-theologisch vom Stellvertretungsgeschehen im dreieinigen Gott selbst aus entfaltet werden, d. h. von der liebenden Pro-Existenz des Vaters für den Sohn, des Sohnes für den Vater, des Geistes für den Sohn und den Vater usw. aus. N. Hoffmann will die Trinität geradezu als die „‚Urmatrize' jeglicher Stellvertretung" ansehen (S. 49, Anmk. 136).

Als Jesus auf Golgatha gekreuzigt wurde, da hat sich die immer geschehende innertrinitarische Stellvertretung durchgesetzt „*ad extra* gegen seine Verneinung durch die Sünde" (S. 57). Dieses Kreuz ist, recht verstanden, nicht ein Ereignis „zwischen Jesus und der sündigen Menschheit, indem etwa diese ihre Untaten auf ihn würfen oder er – als das ‚Lamm' – sie ihrer ... Bosheit ... überführte". Sondern Jesu „Tragen der Weltschuld" ist, so sagt Hoffmann mit H. U. v. Balthasar, „ein Vorgang zwischen ihm und Gott dem *Vater*" (S. 60).

„Christus, insofern er als der große Sühnende uns Sünder als Sühnende und damit als Söhne Gottes ermöglicht, markiert nicht nur die ‚Stelle', an welcher der *Mensch* seine christliche Identität findet." Er ist vielmehr „auch die ‚Stelle', an der *Gott* selbst seine Identität ... beweist" (S. 95)[30].

Ist das Christentum in seinem Kern die ganz und gar auf *Stellvertretung* angelegte Religion? Ist von jeder sachgemäßen christlichen Anthropologie und Ethik zu erwarten, daß sie den Menschen als das auf Stellvertretung angewiesene Wesen begreift[31]? Erblickt der christliche Glaube, wenn er sich selbst recht versteht, in der Stellvertretung das Grundgesetz der neuen Schöpfung? Müßte die christliche Kirche deshalb als ein „Stellvertretungsereignis" in die Weltge-

[30] Diesen Überlegungen kann ich zustimmen. Fragen habe ich aber zu der bei HOFFMANN an anderer Stelle durchgeführten Beschreibung des Sühnevorgangs als einer *Wandlung* der Sünde (vgl. 65). Christus vermittle uns die Kraft, „Sünde umzukehren ins Leid des ‚Sohnes'" (wegen der von uns nicht erwiderten Liebe des Vaters!), „und so ... Sünde" zu tragen und „zu nichten" (89). Am Kreuz Jesu sei die Sünde nämlich „transsubstantiiert" worden in das „Liebesleid des Sohnes" – und *so* „Sühne geworden" (59). H. strebt hier nicht nur die Verklammerung mit der römisch-katholischen Messe an, sondern auch eine verbesserte theologische Grundlegung der Herz-Jesu-Frömmigkeit im Zeichen des Gedankens, auch die Kirche selbst könne Schuld „transsubstantiieren", „nichten". – Muß es nicht beim Zuspruch *göttlicher* Schuldvergebung bleiben?

[31] Vgl. die entsprechende These bei SÖLLE, 49.

schichte eingreifen? Alles, was soeben erfragt wurde, scheint der Meinung D. Bonhoeffers tatsächlich zu entsprechen. Ihm zufolge, gehören Christentum und Stellvertretung nicht nur eng zusammen, es muß vielmehr gesagt werden: Christentum *ist* Stellvertretung[32].

Bonhoeffer unterscheidet zwischen *ethischer* und *personaler* Stellvertretung. Ethische Stellvertretung (ihr Höchstfall werde in Schillers „Bürgschaft" beschrieben) geschieht dort, wo ein Mensch freiwillig für einen anderen irgendwelche Güter opfert bis hin zum eigenen Leben. Damit gibt der Stellvertreter die Leistung oder das Gut hin, die ein anderer hätte erbringen müssen. Aber der Stellvertreter kann dennoch nicht wirklich die Stelle der anderen Person einnehmen. Er kann zwar die Folgen beispielsweise einer bösen Tat des anderen tragen, aber diese Folgen werden *ihm*, dem Stellvertreter, dennoch nicht zur Strafe. Denn der Stellvertreter hat persönlich diese Tat ja nicht begangen. Alle unter Menschen anzutreffende ethische Stellvertretung hört somit dort auf, „wo die Person-Sphäre berührt wird" (Das Wesen der Kirche, 243).

Bonhoeffer folgert hieraus, „auf dem Boden der Adamsmenschheit" sei „jeder Versuch zur Gemeinschaft illusorisch". „Jeder bleibt als Person allein." Die Liebe und die Stellvertretung des anderen enden ja im Vorpersonalen. Sie dringen nicht durch bis zur anderen Person. Dieses Durchdringen zur Person des Bruders/der Schwester findet sich aber im Opfertod Jesu Christi. „*Die Stellvertretung Christi* ist mehr als die ethische. In ihr handelt es sich nicht nur um ein Güteropfer, sondern um stellvertretendes Personopfer." (Das Wesen der Kirche, 243) Darum habe

[32] Zur Kritik an Bonhoeffers nicht nur christologisch gefaßtem, sondern – vom Gedanken der Kirchengemeinde als ‚Leib Christi' her – auch ekklesiologisch und anthropologisch gewendetem Begriff der Stellvertretung: s. Jüngel, 68ff. – J. hält auch, mit Recht, nichts davon (und er stimmt in dieser Angelegenheit H. Vogel lebhaft zu), von einer „anthropologisch identifizierbaren Stellvertretungsstruktur her ... das Geheimnis Christi begreifbar" machen zu wollen (74). J. schreibt: Der (christliche) Begriff der Stellvertretung „ist sinnvoll nur als *dogmatische Erinnerung* an ein *Ereignis*, das ... vorläufig umschrieben sein mag" durch den von H. Vogel bewußt ständig wiederholten Satz „*Gott trat in der Person Jesu Christi an unsere, der Menschen, Stelle*" (75). Anthropologisch-ethische Kopien dieses Ereignisses verbieten sich *per se*. – Trotzdem muß m. E. der Zusammenhang zwischen göttlicher und menschlicher Stellvertretung in theologisch richtiger Weise, die an der Christus-Stellvertretung die exklusive und die inklusive Dimension wohl unterscheidet, expliziert werden. Es müssen auch die menschlichen Stellvertretungsereignisse und diejenigen im Naturreich in ihrer großen, vielschichtigen Bedeutung verstanden und schließlich in das Licht der Christusinkarnation gestellt werden. Und nicht zuletzt müssen christlicher Dogmatik die alttestamentlichen Wurzeln der neutestamentlichen Stellvertretungstheologie bewußt bleiben. In der evangelischen Theologie sollte insbesondere die nachexilische priesterschriftliche Frömmigkeit Israels neu bewertet werden. Unser Verhältnis zu ihr ist *de facto* viel enger und für das Christentum bedeutsamer, als man es sich bislang bewußt machte. Bislang galt in der evangelischen Doktrin die „späte" Theologie der Priesterschrift mit ihren Reinheits- und Zeremonialvorschriften nur wenig im Vergleich zur „ethisch respektablen Theologie" der vorexilischen hebräischen Propheten oder zum Vorbild der „glaubensstarken" Erzväter. Der Protestantismus verlegte sich aufs prophetische Alte Testament und überließ das priesterschriftliche dem Katholizismus. Dabei verkannte er aber seine eigene tiefe Verankerung in den *sühnetheologischen* Grundlagen der Christologie. – Vgl. Koch, 223: „Der

Luther mit Recht betont, Jesus Christus habe nicht nur die *Folgen* unserer Sünden getragen, sondern die *Strafe* für sie, weil er ja zur personalen Stellvertretung fähig und berufen war (Sanctorum Communio, 99).

Der christlich-christologische Begriff der personalen Stellvertretung enthalte allerdings „tiefe sozial-philosophische Probleme", man könne große ethische Bedenken gegen ihn haben. Denn die „ethische Person will doch offenbar ihr Böses und Gutes vor Gott selbst verantworten. Wie kann sie ihre Schuld auf einen anderen legen, selbst frei ausgehen?" Bonhoeffer antwortet auf diese von ihm selbst gestellte Frage: Es ist *Gottes Wille*, daß wir uns die Last der Sünden *abnehmen* lassen sollen, weil wir sie nicht selbst tragen können. An dieser Stelle „soll der Mensch seinen ethischen Selbstverantwortungsstandpunkt verlassen", denn dieser gelte „vor Gott nichts". An dieser Stelle soll der Mensch die *personale Stellvertretung* annehmen. Letztere sei ein besonderes „Angebot Gottes". Sie stehe „in Geltung nur in Christus und seiner Gemeinde". Sie sei *„keine ethische Möglichkeit"* (Sanctorum Communio, 99).

Bonhoeffer teilt die von ihm schon bei Augustin vorgefundene Meinung, Vergebung der Sünden – und diese ist ja die Auswirkung oder der Ausfluß personaler Stellvertretung – gebe es *nur* in der Kirche, der Gemeinschaft der Heiligen (Sanctorum Communio, 126). Von ihrem Sozialbegriff her stellt die Kirche, sagt Bonhoeffer, eine *Gemeinschaft*, nicht eine Gesellschaft, Genossenschaft oder Masse dar. Denn zur Kirche gehört jedes „Glied" dauerhaft, lebenslang; jedes wird von ihr umfassend getragen; jedes ist der gleichen Überlieferung verpflichtet. Die Kirche – Bonhoeffer sagt gern: die Gemeinde – ist sogar eine „Persongemeinschaft", somit Gemeinschaft im ursprünglichen Sinn (vgl. Sanctorum Communio, 177). Auch den Gemeindegliedern untereinander ist personale Stellvertretung möglich! Sie geschieht aus dem allgemeinen Priestertum der Gläubigen heraus. In der Gemeinde braucht jeder/jede den anderen/die andere als Priester(in) – *dies* ist, Bonhoeffer zufolge, der richtig verstandene Sinn der (meist individualisierend mißverstandenen) Rede vom allgemeinen Priestertum. „Der Bruder, der in der Gemeinde Christi steht, wird mir stellvertretend zum Christus." Nach Harnack und Troeltsch, aber auch noch nach Barth stehen Gotteserkenntnis und Gottesverhältnis des *einzelnen* Christen an erster Stelle, das Verhältnis der christlichen Gemeindeglieder zueinander wird als das hieraus erst Abgeleitete oder Abzuleitende betrachtet (Das Wesen der Kirche, 261, vgl. 238). Nach Bonhoeffer aber ist die erste Ebene des christlichen Lebens die Gemeinde/Gemeinschaft. *Sie* ist das Subjekt der Gotteserkenntnis und des Christseins noch vor dem, was der einzelne Christ erkennt und tut. In der Gemeinde/Gemein-

Hinweis auf den sündentilgenden Gott ist der größte Fortschritt in der Gotteserkenntnis, welcher der *exilisch-nachexilischen Zeit* über die Profeten hinaus zuteil wurde."

schaft geht es den Mitgliedern dann auf, was es um Gott ist, wenn da einer den andern im priesterlichen Dienst der Hölle entreißt – wobei es ja *Gott* ist, der dies tut (Das Wesen der Kirche, 262).

Von welcher Kirche aber spricht Bonhoeffer? Von der, die es gibt? Oder spricht er von einer postulierten Kirche? Von der tatsächlich unter uns vorfindlichen, von der empirischen Kirche sei dies gesagt, gibt Bonhoeffer zu verstehen, allerdings sofern man ihr Sein und ihre Bedeutung *glaubend* erfaßt. „Christus als Gemeinde existierend. Das ist nicht anschaubar, sondern nur glaubbar." (Das Wesen der Kirche, 248)[33] Christus steht uns wie ein Bruder gegenüber. „Stellvertretend steht er dort, wo mein Bruder für mich stehen sollte. Mein leiblicher Bruder kann von sich aus nicht Bruder sein, weil er nicht in meine Personsphäre eindringen kann." „Die Kategorie des Du bleibt ihm verschlossen. Christus ist unser Bruder. Aber darum kann uns nun auch der Bruder zum Christus werden." (Das Wesen der Kirche, 248) In dreifacher Stellvertretung geschieht das „strukturelle Füreinander" der Gemeindeglieder: als zu jedem Verzicht bereites „Opfer für den Nächsten", sodann in der „Fürbitte", schließlich in der „Vergebung der Sünden" (Das Wesen der Kirche, 265). Letztere ist ein exklusives „Geschenk" und „Recht", das Jesus Christus der Gemeinde gab (aaO, 267). „Im Alten Testament war das noch unmöglich", daß einer dem anderen Vergebung der Sünden zusprechen durfte (aaO, 266). Wer dem anderen die Sünde vergibt, nimmt dessen Sünde „auf sich selbst, weil er weiß, daß Christus seine Sünde trägt. Also kann er die des anderen nehmen." (AaO, 269)

„Durch das christliche Prinzip der Stellvertretung ist die neue Menschheit zusammengefaßt und gehalten. In ihm besteht die materiale Besonderheit der christlichen Grundbeziehung." (Sanctorum Communio, 99f) Ein Christ ist auf die Gemeinde angewiesen. „Einer trägt den andern in tätiger Liebe, Fürbitte und Sündenvergebung in der völligen Stellvertretung, die nur in der Gemeinde Christi möglich ist, die als Ganze auf dem Prinzip der Stellvertretung, d.h. auf der Liebe Gottes ruht; alle aber werden sie von der Gemeinde getragen, die in eben diesem Füreinander der Glieder besteht." (AaO, 128)

Der Grundgedanke der ganzen Bonhoefferschen Theologie dürfte sein, daß Gott uns in Christus zu *Priestern* füreinander beruft. In der Berufung aller Getauften und Gläubigen zum Priestersein ruft Gott

[33] Vgl. BONHOEFFER, Das Wesen ..., 255: „Das Wort Gottes allein konstituiert die Kirche und an dieses Wort kann nur geglaubt werden." Die Kirche, die wir erfahren, wird als solche eben nicht „erfahrbar in religiösen Freizeiten, in Wanderungen, in Klöstern und anderen religiösen Gemeinschaftserlebnissen, sondern dort, wo man weiß" – und das weiß der Glaubende im Glauben –, „daß die Gemeinschaft zwischen mir und dem anderen zerbrochen ist, daß aber Christus in seinem stellvertretenden Handeln uns einander zuführt und beieinander erhält."

die „neue Menschheit" hervor, die Gemeinschaft der Stellvertreter. Vom Sühnetod Christi geht die Ermächtigung zur personalen wechselseitigen Vertretung der Gemeindeglieder aus. Das Christentum zielt, in der Tradition des Judentums stehend, auf den Gewinn des „Mehrwertes", den das Menschliche in der Lebensstruktur des Füreinanders erfährt.

γ) Prädestination und Stellvertretung

Die Kategorie der Stellvertretung, die der junge Bonhoeffer kühn als „das christliche Prinzip" bezeichnet hat, bildet nicht nur den Horizont der biblischen Sühnetheologie, sondern auch den Kern der kirchlichen Prädestinationslehre[34]. Diese kann man, mit K. Barth, vom Glauben an den an unserer Statt erwählten und verworfenen Jesus Christus her entfalten. Jesus Christus steht an unserer Stelle[35], damit auch wir ermächtigt werden, unsere Stelle bei Gott („Gottes Kinder zu sein") einzunehmen. Als von Gottes Erwählen (mit-) be-

[34] Von Gott erwählt sein, heißt, von Gott zum Stellvertreter bestimmt werden. – CULLMANN hat in seinem 1946 erschienenen Buch „Christus und die Zeit" die beiden Begriffe „Erwählung" und „Stellvertretung" als die beiden Säulen der „neutestamentlichen Heilslinie" beleuchtet (100–102). „Das Prinzip" des göttlichen Gnadenhandelns „ist das der *Erwählung einer Minderheit zur Erlösung der Gesamtheit*, oder anders ausgedrückt: das der *Stellvertretung*". C. skizzierte ein eigenwilliges Gesamtsystem der Heilsgeschichte: Als Gott die Menschen erschuf, bestellte er sie zu Vertretern der ganzen Schöpfung. Doch später faßte Gott diese Repräsentanz etwas enger, indem er ein einziges Volk – Israel – zum Repräsentanten der gesamten Menschheit bestimmte. Gott gestaltete die Heilsgeschichte bis zur Erscheinung Jesu Christi nach dem Prinzip einer „progressive(n) Reduzierung"; denn auch für ganz Israel mußte schließlich ein „heiliger Rest" einstehen. Zuletzt, so C., reduzierte sich die Stellvertretung auf *einen Einzigen*: auf Jesus Christus, der als Gottesknecht, Menschensohn und Messias ganz allein „Israels Rolle" übernahm. Sein stellvertretender Tod vollbrachte, wozu Gott das Volk Israel auserwählt hatte. – Nach seiner Kreuzigung und Auferweckung, die die Mitte der heilsgeschichtlichen Zeit bedeuten, kehrte Gott das bisherige heilsgeschichtliche Prinzip um. Der „neue Bund" ist durch progressive Ausweitung gekennzeichnet: Vom Einen geht es wieder zurück zur Vielheit, die aber – nach Gal 3,28 – immer den Einen darzustellen hat. – C. hat hier einesteils ältere heilsgeschichtliche Spekulationen, wie sie vor allem im Pietismus zuhause waren, wieder belebt. Er stimmte aber auch mit Barths Lehre vom universalen, für alle Menschen bestimmten Heil überein (so wie Barth, legte auch C. die Erwählung nur des „Einen" nicht dahingehend aus, daß die anderen verworfen seien, sondern dahingehend, sie seien alle in seiner stellvertretenden Erwählung *miterwählt.* Mit seiner Synopse von Jesus Christus und Israel als einer heilsgeschichtlichen Einheit griff C. den späteren auf den Holocaust bezogenen Neubearbeitung dieser Frage weit vor; aber die Frage des Zusammenhangs zwischen dem Jesusleiden und den Leiden Israels und der Juden wird noch lange Zeit strittig diskutiert werden.

[35] Vgl. BARTH, KD II/2, 132f.

troffene Menschen verlieren wir nicht etwa unseren menschlichen Eigenstand und alle menschliche Freiheit, sondern wir gewinnen im Gegenteil allererst durch das Erwähltwerden beides. Der Sünder, der persönlich „deckungsgleich" wird mit dem erwählten und verworfenen Gottesknecht aus Nazareth, wird herausgezogen aus seiner Schande und umgriffen vom göttlichen *kabod*, von Gottes Glanz[36]. Erwählungsleben ist leuchtendes Leben[37]. Ist das Existieren unter der Sünde durch Glanzlosigkeit, Sprachlosigkeit und Verschlossenheit (kein zukunftsweisendes Wort ist vorhanden) charakterisiert, so schwindet im Erwählungsleben die unser Dasein ins Finstere bannende Nacht: Es tagt, der Glanz und das Wort kehren zurück.

Eine christliche Glaubenslehre („Dogmatik") kann viele Aufgaben wahrnehmen. Aber wenn sie nicht mit aller Kraft den inneren Zusammenhang von Sühne, Prädestination und Stellvertretung herausarbeitet, und wenn sie keinen Anlauf nimmt, *von hier aus* allgemein beschäftigende Fragen der Ontologie, der Anthropologie und der Kosmologie mit zu bedenken, dann nimmt sie ihre Aufgaben überhaupt nicht wahr! Sie leidet dann an einer selbstverschuldeten Unerheblichkeit.

b) Unerledigte Aufgaben bei der Erschließung des Zusammenhangs von Sündenvergebung und Stellvertretung

α) Versuch einer genaueren Wahrnehmung des Instituts der Stellvertretung

Wir wissen nicht genug über Stellvertretung. Im folgenden kann darum auch nur ein der Verbesserung und Weiterführung durch an-

[36] Der Ort, an dem Gottes Herrlichkeit „sich niederläßt", ist in der priesterschriftlichen Theologie zugleich der Ort, an dem Sühnung zu finden ist: (hebr.) *kaporät*/ (griech.) *hilastärion* = der Deckel der Bundeslade im Zeltheiligtum bzw. Allerheiligsten des Tempels. Nach Röm 3,25f – der Zentralstelle paulinischer Sühnetheologie – ist der gekreuzigte Jesus dieses *hilastärion*. *Er* ist nun der Ort, an dem Gott gegenwärtig ist, „an dem der transzendente Gott in seiner ‚Herrlichkeit' (*kabod*) nahe ist, kondeszendiert ..." (JANOWSKI, 353).

[37] Vgl. BARTH, KD IV/3.1, 89ff: Wir haben es im Leben Jesu Christi „konkret mit Gottes Gnadenwahl" zu tun. „Weil es Gnadenleben ist, darum ist dieses Leben sprechendes, leuchtendes Leben." „Gnade als solche spricht und leuchtet." Sie ist „die vom Menchen nicht zu erwartende", aber ihm tatsächlich „zugewendete Wahl und Tat Gottes". Gnade bringt uns nicht etwas das wir in unseren tiefsten Wünschen ersehnt und auf den himmlischen Vater projiziert haben. Sondern sie bringt uns unerwartete, nie zuvor in unseren Sinn gekommene Freiheit und Herrlichkeit. „Wir haben da gar nichts erfunden und entdeckt. Wir sind da selbst

dere bedürftiger Versuch vorgelegt werden. Zwar wurde uns Stellvertretung schon längst von nicht wenigen sehr fähigen Theologen, unter denen Anselm von Canterbury noch immer ein Ehrenplatz gebührt, in ihrer christologischen und trinitarischen, ein wenig auch in ihrer ethischen Bedeutung auseinandergelegt. Hierbei ist aber die ontologische Bedeutung der Stellvertretung stets zu wenig entfaltet worden. Wir sollten jetzt zunächst beachten (und weder Bonhoeffer noch Sölle haben dies getan): Stellvertretung begegnet auch in der außermenschlichen Natur/Geschöpfwelt. Sie geschieht dort nicht freiwillig, sondern „eingestiftet". Zeitweilig übernehmen in der Natur bestimmte Wesen oder Organe die Funktionen oder Aufgaben anderer, die dann während dieser Zeit „etwas anderes tun". Im Sinne dieser allgemeinen Natur-Einrichtung spreche ich davon, daß der Stellvertretung auch eine ontologische Qualität eignet.

Stellvertretung ist in besonderer Weise auf das Phänomen der Zeit bezogen. Das Hauptbeispiel ist sicherlich das Verhalten vieler männlicher und weiblicher Lebewesen gegenüber ihrem neugeborenen Nachwuchs. Während der ersten Zeit übernehmen „Eltern" noch die Beschaffung von Nahrung und von Sicherheit stellvertretend für die Jungen – bis hin zur kämpfenden Lebenshingabe. Unterdessen kann der Nachwuchs in mehrfacher Hinsicht noch stärker werden und vor vorzeitigem Untergang bewahrt bleiben. Bei Menschen spielt in diesem Zusammenhang auch noch die seelische Entwicklung des Kindes, in der sich das Ich herausbilden kann, eine große Rolle. Ein zu früh vernachlässigtes oder verlassenes Menschenkind kann schwerlich ein gesundes Ich entfalten. Es wird behindert auf seinem Weg, eine eigene „Person" zu werden.

Stellvertretung ist in der Natur eine Vorbedingung dafür, daß sich differenziertere Lebensgebilde entwickeln können. Weil andere Wesen und Organe in einer Weise tätig sind, die auch Dritten nützt, können sich letztlich alle ein Stück weit bzw. eine Zeit lang von gewissen Selbsterhaltungsaufgaben dispensieren. Für alle wirken in vielfältiger Weise andere, so daß alle irgendwo entlastet werden und in dieser Hinsicht nicht selber für ihr Leben sorgen müssen. Dies ermöglicht in der Natur allererst die Entstehung „spezieller Fähigkei-

erfunden und entdeckt worden ...". „Wie traurig, daß der gute Feuerbach – mit so vielen Ungläubigen und Gläubigen seinesgleichen – von dieser Befreiung .. nichts gewußt zu haben scheint und darum die Herrlichkeit Gottes nur als eine Selbstverherrlichung des Menschen, darum auch das Licht des Lebens Jesu Christi nur als die Ausstrahlung eines dem Menschen selbst angeblich immanenten Lichtes zu interpretieren ... wußte". – Vgl. hierzu Gestrich, 211 ff.

ten" und „komplexerer Lebensgebilde". Die so „weiterentwickelten" Wesen gewinnen eben durch ihre Weiterentwicklung Nützlichkeit für die anderen. (Was die alten Physikotheologen beim Anschauen der Natur so sehr bewundert haben, ist dieses sinnvolle, sich wechselseitig ergänzende, unterstützende und „voranbringende" Zusammenspiel der Wesen).

Zwischen dem Phänomen der Existenz der *Zeit*, deren Ablauf alles Geschaffene/Seiende *unterliegt*, und dem Phänomen, daß ein Wesen *Zeit haben* kann, müssen wir unterscheiden. Pflanzen und Tiere existieren in der Zeit bzw. auf zeitliche Weise. Sie unterliegen der Zeit. Aber sie haben keine Zeit. Niemals. Daß ein zeitliches Wesen auch Zeit haben kann (unter den Geschöpfen ist dies nur der Mensch – ein Unterscheidungsmerkmal, das Beachtung finden sollte!), ist gleichbedeutend mit einem Geschenk zusätzlicher Zeit. Diese ist (weitgehend) „frei verfügbar".

Daß Menschen immer wieder einmal „Zeit haben", ist nur durch eine *besondere Art der Stellvertretung* möglich. Sie wird hier später als „ethische Stellvertretung" bezeichnet werden – ohne daß dies mit dem, was Bonhoeffer ebenfalls so genannt hat, identisch wäre. Menschen, denen „Zeit fehlt", fehlt diese besondere Stellvertretung. Vordergründig sieht es zwar manchmal so aus, als erarbeiteten wir uns unsere Muße selbst: etwa durch die besonders schnelle Erledigung unserer Aufgaben oder auch durch deren bewußt dilatorische Behandlung. Aber dies erklärt, genauer untersucht, noch nicht, daß wir wirklich Zeit haben. Es muß uns nämlich während dieser freien Zeit-Räume der Zusammenhang jener sozialen Grundverpflichtung oder Mutualität, in der alle übrigen Wesen immer stehen müssen solange sie da sind, weitgehend abgenommen bzw. unterbrochen worden sein – durch andere! Wir müssen geradezu freigesprochen und freigestellt worden sein – für uns selbst! Es muß für uns somit noch mehr Stellvertretung aufgebracht werden als sie sonst in der Natur üblich ist. Dann erst haben wir „frei". Dann erst haben wir Zeit, die wir nach eigenem Gutdünken nützen können: wenn wir wollen, sogar wieder für soziale Aufgaben.

Der Mensch ist das Lebewesen, das durch seine Artgenossen zeitweilig von den sozialen Grundverpflichtungen der Wesen, die sich im Naturzusammenhang alle vielfach wechselseitig brauchen und stützen, freigesprochen und freigestellt wird. Ohne solches zeitweilige Freigesprochenwerden, das zu der schon der Natur „eingestifteten" Stellvertretung noch hinzukommt, könnte sich der Mensch nicht als Mensch entfalten. Er braucht diese Freizeit. Er braucht darum auch diese besondere Stellvertretung. Er braucht Artgenossen, die ihm so wohlwollend begegnen, daß sie ihn zeitweilig sogar von seinen sozialen Grundverpflichtungen befreien. Unter den Menschen waltet von Haus aus sowohl die allgemein-natürliche wie auch jene zuletzt vorgeführte ausschließlich humane, ethische Stellvertretung. Beide werden benötigt. Mit der ethischen Stellvertretung ist nun diejenige gemeint, die dem Menschen Zeit läßt für seine spezifisch menschlichen Bedürfnisse, ohne deren Stillung er eben nicht menschlich, nicht menschenwürdig (und darum gerade auch selber nicht „ethisch"!) leben könnte. Die unter den Menschen waltende ethische Stellvertretung ist die Wurzel sowohl unserer Freiheit wie unseres Zeit-Habens, das eigentlich ein Gewinn zusätzlicher Zeit ist. Und in gewissem Sinn läßt sich ernsthaft sagen, der Mensch sei auch aus der Frei-Zeit oder Muße heraus entstanden (und er entstehe immer wieder aus ihr). Er ist jedenfalls das des „Sabbats" und dessen Unterbrechung vieler Wirkungsverpflichtungen in besonderer Weise bedürftige Geschöpf.

Für die *Ethik* ist aus dem Bisherigen abzuleiten, daß der Grundsatz „jedem nach seiner Leistung" töricht ist. Auch das diesem Prinzip in marxistischen Ethiken freundlich hinzugefügte Angebot der Gesellschaft, „jedem nach seinen Fähigkeiten" materielle Anerkennung und Förderung zu gewähren, bleibt unzulänglich. Der Grundsatz einer humanen Gesellschaft (zu dem freilich *alle* gegenwärtig bestehenden Gesellschaftsordnungen noch Distanz halten) muß lauten: „Jedem nach seinen Bedürfnissen"! Nur in dieser Richtung kann das längerfristige Interesse und Wohl aller aufgenommen und das heilsame Stellvertretungsinstitut genutzt werden. Ethik aber sollte sich nützlich machen durch die Bearbeitung der schwierigen Frage, wie die jeweiligen Bedürfnisse ohne kleinliche Zensur adäquat ermittelt werden können.

Menschen sind in der Evolution im Zusammenhang mit einer in der Natur entstandenen Fähigkeit zur „vermehrten Stellvertretung" auf den Plan getreten. Menschen sind diejenigen Lebewesen, die das in der Natur vorhandene Institut der Stellvertretung für sich ausnützen. Dies *muß* man annehmen, denn ohne das Wirken solcher „vermehrten Stellvertretung" bricht das Menschliche immer und überall sofort zusammen. Es ist ja auch so, daß sich Menschen immer wieder die benötigte Stellvertretung *nicht* gewähren. Wir kennen die dadurch bedingten Zusammenbrüche des Menschlichen sehr gut. Und wir wissen: Der Mensch ist, im Vergleich zum Tier, keineswegs schlechthin das „freie" Wesen. Oft ist er sogar (wegen fehlender ethischer Stellvertretung) ausgesprochen „unfrei", ein Sklave, während das Tier zwar nicht das eine, aber eben auch nicht das andere ist. Menschen zerstören sich tatsächlich wechselseitig unter Einbezug jenes „Kerns", der den Menschen zum Menschen macht. Solches

Geschehen, das allemale auch noch die außermenschliche Natur in Mitleidenschaft zieht, ist in diesem Buch als „die Sünde“ bezeichnet worden.

β) Sünde und Stellvertretung

Wir sehen jetzt: Die Sünde widerruft eigentlich den Menschen. Sie arbeitet der Realität des Menschlichen entgegen. Unter ihrer Einwirkung wird jener Freispruch, der uns Zeit für uns selbst gäbe, nicht gewährt. Im Gegenteil: Sünde hindert diesen Freispruch; sie nimmt ihn zurück, macht ihn unwirksam. Dem „guten Wort“, aus dem heraus Menschliches entsteht, wird nicht nur widersprochen, sondern es wird auch unhörbar gemacht. Die Ohren werden für es taub.

Unter der Einwirkung der Sünde ist der Mensch nur in *einer Hinsicht* tatsächlich frei: Er ist frei, außer die ethische auch noch die biologisch-naturhafte Stellvertretung zu verweigern. Er kann z. B. auch seine Elternpflicht versäumen, wofür ein Tier eben nicht „frei“ wäre. (Vermutlich läßt sich nur in diesem Sinn mit theologischem Recht von einer „Freiheit“ des Menschen, zu sündigen, sprechen: Die Sünde „befreit“ den einzelnen Menschen dazu, sich bei entsprechender Neigung von den allen Naturwesen „eingestifteten“ Stellvertretungspflichten selber zu dispensieren) Durch Menschen kann also das allgemeine, naturhafte Stellvertretungssystem angegriffen und partiell suspendiert werden. Damit ist eine weitreichende Gefährdung der Welt durch die Menschheit gegeben. Sie reicht so weit, wie des Menschen „pervertierte Freiheit“ unter der Sünde reicht. Was wir herkömmlicherweise „Tatsünden“ oder „Aktualsünden“ nennen - z. B. stehlen, lügen, ehebrechen, morden -, das wird von hier aus durchsichtig als Aktualisierung dieser spezifisch menschlichen Freiheit zur Aufhebung der der Natur eingestifteten Mutualität bzw. der natürlichen Ordnung des Füreinanderdaseins der Wesen.

Zur Eigenart und zur Realität des Sündengeschehens gehört es, daß differenziertere Lebensgebilde wieder auf einfachere und einfachste Formen reduziert werden. Ferner gehört es zur Eigenart und Realität der Sünde, dem Institut der Stellvertretung, das ja die höheren Formen hervorbringt, in der Evolution entgegenzuarbeiten. Hiermit ist der Sünde eine Art Definition gegeben, die es ermöglicht, von ihr auch in und mit den Naturwissenschaften zu reden. Außerdem zeigt es sich hier: Der zuweilen behauptete innere Zug der Evolution hin zu immer mehr Geist, Liebe usw. ist deswegen doch fraglich, weil gerade von der Menschheit, die dann doch die„Speerspitze der Evolution" sein müßte, ein retardierendes Moment, ja, eine Gegenbewegung ausgeht.

Wir Menschen versuchen im allgemeinen, der für uns und die ganze Welt so bedrohlichen Destruktionskraft, die von der Sünde ausgeht, durch *Ethik* Widerstand zu leisten und zu entkommen. Alle Ethik aber ist letztlich der Versuch, das durch die Sünde bedrohte Institut der Stellvertretung zu stärken oder wieder zu aktivieren. (Auf den Begriff „Stellvertretung" kommt es nicht unbedingt an. Aber wenn dem Ethiker, wie es häufig der Fall ist, das Stellvertretungsinstitut als solches in seiner Tragweite gar nicht richtig bewußt wird, so ist dies eben eine Grenze, ja, eine Schwäche seines Entwurfs) Unbestreitbar möchte jede Ethik dafür sorgen, daß doch noch möglichst vielen Wesen die für sie daseinsnotwendigen Gemeinschaftsleistungen erbracht werden. Ethik hält uns in der Situation der Kirche dazu an, doch noch einander zu gewähren, was um des gemeinsamen Wohls willen einander abzutreten und nachzulassen wäre. Ethik prämiert mit Lob ein Stellvertretungsverhalten, das die Freiräume unter uns erhält, wiedergewinnt oder gar vergrößert. Es ist freilich zu fragen, ob Ethik ein letzten Endes erfolgreiches Instrument in Ansehung dieser Zielsetzung sein kann oder nicht. Die alten theologischen Vorbehalte gegenüber einem ethischen Optimismus, der die Macht der Sünde verkennt, sind bekannt. Sie interessieren allerdings an dieser Stelle nicht. Denn die ethische Grundfrage ist ja mindestens nicht verwerflich: „Wie retten wir das Stellvertretungsinstitut?" Ermutigt wird diese Frage immer wieder aus dem *Staunen* heraus, daß trotz des Bösen „überhaupt etwas ist – und nicht vielmehr nichts". Menschen erkennen: Es muß offenbar Gegenkräfte geben gegen die ständig und vehement von den Menschen ausgehende Destruktion! Die der Destruktion widerstehenden Potenzen könnten sogar die stärkeren Kräfte sein; und vielleicht kann man sich irgendwie mit ihnen verbünden.

Theologie nennt solche Kräfte *Gnade.* Sie lehrt im übrigen, daß diese sich *mit uns* verbünde. Theologie hätte allerdings auch zu zeigen, wo und wie solches ontologisch geschieht, daß die Wirkungen der Sünde eingedämmt oder gar aufgehoben werden, und daß – trotz des Bösen – Liebe und Geist „vorangebracht" werden (und zusammen mit ihnen das Gute, Wahre und Schöne). Die Theologie müßte auch aufweisen, wo und wie es ontologisch geschieht, daß die Individuen „vorangebracht" und die nivellierenden Kräfte gehemmt werden. Auch dies muß und wird nämlich dort geschehen, wo die für die menschlichen Dinge notwendige Stellvertretung – deren Ermöglichung die christliche Theologie offensichtlich auf die Gnade zurückführt – vorhanden ist. (Gnade ist dem individuellen Sein zugewandt, Sünde hingegen „arbeitet“ an dessen Auflösung; Gnade ist der Freiheit zugewandt, Sünde hingegen zerstört sie).

γ) Stellvertretung als Entlastung und als Heilung

Das Prinzip, nach dem das Stellvertretungsinstitut ontologisch wirksam wird, ist stets die vorübergehende Lastübernahme durch solche, die die Last *jetzt gerade* besser tragen können. Stellvertretung bedeutet immer und überall eine zeitweilige und mehr oder weniger weitreichende Übernahme von bestimmten Aufgaben, die eigentlich „dieser hier“ wahrzunehmen hätte, durch andere oder durch einen anderen. Stellvertretung kann es „diesem hier“ z.B. ersparen, persönlich zu einer bestimmten Zeit an einem bestimmten Ort bestimmte Aufgaben zu erledigen. „Dieser hier“ kann einstweilen persönlich anderswo anderes tun. Er wird jetzt geschont, er wird jetzt nicht mit diesen Aufgaben überfordert. Das wird ihm guttun und längerfristig auch seine „Sozialfähigkeit“ und damit seinen Nutzen für die Allgemeinheit vergrößern.

Stellvertretung gewährt denen mehr Zeit, die mehr Zeit brauchen. Ohne diesen Zeitgewinn würden sie ihr Leben für sich und für andere schlechter verbringen. Mitunter würden sie sogar verheerend existieren. Die Dazwischenkunft eines Stellvertreters gewährt ihnen Aufschub. Später können auch sie Anforderungen gerecht werden, denen sie jetzt nicht auf sachdienliche Weise genügen würden.

Stellvertretung ist ein erkennbar „intelligentes“ Institut der Natur. Dieses nützt überschüssige Kräfte aus, um sie dorthin zu leiten, wo vorderhand noch Mängel herrschen. Stellvertretung ist das ontologische Substrat, auf dem sich im Laufe der Evolution das liebevolle Füreinander – die Liebe – einstellen konnte. Falls man Lust zu dem Wort „Geheimnis“ hat, wird man das „Geheimnis“ der Stellvertretung darin erahnen, daß ein Leben in der Struktur des Füreinanders wohl stets mehr erreicht, als wenn die einzelnen Lebewesen ausschließlich für sich selbst sorgen.

Das Stellvertretungsinstitut arbeitet mit der Ausnützung zeitlicher Differenzen – etwa so wie ein Energieversorgungsinstitut es tut, das während der Nacht dem Netz Strom entnimmt, um in dieser betriebsarmen Zeit das in den Stausee hinabgeflossene Wasser wieder auf den Berg hinaufzupumpen.

Zuletzt läßt sich vom Naturinstitut der Stellvertretung noch sagen, daß von ihm auch eine heilende Kraft ausgeht. Das Unterbrechen der Beanspruchung bestimmter Wesen, die einen Stellvertreter erhalten, kann einer Ruhigstellung gleichkommen, durch die sich kranke, überanstrengte, geschädigte Wesen wieder erholen. In der Natur genügt oft ein solches zeitlich befristetes Aussetzen des Beanspruchtwerdens, um beschädigte Lebensstrukturen wieder heilen. Auch in der Humanmedizin liegt eine der größten Heilungschancen, die ein Arzt wahrnehmen kann, im bloßen Durchbrechen der *circuli vitiosi*, in die Patienten hineingerieten.

Zwei Beispiele:

I

Die Natur – Gewässer, Erde, Luft – ist überfordert. Zwar gehört es zu ihren normalen Funktionen, den von Lebewesen hinterlassenen Unrat und Abfall zu „verdauen". Die gegenwärtige Menschheit aber mutet ihr an diesem Punkt zuviel zu. Dies hat zur Folge, daß Gewässer, Erde und Luft als „vergiftet" erscheinen und tatsächlich in ihren Funktionen entgleisen. Jetzt erhebt sich die Frage, ob die bisherigen Überforderer eine Entlastung der Natur zustandebringen. Haben sie hierfür in ausreichendem Maß freie Kräfte? Bislang geschieht eher anderes: ein Ausweichen vor der den Menschen zugefallenen Verantwortung! Aus einflußreichen, wohlhabenden Nationen wird z. B. eigener Giftmüll auf die andere Seite des Globus verschifft; er wird gegen billiges Entgelt in industriell wenig entwickelten, jedoch biologisch noch gesünderen, armen Ländern deponiert. Dieses verwerfliche Verhalten, das die eigene Umwelt entlastet und dafür neues Land verbraucht (ein klassisches Paradigma der Sünde!), hat keine *Stellvertretungslösung* geschaffen, sondern in Wahrheit nur eine kurzfristig noch als Ausweg erscheinende *Ersatzlösung*. Das Dilemma ist verschoben worden. Stellvertretung aber würde in unserem Beispiel im Unterschied zum Ersatz bedeuten, daß die Entsorgung der hochindustrialisierten Gesellschaften von Partnern übernommen wird, die hierzu von ihren Kapazitäten her in der Lage sind. Das Auftreten dieser zur Stellvertretung bereiten Partner würde eine wirkliche Lösung des Problems bedeuten. Aber so viel ist klar: Die Natur Afrikas oder noch fernerer Erdteile kann hier nicht die Stellvertreterin der Natur Europas sein. Auch sind die dortigen Regierungen nicht diese Partner, die stellvertretend für die europäischen deren ökologische Probleme bewältigen könnten.

Infrage kommt hier doch wohl nur *der Mensch der hochindustrialisierten Länder selbst*, der die von ihm bedrängte Umwelt/Natur dadurch entlasten soll, daß er die Quantität und die chemisch-biologische Gefährlichkeit seines Giftmülls drastisch vermindert, daß er außerdem gefährdete Regionen für längere Zeit völlig verschont, und daß er hierfür Opfer bringt. Die Europäer z. B. müssen eine Zeit lang das zu *ihrer* Aufgabe machen, was heute noch der Natur als deren „angestammte Funktion" zugemutet wird. Geschähe dies wirklich, würde sich vieles bessern. Wir bekämen mit der Zeit in Europa doch wieder eine heilere Umwelt. Unser „Einspringen" für die überbelastete Natur bekäme außerdem auch unserer eigenen Lebensführung sehr gut. Wir würden selber gesünder.

Zugleich lehrt das Beispiel ein Zweifaches: einmal, daß Menschen auch Stellvertreter für die außermenschliche Kreatur werden können, und zum anderen, daß Stellvertreter oft gerade aus dem Kreis derer kommen müssen, die bisher die stellvertretungsbedürftigen Partner zu stark belastet und eigenes Stellvertretungshandeln verweigert haben. Doch aus welcher zuvor empfangenen *Entlastung* kommt ihnen wohl die Kapazität zu solchem ganz neuen Verhalten?

II

Ein römisch-katholischer Priester rettet einen jüdischen Familienvater vor dem Abtransport nach Auschwitz. Er gibt sich selbst als diesen Juden aus. Er kommt später im Lager um. Jene jüdische Familie aber kann sich retten. Fast 50 Jahre später hat sie bereits eine Nachkommenschaft von mehr als 50 Personen.

Der Priester hatte diese Stellvertretung im Sinne einer „Geschäftsführung ohne Auftrag" wahrgenommen. Was er tat, konnte niemand von ihm verlangen. Diejenigen, die hier seiner Stellvertretung bedürftig waren, konnten sich dieses Verhalten des Priesters allenfalls wünschen. Ihr Notschrei war hinreichende Legitimation für die Stellvertretung. Für sie kam die glückliche Wendung dadurch zustande, daß ein anderer von sich aus erkannte, wer hier mit einem Male sein Nächster geworden ist. Anders gesagt: Der Priester erkannte, daß er diesem hier jetzt der Nächste geworden ist.

Im Falle dieses Priesters spricht man nun von einem Opfer. Das ist nicht unberechtigt. Aber wir sollten mit dem Wort „Opfer" differenzierend umgehen. Ein Opfer wie der gekreuzigte Christus hat der Priester nicht erbracht. Dieses könnte überhaupt niemand wiederholen. Und vor allem: Es muß dies niemand tun. Der Priester aber hat für seine Stellvertretung mancherlei Motive gehabt. Sie sind nicht alle zu durchschauen. Und es ist auch gar nicht von Belang, ob sie wirklich alle oder in der Mehrzahl von altruistischer Natur waren. Anzunehmen ist, daß er vor allem auch aus dem Lebens- und Gnadenzusammenhang seiner Kirche heraus Kräfte schöpfte. Insofern war er in Auschwitz zwar einsam, aber in einem religiösen Sinn nicht allein.

Seine einstigen Leiden stiften noch immer Segen. Sie kamen und kommen auch dem Gesamtverhältnis zwischen Kirche und Judentum zugute. Man darf wohl sagen: Sie haben einen neuen Geist in dieses Verhältnis gebracht und jedenfalls mit dazu beigetragen, daß ein neues künftiges Auschwitz nicht mehr denkbar ist. Die Stellvertretung dieses einzelnen Menschen zeigt von ihren Auswirkungen her paradigmatisch, wieviel Kraft, Unheil langfristig zu unterbrechen und Segen auf weiteste Bereiche zu verbreiten, von *einer* leuchtenden Tat ausgeht. Es wird hier begreiflich, daß das Gute in der Welt eine Chance hat, auch wenn es augenscheinlich so sehr viel seltener geschieht als das Böse.

δ) Konsequenzen für das Verständnis der Sündenvergebung

Wo immer das, was im Christentum Sündenvergebung heißt, *realiter* geschieht, muß eine durch Stellvertretung bewirkte Unterbrechung von *circuli vitiosi* eintreten. Verbunden damit, müssen auch eine Ruhigstellung und ein Zeitgewinn real werden. Sündenvergebung bringt zur Ruhe und läßt Zeit gewinnen. Einer Überanstrengung oder falschen Beanspruchung wird heilend entgegengewirkt. Die christliche „Umkehr" – für manche ist dies die deutlichere Bezeichnung für die gemeinte Sache als das Wort „Sündenvergebung" – ist eigentlich eine *Remission* in der medizinischen Bedeutung des Wortes: die durch eine Heilungshilfe bewirkte Wiederkehr der Gesundheit, die Rückkehr in die Gesundheit. So verstanden, ist Buße/Umkehr weder die Vorbedingung der Sündenvergebung noch deren Folge, sondern das Geschehen der Sündenvergebung selbst.

Aber *wo* geschieht dies nun in der Lebenswirklichkeit? Theologen sind schnell in der Situation, angesichts dieser Frage von Jesus Christus als dem „eigentlichen Ort" aller heilsamen Stellvertretung zu sprechen. Aber das ist zu einer Formel geworden, mit der zu wenig Verstehen einhergeht. Gewiß ist es nicht verkehrt, das Leben und Sterben Jesu als ein Stellvertretungsereignis zu deuten, durch welches uns sogar das „Wesen" aller Stellvertretung deutlich werden könnte. Nur müßten dann gerade auch die vielen Stellvertretungsereignisse in der Welt mit in den Blick kommen, sich unserer Wahrnehmung erschließen. An solchen Erschließungen mangelt es in der gegenwärtigen Theologie doch sehr. Es wird zu wenig berücksichtigt: Jesus Christus ist nicht *für sich allein* der Inbegriff und er ist auch nicht der einzige Ort heilsamer Stellvertretung. Er ist vielmehr eine Tür zu den ohne ihn vielleicht überhaupt nicht wahrgenommenen und vielleicht auch nicht in Anspruch genommenen Stellvertretungsereignissen in der Lebenswirklichkeit. Das Mindeste, was jedermann an ihm wahrnehmen kann, ist die Möglichkeit *und* Wirklichkeit von heilsamer Stellvertretung. Die Naturgesetze, die Seinsordnung – sie stehen solcher Stellvertretung (und dem durch sie eintretenden Seinsgewinn) immerhin nicht entgegen.

Von der Möglichkeit *und* Wirklichkeit sowohl der naturhaften wie auch der ethischen (spezifisch menschlichen) Stellvertretung darf gesprochen werden. Das bedeutet m.a. W., daß das Stellvertretungsinstitut existiert und mindestens unbewußt und in Teilbereichen auch von jedermann genutzt wird. Es könnte aber von Menschen immer auch noch extensiver – und dann: bewußt – genutzt werden. Es stecken noch mehr Möglichkeiten in ihm, als wir abrufen. Hier liegt eine Schwierigkeit vor. Es kommt nämlich nicht nur darauf an, daß wir die Existenz dieses Instituts erkennen und seine Wirkweise verstehen; sondern der springende Punkt ist schließlich, daß wir seine Nutzung auch wollen und tatsächlich vollziehen. Die meisterhafte diabolische Kunst, mit der die Sünde jedermann in ihr Netz einspinnt, zeigt sich auch daran, daß Menschen die Realität von Stellvertretung zwar genau erkennen und sie sogar als heilsame Wirklichkeit verstehen und bejahen können – und dennoch diese Möglichkeit nicht zu nützen, ja, ihr sogar in den Rücken zu fallen pflegen. Darin erweist sich auch die Sünde als ein höchst intelligentes „Institut". Sie kann über ihr eigenes effektives Zum-Zuge-Kommen stets hinwegtäuschen, weil wir „geistig" sogar bejahen können, was wir mit unserem faktischen Verhalten dann doch in Abrede stellen und bekämpfen. Der „alt böse Feind" ist listig – und bedarf seinerseits der Überlistung. Hierzu sind wir aber nicht imstande. Was nun[38]?

Es bedarf außerordentlicher Hilfen, damit Menschen, von denen ja immer auch die Blockierung der Stellvertretung ausgeht, dennoch das heilsame und gegen die die Sünde wirksame Stellvertretungsinstitut zu nutzen verstehen. Zweierlei müßte erreicht werden (und es bleibt vorderhand noch dahingestellt, ob es wirklich erreicht werden kann): Es müßte uns die Angst vor einem *ethischen Überfordertwerden* durch ein Leben im Modus der Stellvertretung genommen werden. Und es müßte uns, zweitens, die „Gipfelerfahrung" konsequent praktizierter menschlicher Stellvertetung erspart bleiben: die Erfahrung der absoluten Einsamkeit und Gottverlassenheit, wie sie Jesus am Kreuz machen mußte. Für uns wäre diese Erfahrung eine *geistliche Überforderung*[39]. – Im folgenden versuche ich zu zeigen, daß

---

[38] Diese Frage entspricht der Klage von LÉVINAS (Le temps et l'autre [franz. Ausgabe 29 u. 55, deutsche Ausgabe 24 u. 42]), daß die Wirklichkeit (=„das Sein" so wie es für uns Menschen ist) tatsächlich doch „das Übel" sei. Aber nicht deshalb sei das Sein das Übel, „weil es endlich, sondern weil es ohne Grenzen ist". Diesem grenzenlosen Sein wird man *im Leiden*, worin es kein Ausweichen und keine Zuflucht gibt, „direkt ausgesetzt". Wegen der Unbegrenztheit des Seins wird man im Leiden „in die Enge getrieben". – Lévinas spricht aus, was ist, sofern hinreichende, unerzwungene menschliche Stellvertretung nicht ist. Solche menschliche Stellvertretung aber ist tatsächlich nicht, sofern göttliche Gnade nicht ist.

[39] Diese Ausführungen berühren sich – partiell – mit den eindringlichen Kern-Aussagen im Denken von LÉVINAS (Die Spur des Anderen, 321): „Das Ich ist nicht ein Seiendes, das fähig wäre, für die anderen zu sühnen . . .". L. ist das denkende Beharren bei der Tatsache der *Überforderung* des Ichs durch den (Stellvertretung verlangenden) Anderen sehr zu danken. Ich habe keinen anderen Philosophen unserer Zeit gefunden, bei dem zur Stellvertretungs-Frage so viel zu lernen wäre wie bei ihm. Die von uns allen zu tragende Stellvertretungslast drängt sich dem Ich, nach L., *vor* jeder dem Ich möglichen Willensentscheidung auf. Der Andere macht seine Ansprüche keineswegs so geltend, daß das Ich es in Freiheit abwägen könnte, wie weit es dem Anderen entgegenkommen möchte. Das Ich ist ihm von Anfang an ausgeliefert. Es wäre gar nicht das Ich, müßte es nicht dessen Last mittragen. L. benützt das Bild der Geisel *(l'otage)*: Das Ich wird zur Geisel des Anderen. Das Ich muß so sehr stellvertreten bzw. substituierend existieren, daß es dies als Raub an seinem eigenen Sein erleidet. „Nicht-sein, das heißt die Last des Elends und der Fehlerhaftigkeit des Anderen tragen . . ." (ebd, 320). *Aber*: „Der Stand der Geisel ist der Grund dafür, daß es in der Welt Mitleid, Teilnahme, Verzeihen und Nähe zu geben vermag" (ebd, 320). Die Geisel ist ein Opfer. L. spricht auch aus der persönlichen Erfahrung der Judenverfolgung. Die christliche Kirche und ihre Theologie haben immer die Position vertreten, daß Geisel-Opfer nicht nur nicht sein sollen, sondern – *post Christum natum* – nicht sein müssen und nicht sein dürfen. Sie scheinen hierfür den Beweis bislang schuldig geblieben zu sein. Wenn sie sich aber mit etwas *nicht* zufrieden geben dürfen, dann ist es dies. Die Spur, der sie nachgehen müssen, ist bei L. so beschrieben: Ist wirklich

wir Menschen uns tatsächlich solcher außerordentlichen, göttlichen Hilfen erfreuen, durch welche die Sünde unterbrochen und ein Stellvertretungsleben menschenmöglich wird – *ohne* daß wir in eine ethische oder geistliche Überforderung hineingetrieben werden.

Meine jetzige Aufgabe, dies zu zeigen, ist schwierig. Denn üblicherweise erscheint uns „Sündigen" als weniger überfordernd im Vergleich zur Erfüllung des „Gesetzes Christi": „Einer trage des anderen Last" (Gal 6, 2). Das „Joch" der Nachfolge Jesu erscheint uns – trotz Mt 11,30 – nicht als „sanft"; wir erachten es vielmehr als unvereinbar mit den konkreten Bedingungen unseres Daseins. Die uferlose Debatte über die Praktikabilität der Bergpredigt ist das schlagende Beispiel. Um als Menschen nicht überanstrengt zu werden, sündigen wir. In diesem Augenblick aber sind wir dafür blind, daß wir uns (und andere) gerade jetzt erst überanstrengen und überbeanspruchen – während das „Stellvertretungsleben" dies nicht nur vermieden, sondern sogar die Folgen solcher Überbeanspruchungen geheilt haben würde.

Vergebung freilich zieht nicht nur den Sünder aus der Sünde heraus, sie heilt auch deren Folgen! Erinnert sei hier daran, daß das Wort „Sünde" die destruktive menschliche Überbeanspruchung der Geschöpfe zum Zwecke der „Selbstrechtfertigung" bzw. der Selbstbesorgung dessen, was nur Gott gewähren könnte, bedeutet. „Sünde" ist zugleich der Versuch, den Seinsgewinn, der aus dem Leben im Modus der Stellvertretung resultiert, *ohne* ein stellvertretendes Eintreten für den anderen dadurch zu erhalten, *daß man gerade umgekehrt die anderen für die eigene Person einzutreten zwingt (was im Ergebnis zu einer Seinsminderung, zu einem Verbrauch und Untergang von Seinsmöglichkeiten führt).* Solches Geschehen ist zugleich ein menschliches Wegdrängen Gottes, des Schöpfers, aus der Schöpfung[40].

---

der Krieg aller gegen alle das Anfängliche und der Grund menschlichen Seins? Das scheint nicht sicher. L. meint: „... vor dem Krieg waren die Altäre" (ebd, 321). Opferaltäre? Stätten des Danks und der Verehrung?

[40] Durch BONHOEFFERS „Widerstand und Ergebung" (Briefe vom 16. und 18. Juli 1944, sowie das Gedicht „Christen und Heiden") wurde die Rede von der *Ohnmacht Gottes* und vom Sich-aus-der-Welt-hinausdrängen-Lassen Gottes durch den *homo peccator* theologisch populär. Diese Rede ist offensichtlich mißverstanden worden. Nicht in dem Sinne ist Gott ohnmächtig („geworden"), daß er etwa in der Neuzeit durch immer autonomer werdende Menschen zunehmend geschwächt und verdrängt worden (und daher auch zunehmend *menschlicher* Stellvertretung und Hilfe bedürftig geworden) wäre. So scheint allerdings z. B. SÖLLE in ihrem Buch „Stellvertretung" zu empfinden. Auch sie beruft sich dabei auf Bonhoeffer (168ff), mit dem sie hier übereinzustimmen meint. Aber – und

Das durch die seinsmindernde Sünde bzw. durch die Gottesverdrängung *arm* gewordene menschliche Geschöpf ist aber allererst in der Lage, Gott, der *diesen Mangel* „füllen" will, zu „finden". Gott will *in der Not und Schuld* angerufen und gefunden werden; er offenbart und erweist sich *von sich aus* „am Armseligen", am defizitären Dasein, das „in Schulden gekommen" ist. Solches „erwählt" er, um es wieder zum Glanz zu bringen, ja, um *mehr* aus ihm zu machen, als es „ursprünglich" bzw. ohne die Wirkungen der Sünde gewesen wäre. Er erwählt das Schwache und Verachtete freilich *auch*, „damit er zunichte mache, was etwas ist" – und sich dessen „rühmt" (I Kor 1,28f). Was von Gott solchermaßen erwählt ist, wird – nach breitem biblischem Konsens – von Gott aber auch sofort in den Status des *stellvertretenden Daseins* eingesetzt, also von Gott als Werkzeug der Heilung und der Wiederkehr des Glanzes in der Welt (bzw. als Instrument zur Durchsetzung und Errichtung seines „Reiches") verwendet. Das von Gott aus der Armseligkeit heraus Erwählte steht und arbeitet fortan *im Bunde* mit Gott. *Stellvertretung aber ist das Eingangstor Gottes, der Liebe, der Wiederkehr des Glanzes in einer von der Sünde entstellten und geminderten Realität.* – Von hier aus können wir als ein Zwischenergebnis dies festhalten: Sünde – mit der wir uns

---

m.E. ist *dies* doch auch Bonhoeffers Meinung – wir sollten von Gott unter allen Umständen glauben und lehren: Gott ist niemals ohnmächtig oder schwach. Er ist stets stark; nur ist er dies nicht unbedingt nach dem Muster dessen, was wir „männliche Stärke", gegebenenfalls neuerdings auch „weibliche Stärke" nennen. *Beide* anthropomorphen Verständnisweisen von Stärke versagen in der Gotteslehre. Gottes Kraft ist von besonderer Art. Sie ist „in den Schwachen mächtig" (vgl. II Kor 12,9). Dies ist auch noch einmal etwas ganz anderes als z.B. die Stärke „weiblicher" Hingabe, „Erdgebundenheit" und ausgeprägter Sozialität in der „Angewiesenheit auf andere" usw. Gottes Art der Kraft wirkt mittels irdischer Potenzen, die wir gerade nicht für potent, sondern für *unwirksam* und unbedeutend ansehen. Mit ihnen tötet er, heilt er, erhebt er, schafft er – wie nichts sonst töten, heilen, erheben und schaffen kann. *Wir* freilich kommentieren dies – und mit der neuzeitlichen Aufklärung hat dies überhaupt nichts zu tun – mit der Rede von der „göttlichen Asthenik". Das tat auch Paulus schon, aber er sagte von der „göttlichen Asthenik", sie sei „stärker als die Menschen sind" (I Kor 1,25). Das ist der springende Punkt.

Nicht Gott bedarf menschlicher Hilfe, sondern wir der seinen. Gerade das hat sich *post Christum natum* nicht geändert; auch im 20. Jahrhundert nicht! Hier ist theologisch nicht Sölle und gewissen Barock-Mystikern, sondern z.B. Barth – und eben auch Paulus zu folgen. Das Abgehen von diesem Satz würde das Ende aller Theologie, auch der feministischen, bedeuten (und zugleich die Abkehr vom Christentum und seinen jüdisch-alttestamentlichen Wurzeln). Im übrigen sollte auch mit der – zweifellos zulässigen – Rede von der Not, dem Leiden und der Mühe Gottes durch die menschliche Sünde der Boden eines theologisch sorgfältig auf Gottes Göttlichkeit (nicht Männlichkeit!) achtenden Denkens nicht verlassen werden.

stets vor Überforderung zu schützen trachten oder uns zu entlasten suchen, mit der wir aber in Wahrheit stets mit der Überforderung allererst beginnen – wird vom erwählenden Gott in dieser ganzen komplexen Genese und Entwicklung annulliert. Insofern wird die Überforderung „letztlich" hinfällig. Allerdings: auch die Erwählten sündigen, und – logisch – sieht es darum so aus, als müsse diese Annullierung immer wieder von vorne beginnen.

Nun ist es eine Eigentümlichkeit der Sünde, daß sie nicht nur hier oder dort als „Seinsminderung" auftritt, sondern wie ein Netz die einzelnen „Löcher" in der Wirklichkeit miteinander verbindet. Das bedeutet: Habe ich es hier oder dort mit der Last der Sünde zu tun, so habe ich es schon mit *aller* Sünde zu tun[41]. Darum ist, wie wir sehen werden, auch die Rückfrage desjenigen, der von Jesus im Neuen Testament zur Nächstenliebe aufgefordert worden war („wer ist denn überhaupt mein Nächster?" Lk 10,29), wohl verständlich: Habe ich's nämlich mit der Last des Nachbarn zu tun, so hängt daran immer noch mehr als das, was unmittelbar vor Augen steht: Die Defizite sind letztlich vernetzt – und jede Zuwendung ist immer nur ein kleiner Anfang. Wer will da schon für den Nächsten eintreten?

Verständlich ist von hier aus auch die zentrale neutestamentliche Aussage, am Kreuz habe Jesus die *gesamte* Sündenlast – die Last „aller Welt" – tragen müssen. Weil er für den konkreten, einzelnen Nächsten und dessen „Defizite" einzutreten vermochte, fiel die Last aller auf ihn. Und in dieser Situation gelangte der „Kampf" dieses einmaligen „Stellvertreters" in der Erfahrung der Gottverlassenheit

[41] Als *Erfahrung* eindrucksvoll formuliert von F. M. DOSTOJEWSKI, Die Brüder Karamasow (übertr. v. H. Ruoff und R. Hoffmann), München 1958, 431; ich übernehme das Zitat von KUSCHEL, 178: „Meine Freunde, bittet Gott um Fröhlichkeit ... . Sagt nicht: Stark ist die Sünde, stark die Ruchlosigkeit, stark ist die schlechte Umwelt, wir aber stehen allein und sind machtlos, die schlechte Umwelt wird uns zermürben und uns unser gutes Werk nicht vollenden lassen. Meidet solche Verzagtheit, Kinder! Hier gibt es nur *eine* Rettung: Mache dich selbst für alle Sünden der Menschen verantwortlich. Mein Freund, das ist ja auch wahr; denn sobald du dich aufrichtig für alle und für alles verantwortlich machst, wirst du einsehen, daß es tatsächlich so ist und *daß du allen gegenüber an allem Schuld trägst.* Wenn du aber die Schuld an deiner Trägheit und Ohnmacht auf die Menschen schiebst, wirst du schließlich in satanischen Hochmut verfallen und wider Gott murren." – Die inhaltliche Aussage ist merkwürdig! Fröhlichkeit und Allverantwortlichkeit gehen hier ebenso zusammen wie auf der anderen Seite Niedergeschlagenheit und das Alle-Schuld-auf-die-Umwelt-Schieben. Offenbar meint D., wer für alle (auch für fremde) Schuld die Verantwortung übernimmt, der gewinne das Gesetz des Handelns zurück. Wie auch immer, feststeht jedenfalls, daß niemand die Schuld und Last aller tatsächlich tragen könnte. Und sehr richtig sieht D., daß man es in jedweder persönlichen Schuldsituation sofort mit aller Schuld der ganzen Welt zu tun bekommt.

auf den Höhepunkt. In dieser Erfahrung schien Gott auf seiten aller übrigen zu stehen und nicht an der Seite Jesu, der vielmehr selber als der schlechthin Gottverlassene – und somit allein und als einzelner als *Inbegriff der Sünde* – dahing. *Die Einsamkeit dieser Erfahrung ist niemandem von uns zuzumuten oder auch nur möglich*[42]. Wenn Stellvertretung immer und überall *dies* mit sich bringen müßte, dann könnte sie unsere Sache nicht werden. Wenn „Nachfolge Jesu" „Kreuzesnachfolge" in diesem Sinne sein müßte, dann wäre ihr Joch in der Tat nicht „sanft", sondern für uns unerträglich. Wir hätten dann auch den Unterschied zwischen Jesus Christus und den Christen bzw. der Kirche in unzulässiger Weise aufgehoben. In dem Sinn – und daß ist unser zweites Zwischenergebnis – muß und kann kein Christ dem anderen zum Christus werden, daß er für ihn auch die Augenblicke der Gottverlassenheit von Golgatha auf sich nähme. (Auch ist es keinem Menschen übelzunehmen, daß er nicht zu einem Opfer werden will, sondern sich dem möglichst entzieht. Das ist in Ordnung, während die Annahme, daß ein Mensch ein Opfer werden will, ein menschliches Problem darstellt. Das Zum-Opfer-Werden eines Menschen, *sollte* mit Jesu Kreuzestod ein Ende gefunden haben[43])

Weil jedenfalls *uns* „der Menschheit ganzer Jammer" *nicht* auferlegt wird, darum erweist sich das Argument, es nütze gar nichts, dem sog. Nächsten zu helfen, zuletzt allerdings als faule Ausrede! Unsere Beauftragung zur Vergebung, zur Stellvertretung und zum heilenden

---

[42] Dies betont auch z. B. GOLLWITZER, Von der Stellvertretung Gottes, 43.

[43] S. hierzu den schönen ernsten Aufsatz von BADER, 431. Hier wird gezeigt, wie tief das Opfermachen im Menschsein verwurzelt ist: Der *homo necans* erfährt im Getöteten, im Opfer, wie kaum irgendwo sonst: „sich selbst" (420). Ferner: „Gemeinschaft festigt sich durch die Gleichheit desjenigen Lebendigen, das sie tötet" (421, Anmk. 28). – Viele religions- und kulturwissenschaftliche Einsichten zur Frage der Funktion des Opfers bietet neuerdings auch GIRARD in seinen Untersuchungen über das Heilige und die Gewalt. Doch klammert G., der u. a. die klassische griechische Tragödie neu untersuchte und auch eine breite ethnologische Literatur durchsah, den Opfertod Christi ganz aus seiner Untersuchung aus. Dieser Tod hätte wohl G.s Hypothese von der Einheit des Heiligen mit der Gewalt aus den Fugen gebracht. Die Untersuchung läuft darauf hinaus, vor einem Verkennen der auch und gerade in der heutigen Zivilisation wirksamen Gewaltpotentiale und Sündenbockopfer-Forderungen zu warnen. Diese Warnung ist nicht verkehrt. Weder „das Religiöse", das für G. überall auf das Gleiche hinausläuft, noch die „Wissenschaft" bieten ihm zum Schluß eine hoffnungsvolle Perspektive. Das ist im Blick auf das Sündenbockproblem durchaus verständlich. – Von seinen Ergebnissen her fordert G. die Allgemeinheit dazu auf, um ihres Überlebens willen endlich auf Gewalttätigkeit überhaupt zu verzichten. Die Gewalttat der stellvertretenden Opferungen habe nämlich, seitdem sie durchschaut ist, auch ihre partielle soziale Nützlichkeit verloren.

Handeln ist, wie dargestellt wurde, nach dem Maß des Menschenmöglichen begrenzt[44]. Das müßte gerade für die Glieder der Kirche deutlich sein. In der Kirche ist der Auftrag, Gottes Gnade als *unbegrenzte* Vergebung usw. zu verkündigen, streng zu unterscheiden von der eigenen begrenzten ethischen Beauftragung der Gemeindeglieder[45].

c) Binden und Lösen

Als sehr große Frage blickt die den Jüngern/Aposteln im Neuen Testament übertragene „Schlüsselgewalt" (Vollmacht, zu binden und zu lösen) die heutige Christenheit an: Was ist aus ihr in unseren Kirchen geworden?

„... Du bist Petrus, und auf diesen Felsen will ich meine Gemeinde bauen, und die Pforten der Hölle sollen sie nicht überwältigen. Ich will dir die Schlüssel des Himmelreichs geben: alles, was du auf Erden binden wirst, soll auch im Himmel gebunden sein, und alles, was du auf Erden lösen wirst, soll auch im Himmel gelöst sein" (Mt 16,18f). Dies ist der Wortlaut in der revidierten Fassung der Lutherbibel von 1984. (Die problematische, nur von einem Körnchen exegetischer Wahrheit lebende Übersetzung von Vers 19 in der 1982 erschienenen ökumenischen Bibelübersetzung „Die gute Nachricht" lautet: „Dir [Petrus] will ich die Schlüssel zu Gottes neuer Welt geben. Was du hier auf der Erde verbindlich erklären wirst, das wird auch vor Gott verbindlich sein; und was du für nicht verbindlich erklären wirst, das wird auch vor Gott nicht verbindlich sein.")

Jesus zu den Jüngern: „Amen, ich sage euch, alles, was ihr auf Erden binden werdet, das wird auch im Himmel gebunden sein, und alles, was ihr auf Erden lösen werdet, das wird auch im Himmel gelöst sein" (Mt 18,18).

Der auferstandene Jesus tritt am Abend des Ostertages unter die Jünger ...: „Wie mich der Vater gesandt hat, so sende ich euch. Nachdem er das gesagt hatte, hauchte er sie an und sprach zu ihnen: Empfangt den Heiligen Geist! Wem ihr die Sünden vergebt, dem sind sie vergeben; wem ihr die Vergebung verweigert, dem ist sie verweigert" (Joh 20,21b und 22).

Niemals in der späteren Kirchengeschichte ist diese Vollmachtsübertragung als eine Nebensache eingestuft worden. Die „Schlüsselgewalt" gehört auch in der Lehrtradition des Protestantismus zu den

---

[44] Dem steht das Jesuswort Mt 18,22, seine Jünger sollen „nicht siebenmal, sondern siebzigmal siebenmal" vergeben, nicht entgegen. Dieses Wort legt den Jüngern nicht das unbegrenzte Tragen der Schuld der ganzen Welt auf, sondern es verbietet ihnen das Ausrechnen einer unbilligen, weil allzu früh gezogenen Grenze der eigenen Vergebungspflicht, die in keinem Verhältnis zu der von Gott empfangenen Vergebung steht. Der oben formulierte Satz wendet sich gegen die im Prinzip richtige These bei Sölle, 142: „Wer den andern vertritt und sich damit abhängig macht, muß mit dem Schlimmsten rechnen." Dies darf Stellvertretung als christliche Haltung und als kirchliche Möglichkeit nicht bedeuten!

[45] S. u. S. 370–375.

wenigen Grundmerkmalen der Kirche. Sie ist eine der *notae ecclesiae.* Wo ein solches Grundmerkmal fehlt, ist auch Kirche nicht existent. Weil dem so ist, müßte uns die Tatsache eigentlich sehr alarmieren, daß die Kirchen in der Gegenwart allenfalls schwach als Orte des bindenden und lösenden Wortes in Erscheinung treten. Ja, es steht sogar der Theologenschaft gar nicht mehr deutlich vor Augen, worin das „Schlüsselamt" besteht, wie es recht wahrgenommen wird. Heißt „binden", jemandem die Vergebung seiner Sünden verweigern mit der Folge, daß es für immer und ewig dabei bleibt? Oder heißt dies, „Kirchenzucht" betreiben, also erzieherisch wirken mit dem Ziel, später das lösende Wort doch noch gewähren zu können? Heißt es, darauf achten, daß die Gnade nicht zur billigen Selbstverständlichkeit wird? Oder heißt „binden" den Umfang und Inhalt des christlichen Dogmas verbindlich feststellen – ist also die „Lehrgewalt" gemeint? Dann würde „binden" bedeuten: „etwas für verbindlich erklären". Und „lösen" würde bedeuten: „etwas für nicht verbindlich erklären". Eine weitere Frage geht dahin, zu klären, *wer* das, was mit dem Binden und Lösen gemeint sein dürfte, tun soll. Jeder Pfarrer, jedes Gemeindeglied, die Gemeinde als ganze, die Kirchenleitung, eine Synode, das Konzil der ganzen Kirche, der Bischof oder letztlich nur der Papst als der „Nachfolger" des Petrus? Und schließlich: Welche Mittel stehen der Kirche zur Verfügung, um das Schlüsselamt richtig auszuüben?

Die neutestamentliche Reden vom Binden und vom Lösen knüpft an jüdisch-rabbinische Terminologie an. Die religiösen Oberen des Judentums sind eine Instanz, die in bestimmten Fällen von der Pflicht der Gesetzeserfüllung im vorhinein oder im Blick auf eine bereits erfolgte Übertretung mit verbindlicher Vollmacht befreien können. Darin liegt freilich keine generelle Vollmacht zur Sündenvergebung[46]. Im Neuen Testament aber meint Binden und Lösen, Menschen von *allen* ihren Sünden entweder nicht entbinden (=binden) oder diese Menschen von ihren Sünden restlos befreien (=lösen). Die Übersetzung „verbindlich erklären"/„nicht für verbindlich erklären" ist dennoch nicht geradezu falsch[47]. Sie verträgt sich bei genauer Überprüfung gerade noch mit dem soeben genannten

[46] JEREMIAS, 750: „In der rabb Lit wird das ‚Binden' und ‚Lösen' fast ausschließlich auf die halakhischen Lehrentscheidungen bezogen ...: der Schriftgelehrte bindet (erklärt für verboten) und löst (erklärt für erlaubt)".

[47] Mit Recht schreibt aber JEREMIAS, 751, die „Einengung auf die Lehrgewalt" treffe „den Sinn von Mt 16,19 schwerlich."

Sinn von Binden und Lösen[48]. Wo nämlich Repräsentanten der Kirche verbindlich sagen, was gilt/wahr ist und was nicht gilt/nicht wahr ist, da treffen sie ja keine Feststellungen über irgendwelche Tatsachenfragen etwa im Sinne der Naturwissenschaften, sondern sie legen das Evangelium aus und sie applizieren seinen Gehalt *ad hominem. Verbindlich aussprechen, was gilt und wahr ist, das muß in der Kirche immer eine Aussage über das Heil – im Gegensatz zum Unheil bzw. zum Verderben in Zeit und Ewigkeit – bedeuten.*

Verbindliches Reden aus dem Raum der Kirche heraus bezieht sich also *immer* auf die Frage, wie die Menschen, zu denen gesprochen wird, vor Gott dastehen. Alle verbindliche Rede der Kirche betrifft dann aber präzis die Frage unserer Erlösung aus Sünde und Todesbetroffenheit[49]. Verbindliches Reden der Kirche kann dann auch niemals durch eine die augenblickliche *Verkündigungssituation* außer Acht lassende Proklamation unveränderlicher dogmatischer Formeln geschehen. Die verbindliche Rede der Kirche muß vielmehr stets

---

[48] Viele Kommentare über das Mt-Evangelium sehen den Sinn dieser Aussage mit Recht in einer Vollmacht, die sich sowohl auf die Sündenvergebung wie auch auf die Lehrgewalt (*potestas docendi in ecclesia*) erstreckt. So auch schon LUTHER (s. bei MÜHLHAUPT, Hg., 522–563). – L. betont, die Schlüsselgewalt ziele auf die Vergebung der Sünden. Sie dürfte – anders als der Papst diese *potestas* ausübe – niemals wie eine weltliche Herrschaft vollzogen werden (533). Die Schlüssel bedeuten aber *auch* „die Gewalt zum Lehren" (und diese meine insbesondere „Predigen"), „nicht allein die zum Absolvieren" (542). Der Pfarrer übt dieses Amt im Auftrag der Gemeinde aus (542, wobei von Luther nicht die Beauftragung durch Christen geleugnet, sondern der Pfarrerdienst als ein solcher Dienst kenntlich gemacht wird, der jedem Gemeindeglied gehört – und nur aus praktischen Erwägungen heraus dem Pfarrer von der Gemeinde übertragen worden ist, vgl. 550). L. sieht in Mt 16,19 vor allem die Notwendigkeit dessen bestätigt, daß der Mensch *von außen* die göttliche Vergebung *zugesprochen* erhält.

[49] Dieses verbindliche Reden der Kirche ist der eigentliche Gegenstand des *Dogmas* bzw. der *Dogmatik* als der Wissenschaft „vom entschiedenen Meinen" und vom „assertorische(n) Sprachgeschehen" in der Kirche (EBELING, Theologie und Verkündigung, 106ff). Freilich hat es auch mit Predigt und Bekenntnis zu tun. Die obige Aussage, daß das verbindliche Reden der Kirche stets die Erlösung betrifft bzw. zu betreffen hat, bietet m.E. die wichtigste Basis für ökumenische Gespräche zur Verständigung über das *kirchliche Lehramt.* Gegen das protestantische Mißtrauen, das Lehramt der römisch-katholischen Kirche definiere immer wieder eigenmächtig neue Glaubenswahrheiten, es formuliere zusätzliche Dogmen, die vom Heilsnotwendigen wegführen, kann von katholischer Seite vor allem folgendes gesagt werden: Jedes katholische Dogma will und muß sich daran messen lassen, daß es sich auf die zum Heil notwendige Christuswahrheit bezieht und ausschließlich *ihr* dient. Kein anders geartetes kirchliches Dogma wäre zulässig. – Bei der anderen Frage, wer der *Inhaber* der „Lehrgewalt" ist, könnte noch mehr in den Blick kommen, daß auch in keiner katholischen Kirche hierarchische Amtsträger allein über Dogmen entscheiden, ohne daß der Glaube in den Gemeinden die größte Rolle spielte.

zugleich christusgerecht, situationsgerecht und seelsorgerlich-menschengerecht sein. Dann hat sie lösende und bindende Kraft.

Kein ernstzunehmender theologischer Grund steht dem entgegen, daß z.B. auch durch kirchliche Denkschriften, Erklärungen usw. der Auftrag, zu lösen und zu binden, richtig und vollmächtig wahrgenommen werden kann.

Im folgenden soll nun der Vorgang des Lösens und der des Bindens noch näher untersucht werden.

Lösen bedeutet im Neuen Testament, einen Menschen schon jetzt herauslösen aus dem vergehenden Äon, ihn der Welt der Sünde und des Todes entziehen, ihn damit auch seiner eigenen Schuld entziehen und ihm hierdurch die Bewahrung im Endgericht verbürgen. Jesus Christus gab den Seinen Vollmacht *(exusia)*, über Menschen Entscheidungen zu treffen, die im Himmel Bestätigung finden werden und das Ergebnis des Endgerichts vorwegnehmen. Der durch solche apostolische Ausübung des „Schlüsselamtes" *ge*löste Mensch *weiß* nun auch um seine Zugehörigkeit zur Gemeinschaft der *Er*lösten. Er sieht in sich selbst einen von Gottes Gnadenwahl persönlich Betroffenen. Zwar werden sich am Weltende noch mehr Mitglieder des Gottesreichs herausstellen, als die Kirche jemals getaufte und gar ihres „Angenommenseins" gewisse Glieder gehabt hat. Wer aber durch einen Bevollmächtigten der Kirche gelöst wurde, der ist, wie gesagt, ein solcher Miterbe des Gottesreichs, der um diesen seinen Status schon jetzt weiß[50]. Wer so gelöst wurde, gehört hierdurch übrigens notwendigerweise auch als ein „Glied" zu Christus und zur Kirche. Somit wird ihm bewußt, daß er dieser Welt nicht mehr gehört.

Das neutestamentlich verstandene Lösen bedeutet nicht die Absolution von einzelnen Sünden aus einem bestimmten Lebensabschnitt. Sondern es bedeutet die umfassende und als irreversibel angesehene Überstellung eines Menschen ins unzerstörbare Leben. Jede Taufe ist ursprünglich als ein solches Lösen verstanden worden.

Was aber heißt *binden*? Auf keinen Fall meinten die Jünger/Apostel, es sei ihrer freien Beurteilung überlassen, welchen Menschen sie nicht lösen, sondern an seine Sünden und an die vergehende alte Welt gebunden bleiben lassen wollten. Einen Auftrag und eine Voll-

[50] Die römisch-katholische Lehre von der Notwendigkeit einer letzten Ungewißheit/Unsicherheit der Gläubigen bezüglich ihres endgültigen Erlöst- und Angenommenseins halten evangelische Christen, sofern sie wissen, warum sie evangelisch sind, für unannehmbar. Diese Frage der Heilsgewißheit bildete schon den – viel zu wenig beachteten – *theologischen Angelpunkt* der Reformation. Sie ist von weit größerer kontroverstheologischer Bedeutung als etwa die Frage der Anerkennung eines päpstlichen „Petrusdienstes" in der Kirche.

macht, in bestimmten Fällen das Gegenteil vom Lösen zu vollziehen, also auszuschließen vom Heil für immer und ewig, hatten sie *nicht*. Ihr Auftrag und ihre Vollmacht war, das Himmelreich *aufzuschließen*.

Das historische und sachliche Recht dieser These ist leicht einzusehen, wenn man sich an der neutestamentlichen Ursprungssituation des Wortes vom Lösen und vom Binden orientiert. Der Ursprung liegt in der frühen nachösterlichen Zeit. Das hat vor allem Bultmann mit guten Gründen noch einmal herausgestellt[51]. Der wiederkehrende Herr wurde erwartet. Es galt, in der noch verbleibenden Zeit möglichst viele zu gewinnen! Von dieser Anfangssituation des Wortes ist natürlich zu unterscheiden die Entwicklung des kirchlichen Amtsverständnisses ab dem 3. Jahrhundert, die das spätere Verständnis des Schlüsselamts übermäßig geprägt hat. Das Verständnis des kirchlichen Amtes wurde, wie es vor allem durch die Kirchenordnung des Hippolyt von Rom belegt werden kann, ab dem 3. Jahrhundert juristisch geprägt. Das Charisma der Amtsträger wurde zum Recht der Amtsträger. „Zuerst zeigt sich im Westen, d. h. in Rom und Afrika, später dann auch im Osten, der maßgebende Satz: Der Bischof allein hat das Recht zur Verwaltung der Eucharistie; er allein kann dieses Recht auch übertragen, wem ihm beliebt.“ Etwa zur gleichen Zeit, in der dem Bischof in diesem rechtlichen Sinn „eine besondere Amtsgnade zuerkannt wird“, erhält *er* bezeichnenderweise „auch die Gewalt der Vergebung, d.h. konkret das Recht auf Wiederaufnahme von Todsündern in die kirchliche Gemeinschaft“. Jetzt geht es also bereits um die *Wieder*aufnahme in die Kirche beim Vorliegen von Todsünden (z.B. dem Kaiseropfer durch Christen in Verfolgungen): Calixt I. von Rom unterwirft um 220 diese „Vergebungsgewalt, die man bisher nur den Märtyrern zuerkannte, der bischöflichen Bestätigung. Vorher konnten die Märtyrer Todsünder wieder in die Kirche aufnehmen ohne irgendeine Amtsgnade oder dergleichen. Jetzt bestimmt der Bischof: Alle Vergebung von Todsünden durch Märtyrer ist vom Bischof zu bestätigen.“[52] Der Bischof kann nun – Kirchenzucht ausübend – einem Abgefallenen die Sünde auch „behalten“, ihm also die Wiederaufnahme und die Absolution verweigern.

Genau dies ist spätestens seit der Reformation als problematische Weiterentwicklung des Schlüsselamtes erkannt worden. Wurde doch dieses Amt inzwischen durch Nichtzulassung zum Sakrament wie eine Strafe oder ein Druckmittel ausgeübt und keineswegs, wie es sein sollte, *sine vi sed verbo*. Aber auch in der Reformation ist das Bedenkliche dieses Gesamtverständnisses der Schlüssel noch nicht vollständig ausgeräumt und überwunden worden. Im Artikel 28 der Augsburgischen Konfession wird von der *potestas ecclesiastica* unter der Überschrift „Von der Bischofen Gewalt“ gehandelt. Im Anschluß an Joh 20,21f heißt es, die „Gewalt der Schlüssel oder Bischofen“, Sünden zu vergeben oder zu behalten, übe „man allein mit der Lehre und Predig Gottes Worts und mit Handreichung der Sakramente“ recht aus. Das aber seien Quellen von *ewigen Gütern*, also nicht von Gütern, die etwas mit diesseitiger Macht zu tun haben. Hier wird die Lehre vom Schlüsselamt zu einer Apologie der Zweireichelehre! Die kirchliche Schlüssel-Vollmacht, so heißt es, „hindere“ die Polizei und das ganze „weltliche Regiment“

---

[51] BULTMANN, 277, geht davon aus, daß erst der Glaube an die Auferstehung Jesu die *ekklesia* Christi konstituiert habe. Er findet es auffällig, daß das Wort *ekklesia* in einem dem irdischen Jesus zugeschriebenen Wort bei Mt ausschließlich Mt 16,18 und 18,17 begegnet. Dies überzeugt Bultmann vollends vom Vorliegen einer nachösterlichen Interpretation.

[52] Zitiert wurde der bei BERNET, 29ff, gegebene historische Überblick „zur Entwicklung des Pfarrinstituts“. Die Zitate: 30–32.

keineswegs. Das Bischofsamt jedoch sollte niemals zugleich ein weltliches Amt sein usw. – In Luthers Kleinen Katechismus wurde die Frage „Was ist das Amt der Schlüssel?" noch nachträglich eingefügt. Antwort: „Es ist eine besondere Gewalt, die Christus seiner Kirche auf Erden gegeben hat, den bußfertigen Sündern die Sünden zu vergeben, den unbußfertigen aber die Sünden zu behalten, solange sie nicht Buße tun." – Diese einseitige Zuspitzung des Schlüsselamtes auf die Kirchenzucht im Sinne einer durch gelinden Druck gekennzeichneten Pädagogik zur Erzeugung von Bußfertigkeit ist ebenfalls eine fragwürdige Weiterbildung der einschlägigen neutestamentlichen Aussagen.

Wir orientieren uns an der Ursprungssituation und sagen: Gebunden wurde und wird man nicht durch eine Weigerung der Jünger/Apostel/Diener am Wort Gottes, „die Tür aufzuschließen", sondern nur durch sich selbst, durch eigenes Sich-Verschließen vor dem Christus-Kerygma, vor der jetzt geschehenden Öffnung des eschatologischen Heils. Auch kein heutiger Pfarrer, kein heutiger Christ soll in irgendeiner Situation einen Menschen „binden". Wie käme er auch zu einer solchen Tat, die im Himmel bestätigt und niemals mehr revidiert wird? Nein, die Kirche, die nicht geistesgestört ist, vollzieht nicht das Binden. Sie vollzieht nur das Lösen. Das ist keine leichtfertige Rede, die von Kirchenzucht und vom Gesetz Gottes nichts mehr wissen wollte.

Die Kirchenzucht steht auf einem anderen Blatt[53]. Sie bedeutet nicht jenes eschatologische Binden, von dem das Neue Testament

[53] Vom rechten evangelischen Verständnis der Kirchenzucht – von jeher ein Problem! – scheinen wir heute noch weiter entfernt zu sein als früher. Man kann für die größeren Kirchen heute nicht einmal mehr sagen, um einen Zugang zur Kirchenzucht werde in ihnen gekämpft!

Verschiedene Schriften des NT kennen eine innergemeindliche Beobachtung der Grenze zwischen dem in der Kirche noch tragbaren und dem nicht mehr tragbaren Verhalten. Sie kennen auch die Ermunterung zum in der Kirche erwünschten Verhalten. Abgestufte Maßnahmen werden genannt, durch die ein auf Abwege geratenes Gemeindeglied zurückgewonnen werden soll. Als *ultima ratio* erscheint, wie in I Kor 5,1-6, der Ausschluß des Uneinsichtigen aus der Gemeinschaft des Heils (Exkommunikation), dem freilich immer noch der Wunsch „auf daß der Geist gerettet werde am Tag des Herrn" unterlegt wird. Für Bonhoeffer, der diesen Paulustext öfters im Zusammenhang seiner Erörterungen der Kirchenzucht (in der Kirchenkampfzeit sagte er auch gern: Gemeindezucht) zitierte, war natürlich der seelsorgerlich-gewinnende Charakter *aller* Kirchenzucht unabdingbar. Wie selbstverständlich verstand er im übrigen die Kirchenzucht als eine Ausübung des neutestamentlichen Auftrags, zu binden und zu lösen: „Gemeindezucht ist die notwendige sichtbare Folge der rechten Ausübung des Schlüsselamtes innerhalb der Gemeinde." (Schlüsselgewalt und Gemeindezucht…, 374). Das Wort „Folge" sollte hier aber unterstrichen werden! Denn es setzt immerhin eine *Unterscheidung* zwischen Schlüsselamt und Kirchenzucht.

Diese Unterscheidung ist zu wahren – vielleicht sogar *gegen* Bonhoeffers ausführliche Vorschläge zum „Sünden erlassen" (Absolution) und „Sünden zurück-

spricht. Predigt des Gesetzes steht ebenfalls auf einem anderen Blatt. Auch sie bedeutet nicht jenes eschatologische Binden, sondern geschieht sogar um des „lösenden“ Evangeliums willen.

Ein Mensch, so wurde gesagt, kann das gehörte gute Wort Gottes, das Evangelium, ablehnen und sich so selbst binden. Die Prediger des Evangeliums binden ihn durch ihre Verkündigung, obwohl sie das Gegenteil wollen. Das Evangelium (und nicht etwa das Gesetz, wie man immer wieder gemeint hat), kann auch eine bindende (nämlich: verstockende) Wirkung haben. Hinter diesem bedauerlichen Selbstverschluß gewisser Menschen steht aber letztlich Gott selbst. Das Rätsel seiner hier wirksam werdenden Absicht kann in geschichtlicher Zeit nicht gelöst werden. Aus dem Zusammenhang der Röm 9–11 von Paulus erörterten Verstockung Israels können wir aber erahnen, daß auch die Verstockung der Mehrung der Gottesherrschaft dient und letzten Endes selber in sie einmündet.

Zusammenfassend: Der Satz „was ihr auf Erden binden werdet, wird auch im Himmel gebunden sein“, meint: Wenn einige Menschen durch *eure* apostolische Predigt des Evangeliums nicht gewonnen werden können, sondern gebunden bleiben, dann soll dies mit Gottes Willen so sein; dies entspricht einer ewigen göttlichen Entscheidung[54].

---

halten“ (Retention) *innerhalb* der Gemeinde im Buch „Nachfolge“, auf das hier nicht eingegangen werden soll.

Was *in den Evangelien* „binden“ heißt, ist jedenfalls durchaus nicht identisch mit der Zurückhaltung oder Verweigerung der Absolution aus innergemeindlichen „Zucht“-Gründen!

Auch Ebeling (Kirchenzucht, 54) schreibt zurückhaltend, Kirchenzucht *beruhe* auf der neutestamentlichen Einsetzung des Schlüsselamts. Sie ist also *nicht* mit seiner Ausübung identisch. Mit Recht weist E., 55, darauf hin, ohnehin dürfe man nicht allein das Binden (und nicht auch das Lösen) in eine Beziehung zur Kirchenzucht stellen. Die letztere aber beziehe sich eigentlich auf das „Problem der Grenze der Kirche“. Von dieser „Grenze der Kirche“ aber sagt E., daß sie nicht von vornherein dogmatisch festzulegen sei, weil sie sich nämlich dort „selbst bezeugt“, wo die Verkündigung der Kirche *abgelehnt* wird (30). –

Gerade heute sollte bedacht werden, daß Kirchenzucht kein selbständiges theologisches Thema sein kann, sondern immer die selbstverständliche Rückseite der in einer jeweiligen Gemeinde vorhandenen Gotteserkenntnis darstellt. Im übrigen könnte die heute angemessene pädagogische Gestalt und Praxis der Kirchenzucht nicht eine Kopie neutestamentlicher Zuchterwägungen sein, da sowohl die Gemeindesituation wie die Pädagogik anders geworden sind.

[54] Darum ist es nicht richtig, „binden“ formal zu verstehen als die Vollmacht, *ver-bindlich* festzustellen und zuzusprechen, was christlich wahr und vor Gott gültig ist. Denn das könnte ja gerade das *Lösen* bedeuten! Derartige deutschsprachige Wortspiele mit „binden“/„verbindlich reden“ können leicht theologisch in die Irre führen.

Das Binden führt in „Letztfragen" hinein, insbesondere in die der doppelten Prädestination. Viele Christen aller kirchengeschichtlichen Jahrhunderte haben gemeint,die Verstockten oder zum „Unkraut" Gehörenden seien schon vor Schöpfungsbeginn zur Hölle prädestiniert worden; sie seien für ewig ausgeschlossen. Aber diese Meinung fällt aus der gesamten christologischen Logik heraus, die doch besagt: Gott „will, daß allen Menschen geholfen werde" (II Tim 2,4). Sie ist auch nicht biblisch notwendig.

Soviel aber ist klar: Wen *schon Gott* „negativ" prädestiniert hatte, den hatten und haben dann nicht erst die Jünger/Apostel/Prediger der Kirche durch ihre Verkündigung zu binden. Zwar könnte (im Sinne des oben Gesagten) die apostolische Predigt des Evangeliums bei den von Ewigkeit her Verworfenen allemal den Effekt haben, daß sie sich auch selbst verschließen. Nur: Zwingend ist nicht, daß ihr Selbstverschluß und ihre anscheinend von allem Anfang an feststehende göttliche Nichterwählung unbedingt auch ihre von Gott verfügte *ewige* Chancenlosigkeit, Pein und Hölle bedeuten müßte. Die für bestimmte Menschen von Gott beschlossene Verstockung und Verwerfung *kann* a) dann, wenn die Gestalt dieser Welt vergangen sein wird, ihren vorherbestimmten Zweck erfüllt haben und als ein Gottesdienst besonderer Art „offenbar" werden, b) als zwar schon vor Schöpfungsbeginn beschlossene Nicht-Erwählung dennoch für die Betroffenen nicht eine ewig dauernde Gottesferne und (sinnlose!) Bestrafung bedeuten, sondern sich auf eine von Gott immer schon gewollte Funktion bei der Aufhebung der „alten Welt" beschränken. Die Verwerfung kann möglicherweise also doch auf die Zeit „der Zeit" begrenzt sein. Darum stellt uns die doppelte Prädestination ja vor ein Rätsel, weil wir hier *nichts* wissen, also auch jenes „kann" nicht ausschließen können. Der Ernst des Evangeliums, das schließlich der Schlüssel zum ewigen Leben ist, wird jedenfalls nicht durch die Beifügung homiletischer Drohungen noch unterstrichen, die den sich verschließenden Menschen in irgendeiner Form das „Heulen und Zähneklappern" ansagen. Auch solches Drohen und Ansagen heißt nicht binden. Es ist lediglich Pseudoseelsorge. Der Ernst des Evangeliums aber wird so nicht zum Ausdruck kommen. Er wird vielmehr ausschließlich durch die Fähigkeit des Verkündigenden, den Inhalt des Evangeliums richtig anzusagen und also eine *lösende* Sprache zu finden, deutlich werden. Die Größe und Schönheit dessen, was evangelisch zu sagen ist, bestimmt auch den *Ernst* des Evangeliums.

d) Die Predigt[55]

Eine Relevanzkrise der Predigt ist dann gegeben, wenn die Prediger ihren Auftrag, *zu lösen*, nicht mehr verstehen, und wenn dadurch dann auch niemand mehr weiß, was Gebundensein bedeutet[56]. Niemals in der Kirchengeschichte gab es so viele gedruckte Predigtanleitungen wie heute. Demnach müßte es derzeit eine Lust sein, zu predigen und Predigt zu hören ... Aber die Literaturflut hängt ja eher mit der anscheinend übergroß gewordenen Aporie und Schwierigkeit zusammen ....

Eine Predigt, in der es mit dem Lösen *ernst* wird, dürfte auch in heutiger Zeit ihr Ziel erreichen. Aber eine Predigt, in der es überhaupt nicht oder nur scheinbar ernst wird, die wird auch an keiner Stelle fröhlich. Was aber heißt hier: ernst? Dies meint, daß uns das gültige Urteil über unser Leben schon jetzt eröffnet wird: das Urteil, zu dem Gott in Zeit und Ewigkeit steht. Es besagt, daß Gott den Sünder gerecht „spricht". Die Predigt soll dieses Urteil auf geeignete Weise weitergeben, was jedenfalls nicht im Stil des „ich würde meinen" und des „falls Sie es so für sich annehmen können" vorzutragen ist. Wie die Menschen im Neuen Testament ohne weiteres fühlten, ist die Bevollmächtigung zu solcher Predigt eine Ungeheuerlichkeit. Dennoch ist sie geheuer. Denn es muß ja kein Mensch einstehen für das Rechtfertigungsurteil über den Sünder. Dieses wird und ist allein möglich, *sofern Gott aus sich selbst heraus ersetzt, was der Sünder der Schöpfung Gottes wegnimmt.* Dies ist der Grund und Boden aller Sündenvergebung.

In diesem präzisen Sinn eines göttlichen Ersatzes für das vom Sünder und seiner Sünde Vernichtete geschieht von Gott her schon jetzt und ständig *eschatologische Neuschöpfung*. Dies also bedeutet *kainä ktisis*. (Neuschöpfung steht in allerengstem Zusammenhang mit Sündenvergebung bzw. Rechtfertigung des Sünders, denn die Vergebung zieht Gott hinein in unser Leben und in diese Welt und *erneuert* dadurch Leben und Welt von Grund auf). Die Lösung, die für die Welt auf diese Weise entsteht, ist nicht ein billiges göttliches „Übersehen" unserer Sünden, nicht ein stereotyper und schwächlicher göttlicher Generalpardon für unsere in schreckliche Tiefen hinabreichenden Verirrungen und bösen Taten. Sondern sie ist das Größte, das Allerheiligste. Der Schöpfer kommt zur Schöpfung. Gott

[55] Dieser Abschnitt ist meinem Berliner Kollegen Wolf Krötke gewidmet.

[56] Vgl. Luther: Ligare et solvere prorsus aliud nihil est quam Euangelium praedicare et applicare (WA 12, 184, 32f).

kommt zum sündigen Menschen und verbindet sich mit ihm. Er geht allem, was wir be- und verwirkt haben, bis ins kleinste Detail nach. „Niemand und nichts wird vergessen." Die Mängel, die wir dem Sein zufügen, werden – sobald Gott selbst in sie „einzieht" – zu glänzenden „Örtern" der Schöpfungserneuerung. Das Unfaßlichste erweist sich als wahr: Sünder, Sünde und Gott gehören zusammen! Dies ist so, weil Gott nach seiner eigenen Wahl und Entscheidung ausgerechnet über des Menschen Sünde (die darum nicht eine Kategorie des moralischen menschlichen Versagens, sondern der göttlichen Selbstbestimmung ist) zur Welt kommt.

Hinsichtlich des soeben Ausgeführten haben wir in der heutigen theologiegeschichtlichen Situation nur noch selten mit dem – ohnehin nicht stichhaltigen – Einwand zu rechnen, eine derartige Lehrweise negiere die menschliche Freiheit und Verantwortlichkeit für die Sünde, und sie belaste „frivol" Gott mit dieser Verantwortung. Aber wir haben mit dem soeben Gesagten doch *ein* Problem, das gerade im Zusammenhang mit der Predigt nicht verschwiegen werden darf: All' dies, was gesagt worden ist, tritt ein – so hieß es doch „verräterisch" genug – *sobald* und *sofern* Gott in unseren Verhältnissen Einzug hält. Aber warum tut er es nicht immer? Warum läßt er sich mindestens sehr oft Zeit? Warum spart er viele Gelegenheiten aus – bis es für Gottes Kommen nach unserem Eindruck zu spät ist?

Der Umgang mit diesen Fragen gehört zu jeder Predigtvorbereitung. Er ist das Entscheidende bei der Predigvorbereitung. Wenn bei der Vorbereitung diese Fragen, die übrigens ihrer Natur nach nicht aporetische, sondern theologisch und existenziell schwierige Fragen sind, umgangen werden, ist die fertige Predigt Makulatur. Denn jede Predigt ist überhaupt nur dazu da, um Menschen – trotz ihrer nur allzu verständlichen und berechtigten Zweifel an Gottes Zur-Welt-Kommen und am göttlichen „Ausfüllen" der Mängel in der gesamten Geschichte – dennoch gerade *dieses Ausgangs der Dinge gewiß zu machen.* Predigt soll uns von der Angst lösen, ein ganz anderer Ausgang der Dinge bahne sich an. Sie soll unsere Lebenswirklichkeit als die Anbahnung dieses Ausgangs erhellen. Nur wenn solches Sprachgeschehen überhaupt möglich ist, gibt es Kirche. Wirkliche Kirche steht und fällt mit dem Geschehen solcher Sprache.

Zugleich liegt in dieser nicht eben leicht zu erreichenden Sprache auch der sog. dogmatische Gehalt des Christlichen. Darum gehört auch die Beschäftigung mit den in Jahrhunderten errungenen Dogmen des christlichen Glaubens generell mit zur Predigtvorbereitung. Vor dieser Reflexion hat zwar mancher „Prediger" Angst, weil er in den Dogmen eine zusätzliche Erschwernis sagbarer bzw. transferierbarer christlicher Wahrheit für die heutige Gemeinde vermutet. Aber stattdessen wäre er durchaus berechtigt, mit einiger Neugier die christlichen Dogmen dabei zu behaften, daß es ihre Aufgabe ist, herauszustellen, *was* in aller Welt *für den Menschen*, der doch in jedem einzelnen Fall eine so ungeheuere Quelle des Verderbens ist, *spricht*. Das in jeder ordentlichen Predigt vorauszusetzende „Dogmatische“ liegt dann, recht verstanden, darin, daß eben auch die Predigt in homiletisch und seelsorgerlich geeigneter Weise herausstellt, was für den Menschen spricht. Wer evangelisch predigt, verteidigt den Menschen. Er spricht gegen die von vielen Tatsachen her naheliegende Vermutung, daß wir uns ins Nichtige hineinbewegen oder uns mit der Zeit moralisch und physisch selbst abschaffen.

Ausgerechnet das Durcharbeiten der dogmatischen Wahrheit des Christentums ist darum die „handwerkliche Grundlage“ der Predigt. Ein Theologe würde sich sehr irren, meinte er, erregend und ansprechend würde die „Gottesdienstpredigt“ allenfalls aus den in ihr aus der heutigen Geschichte heraus beigebrachten Fakten und aus Erzählungen heraus. Nein, ansprechend, relevant und aktuell – das alles miteinander – wird die Predigt von der Qualität ihres dogmatischen Gehaltes her. Sie steht und fällt mit dem in ihr zur Sprache kommenden Anteil an der dogmatischen Wahrheit des Christentums. Die Predigt ist der Ernstfall der Dogmatik. Aber die Dogmatik ist auch der Ernstfall der Predigt. (Verdient denn ein Sprachwerk die Bezeichnung „Predigt“, das nirgendwo bis zur Prädestination und zum Bösen vordringt?)

Eine erfreuliche Predigt (auch die ernsteste Predigt sollte erfreulich sein!) redet – ohne unsere Miseren zu verkennen oder auszuklammern – davon, daß unerwartet sehr viel mehr für uns als gegen uns spricht. Die eigentliche Probe auf die evangelische Predigt ist, ob sie nach Form, Inhalt und Wirkung als *erhebend* zu bezeichnen war. Daran zeigt es sich, ob sie den Hörern die Freude an ihrem Menschsein wiederzugeben vermochte, und ob die Hörer während der Predigt buchstäblich ihre Würde erfahren haben.

Ihren Inhalt bzw. ihren dogmatischen Gehalt kann die evangelische Predigt selbstverständlich nicht ausschließlich aus Büchern und auch nicht ausschließlich aus der kirchlichen Glaubensüberlieferung schöpfen. Sollen die Hörer (und warum nicht auch die Leser?) des ihnen Mitgeteilten *gewiß* und deshalb *erhoben* werden, müssen sie *mehr* erfahren als z.B. nur eine Erinnerung an die Argumentation des Paulus, es könne doch wohl niemand gegen den Menschen, für den Gott selbst in Jesus Christus eintritt, etwas ausrichten (vgl. Röm 8,31ff). Es genügt hier nicht die Berufung auf autoritative Worte. Eine Predigt (übrigens auch: eine Dogmatik) braucht ja „Geist“, und das Subjekt dazu ist der jeweilige Autor. „Geist" meint hier das Vermögen, die dogmatische Wahrheit mit *nachvollziehbaren Gründen* herauszubringen. Wer in seiner Predigt oder Dogmatik sagt, entgegen allem, was für unsere Nichtswürdigkeit spricht, sei *gut* von uns zu reden, ja, unsere ganze Perspektive sei „gerettet", *der muß an der Lebenswirklichkeit selbst aufzeigen, was dieses Urteil eigentlich trägt.* Soll es überzeugen und Freude machen, so müssen bessere Gründe her als die, die gegen uns sprechen. Und diese Gründe müssen sich nun noch viel besser an der Lebenswirklichkeit bewähren. Man darf nämlich nicht zwar das, was gegen uns spricht, aus der Lebenserfahrung hervorholen, aber dann auf der anderen Seite das Evangelium und die dogmatische Wahrheit nur aus Büchern schöpfen. Das wäre nicht nur ein schlimmer homiletischer, sondern auch schon ein schlimmer dogmatischer Fehler. Nicht erst die Predigt schaut nach der Lebenswirklichkeit; schon die Dogmatik muß es tun. (Und „Homiletik" ist alles andere als die Aufgabe, zwischen Dogmatik oder gar „dogmatischem Sollgehalt" und Lebenswirklichkeit zu vermitteln. Da gibt es nämlich nichts zu vermitteln, wenn anders auch die Dogmatik, die nicht umsonst immer wieder neu „geschrieben" werden muß, ihre Gründe gar nicht fände, wenn sie an der Lebenswirklichkeit vorbei Gründe suchte).

Eine gemeinsame Aufgabe von Dogmatik und Predigt liegt in der Suche nach einer Sprache, die es noch nicht gibt. Ihnen beiden obliegt die Arbeit, Gründe der Hoffnung zu *entdecken.* Sie forschen, motiviert vor allem durch das Neue Testament, inmitten unserer Wirklichkeit nach *verheißungsvoller Wirklichkeit*, die nicht vom Krankheitskeim der Seinsminderung, also der Sünde, infiziert ist. Zu entdecken ist von ihnen m. a. W. *Gott an der Arbeit* der Erneuerung und Rettung.

F. Nietzsche hat das Starke und Gesunde in der Geschichte gesucht. Seine Sehnsucht ist, recht verstanden, gerade für das Christentum nicht befremdlich. Auch der christliche Glaube hofft, in dieser Richtung fündig zu werden (wenn er auch nicht schon bei der Entdeckung des „Willens zur Macht" erfolgreich zu sein meint). Nietzsche hat im übrigen die Kirche seiner Zeit mit Recht darauf hingewiesen, daß sich ihre dogmatische Sprache von der Lebenswirklichkeit entfernt hat.

Ein Lehrer der Homiletik hat Anlaß, auf das gute Beispiel der hartnäckigen *Fragehaltung* der meisten Philosophen hinzuweisen. In der Theologie des 20. Jahrhunderts wurde zwar gerade diese Haltung manchmal als ein Ausdruck der Beschränktheit der Philosophie im Vergleich zur Theologie gewertet. Theologie, meinte man, habe außerdem auch Antworten. Aber mit dem „Haben" täuschte man sich. Heute gilt es für die Theologie, Solidarität mit den Suchenden wirklich zu *üben*.

Dies muß deshalb so pointiert gesagt werden, weil Predigt wichtig ist. Sie ist keine Belehrungsform der Vergangenheit. Sie *bleibt* die zentrale Äußerungsweise der Kirche. Sie ist die Chance des lösenden Wortes, wobei gilt: Mit dem Wort „Predigt" sollte nicht nur die religiöse Ansprache im Gottesdienst bezeichnet werden. Es empfiehlt sich, „Predigt" sehr viel weiter zu fassen. Bedeutet sie doch letztlich „die Kirche auf der Suche nach und beim Finden der heutigen Sprache für Gottes Wirken". Und hierbei gilt: Nur die suchende Kirche ist auch eine findende Kirche.

Gott will gesucht werden. Die oft viel zu geringe Geduld und Kraft beim Suchen Gottes scheint mir ein zentrales Defizit in heutigen Predigten zu sein. Wohl mühen sie sich um dieses und jenes Problem unsers Lebens – aber suchen sie Gott? Suchen sie den einzigen, dessen Nichterscheinen einer *Predigt* Sorge machen muß? Schwer ist es in der gegenwärtigen Situation, sich des Eindrucks zu erwehren, daß Schriftsteller – und nicht selten atheistische Schriftsteller aus Gesellschaften, in denen die Stimmen der Kirchen nur gedämpft erklingen – oft viel geduldigere und sensiblere „Sucharbeit" bezüglich der Gottesfrage leisten als christliche Prediger. Schwer ist es weiter, einzuräumen, die evangelische Predigt könne auch mit einer im Vergleich zu guten Romanen geringeren Wirklichkeitskunde und Sprachfähigkeit doch schon *ihrem* Zweck genügen. Zwar darf es nicht darum gehen, daß etwa nur noch Theologinnen und Theologen mit dichterischer Begabung auf die Kanzel sollten. Der entscheidende Punkt ist vielmehr, daß gerade die Predigt der Wirklichkeit standhalten und lange genug im Fragen bleiben müßte. Es gibt ja kein dogmatisches Bankkonto, von dem der predigende Christ seine Aussagen kurzerhand oder spielend abheben könnte. Und warum sollten Menschen Interesse aufbringen für Predigten, deren Mitteilungen nicht den Charakter von schwererworbenen, *kostbaren Worten* tragen?

Wo aber ist zu suchen? In zwei Bereichen. Einmal dort, wo gesündigt wird. Zum andern dort, wo Stellvertretung geschieht.

Zum einen: Die Sünde ist Gottes „besonderer Ort" in der Wirklichkeit. Obwohl er gerade *da* „ist", ist es für uns aber sehr schwer, ihn da gerade zu entdecken. *Da* wird er von uns nur im Zusammenhang mit einer *Vergangenheitsbewältigung* gefunden. Die Aufgabe der Predigt besteht hier darin, einem Verdrängen von Schuld entgegenzuwirken und eine (die bisher vorhandene Selbst- und Geschichtserkenntnis erweiternde und übertreffende) Deutung der Vergangenheit anzubieten. Diese Deutung ist nicht leicht zu haben. Sie ist auch aus keinem systematisch-theologischen Lehrbuch einfach herauszuziehen. Doch sie gehört mit ins Zentrum jeder evangelischen Predigt. Die uns Heutige an die Psychoanalyse „erinnernden", althergebrachten *eigenen* Potentiale der Predigt zum befreienden Aufarbeiten von Verdrängtem dürfen nicht unterschätzt werden. Und was ist dann die Wirkung? Die Hörer (oder Leser) meinten bisher, sie seien in bestimmte Schuldverstrickungen *zwangsläufig* hineingeraten. Aber die Predigt verfolgte diese Verstrickung bis zu dem Punkt zurück, wo die Dinge durchaus noch beeinflußbar waren. Sie versuchte – dem Verdacht, die theologische Sündenlehre eskamotiere die menschliche Freiheit, alle Nahrung entziehend – auf den Punkt zurückzukommen, wo noch Freiheit zur besseren Entscheidung, also zur Schuldvermeidung geherrscht hat. Die Predigt tat dies nicht, um zu beschämen, sondern um ins Freie zu führen. Das rückwärtssuchende Entdecken des Punktes, von dem ab die Dinge schlecht gelaufen sind, wirkt befreiend. Das Aufdecken und Benennen dieses Punktes löst die Angst auf, dasselbe Versagen werde sich bei nächster Gelegenheit wiederholen. Es zeigt sich nun, daß es doch möglich ist, auf den Grund von „Abgründen" zu kommen und vermeintliche menschliche Dämonien zu entmythologisieren. Die Predigt hat sich hier als ein Faktor echter Aufklärung erwiesen und, um des Menschen willen, rücksichtslos gegen allerlei Widerstände *nach der Wahrheit gefragt*. Und die Wahrheit hat die Banalität und Geheimnislosigkeit der Sünde aufgedeckt! – Hier zeigt es sich, daß es sicherlich nützlich ist, wenn predigende Menschen auch etwas von den Tugenden und Fähigkeiten eines *guten Historikers* besitzen. Diesen erkennt man ja daran, daß er im Streit um die Deutung der Vergangenheit das klärende Wort findet. (Dieses klärende Wort sucht und spricht übrigens ein psychoanalytischer Therapeut auch auf dem Höhepunkt seiner Behandlung gerade *nicht*, aber die Predigt soll sich bis zu ihm vorarbeiten!) Seine genaue Funktion besteht darin, daß es durch die Rückverfolgung der verwirrenden Schuldfäden bis zu dem Punkt, wo der Mensch über diese Angelegenheit noch die Oberhand hätte haben können, dazu instandsetzt, die Realvergangenheit zu übernehmen. Man „stellt sich"! Man weiß nun von wirklicher Schuld. (Geschieht das auch in der Psychoanalyse?) Und dies rehabilitiert moralisch. Hierin aber liegt das Erfreuende einer jeden Predigt, die an dieser Stelle an ihr Ziel gelangt ist. Sie hat dann dazu beigetragen, an die Stelle bisheriger Verblendung Selbsterkenntnis und ein neues

Gefühl des Befähigtseins „zur besseren Entscheidung" treten zu lassen. Und mit Blick auf diesen Teilauftrag läßt sich sagen: Das besondere Wortgeschehen „Predigt" ist nicht dazu da, um Menschen über dies und jenes zu belehren, sondern ihr Zweck ist, vorhandene Verblendung aufzuheben.

Zum andern: Auf der Suche nach dem zu predigenden Wort soll *entdeckt* werden, wo in unserer Lebenswirklichkeit Stellvertretung geschieht – und wo sie noch geschehen sollte. Ich habe früher gezeigt: Durch das Institut der Stellvertretung können bereits kranke Lebensverhältnisse wieder gesunden. Das durch Sünden „arm" gewordene Sein kann wieder in seine ursprüngliche Fülle restituiert werden. Denn die göttliche Gnade benützt dieses Institut als Eingangstor. Hatte ich soeben vom Predigen im Interesse der Vergangenheitsbewältigung gesprochen, so geht es jetzt um die Gestaltung der Zukunft. Und beides ist eigentlich eines. Hatte vorhin die Leitfrage gelautet „was ist – rückblickend – die Wahrheit?", so bezieht sich der jetzt zu erörternde Aspekt des Predigtauftrags auf die Liebe in der Gegenwart. Auch hier gilt, daß die Wahrheit bezüglich der Vergangenheit und die Liebe in der Gegenwart nur zwei Seiten einer und derselben Sache sind. Ferner versteht es sich fast von selbst, daß der Mensch schwerlich besser für die Zukunft sorgen kann als durch Liebe in der Gegenwart. – Die Predigt soll hier zunächst herausfinden, wo unter uns Stellvertretung geschieht. Damit wird sie auf ermutigende Geschehnisse hinweisen, selbst wenn es sich nur um vereinzelte Zeichen handeln sollte. Die Fragestellung, unter der hier zu suchen ist, könnte auch so formuliert werden: Wo ist zu finden und wodurch weist sich aus, was gegenwärtig als zukunftsträchtig und als zurechtbringend anzusehen ist? Sofern es in der Predigt im Rahmen dieser Fragestellung zu positiven Ergebnissen kommt, wird die Predigt auch einen Schritt weitergehen können und zusätzliche mögliche und auch benötigte *Wege aufzeigen*, die aus der Sinnlosigkeit und Bedrohlichkeit eines sich selbst verschließenden Lebens herausführen. – Aber liegt das „Heil", von dem die Predigt reden soll, denn nicht in Jesus Christus? Nun, die formelhafte Erwähnung dieses Credosatzes eröffnet dieses „Heil" durchaus noch nicht. Es will ja – und erst das heißt predigen – an unserer Lebenswirklichkeit offengelegt werden, weil das Christus-Heil seinerseits nur als eine Lebens-Öffnung richtig in unseren Blick kommt. Allerdings übersteigt es die Kraft jedes einzelnen Theologen, alle hier in Frage kommenden Felder unserer Lebenswirklichkeit zu kennen und sie recht in die Predigt einzubringen. Schöpft der predigende Christ hier alle Wirklichkeitskenntnis nur aus sich selber, dann werden seine „Wegweisungen“ entweder zu subjektiv-eng (gesetzlich) oder zu nichtssagend-allgemein (unkonkret). Beides resultiert aus ungenügender Wirklichkeitskenntnis. Hier müssen darum die Lebenserfahrungen und die Berufskenntnisse der Zeitgenossen, vielleicht auch der Vorfahren und besonders der Gemeindeglieder mitwirken an der Predigt. Letztere soll somit Mit-Autoren haben und sich in gewissem Sinn als ein unabschließbares Manuskript darstellen. Predigt darf auch abschreiben. Ihre Originalität und Frische steht nämlich auf einem anderen Blatt – dort, wo danach gefragt wird, ob zur rechten Zeit den richtigen Leuten das von Gott und von der Sache her Gebotene gesagt wird. Und „das Gebotene“ ist hier in der Doppelbedeutung von Gebot (Gefordertem) und Gebotenem (Dargebotenem, Vorgegebenem) gemeint. Die Predigt erfreut, wenn sie bisher noch unentdeckte, attraktive Wege zu einem besseren gemeinsamen Leben erschließt und bekannt macht. Die Predigt kommt an ihr Ziel, wenn sie uns nicht nur sagt, daß wir diesen oder jenen Weg, den wir längst auch schon kennen, unbedingt gehen sollten, sondern uns als ein echtes „Sprachereignis“ neue Wege eröffnet.

Die Predigt gehört in den *Gottesdienst*, sofern ihre „Botschaft“ regelmäßig das Bedürfnis einer Gemeinde erweckt, Gott zu preisen, Gott zu danken. Nicht die Fürbitte, sondern der Lobpreis ist die nächstliegende Antwort einer Gemeinde auf Predigten, die in den Gottesdienst gehören, d. h. auf Predigten, zu denen das Amen mit dankbarer Zustimmung der Herzen gesprochen wird. Andere Predigten, denen es von ihrer Art her gar nicht gelingen *kann*, in dieses Amen einzumünden, sind mindestens nicht notwendig mit dem Gottesdienst verbunden. (Und zu prüfen wäre im Einzelfall auch, ob es sich bei diesen Sprachwerken wirklich um *Predigten* handelt mit den beiden soeben genannten unabdingbaren Merkmalen der Vergangenheitsbewältigung und der Zukunftseröffnung). Nicht immer besteht von den predigenden Menschen und vielleicht auch von der Situation her die Möglichkeit, daß das gelingt, was soeben als „in den Gottesdienst gehörende Predigt“ bezeichnet worden ist, nämlich: das „lösende Wort“, in dem Jesus Christus gleichsam „heutig“ wird. Wo dieses „lösende Wort“ aus irgendeinem Grund *nicht* gesagt werden kann, wird der Gottesdienst selbst durchaus nicht hinfällig. *Es muß dann eben nicht in jedem Gottesdienst gepredigt werden.* Pfarrer müßten in die innere Freiheit versetzt werden, in den von ihnen geleiteten Gottesdiensten immer wieder auch nicht zu predigen. Weniger wäre oft mehr. Der Gottesdienst vermag auch mit seinen reichen liturgischen Möglichkeiten jener Gottesverehrung Ausdruck zu verleihen, die immer zugleich die beteiligten Menschen zu ihrer Würde erhebt. Gar nicht deutlich genug kann betont werden, daß die Predigt ihrem Wesen nach *keine* feststehende „Kasualie aus Anlaß des Gottesdienstes" ist, sondern der Atem der ganzen Kirche, durch den sie auch dort lebt und handelt, wo im Augenblick nicht gepredigt wird.

Zuletzt ist eine Frage zu erörtern, für die Karl Barth unser theologisches Bewußtsein geschärft hat: Ist Predigt gleichsam ein heiliges Geschehen, ist sie gar das entscheidende Sakrament, durch welches Gott selbst aufs deutlichste zu uns spricht? Hierauf sollte, alles wohl erwogen, auch im Sinne Barths geantwortet werden: Das Predigtwort, wie es soeben als lösendes Wort näher bezeichnet wurde, ist nicht Gottes eigenes Wort. Es bleibt menschliches Wort. Und nicht das gläubige Hören des Predigtwortes „bewirkt", wie die gängigen Formulierungen lauten, die „Rettung der Seele" oder die „Sündenvergebung" oder das „Hineingestelltwerden in das neue Sein". Das „Wort" der Predigt *ist* nicht dieses Kommen Gottes, sondern es *bezeugt* es. Es *bringt* auch nicht die Erlösung, sondern es *bezeugt* sie. „Bezeugen" ist der richtige Begriff. Er verbindet menschliches „hinweisen auf" mit „selber eintreten für" und „selber ergriffen sein von". Er gewährleistet den eingangs genannten Ernst der Predigt, ohne sie doch zu „sakramentalisieren".

Wer predigt, bezeugt, daß er sich selbst von Gott angesprochen weiß. Er bezeugt, daß er an die göttliche *Errettung aus dem Tode* (klar zu unterscheiden von der vielgewünschten „Bewahrung vor dem Tod"!), daß er also so wie es im 3. Artikel des Apostolikums gemeint ist *an* die Sündenvergebung selber glaubt. Wie es auch schon beim historischen Jesus der Fall war, verknüpft sich ein solcher Glaube des Predigenden, sobald er sich artikuliert, auch mit *Gleichnissen* des Geglaubten. Ohne immer neue Gleichnisse kann wahre Predigt nicht sein. Und nichts anderes kommt in ihnen zum Ausdruck als dies, daß sich der Predigende auf eigene Erfahrungen der Entmachtung des Todes und der Sünde bezieht. Predigt lebt davon, daß ihre Autoren in der Lebenswirklichkeit solches – darum auch Gültiges und Erlösendes – entdeckt haben. Dies konkurriert nicht im Sinne einer „natürlichen Theologie" mit der Christologie, sondern dies bedeutet Christologie in Form der Predigt. Sobald eine Predigt Entdeckungen der genannten Art auszuführen beginnt, „fließt" sie auch. (Dem müßte höchste Beachtung von seiten der Homiletik entgegengebracht werden, was es eigentlich ist, das das „Fließen" einer Predigt ausmacht. Es dauert oft lange, bis „es fließt". Und das soll so sein. Für denjenigen, der predigen will, ist aber der Eintritt dieses „Fließens" wohl ein Zeichen, daß er nun auch predigen soll)

Abschließend ist zu sagen: Daß Gott unser Erretter aus dem Tode und aus der Sünde ist und sein kann, hängt überhaupt nicht davon ab, ob gepredigt wird und ob „recht gepredigt" wird. Gott *ist* dieser Retter. Ordentliche Predigt eröffnet dies in immer neuen Anläufen – mit Gründen! Sie kann dadurch erreichen, daß immer weitere Menschen Gott erkennen und dann die Realität nicht mehr als eine blinde Mischung aus Gutem und Bösem begreifen müssen. Das Leben wird ihnen zu einer Gelegenheit, sinnvoll zu existieren, also sich mit dem zu verbinden, was seine Gültigkeit und seinen Wert nie verliert. Dies ist: womit wir leben *und* sterben können. Dies aufzuschließen, ist der einzige Sinn der Predigt.

e) Die göttliche und die menschliche Vergebung: Perspektiven für die Ekklesiologie

Der Vorgang der Vergebung ist nun *concretissime* darzustellen. Die Predigt, über die im Vorausgegangenen gesprochen wurde, weist auf Gottes Vergebung hin. Aber zugleich zielt sie auch auf das Zustandekommen menschlicher Vergebung ab.

Wir gehen jetzt noch einmal davon aus: Der sündige Mißbrauch von Mitgeschöpfen als Gottes- und Heilsersatz bedeutet immer zugleich eine Verschuldung gegenüber Schöpfer und Geschöpfen (einschließlich der eigenen Person des Sünders). Der Raub von Seinsmöglichkeiten und die Zerstörung von Schöpfung durch die Sünder schafft faktische Ergebnisse, die überhaupt nicht mehr oder nicht ohne Gottes Hilfe wieder rückgängig gemacht werden können. Die Häßlichkeit und Glanzlosigkeit der vom Sünder hinterlassenen Reste muß man mit dem Anblick der Gegenstände auf einer Müllhalde vergleichen. Die dort angekommenen Gegenstände lassen sich nicht restituieren. Im besten Fall wächst mit der Zeit über ihnen Gras. Doch die Hinterlassenschaften der Sünder gleichen in ihrer Nachwirkung sogar dem Giftmüll, der auch das künftige Leben belastet.

Vergebung ist die – einzige – Möglichkeit, die Sündenfolgen daran zu hindern, „weiterzufressen". Vergebung unterbricht den Pro-zeß (Vormarsch) der Sünde. Auch rettet sie und stellt wieder her, was noch zu retten ist. Durch einen einzigen Akt der Vergebung kann eine unabsehbare Kette des Bösen verhindert werden. Wenn mir ein Mitmensch meine nicht wiedergutzumachende Schuld an ihm vergibt – was geschieht dann mit mir, und was mit ihm? Bei mir verbindet sich mit der Erleichterung und Befreiung auch ein inneres Wiederaufleben der moralischen Integrität, die vor allem zur Selbstachtung notwendig ist. Diese Integrität bringt den Glanz und die Freude in mein Leben zurück. Auch die Dankbarkeit nach allen Seiten fällt nun nicht schwer.

Vergeben hingegen scheint schwer. Was geht in einem Vergebenden vor? Er hat mit – verständlichen – Gefühlen des Hasses und des Rachebedürfnisses zu ringen. Aggression gegen den Schuldner erfüllt ihn. Er will so viel Sühne wie möglich – auch wenn sie niemals ausreichen wird. Was könnte ihn hiervon abbringen? Was gewährt ihm die Einsicht, daß auch er ein Sünder ist, gegen den andere ebenfalls unendliche Ansprüche haben? Was löst in ihm die Kehre aus, die ihn sehen läßt, daß Rache den Strom des Bösen schwellen läßt, statt ihn einzudämmen, und daß wir alle die Vergebung brauchen? Er muß von irgendetwas erfüllt worden sein, das größer ist als Rache und Haß. Wir müssen jetzt nicht von „Gott" oder von „Liebe" sprechen, aber immerhin vom Erwachen eines Blicks auf die Wirklichkeit, der plötzlich sieht, wie die Dinge zurechtkommen. Nicht eine lobenswerte persönliche Großzügigkeit hat die Vergebung möglich gemacht (Großzügigkeit wäre hier nur Schwäche), sondern eine über den Geschädigten gekommene Gnade, die ihn zum Werkzeug der Versöhnung und der Erneuerung bestimmte.

Zwischen dem Geschädigten und demjenigen, dem er vergab, ist eine besondere Beziehung entstanden. Nicht daß der, dem verziehen wurde, nun die Last einer Pflicht zur „ewigen Dankbarkeit" tragen müßte. Gerade das nicht! Der Vergebende war und ist kein Wohltäter im gewöhnlichen Sinn des Wortes. Er ist von einer von ihm selbst als höher und übergeordnet empfundenen Wertordnung oder Instanz zum Vergeben veranlaßt worden. Der Geist dieser Wertordnung oder Instanz geht nun auch auf den über, dem vergeben wurde. Man wird sagen können, daß der Vergebende einen Menschen gewonnen hat. Zwischen beiden entstand eine besondere Verbindung, eine verbindliche Beziehung. Diese aber ist nicht durch psychische Fesselung, sondern durch jenes Übergeordnete geprägt, das diese Beziehung ermöglicht hat. Eine Näheruntersuchung dieser besonderen Beziehung fördert zutage, daß der Vergebende in zweifacher Hinsicht ein Stellvertreter geworden ist. Erstens hat er dem anderen etwas „nachgelassen" (im neutestamentlichen Griechischen: *aphienai*), was dieser nicht hätte wiedergutmachen können. Den Verlust durch den „Schuldiger" nimmt der Vergebende auf sich. Er trägt, wofür der andere einstehen müßte, weil der andere dies nicht kann. Zweitens ist der Vergebende ein Stellvertreter jener übergeordneten Instanz, die ihn zur Vergebung veranlaßt hat. Er ist deren Repräsentant geworden.

An dieser Stelle muß noch einmal von der Kirche die Rede sein. Man sollte meinen, daß die Kirche den *pro-cessus* der Vergebung in der Welt vorantreibt. Aber nun steht die Kirche dort, wo sie mit der Sündenvergebung befaßt ist, in einer ungeheueren Gefahr. Ausgerechnet die Kirche könnte dem wirklichen Eintritt der Vergebung zum größten Hindernis werden: Sie verhindert Vergebung, wenn sie jedermann die fragwürdige Gelegenheit gibt, Schuld in einer Weise mit Gott „abzumachen", daß man sich bereits befreit und in Ordnung fühlt, ohne anderen vergeben und, vor allem, ohne von anderen Vergebung erlangt zu haben. Eine solche Fehlhaltung wird noch verstärkt, wenn die Kirche nicht den von Schuld Geschädigten, welcher seinem „Schuldiger" vergibt, vielmehr *den Priester* als den angeblichen Repräsentanten jener „übergeordneten Wirklichkeit" hinstellt, von der die Gnade der Vergebung ausgeht. Man geht dann also zum Priester als zu einem Mittler und Stellvertreter Gottes und findet bei ihm und durch ihn „Sündenvergebung". Aber es kommt nicht zur Begegnung zwischen den schuldig gewordenen und den geschädigten Menschen. Die treffen sich allenfalls vor Gericht. Und im übrigen regulieren sie ihre jeweilige Seelennot möglicherweise durch ihr „direktes Gottesverhältnis" oder durch Vermittlung des Kirchenpriesters, falls dieser sich dazu hergibt. Gewiß gibt es auch ein besseres, akzeptables Verständnis des Priestertums. Aber niemand kann die Gefahr leugnen, daß Kirchen, gleichviel welcher Konfession, einer fatalen Konkurrenz zwischen göttlicher und menschlicher Vergebung Vorschub leisten können, bei der dann die göttliche Vergebung auf fragwürdige Weise und in einer fragwürdigen Verknüpfung mit einem fragwürdigen Priestertum und Sakramentalismus gewinnt.

Der moderne Relevanzverlust von Predigt und Sakrament hängt mit dem verbreiteten Eindruck zusammen: Hier wird mir oder uns eine Befreiung von Sünde und Schuld „zugesprochen", ohne daß das erforderliche stellvertretende Tragen des Unrechts überhaupt an irgendeiner Stelle geschieht. Häretisch ist eine Praxis der Absolution von Schuld, bei der Gott/Christus allein die Tragenden sein sollen, ohne daß Menschen bzw. Geschöpfen ebenfalls eine tragende Bedeutung zukommt oder anerkannt wird. Häretisch ist freilich auch eine Praxis der Absolution von Schuld, bei der nur ein stellvertretend tragendes Mitgeschöpf oder gar nur ein „Genugtuung" leistender Sünder, in keiner Weise aber Gott/Christus als Tragende und als Grund der Sündenvergebung im Blick sind. Erstere Häresie hat übersehen, daß menschliche Opfergaben und Stellvertretungshandlungen aus der menschlichen Gesellschaft, soll sie nicht völlig unmenschlich werden und untergehen, nicht wegzudenken sind. Letztere Häresie hat übersehen, daß die Vergebung ohne das Eintreten Gottes/Christi in unerträglicher Weise überfordernd und gesetzlich würde. Ohne göttliches Zur-Hilfe-Kommen gäbe es keine Vergebung. Vielmehr würde die Erde am Menschen zugrundegehen. (Doch in Wahrheit gilt der umgekehrte Satz: Weil es Vergebung gibt und mit Gott zu rechnen ist, darum ist es *unmöglich*, daß die Erde am Menschen zugrundegeht)

Die Kirche glaubt, daß Jesus Christus einen kraftvollen Anfang der Vergebung gesetzt hat. Sein persönlicher Durchbruch durch die Sünde und sein Menschen lösendes oder befreiendes Verhalten hat eine Gemeinde – die Kirche – geschaffen. Diese bildete sich aus Menschen, die, von ihm „angezogen“, persönlich entlastet und motiviert, zugleich auch *einander* als Brüder und Schwestern gelten ließen. Unter ihnen verlor die zwischen Menschen lastende Sünde ihre destruktive Kapazität. Diese Ursprungssituation kann sich die Kirche in ihren Feiern nicht nur „vergegenwärtigen“, sondern sie vermag und sie soll auch stets wieder in sie zurückkehren. Der Kirche nützt es, auf ihre Anfänge zurückgeworfen zu werden. Hier stößt sie auf die Quelle ihrer Kraft, auf ihr Heiliges, das sie nicht zerreden darf. Die ordinierten „Amtsträger“ der Kirche sollen den Ursprung rein bewahren und die Sprache, die zu ihm gehört, sorgfältig gebrauchen – zur rechten Zeit und am rechten Ort. Sie sollen dies so tun, daß Menschen fähig werden, *selber am Ursprung der Kirche zu schöpfen und ihrer eigenen Berufung zur Stellvertretung Folge zu leisten.* Wo das ordinierte Amt in der Kirche *so* begriffen wird, braucht über die „mündige Gemeinde“ nicht weiter nachgedacht zu werden. Es ist dann auch die wahrhaft zukunftsträchtige Basis für ein gemeinsames ökumenisches „Amts“-Verständnis bereits erreicht. Dies ist die Ehre des Pfarrers, als Wegbereiter dafür zu wirken, daß möglichst alle Glieder am Leib Christi zu Stellvertretern werden, wodurch Gottes Gnadenhandeln am Ort der Sünde Raum gewinnt (die christliche Berufung zur Stellvertretung ist kein Imperativ, sondern ein *Indikativ*). Völlig mißverstanden aber ist der Ordinierte als „Gnadenspender“, der etwa wegen besonderer Weihen das „vermitteln“ könnte, was die Sünden unter den Menschen „tilgt“. Wenn die Kritik am Sakramentalismus dieses Priesterbild treffen möchte, dann muß ihr aus theologischen Gründen in jeder christlichen Konfession aufs Kräftigste beigepflichtet werden.

Die Kirche hat einen weltgeschichtlichen Auftrag. Sie soll menschliche Stellvertretung auf eine Weise ermöglichen, die uns nicht mehr überfordert und nicht mehr gerade die Stellvertreter zu verlassenen Opfern macht. Sie soll Stellvertretung menschenmöglich machen. Anders gesagt: Sie soll als ein Werkzeug Gottes dafür sorgen, daß unter Menschen heilsame Stellvertretung nicht in sündiger Ausflucht verweigert wird, sondern in größerem Umfang entsprechend dem Bedarf geschieht. Wir haben oben gesehen, daß Stellvertretung, die den Bruder/die Schwester freispricht und ihnen Zeit fürs eigene Leben einräumt, schnell an die Grenzen des Menschenmöglichen stößt. Immer vermag der einzelne nicht lange und nicht umfassend genug für den anderen Zeit und Kraft zu haben. In der Kirche aber können die hier zu tragenden Lasten geteilt, gemeinsam getragen werden. Auch so herum muß man die ekklesiale Redewendung „unter Schwestern und Brüdern" lesen: Sie sind sich nahe genug, um nicht einzelnen Mitchristen die ganze Last von menschlicher Stellvertretung aufgebürdet bleiben zu lassen. Sie brauchen nicht nur, wie so oft verlangt wird, irgendwelche Güter zu teilen; sie können vor allem Last und Belastung unter sich teilen!

Auch und gerade in der Kirche sollen die Menschen Opfer bringen. Aber niemand soll zum Opfer werden. Von der christlichen Kirche soll – und das ist ihr weltgeschichtlicher Auftrag – der beste aller *Imperative* ausstrahlen: Kein Mensch, niemand, soll mehr zum Opfer werden müssen! Es soll nicht mehr nötig sein, vom Weltwirtschaftssystem bis hin zum Autostraßenverkehr das Zusammenleben in der Geschichte mit der „Unausweichlichkeit" von Hekatomben zu erkaufen. Wo die Gesellschaft (noch) „nicht anders kann", da darf sich nicht auch die Kirche noch mit dieser Erzeugung immer neuer Opfer abfinden. Sondern hier ist *ihr* Ort in der Geschichte: Sie hat sich auf die Seite der Opfer zu stellen und dafür zu wirken, daß die Ver-Opferten ent-opfert und die Quellen der Opfererzeugung verstopft werden. Die hieraus zu erwartenden Konflikte mit den jeweiligen Machtträgern kann (könnte!) die Kirche ohne weiteres tragen, weil ja kein einzelner Christ der Konflikterzeuger bzw. der vom Konflikt Betroffene ist (und mithin früher oder später selber zum Opfer werden müßte), sondern wiederum: die Gemeinschaft der Kirchenmitglieder. Diese müssen sich – sofern sie in der Realität weit entfernt sein sollten von der soeben genannten Bereitschaft und stattdessen dazu neigen, die Kirche in politische Links- und Rechtsrichtungen zu zerreißen – doch schließlich dazu bereitfinden, das Engagement der Kirche für die Opfer nicht nur zu tolerieren, sondern mitzutragen.

Kirchliches Handeln, das nicht nach dieser oder jener Macht-Instanz schielt, sondern theologisch klar und eindeutig den Kampf gegen das Opfererzeugen und für die Opfer führt, ist nämlich für niemand, der selber zur Kirche gehören will, anfechtbar. Dieser Kurs muß von allen Christen mitgetragen werden!

Kirche ist auftragsgemäß bestrebt, menschliche *psychai*, d.i. Seelen *und* Leben zu retten. Dem dienen Gottesdienst und Predigt. Dem dient auch eine angemessene kirchliche Unterweisung, bei der von früh an die *Gewissensbildung* nicht vernachlässigt werden darf. Ihr Ziel ist die Weitung der menschlichen Wahrnehmungs- und Beziehungsfähigkeit, die Befreiung aus der Verkrümmung ins eigene Ich. Ihr Ziel ist auch, die Loslösung vom Veralteten, nicht mehr Zeitgemäßen zu ermöglichen. Das Böse ist ja auch ein Partikularismus in zeitlicher Hinsicht: Man spaltet seine eigene liebgewonnene Gegenwart von der Entwicklung ab, man hängt am Überholten. Was hier wünschenswert wäre, wird freilich nicht durch moralische Appelle erreicht. Die Bewegung zu den genannten Zielen hin setzt *bildende Ereignisse* voraus, durch die der Mensch von einem Vorschein des Ganzen von Gott, Welt und Mensch berührt wird. Solche Ereignisse müssen der Sündenvergebung entsprechen, die ja selber nichts anderes als dieser Vorschein des Ganzen ist.

Wenn man fragt, was an einem ethischen Engagement von Christen in der Gesellschaft eigentlich „das Christliche" sei, muß man dies in folgender Richtung suchen: „Christlich" ist das Engagement, wenn es als selbstverständlicher Reflex auf die von Jesus Christus her gesetzte Vorgabe von Vergebung und Stellvertretung geschieht. Es ist kein Handeln unter Druck. Es versteht sich selbst auch kaum als „Engagement", sondern als ein mühelos begonnenes Tun. Es ist begleitet von Freude darüber, daß in der „argen Welt" eine Gegenbewegung gegen die Sünde überhaupt möglich geworden ist, und daß sich das Menschliche nun doch nicht als eine verzweifelte, sondern sogar als eine zu großer Schönheit hindrängende Schöpfung erweist. Indem christliches Leben, umgeben und umhüllt vom persönlichen Glauben und von geschwisterlichen Menschen, nicht mehr „Stärke mimen" muß, vielmehr auch am vermeintlich Schwachen das menschlich Starke entdeckt, gebiert und fördert es nebenbei das, was *Kultur* genannt wird. Die Kirche hat ein inneres Gefälle zur Kultur, d.i. zur wahrhaft humanen Zivilisation.

Wenn Christen ihre frei verfügbaren Kräfte zum Eintreten für die Opfer *zusammenlegen*, so wird sich darin nicht der von Nietzsche beobachtete Hang „nach unten" noch eine Vorliebe „fürs Schwache" zeigen, sondern das Menschliche in seiner besten Möglichkeit. Es kann dann gar nicht sein, daß das Christliche hier, aber der Geist dort steht.

Ich bin der Meinung, daß es eine nicht länger hinzunehmende Unterforderung der Mitglieder der Kirche bedeutet, wenn von ihnen *nicht* erwartet wird, sich regelmäßig persönlich zur Verfügung zu stellen, um zusammen mit einigen anderen Gemeindegliedern wenigstens *an einer Stelle* stellvertretend und entlastend „einzuspringen" zugunsten von Menschen/Geschöpfen, die Opfer wurden oder die zu Opfern zu werden drohen. Mit einer solchen Erwartung wäre die Kirche attraktiver und glaubwürdiger. Ja, nur so *ist* sie Kirche. Nur so wird ihre Bereitschaft zur Sündenvergebung stimmig. Nur so vermag Sündenvergebung ihre heilsame Wirkung ganz zu entfalten. Und so geschieht auch Gemeindeaufbau[57].

Christen müssen wissen, daß man in der Kirche unter bevorzugten Bedingungen existiert. Was die Kirche tragen kann, ist unter anderen Bedingungen in der Gegenwart oft schlechterdings nicht zu bewältigen. Darum muß sich die Kirche vor einem vorlauten Gebrauch ihres

[57] Es geht um die Aktualisierung dessen, was LUTHER den *seligen Tausch* nannte. Dieser Tausch findet in der Kirche nicht nur zwischen Christus und dem einzelnen ‚Gläubigen' statt (Christus übereignet ihm seine Gerechtigkeit und übernimmt dafür dessen Sünde), sondern – als Folge – auch unter den Gliedern am Leib Christi. In der Predigt vom 30. 7. 1522 sagte Luther (WA 10 III, 220, 32–34): Eine Jungfrau muß ihren Kranz einer Hure aufstecken; ein frommes Weib ihren Schleier einer Ehebrecherin. Als Hochziel nennt Luther dies, daß ein Christ sogar seine eigene Gerechtigkeit darangibt und sie des Nächsten Sünde dienen läßt (WA 10 III, 217, 11 f). Kurz: Unter Christen sollen und können Schuld und ‚Gebrechen' des jeweils anderen getragen werden.

Zu fragen wäre: Wie weit geht dieser Auftrag? Geht er wirklich bis zur Preisgabe des eigenen Heils für den anderen (wie ALTHAUS, 268, Luthers Tauschgedanken interpretiert)? Wäre ein solches aktives Preisgeben des eigenen Heils überhaupt eine Möglichkeit, eine Wahl? Und eine weitere Frage: Bezieht sich dieser Tausch- und Stellvertretungsauftrag (der außerhalb der Schande Stehende übernimmt und trägt stellvertretend des anderen Schande) nur auf die Schwestern und Brüder, die der Kirche angehören? Wie steht es mit dem ‚seligen Tausch' z. B. zwischen einem Getauften und einem ungetauften ‚postchristlichen Freidenker'? Die Frage scheint sich zwar von selbst zu beantworten: Selbstverständlich sollen Christen „die Kraft ihres eigenen Behütetseins" (ALTHAUS, 268) schlichtweg denen, die dies nötig haben, zuwenden – ohne vorgängige Glaubensüberprüfung. Doch geht es eben nicht bloß um materielle Hilfen für sozial Bedürftige – und nichts weiter. Der „Tausch", den Luther im Blick hat, zielt ja auf die Übernahme fremder Sündenlast. Der fremde Last tragende Christ wird nicht bloß zum Wohltäter, sondern zu einem Instrument der *iustificatio impii*. Das ist ein geistlicher Vorgang, von dem als *impius* betroffen zu werden immer gleichbedeutend mit ‚Zur-Kirche-Jesu-Christi-Gehören' ist. Die Kirche Jesu Christi ist eben weiter als es die Kirchenorganisationen sind, und der Auftrag, als Christ ‚tauschbereit' zu sein, tiefergreifend als eine an der Seele des anderen vorbeigehende karitative Mildtätigkeit. Dieser Auftrag zielt auf eine Loslösung der Menschen von der Macht und Qual des Bösen und auf die ‚Wiederkehr des Glanzes in der Welt'. (Was in den Kirchen unter dem Namen *Diakonie* geschieht, das möchte ganz offensichtlich theologisch so gedacht und glaubensmäßig so praktiziert werden)

„Wächteramtes" hüten und öfters, statt aus sicherer Ruhe heraus besorgte moralische Appelle an viele oder alle politischen Führungsgremien zu erlassen, selber an der Front der Opfer tätig werden.

Die Kirche nennt sich gern das „neue Gottesvolk"; auch wird die Christenheit insgesamt als „Volk Gottes" bezeichnet. Aber mit ihrer Volkhaftigkeit ist es noch nicht weit her. Wieviel besser könnte die Kirche ihre Aufgaben wahrnehmen, gingen die Christen nicht *mehr* in ihren nationalen (meist heidnischen oder säkularistischen) Volkstümern auf als in der Internationale ihrer Glaubensgenossen! *Es steht der Christenheit erst noch bevor, ein Volk zu werden.* Die ökumenische Vision hat *hierin* eine klare und notwendige Zielrichtung.

Im Vorangegangenen wurde gezeigt, wie wichtig für die „Welt" die christliche Ermöglichung von Stellvertretung durch deren Begrenzung ist. Diese Begrenzung bedeutet auch eine *Versachlichung* der Stellvertretung. Sie muß nicht mehr jener psychisch und physisch anstrengende Prozeß sein, bei dem sich zwei Partner „persönlich" oder gar „mit Haut und Haar" in irgendeiner Form einander ausliefern. Zwar darf auch dem christlichen Stellvertreten nichts von dem fehlen, was es bedeutet, für einen anderen wirklich einzutreten. Aber die Gelegenheit hierzu trifft den Christen nie als einzelnen, sondern immer als Glied seiner Kirche. Als dieses Glied soll er mit seinem Charisma mit den anderen Gliedern und Charisma-Trägern zusammenwirken. Sein stellvertretendes Handeln ist darum immer auch eine Sache der andern Christen. Er ist vielleicht als einzelner jetzt in einer bestimmten Hinsicht und Funktion unersetzbar. Er sollte ohnehin nicht meinen, es würden das Anliegende schon andere erledigen, wenn er es jetzt nicht tut. Aber wenn er es denn selber tut, so ist er hierbei weder einsam noch autonom. D.h. er will sich von seinen Mitchristen nach Möglichkeit beraten und unterstützen lassen.

Der Vergebung darf zwar nichts von ihrem Du-bezogenen, personalen Charakter genommen werden. Aber wir dürfen auch nicht übersehen, wieviel an Menschen und an anderen Geschöpfen gesündigt wird, ohne daß den Schuldigen überhaupt noch der Geschädigte, der ihnen unter bestimmten Voraussetzungen vielleicht vergeben würde, leibhaftig gegenübersteht. Möglicherweise ist er gestorben, getötet, vernichtet und steht somit überhaupt in keiner Weise mehr „gegenüber". Gegenüber stehen dann nur noch die „Folge-Opfer" der begangenen Sünde und ein Gewebe von Schädigungen, zu denen für die Schuldigen kein Du-Verhältnis und von denen her auch keine Vergebung mehr zu gewinnen ist. (Möglicherweise existieren auch nur noch die Geschädigten, aber ihre „Schuldiger" sind tot) Nun wäre es fatal und theologisch ganz und gar verkehrt, wollte man *Sündenvergebung* aus den soeben genannten Gründen *einteilen* in eine Gruppe, wo „nur noch Gott" vergeben kann (weil der Geschädigte gestorben ist) und in eine Gruppe, wo man sich unter Menschen um Vergebung bemühen soll (weil die direkten Partner noch leben). Wer wollte dann nicht warten mit dem Problem der Schuldbewältigung, bis der Geschädigte nicht mehr in Reichweite ist? Es verhält sich in Wahrheit freilich so, daß der Tod des unmittelbar durch mitmenschliche Sünden Geschädigten die Problematik der Vergebung und des Tragens bzw. Bewältigens von Schuld keineswegs „vereinfacht". Es ist auch nicht so, daß der Schuldige jetzt „nur noch zu Gott" gehen könnte – und im übrigen keine Verpflichtungen mehr hätte. Richtig ist, daß ihm der Erst-Geschädigte nicht mehr vergeben kann. Aber die Bewältigung der objektiv „angerichteten" Schuldlawine steht ja durchaus noch an und übersteigt nun alles, was einzelne noch bewältigen könnten. Und hier ist nun die Aufgabe gestellt, in sachlicher und gemeinschaftlicher Weise die noch möglichen partiellen Wiedergutmachungen zu leisten. Beistand und Ansporn zu solcher sachlichen Aufarbeitung ist von seiten der Kirche dringend zu erwarten.

Die Kirche muß *unterscheiden* zwischen den im persönlichen Gottesverhältnis eines Menschen zu klärenden Schuld- und Vergebungsfragen und jenen Aspekten seiner Sünde und Schuld, die eine sachliche und überindividuelle Bewältigung im Beziehungsgeflecht von umfangreichen Menschengruppen benötigen. Ein Alkoholkranker beispielsweise bedarf sowohl der Seelsorge (einschließlich der Thematisierung seiner trotz der Suchtkrankheit nicht zu leugnenden Sünde und Schuld), aber gleichzeitig auch der objektiven Hilfe hinsichtlich der Aspekte, die ihn selbst als das Opfer der Sünden anderer ausweisen. Das Tragen der schon in diesem Einzelfall gebündelt vorliegenden Sünden bedeutet nicht nur, dem Alkoholkranken zu der ihn entlastenden persönlichen Vergebung zu verhelfen, sondern auch, ihm zu *helfen* und diakonisch und politisch auf sachliche Verbesserungen von gesellschaftlich gewachsenen, krankmachenden Verhältnissen hinzuwirken. Diese (ein „Team" benötigende und auch ins Überindividuelle hineinwirkende) Diakonie gehört heute mit zum richtigen Vorgang des kirchlichen „Vergebungshandelns" bzw. zum stellvertretenden christlichen Mittragen an fremder Last und Schuld. Und auch dies ist mit dem Stichwort „Versachlichung" gemeint.

Die Ermöglichung von Stellvertretung mit *begrenzten Anforderungen* an den einzelnen, die sie „leicht“ erscheinen lassen, ist das weltgeschichtlich Neue, das mit dem Christentum geboren wurde. Was ermöglicht aber überhaupt die Begrenzung von Stellvertretung, nach der doch in der Realität ein *maßloser Bedarf* besteht, und deren Erfordernisse auch nach jedem einzelnen Menschen in maßloser Weise greifen? Daß „hinreichende“ Stellvertretung, die nicht zugleich auch maßlos ist, möglich wird, verdanken wir der Kraft, die das Christentum als *Gnade* bezeichnet. Sie setzt die Grenze, jenseits derer das Stellvertreten ein Fluch würde, diesseits derer es aber mit Freude geschehen kann. Was jenseits dieser Grenze liegt, trägt Gott.

Wenn dies der Inhalt und die Aussage der Gnade ist, so sollte doch nie gesagt werden, daß uns Gott durch solche ‚Wohltat beschäme‘. Auch die Gnade muß, nach langer sprachlicher Fehlentwicklung, entmoralisiert werden. Sie ist nicht beschämende Begnadigung und nicht Ersatz für die gute menschliche Tat, sondern deren Ermöglichung. Wenn Theologie dies wieder sicher wüßte, wäre ihr Gespräch mit der Philosophie sehr erleichtert.

Im Blick auf das uns in unseren Grenzen *und überhaupt in der Existenz* haltende Wirken der Gnade[58] können auch Christen mit den philosophischen Idealisten den Satz sprechen: Was über unsere Kraft geht, wird Gott ergänzen[59]. Er hat es schon ergänzt. Freilich nicht „dort“, sondern „hier“.

---

[58] Nicht „gratia non tollit naturam, sed perficit“ ist gemeint, sondern „natura non tollit seipsam, quia sustinetur gratia“.

[59] Eine Anspielung auf das unter den Spätesten Gedichten F. Hölderlins stehende Gedicht „Linien des Lebens“ (an Zimmern), das mit den Worten endet: „Was hier wir sind, kann dort ein Gott ergänzen / Mit Harmonien und ewigem Lohn und Frieden.“

Namenregister

A hinter einer Ziffer bezieht sich auf eine Anmerkung der entsprechenden Seite, L verweist auf eine Literaturangabe auf der angegebenen Seite

Sachregister

**hinter einer Ziffer verweist auf eine Anmerkung der entsprechenden Seite*

Bibelstellenregister

A hinter einer Ziffer bezieht sich auf eine Anmerkung der entsprechenden Seite